Rotterdam Rules: Consequences and Countermeasures

Rotterdam Rules:
Consequences and Countermeasures

《鹿特丹规则》
影响与对策研究

胡正良 於世成 郏丙贵 等著

北京大学出版社
PEKING UNIVERSITY PRESS

图书在版编目(CIP)数据

《鹿特丹规则》影响与对策研究/胡正良,於世成,郏丙贵等著. —北京:北京大学出版社,2014.10

ISBN 978-7-301-23592-8

Ⅰ.①鹿… Ⅱ.①胡… ②於… ③郏… Ⅲ.①海上运输—国际运输—货物运输—国际公约—研究 Ⅳ.①D993.5

中国版本图书馆 CIP 数据核字(2013)第 299713 号

书　　　名:《鹿特丹规则》影响与对策研究
著作责任者:胡正良　於世成　郏丙贵　等著
责 任 编 辑:王建君
标 准 书 号:ISBN 978-7-301-23592-8/D·3479
出 版 发 行:北京大学出版社
地　　　址:北京市海淀区成府路 205 号　100871
网　　　址:http://www.yandayuanzhao.com
新 浪 微 博:@北京大学出版社　@北大出版社燕大元照法律图书
电 子 信 箱:yandayuanzhao@163.com
电　　　话:邮购部 62752015　发行部 62750672　编辑部 62117788
　　　　　　出版部 62754962
印 刷 者:北京鑫海金澳胶印有限公司
经 销 者:新华书店
　　　　　　730 毫米×1020 毫米　16 开本　36 印张　685 千字
　　　　　　2014 年 10 月第 1 版　2014 年 10 月第 1 次印刷
定　　　价:88.00 元

未经许可,不得以任何方式复制或抄袭本书之部分或全部内容。
版权所有,侵权必究
举报电话:010-62752024　电子信箱:fd@pup.pku.edu.cn

前　言

一、研究背景

本书是在上海海事大学承担的交通运输部软科学项目"《联合国统一运输法公约》的制定对我国的影响与我国应采取的对策研究"（合同编号：2007-352-810-300）的研究成果基础上，经修改完善而成。胡正良教授是该项目负责人，承担组织、协调、统稿、定稿等工作，参与研究的其他人员有於世成教授（第十五章）、郏丙贵（第一章、第五章、第六章及统稿）、过仕宁（第二章、第三章、第四章）、陈伦伦（第七章、第九章、第十章、第十一章）、李文湘（第十二章、第十三章）、黄贞凤（第八章、第十五章）、张江艳（第十四章、第十六章、第十七章、第十八章）、王文（第十六章、第十七章、第十八章）、黄晶（第二章、第十八章）等老师。刘畅、林青涛、康晨怡、张运鑫、王静、辛行、汪莉娜、王博、包文卿、程尧等研究生参与了项目研究。

联合国国际贸易法委员会（UNCITRAL）于2001年成立第三工作组（运输法）[Working Group Ⅲ (Transport Law)]，制定新的国际海上货物运输公约。2007年，在公约草案接近完成之际，为研究公约将对我国国际航运、国际贸易及其他相关利益可能产生的影响及我国应采取的对策，交通运输部将"《联合国统一运输法公约》的制定对我国的影响与我国应采取的对策研究"列为2007年度软科学研究项目。

2008年12月，联合国第六十三届大会第六十七次全体会议审议通过了《联合国全程或部分海上国际货物运输合同公约》（United Nations Convention on Contracts for the International Carriage of Goods Wholly or Partly by Sea）。大会授权于2009年9月23日在荷兰鹿特丹举行公约签署仪式，该规则被称为《鹿特丹规则》（Rotterdam Rules）。截至2013年7月底，有24个国家签署了《鹿特丹规则》，其中两个国家（西班牙与多哥）批准了《鹿特丹规则》。我国没有签署《鹿特丹规则》。

《鹿特丹规则》的制定主要是为了适应当前和今后相当长一段时期内国际海上货物（尤其是集装箱货物）多式联运（包括"门到门"运输）方式的变革，适应国际海上货物运输单证电子化的要求，解决国际海上货物运输法律实践中存在的带有普遍性的问题，平衡船货双方的权利和义务，针对当今国际海上货物运输法律不统一的现状，试图建立一套科学、合理地分配船货双方利益和风险的调整国际海上货物运输和包括国际海上运输方式的国际货物运输的法律规则，实现国际海上货物运输制度的统一和现代化。

从《鹿特丹规则》的起草过程、联合国大会通过至开放签署阶段，以及从签署到目前阶段，各国官方机构、政府间和非政府间国际或地区性组织、海商法理论界、国际航运与国际贸易界以及其他相关行业等，对该规则整体或具体规则发表了大量不同意见，对该规则的立场和观点不一，尤其对于该规则确立的新制度可能产生的利弊影响众说纷纭。在我国，理论界对《鹿特丹规则》的评价也是观点不一、众说纷纭。

《鹿特丹规则》具有时代性、先进性和前瞻性等特点，但对于一个国家来说是否"合适"，是否批准或加入该规则，从根本上讲是一个利弊权衡的问题。本项目系统研究《鹿特丹规则》本体以及如果该规则得以实施，其将对我国国际航运、国际贸易以及其他相关行业乃至我国整体经济利益可能产生的全方位影响，并提出我国政府主管部门，国际航运、国际贸易和其他相关行业，以及立法层面应当采取的对策，为我国航运主管部门及其他相关政府主管部门在作出有关决策时提供理论支撑。

二、研究内容

本项目主要研究内容可分为五大方面（见下页图）：

第一，《鹿特丹规则》本体研究。通过分析该规则的制定背景与过程、主要制度及与现行三大国际海上货物运输公约、我国《海商法》第四章"海上货物运输合同"规定的比较，全面分析和正确认识该规则，为分析和研究该规则的前途和命运、该规则如果得以实施将对我国的影响以及我国应采取的对策奠定基础。

第二，分析和研究国际社会，包括主要航运国家与主要贸易国家、相关政府间和非政府间国际和地区性组织对《鹿特丹规则》的立场与态度。世界各国，尤其是主要航运国家与主要贸易国家对于《鹿特丹规则》的认识、利弊判断的标准与尺度以及利弊影响的预判结果等因素，将影响和决定各国对待该规则的立场与态度，进而决定是否签署或批准、加入该规则。具有影响力的相关政府间和非政府间国际和地区性组织对待该规则的立场与态度、理论界对该规则的认识和观点，会直接或间接影响有关国家的立场与态度，是影响该规则前途和命运的一个不可忽视的因素。

第三，基于《鹿特丹规则》本身内容与国际社会主流立场与态度，分析并预测该规则能否生效以及什么时候生效等问题。随着国际航运、国际贸易和其他相关行业的发展，对该规则本身认识的加深，以及对该规则可能对国际航运、国际贸易和其他相关行业影响评估的变化，对规则未来的预测具有局限性，需要不断修正。

第四，从我国国际航运、国际贸易和其他相关行业的现状和发展趋势，以及在

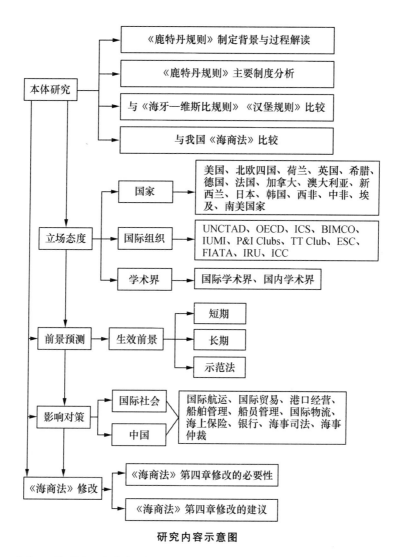

研究内容示意图

国际航运市场和其他相关市场中的竞争力出发,分析如果《鹿特丹规则》得以实施,该规则将对我国国际航运、国际贸易、港口经营、船舶管理、船员管理、国际物流、海上保险、银行、海事司法和海事仲裁产生的影响,并归纳出该规则将对我国整体经济利益的影响,以及基于这种影响,提出我国以及政府主管部门、相关行业和立法层面应当积极采取的对策。并且,基于这种影响和国际社会对该规则的立场和态度,提出我国对该规则应持的基本立场和态度,得出我国暂不宜批准该规则的结论。本部分是本项目研究的重点内容之一。

第五,针对我国《海商法》第四章规定存在的问题,分析我国《海商法》第四章修改的必要性,并提出借鉴《鹿特丹规则》中具有先进性、合理成熟的制度和规定,修改我国《海商法》第四章的具体建议。

三、研究结论

课题研究报告中得出了以下几方面的结论：

第一，《鹿特丹规则》本体。

通过对《鹿特丹规则》的适用范围、承运人责任制度、运输单证和电子运输记录制度、批量合同制度、托运人与单证托运人制度、履约方制度、控制权与权利转让制度、诉讼与仲裁制度等制度本身的研究，以及与《海牙规则》《海牙—维斯比规则》和《汉堡规则》的全面比较研究，我们认为：《鹿特丹规则》为适应国际海上货物（尤其是集装箱货物）多式联运（包括"门到门"运输）方式的变革，适应国际海上货物运输单证电子化的要求，解决国际海上货物运输法律实践中存在的带有普遍性的问题，平衡船货双方的权利和义务，试图建立一套科学、合理地分配船货双方利益和风险的调整国际海上货物运输和包括国际海上运输方式的国际货物运输法律规则，实现国际海上货物运输制度的统一和现代化，作出了重要努力；《鹿特丹规则》具有平衡性、系统性、创新性、复杂性、妥协性、不确定性等特点。

第二，国际社会关于《鹿特丹规则》的立场与态度。

《海牙规则》《海牙—维斯比规则》和《汉堡规则》缔约国分布情况表明，一个国家的国际航运与国际贸易的发展水平，以及某个规则对该国整体经济利益的影响，是该国是否批准或加入该规则的决定性因素。各国目前对待《鹿特丹规则》的立场与态度也是如此。

各国普遍认为现行国际海上货物运输三大规则共存的局面既不利于国际海上货物运输法律的统一，不利于降低运输成本，也不能反映时代发展的要求，从而不利于国际海上贸易运输的发展。

但是，由于《鹿特丹规则》加重承运人的责任、适用范围扩大到包括"门到门"运输的国际货物多式联运、采用批量合同制度，以及该规则本身的复杂性等因素，不少航运国家对该规则持消极态度。在国际航运市场长期低迷并且今后几年前景不容乐观的背景下，大大增加承运人责任的法律制度很难被大多数主要航运国家所接受，只有极少数具有很强市场竞争力的国际航运企业，如国际集装箱运输巨头丹麦马士基公司，凭借自己的市场竞争力，试图借助国际上实行增加承运人责任的法律制度而扩大自己的市场份额。从某种意义上说，《鹿特丹规则》是"生不逢时"。《鹿特丹规则》提高了对货方利益的保护，有利于保护国际贸易运输中货方的利益，但由于该规则的适用范围扩大到包括"门到门"运输的国际货物多式联运、采用的批量合同制度和货物索赔举证规则，以及该规则本身的复杂性等因素，导致不少国际贸易国家对该规则持保留态度。尤其是除美国、荷兰、挪威等少数航运和贸易发达国家外,目前绝大多数主要航运国家和主要贸易国家对《鹿特丹规则》并不持赞同的态度。

第三,《鹿特丹规则》的前景。

首先,《鹿特丹规则》在短时期内生效的可能性不大,在短时期内得到大多数主要航运国家和主要贸易国家批准或加入的可能性并不存在。这主要是因为:一是该规则是国际社会妥协的产物,在该规则制定过程中,具有不同经济利益的国家和代表不同利益集团的国际组织,并没有也不可能对该规则的所有内容达成一致意见;二是该规则涵盖面广、体系庞大、内容复杂而不容易被国际社会广泛接受;三是《鹿特丹规则》采用的批量合同制度允许在一定条件下当事人通过约定背离该规则中的大部分条款,颠覆了传统的海上货物运输法律的强制性,从而增加了被国际社会接受的难度;四是统一的国际规则在当今多元化、多极化时代被广泛认可更为艰难;五是航运市场不景气使得国际航运界很难接受承运人责任的大幅度增加。但是,不排除一种小概率情况的出现,即美国批准《鹿特丹规则》,加拿大等国家跟进批准或加入《鹿特丹规则》,则该规则生效时间将大大缩短。

其次,尽管有种种理由对《鹿特丹规则》的前途表示堪忧,但该规则具有时代性、先进性和前瞻性等特点,符合国际海上货物运输立法的发展趋势,从而仍有理由对《鹿特丹规则》的远景持比较乐观的态度。

再次,在《鹿特丹规则》生效之前,或者大多数主要航运国家和主要贸易国家批准或加入之前,该规则有可能发挥示范法的作用。其先进、合理和成熟的制度和规则,如运输单证和电子运输记录制度、控制权和权利转让制度、货物交付规则等,被一些国家的海商法所借鉴、吸收甚至移植,进而通过国内法的实践为该规则在全球的实施奠定基础。

第四,《鹿特丹规则》对我国的影响。

一旦《鹿特丹规则》在国际上得以广泛实施,尤其是在我国主要国际海上贸易伙伴国家实施,特别是我国批准或加入该规则,该规则将对我国国际航运、国际贸易、港口经营、船舶管理、船员管理、国际物流、海上保险、银行以及海事诉讼和仲裁等领域,都将产生影响。具体而言:一是每一领域都将受到有利的影响,也将受到不利的影响;二是国际航运、国际贸易、港口经营和国际物流将受到直接的影响,并且影响的程度较大;船舶管理、船员管理、国际物流、海上保险、银行以及海事诉讼和海事仲裁将受到间接的影响,并且影响的程度较小;三是就不利影响程度而言,国际航运将受到最大的不利影响,国际贸易其次;四是在同一行业中,在国际市场中竞争力强的企业将因《鹿特丹规则》带来利益,不会受到不利影响或者明显的不利影响,但该规则将给在国际市场中竞争力弱的企业带来不利影响,甚至明显的不利影响。如果目前《鹿特丹规则》得以实施,上述利益影响十分明显;如果该规则在今后一个时期得以实施,由于各领域的现状不可能得到迅速改变,因而上述利益影响依然存在。

由此可以得出结论:目前和今后一个时期《鹿特丹规则》的实施对我国整体经济利益将是利少弊多。这一结果的根本原因是由我国相关行业的国情所决定的。这些相关行业有两个共同的特征:一是所有行业均大而不强,即我国是世界航运大国、贸易大国、港口大国、船员大国、物流大国、海上保险大国,但总体上均不是强国,与世界发达国家先进水平存在一定的或者较大的差距;二是同一行业中强的强、弱的弱、强少弱多,即有的企业在国际市场中的竞争力强,有的企业在国际市场中的竞争力弱,但国际竞争力强的企业数量很少,只有少数国有或国有控股企业,而大量的是国际竞争力弱的中小企业。虽然这种格局是在不断变化过程中,但要根本性改变这种格局,使得具有较强国际竞争力的企业数量有大幅度上升,需要一个很长的时期。因此,目前和今后一段时期我国国际航运、国际贸易和其他相关行业生产力的整体发展水平还无法满足《鹿特丹规则》所要求的较高水平。

第五,我国的对策。

我们就国际航运、国际贸易、港口经营、船舶管理、船员管理、国际物流、海上保险、银行、海事司法和海事仲裁这十个领域,从企业、政府管理、立法等层次分别提出了应对策略。

我们认为,虽然《鹿特丹规则》在短时期内生效的可能性不大,尤其是在短时期内得到大多数主要航运国家和主要贸易国家批准或加入的可能性并不存在,但必须看到《鹿特丹规则》的先进性和前瞻性。它代表了国际海上货物运输法律的发展方向,并与我国航运、国际贸易等相关行业强国发展战略基本契合。因此,我国应当以发展国际航运和国际贸易以及其他相关行业生产力、提升国际竞争力、实现强国战略为目标,从国际航运企业、国际贸易企业和其他行业的企业层面、政府管理层面和国家立法层面,从我国国情和在全球经济一体化大背景下的发展需要出发,针对不同行业和国际市场的特点,积极采取应对措施,努力促使其尽快提升国际竞争力,以尽快适应《鹿特丹规则》对国际航运、国际贸易等行业生产力发展水平的更高要求。

第六,我国对《鹿特丹规则》应持有的立场与态度。

根据立足国情、利弊权衡、循序渐进原则,以《鹿特丹规则》如果在我国得以实施将对我国国际航运、国际贸易以及其他相关行业的利弊影响,从而对我国整体经济利益的影响为根本衡量标准,鉴于目前我国国际航运、国际贸易等相关行业中存在大量国际竞争力弱的中小企业,刚开始从大国到强国的转型过程中,总体发展水平和国际竞争力并不高,《鹿特丹规则》如果在我国得以实施,对我国整体经济利益的影响将是弊大于利,以及考虑到在短时期内大多数主要航运国家和主要贸易国家批准或加入《鹿特丹规则》的可能性几乎不存在,我国暂不宜批准或加入《鹿特丹规则》。

如果《鹿特丹规则》近期在我国得以实施,不但无助于提升我国国际航运、国际贸易和其他相关行业的整体国际竞争力,反而会削弱整体国际竞争力,很多国际竞争力弱的中小企业在国际市场激烈的竞争中会遭到淘汰,从而影响我国国际航运、国际贸易和其他相关市场的安全、稳定和健康发展。但是,我国暂不宜批准或加入《鹿特丹规则》并不是保护国际航运、国际贸易和其他相关行业落后的生产力,而是应当根据循序渐进原则,从维护国际航运、国际贸易和其他相关市场的安全、稳定和健康发展出发,采取积极的应对措施。

第七,《鹿特丹规则》与我国《海商法》第四章的修改。

我国《海商法》实施20年来,对于调整海上运输关系、船舶关系,维护当事人各方的合法权益,促进海上运输和经济贸易的发展,发挥了巨大作用。但是,《海商法》第四章存在一些明显的不足与问题,使得《海商法》的修改成为必要。《海商法》第四章的修改可以并且应当借鉴、吸收甚至移植《鹿特丹规则》中先进、合理和成熟的制度和规则。

《海商法》第四章修改的重点包括:一是扩大《海商法》第四章的适用范围,将水路货物运输合同纳入适用范围,规定《海商法》第四章对我国进出口货物运输的强制适用,并将批量合同纳入适用范围,但不规定批量合同可以背离强制性规则;二是完善承运人责任制度,扩大承运人责任期间,采纳海运履约方制度;三是完善运输单证规则制度,增加海运单与电子运输单证规定;四是完善托运人制度,区别两种托运人的权利义务;五是完善货物交付规则;六是引入控制权与权利转让制度。

目 录

第一章 《鹿特丹规则》制定的背景、过程和特点 …………………… (1)
- 第一节 《鹿特丹规则》制定的背景 ………………………………… (1)
- 第二节 《鹿特丹规则》制定的过程 ………………………………… (16)
- 第三节 《鹿特丹规则》的特点 ……………………………………… (22)

第二章 《鹿特丹规则》的主要制度 ……………………………………… (29)
- 第一节 《鹿特丹规则》的适用范围 ………………………………… (29)
- 第二节 承运人责任制度 ……………………………………………… (35)
- 第三节 运输单证和电子运输记录制度 ……………………………… (52)
- 第四节 批量合同制度 ………………………………………………… (70)
- 第五节 托运人与单证托运人制度 …………………………………… (77)
- 第六节 履约方制度 …………………………………………………… (88)
- 第七节 控制权制度 …………………………………………………… (94)
- 第八节 诉讼与仲裁制度 ……………………………………………… (103)

第三章 《鹿特丹规则》与《海牙—维斯比规则》比较 ………………… (119)
- 第一节 概述 …………………………………………………………… (119)
- 第二节 承运人责任制度比较 ………………………………………… (120)
- 第三节 运输单证制度比较 …………………………………………… (124)
- 第四节 托运人制度比较 ……………………………………………… (128)
- 第五节 时效、管辖权与仲裁制度比较 ……………………………… (129)

第四章 《鹿特丹规则》与《汉堡规则》比较 …………………………… (132)
- 第一节 概述 …………………………………………………………… (132)
- 第二节 承运人责任制度比较 ………………………………………… (133)
- 第三节 运输单证制度比较 …………………………………………… (136)
- 第四节 海运履约方与实际承运人制度比较 ………………………… (140)
- 第五节 托运人制度比较 ……………………………………………… (142)
- 第六节 诉讼与仲裁制度比较 ………………………………………… (144)

第五章 国际社会关于《鹿特丹规则》的立场和态度 …………………… (149)
- 第一节 现行三大公约缔约国家(或地区)现状分析 ……………… (149)

第二节　主要国家在公约制定过程中和通过后的观点和立场…………（174）
第三节　国际组织的立场与态度………………………………………（197）
第四节　国际、国内学术界的观点分歧………………………………（212）
第五节　结论……………………………………………………………（214）

第六章　《鹿特丹规则》生效前景………………………………………（218）
第一节　影响《鹿特丹规则》生效的因素……………………………（218）
第二节　国际社会批准或加入《鹿特丹规则》的可能性分析………（236）
第三节　《鹿特丹规则》未来展望……………………………………（246）

第七章　《鹿特丹规则》对国际航运的影响与对策……………………（253）
第一节　《鹿特丹规则》中影响国际航运的主要规则………………（253）
第二节　我国国际航运发展现状与问题………………………………（255）
第三节　《鹿特丹规则》对我国国际航运的影响……………………（265）
第四节　国际航运企业的对策…………………………………………（278）
第五节　国际航运政府管理的对策……………………………………（280）

第八章　《鹿特丹规则》对国际贸易的影响与对策……………………（284）
第一节　国际海运与国际贸易之间的关系……………………………（284）
第二节　《鹿特丹规则》对我国国际贸易的影响……………………（289）
第三节　我国应采取的相应对策………………………………………（310）

第九章　《鹿特丹规则》对港口经营的影响与对策……………………（317）
第一节　《鹿特丹规则》与港口经营人………………………………（317）
第二节　《鹿特丹规则》对我国港口经营的影响……………………（323）
第三节　我国应采取的相应对策………………………………………（330）

第十章　《鹿特丹规则》对船舶管理与船员管理的影响与对策………（333）
第一节　《鹿特丹规则》中对我国船舶管理与船员管理有潜在影响的
　　　　规则……………………………………………………………（333）
第二节　《鹿特丹规则》对我国船舶管理的影响与对策……………（334）
第三节　《鹿特丹规则》对我国船员管理的影响与对策……………（346）

第十一章　《鹿特丹规则》对国际物流的影响与对策…………………（355）
第一节　我国国际物流的现状…………………………………………（355）
第二节　《鹿特丹规则》对我国国际物流的影响与对策……………（368）

第十二章　《鹿特丹规则》对海上保险的影响与对策…………………（380）
第一节　海上保险概论…………………………………………………（380）
第二节　我国海上保险发展现状………………………………………（383）
第三节　《鹿特丹规则》对海上保险的影响…………………………（392）

第四节　我国保险业的对策 …………………………………………… (395)

第十三章　《鹿特丹规则》对银行业的影响与对策 ………………………… (399)
　　第一节　海上运输规则与银行业 ……………………………………… (399)
　　第二节　《鹿特丹规则》对银行业的影响 …………………………… (402)
　　第三节　我国银行业的对策措施 ……………………………………… (410)

第十四章　《鹿特丹规则》对海事司法和海事仲裁的影响与对策 ………… (413)
　　第一节　《鹿特丹规则》关于时效、管辖和仲裁的规定 …………… (413)
　　第二节　《鹿特丹规则》对我国海事司法、海事仲裁的影响 ……… (427)
　　第三节　我国海事司法、海事仲裁的对策 …………………………… (435)

第十五章　我国是否批准或加入《鹿特丹规则》问题研究 ………………… (441)
　　第一节　批准或加入《鹿特丹规则》应遵循的基本原则 …………… (441)
　　第二节　我国暂不宜批准或加入《鹿特丹规则》 …………………… (445)

第十六章　《鹿特丹规则》与我国《海商法》第四章的比较 ……………… (452)
　　第一节　适用范围 ……………………………………………………… (452)
　　第二节　运输单证和电子运输记录 …………………………………… (453)
　　第三节　承运人的义务与责任 ………………………………………… (456)
　　第四节　托运人的义务与责任 ………………………………………… (466)
　　第五节　货物交付 ……………………………………………………… (469)

第十七章　我国《海商法》第四章修改的必要性 …………………………… (473)
　　第一节　我国《海商法》第四章存在的问题 ………………………… (473)
　　第二节　《鹿特丹规则》对我国《海商法》第四章修改的借鉴意义 … (478)
　　第三节　《海商法》第四章修改的必要性 …………………………… (484)

第十八章　我国《海商法》第四章修改建议 ………………………………… (486)
　　第一节　《海商法》第四章修改应遵循的原则 ……………………… (486)
　　第二节　《海商法》第四章修改建议 ………………………………… (493)

附录　《海商法》《海牙—维斯比规则》《汉堡规则》和《鹿特丹规则》比较表 ……………………………………………………………………… (499)
　　附录一　《鹿特丹规则》与《海牙—维斯比规则》在承运人责任制度
　　　　　　上的条文对比 ………………………………………………… (499)
　　附录二　《鹿特丹规则》与《海牙—维斯比规则》在运输单证制度
　　　　　　上的条文对比 ………………………………………………… (504)
　　附录三　《鹿特丹规则》与《海牙—维斯比规则》在托运人义务和责任
　　　　　　制度上的条文对比 …………………………………………… (508)

附录四 《鹿特丹规则》与《海牙—维斯比规则》在时效制度上的
　　　　条文对比 …………………………………………………… (511)
附录五 《鹿特丹规则》与《汉堡规则》在承运人制度上的条文对比 …… (512)
附录六 《鹿特丹规则》与《汉堡规则》在运输单证制度上的条文对比 …… (518)
附录七 《鹿特丹规则》与《汉堡规则》在海运履约方与实际承运人
　　　　制度上的条文对比 ………………………………………… (522)
附录八 《鹿特丹规则》与《汉堡规则》在托运人义务和赔偿责任
　　　　制度上的条文对比 ………………………………………… (524)
附录九 《鹿特丹规则》与《汉堡规则》在诉讼与仲裁制度上的条文
　　　　对比 …………………………………………………………… (527)
附录十 我国《海商法》第四章与《鹿特丹规则》在适用范围上的条文
　　　　对比 …………………………………………………………… (532)
附录十一 我国《海商法》第四章与《鹿特丹规则》在运输单证制度
　　　　　上的条文对比 ……………………………………………… (534)
附录十二 我国《海商法》第四章与《鹿特丹规则》在承运人制度上的
　　　　　条文对比 …………………………………………………… (539)
附录十三 我国《海商法》第四章与《鹿特丹规则》在托运人制度上的
　　　　　条文对比 …………………………………………………… (553)
附录十四 我国《海商法》第四章与《鹿特丹规则》在货物交付制度上的
　　　　　条文对比 …………………………………………………… (557)

第一章 《鹿特丹规则》制定的背景、过程和特点

第一节 《鹿特丹规则》制定的背景

一、国际海上货物运输立法不统一

(一)《海牙规则》《海牙—维斯比规则》和《汉堡规则》并存

从19世纪末20世纪初开始,国际社会开始了海上货物运输法律统一的进程。但是,经过一个世纪的努力,在国际海上货物运输法律制度方面的统一目标并未实现,突出表现在国际上存在三个海上货物运输公约,分别是:《1924年统一提单若干法律规定的国际公约》[1],简称《海牙规则》(Hague Rules);经《1968年修订统一提单若干法律规定的国际公约议定书》[2][简称《维斯比规则》(Visby Rules)]修订后的《1924年统一提单若干法律规定的国际公约》,简称《海牙—维斯比规则》(Hague-Visby Rules);《1978年联合国海上货物运输公约》[3],简称《汉堡规则》(Hamburg Rules)。

1897年,国际海事委员会(Comité Maritime International, CMI)在比利时安特卫普成立。国际海事委员会是非政府间的国际组织,成员为各国或地区的海商法协会,其宗旨是通过各种方式寻求海商法律的国际统一。从20世纪初开始,国际海事委员会陆续起草了海商法方面的众多国际公约,除《海牙规则》和《维斯比规则》外,还包括有关船舶碰撞、海难救助、海事赔偿责任限制、船舶优先权与抵押权、船舶扣押、海事管辖权等方面的国际公约。其中,《海牙规则》的制定具有重大的历史意义,是国际社会统一国际海上货物运输法律的第一次尝试。《海牙规则》制定后被国际社会广泛接受,其确立的海上货物运输法律制度为全球多数国家和地区直接或间接所采用。

随后,国际航运事业不断发展,《海牙规则》的部分规定不适合当时国际海上

---

[1] "International Convention for the Unification of Certain Rules of Law Relating to Bills of Lading", signed at Brussels, August 25, 1924 and in force as of June 2, 1931.

[2] "Protocol to Amend the International Convention for the Unification of Certain Rules of Law Relating to Bills of Lading", adopted at Brussels, February 23, 1968, and in force as of June 23, 1977.

[3] "United Nations Convention on the Carriage of Goods by Sea", signed at Hamburg on March 31, 1978, and in force as of November 1, 1992.

贸易的需要,尤其是承运人对货物灭失或者损坏的赔偿责任限额远远低于当时灭失或者损坏的货物价值,不利于保护货主的利益。因此,在1963年国际海事委员会大会上开始讨论修订《海牙规则》相关事宜。1968年2月23日在比利时布鲁塞尔召开的外交大会上,通过了修改《海牙规则》的议定书,即《维斯比规则》。经《维斯比规则》修订后的《海牙规则》称为《海牙—维斯比规则》。《维斯比规则》对《海牙规则》的修改主要表现在:承运人责任限制、提单的证据效力、非合同之诉讼、承运人的受雇人或者代理人的法律地位、诉讼时效、规则的适用范围。《维斯比规则》于1977年6月23日生效。

1969年国际货币基金组织(IMF)创设"特别提款权"(Special Drawing Right, SDR)作为货币记账单位。1979年12月31日在布鲁塞尔召开的外交大会上,通过了修订《海牙—维斯比规则》的议定书,全称为《修订(经1968年议定书修订的)统一提单若干法律规定的国际公约的议定书》[Protocol to Amend the International Convention for the Unification of Certain Rules of Law Relating to Bills of Lading (as Amended by the Protocol of 1968)]。经该议定书修订的《海牙—维斯比规则》仍称为《海牙—维斯比规则》。该议定书于1984年4月生效。该议定书将《海牙—维斯比规则》中的承运人赔偿责任限额单位"金法郎"修改为"特别提款权"(SDR)。以下所称《海牙—维斯比规则》均指经1979年议定书修订的《海牙—维斯比规则》。

《维斯比规则》对《海牙规则》作了一些有益的修改,对维护建立在《海牙规则》基础上船货双方利益的平衡起到一定的作用,但没有触及《海牙规则》的核心——承运人的责任归责原则,因而很多第三世界国家,以及代表货主利益的发达国家如美国、加拿大、法国、澳大利亚,要求从根本上修改《海牙规则》的愿望未能得到实现。同时,《海牙—维斯比规则》存在内容不够完善,不少规定含义不够明确、清楚等不足。

有鉴于此,联合国贸易和发展会议(United Nations Conference on Trade and Development, UNCTAD)于1969年4月设立国际航运立法工作组,研究提单的法律问题。该工作组在1971年第2届会议上作出两项决议:第一,对《海牙规则》和《维斯比规则》进行修改,必要时制定新的国际公约;第二,在审议修订上述规则时,应清除规则中含义不明确之处,建立船货双方平等分担海运货物风险的制度。按照分工,上述工作后来移交给联合国国际贸易法委员会(United Nations Commission on International Trade Law, UNCITRAL)。该委员会下设的国际航运立法工作组于1976年5月完成起草工作。1978年3月6日至31日,在德国汉堡有78个国家代表参加的联合国海上货物运输会议上通过了1978年《汉堡规则》。《汉堡规则》于1992年11月生效。

至此,在国际海上货物运输领域,出现了三个国际公约并存的局面。根据国际海事委员会的统计,截至目前,有96个国家和地区加入《海牙规则》,包括我国香港和澳门特别行政区,其后又有20个国家退出,到目前批准或加入《海牙规则》的国家和地区有76个;有32个国家和地区加入《海牙—维斯比规则》,以澳大利亚、荷兰、德国、英国、法国等航运或贸易大国为主。另据联合国国际贸易法委员会的统计,截至目前,有34个国家和地区加入《汉堡规则》,但基本上是一些发展中国家,许多是非洲和其他地区的内陆国家,航运大国和贸易大国都没有加入该公约,所有参加国的商船总吨位不到世界商船总吨位的2%。

因此,目前三个国际公约中,没有一个国际公约在全球范围内为大多数航运和贸易国家或地区所参加。

(二) 国内(地区)立法和国际公约的不一致

世界各国或地区除参加上述三个国际公约之外,还存在部分国家,包括中国在内,没有参加任何一个国际公约,且在本国法中采用"混合运输制度"(hybrid carriage regimes),以一到两个国际公约为基础,增加本国特色的规定,形成本国的国际海上货物运输法律。尤其是在《汉堡规则》生效后,一些国家或地区对其国内或地区法作出修改,在《海牙规则》和《海牙—维斯比规则》的基础上,一定程度上吸收了前两个规则所欠缺而《汉堡规则》新增的先进部分,加剧了国际上海上货物运输法律制度的不统一。

例如,1993年7月1日施行的《中华人民共和国海商法》(以下简称《海商法》)第四章"海上货物运输合同"第一节到第六节的规定,是以《海牙—维斯比规则》为基础,同时在形式和内容上适当吸收了《汉堡规则》的不少规定,并根据中国的国情规定了一些具有中国特色的内容。这是经过长期的慎重考虑后作出的选择。又如,1994年瑞典、挪威、丹麦和芬兰四国的海商法[简称《北欧海商法》(Nordic Maritime Code)]中有关国际海上货物运输合同的规定,与我国《海商法》第四章有很大的相似之处。再如,1998年澳大利亚《海上货物运输规则》(Carriage of Goods by Sea Regulations)、1999年《俄罗斯联邦商船航运法典》(Merchant Shipping Code of Russian Federation)第八章"海上货物运输合同"的规定,也不同程度地采用了这种方式。"混合运输制度"已成为当今国际海上货物运输法律的一大特色。

此外,一些航运国家的海上货物运输法律中具有重要的本国成分。其中,最典型的是关于承运人对货物灭失或者损坏赔偿责任限制的规定。例如,美国《1936年海上货物运输法》(Carriage of Goods by Sea Act,1936)规定为每件或者每一习惯运输单位500美元,《德国商法典》第660条曾规定为每件或者每单位1250德国马克,《韩国商法典》第789B条曾规定为每件或者每一其他货运单位500 SDR,新加坡法律规定为每件1563.54新加坡元或者每公斤4.69新加坡元。

(三)各国或地区司法实践中存在差异

司法实践中,各国或地区法院在解释国际海上货物运输的同一国际公约或者国内或地区法中的相同规定时,往往产生差异。产生这种差异的原因,除法官对国际公约或者国内或地区法律认识上的差异外,由于海上货物运输法律在一国或地区的法律体系中并不是孤立存在,而是与相关的民商法有着紧密的联系,法官经常要借助于民商法来解释国际海上货物运输法,而各国或地区的民商法存在一定的或者较大的差异。本国或地区的船东利益倾向或者货主利益倾向,也可能是产生这种差异的原因。

当现行法律规则对国际海上货物运输实践中遇到的问题没有规定或者没有明确规定时,各国或地区的司法实践做法往往很不一致。例如:

第一,现行三个公约对发货人和托运人没有详细区分,产生实践中"谁有权利要求签发提单""提单上记载的托运人的地位""FOB贸易下卖方的地位"等问题,同时增加了司法实践的诉累。

第二,在司法实践中,承运人识别问题一直是困扰司法界的一大难题。这直接关系到海上货物运输责任主体的确定,增加了货主起诉的困难。

第三,传统海上货运立法中规定了严格的凭单放货,但航运实践中无单放货、凭保函放货的现象比比皆是,这也造成了司法实践中对此类行为难以界定的困境。

(四)具体法律规则的缺失

国际海事委员会认为,在国际海上货物运输法律制度方面,现行各国国内法和国际公约在以下问题上留有很大的空白:提单和海运单的作用,这些运输单证同货物买卖双方的权利和义务之间的关系,及其同向运输合同一方提供资金的银行的法律地位之间的关系。[1] 这些问题的解决非常复杂,需要做详细的前期研究。

受联合国国际贸易法委员会的委托,国际海事委员会在1999年就海上运输法律制度存在的问题进行了范围广泛的问卷调查,并成立了一个国际分委员会对此进行分析。调查表涉及下列问题:一是货物检查和运输单证中的货物说明;二是运输单证(除货物说明外,运输单证中的日期、签字和说明);三是承运人的权利(运费、空舱费、滞期费、其他变更和留置权);四是托运人和收货人的义务;五是目的地交货和收货;六是"处置"权。[2]

---

[1] A/CN.9/476:《运输法:未来可进行的工作》(2000),第2段,第2页。
[2] A/CN.9/476:《运输法:未来可进行的工作》(2000),第13段,第3页。

1. 货物检查和运输单证中的货物说明

当承运人或实际承运人接管货物时,承运人必须根据托运人的要求,向托运人签发提单。提单应载明由托运人提供的货物细节,包括货物的一般性质、识别货物的主要标志、货物危险性质的明确说明、包(捆)或件数、货物的重量或标明的数量,以及货物的外表状况。这些要求在《海牙规则》第3条第(3)款(b)项、《海牙—维斯比规则》第3条第(3)款(b)项和(c)项、《汉堡规则》第15条第1款(a)项和(b)项都有明确的规定。

实践中出现的问题是承运人检查货物责任的程度,特别是在实际检查并不实际合理或经济上并不可行的情况下,如运输散装货、集装箱货、大量小件物品运输、装载港没有过磅设施等。另一个问题是提单或者运输单证所记载的详细情况在多大程度上应成为该情况的表面证据,特别是在托运人以电子手段提供此种情况的情形下。

从一般要求上说,承运人有合理的理由怀疑托运人提供的资料与货物不符时,如果有适当的手段加以核对,便有义务核查托运人提供的资料。国际海事委员会的调查表明,各国做法基本一致,但也有一些差异。一些国家的法律规定通过外观视觉检查确定货物是否处于"外表"完好状态(澳大利亚、加拿大、中国、匈牙利、土耳其、英国、美国)。某些国家的法律还要求考虑其他一些因素,如重量(澳大利亚、日本)、噪音和气味(日本)和大副收据(新西兰)。在波兰,虽然承运人需保持应有的注意,但除提单中记载的内容外,被认为并不知道运输货物的情况。在印度尼西亚,如果承运人收到的货物处于完好状态,则认为对货物的状况"进行了检查"。

如果货物装在集装箱内并经托运人包装(阿根廷、澳大利亚、印度尼西亚、荷兰、挪威、英国和美国),除重量和检验报告外(意大利、荷兰),对散装货物(中国),一般的包装货物(荷兰),对技术货物(挪威),如果清点货物不经济(意大利、荷兰)或者没有过磅设施(美国),承运人便没有核对托运人提供的详细情况的适当手段。

如果托运人所提供的资料明显不正确(澳大利亚、加拿大、荷兰、挪威、西班牙和美国),或者如果承运人有理由认为托运人所提供的资料不正确(澳大利亚、加拿大、挪威、西班牙和美国),承运人可拒绝在提单中记载这种资料。但在意大利,承运人只能拒绝在提单中记载实际已发现不正确的资料。[1]

2. 运输单证

《汉堡规则》第16条列举了提单中需记载的最低限度的资料,但《海牙规则》和《海牙—维斯比规则》第3条第3款仅规定了三项内容,即用于识别货物的主标志,货物的包数或件数、或者数量、或者重量,货物的外表状况。特别是《海牙规

---

[1] A/CN.9/476:《运输法:未来可进行的工作》(2000),第17—23段,第3—4页。

则》和《海牙—维斯比规则》没有提及提单的签发日期、签字和识别承运人的方法。因此,提单记载的内容和托运人提供资料的疏漏或不准确的后果等问题基本留待国内法解决。

(1) 提单签发日期

提单或其他运输单证注明日期是强制性的(阿根廷、中国、朝鲜、德国、印度尼西亚、黎巴嫩、荷兰、挪威、波兰、西班牙和土耳其),或者虽然不是强制性的,却属于普遍做法(澳大利亚、加拿大、新西兰、英国和美国),通常是为了满足银行信用证的需要。

提单注明的日期是指提单的签字日期(朝鲜、意大利、日本和荷兰),签发日期(德国和波兰),收货或装货日期(澳大利亚、加拿大、中国、意大利、日本、新西兰、挪威、土耳其、英国和美国)或在货物装到船上后24小时内(西班牙)。

(2) 提单签字

提单的签字在一些国家是强制性的(阿根廷、中国、朝鲜、匈牙利、意大利、日本、黎巴嫩、荷兰、挪威、波兰、西班牙和土耳其),但有些国家没有规定需要签字(澳大利亚、加拿大、德国、印度尼西亚、新西兰、英国和美国)。在有些国家提单是否签字可根据发货人的要求而定,或者因为银行信用证的要求一般在实践中需要签字(澳大利亚、加拿大、新西兰、英国和美国)。[1]

(3) 运输单证上除货物说明以外的其他说明

一些国家法律要求提单中载明承运人的名称(中国、德国、意大利、日本、黎巴嫩、挪威、波兰、西班牙和土耳其)和承运人的地址(中国、德国、黎巴嫩和挪威)或船长的地址(西班牙),或仅仅是承运人的地址(意大利)或名称(波兰)。有些国家的法律没有这种要求(阿根廷、澳大利亚、加拿大、匈牙利、印度尼西亚、荷兰、新西兰、英国和美国)。[2]

3. 承运人的权利

有关承运人权利的主要问题包括:赚得运费的时间和支付运费的时间,合同落空对支付运费义务的影响;承运人是否有权留置货物直到运费支付;承运人是否可行使货物留置权;托运人在多大程度上可依靠责任终止条款以避免承担赔偿责任;承运人是否可像请求运费那样请求亏舱费、滞期费和其他费用,或者是否这些问题取决于运输单证。

(1) 运费

"运费预付"和"运费到付"的含义基本上有统一的解释,即"预付"是指承运人

---

〔1〕 A/CN.9/476:《运输法:未来可进行的工作》(2000),第28段,第4页。
〔2〕 A/CN.9/476:《运输法:未来可进行的工作》(2000),第30段,第4页。

无权向收货人请求运费,而"到付"意味着承运人可向收货人请求运费(阿根廷、加拿大、中国、朝鲜、印度尼西亚、意大利、日本、荷兰、新西兰、挪威、西班牙、土耳其和美国)。在支付运费义务上也有很大程度的统一性或一致性,即收货人承担支付运费的义务(加拿大、德国、匈牙利、日本、黎巴嫩、波兰、挪威和土耳其),或初步推定由托运人承担此种义务(加拿大、匈牙利、荷兰和美国),否则视合同约定而定(阿根廷、澳大利亚、中国、意大利、日本、新西兰和西班牙)。提单中间持有人可能(加拿大)或不可能(在日本)承担运费支付义务。

普遍认为,承运人完成运输即已赚得运费,除非合同另有约定(阿根廷、澳大利亚、加拿大、中国、印度尼西亚、意大利、日本、荷兰、新西兰、挪威、土耳其、英国和美国)。同样,赚得运费(货物到达)后一般即应支付运费,除非合同另有约定(阿根廷、澳大利亚、加拿大、中国、印度尼西亚、意大利、日本、荷兰、新西兰、挪威、土耳其、英国和美国)。

航程受阻对运费的影响各有不同,表现为:承运人可保留获得运费的权利(意大利),或只在已获得运费的情况下承运人才可保留获得运费的权利(英国);在取得的运费和整个运费的比例上有不同(匈牙利、日本、挪威、西班牙和美国);如果在航程受阻之前已支付了运费,则承运人可保留运费,但如果没有支付运费,承运人则无权要求支付运费(澳大利亚和新西兰)。[1]

(2) 亏舱费、滞期费和其他费用

托运人支付亏舱费、滞期费和其他费用的义务视合同约定而定(阿根廷、澳大利亚、加拿大、日本、新西兰、挪威和英国)。在意大利,托运人对支付亏舱费负有责任;在土耳其,如果收货人不像支付运费那样支付亏舱费和其他费用,承运人可拒绝交货。除在印度尼西亚外,责任终止条款一般有效(澳大利亚、加拿大、中国、意大利、荷兰、挪威、西班牙、瑞典、土耳其、英国和美国)。

除合同另有约定外,收货人应支付亏舱费、滞期费和其他费用(澳大利亚、加拿大、日本、荷兰、新西兰、挪威和英国)。在挪威,收货人只对装货港的滞期费负有支付义务,且要求提单中明确载有装货港滞期费的数额。[2]

(3) 留置权

承运人拒绝交货直至得到运费的权利,除有少数例外之外(阿根廷),得到了广泛的承认(澳大利亚、加拿大、中国、德国、匈牙利、印度尼西亚、意大利、日本、黎巴嫩、荷兰、新西兰、挪威、波兰、西班牙、土耳其、英国和美国)。承运人的权利以占有货物为条件,通常这种权利在交货之后便不再继续存在(澳大利亚、加拿大、新西

---

[1] A/CN.9/476:《运输法:未来可进行的工作》(2000),第33—35段,第5页。
[2] A/CN.9/476:《运输法:未来可进行的工作》(2000),第36—37段,第5页。

兰、挪威、波兰、英国和美国）。但在一些国家例外，如在阿根廷、德国、意大利和黎巴嫩，但在阿根廷和意大利，要求承运人积极行使这种权利。

在日本，承运人可行使一般留置权。但在一些国家并非如此，如在阿根廷、意大利、黎巴嫩、荷兰、西班牙和美国。在澳大利亚、加拿大、新西兰、挪威和英国，留置权需在运输合同中有明确约定。[1]

4. 托运人和收货人的义务

托运人必须装运可明确识别的货物，并在运输单证中提供准确的货物说明（阿根廷、澳大利亚、加拿大、德国、印度尼西亚、日本、荷兰、新西兰、挪威、英国和美国）。如果货物由托运人包装，托运人必须按货物的性质进行适当包装（德国）；托运人只有征得承运人的同意方可装运危险货物（在日本和德国，这一义务仅是通知承运人货物是危险货物），并根据具体情况，遵守关于标志和包装危险货物的任何要求（加拿大）；以运输合同约定的方式向承运人提交货物，以及除非另有约定并在运输单据中载明，必须支付运费（日本）。

收货人必须收取货物（加拿大、中国、匈牙利、印度尼西亚、意大利、日本、荷兰、挪威、波兰、西班牙、英国和美国）并提走货物（加拿大），即使货物已被损坏（阿根廷、加拿大、荷兰、波兰和英国），只要货物仍然可辨认（加拿大和波兰），保留其商业特性（澳大利亚、新西兰和英国），除非货物已推定全损（美国）。收取货物必须以及时（澳大利亚、加拿大、波兰、英国和美国）和合作（阿根廷、澳大利亚、意大利、荷兰、新西兰、挪威、波兰、西班牙、英国和美国）的方式进行。如果货物被损坏得面目全非，收货人应提供一切必要的合作使承运人能够检查货物（西班牙）。

如果合法的提单持有人发出了交货的指示，承运人应接受这种指示（澳大利亚、加拿大、中国、日本、新西兰、波兰、英国和美国），并应在目的地向收货人交货（阿根廷、澳大利亚、加拿大、印度尼西亚、意大利、荷兰、波兰、土耳其、英国和美国）。如涉及冷藏货物，新西兰还要求承运人根据请求，提供货物在承运人保管期间的温度记录资料。[2]

5. 在目的地交付和接受货物

这方面的问题包括：在什么情况下收货人可拒绝接受货物；在这种情况下，承运人应采取的适当做法是什么；如果像实践中常常发生的那样，货物在运输单据之前到达，交货的适当程序是什么。

承运人应向有权提取货物的人交付货物。如果承运人交付货物而收货人没有出具提单，承运人对随之产生的任何损失应负赔偿责任（澳大利亚、德国、新西兰、

---

[1] A/CN.9/476：《运输法：未来可进行的工作》(2000)，第38—39段，第5页。
[2] A/CN.9/476：《运输法：未来可进行的工作》(2000)，第40—43段，第5—6页。

西班牙、土耳其、英国和美国)。保函是一份单独的合同,以赔偿承运人因此种交付而遭受的损失。但是,根据保函交货并不影响收货人向承运人提出赔偿的权利(澳大利亚、加拿大、匈牙利、日本、荷兰、新西兰、挪威、西班牙、土耳其、英国和美国)。

如果在卸货港收货人不提取货物或拒绝提取交货,便出现承运人应采取什么适当做法,以及在什么情况下承运人可处理货物的问题。许多国家的法律规定承运人处理货物的权利(阿根廷、加拿大、匈牙利、印度尼西亚、意大利、日本、荷兰、新西兰、挪威和美国)。承运人可将货物卸岸并通过海关处理货物(新西兰),将货物存入仓库(阿根廷、加拿大、中国、朝鲜、匈牙利、印度尼西亚、意大利、日本、荷兰、新西兰、挪威、土耳其、英国和美国)。某些国家的法律则要求承运人将货物交存主管的司法当局(印度尼西亚、意大利、日本和西班牙)。

此种情况下,承运人应当发出通知(德国、匈牙利、意大利和日本),并应立即(匈牙利、意大利和日本)向收货人(日本)或向发货人(匈牙利和意大利)发出。货物存储费可加到货物上(阿根廷和美国),由托运人承担(加拿大、匈牙利和日本),或者在假定收货人已成为运输合同的一方当事人(荷兰)或请求提货或者据此提出索赔要求(澳大利亚、新西兰和英国)的情况下,由收货人承担(加拿大、中国、朝鲜、荷兰、挪威、英国和美国)。

经过一定时间后,承运人可以出售或拍卖货物。这一期限在中国是 60 天,匈牙利是 15 天,日本是 14 天,挪威是"合理的期限",西班牙是 20 天。货物根据法院的命令出售(中国、印度尼西亚、日本和荷兰)。如果收货人依然不予合作,货物可以被出售(新西兰),或者可以被随意拍卖(日本)。[1]

6. 处置权和向承运人发出指令的权利

运输合同的特点之一是承运人的合同相对方有处理货物的权利。这一权利特别包括要求承运人在运输途中停止运输货物、改变交货地点、向运输单证中指定为收货人以外的另一收货人交付货物等权利。除这些权利外,拥有此种权利的人可同承运人重新商定新的条件,但承运人在这种情况下有拒绝或接受此种合同变动的权利。虽然《海牙—维斯比规则》和《汉堡规则》等国际公约都没有涉及这一问题,但若干关于其他运输方式的文书已经涉及这一问题,从而至少提供了可能进一步统一的基础。[2]

---

[1] A/CN.9/476:《运输法:未来可进行的工作》(2000),第 44—50 段,第 6 页。
[2] A/CN.9/476:《运输法:未来可进行的工作》(2000),第 51 段,第 7 页。

二、国际航运和电子商务的新发展

（一）国际航运新发展对立法提出的要求

国际航运市场的发展要求，永远是国际海上货物运输立法的基础和基本推动力。美国 1893 年《哈特法》，以及效仿《哈特法》制定的澳大利亚 1904 年《海上货物运输法》、新西兰 1908 年《航运及海员法》、加拿大 1910 年《水运法》[1]、《海牙规则》等具有共同背景，即解决的是国际航运市场面临的共同问题，也即承运人滥用合同自由原则导致船货双方风险分担的严重失衡。其发展路线是从国内法到国际法，核心都是通过规定承运人承担的最低义务和责任，承运人享有的最大免责范围和对货物灭失或损坏的赔偿限额，实现船货双方利益的相对平衡。

《海牙—维斯比规则》的制定，一方面是为了克服《海牙规则》本身存在的缺陷，另一方面是为了适应国际航运发展的需要。规定提单的最终证据效力、提高承运人的赔偿责任限额、增加承运人赔偿责任限额的计算方法、适用范围、诉讼时效协议延长，以及为承运人的受雇人员和代理人提供法律保护等，是《维斯比规则》相对于《海牙规则》新增加的内容。

《维斯比规则》相对于《海牙规则》是改革并不是革命，因为前者的修订内容并未触及后者的核心。第二次世界大战后，发展中国家在国际政治舞台（尤其是联合国）发挥越来越重要的作用。第二次世界大战以后几十年国际经济贸易发展的黄金时代，国际航运也获得了巨大的发展，发展中国家航运业逐渐兴起，并占有一定的市场份额。航运技术的发展和集装箱运输的推广不仅提高了运输效率，而且大大降低了运输风险。现代技术使得国际贸易货物的价值越来越高。这些因素使得《海牙—维斯比规则》在一定程度上不再适应国际航运现实。《汉堡规则》通过确立完全过错责任原则、提高承运人赔偿责任限额、增设迟延交付制度和保函制度等应对新的要求。

《汉堡规则》制定于 20 世纪 80 年代，距今已有 30 多年。这期间国际航运发生了很大变化，可以说超过了在此之前的一个世纪国际航运的变化。经济全球化和经济一体化是近几十年国际经济发展的大背景，相当多的发展中国家如"金砖五国"、拉丁美洲诸国、亚太地区发展中国家等在全球经济和贸易中的地位迅速上升。全球经济和贸易总量达到了相当的规模。集装箱运输使"门到门"运输成为现实，并成为降低物流费用的主要方式。现代技术在航运业的综合运用进一步提高了航运效率、降低了航运风险。

---

[1] 参见杨良宜：《提单》，大连海事大学出版社 1994 年版，第 13 页。

但是,包括国际海上货物运输立法在内的国际货物运输立法并没有跟上现代经济贸易、现代技术发展的步伐。国际货物运输立法仍然局限于单一运输方式体制,没有真正形成国际多式联运法律制度。传统运输单证制度以安全为导向,与现代物流要求高效率的目的发生冲突。网络时代奠定了电子商务的重要性,但传统的国际海上运输法律没有直接吸收利用电子商务这种新的商务方式。过错责任原则甚至无过错责任原则是现代合同法和侵权法基本的归责原则,以现代技术武装起来的国际航运业是否还需要不完全过失责任原则作为其发展的基石? 这些因素导致:一方面,现代技术和商业习惯不能及时反映到国际海上货物运输法律制度上来;另一方面,现有国际海上货物运输法律规则不统一和复杂性又进一步加剧了航运交易和贸易的成本。

国际海上货物运输法律制度的发展关键在于解决法律规则的多样性,并在这一过程中充分考虑现代经济、贸易、航运、技术等的新发展,在更高程度上实现国际海上货物运输法律制度的统一。这是 21 世纪初摆在国际社会面前的一项新课题。

英国法学家施米托夫早在 20 世纪 60 年代就归纳了国际商法的发展阶段,其基本思想至今具有指导价值。他认为,从历史上看,国际商法经历了三个发展阶段:第一阶段在中世纪,以商人习惯法的形式出现;第二阶段是商人习惯法被纳入各国的国内法制度;第三阶段是对 19 世纪过分夸大的国家主权采取公正批判态度的时期。[1] 从国际海上货物运输法律制度近一个世纪的发展来看,尚未完成第三阶段的任务。

(二) 电子商务新发展对立法提出的要求

电子商务是一个范围广泛的概念,也称电子商业。1996 年联合国国际贸易法委员会通过《电子商务示范法》(Model Law on Electronic Commerce),其中对电子商务没有直接的定义。1996 年《国际贸易法委员会电子商务示范法及其颁布指南》指出:"电子商务"所包括的通信手段有以下各种以使用电子技术为基础的传递方式:以电子数据交换进行的通讯,狭义界定为电子计算机之间以标准格式进行的数据传递;利用公开标准或专有标准进行的电文传递;通过电子手段例如通过互联网进行的自由格式的文本的传递。在某些情况下,电子商业概念还可包括电报和传真、复印等技术的应用。[2]

电子商务立法主要调整电子商务过程中参与各方的法律关系,以实现法律对于交易的确认、保护和救济。其内容主要涉及:一是电子签章、电子合同、电子记录

---

[1] 参见[英]施米托夫:《国际贸易法文选》,中国大百科全书出版社 1992 年版,第 4 页。
[2] 参见联合国国际贸易法委员会:《国际贸易法委员会电子商业示范法及其颁布指南》,第 19 页。

的立法,特别是电子签章的有效性问题、电子合同的形式问题;二是交易环节的有效性、安全性和相关方权益保护立法,如交易平台的法律责任,特别是电子交易的安全问题立法;三是电子商务信任环境立法,如数据与隐私权保护、消费者保护等问题的立法;四是其他问题,如税收问题、法律管辖冲突、垃圾邮件和网络广告的法律问题,链接和软件的专利性问题。这其中最重要的是电子签章、电子合同、电子记录的法律。

自1985年以来,联合国国际贸易法委员会制定了一系列调整电子商务活动的示范规则,主要包括:1985年《关于电脑记录法律价值的建议》、1996年《电子商务示范法》及指南、2001年《电子签字示范法》、2005年《联合国国际合同使用电子通信公约》。1990年6月24日至29日国际海事委员会在巴黎召开的第34届大会上通过了《国际海事委员会电子提单规则》(CMI Rules for Electronic Bills of Lading)。在我国,2004年8月28日颁布、2005年4月1日起实施的《中华人民共和国电子签名法》(以下简称《电子签名法》)规定了电子签名和电子数据认证的法律效力。1999年3月15日颁布、1999年10月1日起施行的《中华人民共和国合同法》(以下简称《合同法》)第11条规定:"书面形式是指合同书、信件和数据电文(包括电报、电传、传真、电子数据交换和电子邮件)等可以有形地表现所载内容的形式。"从而,赋予电子数据具有书面效力。原交通部先后颁布了《海上国际集装箱运输电子数据交换管理办法》《海上国际集装箱运输电子数据交换电子报文替代纸面单证管理规则》《海上国际集装箱运输电子数据交换协议规则》《海上国际集装箱运输电子数据交换报文传递和进出口业务流程规定》等部门规章,为我国国际海上集装箱运输中电子单证的使用与管理提供了一定的法律依据。

联合国国际贸易法委员会关于《鹿特丹规则》的制定工作,最先开始于该委员会于1996年第29届会议通过《电子商务示范法》之后对电子商务领域未来工作的审议。在该届会议上,该委员会审议了一项建议:将审查国际海上货物运输领域现行惯例和法律列入其工作方案,以便确定有无必要在尚无统一规则的方面制定这种规则,并使各种法律比现在更为统一。这并不是时间上的巧合,而是国际海上货物运输立法不适应电子商务发展的必然要求。

在我国,电子商务可以采用的报文格式包括:一是《UN/EDIFACT报文格式》(联合国标准);二是国家技术监督局公布的EDI报文格式(国家标准);三是原交通部颁布的EDI报文格式(部颁标准);四是用户间协商的报文格式(自定义标准)。电子报文的传递方式:一是E-MAIL方式;二是WWW方式;三是FTP方式;四是EDI方式。立法的滞后使得国际海上货物运输中电子商务应用受到了极大的限制。《国际海事委员会电子提单规则》是非强制性的,而且不包括海运单在内。我国《海上国际集装箱运输电子数据交换管理办法》只限于EDI平台,不包括其他传递方式,并且对运输单证的电子化没有具体规定。

国际海上货物运输电子商务立法必须以一般电子商务立法为基础,并考虑国际航运的特殊性及其具体应用。联合国国际贸易法委员会制定的电子商务领域的几个示范规则确立了电子商务的全球标准和规则,但作为示范规则不具有强制性,国际海上运输公约的统一需要以强制性为基础。这导致了国际海上货物运输电子商务立法在公约层面的难题。

三、重新平衡船货双方利益的需求

(一)《海牙规则》——船货双方利益的第一次博弈

在人们传统的印象中,《海牙规则》一直被视为维护承运人利益的一个国际公约,并被广大货主所抨击、指责,但事实上它却是货主维权的结果。19世纪的英国商船队在世界航运舞台上起着举足轻重的作用,英国法律也因此得以在世界范围内产生深刻影响。根据英国法律,从事海上件杂货运输的承运人是公共承运人(common carrier),从事租船运输的承运人是私人承运人(private carrier)。公共承运人针对众多不特定的货主。因此,为了保护货主的利益,英国法律对承运人规定了严格的责任,除少数可以免责的事项外,承运人对于货物的灭失、损坏都要承担赔偿责任。但是,合同自由是英国法律一直以来坚持的基本原则。公共承运人利用自己的优势地位,以合同自由为基础在提单中增加大量的免责条款,完全背离了法律上的严格责任。滥用合同自由原则的结果是:提单持有人(货主)的利益无法得到保证,妨碍了国际贸易的顺利进行。针对这种状况,代表货主利益的美国率先制定了1893年《哈特法》,对于货物运输合同中承运人的免责、权利和义务等进行规制,其实质内容被1924年《海牙规则》所采纳。《海牙规则》明确规定了承运人两项最低的基本义务和17项最大限度的免责事项,并明确规定海上货物运输合同承运人不可以违反该规则。承运人两项最基本的义务是:在开航前和开航当时谨慎处理使船舶适航;在货物装载、搬移、积载、运输、保管、照料、卸载的七个环节中妥善而谨慎地管理货物。虽然《海牙规则》规定的船长、船员等航海过失免责和火灾免责引起了广大货主的极大不满,但在当时的政治、经济背景下,《海牙规则》仍具有积极的进步意义,至少在一定程度上规制了航运实践中承运人过滥、过多增加免责条款的状况,是广大货主维权的结果。

(二)《海牙—维斯比规则》——船货双方利益的第二次较量

"二战"之后,国际政治、经济形势发生了巨大变化,许多发展中国家纷纷独立,航海技术和造船技术快速发展,经济发展开始出现通货膨胀。此时,《海牙规则》的不足开始暴露出来,如承运人的赔偿责任限额过低等,且无法适应20世纪50年代末出现的集装箱运输。因此,航运界、贸易界对《海牙规则》进行修改的呼声日益高涨,并形成了两派不同意见:一是代表航运利益的国家或地区,坚持在《海牙规则》基础上进行适当修改,理由是《海牙规则》在过去的几十年里已经产生大量的判例,对于该规则的具体解释有了比较明确的认识和统一,且《海牙规则》也没有产生大的问题,没有必要伤筋动骨;二是代表货主利益的国家或地区,希望对《海牙规则》进行较大幅度的实质修改,彻底废除过于维护船方利益的条款,尤其是"航海过失"免责及火灾免责条款,并希望海运承运人的责任基础能够与航空、铁路等其他运输方式一致,理由是海上运输的特殊性已经随着三项技术的发展而变得没有必要再搞特殊化。由于当时国际政治形势、国家或地区实力差距较大等诸多因素,代表船方利益的一派占据上风,1968年通过的《维斯比规则》维持了《海牙规则》的核心制度。

从本质上讲,《维斯比规则》没有改变《海牙规则》的实质,特别是作为承运人责任基础的不完全过错责任原则没有任何动摇。总体上本次修改仍然侧重于保护承运人利益,例如明确了承运人的受雇人、代理人的法律地位和非合同之诉中的免责权利等,从而规避了货主绕过承运人起诉其受雇人、代理人或者绕过运输合同以侵权为由起诉承运人的可能。但应当看到,货主利益还是再一次得到部分体现:第一,提高了承运人赔偿责任限额(10 000金法郎,1979年修改为666.67SDR);第二,考虑到集装箱运输的特殊性以及为了保护货主的利益,确定了双轨赔偿机制,即承运人赔偿责任限额亦按灭失或受损货物毛重每公斤30金法郎(1979年修改为2SDR)计算,以较高者为准;第三,为了保护提单受让人的合法权益,明确规定了提单的证据效力。

(三)《汉堡规则》——船货双方利益的再次交锋

虽然20世纪60年代有关修改《海牙规则》的"船货之争"因《维斯比规则》的出台而画上句号,但货主维权的活动和意识并没有因此而终止。在联合国下属的两个国际组织——联合国贸易和发展会议(UNCTAD)和联合国国际贸易法委员会(UNCITRAL)的不断努力下,又经过了大约10年的时间,1978年3月6日至31日在德国汉堡有78个国家代表参加的联合国海上货物运输会议上通过了《汉堡规则》,并于1992年11月1日生效。

与前两个公约相比较,《汉堡规则》最大的变化体现在以下几个方面:第一,删除了承运人免责条款,采用完全过失责任原则,并且只要货物在承运人掌管期间发生损失,就推定承运人有过错。虽然作为各方利益的妥协,该规则规定对承运人过失造成火灾的举证责任由货方承担,但货方很可能因举证不能而丧失向承运人索赔的机会;第二,较大幅度提高了承运人赔偿责任限额,相对于《维斯比规则》提高幅度为 25%,即每件或者每货运单位 835SDR,或者货物毛重每公斤 2.5SDR,两者取较高者;第三,明确规定了承运人对迟延交付货物的责任,但作为再一次妥协,对于因为迟延交付货物造成的市场跌价等经济损失,仅规定承运人的赔偿责任以该迟延交付货物运费的 2.5 倍为限;第四,承运人的责任期间扩大,不再是《海牙规则》规定的装货到卸货,而是扩大到装货港到卸货港;第五,为了保护货主的索赔权利,诉讼时效延长至两年,仲裁时效也为两年;第六,增加了对舱面货(甲板货)、活动物等货物的规定;第七,明确了承运人、实际承运人、托运人、收货人等概念并规定其权利、义务和责任;第八,明确了提单的含义、记载的事项及证据效力。总体而言,《汉堡规则》在维护货主利益的道路上又前进了一步。

(四) 船货双方利益再次平衡的需要促使《鹿特丹规则》出台

船方和货方是海上货物运输的两大主体,海上货物运输立法是为船货双方利益服务的。船货双方之间既是利益相对,又是相辅相成的关系,其对于法律的需求既有相同的一面,也有不同的一面。因此,确保航运业稳定发展,关键在于平衡船货双方的利益。船货双方利益之间的矛盾是国际海上货物运输法律制度发展的内在动力之一,具体体现为:一是作为托运人和收货人的货方与作为承运人的船东之间的矛盾;二是作为货主国家和作为航运国家的矛盾;三是保险人、港口经营人、集装箱场站经营人、货运代理人、船舶代理人和无船承运人等作为相关利益主体与船货双方之间形成的利益关系。

从上述三个公约的出台背景看,均是在船货双方利益驱动下产生,是对船货双方利益的重新平衡。但国际航运业发展至今,船货双方的地位发生了巨大的变化,现有公约在调整船货双方利益上的缺陷也日益突显,突出体现在承运人过失免责存留与否。早在 20 世纪 90 年代,许多主要代表货主利益的国家已不满于现状,试图通过制定新的公约以维护货主的权益。

在海运发展初期,大多以帆船等小型船舶进行运输,人们抵御海上风险的能力薄弱,出海航行所夹杂的风险较大。这对于当时从事海上货物运输的人而言无疑是最大的担忧。为了促使人们投身于航海事业,势必要给予一定的鼓励,使其权利得到充分保障来弥补海上风险带来的弊端。因此,与当时这种低下的生产力发展水平相适应,海上货物运输立法倾向于保护承运人的利益,以有效地促进航运业的发展。《海牙规则》和《海牙—维斯比规则》赋予承运人航海过失免责以及火灾过失免责的初衷就在于鼓励更多商人投身于航运业。

然而,随着科学技术的日新月异,造船技术、航海技术和通讯技术水平不断得到提高,尤其是集装箱船等大型船舶的建造技术日益成熟,大大提高了抵御海上风险的能力。因此,与这种生产力发展水平相适应,国际上主流观点认为,若再以过失免责的形式来保护承运人的利益,势必导致船货利益不平衡,因而在现行的航运背景下,取消承运人过失免责成为海上货物运输国际立法的必然趋势,在新的制度中重新平衡船货双方利益的需要日益迫切,从而为航运发展营造一个更为公平的法律环境。

第二节 《鹿特丹规则》制定的过程

一、概述

20世纪末21世纪初,根据国际经济、贸易、航运新的发展要求,联合国重新承担起国际海上货物运输法律制度统一的使命。

从1996年联合国国际贸易法委员会第29届大会决定将审查国际海上货物运输领域当时的做法和法律列入其工作方案开始计算,到2008年12月11日联合国第63届大会通过《鹿特丹规则》,《鹿特丹规则》制定过程长达12年之久。期间,《鹿特丹规则》制定工作经历了从国际海事委员会到联合国国际贸易法委员会,再到联合国大会的过程,参与的国家和组织众多。

二、国际海事委员会的前期工作

1990年之前,国际海事委员会预见到《汉堡规则》生效后,将出现《海牙规则》《海牙—维斯比规则》和《汉堡规则》并存的局面,为了解决因此出现的国际海上货物运输的不统一问题,起草了一个国际海上货物运输规则,准备提交1990年6月在巴黎举行的国际海事委员会第34届大会通过,使之成为一个民间规则,并定名为《巴黎规则》(Paris Rules)。但是,主要考虑到该规则一旦出台,国际上将出现四个规则并存的局面,不但无助于国际海上货物运输不统一问题的解决,反而会使得国际海上货物运输更加不统一,因而《巴黎规则》即告流产。在这次会议上,通过了《国际海上货物运输法律统一的报告》,表明了国际海事委员会将继续致力于国际海上货物运输法律的统一。

1996年联合国国际贸易法委员会第29届大会决定,将审查国际海上货物运输领域当时的做法和法律列入其工作方案。会议决定由秘书处搜集关于实践中产生的各种问题的有关资料、看法和意见,以及对这些问题的可能解决办法,并认为这种资料搜集工作应尽可能广泛,除征求各国政府意见外,还应包括与海上货物运输有关的商业部门的国际代表组织,如国际海事委员会、国际商会(ICC)、国际海上保险人联合会(IUMI)、国际货运代理协会联合会(FIATA)、国际航运公会(ICS)和国际港口协会(IAPH)。《鹿特丹规则》的起草工作正式展开。

受联合国国际贸易法委员会的授权,《鹿特丹规则》的最初起草工作由联合国国际贸易法委员会秘书处和国际海事委员会共同进行,并且以国际海事委员会为主。国际海事委员会为了完成使命,在其执行理事会下专门设立一个指导委员会负责有关工作。1998年,根据工作需要,指导委员会建议国际海事委员会成立运输法国际分委员会(ISC),邀请所有国家海商法协会和有关贸易和海运的各国际组织的代表参加。1998年5月,运输法国际分委员会成立,先后召开了6次专家小组会议后。在2000年7月第三次专家小组会后,提出框架文件第一稿,后几易其稿,于2001年11月第六次专家小组会后形成《运输法最终框架文件草案》,提交联合国国际贸易法委员会讨论。其完成的第一件重要工作是起草调查表,包括国际海上货物运输法律存在的六大方面的问题,向各国海商法协会调查所在国有关法律的具体规定及对这些问题的解决建议。该分委员会通过圆桌会议和双边会议,同业内的不同部门进行磋商,并向国际海事委员会汇报工作。

2000年初,国际分委员会举行第一次会议,详细研究了国际海上货物运输法律存在的六大方面问题。同时,国际海事委员会授权国际分委员会拟定了一项旨在实现运输法统一的《运输法框架文件草案》。2000年6月12日至7月7日在纽约召开的联合国国际贸易法委员会第33届大会期间,联合国国际贸易法委员会秘书处与国际海事委员会联合举行了第一次运输法讨论会,形成了工作报告——《运输法:未来可进行的工作》。该报告的主要目的是认清国际海上货物运输法律存在的问题及征求专家意见。

国际分委员会在2000年举行了四次会议,审议未来运输法文书的范围和可能的实质性解决办法。2001年2月12日至16日在新加坡举行的国际海事委员会大会上讨论了《运输法框架文件草案》和一份关于"门到门"运输的文件。

2001年6月25日至7月13日在维也纳召开的联合国国际贸易法委员会第34届大会上,进一步形成了《运输法领域未来可能开展的工作》的秘书处报告。该报告内容以国际海事委员会新加坡会议召开之前,国际分委员会就未来运输法有关制度提出的基本设想为基础,包括定义条款中的履约承运人概念、适用范围、责任期、承运人的义务、承运人的赔偿责任、托运人的义务、运输单证、运费、向收货人交货、控制权、权利的转移、诉讼权、时效、管辖权和仲裁。

在国际海事委员会新加坡会议后,国际分委员会继续工作,在2001年12月最后形成了《国际海事委员会统一运输法最终框架文件草案》,并提交联合国国际贸易法委员会。此后,国际分委员会并没有停止工作,在联合国国际贸易法委员会第三工作组接手运输法公约起草工作后,继续提供建议。

《国际海事委员会统一运输法最终框架文件草案》包括十三章,分别是定义、适用范围、责任期间、承运人的义务、承运人的责任、托运人的义务、运输单证、运费、向收货人交货、控制权、权利转让、诉讼权和时效。

三、联合国国际贸易法委员会第三工作组

(一) 第三工作组的成立

2001 年联合国国际贸易法委员会第 34 届会议上,秘书处提交了《运输法领域未来可能开展的工作》报告,归纳了从国际海事委员会国际分委员会的讨论到当时为止产生的考虑和建议,并决定成立第三工作组(运输法)[Working Group Ⅲ(Transport Law),以下简称"第三工作组"]。2002 年初,第三工作组成立,其任务是:与有关国际组织合作,制定新的国际货物运输公约,内容包括:适用范围、承运人的责任期间、承运人的义务、承运人的赔偿责任、托运人的义务和运输单证等。新公约的目标是:取代现有三规则,并覆盖《1980 年联合国国际货物多式联运公约》和《1991 年联合国国际贸易运输港站经营人赔偿责任公约》的部分内容,并为各国广泛参加和实施。第三工作组由联合国国际贸易法委员会的 50 个成员国和众多观察员组成。成员国中包括中国、美国、日本、德国、法国、意大利、英国、加拿大、澳大利亚、俄罗斯、印度、韩国、希腊、西班牙、瑞典、巴西、南非等世界上重要航运和贸易国家,以及众多的非洲和南美洲国家(其中很多是《汉堡规则》的参加国)。观察员包括:丹麦、挪威、荷兰等重要航运和贸易国家,以及国际上官方与非官方组织,如联合国贸易和发展会议(UNCTAD)、国际海事委员会(CMI)、国际商会(ICC)、国际航运协会(ICS)、欧洲托运人协会(ESC)、波罗的国际航运公会(BIMCO)、国际船东保赔协会集团(International Pool of P&I Clubs)、国际海运保险联合会(IUMI)、国际货运代理协会联合会(FIATA)、国际港口协会(IAPH)等。

(二) 第三工作组开展的具体工作

第三工作组第一次会议于 2002 年 4 月 15 日至 26 日在纽约召开,称为第三工作组第 9 届会议。运输法第三工作组第一次会议被称为第 9 届会议,是因为该编号延续了在此以前该工作组从事《汉堡规则》起草工作的会议编号。另外,第三工作组每次会议编号与联合国国际贸易法委员会会议不同,两者分别编号。

第三工作组对《鹿特丹规则》的起草工作从第 9 届会议至 2008 年 1 月 14 日至 25 日在维也纳召开的第 21 届会议,共召开了 13 次会议。各届会议均有联合国国际贸易法委员会的成员国和观察员出席并参与相关议题的讨论。每届会议完成以下主要工作:通过临时议程、讨论《鹿特丹规则》草案、通过报告、针对各国提案进行讨论。

第三工作组各届会议讨论的公约草案重点议题如下：

第9届会议：将适用范围扩大到"门到门"运输；草案的一般性政策问题，包括定义条款、承运人的义务、托运人的义务、运费等。

第10届会议：适用范围；承运人责任，包括承运人责任基础、免责（主要为航海过失免责以及火灾过失免责删除）、主要义务（延迟、绕航、交付、对舱面货的责任、灭失损害的通知义务）；赔偿额计算；参与履约一方的责任；赔偿责任的限制以及丧失限制的情形。

第11届会议：运输单证和电子记录；合同细节应包括的内容；向收货人交付货物；控制权，包括享有控制权的主体、控制权行使的期限、方式以及限制；权利的转让，包括可转让单证的签发使用、可转让电子记录的签发使用；诉权，包括诉权的行使主体、诉讼时效等；共同海损；公约和其他公约的关系；合同自由限度。

第12届会议：决定将核心问题分为三类。第一类问题是"适用范围"，该标题下的第一小类问题是"与国际和国内立法的冲突"，包括：一是运输合同；二是履约方和网状责任；三是已确定事发地和未确定事发地的货物灭失或损坏。第二小类问题是"海运段的地理范围"。第二类问题为"合同自由"，包括租船合同的例外、远洋班轮运输业务协定的规定、运输和货代混合合同、单向或双向强制性规定等。第三类问题是"承运人义务和责任"，包括免责、责任限制、默示修订程序、延误以及（作为持续义务的）适航性。在讨论这三大类问题之后讨论以下四个议题：托运人的义务、诉讼地的选择与仲裁、货物交付、控制权。这届会议主要讨论了适用范围和履约方问题，并对承运人责任基础以及赔偿范围等进行了讨论。

第13届会议：履约方的赔偿责任；承运人迟延交付货物的责任；赔偿额计算；责任限制及丧失；灭失、损坏或迟延交付的通知；非合同性索赔；与海上货物运输有关的补充条款；托运人义务；运费。

第14届会议：承运人责任基础；合同自由；管辖权；仲裁；电子商务。

第15届会议：适用范围及合同自由的相关问题；仲裁和诉讼；电子商务有关修改。

第16届会议：管辖权和仲裁；货物交付运输；托运人提供信息和指示的义务；托运人赔偿责任基础；承运人交付货物。

第17届会议：控制权；权利转让；向收货人交付货物；留置权；托运人义务；承运人和托运人违反公约未明确规定的义务而应承担的赔偿责任；适用范围、合同自由及相关条文；记名提单。

第18届会议：运输单证和电子运输记录；管辖权和仲裁；托运人义务方面的迟延和未决事项；赔偿责任的限定，包括"对限额的修正"；拟推迟到今后在另一份文书（如示范法）中审议的可能的专题清单；诉权和诉讼时效。

第19届会议:总则部分相关问题;适用范围;电子运输记录;责任期间;承运人的义务;承运人对灭失、损坏或迟延交付承担的赔偿责任;托运人向承运人履行的义务。

第20届会议:运输单证和电子运输记录;交货义务;控制方权利;权利转让;赔偿责任限制;诉讼时效和诉权;仲裁和管辖;与其他公约的关系;最后条款。

第21届会议:以 A/CN.9/WG.III/WP.101 所载的案文为基础,开始对公约草案进行最后审议。工作组商定,虽然可对公约的条款加以进一步改进和澄清,但只要这些条款反映的是工作组已经达成的协商一致,对政策选择一般不必再作审议,除非共同意见强烈认为应当这样做。工作组还商定参考相关的条款审查公约第1条中的各项定义。审议结束时,工作组通过了公约草案的案文。

在整个制定过程中,在第三工作组的组织下,各国积极参与《鹿特丹规则》草案条文的讨论,核心争议集中在承运人过失免责废除、责任限制数额的确定、允许的合同自由限度、管辖等问题。就上述问题,各国代表纷纷提出议案,经过各届会议的讨论和工作组审议,在权衡船货双方利益以及各国利益的基础上最终以妥协的方式定案,尽量使《鹿特丹规则》案文简化,能为广大国家接受,并且较复杂的问题可在如示范法等较灵活的国际法律文书中得到更适当的处理,从而解决现行海上货物运输国际立法存在的问题。

四、《鹿特丹规则》的通过、签字和生效

(一)《鹿特丹规则》的通过

2008年1月14日至25日,第三工作组在维也纳召开第21届会议。这是第三工作组对《鹿特丹规则》草案的最后一次审议。工作组最后通过了《鹿特丹规则》草案,提交联合国国际贸易法委员会审议通过。

2008年6月16日至7月3日,联合国国际贸易法委员会在纽约召开第41届会议。2008年7月3日,联合国国际贸易法委员会通过了《鹿特丹规则》草案。

2008年联合国在维也纳举行第63届大会。在2008年9月19日第2次全体会议上,联合大会决定将《联合国国际贸易法委员会第四十一届会议工作报告》列入其第63届会议议程并分配第六委员会。第六委员会在2008年10月20日以及11月5日和14日第9次、第10次、第25次和第26次会议上审议了联合国国际贸易法委员会的工作报告。

2008年11月5日第25次会议上,包括中国在内的81个国家代表团提出了题为《联合国国际贸易法委员会第四十届会议续会和第四十一届会议工作报告》的决议草案(L/C.6/63/L.4)的提案。在11月14日第26次会议上,第六委员会通过了决议草案。《鹿特丹规则》草案作为第六委员会决议草案三提交联合国大会审议通过。

2008年12月11日,联合国第63届大会通过了《联合国全程或部分海上国际货物运输合同公约》,并建议将公约命名为《鹿特丹规则》(Rotterdam Rules)。

(二)《鹿特丹规则》的签字

根据联合国第63届大会的决定,2009年9月23日在荷兰鹿特丹举行了《鹿特丹规则》的开放签字仪式,16个国家签署了《鹿特丹规则》,它们是:刚果、丹麦、法国、加蓬、加纳、希腊、几内亚、荷兰、尼日利亚、挪威、波兰、塞内加尔、西班牙、瑞士、汤加、美国。

截至2013年9月底,签署《鹿特丹规则》的国家为25个,有两个国家批准加入《鹿特丹规则》(见表1-1)。

表1-1 签署、批准《鹿特丹规则》国家情况

国家	签署时间	批准、接受、加入时间
亚美尼亚共和国	2009-09-29	
喀麦隆	2009-09-29	
刚果	2009-09-23	
刚果民主共和国	2010-09-23	
丹麦	2009-09-23	
法国	2009-09-23	
加蓬	2009-09-23	
加纳	2009-09-23	
希腊	2009-09-23	
几内亚	2009-09-23	
卢森堡	2010-08-31	
马达加斯加	2009-09-25	
马里	2009-10-26	
荷兰	2009-09-23	
尼日尔	2009-10-22	
尼日利亚	2009-09-23	
挪威	2009-09-23	
波兰	2009-09-23	
塞内加尔	2009-09-23	
西班牙	2009-09-23	2011-01-19
瑞典	2011-07-20	
瑞士	2009-09-23	
多哥	2009-09-23	2012-07-17
美国	2009-09-23	
几内亚比绍	2013-09-24	

(三)《鹿特丹规则》的生效条件

《鹿特丹规则》第 94 条"生效"规定：

（1）本公约于第 20 份批准书、接受书、核准书或加入书交存之日起一年期满后的下一个月第一日生效。

（2）一国在第 20 份批准书、接受书、核准书或加入书交存日之后成为本公约缔约国的，本公约于交存该国的相应文书一年期满后的下一个月第一日对该国生效。

（3）运输合同于本公约对一缔约国生效之日或生效之后订立的，该缔约国应对其适用本公约。

本条规定了《鹿特丹规则》本身生效的条件、对一个国家生效的条件和对具体一个运输合同生效的条件，其中的关键是《鹿特丹规则》本身的生效。

第三节 《鹿特丹规则》的特点

一、平衡性

基于《海牙规则》和《海牙—维斯比规则》倾向于保护船方利益的普遍认识，《鹿特丹规则》在《汉堡规则》的基础上，根据国际经济、贸易和航运发展的新现实，试图再一次对船货双方的利益进行平衡。这种平衡是试图通过提高对货主利益的保护来实现。

（1）承运人两大基本义务发生变化。第一，承运人谨慎处理使船舶适航的时间，不再限于《海牙规则》和《海牙—维斯比规则》第 3 条第 1 款规定的船舶开航之前和开航当时，而是贯穿整个航次期间，还特别提出承运人提供的集装箱也要适航。[1] 第二，承运人管货义务包括货物接收、装载、搬移、积载、运输、保管、照料、卸载和交付九个环节，与《海牙规则》和《海牙—维斯比规则》第 3 条第 2 款的规定相比，增加了货物接收和交付两个环节的义务。[2]

（2）承运人责任基础发生变化。采用完全过失责任原则，废除了航海过失免责；对于火灾免责，仅限于船舶上发生的火灾，而且要求承运人及其雇佣人员对于火灾的发生没有过错。[3]

（3）免责事项的部分内容发生变化。《鹿特丹规则》明确规定，对于救助海上

---

〔1〕《鹿特丹规则》第 14 条"适用于海上航程的特定义务"。
〔2〕《鹿特丹规则》第 13 条"特定义务"。
〔3〕《鹿特丹规则》第 17 条"赔偿责任基础"。

财产而言,必须是合理措施导致的货损,承运人才可以免责。

(4) 与《海牙规则》《海牙—维斯比规则》和《汉堡规则》的规定相比,提高了承运人对货物灭失或者损坏的赔偿责任限额。

(5) 承运人责任期间再一次扩大,包括海上运输前后的区段,可以涵括海上运输区段在内的国际货物多式联运。[1] 从一定意义上,《鹿特丹规则》对于承运人责任期间的规定并未实质上提高了承运人的责任,而只是对国际航运实践,尤其是国际集装箱多式联运的认可。

(6) 明确规定运输单证制度和电子运输记录制度。根据《鹿特丹规则》的规定,运输单证包括可转让的运输单证和不可转让的运输单证,而在《海牙规则》和《海牙—维斯比规则》中,海运单等不可转让运输单证的法律地位并不明确。电子运输记录制度符合电子商务在国际海上货物运输中的广泛应用前景,具有划时代的意义。

(7) 第一次规定了"履约方"制度。履约方是在承运人指示、控制下从事全部或部分运输的人,包括海运履约方和非海运履约方。责任主体范围的扩大有利于货方找到责任方并对其提起索赔。

(8) 对货物交付、控制权、权利转让等涉及货方利益的内容予以专章明确规定。

可见,《鹿特丹规则》与以往的国际公约相比较,更多地考虑了货方的利益,甚至有些承运人义务和责任的规定比《汉堡规则》还要严格,如承运人责任期间的规定。然而,《鹿特丹规则》在起草过程中,并没有出现一边倒,完全地偏袒货方利益,而只能说是公平的砝码再一次偏向货方。相比较《海牙规则》《海牙—维斯比规则》和《汉堡规则》,《鹿特丹规则》用了较多篇幅明确托运人的义务和责任,包括接收货物的义务、告知货物信息的义务等。因此,《鹿特丹规则》在重新平衡船货双方利益方面作出了很大努力,较以往公约具有显著的船货双方权利义务的平衡性。

二、系统性

《鹿特丹规则》共有十八章96条,内容覆盖面极广,包括"总则""电子通信""适用范围""责任期间""承运人的义务""承运人对灭失、损坏或迟延交付承担的赔偿责任""关于特定运输阶段的补充条文""托运人的义务""运输单证和电子运输记录""向收货人交付货物""控制权""权利转让""赔偿责任限制""诉讼时效""管辖权""仲裁""共同海损""合同条款的有效性""与其他公约之间的关系"等。《海牙规则》共16条,《海牙—维斯比规则》共17条,《汉堡规则》共34条。显然,

---

[1] 《鹿特丹规则》第12条"承运人的责任期"。

《鹿特丹规则》的内容较现行公约更具系统性。

在内容方面,《鹿特丹规则》通过"运输单证"和"电子运输记录"的概念将提单、海运单等各种运输单证都包括在内,改变了传统的以提单为核心的规则体系;在承运人管货义务方面,增加了货物接收和交付两个环节,弥补了传统规则的空白;由于"门到门"运输的需要,《鹿特丹规则》有多条规定涉及海运与其他运输方式中有关国际公约之间的关系;在实体规则和程序规则关系处理方面,《鹿特丹规则》除规定实体方面的权利义务外,丰富了管辖权与仲裁等程序法方面的内容,使得该规则更为完整。《鹿特丹规则》的这一做法弥补了《海牙规则》和《海牙—维斯比规则》缺乏程序法方面内容的不足。

三、创新性

(一) 建立最小网状责任制

《鹿特丹规则》采取"海运+其他"的适用模式,即如果运输合同符合公约规定的适用条件,包括海运区段以及海运之前或之后的其他非海运方式的运输,除非在该非海运区段存在强制性的国际公约,否则公约适用于该非海运区段。换言之,公约不影响任何现已生效的调整公路、航空、铁路、内陆水域承运人对货物灭失或损坏的赔偿责任的国际公约。这一制度称为"最小网状责任制"(minimum network liability system)。因此,《鹿特丹规则》的适用范围可以扩张至多式联运合同的整个运输区段,符合国际集装箱货物"门到门"运输的发展趋势对于法律制度的需求。

(二) 增设电子运输记录制度以促进电子商务在航运中的运用

《鹿特丹规则》同时确立了运输单证(transport document)制度和电子运输记录(electronic transport record)制度,从而确立了传统纸面运输单证和新兴的电子运输单证相平行的体系。在这个体系中,运输单证和电子运输记录是彼此独立、平行而又可转换的关系。运输单证指纸面的运输单证,包括传统纸面提单,也包括海运单和其他形式的运输单证。电子运输记录制度不仅意味着电子提单的法律地位在《鹿特丹规则》中得到承认,而且意味着电子提单在法律上已经摆脱传统纸面提单而成为一种海运单证。《鹿特丹规则》还承认电子运输记录的流通性,使电子运输记录具有书面权利凭证的典型功能,此举将大大促进电子商务在航运中的运用。

(三) 引进"海运履约方"概念以解决港口经营人的困境

以往公约对港口经营人的法律地位缺乏明确规定,导致实践中难以对港口经营人的权利义务进行界定。《鹿特丹规则》在《汉堡规则》规定的"实际承运人"基础上,创设了"海运履约方"(maritime performing party)的概念,即在承运人直接或间接要求或指示下,实际履行或承诺实际履行承运人在"港至港"运输区段义务的人,主要包括海运承运人和海运港口经营人。海运履约方与托运人之间不存在直接的合同关系,但公约对承运人责任的规定亦适用于海运履约方,从而明确了港口经营人的法律地位及其权利义务,使其合法利益得到法律保障。

(四)首次突破运输立法的强制性适用

《鹿特丹规则》创设批量合同(volume contract)[1],并采取非强制适用的方式,即允许批量合同的当事人在符合一定条件的情况下,背离公约的规定,在批量合同中约定高于或低于公约规定的权利、义务和责任。公约对批量合同也并非完全实行合同自由,而是给予一定限制,即针对某些特定的权利义务,如承运人谨慎处理使船舶适航义务、托运人对于危险品应尽的义务,以及因违反这些义务所产生的责任,不允许合同当事人通过约定背离公约。这是对以往国际海上货物运输公约和国内法强制适用的一大突破。美国 1893 年《哈特法》作为国际上第一部海上货物运输的国内立法,即是为了限制承运人滥用合同自由而产生。《海牙规则》继承了这一特点,《海牙—维斯比规则》和《汉堡规则》以及其他国家的海上货物运输立法,均对国际海上货物运输领域的合同自由进行了严格限制,以保护货方尤其是第三者提单受让人的利益。

但是,随着批量合同在国际集装箱货物运输中的广泛使用,以及批量合同双方当事人的谈判地位相对均衡,如果严格限制合同自由,将不利于交易效率的提高。在此背景下,《鹿特丹规则》通过批量合同制度在一定程度上突破了对合同自由的严格限制。该规则对批量合同的绝大多数规定均为任意性的,仅在批量合同中没有约定或没有不同约定时,才予以适用。

(五)运输与贸易立法结合的首次尝试

《鹿特丹规则》扩充传统运输立法内容,引入国际贸易相关概念。现行《海牙规则》《海牙—维斯比规则》和《汉堡规则》的内容主要是围绕承运人对货物灭失、损坏的赔偿责任展开。这是传统海上运输法所调整的核心内容。早在联合国国际贸易法委员会 1996 年第 29 届会议上,该委员会就认识到,现行国际公约在"提单和海运单的作用、这些运输单证同货物买卖双方的权利和义务之间的关系以及向运输合同一方提供资金的人(如银行)的法律地位"方面存在很大的空白,而"一些

---

[1] 《鹿特丹规则》第 1 条第 2 款对"批量合同"的定义为:"'批量合同',系指在约定期间内分批运送指定数量货物的合同。数量的指定可以包括最低数量、最高数量或一定范围的数量。"

国家的立法对这些问题作了规定,但各国内法的规定大相径庭,还有一些国家对这些问题没有任何规定,这使货物的自由流通受到妨碍,交易成本因之增加,有制定国际统一规则的必要性"。因此,《鹿特丹规则》在传统运输立法内容的基础上,将规制对象扩张至"控制权""权利转让""向收货人交付货物"等与贸易法密切相关的内容。这是规范运输与贸易接口法律问题的首次尝试。

四、复杂性

(一)规则体系复杂

就《鹿特丹规则》的法律框架来看,其体系庞大、内容复杂可见一斑。《海牙规则》共16条,实质性条文仅为10条;《汉堡规则》也不过34条,实质性条文为26条;《鹿特丹规则》共96条,实质性条文有86条。就条文的数量来看,已远远超过现行公约。

在国际海事委员会最初接受联合国国际贸易法委员会委托考虑新规则制定工作问题时,联合国国际贸易法委员会仅将规则的调整范围限于"港到港"运输的法律问题。随着规则制定工作的深入,规则的调整范围扩大到国际货物多式联运、电子商务等问题后,规则内容不可避免地大量增加。联合国国际贸易法委员会第三工作组进一步将调整范围扩大到管辖权和仲裁等问题。结果是,《鹿特丹规则》比《汉堡规则》等国际公约在规则体系上要庞大得多,也要复杂得多。

(二)调整范围广泛

《鹿特丹规则》不是一部单纯的国际海上货物运输公约,实质上包含了海运、多式联运、港口经营等以国际海上货物运输为基础展开的相关法律规则,是一部综合性的国际公约,其名称《联合国全程或部分海上国际货物运输合同公约》或者制定中简称《运输法公约》等概念,也表明其不仅仅是一部国际海上货物运输公约。

《鹿特丹规则》调整范围的广泛性,主要通过两方面的规则得以体现:第一,承运人的责任期间"自承运人或履约方为运输而接收货物时开始,至货物交付时终止";第二,范围广泛的"履约方"(performing party),即"履约方,是指承运人以外的,履行或承诺履行承运人在运输合同下有关货物接收、装载、操作、积载、运输、保管、照料、卸载或交付的任何义务的人"。

(三)处理海运与贸易之间的关系

在《鹿特丹规则》起草之初,规则起草者已经认识到运输单证与货物买卖合同当事人之间的权利义务关系是立法上的一个空白,有意将该问题纳入解决的范围。

"控制权""权利转让"成为《鹿特丹规则》的基本制度,并且用两章分别予以规定。

"控制权"和"权利转让"这两方面的规则是以国际海上货物运输合同为基础,在一定程度上是突破合同相对性或者运输合同延伸到贸易业务的表现。控制权是指根据运输合同或法律的规定,当货物处在承运人掌管期间时,控制权人所享有的要求承运人中止运输、交回货物、变更目的地或变更收货人等权利,其目的是保护买卖合同当事人依据买卖合同可能获得的利益或者避免这些利益遭受损失。权利转让虽然与国际贸易直接相关,却是运输单证或电子运输记录本身应有的规则。

五、妥协性

《鹿特丹规则》在制定过程中广泛吸收各方意见和建议,参加规则起草者既有联合国国际贸易法委员会成员国和观察员国家,也有政府间国际组织;既有非政府间国际组织,也有个人专家;既有海运业代表,也有公路、铁路、港口、货运代理和多式联运等方面的代表。这样一种机制,既是国际立法民主性的体现,也是保障《鹿特丹规则》反映各方的立场和利益,为公约的生效奠定基础。同时,使得《鹿特丹规则》不可避免地体现出各方利益博弈的结果,使公约带有很大程度的妥协色彩。

《鹿特丹规则》是世界不同国家、不同利益集团妥协的产物。国际海事委员会具体负责运输法前期起草的国际分委员会邀请了不同国家海商法协会的代表、国际海事委员会咨询成员以及代表船方、货方、保险人、港口等的国际组织参加。其中的行业协会组织代表各自行业的立场和利益是非常正常的现象,如代表船东利益的国际船东组织倾向于维护承运人的利益,代表货方利益的国际货主组织倾向于维护货主的利益。代表保险人利益的保险行业组织(包括船东保赔协会)从船东责任保险和货物运输保险综合角度衡量新规则对其自身的影响而表达出应有的立场和地位。即使是各国政府或海商法协会,也是从国家利益(航运利益、贸易利益等)出发,确定立场并提出意见和建议。其中,航运大国和贸易大国的立场是不同的。既是航运大国又是贸易大国的国家,其立场需要兼顾航运和贸易两方面的利益,有别于单纯的航运大国或者贸易大国的立场。航运和贸易不是很发达的一些中小国家在《鹿特丹规则》的制定过程中所发挥的作用相对较小。

六、不确定性

法律规则一般需要在实践中运用并通过解释才能真正明白其中的含义,即使是看起来非常简单的规则也是如此。对于《鹿特丹规则》来说,其规则的本身含义往往不是通过简单的字面解释(文义解释)能够完全明白。

《鹿特丹规则》有些条文内容比较丰富,包含多层次的内容,其内在逻辑关系较复杂。这对于以原则性、简洁性为特点的大陆法系国家或地区(尤其是我国)的读者来说,无疑会存在理解上的困难。

《鹿特丹规则》对于国际海上货物运输法律传统的概念赋予了很多新的含义,或者用不同于以往的方式进行定义。同时,与《海牙规则》和《海牙—维斯比规则》基本上建立在成熟的国际海上货物运输实务操作和英美判例基础之上不同,《鹿特丹规则》创设的一些新概念和新制度,有的是基于法律原则的演绎,甚至是法律逻辑推理,而缺乏实践基础或者没有足够的实践基础,最典型的要算电子运输记录制度。这些规则在准确理解上无疑会遇到障碍,而且其合理性和可操作性有待于将来实践的检验。

法律规则的解释以一定的法律文化为背景,具有不同法律文化背景的人对同一规则的理解可能存在分歧。可以预见,普通法系和大陆法系将对《鹿特丹规则》存在一定程度的不同解释。对于普通法系来说,只有借助司法判例才能实现对成文法规则的完整解释。在海上货物运输法律领域,英美等普通法系国家的判例一直以来对成文法规则的解释发挥着重要的作用。所以,在司法实践中形成对《鹿特丹规则》确定的解释需满足三个条件:一是需要该公约生效;二是需要有影响的普通法系国家和大陆法系国家或地区成为缔约国;三是该规则经过较长时间的实践检验。

第二章 《鹿特丹规则》的主要制度

第一节 《鹿特丹规则》的适用范围

一、概述

(一)《鹿特丹规则》适用范围的特点

《鹿特丹规则》第二章规定了公约的适用范围,共三条,分别是:第5条"一般适用范围";第6条"特定除外情形";第7条"对某些当事人的适用"。

《鹿特丹规则》继承了传统海上货物运输公约主要调整班轮运输,而原则上不包括非班轮运输的做法。在具体规定上,《鹿特丹规则》更为具体,并考虑到船舶或舱位(箱位)租赁等现代航运市场上存在的新型合同。在适用范围上,《鹿特丹规则》将其适用范围扩大到"门到门"运输,相应增加了"收货地"和"交货地"等适用范围。因此,《鹿特丹规则》在适用范围规定上不同于《海牙规则》的"装船至卸船"和《汉堡规则》的"港至港"做法。

《海牙规则》《海牙—维斯比规则》和《汉堡规则》将运输单证签发地作为公约是否适用的标准之一。考虑到运输单证签发地与运输合同可能不存在必然的联系,《鹿特丹规则》不再采用运输单证签发地标准。

总体上,《鹿特丹规则》的适用范围具有下列特点:第一,以"门到门"运输为基础;第二,收货地或交货地、装货港或卸货港标准成为是否适用公约的基本判断标准;第三,以班轮运输为主要调整对象,包括特定情况下的租船运输;第四,运输单证签发地不再作为公约是否适用的标准。这些是对《海牙规则》《海牙—维斯比规则》和《汉堡规则》的发展。

(二)《鹿特丹规则》适用范围规则的先进性

《海牙规则》在第1条(b)项和(e)项中通过对"运输合同"和"货物运输"的定义规定了其一般适用范围,即适用于提单或类似物权凭证(document of title)所证明的海上货物运输合同。所谓"海上",是指从货物装上船舶之时起至卸离船舶之时为止的一段时间。除此之外,《海牙规则》第10条的规定使公约强制适用于在缔约国签发的提单。

与《海牙规则》相比较,《海牙—维斯比规则》扩大了适用范围。《海牙—维斯比规则》第5条规定其适用范围包括:第一,提单在某一缔约国签发;第二,货物从某一缔约国的港口起运;第三,提单或运输合同规定适用公约。[1] 与《海牙规则》相比较,《海牙—维斯比规则》增加了装货港位于某一缔约国、当事人约定适用公约这两种情形。

《汉堡规则》在《海牙—维斯比规则》的基础上进一步扩大了适用范围。《汉堡规则》第2条规定其适用范围包括:第一,装货港位于某一缔约国内;第二,卸货港位于某一缔约国内;第三,备选卸货港之一为实际卸货港,并且该港位于某一缔约国内;第四,提单或证明海上运输合同的其他单证在一个缔约国内签发;第五,提单等运输单证或合同约定适用公约。[2] 与《海牙—维斯比规则》相比较,《汉堡规则》增加了卸货港(包括备选卸货港)位于缔约国这种情形。这是《汉堡规则》建立"港到港"运输规则的需要。

当今国际货物运输已向多式联运发展,国际集装箱货物运输的很多情形是"门到门"运输。即使不是真正意义上的多式联运或"门到门"运输,国际海上货物运输很多情况下已经超越"港到港"这一地理范围的限制,向港外延伸。因此,现行公约已落后于航运发展现实,对于陆上部分的运输规制存在空白。《鹿特丹规则》将公约适用范围扩大至与海运相衔接的陆上运输阶段,从而弥补现行公约的空白之处,同时对非海运区段的适用附以合理限制,试图以"最小网状责任"的模式解决与非海运区段强制适用的其他公约之间的冲突问题。

综上所述,《鹿特丹规则》在适用范围上的规定较现行公约有明显的优势。

二、一般适用范围

《鹿特丹规则》第5条"一般适用范围"规定[3],该规则适用于满足以下两个

---

[1]《维斯比规则》第5条规定:"本公约第10条应改为下列规定:本公约各项规定,应适用于在两个不同国家港口之间与货物运输有关的每一提单,如果:(a)提单在某一缔约国签发;或者(b)货物从某一缔约国港口起运;或者(c)被提单所包含或所证明的合同受本公约各项规定或者给予这些规定以法律效力的任一国家立法的约束,而不论船舶、承运人、托运人、收货人或任何其他关系人的国籍如何。每一缔约国应将本公约各项规定适用于上述提单。本条规定不禁止缔约国将本公约适用于未在前述各款中列明的提单。"

[2]《汉堡规则》第2条第1、2款规定:"公约的各项规定适用于两个不同国家间的所有海上运输合同,如果:(a)海上运输合同所规定的装货港位于一个缔约国内;或(b)海上运输合同所规定的卸货港位于一个缔约国内;或(c)海上运输合同所规定的备选卸货港之一为实际卸货港,并且该港位于一个缔约国内;或(d)提单或证明海上运输合同的其他单证是在一个缔约国内签发的;或(e)提单或证明海上运输合同的其他单证规定,本公约各项规定或实行本公约的任何国家的立法,应约束该合同。本公约各项规定的适用与船舶、承运人、实际承运人、托运人、收货人或任何其他有关人的国籍无关。"

[3]《鹿特丹规则》第5条"一般适用范围"规定:"一、除须遵循第六条的规定外,本公约适用于收货地和交货地位于不同国家且海上运输装货港和同一海上运输卸货港位于不同国家的运输合同,条件是运输合同约定以下地点之一位于一缔约国:(一)收货地;(二)装货港;(三)交货地;或(四)卸货港。二、本公约的适用不考虑船舶、承运人、履约方、托运人、收货人或其他任何有关方的国籍。"

条件的货物运输合同[1]：第一，收货地与交货地位于不同的国家且海上运输装货港和同一海上运输卸货港位于不同国家；第二，收货地、装货港、交货地或卸货港中至少有一个位于缔约国境内。其中，第一个条件强调货物运输合同的国际性，公约不适用于国内货物运输合同。就我国而言，港澳台地区与内地之间是一种特殊的国内运输，按照国际运输处理。公约对于国际货物运输合同的界定采取收货地与交货地、装货港与卸货港两个标准，即不仅要求收货地与交货地位于不同国家，同时要求装货港与卸货港位于不同国家。第二个条件强调收货地、装货港、交货地或卸货港与缔约国之间的联系。

《鹿特丹规则》删除了以运输单证签发地作为连接点的传统做法。航运公司或其他承运人为了节约成本，将运输单证签发地集中在某几个地点，即通常所称的"签单中心"。这些地点可能与海上货物运输合同实质上没有实际联系，因而现行公约将运输单证签发地作为连接点不再具有意义。

《鹿特丹规则》没有采用约定适用公约的传统做法。其理由在于：第一，《鹿特丹规则》规定的适用范围已很广，不需要再通过合同约定进一步扩大；第二，《海牙—维斯比规则》的约定适用公约条款历来存在争议，其究竟是法律选择条款，还是运输合同当事方并入公约的实质性规定作为合同内容，并不明确；第三，此种条款给当事人借机规避缔约国的强制法律或公共秩序规则的制约提供了机会，便于当事人择地诉讼；第四，提单通常是承运人所提供的格式文本，条款（包括首要条款）由承运人事先制定，并不能体现船货双方协商一致的结果，提单格式条款在一定程度上不利于保护货方的利益，因而《鹿特丹规则》不采用约定适用公约条款对于平衡船货双方利益具有现实的意义。

三、适用的运输合同

《鹿特丹规则》对运输合同的适用原则上限于班轮运输[2]合同。这是因为，班轮运输涉及作为承运人的班轮运输经营人与众多不特定托运人之间的运输合同，即班轮运输涉及众多不特定多数托运人的利益，而且，与作为承运人的班轮运输经营人相比，托运人的谈判实力往往较弱，承运人通常采用格式合同与托运人订立运输合同。因此，对于班轮运输，需要强制性公约的介入以保护作为弱者的托运人的利益，同时这种介入可以节省承运人与托运人订立运输合同的时间和成本，提高班轮运输的效率。由于《鹿特丹规则》原则上仅适用于班轮运输合同，该规则可

---

[1] 根据《鹿特丹规则》第1条第1款的规定，"运输合同"必须是包含海运方式的运输合同，可以只有海运方式，也可以是海运和其他运输方式的结合。

[2] 《鹿特丹规则》第1条第3款将"班轮运输"定义为"通过公告或类似方式向公众提供、按照公布船期表使用船舶在特定港口之间定期运营的运输服务"。

简单称之为"班轮运输公约"。

为了界定所适用的运输合同,《鹿特丹规则》第 6 条"特定除外情形"规定:"一、本公约不适用于班轮运输中的下列合同:(一) 租船合同;和(二) 使用船舶或其中任何舱位的其他合同。二、本公约不适用于非班轮运输中的运输合同,但下列情形除外:(一) 当事人之间不存在使用船舶或其中任何舱位的租船合同或其他合同;并且(二) 运输单证或电子运输记录已签发。"对此规定分析如下:

1. 班轮运输中的租船合同和使用船舶或其中任何舱位的其他合同

班轮运输中的"租船合同",是指班轮的出租人与承租人之间签订的租船合同,包括航次租船合同、定期租船合同和光船租赁合同,承租人作为班轮经营人使用所租的船舶从事班轮运输。班轮运输中"使用船舶或其中任何舱位的其他合同",是指除租船合同之外,出租人与承租人之间就班轮或其中任何舱位的使用而签订的合同,包括班轮经营人之间互相租用船舶、舱位和箱位达成的经营合作协议,也包括班轮经营人与无船承运人(NVOCC)之间租用班轮的部分箱位的协议。

但是,《鹿特丹规则》不适用于上述班轮运输中的租船合同和使用船舶或其中任何舱位的其他合同,仅限于合同双方当事人之间。这是因为,这种合同双方当事人是特定的,谈判实力相当,双方可以依据"合同自由"原则在合同中约定各自的权利义务,因而不需要强制性公约的介入以保护弱者利益。但是,当上述合同的承租人作为承运人与托运人订立运输合同时,《鹿特丹规则》适用于此种运输合同,而不论是否已签发运输单证或电子运输记录。并且,在此种情况下,上述合同的出租人作为"海运履约方"受到公约的制约。

2. 非班轮运输中的运输合同

非班轮运输中的运输合同,是指就不从事班轮运输的船舶所订立的运输合同,包括租船合同和其他形式的运输合同,如包运合同(contract of affreightment, COA)。

同样,这种合同双方当事人是特定的,通常谈判实力相当,合同通过双方协商一致而订立,双方可以依据"合同自由"原则在合同中约定各自的权利义务,因而不需要强制性公约的介入以保护弱者的利益。但是,当这种合同一方当事人(承租人)与第三者托运人订立运输合同(非使用船舶或其中任何舱位的租船合同或其他合同),并且已签发运输单证或电子运输记录时,《鹿特丹规则》作为仅适用于班轮运输合同这一原则的例外,仍适用于此种运输合同。这是因为,此种运输合同涉及第三者托运人、收货人、控制方或持有人的利益,而此种第三者并没有与承运人事先就各自权利义务进行协商的机会,因而需要强制性公约的介入,主要目的是防止承运人滥用"合同自由",以保护第三者的利益,保障运输单证或电子运输记录的可信度。同样,在此种情况下,这种合同一方当事人(出租人)对第三者而言作为"海运履约方"受到公约的制约。

对于上述两类"除外运输合同"原则上的不适用以及这一原则的除外情形，《鹿特丹规则》第7条"对某些当事人的适用"作了进一步明确的规定，即："虽有第六条的规定，如果收货人、控制方或持有人不是被排除在本公约适用范围之外的租船合同或其他运输合同的原始当事人，本公约仍然在承运人与此种当事人之间适用。但是，如果当事人是根据第六条被排除在外的运输合同的原始当事人，本公约在此等原始当事人之间不适用。"

可见，《鹿特丹规则》原则上延续了《海牙规则》《海牙—维斯比规则》和《汉堡规则》不适用于租船合同，但适用于根据租船合同签发的提单的做法。同时，在这三个规则的基础上得到了发展，不再以提单为唯一的标准，而是针对国际海上货物运输实践的发展变化，从是否需要强制性公约介入的宏观高度和广度加以规范。

四、适用的主体

在履行运输义务的主体方面，《鹿特丹规则》适用于承运人[1]及其代理人、雇佣人员，同时借鉴《汉堡规则》中的"实际承运人"，引进"履约方"[2]这一主体，并划分为"海运履约方"[3]和"非海运履约方"。在适用上，对"海运履约方"和"非海运履约方"有所区别，即《鹿特丹规则》仅适用于前者，对于后者则不适用。同时，一方面，为避免"海运履约方"范围过大，造成货方难以确定实际责任承担者，《鹿特丹规则》将"海运履约方"限制为"承运人之外，在货物到达船舶装货港至货物离开船舶卸货港期间履行或承诺履行承运人在运输合同下有关货物接收、装载、操作、积载、运输、照料、卸载或交付的任何义务的人"。另一方面，《鹿特丹规则》将承运人权利义务的规定适用于"海运履约方"，可以解决港口经营人等的法律地位和权利、义务不明确的问题，保护港口经营人等的正当利益，并减少司法实践中的诉累。

在货方主体方面，《鹿特丹规则》分别规范托运人、单证托运人、持有人、收货人和控制方，将托运人进行细化，改变了现行公约中发货人法律地位不明确的情形。通过增设"持有人"和"控制方"，适应国际货物买卖的多样性和单证贸易的广泛性。

---

[1]《鹿特丹规则》第1条第5款将"承运人"定义为"与托运人订立运输合同的人"。

[2]《鹿特丹规则》第1条第6款将"履约方"定义为"承运人以外的，履行或承诺履行承运人在运输合同下有关货物接收、装载、操作、积载、运输、保管、照料、卸载或交付的任何义务的人，以该人直接或间接在承运人的要求、监督或控制下行事为限。'履约方'不包括不由承运人而由托运人、单证托运人、控制方或收货人直接或间接委托的任何人"。

[3]《鹿特丹规则》第1条第7款将"海运履约方"定义为"在货物到达船舶装货港至货物离开船舶卸货港期间履行或承诺履行承运人任何义务的履约方。内陆承运人仅在履行或承诺履行其完全在港区范围内的服务时方为海运履约方"。

五、非海运区段的适用

《鹿特丹规则》创新之一是采取"海运+其他"的适用模式,即既适用于国际海上货物运输合同,也适用于包括国际海运区段的国际货物多式联运合同。

对于包括国际海运区段的国际货物多式联运合同,《鹿特丹规则》不但调整海运区段,而且有条件地调整非海运区段。根据《鹿特丹规则》第26条的规定,在满足以下条件时,《鹿特丹规则》不影响任何现已生效的、调整航空、公路、铁路或者内陆水域承运人对货物灭失或损坏的赔偿责任的强制性国际文书(包括国际公约和地区性多边协议)的适用:

(1)假如托运人已就发生货物灭失、损坏或者造成货物迟延交付的事件或者情形的特定运输区段与承运人单独和直接订立合同,该国际文书根据其规定本将适用于承运人的全部或者任何活动;

(2)该国际文书就承运人的赔偿责任、赔偿责任限制或者时效作了具体规定;

(3)该国际文书完全不能或者在损害托运人利益的情况下通过合同加以背离。

换言之,只有当上述条件不满足时,《鹿特丹规则》才调整非海运区段。这一规定也是《鹿特丹规则》采用的"最小网状责任制"的构架之一。

因此,《鹿特丹规则》的适用范围可以扩张至包括国际海运区段的国际货物多式联运合同的整个运输区段,符合"门到门"运输对于法律的需求。

六、强制适用

原则上,《鹿特丹规则》的各项规定对于其适用范围的运输合同而言具有强制性,当事人不得在运输合同中排除或降低承运人根据该规则应承担的义务和责任,也不得在运输合同中排除、限制或增加货方根据该规则应承担的义务和责任。对此,《鹿特丹规则》第十六章"合同条款的有效性"用三条专门予以规定。

《鹿特丹规则》第79条"一般规定"规定:"一、除非本公约另有规定,运输合同中的条款,凡有下列情形之一的,一概无效:(一)直接或间接,排除或限制承运人或海运履约方在公约下所承担的义务;(二)直接或间接,排除或限制承运人或海运履约方对违反本公约下的义务所负的赔偿责任;(三)将货物的保险利益转让给承运人或第十八条述及的人。二、除非本公约另有规定,运输合同中的条款,凡有下列情形之一的,一概无效:(一)直接或间接,排除、限制或增加托运人、收货人、控制方、持有人或单证托运人在本公约下所承担的义务;(二)直接或间接,排除、限制或增加托运人、收货人、控制方、持有人或单证托运人对违反本公约下任何义务所负的赔偿责任。"

但作为例外,《鹿特丹规则》第 80 条"批量合同特别规则"对于批量合同,第 81 条"活动物和某些其他货物特别规则"对于运输活动物的合同,以及根据货物的性质或状况或进行运输的情况和条件等订立有特别协议的合同,允许更大程度的"合同自由"。

第二节 承运人责任制度

一、概述

承运人责任制度(carrier's liability regime)一直是国际海上货物运输法律的核心,是各国海商法或有关国际公约在制定过程中最重要也是最难的部分。承运人责任制度是承运人、托运人和收货人等运输合同最直接利益关系方之间利益、风险划分的基本问题,代表一部国际海上货物运输法律或公约的基本价值倾向,能否在更高程度上实现船货双方利益的平衡也主要体现在承运人责任制度上。在《鹿特丹规则》的制定过程中,承运人责任制度一直是一个核心的、最具争议的议题。

《鹿特丹规则》规定的承运人责任制度,包括承运人的责任期间、义务、责任基础与免责、责任限制以及"门到门"运输中"最小网状责任制"五大方面的规则。其中,责任期间、义务、责任基础与免责涉及承运人承担责任的定性问题,责任限制涉及承运人承担责任的定量问题,"最小网状责任制"既涉及承运人责任的定性问题,也涉及其定量问题。承运人责任制度涉及《鹿特丹规则》第四章"承运人的义务"、第五章"承运人对灭失、损坏或迟延所负的赔偿责任"、第六章"有关特定运输阶段的补充条款"以及第十二章"赔偿责任限额"。

二、承运人的责任期间

承运人的责任期间(period of carrier's responsibility)是任何运输法律和公约必须解决的基本问题,是法律和公约规定的承运人开始承担责任的起点和结束承担责任的终点之间的时间范围。具体而言,当货物灭失、损坏或迟延交付发生在承运人责任期间,或者虽然货物灭失、损坏或迟延交付发生在承运人责任期间届满之后,但造成、促成这种灭失、损坏或迟延交付的事件或情形发生在承运人责任期间,承运人应对货物灭失、损坏和迟延交付负赔偿责任,除非承运人可以免责。

《鹿特丹规则》第 12 条"承运人的责任期"第 1 款规定:"承运人根据本公约对货物的责任期,自承运人或者履约方为运输而接收货物时开始,至货物交付时终止。"这一规定表明,承运人的责任期间为承运人或者履约方为运输货物而接收货物时起至交付货物时止的整个期间,即"接收货物—交付货物",也即承运人或者履约方掌管货物的整个期间。

与此相比较,《海牙规则》和《海牙—维斯比规则》没有直接规定承运人的责任期间,只是规定规则强制适用的期间,即自货物装上船时起至货物卸下船时止,即"装货—卸货"。如果承运人在货物装船之前接收货物,或者在货物卸船之后交付货物,对于从接收货物到货物装船的期间,或者从货物卸船到交付货物的期间,承运人可以和托运人就承运人对货物的责任达成任何协议。《汉堡规则》第4条明确规定承运人的责任期间包括装货港、运输途中以及卸货港,货物在承运人掌管的全部期间,即"装港—卸港",其特点是与装货港和卸货港联系在一起。但是,《汉堡规则》只适用于承运人从装货港接收货物和在卸货港交付货物的情形,不适用于承运人在货物运抵装货港之前接收货物,或者货物离开卸货港后交付货物,以及国际货物多式联运的情形。我国《海商法》第46条[1]规定的承运人的责任期间,区分集装箱装运的货物和非集装箱装运的货物。承运人对集装箱装运的货物的责任期间,指从装货港接收货物时起至卸货港交付货物时止,货物处于承运人掌管之下的全部期间,即与《汉堡规则》的规定相同;非集装箱装运的货物的责任期间,指从货物装上船时起至卸下船时止,货物处于承运人掌管之下的全部期间,但对于货物装船之前或者卸船之后的期间,承运人可以和托运人就承运人对货物的责任达成任何协议,即与《海牙规则》和《海牙—维斯比规则》的规定相同。

可见,《鹿特丹规则》关于责任期间的规定,将规则的调整范围不局限于海上货物运输,而是适应实践中承运人和托运人约定的承运人接收货物或交付货物地点多样性的要求,扩大到国际货物多式联运中海运区段以外的其他运输区段,有利于国际贸易运输,尤其是国际货物多式联运的开展,为调整国际集装箱货物"门到门"运输提供法律依据。《鹿特丹规则》关于责任期间的规定,是对现行海上货物运输公约的一个重大突破。

除《鹿特丹规则》第12条"承运人的责任期间"第1款关于承运人的责任期间为"接收货物—交付货物"的原则性规定外,该条第2款和第3款作了两项补充性规定。

(1)针对在某些国家或地区(如某些南美洲国家),承运人或者履约方不直接从托运人接收货物或者直接将货物交付给收货人,而是从某一特定机构(如港口当局或海关)接收货物或者向某一特定机构交付货物的特殊情形。

---

[1]《海商法》第46条规定:"承运人对集装箱装运的货物的责任期间,是指从装货港接收货物时起至卸货港交付货物时止,货物处于承运人掌管之下的全部期间。承运人对非集装箱装运的货物的责任期间,是指从货物装上船时起至卸下船时止,货物处于承运人掌管之下的全部期间。在承运人的责任期间,货物发生灭失或者损坏,除本节另有规定外,承运人应当负赔偿责任。前款规定,不影响承运人就非集装箱装运的货物,在装船前和卸船后所承担的责任,达成任何协议。"

对此,《鹿特丹规则》第 12 条第 2 款规定了承运人的责任期间起讫点的界定。其中:

关于接收货物,第 2 款第(1)项规定:"收货地的法律或条例要求将货物交给某当局或者其他第三方,承运人可以从该当局或者其他第三方提取货物的,承运人的责任期自承运人从该当局或者该其他第三方提取货物时开始。"该款规定设定了一个前提,即承运人未从托运人处接收货物,而是收货地法律、法规要求将货物交给特定的当局或者第三方,且承运人能够从该当局或者该第三方接收货物。

关于交付货物,第 2 款第(2)项规定:"交货地的法律或条例要求承运人将货物交给某当局或者其他第三方,收货人可以从该当局或者该其他第三方提取货物的,承运人的责任期至承运人将货物交给该当局或者该第三方时终止。"该项规定的承运人责任期间终止的条件与上述第(1)项规定类似。

(2)接受货物和交付货物的时间和地点的约定的效力。

《鹿特丹规则》第 12 条第 3 款规定:"为确定承运人的责任期,各当事人可以约定接收和交付货物的时间和地点,但运输合同条款作下述规定的即为无效:(一)接受货物的时间是在根据运输合同开始最初装货之后;或(二)交付货物的时间是在根据运输合同完成最后卸货之前。"

这一规定表明,原则上承认承运人和托运人就接收货物和交付货物的时间和地点作出的约定的效力,同时对这种约定作了限制,即承运人和托运人不能通过约定的方式,将承运人或者履约方接收货物的时间约定为根据运输合同开始最初装货之后,或者将交付货物的时间约定为根据运输合同完成最后卸货之前。换言之,《鹿特丹规则》强制适用于从根据运输合同开始最初装货至完成最后卸货的期间。在包括海运区段在内的国际货物多式联运中,"开始最初装货"是指货物开始装上第一个运输工具,"完成最后卸货"是指货物从最后一个运输工具卸下。

三、承运人的义务

相比《海牙规则》《海牙—维斯比规则》和《汉堡规则》,《鹿特丹规则》明显加重了承运人的义务。

(一)承运人谨慎处理使船舶适航的义务

《鹿特丹规则》第 14 条"适用于海上航程的特定义务"规定:"承运人必须在开航前、开航当时和海上航程中恪尽职守:(一)使船舶处于且保持适航状态;(二)妥善配备船员、装备船舶和补给供应品,且在整个航程中保持此种配备、装备和补给;并且(三)使货舱、船舶所有其他载货处所和由承运人提供的载货集装箱适于且能安全接收、运输和保管货物,且保持此种状态。"

相比《海牙规则》和《海牙—维斯比规则》第3条第1款的规定，以及我国《海商法》第47条的规定，承运人谨慎处理使船舶适航的时间，不再限于船舶从装货港开航之前和开航当时，而是扩展到航次的整个期间。"恪尽职守"和"谨慎处理"均译自英文"duediligence"一词。

（二）承运人管货义务

《鹿特丹规则》第13条"特定义务"第1款规定："在第十二条规定的责任期内，除须遵循第二十六条的规定外，承运人应妥善而谨慎地接收、装载、操作、积载、运输、保管、照料、卸载并交付货物。"

相比《海牙规则》和《海牙—维斯比规则》第3条第2款的规定，以及我国《海商法》第48条的规定，承运人管货的环节增加了"接收"和"交付"货物这两个环节。同时，《鹿特丹规则》第13条第2款规定："虽有本条第一款规定，在不影响第四章其他规定以及第五章至第七章规定的情况下，承运人与托运人可以约定由托运人、单证托运人或收货人装载、操作、积载或卸载货物。此种约定应在合同事项中载明。"这一规定符合航运实践的客观需要，也澄清了《海牙规则》和《海牙—维斯比规则》第3条第2款规定的不明确之处。

（三）承运人在约定时间内在运输合同约定的目的地交付货物

《鹿特丹规则》第21条"迟延"规定："未在约定时间内在运输合同约定的目的地交付货物，为迟延交付。"这一规定表明，承运人有义务在与托运人约定的时间内，在运输合同约定的目的地向收货人交付货物；当承运人与托运人没有约定交付货物的时间时，承运人不负有在合理时间内交付货物的义务。

《鹿特丹规则》的上述规定，主要是联合国国际贸易法委员会第三工作组中国代表团提议的结果，内容与我国《海商法》第50条第1款[1]的规定几乎一致，唯一不同的是在"约定"二字之前没有"明确"二字。但是，缺乏"明确"二字，并不使得两者的含义有任何实质性区别。

由于海上运输发展的历史局限性，《海牙规则》和《海牙—维斯比规则》没有对承运人交付货物的时间作出规定。《汉堡规则》第5条第2款规定，承运人应当在与托运人约定的时间内交付货物，或者当没有这种约定时，在合理时间内交付货物。相比《汉堡规则》的规定，在承运人未与托运人约定交付货物的时间情形下，《鹿特丹规则》不要求承运人在合理时间内交付货物。

---

［1］《海商法》第50条第1款规定："货物未能在明确约定的时间内，在约定的卸货港交付的，为迟延交付。"

四、承运人责任基础与免责

承运人责任基础(basis of liability),又称承运人责任归责原则,是指确定承运人对货物的灭失、损坏或迟延交付应承担赔偿责任的原则。承运人责任基础的规定,在海上货物运输法律中始终处于核心地位,是船货双方最为关注的条款。目前,海上货物运输的国际公约和法律关于承运人责任基础的规定并不统一,可分为不完全的过错责任原则、完全的过错责任原则和严格责任原则三种。对承运人而言,不完全过错责任原则对承运人有利,完全过错责任原则其次,严格责任原则对承运人不利。

《海牙规则》和《海牙—维斯比规则》采用不完全过错责任原则,又称"过失责任加列明的过失免责"。具体而言,原则上,承运人对其自己、其受雇人、代理人或者分包人在承运人责任期间内的过错导致的货物灭失、损坏或迟延交付承担赔偿责任;但是,当货物灭失、损坏或迟延交付是由于下列两种过失造成时,承运人免责:第一,船长、船员、引航员或者承运人的其他受雇人在驾驶船舶或者管理船舶中的过失,又称"航海过失"(nautical fault);第二,船长、船员、引航员或者承运人的其他受雇人、代理人或者分包人在火灾中的过失,又称"火灾过失"。

《汉堡规则》采用完全过错责任原则,废除了航海过失免责。同时,该规则虽然规定承运人需对承运人、其受雇人或代理人的过失导致的火灾造成的货物灭失、损坏或迟延交付承担赔偿责任,但货物索赔方需证明火灾是由于承运人、其受雇人或代理人的过失所致。由于实践中货物索赔方很难举证,承运人的这一过失免责在很大程度上依然存在。

严格责任原则是指除了不可抗力等有限的免责事由外,不论有无过失,承运人均需对货物的灭失、损坏或延迟交付负赔偿责任。严格责任原则在我国被称为无过错责任原则。在其他运输法律领域,经 1955 年海牙议定书和 1975 年蒙特利尔议定书修订的《1929 年统一国际航空运输某些规则的公约》[Convention for the Unification of Certain Rules Relating to International Carriage by Air,1929,简称《华沙公约》(Warsaw Convention)]、《1980 年国际铁路货物运输公约—铁路货运合同统一规则》(Convention Concerning International Carriage of Goods by Rail,1980,简称 COTIF-CIM),以及《1956 年国际公路货物运输合同公约》(Convention on the Contract for the International Carriage of Goods by Road,1956,简称 CMR)都采用严格责任原则。

《鹿特丹规则》第 17 条"赔偿责任基础"(Basis of liability)采用了完全过错责任原则。该条共有 6 款,将承运人对货物灭失、损坏或者迟延交付的责任、免责与举证责任规定在一起,内容复杂。现将各款的规定引用并说明如下:

第 1 款规定:"如果索赔人证明,货物的灭失、损坏或迟延交付,或造成、促成了灭失、损坏或迟延交付的事件或者情形是在第四章规定的承运人责任期内发生的,承运人应当对货物灭失、损坏和迟延交付负赔偿责任。"

该款是承运人承担赔偿责任的原则性规定。

第 2 款规定:"如果承运人证明,灭失、损坏或迟延交付的原因或原因之一不能归责于承运人本人的过失或第十八条述及的任何人的过失,可免除承运人根据本条第一款所负的全部或部分赔偿责任。"

该款关于承运人免责的规定,是作为第 1 款原则性规定的例外,表明对承运人采用完全过错责任原则。

第 3 款规定:"除证明不存在本条第二款规定的过失之外,如果承运人证明下列一种或数种事件或情形造成、促成了灭失、损坏或迟延交付,也可免除承运人根据本条第一款规定所负的全部或部分赔偿责任:(一)天灾;(二)海上或其他通航水域的风险、危险和事故;(三)战争、敌对行动、武装冲突、海盗、恐怖活动、暴乱和内乱;(四)检疫限制;政府、公共当局、统治者或民众的干涉或造成的障碍,包括非由承运人或第十八条述及的任何人所造成的滞留、扣留或者扣押;(五)罢工、关厂、停工或劳动受限;(六)船上发生火灾;(七)虽恪尽职守仍无法发现的潜在缺陷;(八)托运人、单证托运人、控制方根据第三十三条或第三十四条托运人或单证托运人对其作为承担责任的任何人的作为或者不作为;(九)按照第十三条第二款所述及的约定进行的货物装载、操作、积载或卸载,除非承运人或者履约方代托运人、单证托运人或收货人实施此项活动;(十)由于货物固有缺陷、品质或瑕疵而造成的数量[1]或重量损耗或其他任何灭失或损坏;(十一)非由承运人或代其行事的人所做包装不良或标志欠缺、不清;(十二)海上救助或试图救助人命;(十三)海上救助或试图救助财产的合理措施;(十四)避免或试图避免对环境造成危害的合理措施;或(十五)承运人根据第十五条和第十六条所赋权利的作为。"

该款沿用了《海牙规则》和《海牙—维斯比规则》第 4 条第 2 款的做法,列明了承运人 15 项免责事项,以增加承运人赔偿责任与免责的规定在实践中的可操作性。从本质上而言,该款与第 2 款一样,是作为第 1 款原则性规定的例外。

在《鹿特丹规则》起草过程中,对免责条款的设置存在较大的争议,焦点是航海过失免责及火灾过失免责的存废问题。

关于航海过失免责的废存,在《鹿特丹规则》制定过程中主要存在三种观点:

(1)航运不发达的发展中国家(主要是非洲国家)、一些代表货主利益的发达国家(如加拿大、法国),以及少数贸易和航运发达国家(如意大利),主张废除航海

---

[1]《鹿特丹规则》中文本中"数量"一词的英文是:"In bulk",其含义是"体积上的",而非"数量"。

过失免责,理由是:第一,现代航海技术和造船技术的发展使得船舶抵御风险的能力大大提高,海上风险对于船方的影响越来越小,海上特殊风险所起的作用也越来越小,立法上给予船东此种特殊保护的事实基础已不复存在,再沿用不完全过错责任原则对货方不公平[1];第二,技术性法规对船长、船员驾驶和管理船舶的能力和水平提出了更高要求,如《国际船舶安全营运和防止污染管理规则》(International Management Code for the Safe Operation of Ships and for Pollution Prevention,简称ISM规则)的实施将有利于减少管理船舶的过失,而且管理船舶的过失往往与公司管理的过失有关,即往往承运人本人有过失;第三,航海过失中的管船过失与管货过失在实践中往往很难区分;第四,相关的国际铁路、公路运输公约都实行严格责任原则,航空货运领域的《华沙公约》在1955年废除了飞机的航行过失免责,因而废除航海过失有助于国际货物多式联运中各种运输方式法律制度的统一。

(2)以英国为代表的航运国家则普遍认为应保留航海过失免责条款,理由是:第一,尽管航海技术和造船技术不断进步,但随着船舶的大型化和专业化,以及船舶通航密度的增加,船舶的操纵变得更加复杂和困难;第二,如果取消航海过失免责,承运人将很难证明何种货损由于航海过失造成,何种货损是由于海上意外风险造成;第三,目前大多数国家法律规定航海过失免责,少数国家采用《汉堡规则》采用的完全过错责任模式,而这些国家中没有航运发达国家;第四,取消航海过失免责,势必要对承运人和货物的利害关系人之间划分海运风险作出重要调整,从而将对保险业务产生重大经济影响。

(3)以挪威、美国为代表的一些国家主张建立一种混合制度,分别包含《海牙—维斯比规则》和《汉堡规则》的部分条款,取消航海过失免责,但索赔人应负举证责任,或者保留驾驶船舶过失免责,但取消管理船舶过失免责。

第三工作组根据多数国家代表团的意见,最终决定废除航海过失免责。

关于火灾免责,虽然最终得以保留,但明确仅限于船上发生的火灾,且不再将《海牙规则》和《海牙—维斯比规则》规定的承运人本身过失作为免责例外情况。

此外,与《海牙规则》和《海牙—维斯比规则》相比,该款规定的免责事项中增加了两项内容:一是第(14)项"避免或试图避免对环境造成危害的合理措施";二是第(15)项"承运人根据第十五条[2]和第十六条[3]所赋予的权利的作为"。同时,与《汉堡规则》第5条第6款的规定相同,前述第(13)项"海上救助或试图救助财产的合理措施"强调了这种措施的合理性要求。在举证责任上,承运人欲援引免

---

[1] 参见 UNCITRAL 第三工作组第10届会议工作报告:A/CN.9/525号文件,载 http://www.uncitral.org。
[2] 第15条是关于承运人对危险货物所采取的包括将货物卸下、销毁或者使之不能致害等合理措施。
[3] 第16条是关于海上航程期间承运人为了共同安全而牺牲货物的合理措施。

责事项,需证明货物的灭失、损坏或者迟延交付是由于一项或者几项免责事项所致。

第 4 款规定:"虽有本条第三款规定,有下列情形之一的,承运人仍应对灭失、损坏或迟延交付的全部或部分负赔偿责任:(一)索赔人证明,承运人或第十八条述及的人的过失造成、促成了承运人所依据的事件或情形;或(二)索赔人证明,本条第三款所列事件或情形以外的事件或情形促成了灭失、损坏或迟延交付,且承运人无法证明,该事件或情形既不能归责于其本人的过失,也不能归责于第十八条述及的任何人的过失。"

该款规定表明,第 3 款所列各项免责事项,均指承运人、履约方、船长或船员、承运人的受雇人或履约方的受雇人没有过错的情形,从而进一步表明对承运人采用完全过错责任原则。

第 5 款规定:"虽有本条第三款规定,在下列情况下,承运人还应对灭失、损坏或迟延交付的全部或部分负赔偿责任:(一)索赔人证明,造成或可能造成或促成灭失、损坏或迟延交付的原因是:1. 船舶不适航;2. 配备船员、装备船舶和补给供应品不当;或 3. 货舱、船舶其他载货处所或由承运人提供的载货集装箱不适于且不能安全接收、运输和保管货物;并且(二)承运人无法证明:1. 本条第五款第(一)项述及的任何事件或情形未造成灭失、损坏或迟延交付;或 2. 承运人已遵守第十四条规定的恪尽职守的义务。"

该款是对船舶不适航与承运人责任之间关系的特别规定。具体而言,如果索赔人证明,货物的灭失、损坏或迟延交付是由于或者可能是由于船舶不适航所造成,则推定承运人有过错并应当承担赔偿责任,除非承运人证明,船舶不适航没有造成货物的灭失、损坏或迟延交付,或者承运人已经做到恪尽职守。

可见,《鹿特丹规则》第 17 条在规定承运人对货物灭失、损坏或者迟延交付的责任与免责的同时,对船货双方的举证责任分担作了分层次的详细规定,在举证的顺序和内容上构建了"三个推定"的立法框架。具体而言:

(1)如果货方证明货物的灭失、损坏或迟延交付,或者其原因发生于承运人的责任期间之内,即推定承运人有过失,承运人要免除赔偿责任,必须证明其本人以及第 18 条述及的人没有过错。

(2)如果承运人证明货物的灭失、损坏或迟延交付是由第 17 条列明的 15 项免责事项中的一项或者几项所致,则推定其无过失,如果索赔方不能反证承运人本人以及第 18 条述及的人有过失,承运人便不负赔偿责任。

(3)如果货方证明货物的灭失、损坏或迟延交付是或者可能是船舶不适航所致,即推定承运人有过失,承运人要免除赔偿责任,必须证明货物的灭失、损坏或迟延交付不是由于船舶不适航所致,或者已经做到恪尽职守使船舶适航。

第 6 款规定:"承运人根据本条规定被免除部分赔偿责任的,承运人仅对根据本条应由其负赔偿责任的事件或情形所造成的那部分灭失、损坏或迟延交付负赔偿责任。"

该款是对承运人可免责的原因和不可免责的原因共同造成货物的灭失、损坏或迟延交付时,承运人如何承担赔偿责任的规定。具体而言,在这种情形下,承运人仅对其不可免责的原因所造成的损失承担相应的赔偿责任。但是,该款没有明确承运人是否应当证明哪些损失是由于其可免责的原因所致,从而有待在司法实践中予以澄清。

五、承运人赔偿责任限额

《鹿特丹规则》起草者认为,关于承运人赔偿责任限额的任何决定都被视为规则所规定的赔偿责任制度总体平衡的一个要素[1] 联合国国际贸易法委员会第三工作组对承运人赔偿责任限额的设定给予了高度重视,并一直是争议的焦点之一。主要存在以下三种观点:

1. 采用《海牙—维斯比规则》规定的限额

主要理由是:

(1) 承运人赔偿责任限额的确定应当考虑海上贸易货物的价值,使承运人在一定比例的货物灭失或者损坏的情形中能够援引。

(2) 实践中,大多数情况下货物灭失或者损坏的金额未超过《海牙—维斯比规则》规定的限额,尤其在现代集装箱运输实务中,单件货物的重量普遍减少。

(3) 国际贸易中的绝大部分货物目前遵守《海牙—维斯比规则》规定的较低限额,而《汉堡规则》目前仅调整一小部分世界航运,如按照《汉堡规则》的额度规定承运人赔偿责任限额,对于国际贸易中的绝大部分货物而言是很大的涨幅。

(4) 高价货物可以通过申报价值或购买保险来弥补超出承运人责任限额的部分。希腊、韩国等一些传统航运国家持这种观点。

2. 在《海牙—维斯比规则》规定的限额的基础上适当提高,但不超过《汉堡规则》规定的限额

主要理由是:

(1) 随着国际贸易的发展,货物的价值和高价货物的比例在增加,并且受通货膨胀的影响,责任限额的实际价值在不断下降。

(2) 公约涉及"门到门"运输,其他运输方式中的责任限额大大高于《海牙—

---

[1] 参见 UNCITRAL 第三工作组 A/CN.9/642 号文件,第 135 段,载 http://www.Uncitral.org/uncitral/zh/commission。

维斯比规则》规定的限额。

（3）《汉堡规则》已经有34个国家批准实施，因而从政治上考虑，新规则规定的责任限额不应低于《汉堡规则》规定的限额。大多数国家持这种观点。

3. 在《汉堡规则》规定限额的基础上，提高责任限额

主要理由是：《汉堡规则》出台已有近30年，新规则规定的责任限额应当在《汉堡规则》规定限额的基础上大幅度提高。这一主张主要由《汉堡规则》的参加国提出。

最终，根据《汉堡规则》参加国、美国、意大利、法国和一些发展中国家在内的大多数国家的主张，作为承运人责任制度综合考虑的一部分和妥协的产物，《鹿特丹规则》第59条第1款规定："……承运人对于违反本公约对其规定的义务所负赔偿责任的限额，按照索赔或争议所涉货物的件数或其他货运单位计算，每件或每个其他货运单位875个计算单位，或按照索赔或争议所涉货物的毛重计算，每公斤3个计算单位，以两者中较高限额为准，但货物价值已由托运人申报且在合同事项中载明的，或承运人与托运人已另行约定高于本条所规定的责任限制金额的，不在此列。"该规则删除了原来草案中关于修正责任限额的规定。

上述赔偿责任限额中，每件或者每一其他货运单位875特别提款权的限额，比《海牙—维斯比规则》或者我国《海商法》第56条规定的666.67特别提款权提高了31%，比《汉堡规则》规定的835特别提款权提高了5%；货物毛重每公斤3特别提款权，比《海牙—维斯比规则》或者我国《海商法》第56条规定的2特别提款权提高了50%，比《汉堡规则》规定的2.5特别提款权提高了20%。按照货物每件或者每一其他货运单位计算的责任限额提高的比例，低于按照货物毛重每公斤计算的责任限额提高的比例，是考虑到集装箱货物运输通常使得货物的件或者每件货物的重量变小。

对于上述赔偿责任限额，中国、希腊、韩国等国的代表团在《鹿特丹规则》制定过程中明确表示过高而不能接受。作为国际航运和贸易大国，与很多航运国家的观点相同，我国代表团多次指出：第一，《海牙—维斯比规则》规定的责任限额在国际海上贸易实践中证明是适当的；第二，由于《汉堡规则》已经有34个国家批准实施，从政治上考虑，一方面，新规则规定的责任限额不应低于《汉堡规则》规定的限额，但另一方面，如果超过《汉堡规则》规定的限额，将缺乏商业上的必要性和法律上的合理性。

《鹿特丹规则》对于承运人赔偿责任制度作出的另一个重大调整，是承运人可以限制责任的情形不但包括因货物灭失、损坏及迟延交付而产生的责任，而且包括不履行该规则的其他义务而产生的赔偿责任。对此，第59条第1款中规定："承运人对于违反本公约对其规定的义务所负赔偿责任的限额……"

《鹿特丹规则》第 59 条第 2 款是"集装箱条款",规定:"货物载于集装箱、货盘或拼装货物的类似装运器具内,或载于车辆内运输的,合同事项中载列的载于此种装运器具内或车辆内的货物件数或货运单位数,视为货物件数或货运单位数。未载列的,载于此种装运器具内或车辆内的货物视为一个货运单位。"

《鹿特丹规则》第 60 条是承运人对于货物的迟延交付造成的纯经济损失的赔偿责任限额的规定,与《汉堡规则》的规定相同,即所迟延交付的货物 2.5 倍的运费;当所迟延交付的货物存在损坏时,赔偿责任限额为该货物全损时根据第 59 条第 1 款确定的限额。

关于赔偿责任限制权利丧失的规定,《鹿特丹规则》基本采用了《海牙—维斯比规则》和《汉堡规则》的做法。《鹿特丹规则》第 61 条"赔偿责任限制权的丧失"第 1 款规定:"如果索赔人证明,违反本公约规定的承运人义务所造成的损失,是由于声称有权限制赔偿责任的人本人故意造成此种损失的作为或不作为所导致的,或是明知可能产生此种损失而轻率地作为或不作为所导致的,则承运人或第十八条述及的任何人,无权根据第五十九条的规定或按照运输合同的约定享有限制赔偿责任的利益。"该条第 2 款规定:"如果索赔人证明,迟延交付是由于声称有权限制赔偿责任的人本人故意造成迟延损失的作为或不作为所导致的,或是明知可能产生此种损失而轻率地作为或不作为所导致的,则承运人或第十八条述及的任何人,无权根据第六十条的规定享有限制赔偿责任的利益。"

六、最小网状责任制

(一)概述

集装箱"门到门"运输往往采取联运或多式联运的方式,因而《鹿特丹规则》有必要就包括国际海运区段在内的联运或多式联运经营人的责任模式作出规定。《鹿特丹规则》关于联运或多式联运经营人的责任模式的规定体现在第 26 条"海上运输之前或之后的运输",学理上可称之为"最小网状责任制"(minimum network liability system)。

《鹿特丹规则》中没有出现联运或多式联运的概念,而是使用"货物装上船舶之前"或"货物卸离船舶之后"等措辞表示非海运区段的运输。就国际货物运输而言,联运(through carriage)是指在一个国家的港口或地点与另一国家的港口或地点之间,由一个或多个承运人,但至少有一个是国际海上货物运输承运人提供或履行、收取单一运费、自始发地至目的地的连续运输。[1] 联运可以是采用单一运输

---

[1] 参见美国 1998 年《远洋航运改革法》第 3 条第(24)项"联运"的定义。

方式,也可以是两种或者两种以上的运输方式。运输方式包括海上运输、铁路运输、公路运输、航空运输和内陆水域运输。当联运采用两艘或者多艘船舶进行海上运输时,称为海上货物联运(ocean through carriage of goods),即货物由不属于同一船舶所有人的两艘或者多艘船舶从起运港经海路运至目的港。当联运采用两种或者两种以上的运输方式时,即构成多式联运(multimodal transport, intermodal transport, combined transport)。《1980年联合国国际货物多式联运公约》(未生效)第1条第1项将"国际多式联运"(International multimodal transport)定义为"按照多式联运合同,以至少两种不同的运输方式,由多式联运经营人将货物从一国境内接管货物的地点运至另一国境内指定交付货物的地点。为履行单一方式运输合同而进行的该合同所规定的货物接交业务,不应视为国际多式联运"。

在国际海上货物运输中,尤其是集装箱运输中,货物在装货港装上船舶之前,或者在卸货港卸离船舶之后,通常在港区内有一段陆上运输,如装货港集装箱从堆场到船边或者卸货港从船边到堆场的运输。但是,这种在港区内的货物运输作为货物装卸作业的一部分,也即前述《1980年联合国国际货物多式联运公约》第1条第1项"国际多式联运"定义中所指的"货物接交业务"(operations of pick-up and delivery of goods)不作为单独的陆上运输对待,即并不因此使得这种货物运输成为多式联运,避免按照多式联运对待而产生的法律调整的复杂性。但是,跨越"港到港"界限并包括海运区段的运输,无论是否是"门到门"运输,便属于联运范畴。如果采用不同的运输方式,则为多式联运。

(二)"最小网状责任制"的内涵

在国际货物多式联运情况下,货物至少经两种运输方式,从接收地运至目的地,而每一种运输所在区段所适用的法律对承运人责任的规定往往不同。很多情况下,货物的全程运输并非由承运人自行完成,相反,多式联运经营人经常将全程或者部分路程的运输委托他人,即由实际承运人或者区段承运人(local carrier)完成。因此,如果货物在运输过程中发生灭失、损坏或迟延交付,便产生是由多式联运经营人负责,还是由区段承运人负责,以及是依据同一标准承担损害赔偿责任,还是依据不同的标准,即按损害发生的区段所适用的法律承担责任的问题。这些是国际多式联运中多式联运经营人的责任形式所要解决的问题。

在《鹿特丹规则》第26条"海上运输之前或之后的运输"采用"最小网状责任制"之前,国际货物多式联运中多式联运经营人的责任形式主要有"责任分担制"和"单一责任制"两种。其中,"单一责任制"的核心是指多式联运经营人需对全程运输负责,具体又有"网状责任制"(network liability system)和"统一责任制"(uniform liability system)两种具体形式。

"责任分担制"是指多式联运经营人和区段承运人仅对自己完成的运输负责,各区段适用的责任归责原则按适用于该区段的国际公约或者国内法予以确定。如货物损害发生在海上运输区段,则按所适用的《海牙规则》《海牙—维斯比规则》《汉堡规则》或者相应的国内法确定多式联运经营人或者区段承运人的赔偿责任。

"网状责任制"由《联合国贸易和发展会议/国际商会多式联运单证规则》所确立,追求的目标是公平,是指多式联运经营人对全程运输负责,各区段适用的责任归责原则按适用于该区段的国际公约或者国内法予以确定;各区段承运人虽然不是多式联运合同的当事人,但如果由于区段承运人或者其受雇人、代理人的原因造成货物损害,托运人或者收货人可依据侵权之债向区段承运人索赔,区段承运人的责任依据适用于该区段的国际公约或者国内法予以确定。因而,各区段承运人需对并且仅对自己完成的运输区段负责。因此,不论货物损害发生在哪一运输区段,托运人或者收货人既可向多式联运经营人索赔,也可向损害发生区段的区段承运人索赔。但是,不论向谁索赔,确定赔偿责任所适用的法律均为适用于该区段的国际公约或者国内法。

"网状责任制"在最大限度上避免多式联运法律与单一运输方式法律的冲突,但存在很多无法解决的问题。具体而言:第一,在网状责任制下,由于货方无法预见货物损害可能发生的区段,因而无法完全预见货损索赔最终将适用何种责任制度,从而对货方造成很大的风险承担的不确定性;第二,如果不能确定损害发生的区段,即对于货物的隐藏损失(concealed damages),又称"不可归因损失",该责任制度无法适用;第三,该责任制度对逐渐发生的货物损失及货物迟延运输,也无法适用;第四,如果某一运输区段既无适用的国际公约,也无适用的国内法,该责任制度的适用将产生法律上的真空。

为确定货物的隐藏损失或者出现法律真空时,多式联运经营人所应承担的责任,产生了通过法律的规定或者合同的约定对"网状责任制"加以修正的责任制度,即"经修正的网状责任制"(amended network liability system)。该责任制度下,针对货物的隐藏损失或者出现的法律真空,以法律规定或合同约定的形式,对"网状责任制"起修正作用的条款,被称为"最后责任条款"(overall clause)。例如,规定对货物的隐藏损失或者出现法律真空时,多式联运经营人按照海上货物运输合同承运人赔偿责任和责任限制的规定负赔偿责任。"经修正的网状责任制"在一定程度上弥补了网状责任制的缺陷,但未能完全弥补其缺陷,仍无法解决货方缺乏风险承担的预见性、货物逐渐发生的损失和货物迟延运输等问题。

"统一责任制"由《1980年联合国国际货物多式联运公约》所确立,追求的目标是效率,是指多式联运经营人对全程运输负责,各区段承运人需对并且仅对自己完成的运输区段负责;不论损害发生在哪一区段,多式联运经营人或者各区段承运人承担相同的赔偿责任。"统一责任制"为货方提供了风险承担的最大预见性,能较好地解决网状责任制下货物的隐藏损失以及可能出现的法律真空问题。但是,"统一责任制"存在无法回避的问题。其中,最大的问题是"统一责任制"会造成多式联运的国际公约或者法律与单一运输方式的国际公约或者法律之间的冲突。此外,适用于各运输区段的国际公约或者法律所确定的区段承运人的责任并不相同,而且很可能与"统一责任制"规定的责任不同,意味着多式联运经营人向货方承担赔偿责任后,能否向造成货物损害的区段承运人追偿,具有很大的不确定性,从而无法预见其最终可能承担的责任风险,因而实际上将货方对运输风险的不可预见性转移给多式联运经营人。

为解决上述问题,通过对"统一责任制"加以修正,产生了"经修正的统一责任制"（amended uniform liability system）。这种修正通常针对多式联运的海运区段,且有利于多式联运经营人。在该责任制度下,多式联运经营人对全程运输负责,并且原则上全程运输采用单一的责任制度,但保留适用于某种运输方式的较为特殊的责任规定。"经修正的统一责任制"在最大限度上保留了"统一责任制"的优点,同时通过对其加以修正,缓和了"统一责任制"下各区段运输方式责任制度之间存在的差异和矛盾,较好地适应了运输法律发展的现状,使多式联运中的运输风险在多式联运经营人与托运人之间得到较为合理的分配,从而易于实践中被接受。

《鹿特丹规则》确立的"最小网状责任制"追求的目标是兼顾效率与公平,具体目标是解决国际货物多式联运中,尤其是"门到门"运输中在货物灭失、损坏或迟延交付的赔偿责任所涉及的相关国际公约之间的冲突。"最小网状责任制"与前述"经修正的统一责任制"相似,是指在海运以外的运输方式中,如有强制性适用的国际公约,则该公约适用于该区段运输,而不适用《鹿特丹规则》;否则,适用《鹿特丹规则》。但是,为了最大限度地统一所适用的法律,减少因各国法律的不同而出现法律适用上的不可预见性和不确定性,在海运以外的运输方式中,即使存在强制性适用的国内法,在承运人（多式联运经营人）与托运人或收货人之间,该国内法也不适用,而是适用《鹿特丹规则》。换言之,《鹿特丹规则》排除该种国内法的适用。

从实际情况看,国际货物多式联运涉及多种权利义务关系,包括托运人或收货人与承运人（多式联运经营人）之间的权利义务关系、托运人或收货人与履约方之间的权利义务关系、承运人与实际履行某一区段运输义务的履约方之间的权利义务关系等。

在《鹿特丹规则》根据第5条、第82条的规定适用于国际货物多式联运的情况下,如果货物灭失、损坏或者迟延交付或者造成的原因发生在海运区段,相关的权利义务关系适用《鹿特丹规则》;如灭失、损坏或者迟延交付或者造成的原因发生在非海运区段,立法上需谨慎处理《鹿特丹规则》与非海运国际公约之间的关系。对此,应当把握的政策是:一方面,尽可能地表现出对现行非海运国际公约的尊重,尊重有关方的既得利益;另一方面,增强法律适用的明确性,货物灭失、损坏或者迟延交付或者造成的原因在海运区段之前或之后发生时,在承运人的赔偿责任上将适用的法律"网"编得尽可能地小;如货物灭失、损坏或者迟延交付或者造成的原因发生的具体运输区段无法确定,立法上需设立一规则确定此种情况下承运人的赔偿责任。"最小网状责任制"的目标即在于解决后两者情形下的问题。所谓"最小",又可称为"受限制的",是针对"网状责任制"而言的。

《鹿特丹规则》第26条"海上运输之前或之后的运输"规定:"如果货物灭失、损坏或造成迟延交付的事件或情形发生在承运人的责任期内,但发生的时间仅在货物装上船舶之前或仅在货物卸离船舶之后,本公约的规定不得优先于另一国际文书的下述条文,在此种灭失、损坏或造成迟延交付的事件或情形发生时:(一)根据该国际文书的规定,如果托运人已就发生货物灭失、损坏或造成货物迟延交付的事件或情形的特定运输阶段与承运人订有单独和直接的合同,本应适用于承运人全部活动或任何活动的条文;(二)就承运人的赔偿责任、赔偿责任限制或时效作了具体规定的条文;和(三)根据该文书,完全不能通过订立合同加以背离的条文,或不能在损害托运人利益的情况下通过订立合同加以背离的条文。"

根据上述规定,"最小网状责任制"的构架通过以下三个方面的限制而实现:

(1)对责任主体的限制,即仅限于"承运人",而不包括履约方。换言之,"最小网状责任制"不约束履约方,履约方仍受强制适用于特定运输区段的国际文书的约束。

(2)对优先适用的国际文书的限制,即:第一,假如托运人已就发生货物灭失、损坏或者造成货物迟延交付的事件或者情形的特定运输区段与承运人单独和直接订立了合同,该国际文书根据其规定将适用于承运人的全部或者任何活动;第二,该国际文书就承运人的赔偿责任、赔偿责任限制或者时效作了具体规定;第三,该国际文书的适用具有强制性,即完全不能通过合同加以背离,或者不能在损害托运人利益的情况下通过合同加以背离。如果国际文书不满足这三个条件,《鹿特丹规则》的适用仍优先于国际文书。

(3)对优先于《鹿特丹规则》适用的法律文件限定为"国际文书"(International Instrument),不包括国内法,从而与我国《海商法》第105条中所述的"调整该区段运输方式的有关法律规定"不同。"国际文书"包括国际公约以及区域经济组织制定的多边协议。[1] "国际文书"主要表现为：《1956年国际公路货物运输合同公约》(CMR)、《1980年国际铁路货物运输公约—铁路货运合同统一规则》(COTIF-CIM)、《1950年国际铁路货物联运协定》、《2000年内河货物运输合同布达佩斯公约》(CMNI)、《1955年统一国际航空运输某些规则的公约》(《华沙公约》)以及《1999年统一国际航空运输某些规则的公约》(《蒙特利尔公约》)。

(三) 承运人对货物隐蔽损失的责任

所谓货物隐蔽损失(concealed damages)，是指在国际货物多式联运中不能确定损失发生区段的货物损失。尤其是集装箱运输"门到门"运输方式，跨越多个运输区段，且集装箱货物在运输过程中一直都是封箱操作，对在运输途中发生货损难以察觉，只有到目的地开箱后才能发现。然而，到目的地后再判断损失或者造成损失的原因发生的区段往往很困难，甚至无法判断。这是国际货物多式联运，尤其是集装箱"门到门"运输中客观存在的问题。解决这一问题有赖于集装箱运输技术的进步，但从法律层面而言，需要确定一项规则合理确定承运人对隐蔽损失的责任，这是法律分配风险作用的体现。对承运人而言，鉴于损失发生在其责任期间内，最重要的问题便是如何确定承运人的免责和责任限额。

2008年1月联合国国际贸易法委员会第三工作组第21届大会上形成的《全程或部分海上货物运输国际公约草案》[2]第62条第2款规定："虽有本条第一款规定，如承运人无法确定货物灭失或者损坏[或者迟延交付]是在海上运输期间内发生，还是在海上运输期间之前或者之后的运输期间内发生，则适用不同运输区段所适用的国际[和国内法]强制性规定的赔偿责任最高限额。"根据这一规定，如果在国际货物多式联运中发生货物隐蔽损失，确定承运人责任限额的原则是：按照适用于整个运输过程中不同运输区段的各种国际文书中规定承运人责任限额最高的国际文书确定。这一规定改变了以往"网状责任制"中货物隐蔽损失适用海运区段国际公约的做法，而采取了就高不就低的方式。这种法律规则设计所体现的政策是：如果承运人要避免承担较高限额的法律责任，就必须证明货物损失发生的具体区段。虽然这加重了承运人的责任，但这种加重责任的做法不无道理，因为它可促使承运人改进集装箱运输技术，更好地实现对集装箱货物多式联运的监控，提高服务质量，从而能够准确地确定损失或者造成损失的原因所发生的区段。毕竟货

---

[1] 在《鹿特丹规则》起草过程中，曾有人询问第27条草案使用"国际文书"，而第85条草案改用"国际公约"，不同用语是否是故意为之。使用不同的用语的确是有意为之，原因是：这方面的相关国际文书并不都能被视为国际公约，例如，区域经济一体化组织发布的指令。参见A/CN.9/645号第三工作组(运输法)第21届会议工作报告。

[2] 参见A/CN.9/WG.III/WP.101号文件。

物在由托运人交付给承运人后就一直在承运人的掌管之下,相对托运人而言,承运人更加熟悉运输环节中的具体情况。虽然,在目前技术条件下对承运人来说,此种责任显得较重,但技术毕竟要进步,而法律的作用也在于推动技术的进步。这正是上层建筑对经济基础促进作用的必然要求和体现。

但是,最终这一规定被删除,主要原因是当代集装箱运输技术的发展水平达不到承运人可以在运输途中,在不拆箱的情况下随时确定货物是否存在损失,以及损失发生在哪一区段。取消这一规则设计的逻辑结果便是,《鹿特丹规则》没有关于货物隐蔽损失的明确规则,在出现货物隐蔽损失时,承运人按照《鹿特丹规则》第59条规定的赔偿责任限额承担赔偿责任。换言之,如果货方要承运人按照适用于其他运输方式的国际文书承担赔偿责任,就必须证明损失或者造成损失的原因发生在某一特定运输区段,而该运输区段不是海运区段。显然,这又把举证责任转移到了货方,加重了货方的举证责任。但作为妥协的产物,《鹿特丹规则》第59条第1款将承运人的赔偿限额提高到了每件或每个其他货运单位875SDR,或者按照其毛重计算,每公斤3SDR,以两者中数额较高的为准。如此,《鹿特丹规则》适用的几率得到提高,同时减少《鹿特丹规则》草案中原先设计的在发生货物隐蔽损失时,查明不同国际公约(或国内法)规定的责任限额所带来的繁琐,加重货方的举证责任与承运人责任限额提高的做法在一定程度上平衡了船货双方的利益。

总之,《鹿特丹规则》确立了一种集装箱运输的全局观和抽象观。它没有拘泥于承担多式联运公约的角色,而只是将多式联运作为"门到门"全程货物运输的一种运营方式,抽象地加以概括调整。在这一理念基础上,货物隐蔽损失的问题实质上被淡化,是否适用调整其他运输的国际文书,依赖举证责任这样的程序规则,而非《鹿特丹规则》中的实体规则。只有当确定货物损失或者造成损失的原因发生在货物装前卸后的非海运区段的情况下,才产生其他运输方式的国际文书的优先适用问题。

(四)非海运履约方的责任

《鹿特丹规则》引入了"履约方"和"海运履约方"的概念,但没有引入非海运履约方(non-maritime performing party)的概念。因此,从逻辑结构而言,非海运履约方是"履约方"中除"海运履约方"之外的其他"履约方"。在国际货物多式联运实践中,非海运履约方包括公路运输承运人、铁路运输承运人、航空运输承运人、内陆水运承运人、内陆仓储企业、内陆货运站等。但是,根据《鹿特丹规则》第1条第7款"海运履约方"的定义,如果内陆承运人(公路运输承运人、铁路运输承运人、内陆水运承运人)履行或承诺履行的服务完全在港区范围内,则为海运履约方;同时,内陆仓储企业、内陆货运站如位于装货港或者卸货港,也是海运履约方。

非海运履约方构成履约方的一部分。《鹿特丹规则》将"履约方"作为一个整体,对其权利和义务作了一些规定。这些规定适用于非海运履约方。但是,与规定"海运履约方"对货物的责任,包括对灭失、损害或迟延交付的赔偿责任、免责和责任限制不同,《鹿特丹规则》并没有规定非海运履约方对货物的责任。因此,如果灭失、损害或迟延交付或者造成的损失原因发生于非海运区段时,非海运履约方的责任不适用《鹿特丹规则》,而适用相应区段的国际公约或者国内法。《鹿特丹规则》的这种处理方式降低了货方直接向非海运履约方索赔结果的可预见性,并且会影响承运人在向货方作出赔偿后向非海运履约方追偿的效果。但这种处理方式避免了将《鹿特丹规则》取代适用于非海运区段的国际公约和国内法,从而避免了这样一种无法实现的情形。

第三节 运输单证和电子运输记录制度

一、概述

在当今国际航运与国际贸易实践中,已经应用数百年的提单似乎陷入了难以克服的困境之中。在运输领域,提单的作用至今存在争议;在贸易领域,提单的凭单转让货物的功能逐渐减弱;作为运输合同证明的提单与作为货物转让凭证的提单分别有不同身份的当事人,两者之间的权利义务关系不确定。无单放货现象成为这些问题的焦点。在很多情况下,货物已经到达目的地,而提单还停留在贸易领域的流转过程中,由于提单是"提货凭证",承运人有义务收回提单再交付货物,但为了避免船舶滞港、货物滞港而给承运人带来损失,同时为了配合货方及时接收货物、加速货物流转的商业需求,承运人往往需要在接受保函的情况下无单放货。据粗略统计,班轮运输中存在15%的无单放货现象,租船运输高达50%,某些重要商品如矿物、油类货物运输几乎是100%的无单放货。[1]

因此,《鹿特丹规则》的起草者认为:无单放货现象普遍存在,使得提单的提货凭证功能与航运实践发生了很大的偏离,表明继续维护提单的提货凭证功能已有些不合时宜。于是,《鹿特丹规则》不再坚持绝对的提单提货凭证功能,一旦提单迟于货物到达目的地,或者由于其他原因,提单持有人未能在货物到达目的地时要求提货,承运人有权听从控制方或托运人(包括单证托运人)的指示放货。这样的放货行为视为承运人已经向提单持有人履行了交付货物的义务,而无须承担无单放货的责任。

---

[1] See Article 9.4.2.4 of "Draft Outline Instrument" by CMI ISC 2000.11.20.

充分利用现代信息技术、网络技术是提高运输效率的有效途径之一。电子商务能否在国际航运领域获得广泛应用,与运输单证电子化程度直接相关。另外,运输单证的电子化能够大大提高运输单证的流转速度,在一定程度上解决传统提单存在的无单放货问题。电子运输记录制度因此成为《鹿特丹规则》的基本组成部分。电子运输记录可以理解为传统运输单证的电子化。电子运输记录作为《鹿特丹规则》的一个显著的制度创新,主要伴随电子通信与电子商务的发展而来,体现了该规则紧跟时代发展步伐,并具适度超前性的立法技术。然而,目前电子运输单证的效力因缺乏法律的认可而在实践中极少使用,因而与传统的海上货物运输法律制度建立在成功的航运实践基础之上不同,《鹿特丹规则》中确立的电子运输记录制度并非建立在成功的航运实践基础之上,从而该制度能否成功尚难以下结论,但可以将其看成是《1990 年国际海事委员会电子提单规则》以来的又一次重要的实现国际航运电子商务化的立法尝试。

可见,《鹿特丹规则》关于运输单证和电子运输记录的规定在《鹿特丹规则》中的重要地位和作用,对于传统海上货物运输法律变更、国际航运和国际贸易实践将产生重要的影响。

《鹿特丹规则》关于运输单证和电子运输记录的规定集中体现在第三章"电子运输记录"和第八章"运输单证和电子运输记录"。此外,在承运人义务、托运人义务、货物交付、权利转让等制度中,也包含了与运输单证和电子运输记录制度有关的内容。同时,《鹿特丹规则》对于运输单证的规定和对于电子运输记录的规定,具有很多共性,但亦专门针对电子运输记录作了一些特殊规定。

二、运输单证或电子运输记录的概念、功能和种类

(一)运输单证或电子运输记录的概念与功能

《鹿特丹规则》第 1 条第 14 款给出了运输单证(transport document)的定义,即:"'运输单证'是指承运人按运输合同签发的单证,该单证:(一)证明承运人或履约方已按运输合同收到货物;并且(二)证明或者包含一项运输合同。"第 1 条第 18 款给出了电子运输记录(electronic transport record)的定义,即:"'电子运输记录'是指承运人按运输合同以电子通信方式发出的一条或数条电文中的信息,包括作为附件与电子运输记录有着逻辑联系的信息,或在承运人签发电子运输记录的同时或之后以其他方式与之有联系从而成为电子运输记录一部分的信息,该信息:(一)证明承运人或履约方已按运输合同收到货物;并且(二)证明或包含一项运输合同。"

虽然在《汉堡规则》中已出现"运输单证",但《鹿特丹规则》首次对"运输单证"进行了定义。"电子运输记录"在《鹿特丹规则》中首次出现并被定义,虽然在《1990 年国际海事委员会电子提单规则》中出现了电子提单(electronic bill of lading)。而且,《鹿特丹规则》弱化了传统的以提单为核心的运输单证立法模式,提单、海运单等概念在《鹿特丹规则》中并没有出现。

根据前述《鹿特丹规则》中"运输单证"和"电子运输记录"的定义,运输单证和电子运输记录均具有下列两大功能:

1. 证明承运人或者履约方已按运输合同收到货物

运输单证和电子运输记录是承运人或履约方收到托运人(CIF、CFR 或其他类似价格条件)或发货人(FOB 或其他类似价格条件)为运输目的而提交的货物的证明。运输单证和电子运输记录具有收货凭证功能。

2. 证明运输合同或包含运输合同

承运人签发运输单证或电子运输记录,是承运人与托运人订立的运输合同的证明,证明运输合同的存在和内容。运输单证或电子运输记录根据运输合同签发,表明运输单证或电子运输记录的签发是有因行为,只有事先存在运输合同,才会产生运输单证或电子运输记录。同时,运输单证或电子运输记录记载的内容不仅仅是收货信息,还包括一些合同细节以及格式条款。这些合同细节和条款在不与承运人和托运人事先的约定和强制性适用的国际公约或法律相抵触的前提下,作为运输合同的内容,即成为合同内容的证明。

运输单证和电子运输记录的定义中"包含运输合同",是在《鹿特丹规则》首次出现,之前的《海牙—维斯比规则》仅规定提单"证明运输合同",《汉堡规则》仅规定运输单证"证明运输合同"。"包含运输合同",主要是因为运输单证或电子运输记录载有承运人与托运人订立的运输合同的一些细节,从而是运输合同细节的载体之一,表明运输单证或电子运输记录不仅仅是证明运输合同的存在。从这一意义上,"证明运输合同"与"包含运输合同"并无实质性区别。值得注意的是,"包含运输合同"并不意味着运输单证或电子运输记录的签发在承运人与托运人订立的运输合同之外产生另一个运输合同。

从《鹿特丹规则》中"运输单证"和"电子运输记录"的定义看,两种功能之间用词为"并",强调只有同时具备上述两个功能,才能成为《鹿特丹规则》定义的运输单证或电子运输记录。如果只有收货凭证功能,而没有证明运输合同或包含运输合同功能,则不构成《鹿特丹规则》定义的"运输单证"或"电子运输记录"。例如,大副收据或者场站收据是收货凭证,但不具有证明运输合同或包含运输合同功能,因而不构成《鹿特丹规则》定义的"运输单证"。

《汉堡规则》和我国《海商法》除规定提单是收货凭证和运输合同证明两大功能外,还规定提单具有承运人保证据以交付货物的凭证的功能。我国海商法理论界据此也认为提单具有这三方面的基本功能。[1] 现行的国际海商法律制度普遍要求在签发提单的情况下,承运人应当凭单放货,即承运人应当收回一份正本提单,将货物交给凭提单有权提取货物的提单持有人,唯一的例外是在签发记名提单的情况下,美国法律不要求承运人凭单放货,而只需要收货人提供身份证明。

《鹿特丹规则》将运输单证或电子运输记录的交货凭证功能弱化。第九章"货物交付"第45条规定,在未签发可转让运输单证或可转让电子运输记录时,收货人凭承运人要求其提供的适当表明其收货人身份的证明提取货物。第46条规定,签发必须提交的不可转让运输单证时,收货人凭其出示的运输单证提取货物,即此种运输单证具有交货凭证的作用。第47条规定,签发可转让运输单证或可转让电子运输记录时,分三种具体情形:第一,签发可转让运输单证,并且没有明确规定可以不提交运输单证交付货物时,收货人凭其出示的运输单证及其为持有人的适当身份证明提取货物,即此时的可转让运输单证具有交货凭证的作用;第二,签发可转让运输单证,但明确规定可以不提交运输单证交付货物,收货人凭其为持有人的适当身份证明提取货物,即此时的可转让运输单证不具有交货凭证的作用;第三,签发可转让电子运输记录时,收货人凭其为可转让电子运输记录的持有人的适当身份证明提取货物,即可转让电子运输记录不具有交货凭证的作用。上述规定可以概括为:可转让运输单证具有交货凭证的作用,除非明确规定可以不提交运输单证交付货物;不可转让运输单证不具有交货凭证的作用,除非明确规定必须提交运输单证交付货物;电子运输记录不具有交货凭证的作用,收货人凭其是电子运输记录持有人的身份证明提取货物。

简言之,运输单证和电子运输记录是否具有交货凭证的作用,需根据运输单证和电子运输记录是否可转让,以及运输单证是否明确规定可以不提交运输单证交付货物而定。

与《鹿特丹规则》将运输单证或电子运输记录的交货凭证功能弱化相对应,承运人凭单放货不再作为一项严格的原则,而是在满足特定条件下,承运人被赋予无单放货的权利。具体而言,第47条第2款规定,签发可转让运输单证,并且没有明确规定可以不提交运输单证交付货物,因而收货人应凭其出示的运输单证及其为持有人的适当身份证明提取货物,即此时的可转让运输单证具有交货凭证的作用时,如果承运人由于下列原因之一而未能凭可转让运输单证交付货物,承运人可以通知托运人,请求就货物的交付发出指示,或者承运人经合理努力无法确定托运人时,承运人应通知单证托运人,请求就货物的交付发出指示:第一,收货人接到了到货通知而未在第43条述及的时间或期限内在货物到达目的地后向承运人主张提

---

[1] 参见司玉琢主编:《海商法》(第2版),法律出版社2007年版,第126—129页。

取货物;第二,承运人因声称是收货人的人未适当表明其为收货人或未提交单证而拒绝交货;第三,承运人经合理努力无法确定收货人,请求就货物的交付发出指示。

《鹿特丹规则》将运输单证或电子运输记录的交货凭证功能弱化,对运输单证的交货凭证作用没有采用一刀切的做法,以及规定在满足特定条件下承运人被赋予无单放货的权利,是因为凭单交货与长期以来国际航运实践中普遍存在的无单放货问题紧密相连,是为了解决无单放货难题,以及针对各国对运输单证类型与流通性的法律规定和交易惯例并不相同、难以统一现状所进行的立法尝试。长期以来,无单放货现象普遍存在,尤其是在原油与成品油运输、散装液体化工品运输和集装箱货物运输中,使得提单的交货凭证功能与航运实践发生了很大的偏离。虽然承运人在收货人要求无单放货时,可以要求收货人提供保函,以担保承运人因无单放货而对提单持有人承担赔偿责任后,向收货人的追偿权,但保函本身并不能免除承运人对提单持有人应负的责任。而且,承运人向提单持有人承担责任后,能否通过保函将损失追偿回来存在变数。然而,提单流转速度慢或者迟延发生在国际贸易环节,与承运人无关,凭单交货的要求反而让承运人承担无单放货的风险,对承运人有失公允。《鹿特丹规则》对运输单证的交货凭证功能的改革,正是基于上述考虑。

(二) 运输单证或电子运输记录的种类

《鹿特丹规则》将运输单证分为"可转让运输单证"(negotiable transport document)和"不可转让运输单证"(non-negotiable transport document)。

《鹿特丹规则》第1条第15款给出了"可转让运输单证"的定义,即:是指一种运输单证,通过"凭指示"(to order)或"可转让"(negotiable)之类的措辞,或通过该单证所适用的法律承认具有同等效力的其他适当措辞,表明货物按照托运人的指示或收货人的指示交付,或已交付给持单人,且未明示注明其为"不可转让"(non-negotiable)或"不得转让"(not negotiable)。

《鹿特丹规则》第1条第16款给出了"不可转让运输单证"的定义,即:是指不是可转让运输单证的运输单证。

与运输单证的分类相同,《鹿特丹规则》将电子运输记录分为"可转让电子运输记录"(negotiable electronic transport record)和"不可转让电子运输记录"(non-negotiable electronic transport record)。

《鹿特丹规则》第1条第19款给出了"可转让电子运输记录"的定义,即:是指一种电子运输记录:第一,其中通过"凭指示"或"可转让"之类的措辞,或通过该记录所适用的法律承认具有同等效力的其他适当措辞,表明货物已按照托运人的指示或收货人的指示交付,且未明示注明其为"不可转让"或"不得转让";第二,其使用符合第 9 条第 1 款要求。《鹿特丹规则》第 9 条第 1 款规定了使用可转让电子运输记录时应当遵守的程序。

《鹿特丹规则》第 1 条第 20 款给出了"不可转让电子运输记录"的定义,是指不是可转让电子运输记录的电子运输记录。

由于《鹿特丹规则》适用于海上货物运输合同或者包含国际海运在内的国际货物多式联运合同,实践中主要表现为海运单证和国际货物多式联运的单证,包括提单(bill of lading)、海运单(sea waybill)、联运提单(through bill of lading)、多式联运提单(multimodal transport bill of lading)和多式联运单证(multimodal transport document)。从短期看,提单和海运单,尤其是传统的提单,仍然将是主要的运输单证形式。由于缺乏法律对电子运输单证效力的规定,在《鹿特丹规则》生效并被广泛接受之前,虽然电子运输记录的使用具有很好的前景,但现实生活中电子运输记录的广泛使用尚需很长一段时间。

(三)运输单证或电子运输记录的签发

《鹿特丹规则》关于运输单证或电子运输记录的签发的规定体现在第 35 条"运输单证或电子运输记录的签发"规定:"除非托运人与承运人已约定不使用运输单证或电子运输记录,或不使用运输单证或电子运输记录是行业习惯、惯例或做法,否则,货物一经向承运人或履约方交付运输,托运人,或经托运人同意的单证托运人,有权按照托运人的选择,从承运人处获得:(一)不可转让运输单证,或符合第八条第(一)项规定的,不可转让电子运输记录;或(二)适当的可转让运输单证,或符合第八条第(一)项规定的,可转让电子运输记录,除非托运人与承运人已约定不使用可转让运输单证或可转让电子运输记录,或不使用可转让运输单证或可转让电子运输记录是行业习惯、惯例或做法。"

根据这一规定,运输单证或电子运输记录的签发包括以下六个方面的具体规则:

1. 签发主体

承运人是运输单证或电子运输记录的签发主体。根据《鹿特丹规则》第 35 条"运输单证或电子运输记录的签发"的规定,承运人有义务签发运输单证或者电子运输记录。《鹿特丹规则》第 1 条第 14 款关于"运输单证"的定义和第 19 款关于"电子运输记录"的定义也表明,运输单证或电子运输记录由承运人签发。因此,承运人作为运输合同的当事人是运输单证或者电子运输记录的法定签发主体。运输单证或电子运输记录可以由承运人自己签发,也可以由承运人委托的代理人签发。

2. 签发条件

运输单证或电子运输记录的签发需满足三个条件:第一,货物为运输的目的已经向承运人或者履约方交付;第二,托运人或者经托运人同意的单证托运人提出运输单证的签发要求;第三,托运人与承运人没有约定不使用运输单证或者电子运输记录,也不存在不使用运输单证或者电子运输记录的行业习惯、做法或者惯例。其中,第三个条件是签发运输单证或者电子运输记录的排斥条件。

3. 签发时间

一旦货物为运输目的已经向承运人或者履约方交付,托运人或者经托运人同意的单证托运人,即有权按照托运人的选择,从承运人处获得运输单证或者电子运输记录。换言之,一经托运人或者单证托运人提出要求,承运人即应当签发运输单证或者电子运输记录。

4. 签名

《鹿特丹规则》第 38 条"签名"对运输单证或电子运输记录的签名进行了专门的规定,即:"一、运输单证应当由承运人或者代其行事的人签名。二、电子运输记录应当包含承运人或者代其行事的人的电子签名,凭借此种电子签名,应能够识别与该电子运输记录有关的签名人,且表明承运人对该电子运输记录的授权。"

该条只有两款,但体现了运输单证和电子运输记录上签名的重要性与《鹿特丹规则》对于签名的重视。签名通常作为承运人识别的重要根据,在航运实践与法律实务中都受到重视。

《鹿特丹规则》规定运输单证或电子运输记录应当由承运人或者代其行事的人签名,具有两层含义:第一,运输合同的承运人或代其行事的人必须在运输单证上签名或在电子运输记录上电子签名;第二,签名的人只能是承运人或代其行事的人。在运输单证上签名或在电子运输记录上电子签名的人可被识别为承运人或承运人的代理人。

《鹿特丹规则》第 38 条第 2 款要求承运人或代其行事的人须在电子运输记录上进行相应的电子签名。电子签名只要能够实现签名的可识别性并表明承运人对代其签名的授权即可。电子运输记录上的电子签名与运输单证上的签名具有同等效力。

5. 签发对象

运输单证或者电子运输记录的签发对象,即签发的运输单证或者电子运输记录交付的对象,包括托运人和经托运人同意的单证托运人。

6. 签发的运输单证或电子运输记录的种类

托运人具有要求承运人签发的运输单证或电子运输记录种类的选择权,包括不可转让运输单证或者可转让运输单证。托运人也可要求承运人签发不可转让电子运输记录或者转让电子运输记录。但是,经托运人同意的单证托运人没有此种选择权。如果托运人与承运人已约定不使用可转让运输单证或者可转让电子运输记录,或者不使用可转让运输单证或者可转让电子运输记录是行业习惯、做法或者惯例,则承运人有权拒绝签发可转让运输单证或者可转让电子运输记录。这是签发可转让运输单证或者可转让电子运输记录的排斥条件。

三、电子运输记录特别规则

《鹿特丹规则》第三章"电子运输记录"是电子运输记录特别规则,由第 8 条"电子运输记录的使用和效力"、第 9 条"可转让电子运输记录的使用程序"和第 10 条"可转让运输单证或可转让电子运输记录的替换"组成。

(一)电子运输记录的使用与效力

《鹿特丹规则》第 8 条规定:"在不违反本公约所述要求的情况下:(一)凡根据本公约应在运输单证上载明的内容,均可在电子运输记录中加以记载,但电子运输记录的签发和随后的使用须得到承运人和托运人的同意;并且(二)电子运输记录的签发、排他性控制或转让,与运输单证的签发、占有或转让具有同等效力。"该规定强调了两项核心内容:一是电子运输记录的签发和随后的使用必须得到承运人和托运人的同意;二是确认符合《鹿特丹规则》要求的电子运输记录与运输单证具有同等效力。

(二)电子运输记录的使用程序

电子运输记录的使用程序主要包括电子运输记录的签发与转让的特殊性规定。

对于电子运输记录的签发,《鹿特丹规则》第 1 条第 21 款规定:"'签发'可转让电子运输记录,是指按照确保该记录自生成至失去效力处于排他性控制之下的程序签发记录。"对于电子运输记录的转让,该规则第 1 条第 22 款规定:"'转让'可转让电子运输记录,是指转让对该记录的排他性控制。"从这两项规定可以看出,不论是可转让电子运输记录的签发,还是可转让电子运输记录的转让,都要求该电子运输记录能够在使用中实现排他性控制。因此,对电子运输记录的技术性提出了较高的要求。

对于可转让电子运输记录的使用程序,《鹿特丹规则》第 9 条规定:"一、使用可转让电子运输记录,应当遵守包含以下内容的程序:(一)向预期持有人签发和转让可转让电子运输记录的方法;(二)可转让电子运输记录保持完整性的保证;(三)持有人能够证明其持有人身份的方式;和(四)已向持有人交付货物的确认方式,或根据第十条第二款或第四十七条第一款第(一)项第二目和第(三)项,可转让电子运输记录已失去效力的确认方式。二、本条第一款中的程序应当在合同事项中载明且易于查核。"

(三) 运输单证与电子运输记录之间的替换

为适应实践中运输合同当事人,尤其是托运人的业务需要,《鹿特丹规则》第10条规定电子运输记录和运输单证之间可以根据运输合同当事人的约定相互替换,即:"一、如果可转让运输单证已签发,且承运人与持有人约定以可转让电子运输记录替换该运输单证:(一) 持有人应向承运人移交该可转让运输单证,若签发的单证不止一份,应移交所有单证;(二) 承运人应向持有人签发可转让电子运输记录,其中应包括一项替换该运输单证的声明;并且(三) 该运输单证随即失去效力。二、如果可转让电子运输记录已签发,且承运人与持有人约定以可转让运输单证替换该电子运输记录:(一) 承运人应向持有人签发替换该电子运输记录的可转让运输单证,其中应包括一项替换该电子运输记录的声明;并且(二) 该电子运输记录随即失去效力。"

四、运输单证或电子运输记录的记载事项与证据效力

(一) 运输单证或电子运输记录的记载事项

《鹿特丹规则》第36条"合同事项"规定,运输单证或电子运输记录中记载的合同事项应包括托运人提供的下列信息:适合于运输的货名;识别货物所必需的主标志;货物包数、件数或数量;货物重量(如果已由托运人提供)。同时,应包括下列合同事项:承运人或履约方收到待运货物时货物表面状况的说明;承运人名称和地址;承运人或履约方收到货物日期、货物装船日期或运输单证或电子运输记录签发日期;运输单证可转让,且签发一份以上正本的,可转让运输单证的正本份数;收货人的名称和地址(如果收货人已由托运人指定);船舶名称(如果已在运输合同中指明);收货地和交货地(如果承运人已知道交货地);装货港和卸货港(如果已在运输合同中指明)。

其中,关于"货物表面状况",第36条第4款规定,既可以通过托运人提交货物时对货物的合理的外部检验确定,也可以通过承运人或履约方在签发运输单证或电子运输记录之前对货物实际状况进行的任何进一步的检验确定。这一规定对于容易变质或者其他容易因检验时间的不同而产生检验结果差异的货物而言,会产生托运人对货物的外部检验结果,与承运人或履约方对货物实际状况进行的任何进一步的检验结果不一致,从而导致双方对货物表面状况的争议。如果出现不一

致,原则上应以检验时间在后的承运人或履约方的检验结果为准,因为这一检验结果更能反映承运人或履约方收到货物时货物的表面状况,除非托运人或者其他货物利益方有相反的证据。

虽然,《鹿特丹规则》第 36 条规定关于运输单证或电子运输记录中的合同事项,采用了"应包括"的措辞,但第 39 条"合同事项不完备"第 1 款规定:"合同事项中缺少第三十六条第一款、第二款或第三款述及的一项或数项内容,或这些内容不准确,本身不影响运输单证或电子运输记录的法律性质或法律效力。"这一规定的意义在于,运输单证或电子运输记录中记载第 36 条所列的所有合同事项,有助于运输合同的履行和对运输单证或电子运输记录持有人利益的保护,但实践中有可能记载的事项有缺失或者不准确,而这种情况下如果否定运输单证或电子运输记录的法律性质或法律效力,将不利于运输合同或者货物买卖合同的履行,并损害运输单证或电子运输记录持有人的利益。

《鹿特丹规则》第 39 条第 2 款针对运输单证或电子运输记录中合同事项不完备的情形,作了弥补性规定:当合同事项包含某一具体日期,但未载明该日期的含义时,适用两种推定:第一,如果合同事项中载明的货物已装船,该日期视为运输单证或电子运输记录中载明的全部货物的装船日期;第二,如果合同事项未载明货物已装船,该日期视为承运人或履约方收到货物的日期。

此外,《鹿特丹规则》第 39 条第 3 款规定:"合同事项未载明承运人或履约方收到货物时货物表面状况的,该合同事项视为已载明承运人或履约方收到货物时货物表面状况良好。"这一规定有助于当货物表面状况良好时,省去在运输单证或电子运输记录中记载"货物表面状况良好"。

(二) 对合同事项中货物相关信息的保留

运输单证或电子运输记录中记载的货物信息由托运人提供,但对于承运人具有约束力。实践中,对于托运人提供的货物信息,承运人或履约方接收货物时可能发现与实际情况不一致,或者承运人或履约方接收货物时有合理的根据怀疑与实际情况不一致,有的可能是由于货物的包装方式,承运人或履约方接收货物时无法加以核对。显然,这些情况下,托运人提供的并在运输单证或电子运输记录中记载的货物信息,不应对承运人产生约束力。因此,应当赋予承运人或者代其签发运输单证或电子运输记录的人,根据实际接收的货物情况,对托运人提供的货物信息作出保留(reservation,《鹿特丹规则》中的用词是"qualifying"),又称"批注"(remark)。承运人或者代其行事的人的这种权利,称为"批注权"。实践中,大副在大副收据上作出这种保留或批注,或者对于集装箱货物,场站收据(dock receipt)上作出这种保留或批注,承运人或者代其行事的人在签发运输单证时,将这种保留或批注转移到运输单证上。

与《汉堡规则》第16条第1款和我国《海商法》第75条的规定相似[1],《鹿特丹规则》第40条"对合同事项中货物相关信息作出保留"规定了承运人的批注权。并且与《汉堡规则》第16条第1款和我国《海商法》第75条的规定相比,《鹿特丹规则》第40条的规定更加具体化。具体而言:

《鹿特丹规则》第40条第1款规定:"在下列条件下,承运人应对第三十六条第一款中述及的信息作出保留,指出承运人对于托运人所提供信息的准确性不负责任:(一)承运人实际知道运输单证或电子运输记录中的任何重要声明有虚假或误导内容;或(二)承运人有合理的理由认为运输单证或电子运输记录中的任何重要声明有虚假或误导内容。"这一规定具有四层含义:

1. 作出保留既是承运人的权利,也是承运人的义务

在符合上述规定的条件时,承运人有权对托运人提供的、第36条第1款中述及的信息作出保留,以达到不受该信息约束的目的,保护其自身利益。我国《海商法》第75条规定中"可以"一词即表明作出批注是承运人的权利。同时,上述规定中的"应"字表明作出保留是承运人的义务。将作出保留规定为承运人的义务,其合理性和必要性在于:承运人对托运人提供的货物信息作出保留,将使得运输单证或电子运输记录上货物情况的记载更加真实地反映承运人或履约方实际收到的货物情况,因而这种保留有助于第三者运输单证或电子运输记录的持有人准确了解货物的实际情况,从而保障其根据货物买卖合同或其他与之相关的合同所具有的权利或利益。

2. 保留的对象是第36条第1款中述及的货物信息

这些货物信息包括货物名称,识别货物所必需的主标志,货物包数、件数或数量,以及已由托运人提供的货物重量。

3. 作出保留的情形是承运人实际知道或者有合理的理由认为运输单证或电子运输记录中的任何重要声明有虚假或误导内容

《鹿特丹规则》英文本在这一规定中使用了"material statement"(《鹿特丹规则》中文本中的用词是"重要声明")一词,但在第36条第1款中述及的货物信息中,除承运人对货物外表状态作出的"statement"(《鹿特丹规则》中文本中的用词是"说明")一词外,并没有使用"statement"一词。因此,上述规定中的"重要声明"(material statement),"statement"一词意指第36条第1款中述及的四项货物信息是

---

[1] 我国《海商法》第75条规定:"承运人或者代其签发提单的人,知道或者有合理的根据怀疑提单记载的货物的品名、标志、包数或者件数、重量或者体积与实际接收的货物不符,在签发已装船提单的情况下怀疑与已装船的货物不符,或者没有适当的方法核对提单记载的,可以在提单上批注,说明不符之处、怀疑的根据或者说明无法核对。"

托运人提供的陈述性的货物信息。"重要"(material)一词意指托运人提供的、对于确定货物的性质、价值等具有重要作用的货物信息。但是,何为重要信息,何为不重要货物信息,不容易识别和确定。

4. 关于保留的方式

上述规定除"指出承运人对于托运人所提供信息的准确性不负责任"外,没有规定保留的内容,而仅在该条第 3 款中就特定的情形规定了保留的方式。很明显,仅"指出承运人对于托运人所提供信息的准确性不负责任",而没有具体的保留内容,并不是《鹿特丹规则》的本意,否则将给承运人提供滥用"批注权"的机会。我国《海商法》第 75 条明确规定了批注的内容,即"说明不符之处、怀疑的根据或者说明无法核对"。可见,《鹿特丹规则》这一规定的可操作性存在缺陷。

《鹿特丹规则》第 40 条第 2 款规定:"在不影响本条第一款的情况下,承运人可以按照本条第三款和第四款规定的情形和方式,对第三十六条第一款中述及的信息作出保留,指出承运人对于托运人所提供信息的准确性不负责任。"

这一规定表明:《鹿特丹规则》第 40 条第 1 款的规定是一般性规定,而该条第 3 款和第 4 款规定是特殊性规定。

《鹿特丹规则》第 40 条第 3 款规定:"货物不放在封闭集装箱内或封闭车辆内交付给承运人或履约方运输,或货物放在封闭集装箱内或封闭车辆内交付且承运人或履约方实际检验了货物的,在下述条件下,承运人可以对第三十六条第一款中述及的信息作出保留:(一)承运人无实际可行或商业上合理的方式核对托运人提供的信息,在这种情况下,承运人可以注明其无法核对的信息;或(二)承运人有合理的理由认为托运人所提供的信息不准确,在这种情况下,承运人可以列入一个条款,提供其合理认为准确的信息。"

上述规定是专门针对货物交付给承运人或履约方运输时,不放在封闭集装箱内或封闭车辆内,或者货物放在封闭集装箱内或封闭车辆内,但承运人或履约方实际检验了货物的情形。与第 40 条第 1 款的规定不同,上述规定中明确指出了保留的方式,即:当承运人无实际可行或商业上合理的方式核对托运人提供的信息时,保留的方式是"注明其无法核对的信息",即哪些信息无法核对;当承运人有合理的理由认为托运人所提供的信息不准确时,保留的方式是"提供其合理认为准确的信息"。对于第二种情形,与《汉堡规则》和我国《海商法》第 75 条仅要求注明"怀疑的根据"不同,上述规定要求承运人"提供其合理认为准确的信息",即对承运人的要求更高。

《鹿特丹规则》第 40 条第 4 款规定:"货物放在封闭集装箱内或封闭车辆内交付给承运人或履约方运输的,承运人可以就下列条款中述及的信息作出保留:(一)第三十六条第一款(一)项、(二)项或(三)项,条件是:1. 集装箱内或车辆内货物未经过承运人或履约方实际检验;并且2.无论承运人还是履约方均未在签发运输单证或电子运输记录之前以其他方式实际知道集装箱内或车辆内货物的情况;和(二)第三十六条第一款(四)项,条件是:1.无论承运人还是履约方均未对集装箱或车辆称重,且托运人和承运人均未在装运货物之前约定对集装箱或车辆称重并将其重量记载在合同事项中;或2.无实际可行或商业上合理的方式核对集装箱或车辆重量。"

上述规定是专门针对货物交付给承运人或履约方运输时放在封闭集装箱内或封闭车辆内的情形,并对第36条第1款中述及的四项信息作了分类处理,即将第(1)项"适合于运输的货名"、第(2)项"识别货物所必需的主标志"和第(3)项"货物包数、件数或数量"作为一类,将第(4)项"货物重量(如果已由托运人提供)"作为另一类。与第40条第3款的规定不同,上述规定中并没有规定保留的方式,从而存在与第40条第1款的规定相同的问题。

(三) 合同事项的证据效力

关于提单上记载的托运人提供的货物相关信息的证据效力,《海牙规则》仅规定具有初步证据(prima facie evidence)的效力;《维斯比规则》增加了绝对证据效力(conclusive evidence)的规定;《汉堡规则》和我国《海商法》第73条兼有初步证据的效力和绝对证据效力的规定,以及承运人对货物相关信息保留的规定。

与《汉堡规则》和我国《海商法》第73条的规定相似,《鹿特丹规则》第41条"合同事项的证据效力"规定了合同事项的证据效力,包括初步证据与绝对证据,以及承运人对货物相关信息的保留和保留的效力。相比较而言,《鹿特丹规则》第41条的规定更加具体,在一定程度上增加了合理性和可操作性,但在承运人作出保留的方式上规定不够明确,从而存在可操作性不强的问题。

初步证据和绝对证据是英美法对证据效力的分类。初步证据是指允许提出证据的对方反证,即对方可以提出相反的证据否定该证据对对方的效力;绝对证据是指不允许提出证据的对方反证(estoppel),即对方即使提出相反的证据,也不能否定该证据对对方的效力。

《鹿特丹规则》第41条规定:"除合同事项已按照第四十条规定的情形和方式作了保留外:(一)运输单证或电子运输记录是承运人收到合同事项中所记载货物的初步证据。(二)在下列情况下,承运人就任何合同事项提出的相反证据不予接受:1.此种合同事项载于已转让给善意行事第三方的可转让运输单证或可转让电子运输记录;或2.此种合同事项载于载明必须交单提货,且已转让给善意行事收货人的不可转让运输单证。(三)承运人提出的针对善意行事收货人的相反证据,在该收货人依赖载于不可转让运输单证或不可转让电子运输记录中的下述任何合同事项时,不予接受:1. 第三十六条第一款中述及的合同事项,此种合同事项由承运人提供;2. 集装箱的号码、型号和识别号,而非集装箱封条的识别号;和 3. 第三十六条第二款中述及的合同事项。"

上述规定具有以下三层含义:

1. 合同事项中有关货物的记载在承运人与托运人之间具有初步证据效力

运输单证或电子运输记录是承运人收到合同事项中所记载货物的初步证据。初步证据意味着允许承运人提供证据,证明其实际收到的货物与合同事项中所记载的货物状况不同,从而仅对其实际收到的货物状况负责。例如:合同事项中记载货物件数为 100 件,实际交付货物件数为 95 件,承运人凭装货港理货报告等单据证明装货港实际装船的货物件数为 95 件,则当托运人向承运人索赔 5 件货物的短少时,承运人不承担赔偿责任。

2. 合同事项中有关货物的记载在承运人与善意行事的第三方之间具有绝对证据效力

合同事项中有关货物的记载的绝对证据效力,是指即使承运人提供证据,证明其实际收到的货物与合同事项中所记载货物状况不同,也需要对合同事项中有关货物的记载负责。在前述例子中,即使承运人证明装货港实际装船的货物件数为 95 件,承运人仍需对善意行事的第三方承担 5 件货物的短少责任。

合同事项中有关货物的记载具有绝对证据效力,根据所签发的运输单证或电子运输记录的不同,需满足以下条件:

(1) 此种合同事项载于可转让运输单证或可转让电子运输记录时,该可转让运输单证或可转让电子运输记录已转让给善意行事的第三方。

(2) 此种合同事项载于不可转让运输单证时,该不可转让运输单证载明必须交单提货,且已转移给善意行事的第三者收货人。

(3) 此种合同事项载于不可转让运输单证,并且该不可转让运输单证没有载明必须交单提货,或者载于不可转让电子运输记录时,善意行事的收货人依赖下述合同事项:(a)《鹿特丹规定》第 36 条第 1 款中述及的合同事项,即适合于运输的货名、识别货物所必需的主标志、货物包数、件数或数量,以及货物重量,并且此种合同事项由承运人提供;(b) 集装箱的号码、型号和识别号,而非集装箱封条的识别号;(c) 第 36 条第 2 款中述及的合同事项,即承运人或履约方收到待运货物时货物表面状况的说明、承运人名称和地址,以及承运人或履约方收到货物日期、货物装船日期或运输单证或电子运输记录签发日期。

从上述规定中可以看出,运输单证或电子运输记录上合同事项中有关货物的记载的绝对证据效力,针对的是"善意行事"(acting in good faith)的收货人或其他第三方,即托运人之外的收货人或其他第三方对于运输单证或电子运输记录中记载的货物状况与承运人实际收到的货物状况不同并不知情。例如,在前述例子中,如果收货人知道承运人实际收到的货物件数为95件,则该收货人不是"善意行事"。

对于上述条件(3)所述的情形,运输单证或电子运输记录上合同事项中有关货物的记载的绝对证据效力,除针对的是"善意行事"的收货人或其他第三方外,还要求收货人或其他第三方"依赖"(in reliance)合同事项。"依赖"合同事项,是指合同事项对于收货人或其他第三方具有直接利害关系,通常表现为收货人作为货物买方,已经按照合同事项记载的货物状况向卖方支付了货款。例如,在前述例子中,如果收货人按照合同事项记载的100件货物支付了货款,则收货人依赖了合同事项的记载;如果收货人按照承运人实际交付的95件货物支付货款,则收货人没有依赖合同事项的记载。"善意行事"和"依赖"合同事项两个条件必须同时满足,否则,当收货人或其他第三方并非"善意行事",或者收货人没有"依赖"合同事项时,合同事项只具有初步证据效力。

3. 如果合同事项已按照第40条"对合同事项中货物相关信息作出保留"规定的情形和方式作了保留,合同事项不具有证据效力

"除合同事项已按照第四十条规定的情形和方式作了保留外",是运输单证或电子运输记录上合同事项中货物相关信息记载的证据效力的除外规定,表明如果运输单证或电子运输记录上合同事项的记载中,对于第36条第1款中述及的由托运人提供的货物信息,即适合于运输的货名、识别货物所必需的主标志、货物包数、件数或数量,以及货物重量,如果已按照第40条规定的方式作了保留,则这种货物信息的记载不具有任何证据效力,即既不构成初步证据,也不构成绝对证据。

然而,如前文分析,除第40条第3款规定了保留的方式外,该条其余各款并没有具体规定保留的方式,仅规定"指出承运人对于托运人所提供信息的准确性不负责任",因而存在实践中的可操作性问题,进而会影响到第41条这一证据效力除外规定的适用。

综上,《鹿特丹规则》第41条关于运输单证或电子运输记录上合同事项记载证据效力的规定,可以归纳为三点:

(1) 原则上,运输单证或电子运输记录上合同事项的记载具有初步证据效力。

(2) 作为该原则的例外,为了保护善意行事的第三者的利益,维护运输单证或电子运输记录的转让功能,保障单证贸易的开展,有条件地具体规定了合同事项记载的绝对证据效力。

(3) 作为合同事项的记载具有初步证据效力或绝对证据效力的例外,为了保护承运人的正当利益,如果对合同事项已按照第40条规定的情形和方式作了保

留,则此种合同事项的记载既不具有初步证据效力,也不具有绝对证据效力。

(四)"预付运费"记载的证据效力

在国际航运实务中,预付运费(freight prepaid)是一个众人关注的重要问题。常常发生的情形是:货物装船后,按照托运人的要求,承运人签发的提单载明"预付运费",但实际上运费在提单签发之前或之时并没有支付,托运人作为货物买方凭"预付运费"提单,根据信用证结汇后,才有财力向承运人支付运费,甚至货物运抵目的港后仍未支付或未全额支付。虽然当托运人要求承运人签发载明"预付运费"的提单时,如果运费未付清,承运人可以拒绝签发,但由于受航运市场供求关系的不利影响,同时考虑到作为货物卖方的托运人需凭载明"预付运费"的提单到银行根据信用证结汇后,才有财力支付运费,实践中承运人经常在未收到运费的情况下,按照托运人的要求签发"预付运费"提单。由此带来的问题是,由于运费未支付或未全额支付,承运人能否在目的港留置货物?

如果允许承运人留置货物,无疑可以保障承运人对运费的请求权。但是,在提单载明"预付运费"的情形,通常货物买卖是以 CIF 价格条件或者 CFR 价格条件成交,作为收货人的买方已经支付给作为托运人的卖方的货物价款中包含了运费,而且货物在运抵目的港时的所有权已经转移至买方,因而如果允许承运人留置货物,将严重损害买方的利益。

为了解决这一问题,《鹿特丹规则》第 42 条"预付运费"规定:"合同事项载有'预付运费'声明或者类似性质声明的,承运人不能以运费尚未支付这一主张对抗持有人或者收货人。持有人或者收货人也是托运人的,本条不适用。"

根据这一规定,当运输单证或电子运输记录上合同事项中记载"预付运费"或者有类似记载时,承运人不能以运费实际上尚未支付为由,向持有人或者收货人主张运费。因而,即使运费未支付或未全额支付,承运人亦不能因此在目的港留置货物。这一规定将保护买方的正当利益,维护运输单证或电子运输记录的可信赖性,有利于单证贸易的开展,也有助于承运人与托运人之间运费收付规范化。

但是,如果持有人或者收货人是托运人,则即使运输单证或电子运输记录上合同事项中记载"预付运费",承运人仍可向持有人或者收货人主张未支付或未全额支付的运费,并因此在目的港依法留置货物。

《鹿特丹规则》第 42 条的规定,与第 41 条关于运输单证或电子运输记录上货物相关信息记载的绝对证据效力的规定相呼应,在法理上相统一。

五、承运人的识别

承运人识别是国际海上货物运输实践中常见的问题之一,已经成为亟待法律规范解决的热点问题。

承运人识别问题产生的原因在于:虽然现行《海牙规则》《海牙—维斯比规则》和《汉堡规则》,以及各国海商法均规定提单和其他运输单证应载明承运人的名称和地址[1],但实践中未作此种记载的情形很多,各国司法实践中对于这种情形下如何识别承运人并不统一。

国际海上货物运输实践中,尤其是根据租船合同签发的提单,如实践中采用的 CONGENBILL 格式的提单,经常使用不载明承运人名称的"无抬头"提单,船舶代理人签发提单仅注明"代表承运人"(for and on behalf of the carrier)或者"代表船长"(for and on behalf of the master),有的还强调"仅作为代理人"(as agent only),而不载明委托人的名称。同时,实践中,船舶除由船舶所有人自己经营外,有可能以各种形式出租,或者委托给船舶经营人经营,从而与托运人订立海上货物运输合同的人是船舶承租人或者船舶经营人,由此增加了第三者提单持有人识别承运人的困难。

然而,承运人的识别有着重要的意义。《鹿特丹规则》第 1 条第 5 款将"承运人"定义为"与托运人订立运输合同的人"。因此,承运人是海上货物运输合同的当事人,是该合同义务的承担者和权利的享有者。当货物发生灭失、损坏或者迟延交付时,承运人是赔偿责任的承担者,是货物利益方索赔损失的对象。解决承运人的识别问题,是保障非托运人的货物利益方(包括 FOB 价格条件下的卖方、CIF 和 CFR 价格条件下的买方、取得代位求偿权的货物保险人、跟单信用证下的银行)的正当利益、保障国际海上贸易顺利开展的需要。

《鹿特丹规则》第 37 条"承运人的识别"(Identity of the carrier)以强制性的规定较好地解决了承运人的识别问题。

该条规定了两种情形下承运人的推定,即:

第一,该条第 1 款规定:"合同事项中载明承运人名称的,运输单证或电子运输记录中凡是与此不一致的有关承运人身份的其他信息一概无效。"换言之,只要运输单证或电子运输记录中载明了承运人的名称,即推定该载明的人为承运人,而且此种推定不得反驳。

第二,该条第 2 款规定:"合同事项中未按第三十六条第二款第(二)项载明任何人为承运人,但合同事项载明货物已装上指定船舶的,推定该船舶的登记所有人为承运人,除非该登记所有人能够证明运输货物时该船舶处于光船租用之中,且能够指出该光船承租人及其地址,在这种情况下,推定该光船承租人为承运人。或者,船舶登记所有人可以通过指出承运人及其地址,推翻将其当做承运人的推定。

---

[1] 我国《海商法》第 73 条第 1 款第(2)项要求提单中载明"承运人的名称和主营业所"。

光船承租人可以按照同样方式推翻将其当做承运人的任何推定。"对于一艘特定的船舶而言,船名和登记所有人均具有唯一性,从而推定船舶的登记所有人为承运人,便于对承运人的识别。而且,作为货物运输工具所有人的船舶所有人与货物运输具有紧密的关联性,这种关联性使得推定船舶的登记所有人为承运人具有合理性。同样,在光船租赁情形下,光船承租人占有和使用船舶,从而与货物运输具有紧密的关联性,这种关联性使得推定光船承租人为承运人具有合理性。同时,允许船舶的登记所有人或者光船承租人通过指出承运人名称及其地址,推翻将其当做承运人的推定,兼顾了船舶的登记所有人或者光船承租人不是承运人时其利益的平衡,并且符合运输合同关系主体的要求。

该条第3款规定:"本条规定概不妨碍索赔人证明,承运人是合同事项所载明的人以外的人,或是根据本条第二款所识别的人以外的人。"索赔人进行此项举证,依据的是《鹿特丹规则》第1条第5款"承运人"的定义,即"与托运人订立运输合同的人"。对于非托运人的货物利益方而言,证明谁是"与托运人订立运输合同的人",有关的证据通常来自于托运人。允许索赔人进行此项举证,符合运输合同关系主体的要求,而且可能有利于索赔人进行索赔。例如,当推定的承运人为在外国登记的船公司,尤其是单船公司或者"皮包公司"时,如果不允许索赔人进行此项举证,将迫使索赔人到国外寻求索赔,甚至索赔没有保障。

前文所述,《鹿特丹规则》第37条以强制性的规定较好地解决了承运人的识别问题,但仍然存在以下问题:

(1) 将承运人的推定适用于托运人,缺乏合理性和必要性。承运人的识别,是为了在承运人不明或者难以确定时,确定谁是承运人。因此,《鹿特丹规则》第37条第2款关于承运人推定的规定,对于没有与承运人订立运输合同的发货人或收货人而言,具有合理性和必要性。但是,对于与承运人订立运输合同的托运人而言,即使运输单证或电子运输记录中没有载明承运人,也不应存在对承运人的识别问题。同时,对运输合同关系主体的要求,应当在承运人不明或者难以确定时才能背离。然而,《鹿特丹规则》第37条的适用没有排除托运人,因而这种适用缺乏合理性和必要性。

(2) 推定船舶的登记所有人或者光船承租人为承运人,可能引发道德风险。根据《鹿特丹规则》第37条第2款的规定,允许船舶的登记所有人或者光船承租人通过直接指出承运人名称及其地址,推翻将其作为承运人的推定。然而,在国际航运实践中,船舶可能出现多次转租,最后的承租人是承运人,而船舶的登记所有人或者光船承租人仅知道下一手承租人,却无法或者难以知道最后的承租人,从而无法或难以直接指出承运人名称及其地址。与此同时,有可能索赔人知道承运人,却因为承运人财力不足或者向承运人索赔不便利,进而依据船舶的登记所有人或者光船承租人是承运人的推定,向登记所有人或者光船承租人提出索赔,从而引发道德风险。因此,有必要将这种推定的适用限制在索赔人证明无法合理地识别承运人的场合,如索赔人应证明不能从货物买卖合同的另一方或者其他有关方合理地获得识别承运人的信息。

(3) 允许船舶的登记所有人或者光船承租人推翻将其作为承运人的推定,可能有损索赔人的利益。根据《鹿特丹规则》第37条第2款的规定,允许船舶的登记所有人或者光船承租人通过指出承运人名称及其地址,推翻将其作为承运人的推定。但是,该条没有限定船舶的登记所有人或者光船承租人作出推翻将其作为承运人的推定的时间,从而会使得索赔方无法及时实施索赔,甚至可能使得索赔人遭受累诉,难以保障其利益,难以实现经济关系的稳定。

第四节 批量合同制度

《鹿特丹规则》第一次将批量合同(volume contract)纳入海上货物运输法的调整范围,主要体现在第1条第2款关于批量合同的定义、第68条关于批量合同排他性管辖权的规定、第76条关于批量合同仲裁协议的规定,以及第80条关于批量合同的特别规则。总结起来为三方面的法律规则:批量合同的定义、批量合同对规则背离的有效条件及其对第三方的效力,以及批量合同管辖权和仲裁协议的效力。

批量合同成为《鹿特丹规则》的调整范围,且采取了非强制适用的方法,即赋予批量合同当事人较为充分的"合同自由"。换言之,对批量合同而言,《鹿特丹规则》中绝大多数规定都是任意性的,只有批量合同中没有约定或没有不同约定时才适用。这是对传统海运公约中承运人强制责任体制的一大突破。

一、批量合同的概念

《鹿特丹规则》第1条第2款规定:"'批量合同',是指在约定期间内分批装运特定数量货物的运输合同。货物数量可以是最低数量、最高数量或者一定范围的数量。"

上述定义中,"在约定期间内分批装运特定数量货物的运输合同"包含三层含义:一是运输合同约定了履行期限,即在合同约定的某个期间内履行;二是运输合同约定了运输的货物数量,"货物数量可以是最低数量、最高数量或者一定范围的数量";三是运输合同分批履行,"分批装运"意味着偶尔或单独的货物运输并不使得运输合同成为"批量合同"。

二、《鹿特丹规则》对批量合同适用的范围及其原因

《海牙规则》适用于提单或类似的物权凭证(document of title),而不适用于批量合同。《汉堡规则》中无批量合同的概念,但涉及批量合同的内容,第2条第4款规定:"如果合同约定今后的货载将在一个约定期间内分批运输,则本公约的规定应适用于每一批货载。但如运输系根据租船合同进行,则应适用本条第三款之规定。"因此,《汉堡规则》不适用于批量合同本身,但强制适用于批量合同下的每一次运输,如果批量合同中对承运人义务与赔偿责任的约定对批量合同下的每一次运输有约束力,并且低于《汉堡规则》的规定,将被认定为无效。

虽然批量合同被纳入了《鹿特丹规则》的适用范围,但并不是所有的批量合同,也不是批量合同中的所有条款都将受到《鹿特丹规则》的制约。首先,班轮运输中使用的批量合同将适用《鹿特丹规则》,但如果批量合同下的某次运输是通过航次租船合同等非班轮运输形式进行,该航次租船合同不适用《鹿特丹规则》;其次,批量合同中关于每次运输中承运人和托运人关于货物运输的权利、义务或责任等约定适用《鹿特丹规则》,而货方对其提供的货物总量的承诺以及承运人承诺提供的其他服务,则不受《鹿特丹规则》的调整。

理解《鹿特丹规则》中批量合同制度,需了解这一制度形成的过程和产生的原因。

批量合同问题始于《鹿特丹规则》适用范围的讨论。《鹿特丹规则》的规定实际上是采纳了美国代表团关于远洋班轮服务协议(Ocean Liner Service Agreement, OLSA)的提案。在联合国国际贸易法委员会第三工作组第12届会议期间,美国代表团提交了一份提案[1],强烈主张应将远洋班轮服务协议纳入到《鹿特丹规则》的适用范围,并且此种适用原则上应是非强制性的,允许当事人协商改变公约的规定。后来经过非正式协商,形成了一个意见,即公约没有必要为远洋班轮服务协议单独制定规则,因为广义的批量合同包括远洋班轮服务协议,可以通过调整适用范围的规定,使公约适用于某些批量合同,而批量合同基本上就是远洋班轮服务协议。远洋班轮服务协议在《鹿特丹规则》中巧妙地"隐身",已经消融到了批量合同的概念之中。因此,虽然远洋班轮服务协议作为一个法律概念在《鹿特丹规则》中已经消失,但其实质依然存在,这就是批量合同。

有两点值得注意,第一,美国代表团提出的远洋班轮服务协议概念实质上是国际班轮运输领域的服务合同(service contract),美国1984年《航运法》和1998年《远洋航运改革法》均使用服务合同这一概念,而非远洋班轮服务协议;第二,美国

---

[1] 参见 A/CN/.9/WG.III/WP.34;美国的提案。

代表团提案中认为,远洋班轮服务协议不同于租船合同和批量合同,因为后两者是不定期船运输市场的做法,服务合同为班轮运输特有。所以,美国最初将批量合同(volume contract)理解为是在不定期船运输市场中使用,与《鹿特丹规则》定义的批量合同不同。

对于《鹿特丹规则》是否应当非强制性地适用于远洋班轮服务协议,在《鹿特丹规则》制定过程中一直有两种不同的声音,分别以美国和联合国贸易与发展委员会为代表。

美国主张《鹿特丹规则》应非强制性地适用于远洋班轮服务协议,理由是:

(1)自美国1984年《航运法》和1998年《远洋航运改革法》允许以自由竞争方式谈判订立远洋班轮服务协议以来,远洋班轮服务协议的使用有了很大的发展,在许多国际班轮航线上,大量的货物都是根据此种协议运输,从而将这种在班轮运输中大量使用的合同类型排除在公约的适用范围之外,不利于对该领域的法律统一。

(2)允许远洋班轮服务协议的当事人自由协商条款,可以提高商业效率,有利于促进更适合国际商业具体需要的业务发展。

(3)近二十年的经验表明,在基本运输条款的谈判权方面,承认"合同自由"不会对船方或货方造成特别的不利。

(4)远洋班轮服务协议当事人享有较为充分的"合同自由",不会给托运人的利益造成损害,如果托运人不满意远洋班轮服务协议谈判的结果,完全可以选择不订立此种合同,而根据通常由班轮承运人提供的标准费率运送货物,或将货物交给其他有竞争力的承运人运送。

联合国贸易与发展委员会的反对理由是:

(1)如果谈判能力明显不同的当事人之间订立合同,可能出现滥用"合同自由"的情形,这也正是《海牙规则》与《汉堡规则》强制性责任体制所关注的。

(2)目前的做法表明,远洋班轮服务协议在某些班轮运输中所占比例超过80%,这种合同不仅用于大量货物的托运人与承运人之间的货物运输,而且也用于非常少量的货物运输,例如10—20个标准箱(TEU),或甚至一个标准箱,可以明显地看出,在这种情况下,订约的当事人谈判能力非常不平等。例如,在实践中托运两个集装箱的当事人与世界排位前25名(控制全球标准箱运输能力近80%[1])的其中一个班轮公司之间缔结的远洋班轮服务协议,不可能真正在单独谈判的基础上形成,而是使用承运人制定的格式合同。

(3)如果远洋班轮服务协议可以偏离公约的规定,同时没有任何保障措施来确保小托运人受到有效的保护,使之不受不公平合同条款的损害,今后可能出现大

---

[1] 参见 Dyna Liners 06/2004,6.2.2004。

多数国际班轮运输都根据"标准远洋班轮服务协议条款"的情形,不受强制性最低限度赔偿责任标准的约束,从而将彻底破坏承运人强制责任体制。

给予批量合同当事人较为充分的"合同自由",是对始于美国1893年《哈特法》,为《海牙规则》《维斯比规则》和《汉堡规则》以及各国海商法所继承的承运人强制性责任体制的突破。《鹿特丹规则》第十六章"合同条款的有效性"第79条"一般规定"延续了承运人强制性责任体制,而且将强制性责任体制扩大到托运人、收货人、控制方、持有人或单证托运人[1]。但是,《鹿特丹规则》第80条的规定,无疑被打开了自《海牙规则》以来国际海上货物运输领域对"合同自由"的严格限制的一个缺口,即"合同自由"在一定范围内又得以"复活"。由此产生的值得思考的问题是:这是顺应航运实践发展的一个必然选择[2],还是如同打开了潘多拉盒子,使承运人以"批量合同"的名义再次获得《海牙规则》制定前的优势地位,滥用"合同自由"的现象将重新出现,进而将给整个国际贸易带来不利的后果?[3]

三、批量合同的约定事项

基于"合同自由"原则,《鹿特丹规则》未从正面规定批量合同具体的约定事项,但第80条第3款规定承运人的公开运价与服务表(public schedule of prices and services)、运输单证、电子运输记录或者类似文件不是第80条第1款所指的批量合同,但批量合同可以通过提及方式并入此种文件,将其作为合同条款。

按照美国1998年《远洋航运改革法》第3条第(19)项的定义,服务合同"是指一个或多个托运人与一个远洋公共承运人或远洋公共承运人之间协议订立的除提单或收据以外的书面合同,在该合同中,托运人承诺在一定期间内提供一定数量或一定比例的货物,远洋公共承运人或远洋公共承运人之间协议承诺以一定的费率或费率表收取运费,或提供一定水平的服务,诸如保证舱位、运输时间、挂港顺序或类似的服务项目。服务合同也可以约定当事人一方不履行合同时的违约条款"。1998年《远洋航运改革法》第8条"运价"第(c)款规定服务合同应该具备下列内容:(1)始发港和目的港的范围;(2)在联运条件下的启运地和目的地的地理区域;(3)所涉及的货物;(4)最低货物数量或部分;(5)全程运费;(6)期间;(7)服务

---

[1] 《鹿特丹规则》第79条规定:"一、除非本公约另有规定,运输合同中的条款,凡有下列情形之一的,一概无效:(一)直接或间接,排除或限制承运人或海运履约方在本公约下所承担的义务;(二)直接或间接,排除或限制承运人或海运履约方对违反本公约下的义务所负的赔偿责任;或(三)将货物的保险利益转让给承运人或第十八条述及的人。二、除非本公约另有规定,运输合同中的条款,凡有下列情形之一的,一概无效:(一)直接或间接,排除、限制或增加托运人、收货人、控制方、持有人或单证托运人在本公约下所承担的义务;或(二)直接或间接,排除、限制或增加托运人、收货人、控制方、持有人或单证托运人对违反本公约下任何义务所负的赔偿责任。"

[2] 这是以美国为代表的一种观点。

[3] 这是以联合国贸易与发展委员会为代表的一种观点。

承诺事项;(8)未履行合同时约定的损害赔偿。

在服务合同向联邦海事委员会(Federal Maritime Commission,FMC)以保密形式报备后,应当公开前述第(1)、(3)、(4)和(6)项涉及的主要条款的简要说明,并以运价本形式供公众查阅。这些要求是从公法角度对服务合同进行管理目的制定的,与《鹿特丹规则》从私法角度制定的规则不同。

四、批量合同的特别规则

(一)批量合同背离《鹿特丹规则》

批量合同背离(Derogation)《鹿特丹规则》,是指批量合同约定的权利、义务和赔偿责任,与《鹿特丹规则》强制性规定的权利、义务和赔偿责任不一致,或增加权利、义务和赔偿责任,或减少权利、义务和赔偿责任。

《鹿特丹规则》第80条"批量合同特别规则"(Special rules for volume contracts)是关于批量合同的特别规则,其主要内容包括:批量合同背离《鹿特丹规则》的原则性规定、背离的条件、不得背离《鹿特丹规则》的内容,以及背离《鹿特丹规则》对第三人产生效力的条件。

1. 批量合同背离《鹿特丹规则》的原则性规定

《鹿特丹规则》第80条第1款规定:"虽有第七十九条的规定,在承运人与托运人之间,本公约所适用的批量合同可以约定增加或减少本公约中规定的权利、义务和赔偿责任。"

这一规定具有三层含义:第一,批量合同背离规则是第79条关于强制性规范规定的例外;第二,批量合同背离规则,需通过承运人与托运人在批量合同中作出约定;第三,批量合同背离规则,是指批量合同可以约定增加或减少规则中规定的权利、义务和赔偿责任,既可以是承运人的权利、义务和赔偿责任,也可以是托运人的权利、义务和赔偿责任。

2. 承运人与托运人之间的批量合同背离《鹿特丹规则》的条件

《鹿特丹规则》第80条第2款规定:"根据本条第一款作出的背离,仅在下列情况下具有约束力:(一)批量合同载有一则该批量合同背离本公约的明确声明;(二)批量合同1.是单独协商订立的,或2.明确指出批量合同中载有背离内容的部分;(三)给予了托运人按照符合本公约的条款和条件订立运输合同,而不根据本条作出任何背离的机会,且向托运人通知了此种机会;并且(四)背离既不是1.以提及方式从另一文件并入,也不是2.包含在不经协商的附合合同中。"

上述规定表明,承运人与托运人之间的批量合同背离规则,需满足以下四个条件。否则,不产生背离规则的效力,批量合同仍受规则的强制性约束。

（1）批量合同载有一则该批量合同背离本公约的明确声明。批量合同中必须有一个条款或者其他约定，明确地显示该合同背离规则或者具有背离规则的内容。这一声明旨在起到提示作用。

（2）批量合同是单独协商订立的，或者明确指出批量合同中载有背离内容的部分。这一条件包含两个具体条件，两者之间是"或"的关系，只要满足其中之一即可。

"批量合同是单独协商订立的"（individually negotiated），是指某一批量合同是该合同的承运人与托运人专门就这一合同的订立协商一致的结果。

"明确指出批量合同中载有背离内容的部分"，是指如果某一批量合同不是该合同的承运人与托运人专门就这一合同的订立协商一致的结果，则该合同必须指出合同中哪些内容背离规则。这一条件针对的是国际航运实践中，批量合同是在某一标准合同格式（standard form）或标准合同条件（standard terms）基础上订立的情形。这种标准合同格式或标准合同条件，有可能是托运人与班轮公会或联营体之间制定，或者托运人协会与班轮公司、班轮公会和联营体之间制定，亦可能是某一班轮公司、托运人、班轮公会或联营体、托运人协会或者其他组织制定。在某一标准合同格式或标准合同条件基础上订立的批量合同，其内容没有经过充分协商。"明确指出批量合同中载有背离内容的部分"，其意义在于提示承运人、托运人以及其他合同的关系人注意标准合同格式或标准合同条件中背离规则的内容。

（3）给予了托运人按照符合公约的条款和条件订立运输合同，而不是根据本条作出任何背离的机会，且向托运人通知了此种机会。批量合同的承运人给予了托运人不背离规则订立运输合同的机会，并且已经告知托运人此种机会。这一条件试图实现的目的是：托运人具有批量合同是否背离规则的选择权，订立背离规则的批量合同符合托运人的意愿。

（4）背离既不是以提及方式从另一文件并入，也不是包含在不经协商的附合合同中。批量合同背离规则"不是以提及方式从另一文件并入"（incorporated by reference from another document），是指不是通过批量合同中约定载有背离规则内容的某一合同格式、运输条件或者其他文件并入该批量合同并作为该批量合同的一部分，而实现该批量合同背离规则。背离"不是包含在不经协商的附合合同中"（included in a contract of adhesion that is not subject to negotiation），是指当批量合同属于合同条款不得协商的附合合同时，附合合同中没有背离规则的内容。换言之，如果批量合同以提及方式并入背离规则的其他文件，或者批量合同属于载有背离规则内容且不得协商的附合合同，便不满足这一条件。这一条件试图实现的目的是：由于从另一文件并入或者通过不得协商的附合合同都有可能违背"合同自由"原则，批量合同背离规则应当是承运人和托运人协商的结果。

3. 批量合同不得背离《鹿特丹规则》的内容

《鹿特丹规则》第 80 条第 4 款规定："本条第一款既不适用于第十四条第一项和第二项、第二十九条和第三十二条中规定的权利和义务或因违反这些规定而产生的赔偿责任，也不适用于因第六十一条述及的作为或不作为而产生的任何赔偿责任。"

这一规定表明，批量合同不得背离《鹿特丹规则》中的以下规定：

(1) 第 14 条"适用于海上航程的特定义务"第(1)项和第(2)项，即"承运人必须在开航前、开航当时和海上航程中恪尽职守：(一) 使船舶处于且保持适航状态；(二) 妥善配备船员、装备船舶和补给供应品，且在整个航程中保持此种配备、装备和补给"，但第(3)项即"(三) 使货舱、船舶所有其他载货处所和由承运人提供的载货集装箱适于且能安全接收、运输和保管货物，且保持此种状态"可以背离。

(2) 第 29 条"托运人提供信息、指示和文件的义务"中规定的权利和义务或因违反这些规定而产生的赔偿责任，即托运人及时向承运人提供有关货物的信息、指示和文件的义务。

(3) 第 32 条"危险货物特别规则"中规定的权利和义务或因违反这些规定而产生的赔偿责任，即托运人在货物交付给承运人或履约方之前，及时将货物的危险性质或特性通知承运人，根据货物预定运输任何阶段所适用的法律、条例或其他公共当局的要求，对危险货物加标志或标签，以及托运人因其不履行义务所导致的灭失或损坏向承运人所负的赔偿责任。

(4) 第 61 条"赔偿责任限制权的丧失"述及的作为或不作为而产生的任何赔偿责任，即承运人、海运履约方、船长或船员、承运人的其他受雇人或海运履约方的受雇人丧失赔偿责任限制权利的规定。

可见，允许批量合同背离《鹿特丹规则》的规定十分广泛，除前述四项内容之外的《鹿特丹规则》的所有规定，均可以背离。

4. 批量合同背离《鹿特丹规则》对第三人产生效力的条件

承运人与托运人订立的批量合同中背离规则的内容，不仅对承运人与托运人，而且在满足一定条件时，将对非合同当事人的收货人或其他第三人产生效力。对此，《鹿特丹规则》第 80 条第 5 款规定："批量合同满足本条第二款要求的，其中背离本公约的条款，须满足下列条件，方能在承运人与非托运人的其他任何人之间适用：(一) 该人已收到明确记载该批量合同背离本公约的信息，且已明确同意受此种背离的约束；并且(二) 此种同意不单在承运人的公开运价表和服务表、运输单证或电子运输记录上载明。"

上述规定表明，批量合同中背离规则的内容要约束非合同当事人的收货人或其他第三人，条件是该第三人必须已明确同意受此种背离的约束。而且，如果承运人的公开运价表和服务表、运输单证或电子运输记录上载明该第三人已明确同意受此种背离的约束,并不满足这一条件。

5. 举证责任

《鹿特丹规则》第 80 条第 6 款规定:"一方当事人对背离本公约主张利益的,负有证明背离本公约的各项条件已得到满足的举证责任。"

这一规定表明,遵循"谁主张,谁举证"的原则,承运人、托运人或者第三人,如主张批量合同背离规则的利益,应承担举证责任,证明第 80 条第 2 款、第 5 款规定的条件已得到满足。

(二) 关于批量合同中管辖权和仲裁条款的特别规定

《鹿特丹规则》第十四章"管辖权"和第十五章"仲裁"的规定适用于批量合同。同时,第十四章第 67 条"法院选择协议"第 2 款专门针对批量合同中的法院选择协议(即管辖权条款)的排他性效力作了规定,即作为原则上管辖权条款不具有排他性效力的例外,批量合同中管辖权条款在满足特定条件时在合同当事人之间具有排他性效力,并且在满足特定条件时对批量合同当事人之外的第三人也具有约束力。同样,第 75 条"仲裁协议"作为第 2 款关于仲裁协议不具有排他性效力的原则性规定的例外,第 3 款专门规定批量合同中的仲裁条款在满足特定条件时在合同当事人之间具有排他性效力,第 4 款专门规定批量合同中的仲裁条款在满足特定条件时对批量合同当事人之外的第三人也具有约束力。

关于《鹿特丹规则》第 67 条和第 75 条的含义与分析,详见本章第八节。

第五节 托运人与单证托运人制度

一、托运人制度

(一) 托运人概念

《鹿特丹规则》第 1 条第 8 款规定:"'托运人'是指与承运人订立运输合同的人。"

这一托运人的定义与《鹿特丹规则》第 1 条第 5 款承运人的定义,即"'承运人'是指与托运人订立运输合同的人"相对应。托运人与承运人订立运输合同,是运输合同的双方当事人。

与《汉堡规则》和我国《海商法》中的托运人包括两种人相比较,《鹿特丹规则》将托运人的定义予以简化。《海商法》第 42 条第(3)项规定:"托运人是指:1. 本人或者委托他人以本人名义或者委托他人为本人与承运人订立海上货物运输合同的人;2. 本人或者委托他人以本人名义或者委托他人为本人将货物交给与海上货物运输合同有关的承运人的人。"因此,托运人的范围中不再包含第二种托运人,即"本人或者委托他人以本人名义或者委托他人为本人将货物交给与海上货物运输合同有关的承运人的人",又称"实际托运人"。

(二) 托运人的权利

《鹿特丹规则》没有设专章规定托运人的权利。但是,《鹿特丹规则》规定的承运人或履约方对托运人应承担的义务和责任,是托运人权利的表现。此外,《鹿特丹规则》明文规定了托运人的以下三项权利:

1. 要求承运人签发运输单证或电子运输记录的权利

关于运输单证或者电子运输记录的签发,《鹿特丹规则》第35条"运输单证或电子运输记录的签发"规定:"除非托运人与承运人已约定不使用运输单证或电子运输记录,或不使用运输单证或电子运输记录是行业习惯、做法或惯例,否则,货物一经向承运人或者履约方交付运输,托运人,或经托运人同意的单证托运人,有权按照托运人的选择,从承运人处获得:(一) 不可转让运输单证,或,符合第八条第(一)项规定的,不可转让电子运输记录;或(二) 适当的可转让运输单证,或,符合第八条第(一)项规定的,可转让电子运输记录,除非托运人与承运人已约定不使用可转让运输单证或可转让电子运输记录,或不使用可转让运输单证或可转让电子运输记录是行业习惯、做法或惯例。"据此,货物一经向承运人或履约方交付运输,托运人具有要求承运人签发运输单证或者电子运输记录的权利,除非托运人与承运人约定不使用运输单证或电子运输记录,或者不使用运输单证或者电子运输记录是行业习惯、做法或者惯例。

2. 对货物的控制权

《鹿特丹规则》第51条"控制方的识别和控制权的转让"第1款规定:"除本条第二款、第三款和第四款述及的情形外:(一) 托运人为控制方,除非托运人在订立运输合同时指定收货人、单证托运人或其他人为控制方……"据此,托运人为控制方,对货物具有控制权,除非托运人在订立运输合同时指定收货人、单证托运人或其他人为控制方。

3. 同意单证托运人或指定控制方的权利

托运人具有同意发货人作为单证托运人的权利,即同意发货人在运输单证或者电子运输记录中记名为"托运人"。托运人在订立运输合同时具有指定收货人、单证托运人或其他人为控制方的权利。

（三）托运人的义务

《鹿特丹规则》第七章"托运人对承运人的义务"专章规定了托运人对承运人的下列义务和责任：

1. 交付运输的义务

交付运输（delivery for carriage），是指托运人按照运输合同的约定将货物交给承运人或履约方进行运输。

《鹿特丹规则》第27条"交付运输"规定："一、除非运输合同另有约定，否则托运人应交付备妥待运的货物。在任何情况下，托运人交付的货物应处于能够承受住预定运输的状态，包括货物的装载、操作、积载、绑扎、加固和卸载，且不会对人身或财产造成损害。二、根据第十三条第二款订有约定的，托运人应妥善而谨慎地履行根据该约定承担的任何义务。三、集装箱或车辆由托运人装载的，托运人应妥善而谨慎地积载、绑扎和加固集装箱内或车辆内的货物，使之不会对人身或财产造成损害。"

据此，托运人交付运输的义务具体表现为：托运人应当将货物交给承运人或履约方，并且使货物处于可供运输的状态，包括能够承受住从装载到卸载整个预定运输中的风险，在运输过程中不会对人身或财产造成损害。此外，当承运人与托运人约定由托运人装载、操作、积载或卸载货物时，托运人应当妥然而谨慎地装载、操作或积载货物；当货物由托运人装载在集装箱或车辆时，托运人应当妥善而谨慎地积载、绑扎和加固集装箱内或车辆内的货物，使之不会对人身或财产造成损害。

2. 提供信息、指示和文件的义务

《鹿特丹规则》第29条"托运人提供信息、指示和文件的义务"规定："一、托运人应及时向承运人提供承运人无法以其他合理方式获取，且是为下述目的而合理需要的有关货物的信息、指示和文件：（一）为了正确操作和运输货物，包括由承运人或履约方采取预防措施；并且（二）为了使承运人遵守公共当局有关预定运输的法律、条例或其他要求，但承运人须及时将其需要信息、指示和文件事宜通知托运人。二、本条规定概不影响根据公共当局有关预定运输的法律、条例或其他要求[1]，提供有关货物的某些信息、指示和文件的任何特定义务。"

根据上述规定，托运人提供货物的信息、指示和文件的义务具体表现为三个方面：

（1）及时、主动地向承运人提供承运人不能以其他合理方式获取，并且是为了

---

[1]　"公共当局的法律、条例或其他要求"是《鹿特丹规则》中文本中的表述。《鹿特丹规则》英文本中的表述是"any law, regulations or other requirements of public authorities"，应译为"任何法律、规则或公共当局的其他要求"。

承运人或者履约方正确操作和运输货物,包括由承运人或者履约方采取预防措施而合理需要的有关货物的信息、指示和文件。

(2) 按照承运人的要求,及时向承运人提供承运人不能以其他合理方式获取,并且是为了使承运人遵守与预定运输相关的法律、法规或者公共当局的其他要求的有关货物的信息、指示和文件。

(3) 根据与预定运输相关的法律、法规或者公共当局的其他要求,提供有关货物的信息、指示和文件。

托运人提供信息、指示和文件的义务,还涉及《鹿特丹规则》第28条"托运人与承运人在提供信息和指示方面的合作"和第55条"向承运人提供补充信息、指示或文件"。

《鹿特丹规则》第28条规定:"如果有关货物正确操作和运输的信息处于被请求方的占有之下,或有关货物正确操作和运输的指示是在被请求方能够合理提供的范围之内,且请求方无法以其他合理方式获取此种信息和指示,承运人和托运人应就对方提出的提供此种信息和指示的请求作出响应。"

上述规定表明,不论是承运人还是托运人,为了履行《鹿特丹规则》规定的各自的义务而需要有关货物正确操作和运输的信息,并且自己无法以其他合理方式获取时,便可以要求对方提供其掌握的或者能够合理提供的此种信息,对方有义务提供此种信息。因此,托运人与承运人在提供信息和指示方面的合作义务,针对的是双方当事人,即每一方都有此义务。实践中,这种合作义务主要在于托运人,为此《鹿特丹规则》第29条作了前述明确规定。但是,托运人为了履行《鹿特丹规则》第27条规定的交付运输的义务,尤其是当承运人与托运人约定由托运人装载、操作、积载或卸载货物时,托运人有可能需要承运人提供有关货物正确操作和运输的信息,包括货舱和其他船舶资料、预定航次信息等。

《鹿特丹规则》第55条规定:"一、控制方应按照承运人或履约方的要求,及时提供承运人履行其在运输合同下义务而可能合理需要的有关货物的信息、指示或文件,此种信息、指示或文件尚未由托运人提供,且承运人无法以其他方式合理获得。二、承运人经合理努力无法确定控制方,或控制方无法向承运人提供适当信息、指示或文件的,应由托运人提供此种信息、指示或文件。承运人经合理努力无法确定托运人的,应由单证托运人提供此种信息、指示或文件。"

根据上述规定,当托运人是控制方时,或者托运人不是控制方,但承运人经合理努力无法确定控制方,或控制方无法向承运人提供适当信息、指示或文件时,托运人具有向承运人提供补充信息、指示或文件的义务。关于《鹿特丹规则》第55条规定的含义,详见下文。

《鹿特丹规则》第28条、第29条和第55条都涉及托运人提供有关货物的信息、指示和文件的义务,三者之间的关系是:第 29 条规定托运人提供货物信息、指示和文件的首要义务,第 55 条规定托运人提供货物补充信息、指示和文件的义务,因而在时间顺序上,先适用第 29 条的规定,后适用第 55 条的规定;第 28 条是一般性规定,第 29 条是专门规定,因而第 29 条有规定时,适用该条的规定,第 29 条没有规定时,适用第 28 条的规定。

3. 提供拟定合同事项所需要的准确信息的义务

《鹿特丹规则》第 31 条"拟定合同事项所需要的信息"规定:"一、托运人应及时向承运人提供拟定合同事项以及签发运输单证或电子运输记录所需要的准确信息,包括第三十六条第一款所述及的事项;合同事项中拟载明为托运人的当事人名称;有收货人的,收货人名称;须凭指示签发运输单证或电子运输记录的,指示人名称。二、承运人收到根据本条第一款提供的信息时,理当认为托运人已对信息的准确性给予保证。托运人应就此种信息不准确所导致的灭失或损坏向承运人作出赔偿。"

上述规定表明,托运人的此项义务主要包括以下两个方面:

(1) 托运人负有及时向承运人提供拟定合同事项以及签发运输单证或电子运输记录所需要的准确信息。托运人提供的信息的内容是承运人拟定合同事项以及签发运输单证或电子运输记录所需要的信息。《鹿特丹规则》第 31 条特别明确此种信息应包括:第 36 条第 1 款述及的四项货物的基本事项,即适合于运输的货名,识别货物所必需的主标志,货物包数、件数或数量,以及托运人已提供的货物重量;托运人的名称;记名运输单证或电子运输记录上收货人的名称,或者记名指示运输单证或电子运输记录上指示人的名称。托运人应当主动、及时提供此种信息。

(2) 托运人应当保证其所提供的信息的准确性。托运人提供的上述信息应当准确,即所提供的信息与实际情况相符合。承运人收到托运人提供的信息时,可以认为托运人已保证信息的准确性,即承运人无须对信息加以核实。

托运人违反信息准确性的保证义务,其后果是对信息不准确所导致的灭失或损坏向承运人承担赔偿责任。这里的灭失或损坏,包括船舶的灭失或损坏、其他货物的灭失或损坏而使得承运人对第三者货物利益关系人承担的赔偿责任,以及承运人因运输货物遭受的其他经济损失。但是,灭失或损坏与信息不准确之间应具有因果关系,即灭失或损坏是由于信息不准确所造成。

托运人承担的此种赔偿责任,在归责原则上是严格责任,即托运人承担赔偿责任不以其具有过错为前提条件。但是,对于承运人遭受的经济损失,如果承运人有过错,托运人的赔偿责任可以相应的免除或减少。

4. 危险货物的特别规则

《鹿特丹规则》第 32 条"危险货物特别规则"规定:"当货物因本身性质或特性

而已对人身、财产或环境形成危险,或适度显现有可能形成此种危险时:(一)托运人应在货物交付给承运人或履约方之前,及时将货物的危险性质或特性通知承运人。托运人未履行此项义务,且承运人或履约方无法以其他方式知道货物危险性质或特性的,托运人应就未发通知所导致的灭失或损坏向承运人负赔偿责任;(二)托运人应根据货物预定运输任何阶段所适用的公共当局的法律、条例或其他要求,对危险货物加标志或标签。托运人未履行此项义务的,托运人应就由此导致的灭失或损坏向承运人负赔偿责任。"

上述危险货物特别规则包含了危险货物的定义,并规定了托运人在运输危险货物情况下的义务。

根据上述规定,危险货物是指"因本身性质或特性而已对人身、财产或环境形成危险,或适度显现有可能形成此种危险"的货物。这一定义表明:首先,危险货物的危险性是由货物本身性质或特性所决定的;其次,危险货物的危险性是针对人身、财产或环境,即可能造成人身、财产或环境的损害,包括对危险货物本身的损害;再次,危险货物的危险性体现为两种情形,即对人身、财产或环境形成危险,或适度显现有可能形成此种危险。其中,对人身、财产或环境形成危险,是指已经客观存在危险性,适度显现有可能形成(reasonably appear likely to become)此种危险,是指基于合理判断,有可能产生危险性。可见,《鹿特丹规则》第32条定义的危险货物较广,超出了我国参加的《国际海运危险货物规则》(IMDG CODE)所列明的范围。[1] 这是基于保障海上货物运输安全和海洋环境保护的考虑。

托运人在运输危险货物情况下的义务包括以下两个方面:

(1)托运人交付货物之前的危险性质或特性通知义务

托运人通知的时间是将危险货物交给承运人或履约方进行运输之前,通知的对象是承运人或履约方,通知的内容是货物的危险性质或特性。

如托运人未履行此项义务,对因此所导致的灭失或损坏,托运人应向承运人负赔偿责任。同样,这里的灭失或损坏,包括船舶的灭失或损坏、其他货物的灭失或损坏而使得承运人对第三者货物利益关系人承担的赔偿责任,以及承运人因运输货物所遭受的其他经济损失。但是,灭失或损坏与托运人未通知之间应具有因果关系。

---

〔1〕《国际海运危险货物规则》列举了危险货物的种类,即爆炸品气体、易燃液体、易燃固体、易自燃物质、遇水放出易燃气体的物质、氧化物质和过氧化物、有毒物质、放射性物品、腐蚀品和杂类危险物质和物品。该分类标准体现了以货物自身属性作为认定"危险货物"标准。我国国家标准《危险货物品名表》(GB12268)列举了九类危险货物品名,即爆炸品、压缩气体和液化气体、易燃液体、易燃固体、自燃物品和遇湿易燃物品、氧化剂和有机过氧化物、毒害品和感染性物品、放射性物品、腐蚀品和杂类。1996年11月4日原交通部发布的《水路危险货物运输规则》,采用了国家标准《危险货物品名表》中的类别。该规则仅适用于我国国内海上或内陆水域危险货物的运输,而不适用于国际海上危险货物的运输。

托运人承担的此种赔偿责任,在归责原则上是严格责任,即托运人承担赔偿责任不以其具有过错为前提条件。但是,如承运人或履约方以其他方式知道货物危险性质或特性,则托运人不承担赔偿责任。

(2) 对危险货物加标志或标签的义务

托运人应根据货物预定运输任何阶段所适用的法律、条例或公共当局的其他要求,对危险货物加标志(mark)或标签(label)。危险货物标志又称危险货物包装标志,包括主标志和副标志,是用图形、文字表示危险货物的危险特性和种类;危险货物标签又称危险货物安全标签,用于提示接触危险货物的人员的一种标识,用简单、明了、易于理解的文字、图形符号和编码的组合形式表示该危险货物所具有的危险性、安全注意事项和防护的基本要求。加标志或标签,应当按照预定运输中任何阶段所适用的法律、条例、规章或公共当局的其他明文要求。在国际海上货物运输中,《国际海运危险货物规则》具体规定了危险货物的标志和标签要求。

托运人未履行此项义务,对因此所导致的灭失或损坏,托运人应向承运人负赔偿责任。同样,这里的灭失或损坏,包括船舶的灭失或损坏、其他货物的灭失或损坏而使得承运人对第三者货物利益关系人承担的赔偿责任,以及承运人因运输货物所遭受的其他经济损失。但是,灭失或损坏与托运人未对危险货物加标志或标签之间应具有因果关系。

同样,托运人承担的此种赔偿责任,在归责原则上是严格责任,即托运人承担赔偿责任不以其具有过错为前提条件。但是,对于承运人遭受的经济损失,如果承运人有过错,托运人的赔偿责任可以相应的免除或减少。

对于危险货物的运输,《鹿特丹规则》第 15 条"可能形成危险的货物"还从承运人或履约方权利的角度,规定了对货物的处置权,即:"虽有第十一条和第十三条规定,如果在承运人责任期内货物可能或有理由认为似乎可能对人身、财产或环境形成实际危险,承运人或履约方可以拒绝接收或装载货物,且可以采取包括将货物卸下、销毁或使之不能致害等其他合理措施。"

上述规定赋予承运人或履约方在承运人责任期间内,对形成或者可能形成实际危险的货物的处置权。承运人或履约方行使此种权利的前提是,在承运人责任期内货物对人身、财产或环境形成实际危险,或者有理由认为似乎可能对人身、财产或环境形成实际危险。[1]

---

[1] 《鹿特丹规则》中文本第 15 条中"可能……对人身、财产或环境形成实际危险"的规定,该规则英文本中的表述是"are... an actual danger to persons, property or the environment"。因此,英文本中的"are"是指已经形成,而不是可能形成。第 15 条英文本中"reasonably appear likely"的表述在中文本中是"有理由认为似乎可能",但在第 32 条中却表述为"适度显现有可能"。"reasonably appear likely"的中文含义是根据合理判断具有的可能性。

5. 托运人的赔偿责任

(1) 托运人对承运人遭受的损失的赔偿责任。《鹿特丹规则》第30条"托运人对承运人赔偿责任的基础"规定:"一、对于承运人遭受的灭失或损坏,如果承运人证明,此种灭失或损坏是由于违反本公约规定的托运人义务而造成的,托运人应负赔偿责任。二、灭失或损坏的原因或原因之一不能归责于托运人本人的过失或第三十四条述及的任何人的过失的,免除托运人的全部或部分赔偿责任,但托运人违反第三十一条第二款和第三十二条对其规定的义务所造成的灭失或损坏,不在此列。三、托运人根据本条被免除部分赔偿责任的,托运人仅对因其本人的过失或第三十四条述及的任何人的过失所造成的那部分灭失或损坏负赔偿责任。"

上述规定具有以下四层含义:

第一,托运人承担赔偿责任的范围。托运人对承运人遭受的灭失或损坏承担赔偿责任。承运人遭受的灭失或损坏,包括船舶的灭失或损坏、其他货物的灭失或损坏而使得承运人对第三者货物利益关系人承担的赔偿责任,以及承运人因运输货物所遭受的其他经济损失。与我国《海商法》第70条第1款[1]的规定不同,《鹿特丹规则》第30条没有规定托运人对履约方遭受的灭失或损坏承担赔偿责任,也未排除托运人对履约方遭受的灭失或损坏承担赔偿责任。

第二,托运人承担赔偿责任的归责原则。托运人承担赔偿责任,以过错责任为归责原则,以严格责任为例外。具体而言,如果承运人遭受的灭失或损坏是由于托运人、其受雇人、代理人、分合同人或其他受委托人不履行《鹿特丹规则》规定的托运人义务或者托运人的其他过失而造成,托运人应承担赔偿责任;但是,如果承运人遭受的灭失或损坏是由于托运人不履行《鹿特丹规则》第31条第2款规定的义务,即由于托运人向承运人提供拟定合同事项以及签发运输单证或电子运输记录所需要的信息不准确而造成,以及不履行《鹿特丹规则》第32条规定的托运人义务,即托运人未在货物交付给承运人或履约方之前,及时将货物的危险性质或特性通知承运人,或者托运人未根据货物预定运输任何阶段所适用的法律、条例或公共当局的其他要求,对危险货物加标志或标签而造成,托运人应承担赔偿责任,即使托运人没有过错。

第三,托运人可免责的原因和不可免责的原因共同造成承运人的灭失或损坏。如承运人遭受的灭失或损坏是由于托运人可以免责的原因和不能免责的原因共同造成时,托运人仅对因其不能免责的原因所造成的那部分灭失或损坏承担赔偿责任。

---

[1]《海商法》第70条第1款规定:"托运人对承运人、实际承运人所遭受的损失或者船舶所遭受的损坏,不负赔偿责任;但是,此种损失或者损坏是由于托运人或者托运人的受雇人、代理人的过失造成的除外。"

第四，举证责任。对于承运人遭受的灭失或损坏，承运人应当举证，证明此种灭失或损坏，以及此种灭失或损坏是由于托运人不能免责的原因而造成。如承运人遭受的灭失或损坏是由于托运人可以免责的原因和不能免责的原因共同造成时，托运人应承担举证责任，证明其可以免责的原因所造成的那部分灭失或损坏。

（2）托运人的转承责任。《鹿特丹规则》第 34 条"托运人为其他人负赔偿责任"规定："托运人委托包括受雇人、代理人和分合同人在内的任何人履行托运人任何义务的，对于此等人的作为或不作为造成违反本公约规定的托运人义务，托运人负赔偿责任，但托运人委托承运人或代表承运人行事的履约方履行托运人义务的，对于此等人的作为或不作为，托运人不负赔偿责任。"

根据上述规定，托运人需对其受雇人或代理人在受雇或受委托范围内行事的作为或不作为负责，以及对其分合同人（subcontractors，又称分包人）或其他受委托人在受委托范围内行事的作为或不作为负责。但是，如果托运人委托承运人或代承运人行事的履约方履行《鹿特丹规则》规定的托运人义务，托运人对其作为或不作为不负责。在英美法中，运输合同被认为是一种委托合同，即承运人接受托运人的委托，将货物从一地运输至另一地，并收取作为报酬的运费。因此，托运人对承运人以及代承运人行事的履约方的行为不负责任。

二、单证托运人制度

（一）单证托运人概述

前文所述，《鹿特丹规则》第 1 条第 8 款将托运人的定义予以简化，即"与承运人订立运输合同的人"，并且基于合同相对性原则的考虑，托运人的范围中不再包括《汉堡规则》中实际托运人，即"本人或者委托他人以本人名义或者委托他人为本人将货物交给与海上货物运输合同有关的承运人的人"。但是，《鹿特丹规则》增设了"单证托运人"（documentary shipper）。《鹿特丹规则》关于单证托运人的规定，是对《汉堡规则》的一大突破。

《鹿特丹规则》第 1 条第 9 款将"单证托运人"定义为"托运人以外的，同意在运输单证或电子运输记录中记名为'托运人'的人"。

在一定程度上，单证托运人是实际托运人的化身。与实际托运人相同，实践中单证托运人表现为 FOB 或类似价格条件下的发货人，即将货物交给承运人或履约方进行运输的人。但是，单证托运人与实际托运人存在很大不同，主要表现为：

1. 成为单证托运人与实际托运人的条件不同

单证托运人与实际托运人都是除托运人以外，将货物交给承运人或履约方进行运输的人。但是，发货人成为实际托运人无其他条件，而成为单证托运人需满足三个额外条件：

(1) 发货人自己同意在运输单证或电子运输记录中记名为"托运人"；

(2) 托运人同意将发货人在运输单证或电子运输记录中记名为"托运人"；

(3) 运输单证或电子运输记录中将发货人记名为"托运人"。

发货人只有成为单证托运人，才能成为运输合同的关系人。而且，发货人不能仅凭自己的意愿成为单证托运人，还取决于托运人的意愿，即同意其在运输单证或电子运输记录中记名为"托运人"，并且承运人或代其行事的人在运输单证或电子运输记录中将发货人记名为"托运人"。

2. 单证托运人与实际托运人的权利义务不同

《汉堡规则》和我国《海商法》没有对两种托运人的权利义务进行区分，因而原则上实际托运人具有托运人的所有权利义务。《鹿特丹规则》只是规定单证托运人具有部分托运人的权利义务，详见下文。

(二) 单证托运人的权利义务

《鹿特丹规则》并没有对单证托运人的权利义务专章作出规定，仅在第33条"单证托运人享有托运人的权利并承担其义务"第1款规定："单证托运人必须承担本章和第五十五条对托运人规定的义务和赔偿责任，且有权享有本章和第十三章为托运人提供的权利和抗辩。"

1. 单证托运人的义务和赔偿责任

(1)《鹿特丹规则》第七章"托运人对承运人的义务"所规定的托运人的义务和赔偿责任。具体包括：第一，第27条"交付运输"规定的交付运输的义务；第二，第29条"托运人提供信息、指示和文件的义务"和第28条"托运人与承运人在提供信息和指示方面的合作"规定的托运人提供信息、指示和文件的义务，以及不履行第29条规定的义务时对承运人的赔偿责任；第三，第31条"拟定合同事项所需要的信息"规定的提供拟定合同事项所需要的准确信息的义务，以及不履行义务时对承运人的赔偿责任；第四，第32条"危险货物特别规则"规定的在交付危险货物之前的危险性质或特性通知义务、对危险货物加标志或标签的义务，以及不履行义务时对承运人的赔偿责任；第五，第30条"托运人对承运人赔偿责任的基础"规定的托运人对承运人的赔偿责任。

(2)《鹿特丹规则》第55条"向承运人提供补充信息、指示或文件"规定的义务。根据该规则第55条的规定，当单证托运人作为控制方时，单证托运人应按照承运人或履约方的要求，及时向承运人提供履行其在运输合同的义务而可能合理需要的有关货物的信息、指示或文件，条件是：此种信息、指示或文件尚未由托运人提供，且承运人无法以其他方式合理获得；当单证托运人不是控制方，并且承运人经合理努力无法确定托运人时,单证托运人应按照承运人或履约方的要求,及时向承运人提供上述信息、指示或文件。

需要指出的是,《鹿特丹规则》第55条规定的向承运人提供补充信息、指示或文件的义务主体依次是控制方、托运人和单证托运人,并且承运人并非可以要求控制方、托运人和单证托运人之中的任何人提供补充信息、指示或文件。相反,承运人应当首先要求控制方提供,即控制方是第一位的义务主体;承运人经合理努力无法确定控制方,或控制方无法向承运人提供适当信息、指示或文件时,才能要求托运人提供,即托运人是第二位的义务主体;承运人经合理努力无法确定托运人时,才能要求单证托运人提供,即单证托运人是第三位的义务主体。因此,如果按照该规则第33条第1款的规定,单证托运人必须承担第55条对托运人规定的义务,意味着单证托运人既是第二位的义务主体,又是第三位的义务主体,从而存在逻辑上的错误。可见,该规则第33条第1款的规定,即"单证托运人必须承担本章和第五十五条对托运人规定的义务和赔偿责任"中,应当删除"和第五十五条"。单证托运人承担向承运人提供补充信息、指示或文件的义务,依据的是第55条规定本身,而非第33条第1款的规定。

(3) 按照承运人与托运人的约定,装载、操作、积载或卸载货物的义务。《鹿特丹规则》第13条"特定义务"第2款规定:"虽有本条第一款规定,在不影响第四章其他规定以及第五章至第七章规定的情况下,承运人与托运人可以约定由托运人、单证托运人或收货人装载、操作、积载或卸载货物。此种约定应在合同事项中载明。"据此,如果承运人与托运人约定,由单证托运人负责装载、操作、积载或卸载货物,此种约定在运输单证或电子运输记录的合同事项中载明,则单证托运人负有装载、操作、积载或卸载货物的义务。

2. 单证托运人的权利与抗辩

单证托运人享有《鹿特丹规则》规定的托运人的部分权利和抗辩。根据该规则第33条"单证托运人享有托运人的权利并承担其义务"的规定,单证托运人享有该规则第七章"托运人对承运人的义务"和第十三章"时效"所规定的托运人的权利和抗辩。然而,该规则第七章规定托运人对承运人的义务和不履行义务时对承运人所遭受的损失的赔偿责任,并没有规定严格意义上托运人的权利和抗辩。唯一可以算作托运人权利和抗辩的是,除第29条、第31条和第32条所规定的严格责任外,对于承运人所遭受的损失,如果托运人证明损失并非其过失所致,托运人不负赔偿责任;如果损失部分是由于其可以免责的原因所致,托运人仅对因其不能免责的原因所造成的那部分损失负责。第十三章"时效"所规定的托运人的权利和抗辩,仅表现为向托运人索赔而提起司法程序或仲裁程序,必须在该章规定的时效期间提出。上述关于托运人权利和抗辩的规定适用于单证托运人。

《鹿特丹规则》在其他章节规定了单证托运人的下列两项权利：

（1）要求签发运输单证或电子运输记录的权利。根据《鹿特丹规则》第 35 条"运输单证或电子运输记录的签发"的规定，托运人或者经托运人同意的单证托运人向承运人或履约方交付货物后，有权按照托运人的选择，从承运人处获得运输单证或电子运输记录，除非托运人与承运人已约定不使用，或不使用运输单证或电子运输记录是行业习惯、惯例或做法。

（2）对海运货物的控制权。根据《鹿特丹规则》第 51 条"控制方的识别和控制权的转让"的规定，单证托运人在下列三种情形下享有控制权：第一，在未签发可转让运输单证或者可转让电子运输记录时，如托运人在订立运输合同时指定单证托运人为控制方，单证托运人享有控制权；第二，在签发可转让运输单证或可转让电子运输记录时，当单证托运人是持有人时成为控制方，享有控制权；第三，在其他情况下，托运人在订立运输合同时指定单证托运人为控制方，或者作为控制方的托运人将控制权转让至单证托运人，单证托运人成为控制方，享有控制权。

（三）单证托运人的权利义务与托运人的权利义务的关系

《鹿特丹规则》第 33 条"单证托运人享有托运人的权利并承担其义务"第 2 款规定："本条第一款规定不影响托运人的义务、赔偿责任、权利或抗辩。"

上述规定表明，单证托运人承担《鹿特丹规则》第七章和第 55 条规定的托运人对承运人的义务和赔偿责任，以及有权享有第七章和第十三章规定的托运人的权利和抗辩，既不减少或免除托运人对承运人的义务和赔偿责任，也不减少或取消托运人对承运人的权利或者抗辩。

单证托运人独立享有《鹿特丹规则》第七章和第十三章规定的托运人的权利和抗辩，并承担《鹿特丹规则》第七章和第 55 条规定的托运人对承运人的义务和赔偿责任。当单证托运人不履行《鹿特丹规则》第七章和第 55 条规定的义务而给承运人造成损失时，承运人既可以要求单证托运人承担赔偿责任，也可以要求托运人承担赔偿责任，还可以要求托运人和单证托运人承担连带责任。

第六节　履约方制度

一、概述

与《汉堡规则》和我国《海商法》创设的"实际承运人"（actual carrier）相似，《鹿特丹规则》突破合同相对性原则，借鉴美国 1999 年《海上货物运输法（草案）》的做法，创设了履约方（performing party）制度，其主要内容是关于海运履约方（maritime performing party)的规定。

创设履约方制度是为了适应海上货物运输不仅单由承运人实际完成,甚至承运人自己并不实际完成海上货物运输,而委托其他人实际完成的情况。尤其是在包括海运区段的国际货物多式联运情况下,承运人除委托船舶所有人、经营人或承租人完成海上运输区段外,还经常委托其他区段承运人完成非海运区段的运输。因此,通过创设履约方制度,扩大了规则对于海上货物运输参与人的适用范围。同时,将海运履约方从履约方中分离出来并加以区别对待,即将规则对承运人责任的规定适用于海运履约方,但原则上对非海运履约方的权利义务不作规定,又兼顾了国际货物多式联运中调整非海运区段的国际条约的适用。

《鹿特丹规则》第1条第6款是"履约方"的定义,即:"(一)'履约方'是指承运人以外的,履行或承诺履行承运人在运输合同下有关货物接收、装载、操作、积载、运输、保管、照料、卸载或交付的任何义务的人,以该人直接或间接在承运人的要求、监督或控制下行事为限。(二)'履约方'不包括不由承运人而由托运人、单证托运人、控制方或收货人直接或间接委托的任何人。"

根据上述定义,履约方需满足三个条件:

1. 实际履行或承诺履行承运人在运输合同下有关货物接收、装载、操作、积载、运输、保管、照料、卸载或交付的任何义务

履约方既包括实际履行此种义务的人,也包括虽未实际履行,但承诺履行此种义务的人。履约方可实际履行或承诺履行承运人在运输合同下有关货物的一项或多项义务。

2. 直接或间接在承运人的要求、监督或控制下行事

履约方必须是直接或间接地在承运人的要求、监督或控制下实际履行或承诺履行承运人的义务。"直接"一词意味着履约方与承运人具有直接的合同关系。例如,货运代理公司以承运人身份与作为托运人的货主订立运输合同后,又以托运人身份与作为承运人的集装箱班轮公司订立运输合同,对于货主而言,船舶所有人是履约方。"间接"一词意味着履约方与承运人具有间接的合同关系。例如,船舶所有人与承租人订立租船合同,该承租人将船舶转租,转租承租人作为承运人与货主订立运输合同,对于货主而言,船舶所有人和转租出租人都是履约方,其中船舶所有人与承运人之间是"间接"关系,转租出租人与承运人之间是"直接"关系。但是,履约方不包括承运人的受雇人和代理人,也不包括履约方的承运人的受雇人和代理人。

3. 不包括承运人和由托运人、单证托运人、控制方或收货人直接或间接委托的任何人

履约方是承运人之外的人,承运人即使自己履行运输合同下承运人的义务,也

不是履约方。根据《鹿特丹规则》第 13 条"特定义务"第 1 款的规定,装载、操作、积载或卸载货物是承运人的义务。但该条第 2 款规定:承运人与托运人可以约定由托运人、单证托运人或收货人装载、操作、积载或卸载货物。根据此种约定,当货物的装载、操作、积载或卸载由托运人、单证托运人、控制方或收货人直接或间接委托的人完成时,这些人不是履约方。同时,如货物的装载、操作、积载或卸载由托运人、单证托运人、控制方或收货人自行完成,托运人、单证托运人、控制方或收货人也不是履约方。

"履约方"包括海运履约方和非海运履约方。

《鹿特丹规则》第 1 条第 7 款将"海运履约方"定义为"凡在货物到达船舶装货港至货物离开船舶卸货港期间履行或承诺履行承运人任何义务的履约方。内陆承运人仅在履行或承诺履行其完全在港区范围内的服务时方为海运履约方"。

根据上述定义,履约方实际履行或承诺履行承运人的义务的地域范围是在货物到达船舶装货港至离开船舶卸货港期间时,该履约方才是海运履约方,包括海运区段承运人、港口货物装卸公司和其他港口经营人。"内陆承运人[1]仅在其履行或者承诺履行的服务完全在港口区域内时方为海运履约方",意味着某一内陆承运人(包括内陆水域的承运人)实际履行或者承诺履行的服务完全在货物装卸港口区域内时,构成海运履约方;如果服务的区域部分在货物装卸港口区域内、部分在货物装卸港口区域外,则不构成海运履约方。例如,从事同一港口内集装箱从船边到堆场运输的卡车公司是海运履约方;从事集装箱从港区内堆场至港外某一地点运输的卡车公司,虽然部分服务位于货物装卸港口区域,但不是海运履约方。在转船情况下,将货物从前一程船舶卸货港口运输至后一程船舶装货港口运输的公司,如果运输的地理范围超出了同一港区,也不是海运履约方。

《鹿特丹规则》没有定义非海运履约方。从解释上,除海运履约方之外的其他履约方均为非海运履约方。

二、履约方的权利义务

《鹿特丹规则》未设专门的章节规定履约方的权利义务,涉及履约方的规定散见于承运人的义务,承运人对灭失、损坏或迟延交付所负的赔偿责任,运输单证及电子运输记录,以及货物交付等章节,并且多采用"承运人或履约方"的表述。归纳起来,该规则关于履约方权利义务的规定包括:

---

[1] 《鹿特丹规则》英文本第 1 条第 7 款中"inland carrier"一词在中文本中的表述是"内陆承运人",在中文语境下可能发生歧义,因为"内陆承运人"一词有可能被理解为仅包括陆地运输的承运人,而英文"inland carrier"一词包括陆地运输的承运人和内陆水域运输的承运人。

1. 对可能形成危险的货物的处置权

根据《鹿特丹规则》第四章"承运人的义务"第 15 条"可能形成危险的货物"的规定,如果在承运人责任期间内货物可能或有理由认为似乎可能对人身、财产或环境形成实际危险,履约方可以拒绝接收或装载货物,且可以采取包括将货物卸下、销毁或使之不能致害等其他合理措施。

2. 对货物采取共同海损行为

根据《鹿特丹规则》第四章"承运人的义务"第 16 条"海上航程期间牺牲货物"的规定,为了共同安全,或是为了保全同一航程中人命或其他财产,使之免遭危险而合理作出此种牺牲,履约方可以在海上牺牲货物。实际上,这一权利的主体是海运履约方,不包括非海运履约方。

3. 要求收货人确认收到货物

根据《鹿特丹规则》第九章"货物交付"第 44 条"确认收到的义务"的规定,履约方可以要求收货人以交货地的习惯方式确认从履约方处收到了货物。

4. 要求控制方提供补充信息、指示或文件

根据《鹿特丹规则》第十章"控制方的权利"第 55 条"向承运人提供补充信息、指示或文件"的规定,履约方可以要求控制方提供承运人履行其在运输合同下义务而可能合理需要的有关货物的信息、指示或文件。

此外,《鹿特丹规则》还在货物的接收和交付的规定中提及履约方,包括履约方接收货物,对货物进行合理外部检验,向收货人交付货物,向履约方提交货物灭失、损坏或迟延交付的通知等。

需要强调的是,《鹿特丹规则》没有规定非海运履约方的义务,以及不履行义务时应承担的赔偿责任。换言之,非海运履约方的义务和不履行义务时应承担的赔偿责任依据适用于特定运输区段的国际条约。对此,《鹿特丹规则》第 26 条"海上运输之前或之后的运输"作了明确规定,即如果满足该条规定的条件,非海运履约方的义务和不履行义务时应承担的赔偿责任依据适用于特定运输区段的国际文书,否则适用该规则关于承运人的义务和赔偿责任的规定。这就是该规则采用的"最小网状责任制"的含义所在。

三、海运履约方的权利义务

海运履约方作为履约方,具有前文所述的履约方的权利。

此外,《鹿特丹规则》第 19 条"海运履约方的赔偿责任"专门规定了海运履约方的义务和赔偿责任,即:"一、符合下列条件的,海运履约方必须承担本公约对承运人规定的义务和赔偿责任,且有权享有本公约对承运人规定的抗辩和赔偿责任限制:(一)海运履约方在一缔约国为运输而接收了货物或在一缔约国交付了货

物,或在一缔约国某一港口履行了与货物有关的各种活动;并且(二)造成灭失、损坏或迟延交付的事件发生在:1. 货物到达船舶装货港至货物离开船舶卸货港的期间内;以及 2. 货物在海运履约方掌管期间;或者 3. 海运履约方参与履行运输合同所载列任何活动的其他任何时间内。二、承运人约定在本公约对其规定的义务范围之外承担义务的,或约定其赔偿责任限额高于本公约所规定的限额的,海运履约方不受该约定的约束,除非海运履约方明示约定接受该义务或该更高限额。三、符合本条第一款所列条件的,对于受海运履约方委托履行运输合同约定的承运人义务的人违反本公约对海运履约方规定的义务的作为或不作为,海运履约方负赔偿责任。四、本公约规定概不要求船长或船员、承运人的受雇人或海运履约方的受雇人负赔偿责任。"

《鹿特丹规则》关于承运人对货物的义务主要规定在第四章"承运人的义务"和第六章"有关特定运输阶段的补充条款",承运人对货物灭失、损坏和迟延交付的赔偿责任主要规定在第五章"承运人对灭失、损坏或迟延所负的赔偿责任",承运人对货物灭失、损坏和迟延交付的抗辩和赔偿责任限制主要规定在第十二章"赔偿责任限额"和第十三章"时效"。此外,《鹿特丹规则》第十章"控制方的权利"第52条"承运人执行指示"规定了承运人执行控制方有关货物的指示,以及不执行指示时所应承担的赔偿责任。因此,第52条规定的承运人的义务和赔偿责任,亦适用于海运履约方。

根据上述《鹿特丹规则》第19条第1款的规定,在满足下列两个条件时,该规则规定的承运人对货物的义务和赔偿责任,以及承运人对货物灭失、损坏和迟延交付的抗辩和赔偿责任限制,适用于海运履约方。

1. 海运履约方在一缔约国内实施了与货物有关的活动

具体包括三种情形:海运履约方在一缔约国为运输而接收了货物;海运履约方在一缔约国交付了货物;海运履约方在一缔约国某一港口履行了与货物有关的其他活动,如货物装载、操作、积载和卸载。接收货物既包括从托运人或发货人接收货物,也包括从前一程承运人接收货物;交付货物既包括向收货人交付货物,也包括将货物交给下一程承运人。因此,海运履约方包括装货港和卸货港的货物装卸公司或其他港口经营人,以及海域区段承运人。但是,装货港和卸货港必须位于《鹿特丹规则》的缔约国内。

需要指出的是,根据《鹿特丹规则》第1条第7款海运履约方的定义,海运履约方包括实际履行承运人的义务和承诺履行承运人的义务两种情形。但是,根据《鹿特丹规则》第19条的规定,对于货物的灭失、损坏或迟延交付,只有实际接收货物、交付货物或者实施了与货物有关的活动的海运履约方,才承担承运人的义务和赔偿责任,并具有承运人的抗辩和责任限制。换言之,只是承诺履行承运人义务的海运履约方,对由于其不履行其承诺的义务而造成的货物灭失、损坏和迟延交付,并不承担承运人的义务和赔偿责任,也不具有承运人的抗辩和责任限制。可见,《鹿特丹规则》第 19 条的规定与第 1 条第 7 款海运履约方的定义存在矛盾。

2. 造成货物灭失、损坏或迟延交付的事件发生在海运履约方参与履行运输合同的期间

具体包括三种情形:货物到达船舶装货港至货物离开船舶卸货港的期间;货物在海运履约方掌管期间;海运履约方参与履行运输合同的其他任何时间。这三种情形的核心是第二种情形,即货物在海运履约方掌管期间。第一种情形,即货物在装货港或卸货港期间,以及第三种情形,即主要是指货物装船至卸船期间,是海运履约方定义中的固有内涵。

此外,上述时间要求是针对造成货物灭失、损坏或迟延交付的事件发生的时间,而非货物灭失、损坏或迟延交付发生的时间。换言之,货物灭失、损坏或迟延交付发生的时间可以是在上述期间,也可以是在上述期间之后。

《鹿特丹规则》第 19 条第 2 款是对该条第 1 款的一种例外规定。该规则允许承运人与托运人约定,承运人在该规则对其规定的义务范围之外承担额外义务,或者赔偿责任限额高于该规则所规定的限额。但是,第 19 条第 2 款规定此种约定对海运履约方不具有约束力,除非海运履约方明示同意接受该额外义务或该更高的赔偿责任限额。但是,海运履约方是否明示同意接受,不影响此种约定对承运人的约束力。

《鹿特丹规则》第 19 条第 3 款是对海运履约方转承责任的规定,即由于受海运履约方委托履行运输合同约定的承运人义务的人不履行该规则对海运履约方规定的义务的作为或不作为,所造成货物灭失、损坏或迟延交付,海运履约方应承担赔偿责任。

《鹿特丹规则》第 19 条第 4 款规定船长或船员、承运人的受雇人或海运履约方的受雇人不负赔偿责任。这一规定超出了海运履约方赔偿责任的范畴,因为船长或船员、承运人的受雇人或海运履约方的受雇人均不是海运履约方,而且承运人的受雇人不是海运履约方的受雇人。

四、承运人与海运履约方的连带赔偿责任

《鹿特丹规则》第 20 条"连带赔偿责任"规定了承运人与海运履约方对货物灭失、损坏或迟延交付的连带赔偿责任,即:"一、对于货物灭失、损坏或迟延交付,承运人和一个或数个海运履约方均负有赔偿责任的,其赔偿责任为连带责任,但仅限于本公约所规定的限额。二、在不影响第六十一条的情况下,上述所有人的累计赔偿责任不得超过本公约所规定的赔偿责任总限额。"

根据《鹿特丹规则》第19条的规定,海运履约方需对货物灭失、损坏或迟延交付承担赔偿责任。根据《鹿特丹规则》第18条"承运人为其他人负赔偿责任"的规定,承运人需对海运履约方及其受雇人不履行该规则对承运人规定的义务时的作为或不作为负责,因而承运人也应当对货物灭失、损坏或迟延交付承担赔偿责任。因此,承运人和海运履约方都应当对货物灭失、损坏或迟延交付承担赔偿责任。

根据上述《鹿特丹规则》第20条的规定,承运人和海运履约方需对货物灭失、损坏或迟延交付承担连带赔偿责任。如果两个或多个海运履约方需承担赔偿责任,则承运人和所有需承担赔偿责任的海运履约方承担连带赔偿责任。但是,货物灭失、损坏或迟延交付的索赔人根据连带赔偿责任而获得的赔偿数额,不得超过第十二章"赔偿责任限额"第59条"赔偿责任限额"或第60条"迟延造成损失的赔偿责任限额"所规定的赔偿责任限额,除非承运人或海运履约方存在第61条"赔偿责任限制权的丧失"规定的情形。

第七节 控制权制度

一、概述

(一)控制权的含义

《鹿特丹规则》第1条第12款将货物"控制权"(right of control)定义为"根据第十章按运输合同向承运人发出有关货物的指示的权利"。同时,第13款将"控制方"(controlling party)定义为"根据第五十一条有权行使控制权的人"。因此,控制权是指对货物的控制权,又称控制方的权利,表现为控制方向承运人发出有关货物的指示的权利。

《鹿特丹规则》单设第十章"控制方的权利"对货物控制权进行了规定,是海上货物运输国际公约所设立的一项新制度。《海牙规则》《海牙—维斯比规则》和《汉堡规则》都没有货物控制权的规定。

有关货物控制权的规定在其他一些国际公约、民间规则以及一些国家的国内法中能找到。这些规定在制定《鹿特丹规则》有关货物控制权的规定时起到了重要的参考作用。《1990年国际海事委员会海运单统一规则》第6条规定了控制权,即:"(1)除非托运人已按下述第(2)款行使其选择权,否则,他应是唯一有权就运输合同向承运人发出指示的当事人。除非准据法禁止,否则,他有权在货物运抵目的地后,收货人请求提取货物之前的任何时候,改变收货人的名称,但他应以书面形式或为承运人接受的其他方式,给承运人以合理的通知,并就因此造成承运人的额外费用承担赔偿责任。(2)托运人具有将控制权转让给收货人的选择权,但应在承运人收取货物之前行使。这一选择权的行使,应在海运单或类似的文件上注明。选择权一经行使,收货人便具有上述第(1)款所述的各项权利,同时,托运人便终止此种权利。"该规则第1条第2款规定,该规则仅适用于海运单,而不适用于提单。《1990年国际海事委员会电子提单规则》第7条也规定了控制权,但该规则仅适用于电子提单,而不适用于提单。《1929年统一国际航空运输某些规则的公约》(Convention for the Unification of Certain Rules Relating to International Carriage by Air,1929)第12条第1款规定:"托运人在履行运输合同所规定的一切义务的条件下,有权在起运地航空站或目的地航空站将货物提回或在途中经停时中止运输、或在目的地或运输途中交给非航空货运单上所指定的收货人、或要求将货物退回起运地航空站,但不得因为行使这种权利而使承运人或其他托运人遭受损害,并且应该偿付由此产生的一切费用。"《国际公路货物运输合同公约》第12条第1款规定:"发货人有权处置货物,特别是以要求承运人停止在途货物运输的方式来改变货物交付地点或将货物交付给非运单所指定的收货人。"《1951年国际铁路货物联运协定》和《1970年国际铁路货物运输公约》也有类似的规定。

参考上述定义,国内有观点认为,货物控制权是指在承运人依据运输合同运输、掌管货物期间,在不妨碍承运人正常营运或同一航次其他货主实现利益的条件下,控制权人享有的要求承运人中止运输、变更目的地或收货人等权利。还有观点认为,货物控制权是托运人从承运人处收回货物、阻止向记名提单的收货人交货的权利,或向其他提单受让人交付货物的权利。

我国法律并没有确定货物控制权。但是,《合同法》第308条规定:"在承运人将货物交付收货人之前,托运人可以要求承运人中止运输、返还货物、变更到达地或者将货物交给其他收货人,但应当赔偿承运人因此受到的损失。"

(二) 控制权与中途停运权的比较

控制权与中途停运权(right of stoppage in transit)是容易混淆的两个概念。中途停运权最早出现在英国《1979年货物买卖法》中,被认为是"建立在商业规则和习惯法上,法律出于适当正当的目的才采纳它,旨在实现实质上的公平正义"。在国际贸易中,绝大多数情况下货物不是由卖方直接交给买方,而是通过国际货物运输中的第三人即承运人将货物从一地运往另一地。很多时候,在货物交给买方之前,由于情势变更,买方会丧失支付货款的能力。在这种情况下,如果承运人继续履行其交货义务,未得到货款的卖方的利益将无法保障。中途停运权是在这种情况下产生,在有关国际货物买卖的国际公约和很多国家国内立法中有相应规定,以保护未得到货款的卖方的利益，如美国《统一商法典》第 2-705(1) 条的规定[1]、1980 年《联合国国际货物销售合同公约》(United Nations Convention on Contract for the International Sales of Goods) 第 71 条第 1、2 款的规定。[2]

　　运输法中的货物控制权是借鉴英美贸易法中的中途停运权而创设的权利，在很大程度上是为了实现中途停运权。

　　《鹿特丹规则》规定的货物控制权亦借鉴了英美法关于中途停运权的规定。

　　货物控制权与中途停运权具有共同点，即都是起因于货物买卖合同，目的是保护未得到货款的货物卖方的利益。而且，权利内容基本相同，主要表现为要求承运人中止运输、返还货物、变更到达地或者将货物交给其他收货人的权利。然而，控制权与中途停运权存在区别，具体如下：

　　(1) 所属的范畴不同。中途停运权是贸易法的概念，而控制权是运输法的概念。中途停运权的目的是保护卖方对货物的利益，减少贸易风险，但对于为获得运费的承运人来说，则承担了运输合同之外的额外的义务，实质是将卖方不能收取货款的部分贸易风险转嫁给了承运人。

　　(2) 权利行使主体不同。中途停运权原则上由货物卖方行使，在一定条件下可以扩大。比如，在英国法中还包括与未取得货款的卖方地位相同的人，在美国法中还包括有对货物真正享有权利的人、对货物具有担保利益的人、非卖方的托运人等。控制权由控制权人即控制方行使，可以是托运人（货物卖方），在一定条件下也可以是收货人（货物买方）。

二、控制权的内容与行使期间

　　《鹿特丹规则》第 50 条"控制权的行使和范围"规定："一、控制权只能由控制方行使，且仅限于：（一）就货物发出指示或修改指示的权利，此种指示不构成对运输合同的变更；（二）在计划挂靠港，或在内陆运输情况下在运输途中的任何地点提取货物的权利；和（三）由包括控制方在内的其他任何人取代收货人的权利。二、控制权存在于第十二条规定的整个承运人责任期间，该责任期届满时即告终止。"

　　根据上述规定，控制权具体包括控制方的三项权利：第一，向承运人就货物发

―――――――――――

〔1〕　该条规定："卖方在发现买方无力偿付时（第 2-702 条），可以停止交付由承运人或其他被寄托人占有的货物；并可停止交付由汽车、货车、飞机载运的货物，或由火车、轮船承运的大批量货物。在买方废除合同或未支付交货前已到期的货款时，或者如果存在其他理由，卖方有权停止交货或追索已交付的货物。"

〔2〕　该两款规定："(1) 如果订立合同后，另一方当事人由于下列原因显然将不履行其大部分重要义务，一方当事人可以中止履行义务：(a) 其履行义务的能力或信用有严重缺陷；或 (b) 其准备履行合同或履行合同中的行为；(2) 如果卖方在上一款所述的理由明显化以前已将货物发运，他可以阻止将货物交付给买方，即使买方持有其有权获得货物的单据。本款规定只与买方和卖方间有关货物的权利有关。"

出指示或修改指示的权利,但此种指示不得对运输合同进行变更,因而此种指示可以是要求承运人中止运输;第二,在运输途中要求承运人返还货物的权利,即在运输途中任何地点提取货物的权利;第三,变更收货人的权利,即由包括控制方在内的其他任何人取代收货人的权利。

控制权只能由控制方行使,并且控制方只能在承运人责任期间内行使,即只能从承运人或履约方接收货物至交付货物的期间行使。一旦承运人责任期间届满,即一经承运人交付货物,控制权便终止。

三、控制方的识别和控制权的转让

控制权只能由控制方行使。海上货物运输涉及的货物利益方包括托运人、收货人、运输单证或电子记录持有人。不同的运输单证或电子运输记录,其可转让性不同。而且,此种货物利益方与货物买卖合同当事人经常重叠、交叉。控制权与中止运输权相似,主要是为了保护未获得货款的卖方的利益。因而,控制方的识别便具有重要意义,而且是一个复杂的问题。控制权不是一个意定概念,而是由法律直接规定。从而,控制方的识别和控制权的转让是《鹿特丹规则》创设的控制权制度中一个重要而复杂的问题。

《鹿特丹规则》第51条"控制方的识别和控制权的转让"规定:"一、除本条第二款、第三款和第四款述及的情形外:(一)托运人为控制方,除非托运人在订立运输合同时指定收货人、单证托运人或其他人为控制方;(二)控制方有权将控制权转让给其他人。此种转让在转让人向承运人发出转让通知时对承运人产生效力,受让人于是成为控制方;并且(三)控制方行使控制权时,应适当表明其身份。二、已签发不可转让运输单证,其中载明必须交单提货的:(一)托运人为控制方,且可以将控制权转让给运输单证中指定的收货人,该运输单证可不经背书转让[1]给该人。所签发单证有一份以上正本的,应转让所有正本单证,方可实现控制权的转让;并且(二)为了行使控制权,控制方应提交单证且适当表明其身份。所签发单证有一份以上正本的,应提交所有正本单证,否则不能行使控制权。三、签发可转让运输单证的:(一)持有人为控制方,所签发可转让运输单证有一份以上正本的,持有人得到所有正本单证,方可成为控制方;(二)持有人可以根据第五十七条,通过将可转让运输单证转让给其他人而转让控制权。所签发单证有一份以上正本的,应向该人转让所有正本单证,方可实现控制权的转让;并且(三)为了行使控制权,持有人应向承运人提交可转让运输单证,持有人是第一条第十款第一项第

---

[1]《鹿特丹规则》中文本中使用"转让"一词表述"不可转让(non-negotiable)运输单证"并不妥当,对应的英文"transferring"一词除具有"转让"的含义外,还具有"转移""传递"等含义,用于表述"不可转让运输单证"时,意即运输单证的传递。

1 目述及的其中一种人的,应适当表明其身份。所签发单证有一份以上正本的,应提交所有正本单证,否则不能行使控制权。四、签发可转让电子运输记录的:(一)持有人为控制方;(二)持有人可以按照第九条第一款述及的程序,通过转让可转让电子运输记录,将控制权转让给其他人;并且(三)为了行使控制权,持有人应按照第九条第一款述及的程序证明其为持有人。"

根据上述规定,控制方的识别和控制权的转让与行使须根据是否签发运输单证或电子运输记录,以及签发的运输单证或电子运输记录是否可转让而定,具体包括以下四种情形:

1. 已签发不可转让运输单证,其中载明必须交单提货的情形

此种情形下,托运人为控制方。

托运人作为控制方,可以通过将运输单证未经背书传递给运输单证中指定的收货人,而将控制权转让给该收货人。如果所签发单证有一份以上正本,应传递所有正本单证。

控制方行使控制权,应提交单证且适当表明其身份。如所签发单证有一份以上正本,应提交所有正本单证。

2. 已签发可转让运输单证的情形

此种情形下,持有人为控制方。如果所签发可转让运输单证有一份以上正本,持有人应持有所有正本单证。根据《鹿特丹规则》第 1 条第 10 款"持有人"的定义[1],此处的持有人是指持有可转让运输单证的人,具体是指持有指示运输单证并载明为托运人、收货人或被背书人的人,或者持有空白背书的指示运输单证或不记名运输单证的人。

持有人作为控制方,可以通过根据《鹿特丹规则》第 57 条"签发可转让运输单证或可转让电子运输记录"的规定[2],将可转让运输单证转让给其他人而转让控制权。如所签发单证有一份以上正本,应向该人转让所有正本单证。

持有人行使控制权,应向承运人提交可转让运输单证。如果持有人是第 1 条第 10 款第一种情形中述及的一种人,应适当表明其身份。如所签发单证有一份以上正本,应提交所有正本单证。

---

〔1〕《鹿特丹规则》第 1 条第 10 款规定:"'持有人':(一)指持有可转让运输单证的人;以及 1. 若单证为指示单证,指该单证所载明的托运人或收货人,或该妥善背书的单证所指明的人;或 2. 若单证为空白背书的指示单证或不记名单证,指该单证的持单人;或(二)指根据第九条第一款述及的程序可转让电子运输记录的接收人或受让人。"

〔2〕《鹿特丹规则》第 57 条规定:"一、签发可转让运输单证的,其持有人可以通过向其他人转让该运输单证而转让其中包含的各项权利:(一)是指示单证的,须妥善背书给该其他人,或须空白背书;或(二)是 1. 不记名单证或空白背书单证的,或是 2. 凭记名人指示开出的单证,且转让发生在第一持有人与该记名人之间的,无须背书。二、签发可转让电子运输记录的,不论该电子运输记录是凭指示开出还是凭记名人指示开出,其持有人均可以按照第九条第一款述及的程序,通过转让该电子运输记录,转让其中包含的各项权利。"

3. 已签发可转让电子运输记录的情形

此种情形下,持有人为控制方,即可转让电子运输记录的接收人或受让人为控制方。

持有人作为控制方,可以通过按照第9条"可转让电子运输记录的使用程序"第1款[1]述及的程序,转让可转让电子运输记录,将控制权转让给其他人。

持有人行使控制权,应按照第9条第1款述及的程序证明其为持有人。

4. 其他情形

在不签发运输单证或电子运输记录,签发不可转让运输单证并且其中未载明必须交单提货,或者签发不可转让电子运输记录的情形,托运人为控制方,除非托运人在订立运输合同时指定收货人、单证托运人或其他人为控制方。

控制方可以将控制权转让给其他人。此种转让在转让人向承运人发出转让通知时对承运人产生效力,受让人于是成为控制方。

控制方行使控制权时,应适当表明其身份。

四、承运人执行控制方的指示

《鹿特丹规则》第52条"承运人执行指示"规定:"一、除须遵循本条第二款和第三款的规定外,在下列条件下,承运人应执行第五十条述及的指示:(一)发出此种指示的人有权行使控制权;(二)该指示送达承运人时即能按照其中的条件合理地执行;并且(三)该指示不会干扰承运人的正常营运,包括其交付作业。二、在任何情况下,控制方均应偿还承运人根据本条勤勉执行任何指示而可能承担的合理的额外费用,且应补偿承运人可能由于此种执行而遭受的灭失或损坏,包括为承运人可能赔付其他所载运货物的灭失或损坏而作出赔偿。三、按照承运人的合理预计,根据本条执行指示将产生额外费用、灭失或损坏的,承运人有权从控制方处获得与之数额相当的担保。未提供此种担保的,承运人可以拒绝执行指示。四、承运人违反本条第一款对其规定的义务,未遵守控制方指示而造成货物灭失、损坏或迟延交付的,承运人所负的赔偿责任应根据第十七条至第二十三条确定,承运人应付的赔偿额应根据第五十九条至第六十一条确定。"

需要指出的是,《鹿特丹规则》第52条是围绕承运人执行第50条述及的指示。第50条规定了控制权的范围,即控制方的三项权利,但明文提及"指示"一词只有第1款第(1)项,即"就货物发出指示或修改指示的权利,此种指示不构成对运输

---

[1] 《鹿特丹规则》第9条第1款规定:"使用可转让电子运输记录,应当遵守包含以下内容的程序:(一)向预期持有人签发和转让可转让电子运输记录的方法;(二)可转让电子运输记录保持完整性的保证;(三)持有人能够证明其持有人身份的方式;和(四)已向持有人交付货物的确认方式,或根据第十条第二款或第四十七条第一款第一项第2目和第三项,可转让电子运输记录已失去效力的确认方式。"

合同的变更",而第1款第(2)项和第(3)项中并没有"指示"一词。然而,从上述规定整体看,这三项权利所对应的承运人的义务和赔偿责任不应当有任何区别。甚至,第(2)项和第(3)项权利对控制方而言比第(1)项更为重要。可见,第52条使用"指示"一词并不全面,应理解为控制方行使第50条规定的权利而对承运人提出的要求。下文分析中,"指示"一词应具有此种含义。

《鹿特丹规则》第52条具有三层含义:

1. 承运人执行控制方的指示的条件

根据第52条第1款的规定,承运人具有执行控制方的指示的义务,但应满足一定条件。这些条件亦是控制方行使控制权的条件。设置这些条件,是防止控制方行使控制权给其他货物的利益方以及承运人的正当利益带来损害,同时防止控制方滥用其控制权。这些条件包括:

(1) 发出此种指示的人有权行使控制权。只有当第50条规定的指示由控制方发出时,承运人才有执行的义务。因此,如果发出指示的人未根据第50条的规定证明自己为控制方,承运人有权要求发出指示的人证明自己为控制方,并有权要求其满足第50条规定的行使控制权的条件。

(2) 该指示送达承运人时即能按照其中的条件合理地执行。这一条件表明指示应具有可执行性,承运人执行控制方的指示是以承运人接到该指示时即可被合理执行为条件。如果不能立即执行,或者不能合理地执行,则免除承运人执行指示的义务。"合理"与否需根据具体情况确定。但是,当控制方的指示不能执行或不能合理地执行时,承运人应即通知控制方,便于控制方尽早采取其他补救措施。

(3) 该指示不会干扰承运人的正常营运,包括其交付作业。如果执行指示会干扰承运人的正常营运,则免除承运人执行指示的义务。例如,在集装箱班轮运输中,船舶挂靠的港口、顺序和时间,以及集装箱的积载都有周密的计划和安排,如托运人要求承运人在原定卸货港之前提取货物,由于承运人按照托运人提供的卸货港将集装箱积载在舱底,托运人的这一要求将导致集装箱倒舱,从而耽误船期,干扰承运人的正常营运。

实践中,上述条件(2)和(3)会难以区分,因而指示能合理地执行与执行指示不会干扰承运人的正常营运并无大的区别,执行指示会干扰承运人的正常营运也可以被认为指示不能合理地执行。

2. 承运人不执行指示应承担的赔偿责任

在满足第52条第1款规定的控制方行使控制权的条件,并且不存在第3款规定的控制方不提供担保的情况下,如承运人不执行控制方的指示,对因此造成的货物灭失、损坏或迟延交付,根据第52条第4款的规定,承运人应承担赔偿责任。换言之,承运人承担赔偿责任仅限于货物灭失、损坏或迟延交付所造成的损失,而不包括其他经济损失。这种赔偿责任应根据第五章"承运人对灭失、损坏或迟延所负的赔偿责任"第 17 条至第 23 条确定,即适用承运人赔偿责任的一般规定,并且适用第十二章"赔偿责任限额"第 59 条至第 61 条关于赔偿责任限制的一般规定。

3. 控制方对承运人因执行指示所受损失的赔偿与担保

如果承运人因执行控制方的指示而受到损失,包括支付的合理的额外费用、船舶的损失,对其他所载运货物的灭失或损坏所承担的赔偿责任,以及对其他货物利益方所受损失承担的赔偿责任,承运人有权向控制方索赔。第 52 条第 2 款中"在任何情况下"一语,意味着这种索赔权也适用于承运人根据该条第 1 款本可不执行指示,但实际已经执行的情形。但是,控制方承担这种赔偿责任,是以承运人"勤勉"(diligently)执行指示为条件,即承运人对因执行控制方的指示而受到损失没有过错。

为保障承运人的索赔权,承运人有权在执行指示之前要求控制方提供担保,以担保承运人合理地预计执行指示将受到的损失,并且担保的数额应当与此种损失的数额相当。如控制方不提供此种担保,承运人可以拒绝执行指示。

五、有关控制权的其他规定

《鹿特丹规则》第 53 条"视为交货"规定:"根据第五十二条第一款按照指示交付货物,视为在目的地交货,第九章中有关此种交货的规定适用于此种货物。"

这一规定表明,承运人在满足第 52 条"承运人执行指示"规定的条件时,按照控制方根据第 50 条的规定发出的指示交付货物,在计划挂靠港或在内陆运输情况下在运输途中的任何地点交付货物,或者将货物交给控制方或其他收货人之外的人,应当视为按照运输合同的约定在约定的目的港交付货物。此种情况下,第九章"货物交付"的规定适用。

《鹿特丹规则》第 54 条"运输合同的变更"规定:"一、控制方是唯一可以与承运人约定对运输合同的变更的人,但第五十条第一款第二项和第三项述及的内容除外。二、对运输合同的变更,包括第五十条第一款第二项和第三项述及的内容,应在可转让运输单证或必须提交的不可转让运输单证上记载或并入可转让电子运输记录,或在控制方提出要求时,应在不可转让运输单证上记载或并入不可转让电子运输记录。凡作此种记载或并入的变更,均应根据第三十八条签名。"

上述第 54 条 1 款的规定表明,控制方可以与承运人约定对运输合同进行变更,并且运输合同只能由控制方与承运人通过约定进行变更。根据第 50 条第 1 款第(1)项的规定,虽然控制方具有就货物向承运人发出指示或修改指示的权利,但此种指示不得构成除第(2)项和第(3)项述及的内容之外的对运输合同的变更。换言之,除第(2)项和第(3)项述及的内容之外的对运输合同的变更,需通过控方与承运人约定,即需得到承运人的同意。通过约定进行变更的内容不包括第50条第1款第(2)项和第(3)项述及的内容,即在计划挂靠港,或在内陆运输情况下在运输途中的任何地点提取货物,以及由包括控制方在内的其他任何人取代收货人,也即交货地的变更和收货人的变更。这是因为,这两项内容的变更是通过控制方行使控制权,即向承运人发出指示而实现,无须通过控制方与承运人约定。前述《鹿特丹规则》第54条第1款的表述,容易造成第50条第1款第(2)项和第(3)项述及的内容不能变更的误解。正确的理解是这两项内容可以变更,但变更的途径与其他运输合同事项的变更不同,即是通过控制方行使控制权。

上述第54条第2款的规定表明,当签发的运输单证或电子运输记录作为提货凭证时,对运输合同的变更,无论是通过控制方以与承运人约定而实现,还是通过控制方行使控制权而实现,均必须在运输单证或电子运输记录上载明,以维护运输单证或电子运输记录的效力,保护承运人和收货人的权益。因此,运输合同的变更应在可转让运输单证或必须提交的不可转让运输单证上记载或并入可转让电子运输记录。在签发无须提交的不可转让运输单证或不可转让电子运输记录时,由于其不是提货凭证,运输合同的变更无须在此种运输单证或电子运输记录上载明。只有当控制方提出要求时,才需在此种运输单证或电子运输记录上载明,但此种记载并不改变此种运输单证或电子运输记录不是提货凭证的效力。"凡作此种记载或并入的变更,均应根据第三十八条签名",是指运输单证或电子运输记录上记载的运输合同的变更,只有经过签名才能对控制方以外的第三人发生效力。

《鹿特丹规则》第55条"向承运人提供补充信息、指示或文件"规定:"一、控制方应按照承运人或履约方的要求,及时提供承运人履行其在运输合同下义务而可能合理需要的有关货物的信息、指示或文件,此种信息、指示或文件尚未由托运人提供,且承运人无法以其他方式合理获得。二、承运人经合理努力无法确定控制方,或控制方无法向承运人提供适当信息、指示或文件的,应由托运人提供此种信息、指示或文件。承运人经合理努力无法确定托运人的,应由单证托运人提供此种信息、指示或文件。"

根据上述规定,承运人或履约方可以要求获得承运人履行其在运输合同下的义务而可能合理需要的有关货物的信息、指示或文件,条件是此种信息、指示或文件尚未由托运人提供,且承运人无法以其他方式合理获得。负有向承运人提供补充信息、指示或文件的人首先是控制方;如承运人经合理努力无法确定控制方,或控制方无法向承运人提供时,则应由托运人提供;如承运人经合理努力无法确定托运人,则应由单证托运人提供。

《鹿特丹规则》第56条"协议变更"规定:"运输合同当事人可以协议变更第五十条第一款第二项和第三项、第五十条第二款和第五十二条的效力。当事人还可以限制或排除第五十一条第一款第二项所述及的控制权的可转让性。"

运输合同当事人是指承运人与托运人。这一规定表明,承运人与托运人可以约定,对第 50 条第 1 款第(2)项和第(3)项、第 50 条第 2 款和第 52 条的效力进行变更,以及限制或排除第 51 条第 1 款第(2)项所述及的控制权的可转让性。换言之,当承运人与托运人之间的约定与《鹿特丹规则》的这些规定不一致时,以承运人与托运人之间的约定为准,即这些规定是任意性规定,而非强制性规定。

这些规定具体是指:第一,第 50 条"控制权的行使和范围"第 1 款第(2)项和第(3)项关于控制权内容中变更交货地和收货人的规定;第二,第 50 条第 2 款关于控制权存在于整个承运人责任期间,该责任期间届满时即告终止的规定,意味着承运人和托运人可以约定控制权在承运人责任期间届满之前的某个时候终止;第三,第 52 条"承运人执行指示"关于承运人执行控制方的指示的规定;第四,第 51 条"控制方的识别和控制权的转让"第 1 款第(2)项所述及的控制权的可转让性,即控制方有权将控制权转让给其他人的规定。

第八节 诉讼与仲裁制度

一、诉讼与仲裁时效

《鹿特丹规则》第十三章是时效的规定,适用于违反该规则规定的义务所产生的索赔或者争议而提起诉讼程序或者仲裁程序,其内容包括时效期间、时效的延长、追偿诉讼的时效,以及对被识别为承运人的人的诉讼期间。

(一)时效期间

《鹿特丹规则》第 62 条"时效期"规定:"一、两年时效期满后,不得就违反本公约下的一项义务所产生的索赔或争议提起司法程序或仲裁程序。二、本条第一款述及的时效期,自承运人交付货物之日起算,未交付货物或只交付了部分货物的,自本应交付货物最后之日起算。时效期间的起算日不包括在该期间内。三、即使本条第一款规定的时效期满,一方当事人仍然可以提出索赔作为抗辩,或以此抵消对方当事人提出的索赔。"

根据上述《鹿特丹规则》第 62 条第 1 款和第 2 款的规定,就违反该规则规定的义务所产生的索赔或争议提起司法程序(judicial proceedings)或仲裁程序(arbitral proceedings),基本时效期间为两年,自承运人实际交付货物之日起算;或者如承运人未交付货物或只交付了部分货物,自本应交付货物最后之日起算。这一规定与《海牙—维斯比规则》《汉堡规则》和我国《海商法》第 257 条的规定基本相同,所不同的是后者仅适用于就海上货物运输向承运人要求赔偿的请求权,而前者适用于违反《鹿特丹规则》规定的义务所产生的所有索赔或争议,既包括向承运人要求赔偿的请求权,也包括向货方要求赔偿的请求权。

上述第62条第3款的规定,是对本条第1款和第2款基本时效期间规定的例外。即使第1款规定的时效期间已经届满,如果一方当事人在时效期间内提起索赔的诉讼或仲裁,另一方仍然可以在时效期间届满后提出索赔,但必须是作为对对方当事人提起的索赔的抗辩,或以此抵消对方当事人提出的索赔。

（二）时效的延长

《鹿特丹规则》第63条"时效的延长"规定:"第六十二条规定的时效期不得中止或中断,但被索赔人可在时效期内的任何时间,通过向索赔人声明而延长该时效期。该时效期可以经再次声明或多次声明进一步延长。"

根据这一规定,《鹿特丹规则》第62条第1款的时效期间不得中止或中断,从而与各国法律普遍允许时效因法定原因中止或中断的规定不同。但是,该规则第63条规定时效期间可以通过被索赔人单方面声明延长时效期间而延长,也可以通过双方协议而延长,而且可以多次延长。时效期间的延长是对时效期间不得中止或中断的弥补。

《海牙—维斯比规则》和《汉堡规则》都有类似的规定。当事人通过协议延长时效期间的做法在航运实践中普遍存在,在英美法系国家被认为有效。但在一些大陆法系国家或地区以及我国,时效的规定属于强行性规定,不得由当事人依自由意志予以排除,时效期间不得通过当事人协议或一方的声明而延长。

（三）追偿时效

《鹿特丹规则》第64条"追偿诉讼"规定:"被认定负有责任的人,可以在第六十二条规定的时效期满后提起追偿诉讼,提起该追偿诉讼的时效期以下列较晚者为准:(一)提起程序的管辖地准据法所允许的时效期内;或(二)自追偿诉讼提起人解决原索赔之日起,或自收到向其本人送达的起诉文书之日（以较早者为准）起九十日内。"

上述规定与《海牙—维斯比规则》《汉堡规则》的规定和我国《海商法》第257条的规定相似。[1] 根据上述规定,被认定负有责任的人(person held liable)可以在第62条规定的时效期间届满后向第三者提起追偿诉讼,提起该追偿诉讼的时效期

---

[1] 《海商法》第257条第1款规定:"……在时效期间内或者时效期间届满后,被认定为负有责任的人向第三人提起追偿请求的,时效期间为九十日,自追偿请求人解决原赔偿请求之日起或者收到受理对其本人提起诉讼的法院的起诉状副本之日起计算。"

间以下列较晚者为准:被认定负有责任的人提起追偿诉讼的地点所适用的法律(applicable law)所允许的时效期间内;自追偿诉讼提起人解决原索赔之日起,或自收到向其本人送达的起诉文书之日(以较早者为准)起 90 日内。上述规定中的追偿诉讼(action for indemnity)应理解为包括为追偿目的而提起的诉讼或仲裁。

(四) 对被识别为承运人的人的诉讼时效期间

《鹿特丹规则》第 65 条"对被识别为承运人的人的诉讼"规定:"对光船承租人或对根据第三十七条第二款被识别为承运人的人的诉讼,可以在第六十二条规定的时效期满后提起,提起该诉讼的时效期以下列较晚者为准:(一) 提起程序的管辖地准据法所允许的时效期内;或(二) 自识别承运人之日起,或自船舶登记所有人或光船承租人根据第三十七条第二款推翻其为承运人的推定之日起九十日内。"

根据《鹿特丹规则》第 37 条"承运人的识别"第 2 款的规定,当合同事项中未载明承运人时,如合同事项载明货物已装上指定的船舶,则推定该船舶的登记所有人为承运人,但如该登记所有人证明运输货物时该船舶处于光船租赁期间,且能够指出该光船承租人及其地址,则推定该光船承租人为承运人。船舶登记所有人或光船承租人可以通过指出承运人及其地址,推翻将其作为承运人的推定。由此产生的后果是,当光船承租人或其他人被证明为是承运人时,第 62 条规定的时效期间可能已经届满。上述第 65 条即是为了解决这种情况下对被识别为承运人的人提起诉讼或仲裁的时效期间问题,是针对第 37 条"承运人的识别"而作出的必要的配套规定,以保护索赔人提起索赔的时效。

根据上述规定,索赔人在第 62 条规定的时效期间届满后,仍然可以对被识别为承运人的人提起诉讼或仲裁,时效期间以下列较晚者为准:诉讼或仲裁地所适用的法律所允许的时效期间内;自识别承运人之日起,或自船舶登记所有人或光船承租人推翻其为承运人的推定之日起 90 日内,也即承运人最终被认定之日起 90 日内。

上述规定在有助于保护索赔人利益的同时,有可能损害最终被认定的承运人的利益,因而索赔人对其提起诉讼或仲裁的时间,有可能是在第 62 条规定的时效期间届满后的很长时间,从而可能不利于最终被认定的承运人搜集和保存抗辩的证据。从而,上述规定是索赔人与承运人以及船舶登记所有人或光船承租人各自利益平衡的结果。

二、诉讼

《鹿特丹规则》第十四章是管辖权的规定,包括对承运人的诉讼的管辖权、法院选择协议(协议管辖)的效力、对海运履约方的诉讼的管辖权、诉讼的合并与转移、扣留以及临时措施或保全措施、争议产生后的协议和被告应诉时的管辖权、判决的承认与执行,以及该章规定的适用条件。该章的规定可归纳为管辖权、判决的承认与执行,以及该章的适用条件三部分内容。

(一) 管辖权

1. 对承运人的诉讼的管辖权

《鹿特丹规则》第 66 条"对承运人的诉讼"规定:"除非运输合同载有一项符合第六十七条或第七十二条的排他性法院选择协议,否则原告有权根据本公约在下列管辖法院之一对承运人提起司法程序:(一) 对下列地点之一拥有管辖权的一管辖法院:1. 承运人的住所;2. 运输合同约定的收货地;3. 运输合同约定的交货地;或 4. 货物的最初装船港或货物的最终卸船港;或(二) 为裁定本公约下可能产生的向承运人索赔事项,托运人与承运人在协议中指定的一个或数个管辖法院。"

根据上述规定,除非存在《鹿特丹规则》第 67 条或第 72 条规定的排他性法院选择协议,对承运人提起的诉讼,下列法院具有管辖权:承运人住所地法院,运输合同约定的收货地法院,运输合同约定的交货地法院,货物的最初装船港或货物的最终卸船港所在地法院,托运人与承运人约定的法院。其中,承运人住所地法院、运输合同约定的收货地法院、运输合同约定的交货地法院、货物的最初装船港或货物的最终卸船港所在地法院,属于地域管辖;托运人与承运人约定的法院属于协议管辖。承运人住所地法院遵循了原告就被告原则,运输合同约定的收货地法院、运输合同约定的交货地法院、货物的最初装船港或货物的最终卸船港所在地法院,属于合同约定的履行地或实际履行地法院。原告有权在上述具有管辖权的法院之一对承运人提起诉讼。

需要指出的是,对于协议管辖,即托运人与承运人约定的法院,除管辖权协议根据第 67 条或第 72 条的规定具有排他性效力外,只是原告有权选择的具有管辖权的法院之一,而不排除其他法院的管辖权。但是,如果管辖权协议具有排他性效力,则当事人只能在管辖权协议中约定的法院提起诉讼。

排他性管辖权协议(exclusive jurisdiction agreement)与非排他性管辖权协议(non-exclusive jurisdiction agreement)的分类,基本上是英美法系的做法。在我国以及大陆法系的大多数国家或地区,管辖权协议只有有效与无效之分,而无排他性与非排他性之分。换言之,如果管辖权协议被认定为有效,当事人只能在管辖权协议所约定的法院提起诉讼;如果管辖权协议被认定为无效,当事人只能在法律规定有管辖权的法院提起诉讼。

此外,根据《鹿特丹规则》第 69 条"不另增管辖权地"(No additional bases of jurisdiction)的规定,除第 71 条"诉讼合并和移转"和第 72 条"争议产生后的协议和被告应诉时的管辖权"另有规定外,对承运人的诉讼只能在前述第66条规定的法院提起。

但是,《鹿特丹规则》除第71条"关于诉讼合并和移转",以及第72条"争议产生后的协议和被告应诉时的管辖权"的规定外,没有就承运人对货方诉讼的管辖权作出规定,表明此种诉讼的管辖权依据所适用的国内法确定。

2. 管辖权协议

《鹿特丹规则》第67条"法院选择协议"(Choice of court agreement)和第72条"争议产生后的协议和被告应诉时的管辖权"对管辖权协议的效力作了规定。其中,第67条是关于争议产生前的管辖权协议效力的规定,第72条是关于争议产生后的管辖权协议效力的规定。

第67条规定:"一、根据第六十六条第二项选择的法院,只有经合同当事人协议约定,且只有授予管辖权协议满足下列各项条件,方能对合同当事人之间的争议具有排他性管辖权:(一)该协议载于清楚载明各方当事人名称和地址的批量合同,此种批量合同或1. 是单独协商订立,或2. 载有一则存在一项排他性法院选择协议的明确声明,且指出批量合同中载有该协议的部分;并且(二)该协议清楚指定某一缔约国的数个法院或某一缔约国的一个或数个特定法院。二、根据本条第一款订立的排他性法院选择协议,只有满足下列各项条件,方能对不是批量合同当事人的人具有约束力:(一)该法院位于第六十六条第一项所指定的地点之一;(二)该协议载于运输单证或电子运输记录;(三)关于诉讼提起地法院以及该法院拥有排他性管辖权的通知已及时、正确地发给该人;并且(四)受案法院的法律承认该排他性法院选择协议对该人具有约束力。"

上述第67条的规定具有两层含义:

(1)争议产生前的管辖权协议对批量合同当事人具有排他性(exclusive)效力的条件。根据第67条第1款的规定,这些条件包括:第一,管辖权协议中约定的法院是第66条第(1)项规定的法院之一,即承运人住所地法院、运输合同约定的收货地法院、运输合同约定的交货地法院或者货物的最初装船港或货物的最终卸船港所在地法院,也即运输合同当事人只能在第66条第(1)项规定的法院中选择;第二,运输合同当事人约定所选择的法院具有排他性管辖权;第三,管辖权协议载于清楚载明各方当事人名称和地址的批量合同中,并且批量合同是单独协商订立,或载有一则存在一项排他性管辖权协议(法院选择协议)的明确声明,且指出批量合同中载有该协议的部分;第四,管辖权协议清楚指定某一缔约国的数个法院或某一缔约国的一个或数个特定法院。

可见,管辖权协议的排他性效力只存在于批量合同的场合,并且管辖权协议对批量合同当事人产生排他性效力需满足上述所有条件。

(2) 争议产生前的管辖权协议对批量合同当事人之外的第三人具有约束力的条件。根据第 67 条第 2 款的规定,批量合同当事人之间根据该条第 1 款具有排他性效力的管辖权协议,在满足下列条件时,还对批量合同当事人之外的第三人具有约束力:第一,管辖权协议中约定的法院属于第 66 条第(1)项规定的地点之一,即承运人住所地法院、运输合同约定的收货地法院、运输合同约定的交货地法院或者货物的最初装船港或货物的最终卸船港所在地法院;第二,该管辖权协议载于运输单证或电子运输记录;第三,关于诉讼提起地法院以及该法院拥有排他性管辖权的通知已及时、正确地发给该第三人;第四,受案法院地的法律承认该排他性管辖权协议(法院选择协议)对该第三人具有约束力。

可见,在满足上述条件的情况下,争议产生前批量合同当事人之间的排他性管辖权协议不但对当事人具有约束力,而且对第三人具有约束力,而无须得到该第三人的同意。这一对第三人具有约束力的规定是《鹿特丹规则》的独创,在《汉堡规则》和我国法律中均没有此种规定。

3. 争议产生后的协议和被告应诉时的管辖权

《鹿特丹规则》第 72 条"争议产生后的协议和被告应诉时的管辖权"规定:"一、争议产生后,争议各方当事人可以协议约定在任何管辖法院解决争议。二、被告在一管辖法院应诉,未根据该法院的规则提出管辖权异议的,该法院拥有管辖权。"

根据上述规定,运输合同争议产生后,争议当事人之间可以协议约定在任何法院解决争议,即可自由达成排他性管辖权协议,结果是当事人应在约定的法院提起诉讼。

此外,如果原告在没有管辖权的法院对被告提起诉讼,但被告未根据该法院所适用的规则提出管辖权异议,如进行答辩而没有提出管辖权异议,则视为该法院具有管辖权。

4. 对海运履约方的诉讼的管辖权

《鹿特丹规则》第 68 条"对海运履约方的诉讼"规定:"原告有权在对下列地点之一拥有管辖权的管辖法院,根据本公约对海运履约方提起司法程序:(一)海运履约方的住所;或(二)海运履约方接收货物的港口或海运履约方交付货物的港口,或海运履约方执行与货物有关的各种活动的港口。"

根据上述规定,对海运履约方提起的诉讼,下列法院具有管辖权:海运履约方住所地法院、海运履约方接收货物或者交付货物的港口所在地法院,或者从事与货物有关活动的港口所在地法院。根据《鹿特丹规则》第 69 条"不另增管辖权地"的规定,除第 71 条"诉讼合并和移转"和第 72 条"争议产生后的协议和被告应诉时的管辖权"另有规定外,对海运履约方的诉讼只能在第 68 条规定的法院提起。

可见,对海运履约方提起的诉讼具有管辖权的法院范围,要比对承运人提起的诉讼具有管辖权的法院范围小得多。

5. 诉讼的合并与转移

《鹿特丹规则》第 71 条"诉讼合并和移转"(consolidation and removal of actions)规定:"一、除非根据第六十七条或第七十二条存在一项具有约束力的排他性法院选择协议,就同一事件同时对承运人和海运履约方提起一项共同诉讼的,只能在同时根据第六十六条和第六十八条指定的一法院提起该诉讼。无上述这类法院的,可以在根据第六十八条第二项指定的一法院,在其存在的情况下提起该诉讼。二、除非根据第六十七条或第七十二条存在一项具有约束力的排他性法院选择协议,承运人或海运履约方提起的诉讼寻求一项不承担赔偿责任声明的,或提起的其他任何诉讼将剥夺一人根据第六十六条或第六十八条选择诉讼地的权利的,该承运人或海运履约方应在被告已选择根据第六十六条或第六十八条(两者以适用者为准)所指定的法院的情况下,根据被告的要求撤回该诉讼,然后可以在该法院重新提起诉讼。"

上述第 71 条的规定具有两层含义:

(1) 就同一事件同时对承运人和海运履约方提起的共同诉讼的管辖权。根据第 71 条第 1 款的规定,如果就同一事件同时对承运人和海运履约方提起的共同诉讼,即在承运人和海运履约方作为共同被告的情况下,索赔人应当在既对《鹿特丹规则》第 66 条规定的对承运人的诉讼具有管辖权,又对第 68 条规定的对海运履约方的诉讼具有管辖权的法院提起。这是因为,就同一事件同时对承运人和海运履约方提起的共同诉讼,实际上是对承运人提起的诉讼与对海运履约方提起的诉讼这两个诉讼的合并,从而要求法院对两个诉讼都具有管辖权。但是,如果不存在这种法院,诉讼应在第 68 条第(2)项规定的对海运履约方具有管辖权的法院,即海运履约方接收货物的港口或海运履约方交付货物的港口所在地法院,或海运履约方从事与货物有关的其他活动的港口所在地法院提起。这是因为,当不存在既对承运人的诉讼具有管辖权,又对海运履约方的诉讼具有管辖权的法院时,则海运履约方接收货物的港口或海运履约方交付货物的港口所在地法院,或海运履约方执行与货物有关的其他活动的港口所在地法院,无疑是与索赔案件具有最密切联系的法院。

如果存在第 67 条或第 72 条规定的排他性管辖权协议,上述合并诉讼管辖权的规定不适用。但在此种情形下,如何确定对合并诉讼管辖权的法院?《鹿特丹规则》第 20 条规定了承运人与海运履约方的连带赔偿责任,因而货方有权就同一事件同时对承运人和海运履约方提起共同诉讼。然而,第 67 条规定的排他性管辖权协议是针对批量合同的当事人。该条第 2 款规定了批量合同中排他性管辖权协议约束第三人的情形,虽然没有排除海运履约方作为第三人,但针对的是非合同当事人的发货人或收货人。从而,批量合同中的排他性管辖权协议约束海运履约方缺乏基础。与此相似,第72条规定的排他性管辖权协议是指争议发生后,争议当事人达成的排他性管辖权协议。除非承运人和海运履约方都是该协议的当事人,否则该协议约束非当事人的承运人或海运履约方缺乏基础。

管辖权属于程序法的范畴,因而不能改变承运人与海运履约方承担连带赔偿责任的实体法规定。此外,排他性管辖权协议在管辖权的规定中具有最高效力。因此,解决上述问题只有一个选择,即就同一事件同时对承运人和海运履约方提起共同诉讼,排他性管辖权协议约定的法院具有管辖权,从而排他性管辖权协议对非协议当事人的承运人或海运履约方产生约束力。

(2) 承运人或海运履约方提起的诉讼转移。《鹿特丹规则》第66条规定的是对承运人的诉讼具有管辖权的法院,第68条规定的是对海运履约方的诉讼具有管辖权的法院。除存在第67条或第72条规定的排他性管辖权协议的情形外,该规则并没有规定承运人或海运履约方提起的诉讼的管辖权,因而承运人或海运履约方可以在根据国内法具有管辖权的任何法院提起诉讼。这是基于应当保护货物索赔人的利益而在国际公约中作出的管辖权的强制性规定,但对承运人依据国内法选择提起诉讼的法院没有作出限制。但是,除存在第67条或第72条规定的排他性管辖权协议的情形外,承运人依据国内法选择提起诉讼的法院,增加了货方作为被告时诉讼权利义务的不确定性,也会带来货方应对诉讼的不方便。

作为上述原则的例外,根据上述第71条第2款的规定,如果承运人或海运履约方作为原告提起诉讼,以寻求一项不承担赔偿责任的声明,或提起的其他任何诉讼,例如承运人或海运履约方在英美法系国家提起设立海事赔偿责任限制基金的诉讼,从而将剥夺被告根据第66条或第68条选择法院的权利,则被告可以在第66条规定的对承运人的诉讼具有管辖权的法院中选择一个法院,或者在第68条规定的对海运履约方的诉讼具有管辖权的法院中选择一个法院,并要求作为原告的承运人或海运履约方撤回其已经提起的诉讼。在此种情况下,承运人或海运履约方应当撤回诉讼,但可以在被告选择的法院重新提起诉讼。

但是,上述承运人或海运履约方提起的诉讼转移,仅适用于该诉讼是寻求一项不承担赔偿责任的声明,或将剥夺被告根据第66条或第68条选择法院的权利的场合。换言之,如果承运人或海运履约方提起的诉讼完全是基于货方不履行《鹿特丹规则》规定的义务,向货方请求损害赔偿,而不存在货方向承运人或海运履约方的索赔,则上述承运人或海运履约方提起的诉讼转移的规定不适用。

如果承运人或海运履约方与货方之间存在《鹿特丹规则》第67条或第72条规定的排他性管辖权协议,承运人或海运履约方只能在管辖权协议中约定的法院提起诉讼,被告也不得提出诉讼转移的要求。

6. 扣留以及临时措施或保全措施

《鹿特丹规则》第 70 条"扣留以及临时措施或保全措施"(Arrest and provisional or protective measures)规定:"本公约的规定概不影响对临时措施或保全措施,包括对扣留的管辖权。除非符合下列条件,否则临时措施或保全措施执行地所在国的法院不享有裁定案件实体[1]的管辖权:(一)符合本章的要求;或(二)一项国际公约在该国适用的,该国际公约作此规定。"

根据上述规定,对扣押船舶、扣押船载货物或者采取其他财产保全措施的管辖权依据缔约国国内法确定,而不受《鹿特丹规则》第十四章"管辖权"规定的影响。同时,采取财产保全措施的法院或其所在国的其他法院对案件实体争议不具有管辖权,除非该法院依据该规则第十四章或者在该国适用的其他国际公约而对案件实体争议具有管辖权。

需要指出的是,与《1952 年统一海船扣押某些规定的国际公约》和《1999 年国际扣押船舶公约》的规定相似,《中华人民共和国海事诉讼特别程序法》(以下简称《海事诉讼特别程序法》)第 19 条规定:"海事请求保全执行后,有关海事纠纷未进入诉讼或者仲裁程序的,当事人就该海事请求,可以向采取海事请求保全的海事法院或者其他有管辖权的海事法院提起诉讼,但当事人之间订有诉讼管辖协议或者仲裁协议的除外。"换言之,法院因采取财产保全措施而对实体争议具有管辖权。但是,我国未参加《1952 年统一海船扣押某些规定的国际公约》和《1999 年国际扣押船舶公约》,从而根据上述《鹿特丹规则》第 70 条的规定,《海事诉讼特别程序法》第 19 条规定并不能产生法院因采取财产保全措施而对实体争议具有管辖权的效力。

7. 小结

《鹿特丹规则》第十四章"管辖权"的规定,可以归纳如下:

(1)该规则第 66 条规定了对承运人的诉讼具有管辖权的法院,第 67 条规定了对海运履约方的诉讼具有管辖权的法院,原告有权在规定的具有管辖权的法院中选择提起诉讼的法院,但存在第 67 条或第 72 条规定的排他性管辖权协议时,诉讼只能在该协议约定的法院提起。

(2)第 67 条规定了批量合同中管辖权协议具有排他性效力的条件,以及排他性管辖权协议对第三人的约束力及其条件;第 72 条规定了争议发生后当事人之间达成的管辖权协议具有排他性的效力。

---

[1] 《鹿特丹规则》中文本第 70 条中"裁定案件实体"的表述,对应的英文是"determine the case upon its merits"。"determine"一词意即"确定",包括法院判决、裁定、调解等确定实体法问题的形式,而不限于裁定。"determine the case upon its merits"是指确定案件实体法问题。

（3）第71条规定了就同一事件同时对承运人和海运履约方提起的共同诉讼具有管辖权的法院，但如果存在排他性管辖权协议，则应在该协议约定的法院提起共同诉讼。

（4）《鹿特丹规则》没有规定承运人或海运履约方对货方的诉讼的管辖权，除第71条关于诉讼合并和移转，以及第72条关于争议产生后的协议和被告应诉时的管辖权的规定外，此种管辖权依据缔约国国内法确定。

（5）《鹿特丹规则》关于管辖权的规定与我国现行法律有着很大不同，主要表现为：

第一，我国法律没有排他性管辖权协议与非排他性管辖权协议之分，管辖权协议只有有效和无效之分，有效的管辖权协议的效力相当于《鹿特丹规则》规定的排他性管辖权协议，当事人应在约定的法院提起诉讼；《鹿特丹规则》区分排他性管辖权协议与非排他性管辖权协议，而且非排他性管辖权协议所约定的法院仅作为原告选择提起诉讼的法院之一。

第二，根据我国法律，有效的管辖权协议仅在当事人之间有效而不及于第三人，除非第三人自愿受其约束；《鹿特丹规则》规定批量合同中的排他性管辖权协议在满足一定条件的情况下，对第三人具有约束力，而无须得到第三人的同意。

第三，根据我国《海事诉讼特别程序法》第19条的规定，采取财产保全措施的法院对案件实体争议具有管辖权；《鹿特丹规则》没有规定财产保全措施的管辖权，但规定采取财产保全措施的法院对案件实体争议不具有管辖权，除非该法院根据该规则或其他国际公约的规定具有对案件实体争议的管辖权。

（二）判决的承认与执行

《鹿特丹规则》第73条"承认和执行"（recognition and enforcement）规定："一、根据本公约拥有管辖权的一法院在一缔约国作出的裁决，应在另一缔约国根据该另一缔约国的法律得到承认和执行，但两国须已根据第七十四条作出声明。二、一法院可以以其法律所提供的拒绝承认和执行的理由为根据，拒绝给予承认和执行。三、本章不得影响加入本公约的区域经济一体化组织对其成员国彼此承认或执行判决适用本组织的规则，不论这些规则的通过时间是在本公约之前还是之后。"

上述规定包括以下三方面内容：

（1）在作出判决的法院所在国和被申请执行的法院所在国均根据《鹿特丹规则》第74条"第十四章的适用"已声明受第十四章约束的前提下，原则上根据该规则的规定具有管辖权的法院作出的"决定"应在另一缔约国得到承认和执行。需要指出的是，《鹿特丹规则》中文本第73条中"裁决"的表述，在英文本中为"decision",是指法院就不履行《鹿特丹规则》规定的义务而作出的实体争议的民事判决、裁定或其他形式的决定,如我国法院的调解结果。裁决的中文含义仅是指仲裁机构作出的决定,因而该规则中文本第 73 条中"裁决"的表述不当。

（2）缔约国法院根据本国法律承认和执行其他缔约国法院的决定,或者拒绝承认和执行其他缔约国法院的决定。缔约国法院承认和执行其他缔约国法院的判决或其他决定,需按照本国法律规定的程序进行。与《1992 年国际油污损害民事责任公约》等国际公约直接规定不承认和执行外国法院判决的条件不同,《鹿特丹规则》未规定拒绝承认和执行其他缔约国法院决定的条件,而是规定根据本国法律确定。

（3）不影响区域经济一体化组织有关成员国彼此承认或执行判决的规则的适用。由主权国家组成的区域经济一体化组织(regional economic integration organization)，最为典型的是欧洲联盟(EU)，当其根据第 93 条"区域经济一体化组织的参与"的规定参加《鹿特丹规则》时,该规则不影响该组织有关成员国彼此承认或执行判决的规则的适用。

（三）《鹿特丹规则》第十四章"管辖权"的适用条件

《鹿特丹规则》第 74 条"第十四章的适用"规定："本章的规定只能对根据第九十一条声明其将受本章规定约束的缔约国具有约束力。"

这种规定称为"选择适用"(opt-in)。根据上述规定,只有当某一缔约国在参加《鹿特丹规则》时声明该国受第十四章"管辖权"的规定约束时,第十四章的规定才对该缔约国具有约束力,否则便不具有约束力。

规定"选择适用",是因为管辖权的规定涉及一国司法主权和本国当事人的利益,联合国国际贸易法委员会第三工作组在制定《鹿特丹规则》时不能形成比较一致的意见。尤其是一些国家的代表团反对第 67 条"法院选择协议"第 2 款关于批量合同中的排他性管辖权条款未经第三人同意即可约束第三人的规定；有的不同意第 66 条"对承运人的诉讼"关于管辖权协议效力的规定；有的不同意第 73 条"承认和执行"关于缔约国法院相互承认和执行判决的规定。第 74 条"选择适用"的规定是妥协的产物,才使得第十四章的规定得到大多数国家代表团的接受。

三、仲裁

《鹿特丹规则》第十五章是仲裁的规定,并围绕仲裁协议的效力作出规定,包括仲裁协议的一般规定,非班轮运输中的仲裁协议,争议产生后的仲裁协议,以及该章的适用条件四部分内容。

（一）仲裁协议的一般规定

《鹿特丹规则》第75条"仲裁协议"规定："一、除须遵循本章的规定外,当事人可以协议约定,任何根据本公约运输货物可能产生的争议均应提交仲裁。二、仲裁程序应按照对承运人提起索赔的人的选择:(一)在仲裁协议为此目的指定的任何地点进行;或(二)在一国的其他任何地点进行,下列任何地点位于该国即可:1. 承运人的住所;2. 运输合同约定的收货地;3. 运输合同约定的交货地;或4. 货物的最初装船港或货物的最终卸船港。三、仲裁协议指定的仲裁地对仲裁协议当事人之间的争议具有约束力,条件是,载有该仲裁协议的批量合同清楚载明各方当事人的名称和地址,且该批量合同属于下列情况之一:(一)是单独协商订立的;或(二)载有一则存在一项仲裁协议的明确声明,且指出批量合同中载有该仲裁协议的部分。四、仲裁协议已根据本条第三款订立的,该协议指定的仲裁地,只有满足下列条件,方能对不是批量合同当事人的人具有约束力:(一)该协议指定的仲裁地位于本条第二款第二项述及的地点之一;(二)该协议载于运输单证或电子运输记录;(三)仲裁地通知已及时、正确地发给受仲裁协议约束的人;并且(四)准据法准许该人受该仲裁协议的约束。五、本条第一款、第二款、第三款和第四款的规定,视为每一仲裁条款或仲裁协议的一部分,此种条款或协议的规定,凡与其不一致的,一概无效。"

上述规定是对争议发生前达成的仲裁协议效力的规定,具有三层含义:

1. 仲裁协议的一般效力

根据《鹿特丹规则》第75条第1款的规定,当事人可以协议约定任何根据该规则运输货物而产生的争议均应提交仲裁。这一规定亦表明,当事人之间存在仲裁协议时,排除该规则第十四章"管辖权"的适用。

为防止承运人滥用优势地位而限制仲裁的地点,该条第2款规定了班轮运输中货方向承运人提起仲裁可选择的地点,即除批量合同或争议产生后达成仲裁协议的情形外,索赔人应当选择在下列地点之一提起仲裁:仲裁协议约定的仲裁地点、承运人住所地所在国、运输合同约定的收货地所在国、运输合同约定的交货地所在国、货物的最初装船港或货物的最终卸船港所在国。因此,仲裁协议约定的仲裁地点不具有排他性,只是作为索赔选择的仲裁地点之一。第75条第2款规定的可供索赔人选择的仲裁地点,与第66条规定的可供索赔人选择的诉讼地点相同。

非班轮运输中仲裁协议的效力依据第76条确定,批量合同中仲裁协议的效力依据本条第3款和第4款确定,争议产生后达成的仲裁协议的效力依据第77条确定。

对于班轮运输中承运人对货方提起索赔的仲裁,《鹿特丹规则》除批量合同或争议产生后达成仲裁协议的情形外,没有就仲裁地点作出限制性规定,表明仲裁协议中可以约定任何仲裁地点。

2. 批量合同中仲裁协议的效力

与该规则第 67 条对批量合同中管辖权协议效力的规定相似,第 75 条第 3 款和第 4 款是对批量合同中仲裁协议效力的规定。具体有以下两层含义:

(1) 争议产生前的管辖权协议对批量合同当事人具有排他性效力的条件。根据第 75 条第 3 款的规定,仲裁协议的排他性效力只存在于批量合同的场合,并满足下列条件:批量合同清楚载明当事人的名称和地址;批量合同是单独协商订立,或载有一则存在一项仲裁协议的明确声明,且指出批量合同中载有该仲裁协议的部分。

(2) 争议产生前的仲裁协议对批量合同当事人之外的第三人具有约束力的条件。根据该规则第 75 条第 4 款的规定,批量合同当事人之间根据该条第 3 款具有排他性效力的仲裁协议,在满足下列条件时,还对批量合同当事人之外的第三人具有约束力:第一,仲裁协议中约定的法院位于仲裁地属于该条第 2 款第(2)项述及的地点之一,即承运人住所地所在国、运输合同约定的收货地所在国、运输合同约定的交货地所在国、货物的最初装船港或货物的最终卸船港所在国;第二,该仲裁协议载于运输单证或电子运输记录;第三,仲裁地已及时、正确地通知该第三人;第四,所适用的法律允许仲裁协议对该第三人具有约束力。

可见,在满足上述条件时,争议产生前批量合同当事人之间的排他性仲裁协议不但对当事人具有约束力,而且对第三人具有约束力,而无须得到该第三人的同意。这一对第三人具有约束力的规定同样是《鹿特丹规则》的独创,在《汉堡规则》和我国法律中均没有此种规定。

3. 关于仲裁协议的强制性规定

根据该规则第 75 条第 5 款的规定,该条第 1 款、第 2 款、第 3 款和第 4 款的规定应当被视为是每一仲裁条款或仲裁协议的一部分,仲裁条款或仲裁协议的约定如与其不一致,则一概无效。换言之,该条第 1 款、第 2 款、第 3 款和第 4 款的规定是关于仲裁协议的强制性规定。

(二) 非班轮运输中的仲裁协议

《鹿特丹规则》第 76 条"非班轮运输中的仲裁协议"规定:"一、非班轮运输的运输合同由于下列原因而适用本公约或本公约规定的,本公约的规定概不影响该运输合同中仲裁协议的可执行性:(一) 适用第七条;或(二) 各方当事人自愿在本来不受本公约管辖的运输合同中纳入本公约。二、虽有本条第一款规定,运输单证或电子运输记录由于适用第七条而适用本公约的,其中的仲裁协议仍受本章的管辖,除非此种运输单证或电子运输记录:(一)载明了因适用第六条而被排除在本公约适用范围之外的租船合同或其他合同的各方当事人和日期;并且(二)以具体提及方式纳入了租船合同或其他合同中载有仲裁协议规定的条款。"

上述规定具有以下两层含义:

(1)《鹿特丹规则》关于仲裁协议的规定不影响非班轮运输中的运输合同中仲裁条款的效力。根据《鹿特丹规则》第 6 条"特定除外情形"的规定,该规则不适用于非班轮运输中的运输合同(contracts of carriage in non-liner transportation)。但是,根据该规则第 7 条"对某些当事人的适用"的规定,在下列两种情况下,该规则仍然适用:第一,如果收货人、控制方或持有人不是被排除在该规则适用范围之外的租船合同或其他运输合同的原始当事人,则该规则在承运人与收货人、控制方或持有人之间适用;第二,当事人自愿在运输合同中纳入本公约。

根据该规则第 76 条第 1 款的规定,当该规则适用于非班轮运输中的运输合同时,其中仲裁协议的规定仍不影响非班轮运输中的运输合同中仲裁条款在合同当事人之间的效力。非班轮运输中的运输合同通常是租船合同,因而该租船合同中的仲裁条款不受《鹿特丹规则》中仲裁协议规定的影响。

(2)根据非班轮运输中的运输合同签发的运输单证或电子运输记录中的仲裁条款仍受《鹿特丹规则》中仲裁协议规定的约束,除非该仲裁条款是并入非班轮运输中的运输合同中的仲裁条款。如果根据非班轮运输中的运输合同签发了运输单证或电子运输记录,并且根据该规则第 7 条的规定适用该规则,即在承运人与运输单证或电子运输记录项下非运输合同当事人的收货人、控制方或持有人之间,根据该规则第 76 条第 2 款的规定,运输单证或电子运输记录中的仲裁条款仍受该规则中仲裁协议规定的约束,除非运输单证或电子运输记录载明了运输合同的当事人名称与日期,并且通过运输单证或电子运输记录中的并入条款或其他提及方式,运输合同中的仲裁条款已并入非班轮运输中的运输单证或电子运输记录。换言之,运输单证或电子运输记录中单独订立的仲裁条款受《鹿特丹规则》中仲裁协议规定的约束,运输单证或电子运输记录中并入的运输合同中的仲裁条款不受该规则中仲裁协议规定的约束。

可见,对不属于适用范围的非班轮运输中的运输合同,《鹿特丹规则》体现了对该运输合同中的仲裁条款的尊重,表现为该规则中仲裁协议的规定不适用于该运输合同中的仲裁条款,也不适用于被并入根据非班轮运输中的运输合同签发的运输单证或电子运输记录的仲裁条款。

(三)争议产生后的仲裁协议

《鹿特丹规则》第 77 条"争议产生后的仲裁协议"规定:"虽有本章和第十四章

的规定,争议产生后,争议各方当事人仍可以协议约定在任何地点以仲裁方式解决争议。"

根据上述规定,运输合同争议产生后,争议当事人之间可以达成仲裁协议,约定在任何地点以仲裁方式解决争议。此种仲裁协议具有排他性效力,其效力既高于《鹿特丹规则》第十五章"仲裁"的其他规定,也高于该规则第十四章"管辖权"的规定。换言之,只要争议当事人在争议产生后达成了仲裁协议,其争议应根据该仲裁协议进行仲裁。

(四)小结

《鹿特丹规则》第十五章"仲裁"的规定,可以归纳如下:

(1) 该规则第75条第1款规定了仲裁协议的一般效力;第2款规定了除批量合同或争议产生后达成仲裁协议的情形外,班轮运输中货方对承运人提起仲裁可选择的地点;第3款规定了批量合同中仲裁协议具有排他性效力的条件;第4款规定了批量合同中排他性仲裁协议对第三人的约束力及其条件。

(2) 第76条规定了非班轮运输中的仲裁协议的效力,即该规则中仲裁协议的规定不适用于该运输合同中的仲裁条款,也不适用于被并入根据非班轮运输中的运输合同签发的运输单证或电子运输记录的仲裁条款。

(3) 第77条规定了争议发生后当事人之间达成的仲裁协议具有排他性的效力。

(4) 该规则关于仲裁的规定与我国现行法律有着不同,主要表现为:

第一,根据我国法律,当事人之间存在有效的仲裁协议时,当事人应在约定的地点提起诉讼;但该规则第75条第2款仅将仲裁协议所约定的地点作为索赔人对承运人提起仲裁的可选择地点之一。

第二,根据我国法律,有效的仲裁协议仅在当事人之间有效而不及于第三人,除非第三人自愿受其约束;该规则规定批量合同中的仲裁协议在满足一定条件的情况下,对第三人具有约束力,而无须得到第三人的同意。

(5) 该规则没有规定仲裁裁决的承认与执行,仲裁裁决的承认与执行适用1958年《承认及执行外国仲裁裁决公约》。

(五)《鹿特丹规则》第十五章"仲裁"的适用条件

《鹿特丹规则》第78条"第十五章的适用"规定:"本章的规定只能对根据第九十一条声明其将受本章规定约束的缔约国具有约束力。"

上述规定与该规则第74条的规定几乎相同,亦称为"选择适用"。根据上述规定,只有当某一缔约国在参加《鹿特丹规则》时声明该国受第十五章"仲裁"的规定约束时,第十五章的规定才对该缔约国具有约束力,否则便不具有约束力。

该规则第 78 条规定"选择适用",其原因与第 74 条相似,即联合国国际贸易法委员会第三工作组在制定《鹿特丹规则》时不能形成比较一致的意见。尤其是一些国家的代表团反对第 75 条"仲裁协议"第 4 款关于批量合同中的排他性仲裁条款未经第三人同意即可约束第三人的规定;有的不同意第 75 条第 2 款关于仲裁协议效力的规定。同样,第 78 条"选择适用"的规定是妥协的产物,才使得第十五章的规定得到大多数国家代表团的接受。

第三章 《鹿特丹规则》与《海牙—维斯比规则》比较

第一节 概 述

《海牙—维斯比规则》(Hague-Visby Rules)是经1968年《维斯比规则》(Visby Rules),即《1968年修订统一提单若干法律规定的国际公约议定书》(Protocol to Amend the International Convention for the Unification of Certain Rules of Law Relating to Bills of Lading)修订的1924年《海牙规则》(Hague Rules),即《1924年统一提单若干法律规定的国际公约》(International Convention for the Unification of Certain Rules of Law Relating to Bills of Lading)。《海牙规则》于1924年8月25日在比利时首都布鲁塞尔召开的有26个国家代表出席的外交会议上通过,1931年6月2日起生效。《维斯比规则》于1968年2月23日在布鲁塞尔召开的由53个国家或地区的代表参加的外交会议上通过,1977年6月23日生效。

1979年12月31日在布鲁塞尔召开的有37个国家代表参加的外交会议上通过了修订《海牙—维斯比规则》的议定书,全称为《修订(经1968年议定书修订的)统一提单若干法律规定的国际公约的议定书》[Protocol to Amend the International Convention for the Unification of Certain Rules of Law Relating to Bills of Lading (as Amended by the Protocol of 1968)]。经该议定书修订的《海牙—维斯比规则》仍称为《海牙—维斯比规则》。该议定书于1984年2月14日生效。该议定书的主要内容是将承运人赔偿限额的计算单位从金法郎改为特别提款权(Special Drawing Right, SDR),因而被称作《海牙—维斯比规则》的"特别提款权议定书"(SDR Protocol)。按15金法郎等于1特别提款权计算,该议定书规定,承运人赔偿限额为每件或每单位货物666.67特别提款权,或者按货物毛重每公斤2特别提款权计算,二者之中以较高者为准,但国内法规定不能使用特别提款权的缔约国仍可以法郎作为计算单位。

1924年《海牙规则》和1968年《维斯比规则》分别反映了20世纪20年代和60年代国际经济、贸易和航运的时代特点。那时的班轮运输是件杂货运输,国际航运技术与19世纪比较要进步许多,但与20世纪末或21世纪初比较,则根本说不上先进。《鹿特丹规则》制定于21世纪初。21世纪初是一个集装箱化接近完成,强调"门到门"运输,航运技术发达、经济全球化和贸易自由化的时代。因此,《鹿特丹规则》与《海牙—维斯比规则》之间存在巨大差异并非不正常。但是,两个规则都以确立海上货物运输基本法律规则为目的,承运人与托运人之间的权利义务是规则的基本调整对象。同时,法律本身具有继承性和延续性,因而两个规则之间不可避免地存在共同点。

《海牙—维斯比规则》主要是一部提单公约,通过规范提单来规范海上货物运输活动,切入点是提单。《鹿特丹规则》是一部全程或部分海上国际货物运输合同公约,基于航运实践发展的情形和需要,在适用范围上采用了"海运 + 其他"的模式,切入点是海上货物运输合同,调整包括国际海上货物运输在内的货物运输活动。《鹿特丹规则》出台的背景主要是:集装箱"门到门"运输的发展突破了海运的界限;电子商务的发展对运输单证的影响;批量合同的必要性;加重船方利益的需要并借制定新的海上货物运输公约重新平衡船货双方利益的呼声增大。

总体而言,《鹿特丹规则》与《海牙—维斯比规则》相比,调整范围更广,规范内容更细。首先,《鹿特丹规则》适用范围扩大,调整的运输区段从单一海上运输区段扩展到与海上运输前后的非海运区段;其次,《鹿特丹规则》增加了《海牙—维斯比规则》所未规定的制度,包括控制权制度、履约方制度、单证托运人制度、电子运输记录制度、批量合同制度等;再次,《鹿特丹规则》与《海牙—维斯比规则》共同具有的制度,如承运人的责任制度、运输单证制度、托运人制度等方面,但内容得到了扩充和细化。

《鹿特丹规则》与《海牙—维斯比规则》在承运人责任制度上详细条文对比参见附录一。

第二节　承运人责任制度比较

一、承运人责任期间比较

《海牙—维斯比规则》没有直接规定承运人的责任期间,第1条第5款将"货物运输"定义为"指自货物装上船时起,至卸下船时止的一段期间"。这一定义表明该规则强制适用的期间,即自货物装上船时起至货物卸下船时止。同时,根据《海牙—维斯比规则》第6条的规定,对于货物装船之前或卸船之后承运人对货物的责任,承运人与托运人可以自由约定。

《鹿特丹规则》第12条"承运人的责任期"将"责任期"作为一个术语明确规定在该规则当中,并且与《海牙—维斯比公约》相比,《鹿特丹规则》大大延长了承运人的责任期间,即自承运人或履约方为运输而接收货物时开始,至货物交付时终止,而不论接收货物和交付货物的地点。因此,根据《鹿特丹规则》,承运人责任期间可以包括非海运区段,甚至国际货物多式联运中的"门到门"运输。

二、承运人义务比较

《海牙—维斯比规则》第3条规定了承运人的两项基本义务。该条第1款规定了承运人谨慎处理使船舶适航的义务,即:"承运人应在开航前和开航时谨慎处理:(a)使船舶适航;(b)适当地配备船员、装备船舶和供应船舶;(c)使货舱、冷藏舱和该船其他载货处所能适宜和安全地收受、运送和保管货物。"第2款规定了承运人管货义务,即:"除第四条另有规定外,承运人应适当和谨慎地装卸、搬运、积载、运送、保管、照料和卸载所运货物。"

《鹿特丹规则》继承《海牙—维斯比规则》列明承运人具体义务的模式,第四章"承运人的义务"第11条"货物的运输和交付"规定了承运人应按照运输合同的约定将货物运至目的地并交给收货人的义务;第13条"特定义务"规定了承运人管货义务,即承运人应妥善而谨慎地接收、装载、操作、积载、运输、保管、照料、卸载并交付货物;第14条"适用于海上航程的特定义务"规定了承运人使船舶适航的义务,即:"承运人必须在开航前、开航当时和海上航程中恪尽职守:(一)使船舶处于且保持适航状态;(二)妥善配备船员、装备船舶和补给供应品,且在整个航程中保持此种配备、装备和补给;并且(三)使货舱、船舶所有其他载货处所和由承运人提供的载货集装箱适于且能安全接收、运输和保管货物,且保持此种状态。"

可见,《鹿特丹规则》第13条规定的承运人管货义务,与《海牙—维斯比规则》第3条第2款的规定相比较,增加了承运人接收货物和交付货物环节。《鹿特丹规则》第14条规定的承运人使船舶适航的义务,与《海牙—维斯比规则》第3条第1款的规定相比较,在谨慎处理使船舶适航的时间上,不再限于船舶开航之前和开航当时,亦包括海上航程中,并与此相对应,应当在航程中保持船舶适航状态、配备船员、装备船舶和补给供应品,以及货舱、船舶所有其他载货处所和由承运人提供的载货集装箱适于且能安全接收、运输和保管货物的状态。

三、承运人责任基础与免责比较

《鹿特丹规则》所称的承运人责任基础(basis of liability),是指承运人责任归责原则。《海牙—维斯比规则》采用的承运人责任归责原则是不完全过错责任,《鹿特丹规则》采用的承运人责任归责原则是完全过错责任。承运人的过错责任是指当承运人或其受雇人、代理人等在履行义务中有过错,并且因此导致货物的灭失、损坏或迟延交付时,承运人需承担赔偿责任。

《海牙—维斯比规则》采用的不完全过错责任,又称过错责任加列明的过失免责。在这种归责原则下,承运人对货物在其责任期间内发生的灭失或损坏是否负责,原则上依据其本人、代理人或受雇人有无过错而定,但如果货物的灭失或损坏系船长、船员及引航员驾驶船舶或管理船舶的过失[统称"航海过失"(nautical fault)]所致,或由于非承运人本人的过失导致的火灾所致,承运人可以免除赔偿责任。换言之,《海牙—维斯比规则》贯彻的过错责任归责原则是不彻底的,航海过失免责与火灾免责是标志性过失免责。我国《海商法》第四章采用了《海牙—维斯比规则》这一原则。这一原则为目前世界各国普遍采纳。

《鹿特丹规则》第 17 条"赔偿责任基础"采用完全过错责任,废止了始于 1893 年美国《哈特法》规定的航海过失免责,彻底贯彻了过错责任的归责原则。

《海牙—维斯比规则》第 4 条第 2 款规定了 17 项承运人可以援引的免责事项,即:"不论承运人或船舶,对由于下列原因引起或造成的灭失或损坏,都不负责:(a) 船长、船员、引水员或承运人的雇佣人员,在驾驶船舶或管理船舶中的行为、疏忽或不履行义务;(b) 火灾,但由于承运人的实际过失或私谋所引起的除外;(c) 海上或其他可航水域的灾难、危险和意外事故;(d) 天灾;(e) 战争行为;(f) 公敌行为;(g) 君主、当权者或人民的扣留或管制,或依法扣押;(h) 检疫限制;(i) 托运人或货主、其代理人或代表的行为或不行为;(j) 不论由于任何原因所引起的局部或全面罢工、关厂停止或限制工作;(k) 暴动和骚乱;(l) 救助或企图救助海上人命或财产;(m) 由于货物的固有缺点、质量或缺陷引起的体积或重量亏损,或任何其他灭失或损坏;(n) 包装不充分;(o) 标志不清或不当;(p) 虽恪尽职责亦不能发现的潜在缺点;(q) 非由于承运人的实际过失或私谋,或者承运人的代理人,或雇佣人员的过失或疏忽所引起的其他任何原因;但是要求引用这条免责利益的人应负举证,证明有关的灭失或损坏既非由于承运人的实际过失或私谋,亦非承运人的代理人或雇佣人员的过失或疏忽所造成。"上述免责事项的最大特点是继承了 1893 年美国《哈特法》规定的航海过失免责和火灾免责,从而形成了不完全过错责任的归责原则。

《鹿特丹规则》制定过程中,对免责条款的设置存在较大争议,争议的焦点是航海过失免责及火灾免责的存废问题。联合国国际贸易法委员会第三工作组根据多数国家的意见,最终决定废除航海过失免责;火灾免责仍列入免责事项中,但仅限于船上发生的火灾,且不再将《海牙—维斯比规则》规定的承运人本身存在的过失作为例外情况。另外,与《海牙—维斯比规则》相比,《鹿特丹规则》第 17 条"赔偿责任基础"第 3 款规定的免责事项中增加了两项免责事项:一是避免或者试图避免对环境造成危害的合理措施;二是承运人根据第 15 条[1]和第 16

───────

〔1〕 第 15 条是关于承运人对危险货物所采取的包括将货物卸下、销毁或者使之不能致害等合理措施。

条[1]所赋予的权利的作为。其中,第一项免责事项体现了现代海事立法重视海上运输对海洋环境的影响的价值取向,通过规定承运人对其采取避免或者试图避免对环境造成危害的合理措施所造成的货物灭失、损坏或迟延交付免责,以鼓励承运人采取此种措施,促进海洋环境保护;第二项免责事项是承运人行使第15条和第16条所赋予的权利的逻辑后果,体现了现代海事立法重视海上安全的价值取向。

四、承运人赔偿责任限制比较

承运人赔偿责任限制,是指对于货物的灭失、损坏或迟延交付所造成的经济损失,当承运人需承担赔偿责任时,承运人的最高赔偿金额。

经1979年议定书修订后的《海牙—维斯比规则》第4条第5款仅规定承运人对货物灭失或损坏的赔偿责任限额,即所灭失或损坏的货物每件或每货运单位货物666.67特别提款权(SDR),或者毛重每公斤2特别提款权,以两者之中较高者为准,除非托运人在装货前已申报货物的价值并已在提单中载明,或者承运人和托运人另行约定了更高的限额。

《鹿特丹规则》第59条"赔偿责任限额"第1款规定的承运人赔偿责任限制为,承运人对于不履行该规则对其规定的义务所负赔偿责任的限额,按照索赔或争议所涉货物的件数或其他货运单位计算,每件或每个其他货运单位875特别提款权,或按照索赔或争议所涉货物的毛重计算,每公斤3特别提款权,以两者中较高限额为准,除非货物价值已由托运人申报且在合同事项中载明,或承运人与托运人已另行约定高于该规则所规定的赔偿责任限额。这一赔偿责任限额适用于货物灭失或损坏,以及其他与货物有关的、承运人不履行该规则对其规定的义务所造成的损失,但货物迟延交付所造成的纯经济损失,即货物灭失或损坏以外的其他经济损失除外。上述赔偿责任限额中,每件或者每一其他货运单位875特别提款权的限额,比《海牙—维斯比规则》规定的666.67特别提款权提高了31%;货物毛重每公斤3特别提款权,比《海牙—维斯比规则》规定的2特别提款权提高了50%。

《鹿特丹规则》第60条"迟延造成损失的赔偿责任限额"规定:承运人对货物迟延交付造成的货物灭失或损坏的赔偿责任限额,按照第59条计算;对货物迟延交付造成的经济损失的赔偿责任限额,为所迟延交付的货物应付运费的2.5倍;当货物迟延交付造成货物灭失或损坏,以及其他经济损失时,赔偿责任限额为货物全损时根据第59条第1款确定的限额。

---

[1] 第16条是关于海上航程期间承运人为了共同安全而牺牲货物的合理措施。

第三节 运输单证制度比较

一、运输单证种类比较

《海牙—维斯比规则》第1条(b)项规定:"运输合同"仅适用于以提单或任何类似的物权凭证进行有关海上货物运输的合同;在租船合同下或根据租船合同所签发的提单或任何物权凭证,在它们成为制约承运人与凭证持有人之间的关系准则时,也包括在内。

因此,在适用的运输单证范围上,《海牙—维斯比规则》仅限于提单或任何类似的"物权凭证"(document of title)。"document of title"是英美法的概念,意即一种单证,该单证"在正常商业或金融活动中被视为适当地证明其占有者有权收受、持有和处置该单证及其包含的货物"。[1] 因此,运输单证要构成"document of title",该单证持有人必须具有收受、持有和处置单证及其包含的货物的权利。换言之,"document of title"必须具有提货凭证的作用。从而,实践中使用的海运单、公路运单、铁路运单和空运单由于没有提货凭证的作用,都不是"document of title"。

《鹿特丹规则》第1条第14款将"运输单证"定义为"承运人按运输合同签发的单证,该单证:(一)证明承运人或履约方已按运输合同收到货物;并且(二)证明或包含一项运输合同";第18款将"电子运输记录"定义为"承运人按运输合同以电子通信方式发出的一条或数条电文中的信息,包括作为附件与电子运输记录有着逻辑联系的信息,或在承运人签发电子运输记录的同时或之后以其他方式与之有联系从而成为电子运输记录一部分的信息,该信息:(一)证明承运人或履约方已按运输合同收到货物;并且(二)证明或包含一项运输合同"。

因此,广义上,《鹿特丹规则》适用的运输单证包括狭义的运输单证和电子运输记录。并且,凡是证明承运人或履约方已按运输合同收到货物,以及证明或包含一项运输合同的运输单证和电子运输记录,都属于《鹿特丹规则》所适用的运输单证或电子运输记录。从而,《鹿特丹规则》适用的运输单证范围比较广泛,实践中使用的海运单虽然不具有提货凭证的作用,也属于《鹿特丹规则》的适用范围。

《海牙—维斯比规则》没有对提单的作用作出规定。

《鹿特丹规则》在第1条运输单证和电子运输记录的定义中规定了运输单证和电子运输记录具有收货证明与证明或包含运输合同两大作用,但没有规定其具有交付货物凭单的作用。这是因为,凭单交货与目前国际航运实践中普遍存在的无

---

[1] Henry Campbell Black, Black's Law Dictionary, Fifth Edition, West Publishing Company, p.432.

单放货问题紧密相连,各国对运输单证类型与流通性的法律规定与交易惯例并不相同,难以统一,因而《鹿特丹规则》没有采用一刀切的做法。第九章"货物交付"第45条规定了未签发可转让运输单证或可转让电子运输记录时货物的交付,第46条规定了签发必须提交的不可转让运输单证时货物的交付,第47条规定了签发可转让运输单证或可转让电子运输记录时货物的交付。换言之,运输单证和电子运输记录是否具有交付货物凭单的作用,需根据运输单证和电子运输记录是否可转让,以及可转让运输单证或可转让电子运输记录是否明确规定可以不提交运输单证或电子运输记录交付货物而定。此外,即使签发了必须提交的不可转让运输单证,第46条也规定了在满足特定条件时承运人可以无单放货。并且,除第46条另有规定外,在未签发可转让运输单证或可转让电子运输记录的情况下,也即在签发不可转让的运输单证或不可转让的电子运输记录的情况下,该规则并不要求凭此种运输单证或电子运输记录交货,也即承运人可以无单放货。

二、运输单证记载事项比较

《海牙—维斯比规则》第3条第3款规定:"承运人或船长或承运人的代理人在收受货物归其照管后,经托运人的请求,应向托运人签发提单,其上载明下列各项:(a)与开始装货前由托运人书面提供者相同的、为辨认货物所需的主要标志,如果这项标志是以印戳或其他方式标示在不带包装的货物上,或在其中装有货物的箱子或包装物上,该项标志通常应在航程终了时仍能保持清晰可认。(b)托运人用书面提供的包数或件数、或者数量或重量。(c)货物的外表状况。但是,承运人、船长或承运人的代理人如有合理根据怀疑提单不能正确代表实际收到的货物,或无适当方法进行核对,无须在提单上表明或标示任何货物的标志、包数或件数、数量或重量。"据此,提单上应记载的事项仅为三项,即:货物主标注,货物包数或件数、或者数量或重量,货物的外表状况。而且,如果承运人、船长或承运人的代理人有合理根据怀疑提单不能正确代表实际收到的货物,或无适当方法进行核对,则无须在提单上表明或标示任何货物的标志,包数或件数、或者数量或重量,而不是对加批注。

《鹿特丹规则》第36条"合同事项"(contract particulars)详细规定了运输单证或电子运输记录中应记载的合同事项,即:"一、第三十五条述及的运输单证或电子运输记录中的合同事项应包括由托运人提供的下列信息:(一)适合于运输的货名;(二)识别货物所必需的主标志;(三)货物包数、件数或数量;和(四)货物重量(如果已由托运人提供)。二、第三十五条述及的运输单证或电子运输记录中的合同事项还应包括:(一)承运人或履约方收到待运货物时货物表面状况的说明;

(二)承运人名称和地址;(三)承运人或履约方收到货物日期、货物装船日期或运输单证或电子运输记录签发日期;和(四)运输单证可转让,且签发一份以上正本的,可转让运输单证的正本份数。三、第三十五条述及的运输单证或电子运输记录中的合同事项还应包括:(一)收货人的名称和地址(如果收货人已由托运人指定);(二)船舶名称(如果已在运输合同中指明);(三)收货地和交货地(如果承运人已知道交货地);和(四)装货港和卸货港(如果已在运输合同中指明)。"

可见,根据《鹿特丹规则》第36条的规定,运输单证或电子运输记录中应记载的合同事项需包括四个方面的信息:第一,有关货物的信息,即货物名称、货物主标志、货物包数或件数或数量、重量、货物外表状态;第二,有关运输合同当事人和关系人的信息,即承运人、托运人和收货人的名称和地址;第三,有关运输合同履行的信息,即承运人或履约方收到货物日期、货物装船日期或运输单证或电子运输记录签发日期、收货地和交货地,以及装货港和卸货港;第四,可转让运输单证的正本份数。此外,《鹿特丹规则》第39条"合同事项不完备"与第40条"对合同事项中货物相关信息作出保留"的规定,亦与运输单证和电子运输记录的记载事项相关。

三、运输单证程序规则比较

根据前述《海牙—维斯比规则》第3条第3款的规定,承运人或船长或承运人的代理人在收受货物归其照管后,经托运人的请求,应向托运人签发提单。第7款规定:"货物装船后,如果托运人要求,签发'已装船'提单,承运人、船长或承运人的代理人签发给托运人的提单,应为'已装船'提单,如果托运人事先已取得这种货物的物权单据,应交还这种单据,换取'已装船'提单。但是,也可以根据承运人的决定,在装货港由承运人、船长或其代理人在上述物权单据上注明装货船名和装船日期。经过这样注明的上述单据,如果载有第三条第三款所指项目,即应成为本条所指的'已装船'提单。"

与《海牙—维斯比规则》的上述规定相比,《鹿特丹规则》的规定有以下不同之处:第一,承运人应当签发运输单证或电子运输记录的时间较早,即根据该规则第八章"运输单证和电子运输记录"第35条"运输单证或电子运输记录的签发"的规定,货物一经向承运人或履约方交付运输,承运人就应当按照托运人的选择签发运输单证和电子运输记录,除非托运人与承运人已约定不使用运输单证或电子运输记录,或不使用运输单证或电子运输记录是行业习惯、惯例或做法。第二,有权获得运输单证或电子运输记录的主体不限于托运人,即根据该规则第35条的规定,除托运人外,经托运人同意的单证托运人也有权从承运人处获得运输单证或电子运输记录。第三,《鹿特丹规则》没有规定"未装船"运输单证与"已装船"运输单证的转换程序。

此外,《鹿特丹规则》就运输单证和电子运输记录程序,第 38 条规定了运输单证的签名和电子运输记录的电子签名,第 9 条规定了可转让电子运输记录的使用程序,第 10 条规定了可转让运输单证或可转让电子运输记录的替换。

四、运输单证证据效力比较

《海牙—维斯比规则》第 3 条第 4 款规定了提单所载的货物事项的初步证据效力和绝对证据效力,即"依照第三款(a)、(b)、(c)项所载内容的这样一张提单,应作为承运人收到该提单中所载货物的初步证据。但是,当提单已经转给善意行事的第三者时,与此相反的证据不予接受"。因此,在承运人与托运人之间,提单所载的货物事项具有初步证据效力;在承运人与善意行事的第三者之间,提单所载的货物事项具有绝对证据效力。

《鹿特丹规则》第 41 条"合同事项的证据效力"规定:除合同事项已按照第 40 条规定的情形和方式作了保留外,运输单证或电子运输记录是承运人收到合同事项中所记载货物的初步证据。当运输单证或可转让电子运输记录已转让给善意行事的第三方时,承运人就任何合同事项提出的相反证据不予接受,即合同事项中货物的记载具有绝对证据效力,具体分为三种情形:第一,此种合同事项载于已转让给善意行事的第三方的可转让运输单证或可转让电子运输记录;第二,此种合同事项载于载明必须交单提货,且已转让给善意行事的收货人的不可转让运输单证;第三,善意行事的收货人依赖载于不可转让运输单证或不可转让电子运输记录中的下述任何合同事项:第 36 条第 1 款中述及的合同事项,此种合同事项由承运人提供;集装箱的号码、型号和识别号,而非集装箱封条的识别号;第 36 条第 2 款中述及的合同事项。

此外,《鹿特丹规则》第 42 条"预付运费"规定:"合同事项载有'预付运费'声明或类似性质声明的,承运人不能以运费尚未支付这一主张对抗持有人或收货人。持有人或者收货人也是托运人的,本条不适用。"因此,上述规定强调了运输单证或电子运输记录中合同事项所载的"预付运费"的绝对证据效力。这一规定能有效地解决国际航运实践中存在"预付运费"提单情况下,承运人并未收到运费时,能否向第三者收货人主张运费并留置货物的问题,保护收货人的利益,并督促承运人与托运人之间的运费收取程序规范化。

《鹿特丹规则》与《海牙—维斯比规则》在运输单证制度上的条文对比参见附录二。

第四节 托运人制度比较

一、托运人范围比较

《海牙—维斯比规则》没有托运人的定义。但是,该规则第1条(a)项是承运人的定义,即:"承运人"包括与托运人订立运输合同的船舶所有人或承租人。从这一定义中,可以得出托运人是与承运人订立运输合同的人。《鹿特丹规则》第1条第5款将"承运人"定义为"与托运人订立运输合同的人"。可见,《海牙—维斯比规则》和《鹿特丹规则》所定义的托运人相同,即与托运人订立运输合同的人。

与《海牙—维斯比规则》所不同的是,《鹿特丹规则》在托运人之外新设了单证托运人。第1条第9款将"单证托运人"定义为"托运人以外的,同意在运输单证或电子运输记录中记名为'托运人'的人"。因而可以认为,从狭义的角度理解,《鹿特丹规则》与《海牙—维斯比规则》中托运人的范围一致;从广义的角度理解,《鹿特丹规则》中托运人的范围比《海牙—维斯比规则》托运人的范围广。

二、托运人权利比较

《海牙—维斯比规则》和《鹿特丹规则》都没有直接规定托运人的权利。从法理上讲,承运人的义务和责任反映的是托运人的权利。因此,托运人的权利主要表现为:要求承运人签发提单的权利;要求承运人安全将货物运抵目的地的权利;就货物灭失、损坏向承运人索赔的权利。其中,关于托运人要求承运人签发提单的权利,《海牙—维斯比规则》第3条第3款规定:"承运人或船长或承运人的代理人在收受货物归其照管后,经托运人的请求,应向托运人签发提单……"

此外,根据《鹿特丹规则》,托运人享有货物控制权,即第50条规定的就货物发出指示或修改指示的权利,在计划挂靠港,或在内陆运输情况下在运输途中的任何地点提取货物的权利,由包括控制方在内的其他任何人取代收货人的权利;就货物灭失、损坏,除向承运人索赔外,具有向履约方索赔的权利。

三、托运人义务和赔偿责任比较

《海牙—维斯比规则》规定的托运人义务和赔偿责任主要有:

1. 正确提供货物信息的义务

第3条第5款规定:"托运人应被视为已在装船时向承运人保证,由他提供的标志、件数、数量和重量均正确无误;并应赔偿给承运人由于这些项目不正确所引起或导致的一切灭失、损坏和费用。"

2. 将危险货物性质通知承运人的义务

第 4 条第 6 款规定:"承运人、船长或承运人的代理人对于事先不知性质而装载的具有易燃、爆炸或危险性的货物,可在卸货前的任何时候将其卸在任何地点,或将其销毁,或使之无害,而不予赔偿;该项货物的托运人,应对由于装载该项货物而直接或间接引起的一切损害或费用负责。如果承运人知道该项货物的性质,并已同意装载,则在该项货物对船舶或货载发生危险时,亦得同样将该项货物卸在任何地点,或将其销毁,或使之无害,而不负赔偿责任,但如发生共同海损不在此限。"

3. 托运人的赔偿责任

第 4 条第 3 款规定:"对于任何非因托运人、托运人的代理人或其雇佣人员的行为、过失或疏忽所引起的使承运人或船舶遭受的灭失或损坏,托运人不负责任。"

《鹿特丹规则》第七章"托运人对承运人的义务"详细规定的托运人义务和责任,主要有:第 27 条"交付运输"规定的托运人将货物交付运输的义务;第 28 条"托运人与承运人在提供信息和指示方面的合作"规定的托运人与承运人在提供信息和指示方面的合作义务;第 29 条"托运人提供信息、指示和文件的义务";第 31 条"拟定合同事项所需要的信息"规定的托运人向承运人提供拟定合同事项以及签发运输单证或电子运输记录所需要的准确信息的义务;第 32 条"危险货物特别规则"规定的托运人将货物的危险性质或特性通知承运人、对危险货物加标志或标签的义务;第 30 条"托运人对承运人赔偿责任的基础"规定的托运人对承运人的赔偿责任,以及第 34 条"托运人为其他人负赔偿责任"规定的托运人的转承责任。此外,托运人负有作为货物控制方所负的相应义务。

《鹿特丹规则》与《海牙—维斯比规则》在托运人的义务与责任制度上的条文对比参见附录三。

第五节 时效、管辖权与仲裁制度比较

一、时效

(一) 时效期间

《海牙—维斯比规则》第 3 条第 6 款规定了向承运人和船舶索赔的时效,即:"除非从货物交付之日或应交付之日起一年内提出诉讼,承运人和船舶在任何情况下都免除对灭失或损害所负的一切责任。"换言之,就货物灭失或损坏向承运人索赔或对船舶提起对物诉讼时效期间为 1 年,从货物实际交付或本应当交付货物之日起算。

《鹿特丹规则》第十三章"时效"第 62 条"时效期"规定:就违反该规则的一项

义务所产生的索赔或争议提起司法程序或仲裁程序,时效期间为两年,自承运人交付货物之日起算,未交付货物或只交付了部分货物的,自本应交付货物最后之日起算,但即使该时效期间届满,一方当事人仍然可以提出索赔作为抗辩,或以此抵消对方当事人提出的索赔。

可见,《海牙—维斯比规则》和《鹿特丹规则》在时效期间的规定上存在两点主要区别:第一,《海牙—维斯比规则》规定的时效是单向的,仅适用于就货物的灭失或损坏或其他损害向承运人索赔或对船舶提起对物诉讼,而不适用于承运人对托运人或收货人的损害索赔;《鹿特丹规则》规定的时效是双向的,既适用于就货物的灭失或损坏或其他损害向承运人或海运履约方的索赔,也适用于承运人对托运人或收货人的损害索赔。第二,《海牙—维斯比规则》规定的时效期间为1年,而《鹿特丹规则》规定的时效期间为两年。

(二) 时效延长

《海牙—维斯比规则》第3条第6款规定:"诉讼事由产生后,如经当事方同意,该期间可以延长。"

《鹿特丹规则》第63条"时效的延长"规定:"被索赔人可以在时效期内的任何时间,通过向索赔人声明而延长该时效期。该时效期可以经再次声明或多次声明进一步延长。"

可见,《海牙—维斯比规则》和《鹿特丹规则》关于时效的延长规定几乎相同,但后者规定得更为细致明确,便于操作。两者的区别在于:《海牙—维斯比规则》规定时效通过当事人协议而延长,协议的时间点未限定在时效期间内,也未规定声明延长的次数;《鹿特丹规则》规定时效通过被索赔人向索赔人声明而延长,但此种声明的时间点限定在时效期间内,并不限制时效延长的次数。

(三) 追偿时效

《海牙—维斯比规则》第3条第6款(之二)规定了追偿时效,即:"即使在前款规定的年限期满后,如果在受理该案的法院的法律准许的时间内,仍可以对第三者提出赔偿诉讼。但是,准许的时间不得少于三个月,自提出这种赔偿诉讼的人已经解决对他本人的索赔或者从起诉传票送达他本人之日起算。"

《鹿特丹规则》第64条"追偿诉讼"规定:"被认定负有责任的人,可以在第六十二条规定的时效期满后提起追偿诉讼,提起该追偿诉讼的时效期以下列较晚者为准:(一) 提起程序的管辖地准据法所允许的时效期内;或(二) 自追偿诉讼提起人解决原索赔之日起,或自收到向其本人送达的起诉文书之日(以较早者为准)起九十日内。"

可见,《海牙—维斯比规则》和《鹿特丹规则》关于向第三者追偿时效的规定基本相同,都是针对基本时效期间届满后对第三者追偿的时效作出规定。两者的区别在于:《海牙—维斯比规则》对向第三者提起追偿诉讼设定了前提条件,即在受理该案的法院的法律准许期间之内,也即受理承运人或船舶所有人向第三者提起追偿诉讼的法院的法律必须有此种追偿诉讼时效的规定,在此前提下法律准许的期间不得少于3个月,自提出这种赔偿诉讼的人已经解决对他本人的索赔或者从起诉传票送达他本人之日起算。换言之,如果法院所在地法律没有此种追偿诉讼时效的规定,则3个月的追偿诉讼时效不适用。《鹿特丹规则》规定:被认定负有责任的人在基本时效期满后向第三者提起追偿诉讼,以下列两个时效期间较晚者为准:法院或仲裁机构所在地所适用的法律所允许的时效期间;自追偿诉讼提起人解决原索赔之日起或自收到向其本人送达的起诉文书之日(以较早者为准)起90日内。换言之,当所适用的法律规定的追偿时效期间长于3个月时,适用法律规定的追偿时效期间;当所适用的法律没有规定追偿时效期间或所规定的追偿时效期间短于3个月时,适用3个月的追偿时效期间。

《海牙—维斯比规则》与《鹿特丹规则》在时效制度上条文对比参见附录四。

二、管辖权

《海牙—维斯比规则》没有规定管辖权。

《鹿特丹规则》第十四章"管辖权"用专章规定了管辖权,包括第66条"对承运人的诉讼"、第67条"法院选择协议"、第68条"对海运履约方的诉讼"、第69条"不另增管辖权地"、第70条"扣留以及临时措施或保全措施"、第71条"诉讼合并和移转"、第72条"争议产生后的协议和被告应诉时的管辖权"、第73条"承认和执行",以及第74条"第十四章的适用"。

三、仲裁

《海牙—维斯比规则》没有规定仲裁。

《鹿特丹规则》第十五章"仲裁"用专章规定了仲裁,包括第75条"仲裁协议"、第76条"非班轮运输中的仲裁协议"、第77条"争议产生后的仲裁协议",以及第78条"第十五章的适用"。

第四章 《鹿特丹规则》与《汉堡规则》比较

第一节 概 述

《汉堡规则》(Hambury Rules),即《1978 年联合国海上货物运输公约》(United Nations Convention on the Carriage of Goods by Sea,1978),于 1978 年 3 月 6 日至 3 月 31 日在德国汉堡有 78 个国家代表参加的联合国海上货物运输会议上通过,1992 年 11 月 1 日生效。

《鹿特丹规则》与同样由联合国国际贸易法委员会制定的 1978 年《汉堡规则》在制定时间上相差约 30 年。就两大公约制定所处时代而言,相对于《鹿特丹规则》与《海牙—维斯比规则》在制定时代上的差异,相差不是很久远。但是,两大公约制定所处时代亦有着很大的差异。《汉堡规则》制定时,国际海上集装箱运输起步不久,尚处于集装箱化过程中,"门到门"运输非常有限。自 20 世纪 80 年代以来的 30 年中,相当一批发展中国家在国际经济、贸易舞台上发挥越来越重要的作用,在联合国政治舞台上的作用也比以往更大。全球贸易总量有了惊人的增长,推动了国际航运迅速发展。国际班轮运输主要表现为海上集装箱运输,而且国际集装箱货物多式联运,甚至"门到门"运输已经很普遍。随着技术进步,尤其是信息技术等的发展,高附加值产品越来越多。船舶出现大型化和智能化趋势。对海洋和陆地环境保护要求比以往任何时候都高。这些因素使得对运输安全性要求越来越高。《鹿特丹规则》正是在这样的背景下制定的。

《汉堡规则》是海上货物运输公约,与《海牙—维斯比规则》相比,对海上货物运输活动调整的范围更广,侧重保护货方利益。

《鹿特丹规则》也主要是一部海上货物运输公约,但基于航运实践发展的情形和需要,其采用了"海运+其他"的模式,切入点是海上货物运输,调整国际海上货物运输以及包括国际海上运输方式在内的国际货物多式联运,即适用范围扩大到了非海运区段,其内容很大程度上体现了船货双方利益的妥协。此外,为适应航运和贸易发展的需要,《鹿特丹规则》与《汉堡规则》相比增设了控制权制度、批量合同制度以及电子运输记录制度。在两个规则都设置的制度上,《鹿特丹规则》进行了一定的创新和修改,如主体制度方面增设了履约方制度,以覆盖《汉堡规则》中的实际承运人,删除了托运人中的"实际托运人"的内涵,增设了单证托运人制度。

下文对《鹿特丹规则》与《汉堡规则》中的主要制度和规则进行比较分析,详细条文对比参见附录五。

第二节 承运人责任制度比较

一、承运人责任期间比较

《汉堡规则》第Ⅱ部分"承运人的责任"第4条"责任期间"第1款规定:"按照本公约,承运人对货物的责任期间包括货物在装货港、运输途中和卸货港处于承运人掌管之下的期间。"第2款规定:"就本条第1款而言,在下述期间,承运人应被视为已经掌管货物:(a)自承运人从下述各方接管货物时起:(ⅰ)托运人或代其行事的人;或者(ⅱ)根据装货港适用的法律或规章,须将货物交其装运的当局或其他第三方。(b)直至他按下列方式交付货物之时为止:(ⅰ)将货物交付收货人;或者(ⅱ)如果收货人不向承运人提货,则依照合同或在卸货港适用的法律或特定商业习惯,将货物置于收货人支配之下;或者(ⅲ)根据卸货港适用的法律或规章,将货物交付所需交付的当局或其他第三方。"

因此,承运人的责任期间从承运人在装货港接管货物至在卸货港交付货物,货物在承运人掌管的全部期间,包括装货港、运输途中以及卸货港,业界俗称"港到港"。换言之,《汉堡规则》仅适用于国际海上货物运输,而不适用于承运人在货物运抵装货港之前接收货物或者货物离开卸货港后交付货物,以及国际货物多式联运的情形。

《鹿特丹规则》第12条"承运人的责任期"规定承运人对货物的责任期间自承运人或履约方为运输而接收货物时开始,至货物交付时终止,而不论接收货物和交付货物的地点。因此,《鹿特丹规则》在《汉堡规则》的基础上扩大了承运人的责任期间。承运人的责任期间可以包括国际货物多式联运中的非海运区段,甚至是实践中所称的"门到门"运输。

二、承运人义务比较

《汉堡规则》没有具体规定承运人对货物的义务,只是在第5条"责任基础"笼统地规定了承运人对由于货物的灭失、损坏以及延迟交付所造成的损失应负的赔偿责任。

《鹿特丹规则》继承《海牙—维斯比规则》列明承运人具体义务的模式,第四章"承运人的义务"第11条"货物的运输和交付"规定了承运人应按照运输合同的约定将货物运至目的地并交给收货人的义务;第13条"特定义务"规定了承运人的管货义务,即承运人应妥善而谨慎地接收、装载、操作、积载、运输、保管、照料、卸载并交付货物;第14条"适用于海上航程的特定义务"规定了承运人使船舶适航的义务,即:"承运人必须在开航前、开航当时和海上航程中恪尽职守:(一)使船舶处于且保持适航状态;(二)妥善配备船员、装备船舶和补给供应品,且在整个航程中保持此种配备、装备和补给;并且(三)使货舱、船舶所有其他载货处所和由承运人提供的载货集装箱适于且能安全接收、运输和保管货物,且保持此种状态。"

三、承运人责任基础与免责比较

《汉堡规则》采用的承运人责任基础(basis of liability,即归责原则)是完全过错责任。第5条"责任基础"第1款规定:"如果引起货物的灭失、损坏或延迟交付的事故发生在第4条定义的承运人掌管货物的期间,承运人对由于货物的灭失、损坏以及延迟交付所造成的损失,应负赔偿责任,除非承运人证明,其本人及其受雇人和代理人已为避免事故的发生及其后果而采取一切所能合理要求的措施。"《汉堡规则》废除了《海牙—维斯比规则》中的承运人对船长、船员等航海过失和火灾中过失的免责。并且,原则上采用承运人过错推定,即只要货物灭失或损坏发生在承运人责任期间,便推定是由于承运人的过错所致,除非承运人反证。只有在火灾造成货物灭失或损坏的情况下,由索赔方承担证明承运人存在过错的举证责任。对此,第5条"责任基础"第4款(a)项规定:"承运人应对下列事项负赔偿责任:(i)由火灾所引起的货物灭失、损坏或延迟交付,如果索赔人证明,火灾是由于承运人、其受雇人或代理人的过失或疏忽所造成。(ii)经索赔人证明由于承运人、其受雇人或代理人在采取可以合理要求的扑灭火灾和避免或减轻其后果的一切措施中的过失或疏忽所造成的货物的灭失、损坏或延迟交付。"换言之,承运人、其受雇人或代理人在火灾原因或灭火措施中具有过错的举证责任几乎全部由索赔人承担。

《鹿特丹规则》采用承运人责任基础也是完全过错责任,但举证责任的设置与《汉堡规则》采用的承运人过错推定原则迥异。《鹿特丹规则》第17条"赔偿责任基础"规定举证责任由船货双方共同分担,分层次地规定有些事实的举证责任归于承运人,有些事实的举证责任归于索赔人。相对于《汉堡规则》采用的承运人过错推定原则,《鹿特丹规则》这种举证责任的设置对承运人较为有利。

《汉堡规则》未列明承运人的免责事项。但是,由于采用完全过失责任原则,对于货物的灭失、损坏或迟延交付,如果承运人、实际承运人及其受雇人、代理人或受托人没有过错,承运人便不承担赔偿责任;如果有过错,承运人需承担赔偿责任。

《鹿特丹规则》虽然采用完全过失责任原则,但继承了《海牙—维斯比规则》列明承运人免责事项的模式,第17条"赔偿责任基础"第3款列明了15项承运人的免责事项,增强了可操作性。

关于货物迟延交付,《汉堡规则》第 5 条第 2 款规定货物迟延交付包括两种情形,即:"如果货物未在明确约定的时间内,或者在没有这种约定时,未在按照具体情况对一个勤勉的承运人所能合理要求的时间内,在海上运输合同规定的卸货港交付,为延迟交货。"《鹿特丹规则》第 21 条"迟延"规定:"未在约定时间内在运输合同约定的目的地交付货物,为迟延交付。"因此,《鹿特丹规则》规定的货物迟延交付仅限于承运人或履约方未在约定时间内在运输合同约定的目的地交付货物的情形。

四、承运人赔偿责任限制比较

《汉堡规则》第 6 条"责任限额"第 1 款规定:"(1) 按照第五条规定,承运人对货物灭失或损坏造成的损失所负的赔偿责任,以灭失或损坏的货物每件或每其他货运单位相当于 835 记账单位或毛重每公斤 2.5 记账单位的数额为限,两者中以较高的数额为准。(2) 按照第五条规定,承运人对延迟交付的赔偿责任,以相当于该延迟交付货物应支付运费的 2.5 倍的数额时为限,但不得超过海上货物运输合同规定的应付运费总额。(3) 根据本款(1)和(2)项,承运人的总赔偿责任,在任何情况下都不得超过根据本款(1)项对货物全部灭失引起的赔偿责任所规定的限额。"

因此,《汉堡规则》规定了三种情况下的承运人赔偿责任限制:第一,对货物灭失或损坏造成的损失所负的赔偿责任,为灭失或损坏的货物每件或每其他货运单位 835 特别提款权或毛重每公斤 2.5 特别提款权,两者中以较高的数额为准;第二,对延迟交付造成的纯经济损失的赔偿责任,为延迟交付货物应支付运费的 2.5 倍,但不得超过海上货物运输合同规定的应付运费总额;第三,当货物既有损坏又迟延交付时,为该货物全部灭失时的赔偿责任限额。

《汉堡规则》第 6 条"责任限额"第 2 款规定了货物由集装箱、货盘等类似运输器具集装时,货物的件数或其他装运单位数的计算方式,即:"按照本条第一款规定,计算其中较高的金额时,适用下列规定:(a) 当以集装箱、货盘或类似的装运工具集装货物时,如已签发提单,则在提单中所载的,否则,在作为海上运输合同证明的其他单证中所载的,装在此种装运工具中的件数或其他装运单位数,视为货物的件数或其他装运单位数。除上述情况之外,装在此种装运工具中的货物,视为一个装运单位。(b) 如果装运工具本身遭受灭失或损坏,而该装运工具非为承运人所有,或非由他以其他方式提供,应视为一个单独的装运单位。"这一规定称为"集装箱条款"。

《鹿特丹规则》第 59 条"赔偿责任限额"第 1 款规定:"……承运人对于违反本公约对其规定的义务所负赔偿责任的限额,按照索赔或争议所涉货物的件数或其他货运单位计算,每件或每个其他货运单位 875 个计算单位,或按照索赔或争议所涉货物的毛重计算,每公斤 3 个计算单位,以两者中较高限额为准……"第 60 条"迟延造成损失的赔偿责任限额"规定:"除须遵循第六十一条第二款的规定外,对迟延造成货物灭失或损坏的赔偿额,应按照第二十二条计算,对迟延造成经济损失的赔偿责任限额,是相当于迟交货物应付运费两倍半的数额。根据本条以及第五十九条第一款确定的赔付总额,不得超过所涉货物全损时根据第五十九条第一款确定的限额。"

因此,《鹿特丹规则》在《汉堡规则》的基础上提高了承运人对货物灭失或损坏的赔偿责任限额,即比《汉堡规则》规定的每件或每个其他货运单位 835 特别提款权提高了 5%,比《汉堡规则》规定的毛重每公斤 2.5 特别提款权提高了 20%;对于货物迟延交付造成的经济损失的赔偿责任限额,维持了《汉堡规则》中迟交货物应付运费的 2.5 倍的规定,但删除了"不得超过海上货物运输合同规定的应付运费总额"的规定。《鹿特丹规则》第 59 条第 2 款保留了《汉堡规则》第 6 条第 2 款"集装箱条款",只是在表述上增加了车辆的规定。

第三节 运输单证制度比较

一、运输单证种类比较

《汉堡规则》第 1 条第 7 款是提单的定义,即"是指一种用以证明海上运输合同和货物由承运人接管或装船,以及承运人据以保证交付货物的单证。单证中关于货物应交付指定收货人或按指示交付,或交付提单持有人的规定,即构成了这一保证。"《汉堡规则》第四章"运输单证"主要是提单的规定,仅第 18 条"提单以外的单证"规定:"如果承运人签发提单以外的单证以证明收到待运的货物,该单证是订立海上运输合同和承运人接管该单证中所述货物的初步证据。"

因此,《汉堡规则》主要适用于提单,同时适用于提单以外证明承运人收到待运货物的单证,包括海运单、大副收据、港站收据。

《鹿特丹规则》第 1 条第 14 款将"运输单证"定义为"承运人按运输合同签发的单证,该单证:(一) 证明承运人或履约方已按运输合同收到货物;并且(二) 证明或包含某一运输合同";第 18 款将"电子运输记录"定义为"承运人按运输合同以电子通信方式发出的一条或数条电文中的信息,包括作为附件与电子运输记录有着逻辑联系的信息,或在承运人签发电子运输记录的同时或之后以其他方式与之有联系从而成为电子运输记录一部分的信息,该信息:(一) 证明承运人或履约方已按运输合同收到货物;并且(二) 证明或包含一项运输合同"。第三章是电子运输记录的专门规定,第八章是运输单证和电子运输记录的规定。

因此,广义上,《鹿特丹规则》适用的运输单证包括狭义的运输单证和电子运输记录。并且,凡是证明承运人或履约方已按运输合同收到货物,以及证明或包含某一运输合同的运输单证和电子运输记录,都属于《鹿特丹规则》所适用的运输单证或电子运输记录。从而,《鹿特丹规则》适用的运输单证范围比较广泛,突破了提单,实践中使用的海运单不具有提货凭证的作用的运输单证,或者相应的电子运输记录,也属于《鹿特丹规则》的适用范围。

二、运输单证记载事项比较

《汉堡规则》第15条"提单的内容"规定:"1. 提单记载的事项中,必须包括下列事项:(a) 货物的一般性质,识别货物所需的主标志,对货物的危险性质的明确说明(如果适用),货物的件数或包数和重量或以其他方式表示的数量。上述全部资料由托运人提供;(b) 货物的外表状况;(c) 承运人姓名及其主要营业地;(d) 托运人姓名;(e) 收货人姓名,如已由托运人指定;(f) 海上运输合同规定的装货港以及货物由承运人在装货港接管的日期;(g) 海上运输合同规定的卸货港;(h) 提单正本超过一份时的提单正本份数;(i) 签发提单的地点;(j) 承运人或其代表的签字;(k) 收货人应付运费的金额,或者应由收货人支付运费的其他说明;(l) 第二十三条第三款所指的声明;(m) 在适用时,货物应在或可在舱面载运的声明;(n) 经双方明确协议的货物在卸货港的交付日期或期限,以及(o) 依照第六条第四款规定而约定的责任限制的提高。2. 货物装船后,如果托运人要求,承运人应向托运人签发'已装船'提单。'已装船'提单除载明本条第一款所规定的事项外,还应载明货物已经装上指定的船舶和装船日期。如果承运人已在事先就此种货物签发提单或其他物权凭证,则经承运人要求,托运人应交还此种单证,换取'已装船'提单。承运人为了满足托运人对'已装船'提单的要求,可以修改任何事先签发的单证,而只要修改后的单证载有'已装船'提单所需载有的全部情况。3. 提单中缺少本条规定的一项或几项内容,并不影响其作为提单的法律性质,但该提单须符合第一条第七款规定的要求。"

根据《鹿特丹规则》第36条"合同事项"的规定,运输单证或电子运输记录中应记载的合同事项需包括四个方面的信息:第一,有关货物的信息,即货物名称、货物主标志、货物包数或件数或数量、重量、货物外表状态;第二,有关运输合同当事人和关系人的信息,即承运人、托运人和收货人的名称和地址;第三,有关运输合同履行的信息,即承运人或履约方收到货物日期、货物装船日期或运输单证或电子运输记录签发日期、收货地和交货地,以及装货港和卸货港;第四,可转让运输单证的正本份数。此外,《鹿特丹规则》第39条"合同事项不完备"与第40条"对合同事项中货物相关信息作出保留"的规定,亦与运输单证和电子运输记录的记载事项相关。

比较《汉堡规则》第15条"提单的内容"的规定和《鹿特丹规则》第36条"合同事项"的规定,可以发现,《汉堡规则》第15条规定的提单的记载事项与《鹿特丹规则》第36条规定的运输单证和电子运输记录的记载事项几乎相同。《汉堡规则》第15条第2款规定了收货待运提单转换为已装船提单的方法,但《鹿特丹规则》没有作出规定。

三、运输单证和电子运输记录的程序规则比较

《汉堡规则》关于运输单证的程序规则为第14条"提单的签发",即:"1. 当承运人或实际承运人接管货物时,应托运人要求,承运人必须给托运人签发提单。2. 提单可以由承运人授权的人签字。提单由载运货物船舶的船长签字应视为代表承运人签字。3. 提单上的签字可以用手写、印摹、打孔、盖章、符号或如不违反提单签发地所在国国家的法律,用任何其他机械的或电子的方法。"

《鹿特丹规则》较为完整地规定了运输单证和电子运输记录的程序规则。第八章"运输单证和电子运输记录"第35条"运输单证或电子运输记录的签发"规定,货物一经向承运人或履约方交付运输,承运人就应当按照托运人的选择签发运输单证和电子运输记录,除非托运人与承运人已约定不使用运输单证或电子运输记录,或不使用运输单证或电子运输记录是行业习惯、惯例或做法。这一规定与前述《汉堡规则》第14条第1款的规定相似。根据《鹿特丹规则》第35条的规定,有权获得运输单证或电子运输记录的主体为托运人或经托运人同意的单证托运人。《汉堡规则》规定的托运人包括缔约托运人和实际托运人,而且对托运人要求签发提单的权利没有其他限制,因为没有明确当两种托运人都要求承运人签发提单时,承运人应当向何者签发。可见,《鹿特丹规则》的规定可操作性较强。

此外,《鹿特丹规则》就运输单证和电子运输记录程序作了如下规定:第38条规定了运输单证的签名和电子运输记录的电子签名;第9条规定了可转让电子运输记录的使用程序;第10条规定了可转让运输单证或可转让电子运输记录的替换。上述规定相对于前述《汉堡规则》第14条第1款的规定,更具有可操作性。

四、运输单证证据效力比较

《汉堡规则》第16条"提单:保留和证据效力"规定:"1. 如果承运人或代其签发提单的其他人确知或有合理的根据怀疑提单所载有关货物的品类、主要标志、包数或件数、重量或数量等项目没有准确地表示实际接管的货物,或在签发'已装船'提单的情况下,没有准确地表示已实际装船的货物,或者他无适当的方法来核

对这些项目,则承运人或该其他人必须在提单上作出保留,注明不符之处、怀疑根据、或无适当的核对方法。2. 如果承运人或代他签发提单的其他人未在提单上批注货物的外表状况,则应视为他已在提单上注明货物的外表状况良好。3. 除按本条第一款规定就有关项目和其范围作出许可在保留以外:(1) 提单是承运人接管,或如签发'已装船'提单时,装载提单所述货物的初步证据;(2) 如果提单已转让给信赖提单上有关货物的记载而善意行事的包括收货人在内的第三方,则承运人提出与此相反的证据不予接受。4. 如果提单未按照第十五条第一款(K)项的规定载明运费或以其他方式说明运费由收货人支付或未载明在装货港发生的滞期费由收货人支付,则该提单是收货人不支付运费或滞期费的初步证据。如果提单已转让给信赖提单上无任何此种说明而善意行事的包括收货人在内的第三方,则承运人提出的与此相反的证据不予接受。"

《鹿特丹规则》第 40 条"对合同事项中货物相关信息作出保留"规定了承运人应当或可以在运输单证或电子运输记录中对第 36 条第 1 款述及的货物信息作出保留,指出承运人对于托运人所提供信息的准确性不负责任的条件。第 41 条"合同事项的证据效力"规定:除合同事项已按照第 40 条规定的情形和方式作了保留外,运输单证或电子运输记录是承运人收到合同事项中所记载货物的初步证据。当运输单证或可转让电子运输记录已转让给善意行事的第三方时,承运人就任何合同事项提出的相反证据不予接受,即合同事项中货物的记载具有绝对证据效力,具体分为三种情形:第一,此种合同事项载于已转让给善意行事的第三方的可转让运输单证或可转让电子运输记录;第二,此种合同事项载于载明必须交单提货,且已转让给善意行事的收货人的不可转让运输单证;第三,善意行事的收货人依赖载于不可转让运输单证或不可转让电子运输记录中的下述任何合同事项:第 36 条第 1 款中述及的合同事项,此种合同事项由承运人提供;集装箱的号码、型号和识别号,而非集装箱封条的识别号;第 36 条第 2 款中述及的合同事项。第 42 条"预付运费"规定:"合同事项载有'预付运费'声明或类似性质声明的,承运人不能以运费尚未支付这一主张对抗持有人或收货人。持有人或收货人也是托运人的,本条不适用。"

可见,《汉堡规则》与《鹿特丹规则》在运输单证批注的条件、运输单证有关货物记载的证据效力,以及运输单证所载的"预付运费"的证据效力方面,具有很大的相似性。不同之处主要在于:相对于《汉堡规则》的规定,《鹿特丹规则》的规定更加详细、具体。

《鹿特丹规则》与《汉堡规则》在运输单证制度上的条文对比参见附录六。

第四节　海运履约方与实际承运人制度比较

一、履约方与实际承运人的定义比较

《汉堡规则》第1条"定义"第2款是"实际承运人"的定义,即"是指接受承运人从事货物运输或部分货物运输的委托的任何人,包括接受从事此项工作的委托的任何其他人"。

《鹿特丹规则》规定承担海运区段货物责任的主体是承运人与海运履约方。海运履约方是履约方的一种。《鹿特丹规则》第1条第6款将"履约方"定义为:"(一)'履约方'是指承运人以外的,履行或承诺履行承运人在运输合同下有关货物接收、装载、操作、积载、运输、保管、照料、卸载或交付的任何义务的人,以该人直接或间接在承运人的要求、监督或控制下行为为限。(二)'履约方'不包括不由承运人而由托运人、单证托运人、控制方或收货人直接或间接委托的任何人。"第7款将"海运履约方"定义为"凡在货物到达船舶装货港至货物离开船舶卸货港期间履行或承诺履行承运人任何义务的履约方。内陆承运人仅在履行或承诺履行其完全在港区范围内的服务时才为海运履约方"。

可见,《汉堡规则》定义的实际承运人与《鹿特丹规则》定义的海运履约方内涵基本相同,都是除承运人之外、履行或承诺履行承运人在运输合同下义务的人,但在内涵和表述上有着不同,表现为:第一,《汉堡规则》中接受承运人从事货物运输或部分货物运输的委托的规定,似乎包括接受承运人的委托承诺从事货物运输或部分货物运输,而实际并未从事货物运输或部分货物运输的人,但第10条第2款中强调"他所从事的运输"(carriage performed by him),表明此种人不是实际承运人;《鹿特丹规则》规定海运履约方履行义务或承诺履行义务两种情形,从而包括承诺履行义务但未实际履行义务的人,但第19条关于海运履约方的赔偿责任的规定限于其实际履行承运人义务的情形。第二,《汉堡规则》规定实际承运人接受从事货物运输或部分货物运输的委托,强调货物运输,从而容易引起货物运输的内涵和外延的争议,包括接受承运人委托的港口经营人是否属于实际承运人的争议;《鹿特丹规则》规定海运履约方履行或承诺履行承运人在运输合同下有关货物接收、装载、操作、积载、运输、保管、照料、卸载或交付的义务,即第13条"特定义务"规定的承运人的管货义务,但可能引起第14条"适用于海上航程的特定义务"规定的承运人使得并保持船舶适航的义务以及承运人的其他义务是否属于海运履约方的义务的争议。第三,《汉堡规则》规定实际承运人接受承运人的委托(entrust)或转委托,但对于委托的含义容易引起争议;《鹿特丹规则》规定海运履约方直接或

间接在承运人的要求、监督或控制下行事,可以避免此种争议。

二、海运履约方与实际承运人权利义务的比较

《汉堡规则》第10条"承运人和实际承运人的责任"规定:"1. 如已将运输或部分运输委托实际承运人履行,则不论此种委托是否根据海上运输合同规定的权利而作出,承运人仍应按照本公约规定对全部运输负责。就实际承运人履行的运输而言,承运人应对实际承运人及其在受雇的范围内行事的受雇人和代理人的行为或不为负责。2. 本公约制约承运人责任的所有规定,也适用于实际承运人对他所从事的运输的责任。如果诉讼对实际承运人的受雇人或代理人提起,则适用第七条第二款、第三款和第八条第二款的规定。3. 承运人据以承担非由本公约所规定的义务,或放弃本公约所赋予的权利的任何特别协议,只有在实际承运人以书面明确同意时,才能对实际承运人发生影响。不论实际承运人是否已经同意,承运人仍受这种特别协议所产生的义务或弃权的约束。4. 如果承运人和实际承运人均须负责,则在其应负责的范围内,他们负有连带责任。5. 从承运人、实际承运人及其受雇人和代理人可取得的赔偿金额总数,不超过本公约所规定的责任限制。6. 本条规定毫不妨碍承运人和实际承运人之间的追偿权利。"

针对上述《汉堡规则》第10条第1款规定的承运人对实际承运人及其在受雇的范围内行事的受雇人和代理人的转承责任,第11条"联运"作了例外规定,即:"1. 虽有第十条第一款各项规定,如果海上运输合同明确规定,该合同所包含的某一特定阶段的运输应由承运人以外的指定人员履行,则该合同亦可规定,就这一特定运输阶段而言,承运人对由于货物在实际承运人掌管之下发生的事故所引起的灭失、损坏或延迟交付,不负赔偿责任。但是,如果不能在按照第二十一条第一款或第二款规定有管辖权的法院对实际承运人提起法律诉讼,则任何限定或免除这种责任的条款,均属无效。关于货物的灭失、损坏或延迟交付系由上述事故所引起的负责举证,由承运人承担。2. 按照第十条第二款规定,实际承运人应对货物在其掌管期间发生的事故而引起的灭失、损坏或延迟交付负责。"

根据上述《汉堡规则》第10条第2款的规定,实际承运人对他所从事的运输承担该规则所规定的承运人的责任(responsibility)。"responsibility"一词在该规则中仅出现在两个条文中,即第4条"责任期间"(即承运人责任期间)和前述第10条第2款。从而,对于"responsibility"一词包括哪些内容,即是否包括义务、赔偿责任、免责、责任限制,容易引起争议。

《鹿特丹规则》第19条"海运履约方的赔偿责任"第1款中明确规定:"海运履约方必须承担本公约对承运人规定的义务和赔偿责任,且有权享有本公约对承运人规定的抗辩和赔偿责任限制……"

可见,《鹿特丹规则》对海运履约方权利义务的规定,要比《汉堡规则》对实际承运人权利义务的规定更加明确。

《鹿特丹规则》与《汉堡规则》在海运履约方与实际承运人制度上的条文对比参见附录七。

第五节 托运人制度比较

一、托运人定义比较

《汉堡规则》第1条第3款将"托运人"定义为"由其本人或以其名义或代其与承运人订立海上货物运输合同的任何人,或是由其本人或以其名义或代其将货物实际交给与海上货物运输合同有关的承运人的任何人"。

据此,该规则规定了两种托运人:一是与承运人订立运输合同的人,具体是指由其本人或以其名义或代其与承运人订立运输合同的人,可称为"订约托运人";二是向承运人交付货物的人,具体是指由其本人或以其名义或代其将货物实际交给与海上货物运输合同有关的承运人的任何人,可称为"实际托运人",主要是指FOB或类似价格条件下的发货人,即FOB或类似价格条件下货物的卖方。该规则规定两种托运人,主要存在三个问题:第一,在一个运输合同之下,两个托运人可同时存在,还是只能有一个。显然,在FOB或类似价格条件下,买方与承运人订立运输合同而成为第一种托运人,卖方将货物交给承运人而成为第二种托运人,即客观上两种托运人可同时存在,但该规则第1条第3款托运人定义中"或"(or)字似乎表明只能有一个托运人。如果是这样,则卖方和买方谁是托运人以及依据什么标准加以认定的问题并不明确。第二,两种托运人成为托运人的基础并不相同,即第一种托运人因其与承运人订立运输合同而成为托运人,第二种托运人因其将货物交给承运人或实际承运人而成为托运人,但该规则没有区分两种托运人的权利义务,由此产生两种托运人是否具有相同的权利和义务问题,尤其是当两种托运人均请求承运人签发提单时,承运人应向谁签发? 承运人是否有权向第二种托运人请求运费?

《鹿特丹规则》第1条第8款将"托运人"定义为"与承运人订立运输合同的人",排除了《汉堡规则》规定的第二种托运人,从而可以避免上述《汉堡规则》规定两种托运人所带来的问题。《汉堡规则》规定的第二种托运人有可能成为《鹿特丹规则》第1条第9款定义的"单证托运人",即"托运人以外的,同意在运输单证或电子运输记录中记名为'托运人'的人"。

二、托运人权利比较

《汉堡规则》规定的托运人权利主要有：第一，托运人要求承运人签发提单的权利，即第 14 条"提单的签发"第 1 款规定："当承运人或实际承运人接管货物时，承运人必须按照托运人的要求，向托运人签发提单。"第二，根据第 5 条"责任基础"和第 10 条"承运人和实际承运人的责任"，托运人就货物灭失、损坏和迟延交付向承运人和(或)实际承运人索赔的权利。

与《汉堡规则》规定的上述托运人权利相似，《鹿特丹规则》第 35 条"运输单证或电子运输记录的签发"规定了托运人要求承运人签发运输单证或电子运输记录的权利；第五章"承运人对灭失、损坏或迟延所负的赔偿责任"第 17 条"赔偿责任基础"、第 18 条"承运人为其他人负赔偿责任"、第 19 条"海运履约方的赔偿责任"和第 20 条"连带赔偿责任"规定了托运人就货物灭失、损坏和迟延交付向承运人和(或)海运履约方索赔的权利。此外，《鹿特丹规则》规定了托运人的货物控制权，即第 50 条规定的就货物发出指示或修改指示的权利，在计划挂靠港或在内陆运输情况下在运输途中的任何地点提取货物的权利，由包括控制方在内的其他任何人取代收货人的权利。

三、托运人义务和赔偿责任比较

《汉堡规则》第三章"托运人责任"第 13 条"关于危险货物的特殊规则"规定了托运危险货物时的义务和责任，即："1. 托运人必须以适当的方式在危险货物上加上危险的标志或标签。2. 当托运人将危险货物交给承运人或实际承运人时，托运人必须告知货物的危险性，必要时并告知应采取的预防措施。如果托运人没有这样做，而且该承运人或实际承运人又未从其他方面得知货物的危险特性，则：(1) 托运人对承运人和任何实际承运人因载运这种货物而造成的损失负赔偿责任……"第 12 条"一般规则"规定了托运人的赔偿责任，即："托运人对承运人或实际承运人所遭受的损失或船舶所遭受的损坏不负赔偿责任，除非这种损失或损坏是由托运人、其受雇人或代理人的过失或疏忽所造成。托运人的任何受雇人或代理人对这种损失或损坏也不负责任，除非这种损失或损坏是由他自己的过失或疏忽所造成。"

《鹿特丹规则》第七章"托运人对承运人的义务"详细规定了托运人义务和责任，主要有：第 27 条"交付运输"规定的托运人将货物交付运输的义务；第 28 条"托运人与承运人在提供信息和指示方面的合作"规定的托运人与承运人在提供信息和指示方面的合作义务；第 29 条"托运人提供信息、指示和文件的义务"；第 31 条"拟定合同事项所需要的信息"规定的托运人向承运人提供拟定合同事项以及签发运输单证或电子运输记录所需要的准确信息的义务;第 32 条"危险货物特别规则"规定的托运人将货物的危险性质或特性通知承运人、对危险货物加标志或标签的义务;第 30 条"托运人对承运人赔偿责任的基础"规定的托运人对承运人的赔偿责任以及第 34 条"托运人为其他人负赔偿责任"规定的托运人的转承责任。此外,托运人负有作为货物控制方所负的相应义务。

《鹿特丹规则》与《汉堡规则》在托运人义务和赔偿责任制度上的条文对比参见附录八。

第六节 诉讼与仲裁制度比较

一、时效比较

《汉堡规则》第 20 条"诉讼时效"规定:"1. 按照本公约有关货物运输的任何诉讼,如果在两年内没有提出司法或仲裁程序,即失去时效。2. 时效期限自承运人交付货物或部分货物之日开始,如未交付货物,则自货物应该交付的最后一日开始。3. 时效期限开始之日不计算在期限内。4. 被要求赔偿的人,可以在时效期限内的任何时间,向索赔人提出书面说明,延长时效期限。该期限还可以用另一次或多次声明再度延长。5. 如果诉讼是在起诉地所有国国家法律许可的时间内提起,负有赔偿责任的人即使在以上各款规定的时效期限届满后,仍可以提起追赔的诉讼。但是,所许可的时间不得小于从提起索赔诉讼的人已解决了对他的赔偿或从他本人提起的传票送达之日起九十天。"

《鹿特丹规则》第十三章"时效"对时效作了规定,包括第 62 条"时效期"、第 63 条"时效的延长"、第 64 条"追偿诉讼"和第 65 条"对被识别为承运人的人的诉讼"。该规则关于时效的规定与前述《汉堡规则》的规定基本相同。两者规定的因违反规则规定的义务所产生的索赔或争议的基本时效期间为两年,而且都规定均适用于诉讼和仲裁。但是,《鹿特丹规则》与《汉堡规则》有关时效的规定存在以下不同:第一,两年基本时效期间的起算点不同。《汉堡规则》第 20 条第 2 款规定自承运人交付货物或部分货物之日开始,如未交付货物,则自货物应该交付的最后一日开始;《鹿特丹规则》第 62 条第 2 款规定自承运人交付货物之日起算,未交付货物或只交付了部分货物,则自本应交付货物最后之日起算。换言之,对于承运人只交付部分货物的情形,起算点并不相同。第二,《鹿特丹规则》第 62 条第 3 款规定:"即使本条第一款规定的时效期满,一方当事人仍然可以提出索赔作为抗辩,或以此抵消对方当事人提出的索赔";《汉堡规则》未作出此种规定。第三,《鹿特丹规则》第 63 条规定,第 62 条规定的两年基本时效不得中止或中断;《汉堡规则》未作出此种限制。第四,《鹿特丹规则》第65条规定了对被识别为承运人的人的诉讼所适用的时效;《汉堡规则》未作出此种规定。

二、诉讼比较

《汉堡规则》第21条"管辖权"规定:"1. 按本公约规定在有关货物运输的司法程序中,原告可以选择在这样的法院提起诉讼,按照该法院所在国法律该法院有权管辖,并且下列地点之一位于该法院管辖范围:(1)被告的主要营业所,或如无主要营业所时,其通常住所;或(2)合同订立地,但该合同须是通过被告在该地的营业所、分支机构或代理机构订立的;或(3)装货港或卸货港;或(4)海上运输合同中为此目的指定的任何其他地点。2.(1)尽管有本条上述各项规定,如果载货船舶或属于同一船舶所有人的任何其他船舶,在一个缔约国的任何一个港口或地点,按照该国适用的法律规则和国际法规则被扣留,就可在该港口或该地点的法院提起诉讼。但是,在这种情况下,一经被告请求,原告必须将诉讼转移到由原告选择的本条第一款所指的管辖法院之一,以对索赔作出判决。但在诉讼转移之前,被告必须提供足够的保证金,以确保支付在诉讼中可能最后判给原告的金额。(2)一切有关保证金是否足够的问题,应由扣留港口或地点的法院裁定。3. 按照本公约有关货物运输的一切法律诉讼,不得在本条第一或第二款没有规定的地点提起。本款的规定不妨碍缔约国采取临时性或保护性措施的管辖权。4.(1)如已在按本条第一或第二款规定有管辖权的法院提起诉讼,或已由这样的法院作出判决,相同当事方之间不得基于相同理由,提起新的诉讼,除非受理第一次诉讼的法院的判决在提起新诉讼地的国家不能执行;(2)就本条而言,为执行判决而采取措施,不应视为提起新的诉讼;(3)就本条而言,按照本条第二款(一)项将诉讼转移到同一个国家的另一法院,或转移到另一个国家的法院,不应视为提起新的诉讼。5. 尽管有以上各款的规定,在按照海上运输合同提出索赔之后,当事各方达成的指定索赔人可以提起诉讼的地点的协议应属有效。"

《鹿特丹规则》第十四章"管辖权"对管辖作了规定,包括第66条"对承运人的诉讼"、第67条"法院选择协议"、第68条"对海运履约方的诉讼"、第69条"不另增管辖权地"、第70条"扣留以及临时措施或保全措施"、第71条"诉讼合并和移转"、第72条"争议产生后的协议和被告应诉时的管辖权"、第73条"承认和执行"和第74条"第十四章的适用"。

《鹿特丹规则》与《汉堡规则》有关诉讼的规定存在以下不同:

(1)《鹿特丹规则》除第67条"法院选择协议"关于批量合同当事人达成的法院选择协议(管辖权协议)的规定,以及第72条"争议产生后的协议和被告应诉时的管辖权"关于争议产生后当事人之间达成的管辖权协议的规定,均适用于任何一方当事人提起的诉讼外，其他有关管辖权的规定只是针对货方对承运人或对海运履约方提起的诉讼，而不适用于承运人或海运履约方对货方提起的诉讼。换言之，承运人或海运履约方对货方提起的诉讼的管辖权依据所适用的国内法确定，但第71条"诉讼合并和移转"就承运人或海运履约方提起的诉讼寻求一项不承担赔偿责任声明，或提起的其他任何诉讼将剥夺一人根据第66条或第68条选择诉讼地的权利的情形作了移送管辖的规定。《汉堡规则》有关管辖权的规定对两种诉讼均适用。

（2）《鹿特丹规则》第66条"对承运人的诉讼"规定的管辖权连接点包括：承运人的住所、运输合同约定的收货地、运输合同约定的交货地、货物的最初装船港或货物的最终卸船港，以及托运人与承运人约定的其他地点；第68条"对海运履约方的诉讼"规定的管辖权连接点仅限于海运履约方的住所、海运履约方接收货物的港口或海运履约方交付货物的港口，或海运履约方执行与货物有关的各种活动的港口。《汉堡规则》第21条"管辖权"规定的管辖权连接点包括：被告的主要营业所，或如无主要营业所时，其通常住所；合同订立地，但该合同须是通过被告在该地的营业所、分支机构或代理机构订立的；装货港或卸货港；或海上运输合同约定的其他地点。两者相比较，《鹿特丹规则》没有采纳合同订立地作为管辖权的连接点，而且就对海运履约方的诉讼的管辖权连接点作了严格限定。

（3）《汉堡规则》和《鹿特丹规则》都规定争议发生前当事人之间约定的管辖权均为非排他性管辖权，但《鹿特丹规则》第67条"法院选择协议"增加了批量合同约定的管辖权在满足一定条件时具有排他性效力。

（4）《鹿特丹规则》第70条"扣留以及临时措施或保全措施"规定，采取扣押船舶、临时措施或保全措施的法院并不因此享有案件实体的管辖权；《汉堡规则》第21条"管辖权"第2款规定，载货船舶或属于同一船舶所有人的任何其他船舶在一个缔约国被扣押时，扣船地法院享有案件实体的管辖权，但经被告请求并提供足够的担保，原告必须将诉讼转移到由原告选择的该条第1款所指的管辖法院之一。

（5）《鹿特丹规则》第71条"诉讼合并和移转"第1款规定，除存在争议发生后当事人达成的排他性管辖权协议或批量合同中存在排他性管辖权协议外，就同一事件同时对承运人和海运履约方提起一项共同诉讼，只能在同时根据第66条"对承运人的诉讼"和第68条"对海运履约方的诉讼"指定的一法院提起该诉讼，或者无上述法院时，应在根据第68条第（2）项指定的一法院提起该诉讼；《汉堡规则》没有此种规定，表明就同一事件同时对承运人和实际承运人提起一项共同诉讼，应在《汉堡规则》第21条"管辖权"第1款或第2款规定的法院提起，除非各当事人之间已另行达成管辖权协议。

（6）《鹿特丹规则》第73条"承认和执行"规定，原则上有管辖权的一法院在一缔约国作出的裁判,应在另一缔约国根据该另一缔约国的法律得到承认和执行,条件是两国须已根据第 74 条作出声明;《汉堡规则》没有规定判决的承认和执行。

(7)《鹿特丹规则》第 74 条"第十四章的适用"采用"选择适用",即只有当某一缔约国在参加《鹿特丹规则》时声明该国受第十四章"管辖权"规定的约束时,第十四章的规定才对该缔约国具有约束力,否则便不具有约束力;《汉堡规则》第 21 条"管辖权"的规定属于强制性适用条款。

三、仲裁比较

《汉堡规则》第 22 条"仲裁"规定:"1. 按照本条各项规定,当事各方可以用书面证明的协议规定,按照本公约可能发生的有关货物运输的任何争端应提交仲裁。2. 如租船合同载有该合同引起的争议应提交仲裁的条款,而依据租船合同签发的提单并未特别注明此条款对提单持有人具有约束力,则承运人不得对善意取得提单的提单持有人援引该条款。3. 原告可以选择在下列地点之一,提起仲裁程序:(1)一国的某一地点,该国领土内应有:(a)被告的主要营业所,或无主要营业所时,其通常住所;或(b)签订合同地,但该合同须是通过被告在该地的营业所、分支机构或代理机构订立的;或(c)装货港或卸货港;或(2)仲裁条款或协议中为此目的而指定的任何地点。4. 仲裁员或仲裁庭应当应用本公约的各项规则。5. 本条第三和第四款规定应视为每一仲裁条款或协议的一部分,仲裁条款或协议中与此两款不符的任何规定,均属无效。6. 本条各款不影响按照海上运输合同提出索赔之后,当事各方所订立的有关仲裁协议的效力。"

《鹿特丹规则》第十五章"仲裁"对仲裁作了规定,包括第 75 条"仲裁协议"、第 76 条"非班轮运输中的仲裁协议"、第 77 条"争议产生后的仲裁协议"和第 78 条"第十五章的适用"。

与前述有关诉讼的规定相似,《鹿特丹规则》与《汉堡规则》有关仲裁的规定存在以下不同:

(1)《鹿特丹规则》第 75 条"仲裁协议"第 2 款关于仲裁地点的规定只是针对货方对承运人提起的仲裁,而不适用于承运人对货方提起的仲裁,但第 3 款和第 4 款关于批量合同当事人达成的仲裁协议,以及第 77 条"争议产生后的仲裁协议"关于争议产生后当事人之间达成的仲裁协议的规定,均适用于任何一方当事人提起的仲裁;《汉堡规则》有关仲裁的规定对两种仲裁均适用。

(2)《鹿特丹规则》第 75 条"仲裁协议"没有采纳合同订立地所在国作为对承运人提起索赔的仲裁地点;《汉堡规则》将合同订立地所在国作为原告可选择的提起仲裁的地点之一。

(3)《汉堡规则》和《鹿特丹规则》都规定争议发生前当事人之间的仲裁协议

不具有排他性效力,即约定的仲裁地仅为索赔人可选择的仲裁地点之一,但《鹿特丹规则》第 67 条"法院选择协议"增加了批量合同中的仲裁协议在满足一定条件时具有排他性效力。

(4)《汉堡规则》和《鹿特丹规则》都涉及根据租船合同签发的提单(运输单证或电子运输记录)中仲裁条款,但角度和内容不同。《汉堡规则》第 22 条"仲裁"第 2 款规定了租船合同中的仲裁条款不能约束善意的提单持有人的条件,即如依据租船合同签发的提单并未特别注明租船合同中的仲裁条款对提单持有人具有约束力,则承运人不得对善意取得提单的提单持有人援引该条款。《鹿特丹规则》第 76 条"非班轮运输中的仲裁协议"第 2 款规定了运输单证或电子运输记录中的仲裁协议不受第十五章约束的条件,即适用该规则的运输单证或电子运输记录中的仲裁协议仍受第十五章的约束,除非此种运输单证或电子运输记录载明了因适用第 6 条而被排除在该规则适用范围之外的租船合同或其他合同的各方当事人和日期,并且以具体提及方式纳入了租船合同或其他合同中载有仲裁协议规定的条款。

(5)《鹿特丹规则》第 78 条"第十五章的适用"采用"选择适用";《汉堡规则》第 22 条"仲裁"的规定属于强制性适用条款。

《鹿特丹规则》与《汉堡规则》在诉讼与仲裁制度上的条文对比参见附录九。

第五章 国际社会关于《鹿特丹规则》的立场和态度

第一节 现行三大公约缔约国家(或地区)现状分析

一、世界主要航运国家(或地区)和贸易国家(或地区)

(一)世界主要航运国家或地区

联合国贸易和发展会议每年公布《海运评论》(Review of Maritime Transport),对世界海运业上一年的发展进行回顾,其中包括世界上主要35个航运国家或地区的运力情况。这些航运大国或地区的数据为分析三大公约缔约国家或地区在国际航运市场上的总体地位提供了基本依据。

根据《2012年海运评论》,截至2012年1月1日,世界上35个主要航运国家或地区各自拥有的船舶艘数、总载重吨及占世界船队总吨位的比例见表5-1。

表5-1 35个主要航运国家或地区运力

	国家或地区	船舶艘数	总载重吨(吨)			占世界船队总吨位(%)
			本国或地区旗	外国或地区旗	合计	
1	希腊	3 321	64 921 486	159 130 395	224 051 881	16.10
2	日本	3 960	20 452 832	197 210 070	217 662 902	15.64
3	德国	3 989	17 296 198	108 330 510	125 626 708	9.03
4	中国(不包括香港和台湾地区)	3 629	51 716 318	72 285 422	124 001 740	8.91
5	韩国	1 236	17 102 300	39 083 270	56 185 570	4.04
6	美国	2 055	7 162 685	47 460 048	54 622 733	3.92
7	中国香港	853	28 884 470	16 601 518	45 485 988	3.27
8	挪威	1 992	15 772 288	27 327 579	43 099 867	3.10
9	丹麦	1 043	13 463 727	26 527 607	39 991 334	2.87
10	中国台湾	703	4 076 815	34 968 474	39 045 289	2.81
11	新加坡	1 110	22 082 648	16 480 079	38 562 727	2.77
12	百慕大	268	2 297 441	27 698 605	29 996 046	2.16

(续表)

	国家或地区	船舶艘数	总载重吨(吨)			占世界船队总吨位(%)
			本国或地区旗	外国或地区旗	合计	
13	意大利	834	18 113 984	6 874 748	24 988 732	1.80
14	土耳其	1 174	8 554 745	14 925 883	23 480 628	1.69
15	加拿大	456	2 489 989	19 360 007	21 849 996	1.57
16	印度	560	15 276 544	6 086 410	21 362 954	1.53
17	俄罗斯	1 787	5 410 608	14 957 599	20 368 207	1.46
18	英国	710	2 034 570	16 395 185	18 429 755	1.32
19	比利时	277	6 319 103	8 202 208	14 521 311	1.04
20	马来西亚	539	9 710 922	4 734 174	14 445 096	1.04
21	巴西	172	2 279 733	11 481 795	13 761 528	0.99
22	沙特阿拉伯	192	1 852 378	10 887 737	12 740 115	0.92
23	荷兰	962	4 901 301	6 799 943	11 701 244	0.84
24	印度尼西亚	1 042	9 300 711	2 292 255	11 592 966	0.83
25	伊朗	138	829 704	10 634 685	11 464 389	0.82
26	法国	485	3 430 417	7 740 496	11 170 913	0.80
27	阿拉伯联合酋长国	430	609 032	8 187 103	87 961 351	0.63
28	塞浦路斯	214	2 044 256	5 092 849	7 137 105	0.51
29	越南	556	4 706 563	1 988 446	6 695 009	0.48
30	科威特	86	3 956 910	2 735 309	6 692 219	0.48
31	瑞典	307	1 070 563	5 325 853	6 396 416	0.46
32	马恩岛	44	226 810	6 131 401	6 358 211	0.46
33	泰国	344	3 610 570	1 542 980	5 153 550	0.37
34	瑞士	181	1 189 376	3 700 886	4 890 262	0.35
35	卡塔尔	85	881 688	3 745 663	4 627 351	0.33
	合计	35 734	374 029 685	952 927 192	1 326 956 877	95.34

资料来源：UNCTAD：Review of Maritime Transport 2012。

从表5-1可得出：

（1）35个主要航运国家或地区拥有世界上95.34%的运力。这些国家或地区分布广泛，但主要集中在亚洲、欧洲和美洲三大经贸发达地区和重要国际航运港口地区。其中,五大航运国——希腊、日本、德国、中国(不包括香港和台湾地区)和韩国控制世界船舶总运力的53.72%。按照运力标准,这五国是名副其实的航运大国。

(2) 世界航运主要运力仍被发达国家所控制。17个发达国家所拥有船舶运力占世界总量的60.87%,希腊、日本、德国、挪威、美国、丹麦等发达国家占据世界船舶运力排行榜前十位中的六位,而英国、意大利、荷兰等传统航运大国的航运实力尽管远不如其繁盛时期,但仍然在世界航运界有相当的影响力。

(3) 发展中国家或地区和新兴经济体国家所占运力逐步提高。这些国家或地区所拥有船舶运力约为世界总运力的34.5%。各个国家或地区的船舶运力占世界总运力份额绝大多数有所增加,尤其以中国为代表的亚洲各发展中国家或地区所控制船舶运力不容小觑。中国、韩国的运力规模位居全球运力排行榜前十名,新加坡也紧随其后,居于第十一名。

(4) 航运大国或地区是许多因素综合作用的结果。航运大国或地区的经济发展需要和地理位置优势应该是基本条件。传统经济大国英国、美国、德国等,以及中国、韩国、巴西等,是出于发展本国或本地区经济、繁荣国际贸易的目的发展本国或本地区航运业,同时都拥有许多优良的国际性港口;伊斯兰国家,如伊朗、阿联酋、科威特等国家更是出于发展本国石油业的需要而建立船队,主要是油轮。

(5) 航运大国或地区不一定同时是贸易大国或地区。美国和法国等部分经济大国的航运实力并不十分强大,而第一航运大国希腊和第八航运大国挪威作为航运大国,其经济实力却相对较弱。这一方面和本国的航运政策和航运传统有关,另一方面也充分说明经济全球化带来的国际分工的分化,尤其是近年来集装箱运输的兴起,贸易大国或地区生产的工业制成品可以通过他国实力雄厚的跨国航运企业实现"门到门"的优质运输服务,而不需要耗费大量的人财物去发展本国或本地区的航运业。这也正是经济全球化的优势所在,即优势互补。

(6) 悬挂外国或地区船旗的船舶运力所占比例在发达国家明显高于发展中国家或地区。日本、德国等国家悬挂外国船旗的船舶运力超过其总运力的85%。发展中国家或地区,尤其是亚洲的发展中国家或地区,悬挂外国或地区船旗的船舶运力一般都占本国或本地区总运力的50%左右,在本国或本地区登记的船舶仍占有相当大的比例。这主要由于发展中国家或地区的航运业及其他产业尚处于不成熟发展阶段,需要对航运业及其航运业所扶持的相关产业,如石油产业、大宗农产品、产品制造等提供某些保护。这就需要国家或地区控制船舶运力,而不可以随便悬挂方便旗规避本国或本地区法律的相关规制。我国悬挂外国旗的船舶运力约为60%,相对而言比较高。

(二) 世界主要贸易国家或地区

根据世界贸易组织(WTO)公布的《2012年国际贸易统计》(International Trade Statistics 2012),2011年不同地区和地区内部之间的国际货物贸易金额见表5-2。

表 5-2　不同地区和地区内部之间的国际货物贸易金额和份额(2011年)

(单位:10亿美元和百分比)

发货地	目 的 地							
	北美	拉丁美洲	欧洲	独联体	非洲	中东	亚洲	全球
价　值								
世界	2 923	749	6 881	530	538	672	5 133	17 816
北美	1 103	201	382	15	37	63	476	2 282
拉丁美洲	181	200	138	8	21	18	169	750
欧洲	480	119	4 667	234	199	194	639	6 612
独联体	43	11	409	154	12	24	117	789
非洲	102	19	205	2	77	21	146	594
中东	107	10	158	6	38	110	660	1 251
亚洲	906	189	922	110	152	242	2 926	5 538
不同地区贸易在各地区商品出口总额中所占份额								
世界	16.4	4.2	38.6	3.0	3.0	3.8	28.8	100.0
北美	48.3	8.8	16.7	0.7	1.6	2.8	20.9	100.0
拉丁美洲	24.2	26.7	18.3	1.1	2.8	2.4	22.5	100.0
欧洲	7.3	1.8	70.6	3.5	3.0	2.9	9.7	100.0
独联体	5.5	1.4	51.8	19.5	1.6	3.0	14.8	100.0
非洲	17.1	3.3	34.5	0.3	13.0	3.6	24.5	100.0
中东	8.6	0.8	12.6	0.5	3.0	8.8	52.8	100.0
亚洲	16.4	3.4	16.7	2.0	2.8	4.4	52.8	100.0
不同地区贸易在世界商品出口总额中所占份额								
世界	16.4	4.2	38.6	3.0	3.0	3.8	28.8	100.0
北美	6.2	1.1	2.1	0.1	0.2	0.4	2.7	12.8
拉丁美洲	1.0	1.1	0.8	0.0	0.1	0.1	0.9	4.2
欧洲	2.7	0.7	26.2	1.3	1.1	1.1	3.6	37.1

(续表)

发货地	目 的 地							
	北美	拉丁美洲	欧洲	独联体	非洲	中东	亚洲	全球
独联体	0.2	0.1	2.3	0.9	0.1	0.1	0.7	4.4
非洲	0.6	0.1	1.2	0.0	0.4	0.1	0.8	3.3
中东	0.6	0.1	0.9	0.0	0.2	0.6	3.7	7.0
亚洲	5.1	1.1	5.2	0.6	0.9	1.4	16.4	31.1

资料来源：WTO：International Trade Statistics 2012。

从表5-2可得出：

（1）国际贸易的发展不仅给全球数十亿人口带来了更大繁荣，还促进了国与国之间关系的稳定以及地区之间贸易联系更加密切，经济全球化趋势更加明显，国与国、地区与地区之间的联系因贸易的需要而更加紧密。亚洲、非洲、中东、中南美洲和独联体国家的经济都维持了增长趋势。

（2）随着区域一体化进程的逐步发展，区域内的贸易量迅速增加。北美自由贸易区、欧盟、安第斯共同体、东盟等区域性合作组织跨区域的双边或区域贸易协定发展迅速，各区域内国际贸易量大都略大于区域外国际贸易量，尤其以北美、欧盟和亚洲为例，上述三地区区域内国际贸易分别占总贸易量的48%、71%和53%。欧盟内部贸易量更是增速明显，主要原因是欧盟内部一体化进程的加快，各成员国贸易壁垒逐步减少。

（3）2011年主要发达国家货物贸易保持较快增长，出口增速普遍大于进口，国际贸易不平衡状况有所改善。

（4）北美、亚洲和欧洲是世界贸易的主要力量，在国际贸易中居于主导地位。但由于2007年开始爆发金融危机，其影响已经显现。美国和欧盟等主要进口地区的需求和市场状况受到影响，经济增速放缓，但亚洲经济增长仍然强劲，这主要归功于中国经济增长对世界的贡献。拉丁美洲、中东和非洲地区经济占全球比重仍然较小，但增势明显。

（5）推动经济增长的主要动力来自新兴市场和发展中国家。拉动经济增长的动力从过去主要依靠美国、日本和西欧国家，转移到亚洲、拉丁美洲、中东和非洲国家，经济增长贡献来源更为平衡，发展中国家商品贸易额占世界的比重在逐步上升，发展中国家和独联体国家对世界进口增长的贡献超过一半。

（6）世界贸易地理流向仍以发达国家为主。发达国家之间贸易在世界贸易中占首位，发达国家和发展中国家或地区间的贸易居次要地位。同时，发展中国家或地区贸易从整体上对发达国家依赖性相当大，对发达国家的出口占其出口总额的一半以上,贸易关系不平衡;不同类型的发展中国家或地区在发达国家中的贸易地位也大不相同,同发达国家制成品贸易的增长主要来自亚洲、拉美的发展中国家和地区,中东、非洲等发展中国家则主要是发达国家的原料供应地。

表 5-3　世界主要国家或地区货物出口贸易额与份额(2011 年)

(单位:10 亿美元和百分比)

排名	国家或地区	出口额	份额
1	中国(不包括香港和台湾地区)	1 898	10.4
2	美国	1 480	8.1
3	德国	1 472	8.1
4	日本	823	4.5
5	荷兰	661	3.6
6	法国	596	3.3
7	韩国	555	3.0
8	意大利	523	2.9
9	俄罗斯	522	2.9
10	比利时	477	2.6
11	英国	473	2.6
12	中国香港	456	2.5
13	加拿大	452	2.5
14	新加坡	410	2.2
	内销	224	1.2
	转口	186	1.0
15	沙特阿拉伯	365	2.0
16	墨西哥	350	1.9
17	西班牙	309	1.7
18	中国台湾	308	1.7
19	印度	305	1.7
20	阿联酋	285	1.6
21	澳大利亚	270	1.5
22	巴西	256	1.4
23	瑞士	234	1.3

(续表)

排名	国家或地区	出口额	份额
24	泰国	229	1.3
25	马来西亚	227	1.2
26	印度尼西亚	201	1.1
27	波兰	187	1.0
28	瑞典	187	1.0
29	奥地利	178	1.0
30	捷克	162	0.9
31	挪威	159	0.9
32	土耳其	135	0.7
33	伊朗	132	0.7
34	爱尔兰	127	0.7
35	尼日利亚	116	0.6
36	卡塔尔	114	0.6
37	丹麦	113	0.6
38	匈牙利	112	0.6
39	科威特	104	0.6
40	越南	97	0.5
41	南非	97	0.5
42	委内瑞拉	93	0.5
43	哈萨克斯坦	88	0.5
44	阿根廷	84	0.5
45	伊拉克	83	0.5
46	智利	81	0.4
47	斯洛伐克	79	0.4
48	芬兰	79	0.4
49	阿尔及利亚	73	0.4
50	乌克兰	68	0.4
	总计	16 887	92.5
	世界	18 255	100.0

资料来源：WTO：International Trade Statistics 2012。

从表 5-3 可得出：

（1）中国作为世界第一出口大国，2011 年在世界主要国家或地区货物出口贸易份额中占 10.4%。美国对外贸易能力依然很强，排名第二。德国位居第三，日本位居第四。荷兰、法国、韩国、意大利、俄罗斯、比利时占据出口贸易的五至十名。

（2）2011 年，在经济增长的带动下，中国、俄罗斯、印度、巴西和南非"金砖五国"的出口贸易保持快速增长，主要原因为新兴市场国家受到金融危机的影响相对较小，各自经济运行较为稳定。

（3）亚洲、非洲和拉丁美洲等广大发展中国家或地区出口贸易普遍保持良好状态。其中泰国、印度尼西亚和马来西亚东盟三国的出口贸易形势较好。韩国、新加坡、中国香港和台湾地区的出口贸易排名都在世界前二十名。撒哈拉沙漠以南非洲地区正在经历自 20 世纪 70 年代初期以来最强劲的出口贸易增长，该地区的石油出口是经济强劲增长的重要原因。另外，由于贸易条件的变化有利于燃料和其他矿产品出口国，燃料和其他矿产品占出口比重最大的四个地区，即中东、非洲、独联体和中南美洲出口势头依然良好。

表 5-4　世界主要国家或地区货物进口贸易额与份额（2011 年）

（单位：10 亿美元和百分比）

排名	国家或地区	进口额	市场份额
1	美国	2 266	12.3
2	中国（不包括香港和台湾地区）	1 743	9.5
3	德国	1 254	6.8
4	日本	855	4.6
5	法国	714	3.9
6	英国	638	3.5
7	荷兰	599	3.2
8	意大利	557	3.0
9	韩国	524	2.8
10	中国香港	511	2.8
	留用进口货物	130	0.7
11	加拿大	463	2.5
12	印度	463	2.5
13	比利时	461	2.5
14	西班牙	374	2.0
15	新加坡	366	2.0

（续表）

排名	国家或地区	进口额	市场份额
	留用进口货物	180	1.0
16	墨西哥	361	2.0
17	俄罗斯	324	1.8
18	中国台湾	281	1.5
19	澳大利亚	244	1.3
20	土耳其	241	1.3
21	巴西	237	1.3
22	泰国	228	1.2
23	瑞士	208	1.1
24	波兰	208	1.1
25	阿联酋	205	1.1
26	奥地利	191	1.0
27	马来西亚	188	1.0
28	印度尼西亚	177	1.0
29	瑞典	176	1.0
30	捷克	152	0.8
31	沙特阿拉伯	132	0.7
32	南非	122	0.7
33	越南	107	0.6
34	匈牙利	103	0.6
35	丹麦	98	0.5
36	挪威	91	0.5
37	芬兰	84	0.5
38	乌克兰	83	0.4
39	葡萄牙	80	0.4
40	斯洛伐克	77	0.4
41	罗马尼亚	76	0.4
42	以色列	75	0.4

(续表)

排名	国家或地区	进口额	市场份额
43	智利	75	0.4
44	阿根廷	74	0.4
45	爱尔兰	67	0.4
46	菲律宾	64	0.3
47	伊朗	62	0.3
48	希腊	61	0.3
49	埃及	59	0.3
50	尼日利亚	55	0.3
	总计	16 851	91.4
	世界	18 438	100.0

资料来源：WTO：International Trade Statistics 2012。

从表5-4可得出：

（1）贸易大国或地区通常既是进口贸易大国或地区，又是出口贸易大国或地区。世界主要国家或地区货物进口贸易和出口贸易排名前十位的国家或地区基本相同，但排名顺序上有略微差别。这10个国家或地区的进口贸易总额占世界总额的52.4%，在世界货物进口贸易中占据重要地位。美国进口额占世界总额的12.3%，仍位居第一。

（2）发达国家在世界进口贸易额中占较高比例。世界前五十名的主要进口贸易国家或地区中，发达国家占据24个席位，货物进口贸易总额占64%，且排名都比较靠前。

（3）发展中国家或地区进口形势保持较好状态，26个发展中国家或地区进口贸易额占世界总额的28%。主要是中国、印度、俄罗斯、巴西和南非"金砖五国"。

（三）贸易份额与运力份额之间的关系

联合国贸易和发展委员会在《2012年海运评论》中统计了全球主要25个国家或地区占世界货物贸易的份额及其船队运力占世界船队的市场份额，其中贸易份额比例是2011年数据，船队份额是2012年初数据，包括悬挂本国或本地区旗运力的份额和拥有船舶总运力的份额（见表5-5）。

表 5-5 贸易额与运力份额之间的关系

国家或地区	占世界货物贸易额百分比(价值)(%)	本国或本地区旗占世界船队(DWT)百分比(%)	拥有船舶占世界船队(DWT)百分比(%)
美国	10.21	0.47	3.92
中国(不包括香港和台湾地区)	9.92	3.41	8.91
德国	7.43	1.14	9.03
日本	4.57	1.35	15.64
法国	3.57	0.23	0.80
荷兰	3.43	0.32	0.84
英国	3.03	0.13	1.32
意大利	2.94	1.19	1.80
比利时	2.56	0.42	1.04
加拿大	2.49	0.16	1.57
韩国	2.94	1.13	4.04
中国香港	2.64	1.90	3.27
西班牙	1.86	—	—
俄罗斯	2.31	0.36	1.46
墨西哥	1.94	—	—
新加坡	2.11	1.45	2.77
中国台湾	1.61	0.27	2.81
印度	2.09	1.01	1.53
瑞士	1.20	0.08	0.35
奥地利	1.01	—	—
马来西亚	1.13	0.64	1.04
沙特阿拉伯	1.35	0.12	0.92
瑞典	0.99	0.07	0.46
澳大利亚	1.40	—	—
波兰	1.08	—	—
合计	75.81	15.85	63.52

资料来源:UNCTAD:Review of Maritime Transport 2012。

从表 5-5 可以得出:

(1) 2011 年,美国的货物进出口贸易额占世界贸易额的 10.21%,其拥有船舶运力只占世界总额的 3.92%,其悬挂本国旗的船舶所占世界船队的比例只有 0.47%。中国(不包括香港和台湾地区)、德国、日本的贸易额占据第二、第三和第四的位置,分别为 9.92%、7.43% 和 4.57%。而且,这三个国家所拥有的船舶运力份额在世界总额中也占有相当大的比重,但都只有一小部分船舶悬挂各自的本国国旗。法国和英国的进出口贸易额分别占世界总额的 3.57% 和 3.03%,英国所控制的船舶运力仅占世界的 1.32%,法国更少,只有 0.8%。

(2) 中国、新加坡、韩国是亚洲发展中国家中的贸易大国。新加坡、中国香港和韩国贸易额分别占世界总额的 2.11%、2.64% 和 2.94%,其所拥有的船舶占世界船队的百分比分别为 2.77%、3.27% 和 4.04%。拉丁美洲的唯一一个贸易大国是墨西哥,占世界贸易额的 1.94%,但其拥有的船舶运力可以忽略不计。

(3) 一个国家或地区的货物贸易额与其本国或本地区旗船队和拥有船队总规模之间存在着复杂的关系。一般来说,本国或本地区运力不仅从事本国或本地区进出口货物运输,作为国际性的航运公司,同时从事第三国或地区之间的货物运输。这样,相当多的国家或地区的进出口货物贸易运输中有其他国家或地区的航运公司参与。从进出口贸易角度,有以下几种情况:第一,本国或本地区进出口贸易主要由本国或本地区运力承担;第二,本国或本地区进出口贸易主要由其他国家或地区的运力承担;第三,本国或本地区进出口贸易由本国或本地区运力和他国或地区运力共同承担。从航运国家或地区登记的运力角度,同样有类似的情况:第一,本国或本地区运力主要从事本国或本地区进出口贸易货物运输;第二,本国或本地区运力主要从事第三国或地区进出口贸易货物运输。

(4) 航运大国或地区通常是贸易大国或地区。通过表 5-5 可以发现,在各国或地区所拥有的船舶运力和进出口贸易之间有明显的正相关的关系,即航运大国或地区通常都是贸易大国或地区。但是,某些航运大国如希腊,拥有规模大的船舶运力,却并不在上述 25 个贸易大国或地区之中。从上表分析可知,各国或地区对外贸易份额和船舶拥有运力份额的统计数据相关系数为 +0.57。

(5) 本国或本地区贸易和本国或本地区船旗之间的关系比较弱。进出口贸易和本国或本地区船旗之间的相关系数只有 +0.23。主要原因是世界上大部分船舶都在开放注册型国家登记注册,如巴拿马。这些国家都不在上述 25 个国家或地区之列。

(四) 进出口贸易运输服务市场规模与市场份额

根据世界贸易组织公布的《2012 年国际贸易统计》,2011 年进出口贸易运输服务金额与市场份额见表5-6、表5-7。虽然世界贸易组织统计的运输服务数据包括各种运输方式在内,鉴于国际海运是最主要的国际贸易运输方式,其统计的数据仍然具有一定的借鉴意义。由于《鹿特丹规则》主要针对国际班轮运输,所以解读两表数据时需要考虑这一点。

表5-6 出口贸易运输服务金额与市场份额

国家或地区	价值(10亿美元)2011年	份额 2005年	份额 2011年
欧盟27国	372.5	46.1	43.3
非欧盟国家之间的出口	185.1	22.8	21.5
美国	78.9	9.2	9.2
日本	38.4	6.3	4.5
新加坡	37.1	3.4	4.3
韩国	37.1	4.2	4.3
中国(不包括香港和台湾地区)	35.6	2.7	4.1
中国香港	32.7	3.6	3.8
印度	17.5	1.0	2.0
俄罗斯	17.0	1.6	2.0
挪威	15.1	2.7	1.8
加拿大	13.5	1.7	1.6
土耳其	10.4	0.9	1.2
中国台湾	9.7	1.0	1.1
乌克兰	9.0	0.8	1.0
埃及	8.2	0.8	1.0
总计	735.0	86.0	85.2

资料来源:WTO:International Trade Statistics 2012。

根据表5-6,可得出以下结论:

(1)欧盟仍然是世界出口货物运输服务第一大地区,出口额3 725亿美元,占世界总额的43.3%,但其大部分出口运输服务主要用于欧盟国家内部,其中欧盟成员国与其他国家或地区间的出口运输服务份额为21.5%。美国的出口运输服务较2005年在数量上有所增加,为789亿美元,增幅为7%,所占世界份额保持不变,为9.2%。日本出口贸易运输服务增幅为1%,其所占世界份额比重也略微下降。

(2)出口贸易运输服务增幅较大在亚洲发展中国家或地区和新兴市场国家,

俄罗斯出口增长25%,在世界总额中占1.6%。亚洲地区的中国、韩国和马来西亚以及澳大利亚出口增幅则更为强劲,中国的出口贸易运输服务增幅接近50%,韩国为30%,澳大利亚和马来西亚的增幅也超过20%。唯一例外的是印度,其服务出口增长率仅为15%。

(3) 上述国家或地区控制世界出口贸易运输服务的85.2%。这些国家或地区均为主要航运大国或地区,其控制船舶运力占世界总额的88%。

表5-7 进口贸易运输服务金额与市场份额

国家或地区	价值(10亿美元) 2011年	份额	
		2005年	2011年
欧盟27国	338.3	36.5	30.7
非欧盟国家之间进口	156.1	16.3	14.2
美国	85.2	11.5	7.7
中国(不包括香港和台湾地区)	80.4	4.2	7.3
印度	56.9	3.0	5.2
日本	49.5	5.9	4.5
新加坡	33.4	3.0	3.0
阿联酋	31.0	1.6	2.8
韩国	27.8	2.9	2.5
泰国	26.7	2.1	2.4
加拿大	23.4	2.1	2.1
中国香港	15.7	1.5	1.4
澳大利亚	15.5	1.6	1.4
沙特阿拉伯	15.4	0.7	1.4
俄罗斯	15.3	0.8	1.4
巴西	14.2	0.7	1.3
总计	830.0	78.1	75.2

根据表5-7,可以得出以下结论:

(1) 进口贸易运输大国或地区通常是出口贸易运输大国或地区。表5-7与表5-6中所列国家或地区基本相同,但排名有所区别。这些国家或地区都为贸易大国或地区,占世界货物贸易额百分比为74%,贸易运输服务需求较大,占世界进口货物运输服务金额的75.2%。俄罗斯和埃及虽然出口贸易运输服务位列世界15强,但由于进口运输服务份额较少,在世界进口贸易运输服务中排名靠后。

(2) 欧盟市场份额占全球1/3以上。欧盟的进口贸易运输服务额在世界主要国家和地区中仍居首位,为 3 383 亿美元,占世界总量的 30.7%,但其主要从欧盟内部进口,非欧盟国家进口额只占 14.2%。美国、日本进口贸易运输服务增长疲软,韩国、新加坡、加拿大、泰国等增长较为温和,约为世界平均的 8%。

(3) 发展中国家或地区发展迅速,虽然这些国家或地区进口贸易运输服务所占份额要高于或低于其船舶运力占世界总额的比例。

二、《海牙规则》缔约国家或地区

(一) 缔约国家或地区基本情况

《海牙规则》是关于提单法律规则的第一部国际公约,也是国际海上货物运输合同方面的第一部国际公约。该规则规定了承运人最低限度义务和责任,以及最大限度的免责和赔偿责任限制,相对于完全"合同自由"原则下的运输合同而言,大大提高了对于货方的保护。同时,该规则规定的承运人免责事项和赔偿责任限制等均明显体现了承运人的利益。所以,该规则在一定程度上实现了船货双方的利益平衡。这是该规则拥有广泛缔约国家或地区的基本原因。

根据国际海事委员会的统计,《海牙规则》缔约国家或地区情况见表 5-8。

表 5-8 《海牙规则》缔约国家或地区

国家或地区	批准或加入	时间	备注	保留
阿尔及利亚	(a)	1964-04-13		
安哥拉	(a)	1952-02-02		
安提瓜岛和布巴达岛	(a)	1930-12-02		
阿根廷	(a)	1961-04-19		
澳大利亚	(a)	1955-07-04	1993-07-16 退出	有
诺福克	(a)	1955-07-04		
巴哈马群岛	(a)	1930-12-02		
巴巴多斯岛	(a)	1930-12-02		
比利时	(r)	1930-06-02		
伯利兹	(a)	1930-06-02		
玻利维亚	(a)	1982-05-28		
喀麦隆	(a)	1930-12-02		
佛得角	(a)	1952-02-02		
中国香港	(a)	1930-12-02	①	
中国澳门	(r)	1952-02-02	②	

（续表）

国家或地区	批准或加入	时间	备注	保留
塞浦路斯	(a)	1930-12-02		
克罗地亚	(r)	1991-10-08		
古巴	(a)	1977-12-25		有
丹麦	(a)	1938-07-01	1984-03-01 退出	有
多米尼加	(a)	1930-12-02		
厄瓜多尔	(a)	1977-03-23		
埃及	(a)	1943-11-29	1997-11-01 退出	
斐济	(a)	1930-12-02		
芬兰	(a)	1939-07-01	1984-03-01 退出	
法国	(r)	1937-01-04		有
冈比亚	(a)	1930-12-02		
德国	(r)	1939-07-01		
加纳	(a)	1930-12-02		
果阿	(a)	1952-02-02		
希腊	(a)	1993-03-23		
格林纳达	(a)	1930-12-02		
圭亚那	(a)	1930-12-02		
几内亚比绍	(a)	1952-02-02		
匈牙利	(r)	1930-06-02		
伊朗	(a)	1966-04-26		
爱尔兰	(a)	1962-01-30		有
以色列	(a)	1959-09-05		
意大利	(r)	1938-10-07	1984-11-12 退出	
象牙海岸	(a)	1961-12-15		有
牙买加	(a)	1930-12-02		
日本	(r)	1957-07-01	1992-06-01 退出	有
肯尼亚	(a)	1930-12-02		
基里巴斯	(a)	1930-12-02		
科威特	(a)	1969-07-25		有
黎巴嫩	(a)	1975-07-19	1997-11-01 退出	

(续表)

国家或地区	批准或加入	时间	备注	保留
马来西亚	(a)	1930-12-02		
马达加斯加	(a)	1965-07-13		
毛里求斯	(a)	1970-08-24		
摩纳哥	(a)	1931-05-15		
莫桑比克	(a)	1952-02-02		
瑙鲁	(a)	1955-07-04		有
荷兰	(a)	1956-08-18	1982-04-26 退出	有
尼日利亚	(a)	1930-12-02		
挪威	(a)	1938-07-01	1984-03-01 退出	
巴布亚新几内亚	(a)	1955-07-04		有
巴拉圭	(a)	1967-11-12		
秘鲁	(a)	1964-10-29		
波兰	(r)	1937-08-04		
葡萄牙	(a)	1931-12-24		
罗马尼亚	(r)	1937-08-04	2002-03-18 退出	
圣多美和普林西比	(a)	1952-02-02		
沙捞越	(a)	1931-11-03		
塞内加尔	(a)	1978-02-14		
塞舌尔	(a)	1930-12-02		
塞拉利昂	(a)	1930-12-02		
新加坡	(a)	1930-12-02		
斯洛文尼亚	(a)	1991-07-25		
所罗门群岛	(a)	1930-12-02		
索马里	(a)	1930-12-02		
西班牙	(r)	1930-06-02		
斯里兰卡	(a)	1930-12-02		
圣克里斯多夫和尼维斯岛	(a)	1930-12-02		
圣卢西亚	(a)	1930-12-02		
圣文森特及格林纳丁斯	(a)	1930-12-02		
瑞典	(a)	1938-07-01	1984-03-01 退出	

（续表）

国家或地区	批准或加入	时间	备注	保留
瑞士	(a)	1954-05-28		有
叙利亚	(a)	1974-08-01		
坦桑尼亚	(a)	1962-12-03		
帝汶岛	(a)	1952-02-02		
汤加	(a)	1930-12-02		
特立尼达和多巴哥	(a)	1930-12-02		
土耳其	(a)	1955-07-04		
图瓦卢	(a)	1930-12-02		
英国	(r)	1930-06-02	1977-06-13 退出	有
直布罗陀	(a)	1930-12-02	1977-09-22 退出	
百慕大群岛、马尔维纳斯群岛及其属地、特克斯和凯科斯群岛、开曼群岛、英属维尔京群岛、蒙特塞拉特岛、英属南极领地	(a)	1930-12-02	1983-10-20 退出	
安圭拉岛	(a)	1930-12-02		
阿森松、圣海伦娜及其属地	(a)	1931-11-03		
美国	(r)	1937-06-29		有
扎伊尔	(a)	1967-07-17		

注：① 1997年7月4日，中华人民共和国驻比利时大使馆致信比利时，通知比利时外交事务大臣，该公约从1997年7月1日将继续在中华人民共和国香港特别行政区范围内有效，适用该公约产生的国际权利和义务的相应责任将由中华人民共和国政府承担。

② 1999年10月15日，中华人民共和国驻比利时大使馆致信比利时，通知比利时外交事务大臣，该公约从1999年12月20日将继续在中华人民共和国澳门特别行政区范围内有效，适用该公约产生的国际权利和义务的相应责任将由中华人民共和国政府承担。

资料来源：国际海事委员会网站（www.comitemaritime.org）。

从表5-8可知，共有96个国家或地区曾批准或加入《海牙规则》，到目前仍然批准或加入该规则的国家或地区有76个，其余20个已经退出。这些国家或地区批准或加入该规则的时间大致可分为三个阶段：

（1）20世纪30年代。《海牙规则》于1924年8月25日通过，1931年6月2日正式生效。英国、西班牙、匈牙利和比利时四国是最早批准该规则的国家，在20世纪 30 年代共有 50 个国家或地区批准或加入了该规则,包括当时主要的航运大国和贸易大国,如法国、德国、美国,以及相当多的亚非拉小国,如圭亚那、格林纳达、特立尼达和多巴哥等。从中可以看出,该规则的产生是以英国和美国等西方发达国家为统一当时混乱的国际海上货物运输尤其是提单运输而作出的努力。

(2)"二战"后 50—70 年代。这一时期加入《海牙规则》的国家或地区共有 34 个。除日本、荷兰、澳大利亚和瑞士为发达国家外,多数是"二战"后刚刚争取独立的亚非拉发展中国家,非洲国家尤其多,譬如阿尔及利亚、莫桑比克、坦桑尼亚。其中主要原因在于"二战"后很多国家尤其是新独立的亚非拉国家都积极加入国际经贸事务中,渴望融入国际贸易的大环境,而加入业已存在多年的《海牙规则》是开展国际商务贸易的先决条件。该规则经过多年实践证明,其对国际海运贸易有相当的促进作用,有利于统一国际海上货物运输规范。因此,日本、荷兰等少数未在"二战"前加入该规则的国家也在"二战"后加入。

(3)20 世纪 80 年代以后。这一时期加入《海牙规则》的国家只有玻利维亚、克罗地亚、希腊和斯洛文尼亚。其中玻利维亚、克罗地亚和斯洛文尼亚因为各自国家此前长期动荡,政局一直不稳定。传统航运大国希腊在其 1993 年加入该规则之前,一直流离在该规则之外。在这个时期,1968 年《维斯比规则》已经生效,1978 年《汉堡规则》也已产生,平衡船货双方利益的呼声更加高涨,《海牙规则》的各种缺点和不足也已充分暴露出来,因而该时期加入《海牙规则》的国家很少。

《海牙规则》允许缔约国或地区对该规则条款进行保留,共有 16 个国家提出了保留声明,包括美国、英国、法国、澳大利亚、日本、丹麦、荷兰、瑞士、埃及、爱尔兰、象牙海岸、科威特、瑙鲁、挪威、巴布亚新几内亚、古巴。这些国家提出的保留声明主要是针对该规则的适用范围、承运人赔偿责任限额、合同自由条款等。

在上述国家或地区中,有 14 个国家或地区从 20 世纪 70 年代末开始陆续宣布退出《海牙规则》。这些国家或地区为澳大利亚、丹麦、埃及、芬兰、意大利、日本、黎巴嫩、荷兰、挪威、罗马尼亚、瑞典、英国、直布罗陀、百慕大群岛等。《维斯比规则》于 1977 年 6 月 23 日生效,于是上述大部分国家从 1977 年开始纷纷退出《海牙规则》后,加入《维斯比规则》。只有罗马尼亚在退出《海牙规则》后直接加入了《汉堡规则》,埃及和黎巴嫩在退出后先加入《维斯比规则》,而后又加入《汉堡规则》。此外,有些国家虽然没有直接声明退出《海牙规则》,但《汉堡规则》规定加入该规则必须退出《海牙规则》和《维斯比规则》,因而喀麦隆、匈牙利、尼日利亚、塞内加尔、阿拉伯叙利亚共和国和坦桑尼亚六国加入了《汉堡规则》,也即退出了《海牙规则》。主要发达航运国家纷纷退出《海牙规则》而加入《维斯比规则》,而绝大部分发展中国家或地区却保持现状,不认可《维斯比规则》,但有的加入了《汉堡规则》。这一现象充分说明,《维斯比规则》是在《海牙规则》大框架内对某些不适应商业实践的规则作出修改,并未从根本上撼动其倾向保护船方利益的基础。《汉堡规则》虽然代表广大发展中国家货主的利益,但没有得到众多航运大国的认可。

(二)缔约国家或地区贸易和航运总体情况

《海牙规则》目前有 76 个缔约国家或地区,在世界出口贸易排名前 50 位的国家或地区中,《海牙规则》的缔约国家或地区占 20 个,其出口贸易额约占世界出口贸易总额的 40%;在世界进口贸易排名前 50 位的国家或地区中,《海牙规则》的缔约国家或地区占 18 个,其进口贸易额亦约占世界进口贸易总额的 43.2%。航运上,有 16 个国家或地区船舶运力位列世界 35 强,包括希腊、德国、美国、中国香港、新加坡、比利时、马来西亚、法国等。这些国家或地区的运力总计为 450 918 884 吨,占世界总运力的 43.4%。

从上述分析可以看出,《海牙规则》的缔约国家或地区贸易规模和运力规模都占世界总额的四成左右,除欧美一些发达国家外,该规则也得到相当多发展中国家或地区的支持,如喀麦隆、古巴、厄瓜多尔、伊朗、摩纳哥等。尽管这些国家或地区的贸易和航运在世界上所占比重非常小,但同其他两个正在使用的海运国际公约即《维斯比规则》《汉堡规则》相比,《海牙规则》缔约国家或地区最为普遍。

三、《维斯比规则》缔约国家或地区

(一)缔约国家或地区基本情况

1968 年 2 月 23 日通过、1977 年 6 月 23 日生效的《维斯比规则》,即 1968 年《修订统一提单若干法律规定的国际公约议定书》的缔约国家或地区情况见表 5-9。

表 5-9 《维斯比规则》缔约国家或地区

国家或地区	批准或加入	时间	保留
比利时	(r)	1978-09-06	
中国香港	(r)	1980-11-01①	
克罗地亚	(a)	1998-10-28	
丹麦	(r)	1975-11-20	
厄瓜多尔	(a)	1977-03-23	
埃及	(r)	1983-01-31	有
芬兰	(r)	1984-12-01	

第五章　国际社会关于《鹿特丹规则》的立场和态度　169

(续表)

国家或地区	批准或加入	时间	保留
法国	(r)	1977-07-10	
格鲁吉亚	(a)	1996-02-20	
希腊	(a)	1993-03-23	
意大利	(r)	1985-08-22	
黎巴嫩	(a)	1975-07-19	
荷兰	(r)	1982-04-26	有
挪威	(r)	1974-03-19	
波兰	(r)	1980-02-12	有
俄罗斯	(a)	1999-04-29	
新加坡	(a)	1972-04-25	
斯里兰卡	(a)	1981-10-21	
瑞典	(r)	1974-12-09	
瑞士	(r)	1975-12-11	
叙利亚	(a)	1974-08-01	
汤加	(a)	1978-06-13	
英国	(r)	1976-10-01	
百慕大群岛	(a)	1980-11-01	
直布罗陀	(a)	1977-09-22	
马恩岛	(a)	1976-10-01	
英属南极领地、卡蒙斯、特克斯和凯科斯群岛、马尔维纳斯群岛及其属地、英属维尔京群岛、蒙特塞拉特岛	(a)	1983-10-20	

注:1997年7月4日,中华人民共和国驻比利时大使馆致信比利时外交事务大臣,通知比利时该议定书从1997年7月1日将继续在中华人民共和国香港特别行政区范围内有效,该议定书产生的国际权利和义务的相应责任将由中华人民共和国政府承担。

资料来源:国际海事委员会网站(www.comitemaritime.org)。

《维斯比规则》规定的承运人赔偿限额的计算单位为法郎,并以黄金作为定值标准。由于黄金本身的价格根据市场供求关系自由涨落,使得承运人赔偿限额的实际价值不能保持稳定。有鉴于此,1979年12月21日在布鲁塞尔召开的有37个国家代表参加的外交会议上通过了修订《海牙—维斯比规则》的议定书,全称为

《修订(经1968年议定书修订的)统一提单若干法律规定的国际公约的议定书》[简称"1979年SDR议定书"(1979 SDR Protocol)]。经该议定书修订的《海牙—维斯比规则》仍称为《海牙—维斯比规则》。该议定书于1984年4月生效,其缔约国家或地区情况见表5-10。该议定书将承运人赔偿限额的计算单位改为特别提款权(SDR)。

表5-10 1979年SDR议定书缔约国家或地区

国家或地区	批准或加入	时间	保留
澳大利亚	(a)	1993-07-16	
比利时	(r)	1983-09-07	
中国香港	(a)	1983-10-20①	
丹麦	(a)	1983-11-03	
芬兰	(r)	1984-12-01	
法国	(r)	1986-11-18	
格鲁吉亚	(a)	1996-02-20	
希腊	(a)	1993-03-23	
意大利	(r)	1985-08-22	
日本	(r)	1993-03-01	
墨西哥	(a)	1994-05-20	
荷兰	(r)	1986-02-18	
新西兰	(a)	1994-12-20	
挪威	(r)	1983-12-01	
波兰	(r)	1984-07-06	有
俄罗斯	(a)	1999-04-29	
西班牙	(r)	1982-01-06	
瑞典	(r)	1983-11-14	
瑞士	(r)	1988-01-20	有
英国	(r)	1982-03-02	
百慕大群岛、英属南极领地、英属维尔京群岛、卡蒙斯、马尔维纳斯群岛及其属地、直布罗陀、马恩岛、蒙特塞拉特岛、特克斯和凯科斯群岛	(a)	1983-10-20	

注:1997年7月4日,中华人民共和国驻比利时大使馆致信比利时,通知比利时外交事务大臣,该议定书从1997年7月1日将继续在中华人民共和国香港特别行政区范围内有效,该议定书产生的国际权利和义务的相应责任将由中华人民共和国政府承担。

目前,批准或加入《维斯比规则》的国家或地区有32个。除克罗地亚、格鲁吉亚、希腊和俄罗斯是在20世纪90年代加入外,剩余28个国家或地区都是在该规则于1977年生效前后几年内加入,其中埃及、波兰和荷兰加入时对该规则作出了保留。参加1979年SDR议定书的国家或地区有29个,有22个国家或地区是在该议定书于1984年生效前后几年加入,而澳大利亚、日本、墨西哥、新西兰、格鲁吉亚、希腊和俄罗斯是在1990年后加入,其中波兰和瑞士作出了保留。1990年后加入的7个国家,除克罗地亚外,都加入了1979年SDR议定书。这说明以特别提款权作为责任限额的计算单位基本符合国际航运贸易的需要。

克罗地亚、厄瓜多尔、埃及、黎巴嫩、新加坡、斯里兰卡和汤加这7个国家只加入了《维斯比规则》,并没有加入1979年SDR议定书。澳大利亚、日本、墨西哥、新西兰、西班牙和开曼群岛则仅加入了1979年SDR议定书,而没有加入《维斯比规则》。包括英国、法国、比利时、丹麦、挪威、俄罗斯等国在内的24个国家和地区既加入了《维斯比规则》,又加入了1979年SDR议定书。可以说,1979年SDR议定书的出现使《维斯比规则》获得了更多航运大国或地区和贸易大国或地区的支持。希腊、意大利、日本、俄罗斯、澳大利亚等航运大国或贸易大国都是在该议定书制定后才加入《维斯比规则》。少数仅加入《维斯比规则》的国家或地区大多是发展中国家或地区,贸易和运力所占比重都比较小。

加入《维斯比规则》和1979年SDR议定书的国家或地区绝大多数曾是《海牙规则》的缔约国家或地区,俄罗斯、格鲁吉亚、新西兰和墨西哥是新加入国家。埃及和黎巴嫩则是在加入《维斯比规则》后,又退出《维斯比规则》而加入了《汉堡规则》。其余既加入了《海牙规则》,又加入了《维斯比规则》和(或)1979年SDR议定书的国家或地区,有9个国家已退出《海牙规则》,包括英国、澳大利亚、瑞典、芬兰、丹麦、荷兰、意大利、日本和挪威。大部分国家或地区则没有退出《海牙规则》,如法国、瑞士、比利时、波兰、希腊等。因此,两个规则对这些缔约国家或地区都适用,但《维斯比规则》优先适用。仅加入《海牙规则》的国家或地区,其立法大都停留在《海牙规则》的水平,诸如美国、德国。这些国家或地区普遍感到改革其本国或本地区立法的需要。加入《维斯比规则》的国家或地区,一方面其本国或本地区海商法根据《维斯比规则》作出了相应的革新;另一方面,随着国际航运贸易的发展和《汉堡规则》的制定,一些《维斯比规则》的缔约国进入90年代以来对本国海商法进行了修改,如英国、北欧四国、澳大利亚等。

(二) 缔约国家或地区贸易和航运总体情况

目前,加入1968年《维斯比规则》或1979年SDR议定书的国家和地区共有35个。这些国家或地区相当一部分都是贸易和航运比较发达的国家或地区,包括船舶总运力排名世界第一的希腊和第二的日本。其中,有 20 个国家或地区排名在表 5-4 所列的 2011 年世界进出口贸易额前 50 名,占世界总额的 38.1%。这些国家或地区的船舶运力大,在表 5-1 所列的世界前 35 位航运大国或地区中,有 16 个国家或地区,这些国家或地区的船舶总运力占世界运力总额的 54.44%。

上述《维斯比规则》缔约国家或地区的贸易和航运情况充分说明,《维斯比规则》仅仅是对《海牙规则》生效后 44 年来一些显现的弊端的修正,并没有从根本上改变保护船方的利益倾向,关于责任人起讫,托运人义务等均未作实质性改变。因此,《维斯比规则》主要是得到了发达的贸易和航运大国或地区,尤其是航运大国或地区的采纳,并没有得到广大发展中货主国家或地区的普通认可。

四、《汉堡规则》缔约国

(一) 缔约国基本情况

1978 年 3 月 31 日通过、1992 年 11 月 1 日生效的《汉堡规则》,即《1978 年联合国海上货物运输公约》,其缔约国见表 5-11。

表 5-11 《汉堡规则》缔约国

国　　家	批准或加入日期	生效日期
阿尔巴尼亚	2006-07-20	2007-08-01
奥地利	1993-07-29	1994-08-01
巴巴多斯	1981-02-02	1992-11-01
博茨瓦纳	1988-02-16	1992-11-01
布基纳法索	1989-08-14	1992-11-01
布隆迪	1998-09-04	1999-10-01
喀麦隆	1993-10-21	1994-11-01
智利	1982-07-09	1992-11-01
捷克	1995-06-23	1996-07-01
多米尼加	2007-09-28	2008-10-01
埃及	1979-04-23	1992-11-01
冈比亚	1996-02-07	1997-03-01
格鲁吉亚	1996-03-21	1997-04-01
几内亚	1991-01-23	1992-11-01
匈牙利	1984-07-05	1992-11-01

(续表)

国　　家	批准或加入日期	生效日期
约旦	2001-05-10	2002-06-01
哈萨克斯坦	2008-06-18	2009-07-01
肯尼亚	1989-07-31	1992-11-01
黎巴嫩	1983-04-04	1992-11-01
莱索托	1989-10-26	1992-11-01
利比里亚	2005-09-16	2006-10-01
马拉维	1991-03-18	1992-11-01
摩洛哥	1981-06-12	1992-11-01
尼日利亚	1988-11-07	1992-11-01
巴拉圭	2005-07-19	2006-08-01
罗马尼亚	1982-01-07	1992-11-01
圣文森特和格林纳丁斯	2000-09-12	2001-10-01
塞内加尔	1986-03-17	1992-11-01
塞拉利昂	1988-10-07	1992-11-01
叙利亚	2002-10-16	2003-10-17
突尼斯	1980-09-15	1992-11-01
乌干达	1979-07-06	1992-11-01
坦桑尼亚	1979-07-24	1992-11-01
赞比亚	1991-10-07	1992-11-01

信息来源：联合国国际贸易法委员会 A/CN.9/651：《各公约和示范法的现状》。

从表5-11可以看出，《汉堡规则》缔约国目前有34个，基本上是一些发展中国家，尤其是非洲国家，航运大国和贸易大国都没有批准或加入。值得注意的是，美国、丹麦、芬兰、法国、德国等相当多的发达贸易和航运大国都曾在《汉堡规则》上签字，但最终都没有批准。

（二）缔约国贸易和航运总体情况

《汉堡规则》的34个缔约国中，只有奥地利、捷克、匈牙利、智利和尼日利亚5个国家的出口贸易在2011年排名世界前50名，其出口贸易总和为6 490亿美元，占世界总量的3.5%；2011年奥地利、捷克、匈牙利、罗马尼亚和智利5个国家的进口贸易额排名世界前50名，进口贸易总额为5 970亿美元，占世界总额的3.2%。

在表 5-1 所列的世界前 35 位主要航运国家或地区中,没有一个是《汉堡规则》的缔约国家或地区。

《汉堡规则》被认为是第三世界发展中国家或地区打破航运发达国家垄断国际海上货物运输立法、发挥自身政治影响力的一大胜利。但反观该规则中加在船东身上的较重的责任,加之规则本身有许多不确定的地方,国际航运界并没有接受该规则。

五、结论

目前在国际海上货物运输公约体系中,《海牙规则》或《海牙—维斯比规则》有着最为广泛的接受度,共有 110 个国家和地区批准或加入。可以说,在世界航运和贸易大国中,只有中国和韩国没有加入。这些国家和地区的运力规模约占世界的 75%,其进出口贸易分别约占世界总额的 70%,无论是航运还是贸易上都占据绝对优势。

《汉堡规则》没有得到世界主要航运国家或地区和主要贸易国家或地区的接受。但是,20 世纪 90 年代以来一些国家或地区在修改本国或本地区海商法时,借鉴了《汉堡规则》的先进之处,比如中国《海商法》、北欧四国的海商法、1999 年《俄罗斯联邦商船航运法法典》和 1997 年《澳大利亚海上货物运输法》。在缔约国和非缔约国进行的《汉堡规则》实践,为 21 世纪制定新的海上货物运输规则奠定了一定的基础。

第二节 主要国家在公约制定过程中和通过后的观点和立场

一、美国

(一) 概述

美国作为当今世界第一经济大国,既是贸易大国,也是事实上的航运大国,其立场、观点对国际海上货物运输立法的影响至关重要。美国凭借其雄厚的实力和积极的态度,不遗余力地在国际海上货物运输法的立法舞台上发挥重要作用。美国在国际海上货物运输领域的法律制度仍然是基于 1924 年《海牙规则》的 1936 年《海上货物运输法》(Carriage of Goods by Sea Act,COGSA),其 1999 年《海上货物运输法》(草案)始终没有获得国会通过。换言之,美国认识到其现行国际海上货物运输法律的陈旧与落后,急需一套符合现代国际货物运输模式及其自身根本利益的法律制度。美国积极参与了《鹿特丹规则》的制定。

从联合国国际贸易法委员会第三工作组第 9 届会议到第 21 届会议,美国代表团共有 8 个重要提案,主要涉及公约的适用范围及责任形式(WP34[1])、承运人的赔偿责任限额及其修订程序(WP34)、免责条款及举证责任(WP34)、远洋班轮运输业务协定(WP34、WP42[2])、管辖权(WP58[3])、运输单证和电子运输记录(WP62[4])、托运人义务(WP69[5])、海运履约方(WP84[6])、迟延(WP91[7])等多个方面。美国积极参与《鹿特丹规则》的制定,一方面体现了美国积极参与制定国际海上货物运输公约的态度,另一方面体现出美国在国际海上货物运输立法领域的话语权。前文述及,美国是贸易大国,2011 年其进口排名世界第一,出口排名世界第二。因此,美国的整体利益同时包含贸易利益和航运利益,但相对而言,贸易利益更符合美国的整体利益,尤其是美国大货主的利益。2011 年,美国的货物进出口贸易额占世界贸易额的 10.21%,而其拥有的船舶运力只占世界总额的 3.92%,其悬挂本国旗的船舶所占世界船队的比例只有 0.47%。美国代表团提交的上述 8 个重要提案,及其在联合国国际贸易法委员会第三工作组起草《鹿特丹规则》期间的态度和发表的观点,无不充分反映出美国的利益倾向,即以贸易利益(尤其是大货主利益)为主,兼顾航运利益。这种利益倾向是美国平衡其国内贸易利益和航运利益的结果,也是美国贸易利益方和航运利益方妥协的产物。

(二) 公约的调整范围

从美国提交的 WP34 号文件中可以看出,"美国支持以统一赔偿责任为基础在订约各方之间实行'门到门'制度"。实际上,美国主要是从维护其货主利益的角度出发,保护本国货主的利益。这是因为,一方面,对"门到门"运输实行统一的责任制度,将使承运人对整个运输区段承担的责任更具稳定性和可预见性,从而使货方的权利更具稳定性和可预见性;另一方面,只有在国际公约或国内法强制适用的责任期间内,才适用免责与赔偿责任限制,承运人才有权引用免责条款或者限制自己的赔偿责任。因此,《鹿特丹规则》统一调整"门到门"运输有利于货方的权利得到保障。从该规则第 12 条关于承运人责任期间的规定来看,该规则中采纳的立场符合美国当初的提案。

---

[1] 联合国国际贸易法委员会:A/CN.9/WG.III/WP.34:美利坚合众国的提案。
[2] 联合国国际贸易法委员会:A/CN.9/WG.III/WP.42:美利坚合众国的提案。
[3] 联合国国际贸易法委员会:A/CN.9/WG.III/WP.58:美利坚合众国提出的关于在《鹿特丹规则》管辖权一章第 75 条草案中列入有关"港口"的提案。
[4] 联合国国际贸易法委员会:A/CN.9/WG.III/WP.62:运输单证和电子运输记录:美利坚合众国代表团提交的参考文件。
[5] 联合国国际贸易法委员会:A/CN.9/WG.III/WP.69:托运人的义务:美国关于第八章的提案。
[6] 联合国国际贸易法委员会:A/CN.9/WG.III/WP.84:美利坚合众国关于"海运履约方"定义的建议。
[7] 联合国国际贸易法委员会:A/CN.9/WG.III/WP.91:美利坚合众国关于承运人和托运人迟延问题的建议。

(三) 承运人责任制度的设计

美国代表团在其 WP34 号文件中提出其对承运人责任制度的基本态度,主要包括以下两个方面:第一,保留《海牙规则》和《海牙—维斯比规则》中几乎全部的承运人免责条款,唯一应当删去的是航海过失免责;第二,火灾免责应继续保留,且无须改变其实质内容,只需对其进行重新拟定确保其适用范围扩大到"门到门"。

可见,对于承运人责任制度这一《鹿特丹规则》的核心制度,美国的主要立场是从维护本国航运利益的角度出发,主张《鹿特丹规则》基本按《海牙—维斯比规则》的模式设计。同时,考虑到航海技术的进步及本国货主的利益,主张废除航海过失免责,保留火灾免责。事实上,美国作为一个事实上的航运大国,从立法角度迈过航海过失免责这道"门槛"并非易事,一方面反映出美国以贸易利益为主的倾向,另一方面反映出对航运利益的兼顾,也从另一侧面反映出其航运强国的地位。从其"文书中的各项抗辩理由应可免除承运人的赔偿责任,而不是仅仅作为承运人无过失的推定"等措辞中可以看出其维护承运人利益的立场。

《鹿特丹规则》对于承运人制度的设计最终基本采纳了美国的提案,在承运人责任归责原则上实行完全的过失责任,只是将火灾免责限于"在船上发生的火灾"。

(四) 批量合同

美国曾分别在 WP34 和 WP42 号文件中对批量合同制度的设计提出建议。在当时的案文中,仅使用"远洋班轮运输业务协定"的提法。后经联合国国际贸易法委员会第三工作组讨论,确定了《鹿特丹规则》有关批量合同的条文,包括第 80 条"批量合同特别规则"、第 67 条"法院选择协议"和第 75 条"仲裁协议"第 3 款和第 4 款。事实上,该规则之所以纳入批量合同的相关规定,并且确定上述有关批量合同的条文,主要是美国代表团的极力推动。

批量合同在当今国际集装箱货物班轮运输中通常称为"服务合同"(service contract),其使用具有广泛性。自从美国 1998 年《远洋航运改革法》建立服务合同秘密备案制度以来,根据美国联邦海事委员会(FMC)在该法实施两年之际公布的《1998 年美国航运改革法实施情况报告》,承运人报告其班轮货运量的 80% 是通过签订服务合同获得,而备案的服务合同和经修订的合同在数量上从 1999 年以来增加了 200%,甚至更多。在某些主要贸易航线上,一些托运人几乎在服务合同下运输其所有的货物。另据 FMC 在 2001 年的调查结果显示,在美国,当时只有大约 8% 的托运人签订的服务协议是全球性的,但到 2004 年年底已经达到 45%。近几年,服务合同在世界很多地区的远洋班轮运输业务中得到了更广泛应用,80% ~ 90% 的班轮运输是根据批量合同进行。随着班轮航运业日益集中的趋势以及全球货运代理业各种结盟的出现,这类合同的使用在全球将更为普遍。[1]

据统计,目前中美航线根据海运服务协议运输的货物达到80%左右,欧洲航线达到60%～70%。这是由集装箱班轮运输的特点所决定的。集装箱班轮,尤其是大型集装箱班轮,同时运输众多货主的集装箱货物,集装箱班轮经营者不可能与货主一一签订运输合同,而是通过与大货主、货运代理公司签订《鹿特丹规则》第1条第2款定义的批量合同,承揽货物进行运输,以提高集装箱班轮运输的效率。

美国在提案中表现的基本立场是:一是将班轮远洋运输业务协定纳入《鹿特丹规则》的调整范畴;二是允许批量合同当事人通过约定背离该规则,即增加或减少该规则规定的权利、义务和赔偿责任。同时,规定批量合同中的管辖权协议或仲裁协议具有排他性效力,而且在满足一定条件时,可以不经批量合同当事人之外的第三人同意而对第三人具有约束力。

美国代表团提出的批量合同的提案,在联合国国际贸易法委员会第三工作组中曾受到广泛质疑,主要集中在以下四点:

(1)有不少代表团认为,允许批量合同当事人通过约定背离规则,增加或减少规则规定的权利、义务和赔偿责任,将改变国际海上货物运输法律的强制性原则。自1893年美国《哈特法》通过规定承运人最低限度的义务和责任、最大限度的免责与责任限制,确立国际海上货物运输法律的强制性原则以来,1924年《海牙规则》《海牙—维斯比规则》和1978年《汉堡规则》,以及各国或地区的国际海上货物运输法,都遵循了这一原则。国际海上货物运输法律的统一性也建立在这一原则基础之上。无疑,允许批量合同当事人通过约定背离规则,有损国际海上货物运输法律的统一性。

(2)批量合同当事人表面地位的平等将掩盖事实上的不平等,有损处于弱势地位的合同当事人的利益。批量合同表面上看是谈判地位平等的承运人与托运人协商一致的结果。但现实生活中,大集装箱班轮公司与中小货主或货运代理人之间,尤其是与小货主或货运代理人之间,或者大货主或货运代理人与中小集装箱班轮公司之间,尤其是与小集装箱班轮公司之间,谈判地位并不平等。因而,大集装箱班轮公司、大货主或货运代理人会利用自己的优势地位,迫使处于弱势地位的合同当事人接受其不合理要求,其结果将有损后者的利益。

(3)批量合同中管辖权条款或仲裁条款未经第三人同意即约束第三人,将有损第三人利益。批量合同中管辖权条款或仲裁条款未经合同当事人之外的第三人同意,即可约束第三人,不但有违管辖权协议或仲裁协议有效性的一般原则,还将

---

[1] 联合国国际贸易法委员会第三工作组(运输法)第15届会议:A/CN.9/WG.III/WP.46:《运输法:拟定全程或部分途程海上货物运输文书草案》,贸发会议秘书处关于合同自由的评述,第5段。

迫使非批量合同当事人的买方（CIF、CFR 或类似价格条件）或卖方（FOB 或类似价格条件）到外国诉讼或仲裁，从而增加其诉讼或仲裁的不便，以及影响其对诉讼或仲裁结果的可预见性和确定性，有损第三人的利益。

（4）批量合同定义过于宽泛。将批量合同定义为在约定期间内分批装运特定数量货物的运输合同，货物数量可以是最低数量、最高数量或一定范围的数量，但对最低数量不作限制，将使规则所适用的批量合同过于宽泛。例如，根据这一定义，一个合同只约定从一国的港口至另一国的港口连续三个航次每一航次运输一个集装箱的货物，该合同也构成批量合同。《鹿特丹规则》所适用的批量合同过于宽泛可能加剧前述不利影响。

美国代表团提出批量合同的提案，具有三个重要原因：第一，自 1984 年美国《航运法》(Shipping Act)和美国 1998 年《远洋航运改革法》改革远洋班轮业的管理制度，允许以竞争方式谈判订立海运服务协议以来，海运服务合同的使用在美国国际集装箱班轮运输中大量存在。第二，允许批量合同不受强制性规则的约束，是按照美国贸易利益方的诉求，是贸易利益方与航运利益方妥协的结果，是美国大货主们对于《鹿特丹规则》寻求的底线。这是因为，只要允许批量合同不受强制性规则的约束，大货主们就可凭借自身强大的谈判地位，摆脱强制性规则的约束。第三，长期以来美国设法扩张其法院的管辖权，采用"长臂管辖"(long-arm jurisdiction)理论，力争凡是与美国利益有关的案件都在美国法院诉讼。1995 年美国联邦最高法院在 Sky Reefer 案中以外国管辖权条款并没有减轻 1936 年《海上货物运输法》规定的承运人责任为由，承认提单中外国法院管辖权条款效力的判例，却受到来自货物利益集团等的广泛指责。

正是因为上述原因，尤其是第二个原因，美国代表团在联合国国际贸易法委员会第三工作组的讨论中始终坚持其提案的内容，不同意对案文内容的改动，即便是并不重要的内容。最终，美国代表团运用了高超的技巧，与众多非洲国家和少数其他国家代表团达成妥协：将最具争议的批量合同条款与承运人赔偿责任限额作为一揽子解决方案，美国代表团不再坚持之前对于承运人赔偿责任限额所持的态度，同意后者提高承运人赔偿责任限额的要求；后者不再坚持对批量合同条款的反对态度，同意美国代表团关于批量合同的条款。这一妥协的结果使美国代表团坚持的批量合同条款获得多数国家的同意。

虽然，《鹿特丹规则》第 80 条"批量合同特别规则"设置了批量合同背离规则条件，第 67 条"法院选择协议"和第 75 条"仲裁协议"第 3 款和第 4 款设置了批量合同管辖权条款或仲裁条款对第三人具有约束力的条件，但这些条款丝毫不影响批量合同背离规则、管辖权条款或仲裁条款对第三人具有约束力的实质。因此，《鹿特丹规则》关于批量合同的规定，完全符合美国的立场。

（五）承运人迟延交付货物

针对迟延交付问题，美国分别在 WP34 号文件及 WP91 号文件中提及。在 WP34 号文件中，美国明确表示：第一，迟延是一个商业问题，应当在当事人之间协商解决；第二，《鹿特丹规则》应规定在运输合同没有明确约定交付时间的情况下，承运人对未在合理时间内交付货物造成的损失承担责任；第三，对间接损失的补偿，只有在当事人明文约定的情况下才能准许。在 WP91 号文件中，美国重申了其不赞成将迟延交付问题写入《鹿特丹规则》的立场。另外，利用大篇幅论证了"迟延造成间接损失的赔偿责任不应强制性地写入新公约"[1]的观点。[2]

其论证的依据主要有：第一，没有必要改变大多数国家现行法律和商业惯例，规定承运人对货物迟延交付损失的赔偿责任；第二，货物迟延交付损失的赔偿责任将导致托运人和承运人不必要地增加成本；第三，不应对所有托运人和承运人规定承运人对货物迟延交付损失的赔偿责任，而应在需要此种保护的当事人之间的私人合同中处理这个问题；第四，《鹿特丹规则》列入货物迟延交付赔偿责任将给所有有关当事方造成重大负面影响；第五，赔偿责任限制不能解决货物迟延交付造成的损失的根本问题等。

可见，美国在货物迟延交付问题上持谨慎态度，一方面，不希望将这一问题写入《鹿特丹规则》的强制调整范围；另一方面，即使写入也要严格限制在一定的范围内，并且主张不应要求承运人对货物迟延交付造成的间接损失承担赔偿责任。

在《鹿特丹规则》的起草过程中，除上述美国的观点外，对于货物迟延交付的界定还存在两种主要观点：第一，维持《汉堡规则》的做法，即承运人未在明确约定时间内交付货物，或者在没有此种约定时，未在合理时间内交付货物，均构成迟延交付；第二，只有当承运人未在约定时间内交付货物，才构成迟延交付。主要由于中国代表团的努力，《鹿特丹规则》第 21 条"迟延"规定："未在约定时间内在运输合同约定的目的地交付货物，为迟延交付。"换言之，货物迟延交付以承运人和托运人约定了货物交付时间为前提条件。《鹿特丹规则》基本采纳了上述第二种观点，只是对交付货物时间的约定没有"明确"一词的限制。对于货物迟延交付造成的经济损失的赔偿限额，《鹿特丹规则》第 60 条"迟延造成损失的赔偿责任限额"仍作了明确规定，即相当于所迟延交付的货物运费的 2.5 倍，但该部分损失与货物实际损失的全部赔偿额以货物全损的赔偿责任限额为限。因此，《鹿特丹规则》对于货物迟延交付的规定与美国的立场相左。

---

[1] 联合国国际贸易法委员会：A/CN.9/WG.III/WP.91，第 4 段。
[2] 美国在提案中主张托运人迟延造成的间接损失也不应由公约强制规定。

(六) 承运人的赔偿限额

最初,美国在其提交的 WP34 号文件中支持按照《海牙—维斯比规则》规定承运人赔偿责任限额,认为《海牙—维斯比规则》规定的限额是一种公平的利益平衡。美国从维护其本国航运利益的角度出发,并不主张在《鹿特丹规则》中大幅提高承运人的赔偿责任限额。这也是国际上主要航运大国最初的基本立场。

然而,前文述及,为换取非洲国家对美国的批量合同提案的支持,美国最终同意《鹿特丹规则》第 59 条规定的承运人赔偿责任限额,即每件或者每个其他货运单位 875 个计算单位,或者按照索赔或者争议所涉货物的毛重计算,每公斤 3 个计算单位,以两者中较高的限额为准。

(七) 美国的整体立场

美国认为,《鹿特丹规则》是经过慎重措辞,在取得微妙平衡的情况下达成的一揽子妥协,能提供急需的协调统一,可以降低交易费用,提高可预见性。该规则还提供了现代商业实务所需要的灵活性,兼顾承运人和货主的利益。然而,美国并非对《鹿特丹规则》的所有条文都一概由衷地同意。例如,对于第 59 条规定的承运人赔偿责任限额,美国认为限额过高而无商业合理性,但鉴于众多非洲国家对该限额的强烈支持态度,为了使非洲多数国家支持美国提出的关于批量合同的提案,美国在该问题上予以妥协。[1]《鹿特丹规则》的制度设计符合美国的总体要求,因而美国对该规则持基本赞成的态度。

美国不但是 16 个首批签署《鹿特丹规则》的国家之一,而且在该规则通过后民间和官方一直持积极的态度。美国海商法协会(Maritime Law Association of the United States)、侵权审理和保险实务部(Tort Trial and Insurance Practice Section)、国际法部(International Law Section)在 2010 年 2 月向美国国会提交的报告中,请求美国众议院敦促参议院批准《鹿特丹规则》。一些美国学者也主张批准该规则以推动美国海上货物运输法现代化。美国国务院也收集了各方对该规则的立场和态度,以期向政府高层和立法机构提交建议的工作。这是因为,不但《鹿特丹规则》的制度设计符合美国的总体要求,而且美国现行海上货物运输法律需要现代化。如前文所述,美国现行《海上货物运输法》制定于 1936 年,除承运人赔偿责任限制为每件货物或其他运输范围 500 美元外,基本上是 1924 年《海牙规则》的翻版,至今已有近 80 年的历史,一直没有修改。1999 年美国海商法协会提出了新的《海上

---

[1] 联合国国际贸易法委员会:A/CN.9/658/Add.12,全程或者部分海上国际货物运输合同草案,政府和政府间组织意见汇编(增编),15.美利坚合众国。

货物运输法》草案,但一直未被美国国会通过而成为法案。显然,美国期望其参加《鹿特丹规则》而实际上取代 1936 年《海上货物运输法》。为此,美国一方面努力促使国际上有更多国家接受《鹿特丹规则》,另一方面为其批准该规则作出了一些努力。然而,可以预测,美国并不想在《鹿特丹规则》在国际上生效之前或者预期很快生效之前批准该规则。

二、欧洲国家

（一）概述

欧洲国家包括安道尔、阿尔巴尼亚、奥地利、比利时、保加利亚、瑞士、捷克、德国、丹麦、西班牙、芬兰、法国、英国、希腊、匈牙利、爱尔兰、冰岛、意大利、列支敦士登、卢森堡、摩纳哥、马耳他、荷兰、挪威、波兰、葡萄牙、罗马尼亚、斯洛伐克、圣马力诺、俄罗斯、克罗地亚、白俄罗斯、马其顿、爱沙尼亚、斯洛文尼亚、立陶宛、拉脱维亚、摩尔多瓦、乌克兰、瑞典、塞尔维亚和黑山、波黑。欧盟 27 个成员国包括奥地利、比利时、塞浦路斯、捷克、丹麦、爱沙尼亚、芬兰、法国、德国、希腊、匈牙利、意大利、爱尔兰、拉脱维亚、立陶宛、卢森堡、马耳他、荷兰、波兰、葡萄牙、斯洛伐克、斯洛文尼亚、西班牙、瑞典、英国、保加利亚、罗马尼亚。克罗地亚和土耳其两国是候选国。

欧洲作为传统航运强国的发源地,大多数国家出于维护本国航运利益的角度,积极参与《鹿特丹规则》的制定。荷兰、瑞典、挪威、丹麦、意大利等分别在联合国国际贸易法委员会第三工作组各届会议上提出重要提案,对《鹿特丹规则》的制定起到了积极的推动作用。挪威不属于欧盟成员国,俄罗斯等独联体国家也不属于欧盟成员国。所以,这里讨论的欧洲部分国家在《鹿特丹规则》制定过程中的立场和观点,不限于欧盟成员国。

（二）北欧国家

北欧四国即丹麦、芬兰、挪威、瑞典一直积极参与《鹿特丹规则》的制定,从联合国国际贸易法委员会第三工作组召开的第 9 届会议到第 21 届会议,北欧国家共提交了 11 个提案,主要涉及规则的适用范围、合同自由、托运人义务等方面。

1. 适用范围

瑞典、芬兰曾分别在 WP26[1]和 WP51[2]两个提案中对《鹿特丹规则》的适用

---

[1] 联合国国际贸易法委员会:A/CN.9/WG.III/WP.26:瑞典的提案。
[2] 联合国国际贸易法委员会:A/CN.9/WG.III/WP.51:适用范围与合同自由:芬兰代表团在第 15 届会议上提交的资料。

范围提出建议。瑞典的提案主要针对《鹿特丹规则》是否应调整"门到门"运输,而芬兰的提案主要侧重于从运输合同应涵盖的种类考虑。瑞典的提案强调该规则在适用范围的措辞上应使用"海上货物运输合同"而非"运输合同"。对于在海上运输之前或之后的运输中发生的灭失或损坏,如有强制适用的国际公约或国内法,则这些强制性规定中所有条文的适用应优先于《鹿特丹规则》。该提案的实质内容是希望《鹿特丹规则》仍维系"港到港"的适用范围。

《鹿特丹规则》最终并未采纳瑞典的建议,仍将该规则的适用范围扩大到"门到门",且对于非海运区段加强了该规则的强制力。该规则第 26 条"海上运输之前或之后的运输"排除了非海运区段国内法的适用,并且,要求货物灭失、损坏或者迟延交付确实发生在非海运区段运输过程中,以及强制适用的国际文书对承运人的赔偿责任、赔偿责任限制或者时效作出了具体规定,则该国际文书方优先于该规则得到适用。该规则关于适用范围的规定不符合瑞典的立场。2008 年 7 月 3 日在联合国总部举行的联合国国际贸易法委员会第 41 届大会上,瑞典、德国、加拿大、澳大利亚、新西兰等国家对该规则第 26 条关于对非海运区段的适用的规定分别表示不满。

2. 合同自由

北欧国家对《鹿特丹规则》有关合同自由的相关规定给予了高度重视,在 WP40[1]提案中,北欧四国联合提议该规则应谨慎对待合同自由问题,除应列入该规则适用的合同之外,还应列明除外情形。同时,对美国提议的有关班轮运输业务协定(批量合同)的有关内容给予了特殊关切,希望工作组在接下来的工作中进一步明确其具体含义及与总量合同的区别。

随后,芬兰代表团曾分别在 WP51 及 WP61[2]两个提案中对合同自由问题表示关切。根据 WP51 提案,在联合国国际贸易法委员会工作组第 14 届会议后,芬兰代表团向其他代表团发送了日期为 2005 年 1 月 24 日的一份非正式调查表,讨论《鹿特丹规则》的适用范围及合同自由等相关问题。从芬兰代表团对调查答复的总结来看,收到的答复大多数都谨慎地支持在文书中列入远洋班轮运输业务协定之类的条文。芬兰对于合同自由相关条文的设计也持谨慎态度,以防止该规则在直接缔约方之间成为非强制性规则,从而造成当事人滥用条文。

《鹿特丹规则》最终将批量合同纳入调整范围,允许当事人之间可以约定增加或者减少该规则规定的权利、义务和赔偿责任。根据该规则第 1 条第 2 款的定义,

---

[1] 联合国国际贸易法委员会:A/CN.9/WG.Ⅲ/WP.40:丹麦、芬兰、挪威和瑞典(北欧国家)关于合同自由的评论意见。

[2] 联合国国际贸易法委员会:A/CN.9/WG.Ⅲ/WP.61:芬兰关于适用范围、合同自由和相关条文的建议。

"批量合同"是指在约定期间内分批装运约定总量货物的运输合同;货物总量可以是最低数量、最高数量或者一定范围的数量。从该定义可以看出,该规则对于批量合同范围的界定宽泛而模糊。这不仅与北欧国家的立场相违背,也引起了澳大利亚、法国及非洲国家等许多代表货主利益国家的不满。

3. 北欧四国总体立场

北欧四国中,除芬兰外,丹麦、挪威、瑞典都是海运强国。尤其是丹麦,全球最大集装箱航运公司马士基总部就坐落于丹麦首都哥本哈根。1994 年北欧国家颁布的海商法中有关海上货物运输的条文均立足于北欧国家批准的经 1979 年议定书修订的《海牙—维斯比规则》。北欧国家未批准 1978 年《汉堡规则》,但北欧各国海商法对该规则中与《海牙—维斯比规则》不相抵触的部分也分别予以了考虑。上述国家的几个提案在《鹿特丹规则》制定过程中都未被采纳,因而该规则在适用范围、合同自由等重要方面和北欧四国目前通行的海商法有很大冲突。北欧四国总体上对《鹿特丹规则》持中立态度,但丹麦除外。

丹麦认为,在《鹿特丹规则》制定过程中,各参与国对达成种种妥协显示出巨大的决心和意愿,这些妥协才得以在这一广泛的规则中实现各方利益公平的总体平衡。至关重要的是,不应因改变就某些具体问题达成的妥协而破坏这种总体平衡。对该规则必须作为一个整体来看待。但是,为了确保《鹿特丹规则》反映已作出的有关决定,法律方面的某些技术性的轻微改动和若干说明是必要的。[1] 因此,丹麦支持《鹿特丹规则》的条文,希望不要破坏在这一广泛的规则制订过程中通过达成一系列妥协意见而实现的微妙的总体平衡。

(三) 荷兰

荷兰一直积极参与《鹿特丹规则》的制定,并向联合国国际贸易法委员会第三工作组提交了若干提案,主要涉及规则的适用范围、运输单证、承运人的识别、发货人、权利转让、仲裁等方面。

1.《鹿特丹规则》的适用范围

在 WP33[2] 提案中,荷兰提出了其对于规则适用于"门到门"运输的建议。首先,《鹿特丹规则》的适用范围扩大到海上运程之前和(或)之后的运输符合当前的做法,因为大多数国际货物运输合同包括"门到门"运输。因此,拟订一项新的只包含"港至港"运输的海运公约意义不大,只不过在现有公约中又增加一部海运公约而已。其次,《鹿特丹规则》如采用"海上运输加其他方式"的方法,会产生公约

---

[1] 联合国国际贸易法委员会:A/CN.9/658/Add.2,第 4 页。
[2] 联合国国际贸易法委员会: A/CN.9/WG.III/WP.33:荷兰关于该文书适用于"门到门"运输的提案。

冲突的问题,因为现有非海运公约中适用范围的规定普遍不够明晰。再次,为解决这种公约之间的冲突,比较可取的方法是修改现有的单一运输方式公约,使它们的调整范围由涉及某种类型合同改为涉及某种运输方式,并将运输范围扩大到自己的方式之前或之后的其他方式。并且,在经过修改的各单一运输方式公约中加入一个相同的公约冲突规定,即采用"单一方式加其他方式"的模式。最后,假如这种普遍的"单一方式加其他方式"制度得到足够的支持,则各公约所需的公约冲突条款可以包括商业当事方的选择,以便在不止一个公约适用于"门到门"多式联运的情况下对公约进行选择。

从联合国国际贸易法委员会第三工作组随后公布的 A/CN.9/544 号文件中可知,荷兰和意大利在与会期间的发言支持美国在 WP34 号文件中提出的有关《鹿特丹规则》适用范围的建议。"意大利和荷兰坚信,适用于整个'门到门'货物运输期间的统一赔偿责任制度将是最明了和最简单的解决办法。"对于公约之间冲突的问题,荷兰和意大利两国赞同在公约中采用限定范围的网状责任制度,即《鹿特丹规则》最终采纳的"最小网状责任制"。

荷兰支持规则的调整范围扩展到"门到门"运输,也是从保护其本国航运利益的角度出发。一方面,对"门到门"运输实行统一的责任制度,将使承运人对整个运输区段承担的责任更具稳定性、可预见性;另一方面,在国际公约或国内法强制适用的责任期间内,适用免责与赔偿责任限制制度,承运人有权引用免责条款或者限制自己的赔偿责任。规则统一调整"门到门"运输有利于承运人免责和限制赔偿责任的权利得到保障。

《鹿特丹规则》有关适用范围及承运人责任形式的规定基本符合荷兰代表团的立场。

2. 记名收货人提单

荷兰在 WP68[1]号文件中提出,规则仅提到可转让运输单证和不可转让运输单证,实际上还有一种运输单证也被使用,即记名收货人提单。国际上对于记名收货人提单的法律很不统一。收货人是否必须向承运人出示这种单证以便在目的地收取货物?这种单证是否是一种所有权单证?其内容对于收货人是否是最终证据?这种单证对于承运人是否体现权利?在权利从托运人转让给收货人的情况下,可以或必须采用何种方法?不同法域对于这类问题的回答大相径庭。在相同的法域也可能有不同的看法。尽管记名收货人提单的使用已有很长时间,但由于有关这种单证的法律的不确定性,仍在一些法域引起诉讼。如若使这类提单适用规则,办法是使用普通不可转让运输单证(如海运单),或者使用经托运人背书的

---

[1] 联合国国际贸易法委员会:A/CN.9/WG.III/WP.68:荷兰关于记名收货人提单的提案。

记名收货人的普通可转让运输单证(如指示提单)。然而,不可能期望记名收货人提单的普通使用者对这两种备选办法作出明确的选择。因此,规则有必要对这类提单作出特殊规定,以满足贸易实践的需要。荷兰在提案中建议将记名收货人提单定义为"一种注明必须交单提货的不可转让运输单证",并提出了记名收货人提单情况下的货物交付规则的建议,包括"在签发了要求交单提货的不可转让运输单证的情况下的交货"和"在签发了要求交单提货的不可转让电子运输记录的情况下的交货"的建议。

《鹿特丹规则》第46条"签发必须提交的不可转让运输单证时的交付"基本上采纳了荷兰的建议,规定:签发不可转让运输单证并载明必须交单提货时,承运人应在收货人按照承运人的要求适当表明其为收货人并提交不可转让单证时,在第43条述及的时间和地点将货物交付给收货人。声称是收货人的人不能按照承运人的要求适当表明其为收货人时,承运人可以拒绝交付;未提交不可转让单证时,承运人应拒绝交付。

荷兰的该项提议是从满足航运实践需要的角度出发,避免规则一旦生效后,给习惯签发记名收货人提单的当事方带来法律解释与适用上的麻烦,从而引发争讼。

3. 承运人的识别

荷兰与意大利在WP79号文件中建议,应在规则中设计相应的条款以更加便利地确定承运人的身份。建议的条款包括:在单证内容中规定"被确定为承运人的人的名称和地址";单证正面确定承运人身份的条款优于背面条款;若根据单证无法确定承运人的身份及住址,则推定船舶的登记所有人为承运人,除非登记所有人证明该船舶处于光船租赁并能证明承租人的名称及地址等。

荷兰与意大利的该项提议是为解决航运实践中长期难以解决的承运人识别问题,以便于货物索赔人能够更便捷地确定承运人的身份,便于行使索赔权。《鹿特丹规则》虽未完全采纳两国的意见,但在第39条对"承运人的识别"问题作了特别规定,其中第2款即采纳了荷兰与意大利关于"推定船舶的登记所有人为承运人"的建议。这项规定无疑为货方的索赔权提供了更加安全的保障,同时增加了船舶所有人的负担。这是因为,根据《鹿特丹规则》的规定,船舶所有人如想反证,不仅要证明船舶已被光船租赁出去,而且要证明光船承租人的名称及地址。

4. 删除有关发货人的内容

荷兰、意大利与韩国代表团在WP103号文件中,提议将有关发货人的相关内容删除。理由是:

(1) 发货人可能是托运人,也可能是单证托运人。如果发货人不是这两种人,也可能是在按照托运人或单证托运人的指示行事或代表托运人或单证托运人行事,规则无必要对其单独作出规定。

(2) 规则中无一处规定单独由发货人承担的任何义务。这意味着,除非发货人是托运人或单证托运人,否则根据规则其没有自己应负的义务。

(3) 删除"发货人"概念的另一个好处是可以避免规则同其他运输公约和某些国内法相混淆。[1]

(4) 公约中删除发货人的概念,运输单证的定义也可以得到简化。在公约中,运输单证"仅作为收据"的功能便不再必要。

该提案从简化《鹿特丹规则》的目的出发,得到了工作组的普遍认可。该规则最终将有关发货人的相关内容删除,符合荷兰的立场。

5. 权利转让

荷兰代表团在 WP96[2]号文件中指出,对于规则草案中第十一章"权利转让"中的三个条文,有些主题没有争议,而有些确实有争议。具体如下:

(1) 对第 59 条"签发可转让运输单证或可转让电子运输记录时的权利转让"的规定没有异议,该条尤其对电子商务十分重要,因为在电子单证的功能等同性方面,必须首先对纸质单证确定这条规则,才能确立电子单证的等同性。此外,鉴于电子商务和赔偿责任实际上被视为规则草案核心的第 5 条规定,草案第 59 条很显然应当保留。

(2) 第 60 条第 2 款论及赔偿责任转移这一问题,在许多法域是非常棘手的问题。与之相关的一个问题是,可转让单证的第三方持有人是否受运输合同条款的约束,各国法律对这一问题有各种各样的规则。另一个问题是,转让人是否以及在何种程度上免于承担责任。这些事项往往在国内法律下造成十分棘手的难题。因此,荷兰建议删除该款。至于第 1 款和第 3 款,荷兰也认为有争议。这两款中有争议的问题是中间持有人的地位:在一系列销售活动中的商品贸易商,特别是仅为担保目的而持有可转让单证的银行,这些中间持有人的法律地位还不够明确。但这些持有人的认识可能并非如此,因为他们通常认为自己只要不干涉运输就是"安全"的。但该不确定性也是一种商业惯例,它向为商品贸易提供资金的银行提供了十分可取的确定性,因而将使规则整体上更能获得这些重要利益方的接受。

(3) 规则草案文本中该章还有一条,第 61 条"未签发可转让运输单证或可转让电子运输记录时的权利转让",该条一部分是适用法条款,一部分是规定了实质性规则的条款。荷兰认为将适用法条款放到一个实体法公约中并不合适,而且可

---

〔1〕 在《统一国际航空运输某些规则的公约》(即《蒙特利尔公约》)和经《修订议定书》修订的《国际铁路货物运输公约》附录《国际铁路货物运输合同统一规则》中,"发货人"这一术语系指承运人的合同对应方。一些国内法律有相同用法,或用"发货人"指离岸价情况下的货物卖方。

〔2〕 联合国国际贸易法委员会:A/CN.9/WG.III/WP.96:荷兰代表团提交的关于第十一章"权利转让"的提案。

能会与前面关于控制权转让有关问题冲突,因此建议删除该条。

《鹿特丹规则》最终大部分采纳了荷兰代表团的提议,保留了草案第59条、删除了第61条,但没有删除第60条第2款关于赔偿责任转移的规定。

6. 仲裁

荷兰代表团在WP54[1]号文件中指出,规则应当包含管辖权条款,不应当有可能通过仲裁自由来规避这些条款;对于仲裁和法院诉讼之间的选择,不应当在很大程度上影响到目前的行业做法;在非班轮运输中,仲裁是主要的纠纷解决办法,而在班轮运输中,仲裁协议是一种例外情形。因此,荷兰建议删除关于仲裁的第十七章,从而将仲裁问题完全交与现行关于仲裁的国际文书和国内法处理,第十六章的标题应改为"管辖权与仲裁",在其中加入一条有关仲裁协议的条款。《鹿特丹规则》最终并没有采纳荷兰代表团的建议,保留了"仲裁"一章。

7. 总体立场

荷兰是传统的航运国家,并且一直在国际海上货物运输公约制定中发挥积极作用。第一个国际海上货物运输公约,即《1924年统一提单若干法律规则的国际公约》就以《海牙规则》命名。荷兰认为目前国际海运领域的三大公约,即《海牙规则》《维斯比规则》和《汉堡规则》年代久远,已经过时,对海上运输领域出现的新情况不能处理。在《鹿特丹规则》的制定中,除提交提案外,荷兰代表团在联合国国际贸易法委员会第三工作组的讨论中一直发挥积极作用。其提出的很多建议,如运输单证、承运人交付货物等,基本上都得到了采纳。荷兰基于其航运国家的基本利益,一直认为现行《海牙—维斯比规则》规定的承运人赔偿责任限制金额是适当的,不赞成提高或大幅度提高。荷兰对美国提出的有关批量合同规定的建议也不持完全支持的态度。

尽管如此,荷兰对《鹿特丹规则》持基本赞成的态度,认为该规则为实质性改进国际海商法创造了条件,预计将促进世界贸易,因而值得全球予以接受。荷兰认为,新公约首先为海商法的现代化创造了条件。特别是《鹿特丹规则》引进了一个更加平衡的制度,处理承运人对货物灭失、损坏或者迟延交付所负的赔偿责任;适当考虑到现代海上运输合同经常是多式联运合同,且当今许多货物已集装箱化,并且规定了能够从法律上支持电子商务模式的迫切需要的规则,从而有利于货主、承运人和运输的其他相关当事人;填补了当前国际海商法中的一些重要空白,如托运人义务、单证和控制权等新规则;处理了某些特定问题,如承运人交付货物、承运人的识别、运输法中FOB价格卖方的地位和船方不负责装卸(及理货)费用条款的法律后果。然而,荷兰对《鹿特丹规则》的上述基本态度,与其所具有的对国

---

[1] 联合国国际贸易法委员会:A/CN.9/WG.III/WP.54:荷兰有关仲裁的提案。

际条约容易妥协的态度，以及该规则以其港口城市鹿特丹命名并在鹿特丹签署有一定的关联。

（四）英国

英国作为传统的航运大国，在以往的国际海上货物运输立法中起到了十分重要的作用。在《鹿特丹规则》的起草和制定伊始，英国欢迎并支持联合国国际贸易法委员会和国际海事委员会开展工作，努力拟订一部新公约，以取代现有海上货物运输公约，并就货物运输中发生的风险，在承运人和货主之间实行比现有公约规定更适合当前情况的交易安排。英国也同意联合国国际贸易法委员会关于新公约应当引入调整运输行业当前和预期发展情况的新规则的政策，如"门到门"运输和电子运输记录的使用。此外，英国还大力支持联合国国际贸易法委员会和国际海事委员会的目标，主张新公约应当超过现有公约，有可能实现各国海运法更大程度的协调，尽可能促成这方面的一致性。

然而，在《鹿特丹规则》的制定过程中，英国的态度并不积极。究其原因，英国作为传统的航运大国，已经不是商船队和海运贸易量意义上的大国，而主要体现在航运技术、航运经纪、航运保险、航运信息服务、海事案件诉讼与仲裁等航运服务领域，尤其是海事案件诉讼与仲裁。因此，国际海上货物运输法律的统一与否并不影响其航运服务大国地位。相反，国际海上货物运输法律的不统一，反而会给其带来更多的海事案件诉讼与仲裁业务。

在《鹿特丹规则》的制定过程中，英国只是关心有关仲裁的相关规定，其曾在WP59号文件中提出有关仲裁的相关意见。这是英国在《鹿特丹规则》制定过程中提交的唯一一个书面的正式提案。英国对于仲裁问题的基本立场是将租船合同仲裁条款的可执行性延伸至提单或其他运输单证，提议应当在规则草案中列明一项不加限制的允许运输合同中的仲裁协议具有可执行性的条款，并且认为，数年来的经验证明，这样的规定对于解决海事纠纷是"令人满意和有效率的"。

英国的立场很明显，即希望能够更大程度地扩大提单中仲裁条款的效力，使得仲裁协议的可执行性更加确定或直接延伸至提单或其他运输单证的第三方持有人，从而能够使更多的班轮运输纠纷通过仲裁解决，英国因此可以其航运仲裁中心的地位赚取更多的仲裁费用。然而，《鹿特丹规则》并没有采纳英国的提案。

《鹿特丹规则》通过后，英国组织专家进行了评估。英国认为，《鹿特丹规则》能否实现其目的，取决于是否实现合理程度的法律确定性。这意味着该规则的条款必须足够清晰，可以表明该规则的意图，并且该规则可以在实践中切实发挥效力。英国认为，如果实施新规则的代价是增添复杂性和法律的不确定性，令人无法接受，导致毫无必要、成本高昂以及也许没有结局定论的诉讼，则新规则的所有潜在好处将无从实现。

总体而言,英国认为,《鹿特丹规则》案文无疑是复杂的并且在某些地方缺乏清晰性。尤其是"运输合同"的定义和第九章"货物交付"以及第十一章"权利转让"涉及的技术性问题没有得到很好地解决,将导致《鹿特丹规则》适用的不确定性。这些问题从最坏方面讲可能成为批准的障碍,从最好方面讲可能成为以后频繁发生争端和诉讼的根源。[1] 因此认为,《鹿特丹规则》在实践中能否较为有效地运作,仍然不能肯定。

（五）希腊

希腊历来是船东国家。作为全球第一船舶大国,希腊并没有在《鹿特丹规则》制定过程中表达太多声音,没有向联合国国际贸易法委员会第三工作组提交任何提案。从其于2008年提交给联合国国际贸易法委员会的意见可以看出,希腊对《鹿特丹规则》中很多涉及对船方权益的条文表现出了关切。例如,对第17条第3款中删除航海过失免责和第14条承运人使船舶适航义务适用于整个航程持保留意见,对承运人赔偿责任限额的提高、管辖权和仲裁等条款也持有不同意见。

因此,希腊对《鹿特丹规则》中诸多对承运人义务、赔偿责任和责任有关条款的规定表达了不满,认为会导致风险和赔偿责任分配不利于承运人,不能确保权利义务在运输合同当事人之间公平分配。但希腊也认为,当前国际公约和不同法域实行的国内立法极其分散,导致缺乏统一性,从而不可避免地降低商业和法律确定性,制定一部新的国际公约符合实践需要,但对《鹿特丹规则》的条文不甚满意,持否定态度。[2]

（六）德国

德国为世界第三大船东国家,也是欧洲第一贸易大国、世界第三贸易大国。但是,德国从一开始就对《鹿特丹规则》的制定没有表现出多大热情,在联合国国际贸易法委员会第三工作组的历届会议上没有提出提案。从其于2008年提交给联合国国际贸易法委员会的意见中可以看出,德国对《鹿特丹规则》有诸多不满,主要表现为对公约的适用范围、承运人的责任期间、海上运输之前或之后的运输、托运人义务等条款,特别是对某些容易引起承运人责任减轻、加重托运人义务的条款,表达了不满。[3]尤其是该规则有关国际货物多式联运的规定与其国内法的规定相差甚远。

---

[1] 联合国国际贸易法委员会：A/CN.9/658/Add.13,第4页。
[2] 联合国国际贸易法委员会：A/CN.9/658/Add.10,第2页。
[3] 联合国国际贸易法委员会：A/CN.9/658/Add.11,第2—6页。

因此,德国对《鹿特丹规则》持否定态度,认为其有可能并且只是在现有的法律制度之外增加另一种法律制度,该规则条文需要加以改进,才能真正实现运输法领域的国际统一的愿望。

(七) 法国

法国是欧洲乃至全球重要的货主利益国家,在《鹿特丹规则》的制定过程中发挥了积极作用,尤其是在协调与非洲国家态度方面充当了协调人的角色。

法国和澳大利亚联合在 WP88 号文件中对批量合同的相关规定提出了建议。两国主要针对批量合同的定义,意图使批量合同的含义更加明确具体,以防止部分合同当事方利用其定义的模糊性而规避规则的强制性规定。这两个国家的意图很明显,出于对本国货主尤其是中小货主利益的保护。然而,《鹿特丹规则》并未采纳该建议,第 1 条第 2 款有关批量合同的定义仍比较宽泛。

另外,法国代表团在 WP89 号文件中提议,将《鹿特丹规则》与内陆或航空运输所适用的公约之间关系的相关条文合并,《鹿特丹规则》最终未采纳该建议。

法国认为,《鹿特丹规则》将随之带来海运法的改变,其批量合同的规定可能大大扩大有关承运人责任的合同自由的范围。该规则条款目前还存在某些技术性问题,如第 13 条承运人特定义务的规定,认为存在一些严重的缺陷,因为该条允许承运人只承担作为代理人的责任,从而允许其通过合同的手段逃避承担作为承运人的责任,在原则上背离了该规则的多式联运性质。总体来看,法国对《鹿特丹规则》有诸多微词。[1] 法国的基本态度是不赞成该规则。

法国托运人协会(AUTF)作为欧洲托运人协会(European Shippers Council)的代表,自 2006 年起以非政府间组织的身份一直跟踪《鹿特丹规则》的制定。在该规则即将通过之前,法国托运人协会向政府表达了对该规则的不满,认为:

(1) 该规则没有确立平衡托运人与承运人权利义务的必要规定,继续保留了赋予航运业的传统优势。

(2) 该规则没有对海运立法进行彻底现代化,没有遵循承运人对全程运输负责的原则,没有将 50 年集装箱化和国际货物多式联运"门到门"运输发展的影响清楚地并入该规则之中。尤其是批量合同制度中无限制的合同自由将使得大量托运人处于危险境地并牺牲收货人的地位,该规则对绝大多数没有经验的托运人而言可能构成严重的风险,使其处于比 1924 年《海牙规则》之前更糟的地位。

(3) 该规则未能成为促进欧洲特别需要发展的多式近海航运的工具,即该规则主要调整海运,不满足托运人发展包含海运区段的多式联运的期望。[2] 法国托

---

[1] 联合国国际贸易法委员会:A/CN.9/658/Add.3,第 2 页。

[2] "The French Shippers Council (AUTF) addresses its government on the Rotterdam Rules",http://www.docin.com/p-91260464.html.

运人协会鉴于对该规则的上述种种不满,认为很有必要采纳欧洲地区性法律制度,以满足欧洲内部货物运输方式从陆运到海运的转变,因为《鹿特丹规则》只是一个假想的统一文书,根本不能满足这种运输方式转变的需要。此外,欧盟委员会(European Commission)对《鹿特丹规则》作了否定性的评估,之后发布了一份欧洲多式联运文书草案并作了说明。法国托运人协会建议政府不批准《鹿特丹规则》。

三、加拿大

作为贸易大国的代表,加拿大赞成联合国国际贸易法委员会制定一部适用于海上货物运输的国际公约,使得国际海上货物运输法律适合国际海运实践现实和需要。对于制定新的海运国际公约的现实需要,加拿大海商法协会曾建议采用快、慢两种解决方案:由联合国国际贸易法委员会采用慢的解决方案,国际海事委员会采用快的解决方案。慢的方案由联合国国际贸易法委员会在国际海事委员会文本的基础上继续推进;快的方案由国际海事委员会立刻就《海牙—维斯比规则》以下内容提出修正案:管辖和仲裁、承运人单位责任限制、实际承运人和履约承运人以及港到港运输。加拿大在联合国国际贸易法委员会的几次会议上也提议由联合国国际贸易法委员会自身采用快、慢两种方案。但是,加拿大的意见并没有被联合国国际贸易法委员会所接受。

加拿大从一开始就不赞成新规则适用范围扩大到"门到门"(door to door)运输,而主张应建立基于"港到港"(port to port)原则的严格制度。加拿大在2002年联合国国际贸易法委员会第三工作组第10届会议上提交了WP23号文件的提案。在该提案中,加拿大的基本立场是应将规则的调整范围维系在"港到港"范围,而不应扩大到"门到门"。加拿大认为,联合国国际贸易法委员会的目的是着重于恢复海运方式国际法的统一。这一目标不应因工作组的工作范围延伸至其他运输方式而被损害。制定一项严格限于海运方式的新国际公约,将比一项还旨在调整其他运输方式的国际公约更有望被广泛采纳。

加拿大的该项提案未得到工作组的认可,《鹿特丹规则》调整的范围为"门到门",且实行"最小的网状责任制"。可见,工作组意图制定统一各种运输方式的国际公约的决心。然而,《鹿特丹规则》的此种规定引起了德国、加拿大、澳大利亚、新西兰、瑞典等国家的不满,由此使得国际社会对该规则生效及实施前景的信心遭受挫折。

因此,加拿大对《鹿特丹规则》的前景并不看好,持否定态度,认为该规则内容过分繁琐,条文既不清晰又模棱两可,极有可能步《1980年联合国国际货物多式联运公约》或1978年《汉堡规则》的后尘,并表示只有当美国、欧盟、中国和印度等主要航运大国和贸易大国都加入《鹿特丹规则》,加拿大才会勉强加入《鹿特丹规则》。

四、澳大利亚和新西兰

(一) 澳大利亚

澳大利亚是传统的贸易大国。在联合国国际贸易法委员会第三工作组会议期间,澳大利亚与法国在 WP88 号文件中针对批量合同提出议案,目的在于使批量合同的含义更加明确具体,以防止部分合同当事人利用其定义的模糊性而规避规则的强制性规定。澳大利亚意图很明显,是出于对本国货主尤其是中小货主利益的保护。然而,《鹿特丹规则》最终并未采纳该建议,有关批量合同的定义仍比较宽泛。

澳大利亚对《鹿特丹规则》有三个原则性的关切和一些具体关切。三个原则性的关切是:规则内容的复杂性;可能会有利于承运人,而损害小托运人的利益;通过批量合同方面的规定,从一个强制性的赔偿责任制度转变为一个以合同自由为基础的制度。具体关切是对具体条文的关切,主要针对"运输合同""批量合同"定义、适用范围、赔偿责任基础、托运人义务等。因此,澳大利亚对《鹿特丹规则》持保留意见。[1]

(二) 新西兰

新西兰和澳大利亚一样,也是代表货主利益的贸易国家,也对批量合同的相关规定表示不满。目前新西兰实施《海牙—维斯比规则》。该规则是一套强制性制度而不能背离。新西兰在一套统一协调的系统下运作已有 100 多年的历史,从来没有实行过与强制性制度并行的可背离强制性的制度。同时,新西兰认为,准许批量合同背离规则是不可取的。首先,它违背了实现法律统一这一基本原则;其次,它可能使弱势方在谈判中面临对方滥用权利的危险。如果大量使用这种背离规定,规则就会给这方面的法律带来高度的不确定性。新西兰保险业认为,这样一种不确定性不利于促进良好的风险管理。[2]

新西兰是一个岛国,国际海上货物运输量较大,而经营国际海上货物运输的承运人较少,新西兰因此担心可能成为滥用批量合同的牺牲品。货方能否从灵活性和合同自由中得到好处,取决于他们的商业运作的完善程度,也取决于他们的谈判能力。缩小批量合作的定义范围,可以把规模较小的货方利益同规模较大、商业运作方式更完善的货方利益分开处理。因此,在联合国国际贸易法委员会第三工作组制定《鹿特丹规则》期间,新西兰建议删除关于批量合同可背离规则的第 80 条,

---

[1] 联合国国际贸易法委员会:A/CN.9/658。
[2] 联合国国际贸易法委员会:A/CN.9/658/Add.2,第 3 页。

或者至少对批量合同的定义作出限制。但是,从目前《鹿特丹规则》的行文上可以看到,新西兰的这一愿望并没有实现。新西兰的态度与澳大利亚一样,对《鹿特丹规则》持保留意见。

五、亚洲国家

(一) 中国

中国是新兴的航运大国,但还不是航运强国。中国一直密切关注《鹿特丹规则》的制定。中国政府积极派代表团参加联合国国际贸易法委员会第三工作组的各届会议,提出了三个正式书面提案,并积极发言、参加非正式协商。

中国在《鹿特丹规则》制定过程中的三个正式书面提案,主要涉及合同自由、选择法院的协议及货物交付。合同自由方面主要在 WP37 号文件中提出。中国认为,规则应当适当放宽对合同自由的限制,将航次租船合同纳入规则的调整范围。《鹿特丹规则》对班轮运输的调整应是强制性的,而对航次租船合同的调整是非强制性的。但是,该建议未得到工作组的认可。

在 WP98 号文件有关管辖权的提案中,中国主要建议严格限制批量合同中排他性法院选择协议对于第三方具有约束力。中国认为,将排他性法院选择协议适用于批量合同的第三方,将影响规则草案第 69 条赋予其选择管辖法院的权利。批量合同的第三方并不是批量合同的当事人,将排他性法院选择协议的效力扩及该第三方,无疑是强迫其接受该协议。这样做对该第三方不公平,无法体现当事人的合意,与将排他性法院选择协议限于批量合同的初衷相悖。但是,该建议亦未被工作组采纳。

有关货物交付问题,中国建议删除规则草案第 48 条"签发可转让运输单证或者可转让电子运输记录时的交付"第 2 款第(4)项至第(7)项。第(4)项至第(7)项主要是允许承运人在谨慎行事的前提下,可以不凭可转让运输单证而将货物交出。[1]中国认为这样的规定不妥当,原因如下:首先,虽然第(4)项和第(5)项赋予

---

〔1〕 第 48 条第 2 款第(4)项至第(7)项的主要内容是:(四)持有人接到了到货通知而未在货物到达目的地后在第 45 条述及的时间或者期限内向承运人主张提取货物的,承运人应当通知控制方,控制方应当就货物的交付发出指示。承运人经合理努力无法确定控制方的,承运人应当通知托运人,托运人应当就货物的交付发出指示。承运人经合理努力无法确定控制方或者托运人的,承运人应当通知单证托运人,单证托运人应当就货物的交付发出指示。(五)承运人根据本条第(4)项按照控制方、托运人或者单证托运人的指示交付货物的,解除其在运输合同下向持有人交付货物的义务,而不考虑是否已向承运人提交可转让运输单证,也不考虑凭可转让电子运输记录主张提货的人是否已按照第 9 条第 1 款述及的程序证明其为持有人。(六)承运人根据本条第(8)项对持有人负赔偿责任的,根据本条第(4)项发出指示的人应当补偿承运人由此遭受的损失。该人未能按照承运人的合理要求提供适当担保的,承运人可以拒绝遵守这些指示。(七)一人在承运人已根据第(5)项交付货物后成为可转让运输单证或者可转让电子运输记录持有人的,仍根据此项交货前的合同或者其他安排取得对承运人除主张提货权以外的运输合同下的权利。

承运人可根据控制方或托运人的指示交货的权利,但第(7)项规定无辜的第三方提单持有人仍然享有要求承运人交货的权利,而草案的规定又并未提供一套规则让承运人判断将来是否会产生这样一位"无辜的第三方提单持有人"。因此,草案的规定其实并不能清晰地指引承运人在何时可以毫无疑虑地根据控制方或托运人的指示将货物交付出去。其次,赋予托运人以及单证托运人这种权利,有可能增加欺诈事件的发生,损害持有人的利益,并进而损害承运人的利益。同时,会降低提单的质押担保作用,损害作为中介的银行的利益。但是,该建议未得到工作组的认可。

在联合国国际贸易法委员会第三工作组制定《鹿特丹规则》的过程中,中国关注的内容主要有四个方面:第一,承运人赔偿责任限额。作为一个航运大国而不是强国的发展中国家,中国认为现行《海牙—维斯比规则》规定的承运人赔偿责任限额是符合国际航运实践的,但考虑到1978年《汉堡规则》已经实施,可以接受《汉堡规则》规定的承运人赔偿责任限额。2008年7月3日,在联合国总部举行的联合国国际贸易法委员会第41届大会上,中国同希腊及韩国等都对《鹿特丹规则》第61条承运人赔偿责任限制的规定表示不满,认为该条规定的限额过高,超出了航运实践的需要。第二,批量合同的规定。在WP98号文件有关管辖权的提案中,中国除主要建议严格限制批量合同中排他性法院选择协议对于第三方具有约束力外,认为对允许批量合同背离规则应当作出更加严格的限制。第三,单证托运人。中国是出口贸易大国,而且出口商大多数是中小企业。中国认为,FOB价格条件的卖方作为单证托运人需得到作为托运人的买方的同意,将有损卖方的利益。第四,关于货物迟延交付,中国认为应限于承运人和托运人约定了交付货物的时间的情形。这一建议得到《鹿特丹规则》第21条"迟延"的采纳。

(二) 日本

日本在《鹿特丹规则》的制定过程中有两个比较重要的提案。其中,在WP65号文件中,日本提议在有关规则适用范围的一般规定中删除"运输合同规定由本公约或赋予本公约法律效力的任何国家的法律管辖该合同",使得规则适用于国际运输合同,理由是此条款源于《海牙规则》,而《海牙规则》的适用范围非常有限,规则草案已规定扩大其适用范围。如此规定会在不同的法域产生一系列法律解释和适用上的冲突问题。此建议得到了联合国国际贸易法委员会第三工作组的认可,在其后的规则草案中删除了该规定。

日本的另一个提案是WP76号文件。在该文件中,日本总结了其在工作组各代表团和观察员中分发的关于诉权和诉讼时效规定的非正式调查表所获得的答复,并提出自己的意见。其中,在诉权方面,日本建议规则草案中删除有关规定,留待各国国内法解决。这也是大多数国家的意见。在诉讼时效方面，日本主要建议规则应当列入对托运人等货方索赔的诉讼时效。大多数国家的意见是将时效期间限制在1年。对于诉权问题，《鹿特丹规则》最终采纳了日本的建议，删除"诉权"一章。有关时效的规定，《鹿特丹规则》第十三章"时效"基本采纳了日本的建议，第62条"时效期"规定就违反该规则规定的义务所产生的索赔或争议提起司法程序或仲裁程序，时效期间为两年。

日本对《鹿特丹规则》的制定非常积极，对目前条文也基本满意。在《鹿特丹规则》的制定过程中，日本经常与美国的观点一致，可以说是美国重要观点和方案的支持者。总体上，日本对《鹿特丹规则》持基本肯定态度。[1]

（三）韩国

韩国作为航运国家，对于《鹿特丹规则》的制定给予了高度的重视。在该规则的制定过程中，韩国在WP103号文件中与意大利、荷兰代表团联合提出删除发货人的相关规定。该提案得到了联合国国际贸易法委员会第三工作组的认可，《鹿特丹规则》最终删除了发货人的相关规定。

韩国对承运人责任制度的设计非常关注，认为承运人责任赔偿限额的规定过高。此外，韩国认为《鹿特丹规则》第1条第2款关于批量合同的定义过于模糊，没有对使用批量合同规定具体的门槛，因此有可能造成大宗货物托运人随意背离规则对其规定的义务或赔偿责任的情形，同时小宗货物托运人得不到充分保护。这一意见没有被工作组最终采纳。韩国认为，以上两点将严重影响韩国作为航运国家的利益，因而对《鹿特丹规则》的态度非常审慎，保持中立。[2]

六、非洲国家

（一）西非和中非国家

西非和中非国家都是发展中国家，外贸和航运均十分落后，其对外进出口贸易总额不及世界总量的3%。在《鹿特丹规则》制定过程中，尼日利亚曾代表西非和中非18国提出议案，该议案主要体现了非洲国家意图维护《汉堡规则》中承运人和托运人的责任模式，限制批量合同，保护其中小货主利益的立场。然而，非洲国家虽数量庞大，但在国际社会尤其是国际立法中的影响力还较小。另外，非洲大部分国家是《汉堡规则》的缔约国，而《汉堡规则》在国际社会的影响力比较小，其参加国多为一些航运及贸易都欠发达的小国家。因此，非洲国家意图以《汉堡规则》的

---

[1] 联合国国际贸易法委员会：A/CN.9/658/Add.6，第2页。
[2] 联合国国际贸易法委员会：A/CN.9/658/Add.5，第3页。

模式构筑新的国际运输立法的立场无法得到大多数国家,尤其是没有得到航运及贸易大国的支持,其建议也大多未被工作组采纳。[1]

2008年7月3日,在联合国总部举行的联合国国际贸易法委员会第41届大会上,非洲国家分别对批量合同及第17条承运人赔偿责任基础的规定表示不满。对于前者,非洲国家担心批量合同的规定会损害其本国大量存在的中小货主的利益,因为中小货主的实力及谈判能力有限,容易在批量合同中处于劣势地位而得不到法律的保护。对于后者,复杂的举证责任的规定不利于非洲国家中小货主,非洲国家希望按《汉堡规则》规定的承运人推定过失责任原则的规定处理。因此,大部分非洲国家都对《鹿特丹规则》持基本否定的态度。

(二) 埃及

埃及是1978年《汉堡规则》的成员国,也是发展中国家,航运和贸易都欠发达。对于《鹿特丹规则》,埃及认为从总体上看是积极的,其不仅适用于包括国际海上运输区段的国际货物多式联运,也适用于完全通过海运进行的单式货物运输,力求实现托运人和承运人的利益平衡。同时,《鹿特丹规则》力求更新海上货物运输法,顾及电子贸易的需要和信息科学的发展,同时保障船舶运输技术的进步等。

但是,同非洲其他国家一样,埃及对《鹿特丹规则》的条文也有诸多不满,主要集中在海运履约方、批量合同、合同事项、承运人赔偿责任基础及赔偿金额的计算等。埃及更加关注《鹿特丹规则》对货主利益的保护,认为该规则仍有诸多需要解释和修订的地方。[2]因此,埃及对《鹿特丹规则》持中立态度。

七、南美国家

委内瑞拉属于拉丁美洲地区经济较为发达的国家之一,是世界上重要的石油生产国和出口国,主要出口石油及其副产品、铁砂等,主要进口机器、工业原料、运输设备、化工产品、食物等。其通过国际海上运输的进出口货物主要是石油和散货,因而对主要适用于班轮运输的《鹿特丹规则》并不十分积极。从委内瑞拉提交给联合国国际贸易法委员会的政府意见中可以看出,其对《鹿特丹规则》没有任何实质性建议,只是对个别条款行文和解释上有些许意见。[3]除"金砖四国"之一的巴西外,南美洲其他国家的航运和贸易均不甚发达,在世界海运贸易中话语权很小。

在《鹿特丹规则》的制定过程中,南美洲国家普遍表现不积极。《鹿特丹规则》通过后,南美洲国家政府持中立和观望态度。

---

[1] 联合国国际贸易法委员会:A/CN.9/658/Add.1,第2—5页。
[2] 联合国国际贸易法委员会:A/CN.9/658/Add.14,第2—10页。
[3] 联合国国际贸易法委员会:A/CN.9/658/Add.4,第2—3页。

第三节 国际组织的立场与态度

一、国际组织在《鹿特丹规则》制定过程中的参与机制

由于历史原因,国际社会形成了以国际海事委员会和联合国国际贸易法委员会为基本主体的国际海上货物运输公约制定机制。《鹿特丹规则》最初的起草工作是由国际海事委员会承担。这有两方面的原因:一是国际海事委员会起草制定的《海牙规则》和《维斯比规则》取得了世界范围内的成功;二是联合国国际贸易法委员会在1999年委托国际海事委员会从事新公约的起草工作。

在国际海事委员会对现行公约现状及其存在的问题进行研究,以及后来形成国际海事委员会运输法草案的过程中,各国海商法协会、国际商会(ICC)、国际海运保险联合会(IUMI)、国际货运代理协会联合会(FIATA)、国际航运公会(ICS)和国际港口协会(IAPH)等非政府间国际组织广泛参与草案的起草过程。

在联合国国际贸易法委员会第三工作组起草《鹿特丹规则》的过程中,这些国际组织继续发挥作用,而且政府间国际组织也加入到《鹿特丹规则》的起草过程中,提出各种提案。邀请有关政府间和非政府间国际组织参加规则制定过程,被视为实现联合国国际贸易法委员会与这些组织之间合作与协调的适当而有效的方法之一。这些国际组织可以分为三类:第一类是与联合国国际贸易法委员会活动直接相关的组织,有权参加委员会及其工作组的任何会议,包括联合国贸易和发展会议(UNCTAD)、国际商会、国际统一私法协会(UNIDROIT)和海牙国际私法会议(Hague Conference on Private International Law)等;第二类是与联合国国际贸易法委员会有特殊关联的在专题方面具有特殊能力的组织,根据委员会及其工作组的需要被邀请参加特定会议,如美洲铁路协会(AAR)、波罗的国际航运公会(BIMCO)、国际海事委员会;第三类是一个特别的类别,包括联合国机构、专门机构和享有联合国大会观察员地位的其他组织,具有观察员身份和权利,包括其出席联合国机构会议的权利。这类组织可以被认为是职能性观察员,因为其在提出请求的情况下可以参加联合国机构举行的关于其所认为与其利益相关事项的会议。联合国国际贸易法委员会为了遵守关于这类组织在联合国中的权利的规定,应当根据这些组织的请求,继续邀请其出席委员会及其工作组举行的关于与其利益相关事项的会议。

这些国际组织的广泛参与,一方面增加了联合国国际贸易法委员会专家所不具有的法律专门知识,为委员会与在国际贸易法领域开展工作的各组织进行合作与协调奠定了基础;另一方面使得相关问题的讨论更难以取得一致意见或妥协,正

如加拿大威廉·台特雷教授所指出的那样:"他们有着自己的特别的议程,他们提出建议正如其他的起草者一样。联合国国际贸易法委员会也加入了代表个别国家的代表团,并且在许多问题上是否具有共识而举手表决,诸如此类。怪不得草案中有这么多备选条款未作决定。"[1]

国际组织的广泛参与具有下列意义:第一,能够全面反映国际航运和贸易利益各方主体的立场和观点;第二,不同利益方在规则制定过程中的博弈能够更好地实现规则对利益各方的平衡;第三,使规则更具有现实性、务实性和可操作性;第四,有利于规则通过后获得更多国家的认可,使其早日生效。但是,国际组织的广泛参与也导致规则某些内容上的妥协性,甚至导致规则含义的不确定性。

二、政府间国际组织的立场与态度

(一)联合国贸易和发展会议

联合国贸易和发展会议(United Nations Conference on Trade and Development, UNCTAD)认为《鹿特丹规则》存在诸多问题,主要集中在:

1. 适用范围

《鹿特丹规则》旨在调整"门到门"的国际货物运输,但只有海运利益方参加规则的制定,缺乏该规则适用于多种运输方式的合理性和合法性基础。对于承运人责任体系,《鹿特丹规则》的规定显然并没有比当今几大国际公约有实质性优势。[2]

2. 义务性条款

《鹿特丹规则》的大量义务性条款是《海牙—维斯比规则》和《汉堡规则》的复杂拼凑,将会损害已经建立起来的船货双方利益确定性格局,并且使利益天平向船方倾斜,不利于保护托运人和第三方。

3. 目前其他国际公约尚未调整的事项

主要包括运费、控制权、权利转让等。目前这些领域由各国或地区法律调整,内容千差万别,要达成国际统一非常困难,《鹿特丹规则》所提供的文本框架并不清晰明确,欠缺对细节的考虑。

4. 合同自由

当根据批量合同运输货物时,《鹿特丹规则》规定的赔偿责任制度自动适用,但其中一些条文的规定可以通过合同得到豁免或更改。显然,就谈判能力大致同等的当事人之间缔结的运输合同而言,这一做法不会引起公共政策方面的忧虑。

---

[1] 郑志华编译:《统一运输法草案评论》,载北大法律信息网。
[2] 联合国国际贸易法委员会:UNCITRAL document A/CN.9/WG.III/WP.21,Annex I.

但如果在谈判能力明显不同等的当事人之间订立合同,情形将截然不同。正是在这种情形下,出现了对可能使用批量合同作为豁免手段规避原本适用的强制性赔偿责任规则的担忧。因此,对《鹿特丹规则》强制性适用范围的讨论,有关赔偿责任条款的实质性内容可能需作重新考虑。[1]

5. 文本和框架

《鹿特丹规则》行文和结构异常复杂难懂,存在大量的交叉引用,必须借助于法律专家才可以理解,在各国法院具体适用该规则时将会造成不同国家有不同解释的尴尬局面。

总之,联合国贸易和发展会议虽然肯定联合国国际贸易法委员会为促进国际海上货物运输领域法律统一所作出的努力,但认为《鹿特丹规则》存在大量不足之处,无法获得其认可。

(二) 经济合作与发展组织

经济合作与发展组织(Organization for Economic Co-operation and Development, OECD)没有对《鹿特丹规则》发表明确的意见。但是,经济合作与发展组织于2001年1月25日至26日举行海上运输委员会研讨会,来自该组织成员国家或地区政府和业界大约120人参加,一些对货物责任问题感兴趣的国际政府间组织也派代表参加。这次会议的目的在于协助改革目前的海上货物运输法律制度,使其适合现代需要,并进一步澄清为制定政府和业界更能广泛接受的新制度可以采取哪些步骤。

此次研讨会达成普遍一致意见的事项主要有:一项新制度应包括迟延问题,交货时间由专门的合同条款约定;任何新制度应不仅包括传统提单,而且应包括其他不可转让运输合同,但不包括租船合同;新制度应与现代电子商务包括因特网完全相融;支持新制度纳入履约承运人的概念,同时不要放弃向签约承运人索赔的原则,也不允许签约承运人借口已将运输分包给另一承运人而逃避责任;新制度不应适用于活动物运输,因为处理这种货物需要专门知识;集装箱货物、舱面货物应包括在新制度适用范围之内,不需特殊规定,以符合当前的商业做法;须按照《汉堡规则》澄清承运人和托运人的义务和权利;运往缔约国的货物应包括在新制度适用范围内,即使始发港在非缔约国。

此次研讨会上意见相近但并非普遍一致的事项有:新制度应作为第一优先事项改进有关海上运输区段的制度,因为在现代商业做法中,多式联运变得日益重要,因而应进一步研究如何使新的海运制度适合其他运输方式。将海运制度扩展

---

[1] 联合国国际贸易法委员会:A/CN.9/WG.Ⅲ/WP.46,第5—6页。

至任何其他运输方式时,应充分认识到并处理与其他国际公约或国内法可能发生的冲突。应当平衡地分配责任,承认承运人和托运人双方的权利和义务。有了这种平衡,航海过失免责和其他事项可能得到支持。在承运人和托运人之间平衡地分配权利和义务对于海运安全和可持续性,特别是对于预防事故很重要。大量证据表明,按照《汉堡规则》的原则更加严格地分配责任最终会得到支持,但需要列出具体的抗辩事由。在任何情况下,托运人都应承担相应的义务等。

可以看出,此次研讨会达成普遍一致的事项基本上在《鹿特丹规则》中得到了较好的反映,符合与会代表对新的海上货物运输法律制度的希望;对意见相近的问题,《鹿特丹规则》也基本满足各方对货物运输责任体系要求。因此总体来看,《鹿特丹规则》基本上符合经济合作与发展组织对新制度的要求。

(三) 欧洲联盟

在欧盟内部,欧盟委员会(European Commission)和欧洲议会(European Parliament)针对《鹿特丹规则》的态度和立场可以说完全相左。

1. 欧盟委员会

欧盟委员会是欧盟三大机构(欧盟理事会、欧盟委员会、欧洲议会)之一,是欧盟的常设执行机构。根据《欧盟条约》第 221 条的规定,欧盟委员会是唯一有权起草法律文件的机构,负责欧盟各项法律文件(指令、条例、决定)的具体贯彻执行,与欧洲法院一起保障法律文件切实被遵守,并作为欧盟在国际舞台的代表,进行特别是商贸和合作方面的国际条约的谈判。

在 2007 年 10 月欧盟委员会发布的《货物运输物流行动计划》(Freight Transport Logistics Action Plan)中,特别提到欧盟委员会就单一运输单证和多式联运责任的行动计划。欧盟委员会作为观察员参加了有关《鹿特丹规则》的协商,并且一直在分析《鹿特丹规则》的利弊,并认为[1]:

(1)《鹿特丹规则》不能完全满足欧盟委员会的预期,因而欧盟有必要在该规则之外采取行动。

(2) 欧盟委员会不反对欧盟成员国批准《鹿特丹规则》,但有可能提议欧盟采取地区性立法,调整的范围包括不涉及海运区段的货物运输和涉及海运区段的货物运输。欧盟委员会意图根据《维也纳条约法公约》的规定,保证欧盟规则的适用优先于国际公约。

2. 欧洲议会

欧洲议会也是欧盟三大机构(欧盟理事会、欧盟委员会、欧洲议会)之一,为欧

---

[1] www.bsa-bg.com/images/circs/d-3350.doc.

盟的立法、监督和咨询机构。根据《欧洲联盟条约》和《阿姆斯特丹条约》，在大市场、科研、泛欧运输网络、消费者保护、教育、文化、卫生、就业政策、社会政策、海关、环境保护、海洋事务等 38 个领域，欧洲议会与欧盟理事会拥有共同决策权。

2010 年 3 月 23 日，欧盟议会在一份题为"2018 年前欧盟运输政策的战略目标与建议"(On strategic goals and recommendations for the EU's maritime transport policy until 2018)的欧盟议会决议第 11 项中指出：号召成员国快速签署、批准和实施设立新的海运责任制度的《联合国全程或部分海上国际货物运输合同公约》，即《鹿特丹规则》。但是，这一要求不是强制性的，不具有约束力。

三、非政府间国际或地区组织的立场与态度

（一）代表船方利益的国际或地区组织的立场与态度

1.《鹿特丹规则》制定中的立场和态度

国际航运公会、波罗的国际航运公会(BIMCO)和国际保赔协会集团(International Group of P&I Clubs)是代表船方利益的重要国际组织。它们一直密切关注《鹿特丹规则》的起草制定，在 A/CN.9/WG.III/WP.73 文件中，三个代表船方利益的国际组织表达了它们对一些关键问题的基本立场。

（1）关于管辖权和仲裁。规则不应对纠纷的解决作硬性规定。《海牙规则》和《海牙—维斯比规则》中未对管辖权和仲裁作出规定，并没有妨碍规则的广泛适用，也没有在原则或实践上造成任何困难。相反，在《汉堡规则》中列入有关规定却是作茧自缚，妨碍了规则的适用。货物运输合同从根本上说是私法事项，而不是公法事项。在现代社会中，这些合同当事人实际上都拥有同样谈判实力。该立场表明其意欲给承运人更多的解决纠纷的自由权利。

（2）运输单证和电子运输记录。第一，关于谁有权获得运输单证的问题，规则必须作出明确规定。托运人应当是有权获得运输单证的人。但是，这种规定应当仅仅是宣示性规则。换言之，托运人可以要求承运人将运输单证签发给另一人，即发货人或卖方。在 FOB 合同中，卖方应当在合同中确保 FOB 买方或托运人与承运人就运输单证签发给卖方或发货人达成一致。该观点表明，其想通过立法使承运人免于因在 FOB 买卖合同下签发单证的尴尬而被卷入诉讼，以保护承运人的利益。第二，合同细节中应列入有关要求提供托运人名称和地址的条文。第三，反对在运输单证或电子运输记录没有清楚地指明或根本没有提及承运人身份的情况下，推定船舶的登记所有人为承运人。第四，将不可转让单证视为最终证据并不合适，因为只有可转让单证才能成为最终证据。

可见，国际航运公会、波罗的国际航运公会和国际保赔协会集团以上针对运输

单证和电子运输记录的提议不仅意在保护承运人的利益,还极力维护承运人责任保险人的利益。

(3)迟延。在迟延问题上有两方面主张:第一,要么规则规定承运人和托运人都对迟延负有责任,要么规定它们都不负有责任。第二,除迟延给货物或船舶造成的实际灭失或损坏的赔偿责任之外,承运人对于其他任何当事人未明确约定的迟延造成的损失不负赔偿责任。这一建议也体现了这三个国际组织极力维护承运人利益的立场。

(4)赔偿责任限制。第一,主张规则采用《海牙—维斯比规则》设定的赔偿责任限额。第二,支持在无法确定货损发生区段的情况下,适用海运区段的赔偿责任及责任限额。第三,如规则采纳《海牙—维斯比规则》设定的赔偿责任限额,则支持赔偿限额的默示修正程序。在考虑赔偿限额的修正程序时,应考虑平均货物价值和运费率。

(5)诉权和诉讼时效。第一,主张删除"诉权"一章。第二,主张对承运人的诉讼时效期间为一年而不应延长,并应将该诉讼时效覆盖订约承运人及海运履约方。对于托运人的诉讼可能因更加复杂而需要延长,应留待各国通过国内法解决。

(6)其他问题。国际航运公会、波罗的国际航运公会和国际保赔协会集团在A/CN.9/WG.III/WP.87号文件中,除重申上述主要观点及理由外,还提出对于"海上运输之前或之后的运输"适用的法律应排除国内法,而仅应限于国际文书等建议。

从这三个国际组织的基本观点和立场可以看出其极力维护承运人及其责任保险人利益的立场。其提案中的一些建议被《鹿特丹规则》采纳。例如,删除"诉权"一章的建议、对于"海上运输之前或之后的运输"适用的法律应排除国内法的建议。然而,对于其提出的大部分针对关键问题的建议,《鹿特丹规则》并未采纳。例如,管辖权的相关规定、运输单证的相关规定、有关迟延的相关规定及赔偿责任限额等,《鹿特丹规则》都未按这三个国际组织的设想规定。这三个国际组织意图将《鹿特丹规则》的基本框架和制度维系在《海牙—维斯比规则》范围内,以保护船方利益。然而,《鹿特丹规则》出于克服海上货物运输风险能力的提高及平衡船货双方利益的考虑,大大加重了承运人的责任。总体而言,《鹿特丹规则》的规定与国际航运公会、波罗的国际航运公会和国际保赔协会集团的基本立场不符。

2.《鹿特丹规则》通过后的立场和态度

(1)波罗的国际航运公会。如前文所述,《鹿特丹规则》的规定与波罗的国际航运公会基本立场不符。但是,该规则通过后,波罗的国际航运公会最终表示支持该规则,理由是:波罗的国际航运公会相信该规则将在国际层面提供统一和协调,并且该规则对于船东和托运人而言都前进了一步。[1]

（2）欧共体船东协会（European Community Shipowners Association，ECSA）。欧共体船东协会表示支持《鹿特丹规则》，理由是：第一，该规则提供了必要的有关货物责任的法律确定性和统一性；第二，该规则对目前适用于海上货物运输的责任制度进行了现代化，并且填补了目前存在的一些空白，例如确立了电子商务规则，从而该规则将极大地便利国际和欧洲的贸易；第三，该规则提供了一个得到很好平衡的制度，该制度考虑了船东和托运人的利益，这一特征得到了全球除欧洲托运人协会之外所有托运人利益方的认同。[2]

丹麦马士基公司在欧共体船东协会中具有举足轻重的地位。显然，欧共体船东协会的上述观点与丹麦马士基公司的观点相同。

（二）代表货方利益的国际或地区性组织的立场与态度

1. 欧洲托运人协会

欧洲托运人协会（European Shippers Council，ESC）代表欧洲大约10万个制造商、零售商和批发商的货物运输利益。这些公司的进出口货物通过各种运输方式穿越欧盟和国际边境。欧洲托运人协会是代表货方利益的地区性组织中最积极参与《鹿特丹规则》的制定，并且在该规则通过后最明确表达其立场和态度的组织。

（1）《鹿特丹规则》制定阶段的立场与态度

欧洲托运人协会在其提交的 A/CN.9/WG.III/WP.64 号文件中即开宗明义表明："欧洲托运人协会系代表欧洲商业和工业公司作为各种运输方式的用户之利益的一个组织。"在其提交的 A/CN.9/WG.III/WP.64 及 A/CN.9/WG.III/WP.83 号文件中，主要对下列问题表示了关切，并表达了立场：

第一，支持规则中列入"诉权"一章，以确保托运人在提单转让后仍享有对承运人的索赔权。

第二，1年的诉讼时效期间过短，应为托运人设置更长的对承运人索赔的诉讼时效。

第三，应大幅度提高承运人的赔偿责任限额，且对于明显扩大《海牙—维斯比规则》和《汉堡规则》规定的赔偿责任限制适用范围的做法持十分谨慎的态度。

第四，关于合同自由，"在任何情况下都不得允许减损文书的重大内容，尤其是使用导致承运人所负赔偿责任得以减轻或免除的条文"。用于界定"批量合同"和"服务合同"等合同的标准"几乎涵盖托运人和承运人之间的所有商业关系，因此

---

[1] www.bsa-bg.com/images/circs/d-3350.doc.
[2] www.bsa-bg.com/images/circs/d-3350.doc.

不具备减损文书所必需的特殊性"。

第五,支持规则以明确的条文规定托运人的义务,但强调托运人承担的义务及其赔偿责任制度应与承运人均衡。具体而言,应规定托运人也享有相应的限制其赔偿责任的权利,以避免根据一般法律使托运人面临无限赔偿责任。另外,规则对针对托运人提起诉讼的时效期间和负责审理对托运人诉讼的法院管辖权也应作出相应的规定等。

第六,支持规则对控制权进行规定,以确保在货物交付以前托运人保留对货物的控制权利。

第七,关于规则与其他运输公约的关系,规则对船货双方利益的分配很不平衡,对托运人不利。因此,对非海运段适用单一运输方式公约,因为这类公约对托运人权益的保护远远胜于本规则。

从以上观点中可以看出,欧洲托运人协会作为代表货方利益的地区性组织,极力维护货方尤其是托运人的利益。随着航海技术及航运经济的发展,被广泛接受的《海牙规则》和《海牙—维斯比规则》对船货双方利益的分配已造成诸多不平等,使货方处于不利的地位。这也是联合国国际贸易法委员会意图制定新的统一运输法公约的重要背景之一。因此,出于平衡船货双方利益的考虑,联合国国际贸易法委员会第三工作组从总体思路上提高了承运人的责任,加强对托运人的保护。

欧洲托运人协会提出的一些保护货方利益的建议基本上在《鹿特丹规则》中得到了采纳。例如,延长对承运人诉讼的时效期间、提高承运人赔偿责任限额、控制权的规定等。但是,该规则毕竟是船货双方相互妥协的产物,不可能完全依据一方的意愿制定,欧洲托运人协会提出的一些过于苛刻的要求未被采纳。例如,限制承运人赔偿责任的适用范围、合同自由的相关规定、为托运人设置赔偿责任限额等。总体而言,《鹿特丹规则》与《海牙规则》《海牙—维斯比规则》相比,已大大增加了承运人的义务和责任,如废除航海过失免责、承运人使船舶全程适航的义务、大幅度提高承运人赔偿责任限额等,有利于对货方利益的保护。

(2)《鹿特丹规则》通过后的立场与态度

《鹿特丹规则》通过后,欧洲托运人协会于 2009 年 3 月明确表示对该规则持否定态度,认为[1]:一是该规则与其他公约存在冲突;二是该规则规定的托运人与承运人的义务和责任不平等;三是存在承运人在批量合同下大大减少其赔偿责任限制的风险;四是使得托运人的举证责任加重;五是使得托运人成功获得损害赔偿更加困难;六是使得托运人的义务更重;七是由于承运人的义务和赔偿责任限制比单一运输公约的规定更糟,会阻碍托运人将近海运输并入"门到门"物流。欧洲托运

---

[1] www.uncitral.org/pdf/.../rotterdam_rules/ESC_PositionPaper_March2009.pdf.

人协会得出结论:对于代表欧洲大多数国家压倒性贸易利益的大多数托运人而言,《鹿特丹规则》的规定不具有背离《海牙—维斯比规则》现状的正当性。

欧洲托运人协会根据欧洲托运人的利益,建议:一是平行制定一个与路上运输公约相协调的欧洲多式联运公约,以促进欧洲内部"门到门"货物运输的发展;二是欧盟成员国决定不签署《鹿特丹规则》,并公开表明这一观点;三是《海牙—维斯比规则》和《汉堡规则》在短期内仍作为适用于国际海上集装箱运输的适当公约;四是如果《鹿特丹规则》阻碍共同运输方式物流解决方案(co-modal logistics solutions),调整单一运输的公约应自动优先于《鹿特丹规则》。

但是,欧洲托运人协会指出,上述立场并不代表整个托运人协会,因为美国托运人协会——国家工业运输联盟(National Industrial Transportation League:Nitleague)和作为欧洲托运人协会重要成员之一的荷兰托运人协会(Dutch Shippers' Council)都表明了其支持《鹿特丹规则》的立场。[1]

法国托运人协会在欧洲托运人协会中具有重要地位,并且代表后者在《鹿特丹规则》制定阶段跟踪该规则的制定。显然,欧洲托运人协会的上述观点与前述法国托运人协会的观点相同。

2. 欧洲货运代理人协会

欧洲货运代理人协会的全称是"欧洲共同市场货运代理人联络委员会"(Comité de Liaison Européen des Commissionnaires et Auxiliaires de Transport du Marché Commun,CLECAT),代表19 000多家从事物流、货运代理和报关服务的公司。《鹿特丹规则》通过后,欧洲货运代理人协会于2009年5月11日发表了《欧洲货物物流与报关代表的声音》(The European Voice of Freight Logistics and Customs Representatives)一文[2],其立场和观点与国际货运代理协会联合会一致,不支持《鹿特丹规则》,主要理由是该规则过于复杂,且没有提供所需要的协调一致,并且主张其成员敦促欧盟机构和政府不批准《鹿特丹规则》。

(三)保险业国际组织的立场与态度

1. 国际海运保险联合会

国际海运保险联合会(International Union of Marine Insurers,IUMI)成立于1874年,由遍布世界各地的53个国家或地区海运保险协会组成。国际海运保险联合会的成员所收取的保险费占世界海运保险费的80%。[3]作为代表船舶和货物保险人的一个国际组织,国际海运保险联合会支持制定有关海上货物运输统一的

---

[1] www.bsa-bg.com/images/circs/d-3350.doc.
[2] www.uncitral.org/pdf/.../rotterdam_rules/ESC_PositionPaper_March2009.pdf.
[3] 联合国国际贸易法委员会:A/CN.9/WG.III/WP.28/Add.1.

现代化的公约,这一公约必须对所有有关各方公平合理。从国际海运保险联合会提交的意见中可以看出,其关注的主要问题及立场如下:

(1) 规则的适用范围。应将规则扩大至包含海运区段的"门到门"运输。此种明确的法律框架可以减少纠纷,简化追偿程序。这是因为,现行制度的一个主要问题是很难确定灭失或损害的发生地,因而无法确定责任方以及应予适用的责任制度。

(2) 履约方。应允许直接对承运人的分包人提出索赔要求,并支持制定一条规则,规定订约承运人和实际承运人负有连带责任,并禁止任何中间承运人或转运人将运输合同分包给另一承运人。

(3) 承运人责任。应更改风险分配的现行做法,废除承运人的航海过失免责和火灾免责,并应将承运人使船舶适航的义务扩展到海上整个航程。应维持现行承运人对所有货物灭失或损坏的赔偿责任制度不变,但承运人能够证明货物灭失或损坏并非其负责的事项所造成的除外。要求承运人和索赔方分担货物灭失或损坏原因的举证责任不切实际,因为这意味着货物保险人与承运人应具有同等的获得有关货物转运、搬运和装卸情况的信息的机会,而事实显然不是这样。

(4) 货物灭失或损坏的通知。通知的时限为3天是不够的,绝大多数情况下都无法实现。就所有各类运输,不论是"门到门"还是"港到港"运输,均规定为7天的通知期限比较合理,使得收货人有检查货物的合理机会。

(5) 诉讼时效。诉讼时效对货物保险人来说具有根本的实际意义。1年的时限太短,将造成为避免错过诉讼时效而提出不必要的诉讼。应该按照《汉堡规则》、最近加以修改的2000年《布达佩斯内河航道货物运输合同公约》及1999年《蒙特利尔公约》等所采取的做法,将该期限确定为两年。

(6) 合同自由的限度及适用范围。允许当事人通过合同不受规则各项条文的约束,会不利于制度的统一性。因此,应当对通过合同不受约束的程度加以限制。如果允许当事双方通过合同不受规则各项规定的约束,第三方也不应受此约束。

(7) 诉讼或仲裁地。对关于诉讼和纠纷仲裁地的相关规定深表关注,敦促采用《汉堡规则》中的措辞。《汉堡规则》规定:索赔人可从所列的地点之中选择一个法院地,包括运输始发地或交货地。不应允许订约承运人和托运人在约定法院地后将该选择强加给未表示同意的收货人。

从海运保险联合会的以上观点来看,其虽然是代表船货双方保险人的利益,但其大部分主张都体现了保护货物保险人的立场。其很多观点在《鹿特丹规则》中得到采纳,如规则的适用范围、废除承运人航海过失免责、扩展承运人的适航义务期间、时效等。与《海牙规则》和《海牙—维斯比规则》相比,《鹿特丹规则》中采纳的基本立场是加大承运人的责任,以更好地平衡船货双方的利益。因此,《鹿特丹规则》确定的加大承运人责任、保护货方利益的制度框架基本与海运保险联合会的立场相符。但是,该规则中没有采纳其有关货物灭失或损坏原因的举证责任、合同自由的限度及适用范围、诉讼或仲裁地的观点。

2. 联运保赔协会

联运保赔协会(TT Club)是为国际货物运输和物流行业提供保险和相关风险管理服务工作的互保组织,其成员包括船舶经营人,港口、码头、铁路、公路和航空运输的经营人,物流公司和集装箱出租人等。该协会认为《鹿特丹规则》规定的"海运履约方"制度将会造成在港口作业的码头公司和货物码头承担与承运人一样的责任和义务,当内陆承运人在港口作业时也承担同样责任。目前码头经营人不受任何强制适用的国际公约的约束,可以依照合同、贸易惯例甚至法律享有低于《鹿特丹规则》规定的赔偿责任限额。但是,该规则贬损了码头经营人的这种自由,同时在某些情况下可能使码头经营人无法依照合同、贸易惯例甚至立法的规定免除责任或限制责任。

因此,联运保赔协会劝告其成员和其他码头经营人,应该慎重考虑《鹿特丹规则》带来的重大责任变动,认为其将大大加重码头经营人的责任,对是否加入该规则要慎重考虑。

(四)国际多式联运协会的立场与态度

《鹿特丹规则》涉及多式联运的规定主要有两条,包括第1条第1款"运输合同"的定义和第26条"海上运输之前或之后的运输"的规定。国际多式联运协会在A/CN.9/WG.Ⅲ/WP.97号文件中表达了其对这些规定的观点和立场。

国际多式联运协会(International Multimodal Transport Association,IMMTA)认为,随着集装箱化的发展,多式联运正变得日益重要,需要一种统一、简单而透明的法律框架调整这类运输中所发生的货物灭失、损坏和迟延交付的赔偿责任。国际多式联运协会在深入研究《鹿特丹规则》的基础上,对于该规则中对多式联运有直接影响的若干条款表示担忧。多式联运协会认为,该规则并没有提供超过现有制度的任何优势,只是将海运赔偿责任制度延及所有含海运区段的多式联运合同。主要表现在:

(1)根据调整多式联运的现行法律和条例,国际多式联运经营人对整个运输全程承担责任。但是,根据《鹿特丹规则》则可能不尽如此。涉及承运人责任期间的规定允许承运人在合同中约定交接货物的时间和地点。此外,该规则还规定承运人仅作为代理人行事时可能对运输的某些部分不承担责任的情况,或可能由托运人完成货物的装载或卸载等情形。因此,国际多式联运协会认为,根据该规则,可能没有人对运输全程统一负责。虽然这些规定试图适应海运惯例,但这些规定给多式联运造成了不确定性和混乱。

(2) 关于赔偿责任制度。适用于多式联运的法律制度原本就存在不确定性，《鹿特丹规则》第 26 条的规定使之更进了一步。对于已确定事故发生地的货物灭失或损坏，该条采用了"最小网状责任制"，优先适用任何对发生灭失或损坏的运输段所适用的国际文书的某些强制性条款。这样，如果可确定灭失或损坏发生的地点，又有适用于该特定运输段的强制性国际文书，则该国际文书中涉及赔偿责任、赔偿责任限制和诉讼时效的条款将与《鹿特丹规则》的其余条款一并适用。这是将原本不合并适用的两种制度拼凑在一起适用于多式联运。各国法院可能难以确定应当适用哪一公约的哪些条款，因而会妨碍对公约的统一解释和适用。

(3) 关于货物灭失或损坏发生的地点不确定时规则的适用问题。如果货物灭失或损坏发生的地点不能确定，或者如果没有可适用的强制性国际文书，《鹿特丹规则》规定的海运赔偿责任制度将适用于多式联运全程，即使其中的海上运输区段很短。这种情形是常有的，因为集装箱装运的货物很难确定灭失或损坏发生的地点，而且实际上单一方式运输公约主要是欧洲公约，并未在全球适用。扩大一种单式运输制度的范围以调整其他运输方式，似乎是一种不恰当的解决办法。

鉴于上述问题，国际多式联运协会对《鹿特丹规则》调整现代多式联运是否适当持怀疑态度。总之，多式联运协会认为，该规则"没有处理多式联运的独特难题，也不太可能改善目前不尽如人意的状况"。因此，多式联运协会对该规则有关多式联运的相关规定持强烈的保留态度。

(五) 国际货运代理协会的立场与态度

1. 国际货运代理协会联合会

国际货运代理协会联合会(FIATA)是世界国际货运代理的行业组织，也是世界范围内运输领域最大的非政府组织，具有广泛的国际影响，其成员包括世界各国或地区的国际货运代理行业，拥有 76 个一般会员、1 751 个联系会员，包括 3 500 个国际货运代理公司，遍布 124 个国家和地区。

国际货运代理协会联合会在 A/CN.9/WG.III/WP.97 号文件中，对规则的适用范围表达了关切。该联合会反对将规则的适用范围扩大至"门到门"运输，认为这样会在运输单证和赔偿责任制度的适用方面造成混乱。对于公路、铁路和(或)航空运输，客户预期的是传统的赔偿责任，在这些情况下便不宜适用海上赔偿责任。该联合会还举例证明，若合同约定货物运输是从斯堪的纳维亚北部经由公路和(或)铁路运输到意大利南部，中途包括海上短途轮渡到德国，则仅因为该短途海运而适用《鹿特丹规则》有关责任制度的规定不合逻辑。

如规则扩大适用范围以涵盖海上运输以外的运输，便有必要明确限定适用范围,以便该规则不适用于绝大部分运输段不在海上的情形。此种限定将根本解决各公约之间的适用冲突这一争议颇多的问题。事实上,也符合联合国国际贸易法委员会制定的各公约中最为成功的 1980 年《联合国国际货物销售合同公约》第 3 条第 2 款所采用的办法,即在货物和服务同属一个合同而服务占绝大部分的情形下,限制公约对该合同的适用。

《鹿特丹规则》通过后,国际货运代理协会联合会表明了不支持该规则的态度,建议各成员建议本国或本地区政府不接受该规则。[1] 主要理由是:

(1) 该规则过于复杂,会产生错误理解和解释,导致额外交易成本。

(2) 国际货运代理人作为承运人或物流提供者时,如该规则规定的赔偿责任限制不仅适用于货物灭失或损坏,也适用于其他违反该规则的情形,会从《鹿特丹规则》获得利益,但在很多情况下需承担海运履约方的责任;当国际货运代理人作为托运人时,该规则对其不利,尤其是批量合同制度将增加其从承运人处获得损害赔偿的额外难度,以及该规则允许承运人签发可转让运输单证和可转让电子运输记录,同时允许其无单放货,将损害托运人的利益。

(3) FOB 卖方作为单证托运人时需与买方向承运人承担连带赔偿责任。

(4) 该规则的适用范围及"最小网状责任制"的相关规定,将导致法律适用的很多不确定性,大大增加了国际货运代理人的管理成本。

(5) 相对于《海牙—维斯比规则》,《鹿特丹规则》废除航海过失免责、提高赔偿责任限额、适用于电子运输记录等将带来利益,但此种利益通过修改《海牙—维斯比规则》更容易实现。国际货运代理协会联合会还预测《鹿特丹规则》不可能得到国际社会的广泛接受。

2. 加拿大国际货运代理协会

加拿大国际货运代理协会(Canadian International Freight Forwarders Association, CIFFA)主要对《鹿特丹规则》中两个重要部分发表了看法:

(1)《鹿特丹规则》的适用范围。加拿大国际货运代理协会同加拿大政府一样坚决反对该规则的适用范围扩大至"门到门"运输,应该严格限制在"港到港"运输,多式联运中其他运输方式区段适用强制适用的国际公约或国内法才是当今的商业实践。同时,根据《鹿特丹规则》第五章"承运人对灭失、损坏或迟延所负的赔偿责任"和第六章第 26 条"海上运输之前或之后的运输",托运人可能面临无法根据其他公约或国内法起诉缔约承运人,又不能起诉履约方的情况,从而对托运人十分不利。

---

[1] "FIATA Position on the UN Convention on Contracts for the International Carriage of Goods wholly or partly by Sea (the 'Rotterdam Rules')", Doc. MTI/507, Annex II. www.doc88.com/p-9022345860...html.

（2）合同自由。根据《鹿特丹规则》采用统一的"门到门"责任体系,缔约承运人对全程运输负责,会导致目前承运人和托运人力量的对比使承运人成为货物保险人,导致交叉诉讼和运费的提高。

《鹿特丹规则》没有采纳上述第一点意见,仍然规定适用于"门到门"运输,并成为该规则存在的合理性基础之一。从总体上看,加拿大国际货运代理协会对该规则存在的基础就持有怀疑,其对该规则持明显的保留态度。

（六）陆路运输国际组织的立场与态度

1. 国际公路运输联盟

国际公路运输联盟（International Road Transport Union, IRU）作为公路运输承运人利益的代表,主要对公路承运人的法律地位（第1条第7款）、《鹿特丹规则》的适用范围（第26条）及非正常贸易的范围[第81条第(2)项]表示其立场和态度。

（1）国际公路运输联盟认为,在海运履约方的定义中,应明确在港区进行服务的公路承运人不应被视为"海运履约方"。该意见未得到联合国国际贸易法委员会第三工作组的采纳。

（2）在A/CN.9/WG.III/WP.81号文件中列出的规则草案关于"海上运输之前或之后的运输"的相关规定中,对第(1)项的规定应删除备选文案B。[1]理由是:第一,如果"其他国际文书"是强制性适用,则假如该文书的适用取决于托运人是否就运输的非海运部分与承运人订有单独和直接的合同这一条件,这种强制性适用就会受到阻碍;第二,支持托运人就运输的非海运部分与承运人订有单独和直接的合同这一条件,还会与第26条第(3)项相冲突。该项规定"完全不能背离或不能在损害托运人利益的情况下通过订立合同背离"其他国际文书的强制性规定。可见,国际公路运输联盟对于《鹿特丹规则》适用范围的基本立场是,对于非海运区段应尽量适用强制性的国际文书,排除当事人之间的自由约定。《鹿特丹规则》最终采纳了草案第26条第(1)项备选文案B的规定,与国际公路运输联盟的立场不符。

（3）为避免海运履约方滥用"非正常商业货运"的特殊规定,降低其赔偿责任,应特别列明集装箱或公路交通工具不得视为"非正常商业货运"。该项建议亦未得到联合国国际贸易法委员会第三工作组的认可。

可见,国际公路运输联盟关心的是与公路承运人利益密切相关的有关非海运

---

[1] 根据A/CN.9/WG.III/WP.81号文件,第26条第(1)项备选文案B规定:根据该国际文书[或国内法]的规定,如果托运人已经就发生货物灭失或损坏或者引起货物迟延交付的事件或情形的特定运输阶段与承运人订有单独和直接的合同,本应适用于承运人的一切或部分活动的条文。

区段承运人的法律地位、非海运区段国际公约的强制适用等。但是,其建议基本未被《鹿特丹规则》采纳,该规则的规定与其基本立场不符。

2. 美洲铁路协会

美洲铁路协会(Association of American Railroads, AAR)认为,美国和加拿大目前已经有一套关于铁路承运人对所运输的货物的灭失或损坏承担责任,以及铁路承运人和托运人的权利和义务的完善制度。《鹿特丹规则》草案将对现行制度产生明显的影响,影响美国和加拿大铁路承运人对前后有海运阶段运输的货物的灭失或损坏所承担的责任。具体来讲,该规则草案第四章将适用范围扩大到海运之前或之后的内陆段,将使铁路受到该规则标准化的责任条款的约束。美国和加拿大的铁路承运人将因此被迫同意负担更重的责任,而得不到任何可以确定的补偿利益。

《鹿特丹规则》草案的规定对于美国和加拿大目前适用的制度可能产生不利影响。因此,美洲铁路协会中的美国和加拿大铁路成员强烈反对该规则草案规定的适用范围,其立场是有关海上运输货物责任的文书应当考虑到美国和加拿大铁路所关注的事项,起草的文字应该明确无误,以避免对以下方面造成不利影响:海运承运人和铁路承运人在海运货物的内陆段运输方面目前所作的合同安排;这种合同安排当事方之间的权利和义务。因此,只要对美国和加拿大铁路目前适用的责任制度带来不利影响,该规则草案规定的适用范围就不应当扩大到任何货物运输的陆路。

《鹿特丹规则》仅对海运履约方规定了直接的赔偿责任,而没有直接规定铁路承运人等非海运履约方的责任,且规定海上运输之前或之后的运输阶段所适用的国际文书的强制适用。因此,美洲铁路协会的担忧可以减轻,但可以肯定的是,美洲铁路协会对该规则仍有意见。

(七) 国际商会

国际商会(ICC)认为,目前有多种制度支配着国际海上货物运输期间发生的货物灭失或损坏的赔偿责任问题。这些制度中最突出的有1924年《海牙规则》和《海牙—维斯比规则》。其他货物责任制度包括《汉堡规则》和《斯堪的纳维亚海商法》。但一般而言,这其中没有哪一个制度充分考虑到集装箱化、多式联运、应时配送和电子商务等现代国际贸易的发展情况。联合国国际贸易法委员会为制定新的国际货物责任制度的原则所做的努力是可取的和值得称道的。由于海上货物运输责任制度问题就其性质而言是一个国际性的问题,在这一领域制定任何新的标准都必须与所有相关的行业代表进行实质性的磋商。

在制定一项新的统一的国际海上货物运输责任制度时,国际商会运输委员会支持建立具有以下内容和特点的制度：

(1) 促进"门到门"和海上运输责任制度的统一。

(2) 更新和阐明所有当事方的举证责任以及承运人或被索赔的中间人的抗辩理由。

(3) 允许特定海上货物运输合同的当事方约定背离国际海上货物运输责任制度的要求。

(4) 允许在一段时间后调整《海牙—维斯比规则》规定的责任限额。

(5) 制定程序和阐明有关货物责任的权利和义务，最大限度地减少由于过度诉讼给国际贸易带来的负担。

(6) 在对国际货物运输责任具有重要性的法院所在地选择、承运人限制条款、托运人的义务等其他事项上，采用现代的适当规定。

可见，《鹿特丹规则》的制定总体上符合国际商会对新的国际货运制度的构建期望，该规则基本上满足了上述几项要求，国际商会对该规则持基本肯定的态度。

第四节　国际、国内学术界的观点分歧

一、国际学术界的观点分歧

国际学术界针对《鹿特丹规则》的观点分歧突出反映在《蒙得维的亚宣言》及对其的反应上。

2010年10月22日，来自11个拉丁美洲国家的58位人士和乌拉圭3个行业协会的代表，以及来自西班牙、澳大利亚、瑞典、加拿大、英国的8名专家在乌拉圭首都蒙得维的亚签署发表了《蒙得维的亚宣言》(Declaration of Montevideo)[1]，呼吁本国政府不接受《鹿特丹规则》。8名专家包括西班牙海商法协会主席Jose Alcantera，以及著名海商法专家瑞典Jan Ramburg教授和加拿大William Tetley教授。该宣言中指出：《鹿特丹规则》的条文比同类规则更复杂，且没有公正对待托运人和承运人的义务和责任，会严重损害南美洲国家进出口公司的利益。宣言中，专家们从该规则新增的众多定义、批量合同制度、运输单证制度、船货双方利益格局、承运人责任制度等主要内容，具体分析了该规则的漏洞与负面影响。总之，专家们认为，《鹿特丹规则》为了统一现有国际海运立法试图作出各方面的全面规定，结果却导致该规则结构和内容都很复杂，其总体效果并非如立法者初始设计的目标，而且现代信息技术可以使不同国家充分了解和认识他国法律规范，无须完全

---

[1] http://www.pysdens.com/letters.asp.

依靠一部统一的运输法律解决所有问题。

有趣的是,《蒙得维的亚宣言》发表 5 天后,在国际海事委员会于 2010 年 10 月 24 日至 27 日在阿根廷首都布宜诺斯艾利斯举行的 2010 年研讨会的最后一天,即 2010 年 10 月 27 日,来自哥伦比亚、智利、西班牙、乌拉圭和委内瑞拉的 15 位学者在布宜诺斯艾利斯签署了一份《鹿特丹规则:拉丁美洲对蒙得维的亚宣言的反应》(The Rotterdam Rules: A Latin-American Response to the "Declaration of Montevideo")的文件,对《蒙得维的亚宣言》中呼吁本国政府不接受《鹿特丹规则》的五点理由逐一予以反驳,认为这些理由并不客观。[1]

此外,来自西班牙、意大利、法国、日本、芬兰、丹麦、美国和瑞士的 9 位学者发表一篇同样针对《蒙得维的亚宣言》、题为《蒙得维的亚宣言:事实》(Declaration of Montevideo: The Facts)的文章,其结构和内容与《鹿特丹规则:拉丁美洲对蒙得维的亚宣言的反应》基本相同。这 9 位学者都曾是分别代表本国政府参加联合国国际贸易法委员会第三工作组《鹿特丹规则》制定的人员。

二、国际学术界的观点分歧

吉林大学何志鹏教授在《〈鹿特丹规则〉的中国立场》一文中[2],对《鹿特丹规则》通过后国内学者的观点进行了归纳。他指出:自《鹿特丹规则》通过后至 2011 年 5 月底,在国内学术杂志上发表的直接关于《鹿特丹规则》的论文有 100 余篇,来自大连海事大学、上海海事大学、武汉大学、吉林大学、华东政法大学等的专家对《鹿特丹规则》所进行的国际航运制度变革进行了探索。对于中国是否应当签署和批准《鹿特丹规则》,大略可以分为以下四种观点:

第一种观点认为,《鹿特丹规则》凝聚了智慧,代表了先进的立法方向,即将开启一个新的时代,包括中国在内的所有国家都应当加入。[3]

第二种观点认为,《鹿特丹规则》取得了成绩,也存在一些问题,但中国作为海运大国应当加入,以保护本国利益。[4]

第三种观点则认为,《鹿特丹规则》内容过于复杂,规范内容的各项创新有待

---

[1] www.comitemaritime.org/.../Rotterdam%20Rules/The%20Rotterdam%20Rules%20-.
[2] 参见何志鹏:《〈鹿特丹规则〉的中国立场》,载《中国海商法年刊》2011 年第 2 期。
[3] 例如,李海认为,《鹿特丹规则》是"一个经历十多年智慧与心血的结晶、一套极具综合性的法律规则、一个平衡船方与货方利益的新成果"。参见李海:《〈鹿特丹规则〉:一个值得珍惜的统一法律的机会》,载《中国海商法年刊》2010 年第 1 期。
[4] 例如,司玉琢认为,《鹿特丹规则》的先进性表现为平衡利益、寻求统一、顺应时代、促进发展;其不足则表现为规则内容庞大、条款交织复杂,创新制度有不完善之处,有些制度的可操作性有待实践检验。参见司玉琢:《〈鹿特丹规则〉的评价与展望》,载《中国海商法年刊》2009 年第 1 期。

检验，所以应当谨慎。[1]

第四种观点认为，《鹿特丹规则》作为各国观点妥协的产物，近期很难生效，我国可以考虑借鉴其合理的方面，修订国内立法。[2]

第五节 结　　论

各国和一些国际组织在联合国国际贸易法委员会第三工作组制定《鹿特丹规则》期间，在联合国国际贸易法委员会第 41 届大会通过《鹿特丹规则》前后所持的立场和发表的观点，以及国际、国内学术界在《鹿特丹规则》通过后发表的观点，可以归纳如下：

一、主要航运国家的立场和观点

航运大国普遍认为目前国际海上货物运输三大公约共存的局面不利于国际海上货物运输法律的统一，不利于降低运输成本，不能反映时代发展的要求，有损国际贸易的发展。因此，制定一项新的国际货物运输公约是时代的需要，是航运发展的需要。航运大国普遍认为该规则行文复杂，体系庞大，在含义上存在不确定性。

在《鹿特丹规则》制定期间，以希腊为代表的一些航运大国对该规则持消极否定的态度，对该规则中诸多对承运人权利、赔偿责任和责任有关的条款不满意，认为不能确保权利义务在运输合同当事人之间公平分配。中国、希腊和韩国等国认为，该规则第 59 条规定的承运人赔偿责任限额过高，超出了合理需要。德国、瑞典等国家对该规则第 26 条对非海运区段的适用不满意，希望维系"港到港"的适用范围。

《鹿特丹规则》通过后，荷兰和丹麦等航运国家对该规则表示乐观，认为该规则实现了各方利益的总体平衡，是各方利益代表力量博弈的最新妥协，该规则将会促进国际海运领域法律的统一，有利于全球贸易的发展。

---

[1] 参见朱曾杰：《初评〈鹿特丹规则〉》，载《中国海商法年刊》2009 年第 1 期；张永坚：《如何评价〈鹿特丹规则〉》，载《中国海商法年刊》2009 年第 1 期。张丽英认为，《鹿特丹规则》的新变化对货方来说，应该说是有利有弊的，多数货主从整体上对新规则持积极的态度；应全面考查《鹿特丹规则》给船方、货方、保险、银行等各个方面可能带来的影响，以积极的态度对待《鹿特丹规则》，关注其在多式联运、控制权、电子运输单证等诸多方面的积极尝试，并以审慎的态度对待《鹿特丹规则》，认识到其对国际贸易举足轻重的影响，并持续关注中国主要贸易伙伴对新规则的态度，在此基础上就是否签署《鹿特丹规则》作出慎重决策。参见张丽英：《〈鹿特丹规则〉对中国进出口贸易影响的调研》，载《中国海商法年刊》2010 年第 4 期；邹盈颖：《中国法视角下对〈鹿特丹规则〉评估的认识》，载《法学》2010 年第 11 期。

[2] 参见费宏达：《〈鹿特丹规则〉视野下 FOB 条件下卖方之货物控制权》，载《辽宁行政学院学报》2010 年第 4 期；郭萍、张文广：《〈鹿特丹规则〉述评》，载《环球法律评论》2009 年第 3 期。

二、主要贸易国家的立场

主要贸易国家关心的问题主要包括：适用范围、托运人义务、批量合同及承运人责任基础等方面。

除美国对《鹿特丹规则》感到颇为满意外，其他代表贸易利益的国家对该规则的一些重要条款存有疑义。德国、法国、加拿大、澳大利亚、新西兰等国家对第26条关于该规则对非海运区段的适用不满意，希望维系"港到港"的适用范围；新西兰和德国等对批量合同的规定不满。此外，绝大多数贸易国家都认为该规则条文复杂，并且某些规定缺乏清晰性，适用起来有难度。总体而言，《鹿特丹规则》并没有获得大多数主要贸易国家的支持。

三、发展中国家的立场

除中国等少数属于航运大国和（或）贸易大国的发展中国家外，发展中国家整体上贸易与航运均不发达，同时对在旧政治经济格局下产生的国际海上货物运输公约不甚满意。因此，这些国家对新公约的制定普遍持期望的态度。但是，发展中国家由于本身实力不够强大，在联合国舞台上的话语权不大，认为《鹿特丹规则》最终在反映发展中国家利益方面并不充分。

约旦、委内瑞拉、捷克等一些中小发展中国家认为，新公约的制定并不能给其带来实质性利益改变，从而对《鹿特丹规则》的制定并不过多关心，对该规则的条文也没有实质性意见。但是，非洲国家，尤其是西非和中非国家，其本身就是《汉堡规则》成员国，在《鹿特丹规则》制定中，希望新的公约按照《汉堡规则》的模式对这些贸易小国有所照顾，因而对《鹿特丹规则》中许多加重托运人义务、模糊承运人责任的条款非常有意见，如有关批量合同、承运人责任基础条款等。非洲国家对批量合同制度设计不满，认为按照《鹿特丹规则》的规定会对中小货主带来不利；非洲国家对第17条承运人责任基础及免责条款的规定不满，主张采用《汉堡规则》采用的承运人推定过失责任的模式。《鹿特丹规则》最终并没有完全反映这些非洲国家的意愿，将影响到这些国家加入该规则的积极性。

四、国际和地区组织的立场和观点

在《鹿特丹规则》的制定中，代表船方利益的国际组织主要关心与承运人利益密切相关的条款，并希望新公约能最大限度地维系《海牙—维斯比规则》采用的船货双方利益分配机制；代表货方利益的国际和地区组织强烈要求新公约加大承运人责任，保护货方利益。国际多式联运协会、国际货运代理协会联合会、国际公路运输联盟等国际组织则更加关心新公约的适用范围及非海运区段的法律适用等问题。

《鹿特丹规则》通过后,很多非政府间国际和地区组织表达了对该规则的立场和观点。有的国际和地区组织,如欧共体船东协会,对该规则感到满意;不少国际和地区组织,如国际货运代理协会联合会、欧洲托运人协会、欧洲货运代理人协会,对该规则表示不满,对于该规则的适用范围、责任体系、合同自由等规定存有诸多不同观点,尤其认为该规则的规定无法达到其建立统一的"门到门"运输的法律制度。

《鹿特丹规则》通过后,在欧盟机构内部,欧盟委员会和欧盟议会形成了对立的观点。欧盟委员会认为,该规则不满足欧盟货物运输法律制度现代化的要求,主张欧盟成员国不参加该规则;欧盟议会对该规则表示满意,主张欧盟成员国参加该规则。

五、国际、国内学术界的观点

国际学术界针对《鹿特丹规则》的观点分歧突出反映在《蒙得维的亚宣言》及对其的反应上,形成了赞成《鹿特丹规则》和反对《鹿特丹规则》两种对立的观点。

国内学术界对《鹿特丹规则》的观点存在很大分歧,可归纳为四种观点:

第一种观点认为,该规则代表了先进的立法方向,包括中国在内的所有国家都应当加入。

第二种观点认为,该规则取得了成绩,也存在一些问题,但中国作为海运大国应当加入。

第三种观点认为,该规则内容过于复杂,规范内容的各项创新有待检验,所以应当谨慎。

第四种观点认为,该规则作为各国观点妥协的产物,近期很难生效,我国可以考虑借鉴其合理的方面,修订国内立法。

其中,持第一种和第二种观点的学者主要来自高等院校;持第三种和第四种观点的学者来自实务界和高等院校。

六、一般结论

世界主要航运国家、主要贸易国家、很多发展中国家以及相关的政府间和非政府间国际组织都积极参与了《鹿特丹规则》的制定并表达了各自立场。该规则是国际社会各种利益妥协的产物。该规则确立的基本制度较好地反映了现代航运、物流、技术、信息、法律等一般发展趋势。虽然主要航运国家、主要贸易国家和发展中国家的分类能够提供国际社会对于《鹿特丹规则》的一般性立场和态度,但鉴于各个国家的国情和利益需求不同,具体国家的立场和态度实际上非常复杂。

从目前形势来看,很多主要航运国家、主要贸易国家和很多发展中国家(主要是非洲国家)在对《鹿特丹规则》的一些关键性问题上存有争议和不满,但美国、丹麦、荷兰等国对《鹿特丹规则》表示满足和支持。美国、欧洲国家等一些航运国家或贸易国家对《鹿特丹规则》的制定起到了重要作用,但联合国国际贸易法委员会第三工作组为增强《鹿特丹规则》的接受度,最大限度地对各种利益者的立场进行了协调。

总体而言,为使国际海上货物运输法律制度现代化,新公约必须适应国际集装箱货物多式联运的发展和电子商务在国际航运领域的广阔应用前景,以及改变目前船货双方利益分担不均衡的现状,适当保护货方利益是大势所趋。《鹿特丹规则》基于此种需要,创设了很多新的制度,大幅增加了承运人的义务和责任。但是,虽然少数主要航运和贸易国家支持《鹿特丹规则》,仍有相当多的国家、国际组织不满意《鹿特丹规则》的这种妥协结果。

第六章 《鹿特丹规则》生效前景

第一节 影响《鹿特丹规则》生效的因素

一、问题的提出

本书第一章详细分析了《鹿特丹规则》制定的背景,特别分析了针对《海牙规则》《海牙—维斯比规则》和《汉堡规则》并存导致国际海上货物运输法律制度不统一的现实,国际航运发展和电子商务发展以及船货双方利益重新平衡的需要等,要求实现国际海上货运法律的变革。

联合国国际贸易法委员会制定《鹿特丹规则》的目的是为了改变目前国际海上货物运输法律制度不统一的状态,填补某些领域存在的立法空白,建立新制度以适应国际航运和国际贸易发展的新现实,并最终实现立法统一的目标。事实上,《海牙规则》《海牙—维斯比规则》和《汉堡规则》在制定之初也希望实现这些目的,但事与愿违,反而导致了国际海上货物运输公约"三足鼎立"的局面。

《鹿特丹规则》将真正实现国际海上货物运输法律的国际统一,解决目前国际海上货运法律制度存在的困境,还是将继续维持目前的"三足鼎立",或者形成"四足鼎立"?

问题的关键是:《鹿特丹规则》能否生效?有多少国家将批准或加入?哪些主要航运国家和贸易国家将批准或加入?如果只有少数对国际航运和贸易影响力不大的国家批准或加入《鹿特丹规则》。即使该规则生效,也避免不了将重现《汉堡规则》的命运,国际社会将形成"四足鼎立"的局面。国际海上货物运输法律不仅不能够实现国际统一,反而其不统一的局面将加剧。

虽然国际社会长期以来有实现国际海上货物运输法律制度统一的愿望,并为此作出了长期不懈的努力。事实证明,这实际上是一个分化和协调的过程,统一程度并不理想。国际海上货物运输承运人的归责原则经历了早期的相对统一和19世纪至20世纪上半叶的分化状态,而后又在20世纪二三十年代以通过《海牙规则》为标志实现了协调。这种和谐状态延续近半个世纪之久。进入20世纪六七十年代以后,随着《海牙—维斯比规则》和《汉堡规则》的相继通过,承运人的责任制度再次陷入分化局面。在这一期间,国际海运业经历了造船技术革命、运输方式变革、电子及信息新技术应用以及电子商务推行,使规范传统海运提单的法律规定日渐落后。为了尽早结束承运人责任制度的混乱状况,制定一部能够适应新的运输方式和技术手段的国际海上货物运输公约已成当务之急。[1]

国际海上货物运输法律统一的必要性体现在:最大限度地解决法律冲突问题;有利于公平竞争,促进国际航运发展;降低商业成本,有利于国际贸易发展;符合国际航运历史发展趋势。[2]

虽然《海牙规则》的成员数量目前在三大公约中最多,但《海牙规则》不能作为国际海上货物运输法律统一的平台。《海牙—维斯比规则》克服了一些《海牙规则》的不足,但也无法满足现代国际贸易和航运的要求。《汉堡规则》在实现国际海上货物运输法律统一的使命上可以说是失败的,目前缔约国并不具有代表性。联合国国际贸易法委员会希望通过制定新的公约,不仅能够反映现代贸易航运对法律的需求,而且通过提供新的平台来实现统一的目标。这是制定《鹿特丹规则》的基本原因。

所以,《鹿特丹规则》肩负着国际海上货物运输法律统一的光荣使命。但是,从《鹿特丹规则》的制定过程及联合国大会通过该规则后各方反应分析,该规则实现国际海上货物运输法律统一使命的前景并不乐观。本章对该规则的生效前景和未来命运作一些预测性分析。

影响《鹿特丹规则》生效的主要因素包括公约规定的生效条件、公约文本因素、国际经济贸易因素、国际航运因素、国际航运辅助业因素、政治因素、各国国内法因素、与相关国际公约关系因素、司法因素。这些因素可划分为四大类:公约本身的因素;公约对市场影响的因素;政治因素;司法因素。

二、公约规定的生效条件

根据《鹿特丹规则》第94条第1款的规定,该规则于第20份批准书、接受书、核准书或加入书交存之日起一年期满后的下一个月第一日生效。此条生效条件的规定和《汉堡规则》相同,仅以缔约国的数量为生效条件,且都是20个国家批准即可生效。该规则这一生效条件与承运人赔偿责任限制、海运之前之后的运输区段等规则内容有关,是各方达成的一揽子妥协的结果,基本思路是该规则生效条件既不能太高,也不能太低,即应该从该规则整体平衡的角度来考虑。

国际海事海商公约的生效条件大致有以下两种:(1) 缔约国数量,即达到一定数量的国家批准公约即可生效,如《汉堡规则》;(2) 缔约国家数量以及缔约国家的

---

[1] 参见傅廷中、杨俊杰:《国际海运立法中分化与协调的百年变奏——以海上货物运输承运人责任制度为视角》,载《法律科学》(西北政法学院学报)2007年第5期。

[2] 参见司玉琢主编:《国际海事立法趋势及对策研究》,法律出版社2002年版,第294—295页。

船舶规模,即公约的生效不仅需要一定数量的国家批准,还需要这些国家的船舶总吨位达到一定标准。如《维斯比规则》规定在收到 10 份批准书之日后 3 个月生效,但其中至少应有 5 个交存批准书的国家(或地区)是拥有相当于或超过 100 万总吨船舶的国家(或地区)。国际海事组织制定的国际公约大多数采用后一种模式,即缔约国数量加船舶规模的模式。

缔约国数量加船舶规模的模式,一方面可以保证公约生效时有一定的国家覆盖面,实现其全球化目标,另一方面一定的船舶规模要求又可以使公约在海运业有一定影响力,避免出现《汉堡规则》那样的尴尬局面。但是,《鹿特丹规则》没有采用缔约国家数量加船舶规模的模式,而仅仅规定 20 个国家批准即可生效。这样虽然有利于《鹿特丹规则》早日生效,但会引起人们对其生效后为国际社会接受程度以及影响力的担忧,步《汉堡规则》的后尘。曾有国家在《鹿特丹规则》制定过程中对该生效条款提议可以在该条款中添加一个条件,即要求批准国的世界贸易额达到某一数额以上或占世界船舶总数的某个百分比以上,但没有被采纳,原因之一是很难计算确定。

但是,仅 20 个缔约国数量的生效条件是否会使《鹿特丹规则》步《汉堡规则》的后尘,目前仍不确定。从《鹿特丹规则》整体平衡来讲,生效条款、赔偿责任限制和批量合同一揽子妥协及其他关键条款密切相关,该规则若获得这些达成妥协国家的支持,缔约国的船舶规模和国际贸易量都会远远超过《汉堡规则》缔约国的船舶规模和国际贸易量。因此,对 20 个缔约国数量的规定具有一定的合理性。

但是,一国政府及其代表在某一公约制定过程中的积极态度,甚至在公约上签字,与该国之后是否加入该公约之间只存在一定程度上的关系。《汉堡规则》有 21 个签字国至今未加入该公约,而 26 个国家不是公约签字国,但后来加入了公约,只有 7 个国家既是公约签字国,之后成为公约缔约国。

《鹿特丹规则》规定的较低生效条件,一方面通过较低的生效门槛使该规则容易生效,避免该规则破产;另一方面可能导致即使该规则生效,但其缔约国不具有代表性,大部分航运大国和贸易大国不愿意加入,从而不产生实质性影响力。

三、公约文本因素

公约文本因素包括公约行文结构、言辞用语等外在文字载体的表现形式。与公约实质性内容比较,公约文本因素对公约生效的影响相对次要些,但也是一个不容忽视的因素,因为其影响到对公约内容的解释和理解。法律是否具有可预见性,与规则含义的确定性直接相关。一部优秀的国际公约应为其服务的经济活动提供一套简洁易懂、权义明确的规则制度。这是评价公约能否被广泛接受的前提性条件之一。

《鹿特丹规则》是众多国家与国际组织起草制定长达12年之久而达成,内容大大超过现有三大国际海运公约的范围,增加了许多新概念和新制度,全文总共96条,远远超过《海牙规则》的16条、《维斯比规则》的17条和《汉堡规则》的34条,几乎是现有三大国际海运公约条款总数量的2倍,并且许多规定十分复杂,包括了大量的交叉引用。这对《鹿特丹规则》的解释带来了困难。

对于现行三大国际海上货物运输公约中没有涉及的新的内容,其术语定义又往往过于简单,如批量合同。这对《鹿特丹规则》的理解和解释带来一定的困难,并可能因此需要冗长且花费很大的诉讼来澄清有关规定,增加该规则适用的难度。

但是,作为一个努力涵盖国际货物"门到门"运输并尽可能地解决目前商业实践诸多问题的国际公约,《鹿特丹规则》的适用范围大于现行三大国际海上货物运输公约的适用范围。这种适用范围的扩大是正常的。参加该规则制定的大多数人认为,一些新的内容,如电子运输记录、控制权、权利转让等,需要在新公约中作出规定。从某种意义上讲,该规则条文复杂不可避免。同最初的草案相比,《鹿特丹规则》最终稿已经简化明晰了一些内容,一些含糊不清、理解困难的条文在该规则的制定过程中通过各方的讨论商议变得相对比较明确。

鉴于法律规则固有的一般性特点,在其适用于具体的特定案件时,必然会遇到法律规定如何解释的问题。普通法系国家一般通过判例的解释才能确立对成文法规则的理解。但是,基于国际社会对《鹿特丹规则》内容复杂性的普遍考虑,很可能导致在接受该规则方面遇到更多问题。

四、国际航运因素

从《海牙规则》到《维斯比规则》,从《汉堡规则》到《鹿特丹规则》,每个公约的通过都是试图对船货利益的重新平衡,而且总体趋势是减少国际航运经营者所享有的法定权利、增加其法定义务,同时直接或间接地增加对货方利益的保护。

《海牙规则》《维斯比规则》和《汉堡规则》三个公约生效的历史表明,国际航运经营者及航运大国或地区的态度对公约的生效及公约的影响力是最为关键的因素。航运大国或地区的态度基本上可以决定一个公约是否生效,或者决定一个公约的实际影响力。相对于国际经济贸易因素对《鹿特丹规则》生效的影响而言,国际航运因素所处地位更重要。航运国家,尤其是主要航运国家是否加入或批准公约,取决于公约对其本国国际航运业的影响。这种影响通常不是现实的影响,而是潜在的、预期的影响,本质上是基于对批准或加入公约可能产生的对本国国际航运业影响的认识和判断。这种认识和判断主要通过航运国家对《鹿特丹规则》与《海牙规则》或者《海牙—维斯比规则》的比较而得出。

一些主要航运国家认为,一方面,由于《鹿特丹规则》废除了承运人航海过失免责和火灾过失免责,大幅度提高了承运人赔偿责任限额,与《海牙规则》或《海牙—维斯比规则》相比,大大加重了船方的责任。所以,主要航运国家是否批准或加入《鹿特丹规则》,主要在于是否愿意放弃《海牙规则》或《海牙—维斯比规则》赋予的特别利益。另一方面,需要考虑国际航运经营者享有的这些特别利益在当今世界是否仍然具有充分的技术、经济、市场、法理等基础和依据。尤其需要指出的是,受金融危机的持续影响,目前国际航运市场处于低谷,而且预测今后几年国际航运市场状况不可能得到根本性改变。在航运市场处于低迷时期,增加承运人责任,尤其是大幅度增加承运人责任,无疑会导致国际航运经营者和主要航运国家对新公约的抵制。因此,当前国际航运市场的现状和对今后几年国际航运市场前景的预测,将影响航运国家对《鹿特丹规则》的接受。

从技术、经济、市场、法理等角度,如果航海过失免责等迟早将成为过时的规则,则《鹿特丹规则》代表了国际海上货物运输法律发展的新方向。这样,从长远看,随着认识的改变,《鹿特丹规则》确立的承运人责任制度将成为主导制度。但从近期看,仍不排除《鹿特丹规则》成为第二个《汉堡规则》的可能。

《鹿特丹规则》适用于包括国际海运区段的国际货物多式联运,其"最小网状责任制"的规定与调整现行公路、铁路、航空等单一运输方式的国际公约、区域性规则或者一些欧洲国家国内法存在很多冲突。从国际货物多式联运制度角度看,该规则并没有解决国际货物多式联运存在的法律问题。这也将影响航运国家,尤其是以德国和瑞典为代表的一些欧洲国家对待该规则的态度。

五、国际经济贸易因素

法律作为上层建筑,服务于经济并因为经济发展而改变。如果经济得到发展,但法律裹足不前,就可能造成反噬,对经济造成不利影响。法律本身具有保守的一面。这既是法律稳定性的需要,也是既得利益者有意维护的结果。法律的制定者在研究某一经济领域是否需要更新法律制度,以取代业已存在的法律之前,必须首先考虑经济需求。对海事国际公约的制定者们来说也是如此。英国法官霍布豪斯(Hobhouse)曾说:"最不可忍受的是对统一理念毫无思考的接受以及对国际商业社会的强迫适用理论。只有那些很好地满足商业领域需求的国际公约才会被认可。"[1]

经历 20 世纪 90 年代动荡激烈的调整期,进入 21 世纪以来,世界经济稳定增长。全球商业贸易额以 8% 的速度飞速增长,经济全球化已在横向和纵向上不断发展,而国际贸易在商品结构、质量、价值等方面的变化都将通过对航运市场的需

---

[1] J. S. Hobhouse, International Conventions and Commercial Law: The Pursuit of Uniformity, 106 L. Q. Rev. 530(1991).

求反映出来，其发展规律也具有趋同性，即无国界的经济加速了全世界的货物、服务、资金、人及资讯的流通。"门到门"运输是现代国际货物贸易的必然要求，这不仅是为了节省运输成本，更是为了提高物流速度。鉴于经济增长、贸易和海运服务三者之间的关系，全球海运贸易业达到新的高峰。《2012年海运评论》指出，2011年世界海运贸易量约有82亿吨，尽管同比增长有些减速，仅为4.8%，但作为一般规律，国际海运贸易量的增长速度一直是国际经济增长速度的两倍。

另一个不可忽视的变化是国际贸易方式的变革，尤其是电子商务已经渗透到国际贸易各个领域。在国际贸易活动中，利用电子商务可以大量减少甚至消除在传统贸易过程中的各种纸面文件和单据，避免数据的重复输入，简化工作程序。这不仅能加快信息的反馈速度，可及时得到大量的商业信息，减少差错，降低成本，提高效率，便于管理，在激烈的市场竞争中还可提供更有利于企业的贸易机会和条件。这一交流媒介的变革使得国际贸易中相关法律制度必须跟随其变化脚步，以期更好地调整国际贸易中的各种法律关系，减少矛盾纠纷。在国际贸易和国际航运领域，纸面提单由于其流转速度慢，使得实践中承运人在目的港无单放货成为比较普遍的现象，导致了大量无单放货案件的产生，而采用流转速度极快的电子运输单证是唯一的解决办法。但是，迄今为止国际上没有一个生效的国际公约直接调整电子运输单证的相关法律问题。国际航运领域广泛推广电子商务是一项复杂的系统工程，涉及技术、资金、法律和管理等方方面面的问题，存在许多困难。《鹿特丹规则》中电子运输记录制度为国际航运领域广泛推广电子商务奠定了规则基础。但是，与以往国际海上货物运输法律规则都是建立在国际航运惯例或普遍做法基础之上不同，由于电子运输记录没有实践基础，很多人担心《鹿特丹规则》生效实施后电子运输记录制度的可操作性。目前，没有人能得出电子运输记录制度可操作的结论。

《鹿特丹规则》较充分地考虑到了现代国际经济贸易发展对于公约的需求。从这一意义上讲，国际经济贸易因素对《鹿特丹规则》生效实施的影响应该是积极的。但是，从全面分析角度，这一结论显得简单，因为这主要是从技术性角度进行的分析，没有上升到利益权衡的高度来考虑。《鹿特丹规则》对于进出口贸易经营者（货方）保护而言，其中明显有利于对货方利益的规定高于《汉堡规则》对进出口贸易经营者保护的程度，因而进出口贸易经营者、贸易国家会支持《鹿特丹规则》的生效实施。但是，《鹿特丹规则》中的批量合同制度很可能使货方，尤其是大量谈判实力低于国际航运经营者的中小进出口贸易经营者，不但实际上难以获得《鹿特丹规则》带来的利益，反而会减少其利益。此外，正如在《鹿特丹规则》制定过程中很多非洲国家所担心的那样，该规则中货物索赔举证责任的规定对中小进出口贸易经营者不利，与《汉堡规则》相比并没有给其带来利益，甚至反而减少其利益。

单证托运人制度对 FOB 或类似价格条件下的货物卖方利益保护,令人担忧。

六、国际海运辅助业因素

按照《中华人民共和国国际海运条例》(以下简称《国际海运条例》)的分类,国际海运辅助业务包括国际船舶代理、国际船舶管理、国际海运货物装卸、国际海运货物仓储、国际海运集装箱站和堆场等业务。这些辅助业务是国际船舶运输业务中不可缺少的辅助环节。海上货物运输法律或公约直接或间接地规定了国际海运辅助业务经营者的法律地位及其权利义务,从而对国际海运辅助业务产生一定的影响。反过来,国际海运辅助业务经营者对于公约的立场以及有关国家从保护国际海运辅助业务角度对公约的认识和立场,同样对公约的生效实施产生影响。就《鹿特丹规则》生效前景而言,主要应考虑《鹿特丹规则》对国际海运货物装卸业务和集装箱场站业务经营者(即通常所指港站经营人)的影响。

《鹿特丹规则》对港站经营人的影响主要是通过对海运履约方的规定实现的。《鹿特丹规则》第 1 条第 7 款界定了海运履约方的概念和范围,即:"'海运履约方'是指凡在货物到达船舶装货港至货物离开船舶卸货港期间履行或承诺履行承运人任何义务的履约方。内陆承运人仅在履行或承诺履行其完全在港区范围内的服务时方为海运履约方。"第 19 条"海运履约方的赔偿责任"规定:"符合下列条件的,海运履约方必须承担本公约对承运人规定的义务和赔偿责任,且有权享有本公约对承运人规定的抗辩和赔偿责任限制……"

《海牙规则》《海牙—维斯比规则》和《汉堡规则》以及绝大多数国家的国内法并不明确港站经营人的地位和权利义务,《鹿特丹规则》给予了肯定的回答。该规则对港站经营人的影响可分为积极影响和消极影响两方面。如果适用该规则,有利的影响主要表现为:明确了港站经营人的法律地位及其权利义务。由于现行三大公约和绝大多数国家的法律并未明确接受承运人委托或者转委托而从事货物港口作业的港站经营人,是否有权援引承运人的抗辩和赔偿责任限制的规定。有些国家的海事司法实践对此持否定态度。由于《鹿特丹规则》将港站经营人包括在海运履约方范围内,从而港站经营人在其从事的货物港站作业中,有权享有该规则对承运人规定的抗辩和赔偿责任限制。不利的影响主要表现为:《鹿特丹规则》在承运人责任归责原则与免责、赔偿责任限制方面大大加重了承运人的责任,而海运履约方承担该规则对承运人规定的义务和赔偿责任,并且有权享有该规则对承运人规定的抗辩和赔偿责任限制,其结果是:由于承运人责任的加重,作为海运履约方的港站经营人的责任相应加重。

总体上,《鹿特丹规则》对港站经营人的影响是中性的,既有有利的一面,也有不利的一面。港站业务以贸易国家本国企业经营为主,虽然部分企业将业务拓展到全球的港站经营上。所以,作为影响《鹿特丹规则》生效实施的因素之一,航运国家在考虑是否批准或加入《鹿特丹规则》时,同时需要考虑该规则对本国港站经营人的影响。

七、政治因素

《汉堡规则》的制定和生效具有典型的政治因素,是在联合国体系内发展中国家将自身利益和政治立场上升到国际公约的代表。这导致了《汉堡规则》得不到主要航运发达国家认同的结果。《鹿特丹规则》的制定是从现行三大国际海上货物运输公约存在的立法空白、国际航运和国际贸易新的发展现实出发,以统一国际海上货物运输法律为目标。从这方面看,《鹿特丹规则》不同于《汉堡规则》。但是,《鹿特丹规则》与《汉堡规则》在试图改变《海牙—维斯比规则》建立的航运大国或地区游戏规则方面是相同的。因此,国际政治关系对《鹿特丹规则》的前途具有重要的影响。

在国际法层面上,一个国家是单一的实体。现实主义者认为,各国在国际大舞台上都坚持不懈地为取得和维持权利而奋斗。因此,国际法律制度及其产生的各种规则都是为了国家利益的平衡,维护对权利的共同追求而产生的。[1]国家是代表其国民的利益而行为,国际法律规则主要作为国内法律变化的结果,体现一国对国际公约所调整的社会关系的认可。但实际上,一国在国际立法程序上却代表国内多元化的参与者。即使大多数的条约需要得到国会的批准,实际上缔结条约时常常不是国会议员参加谈判,而是由外交代表或公务员参加条约的谈判。揭开进行不同条约谈判的各不相同的政府官员的面纱,经常会发现不同的私人利益集团在不同的条约谈判中发挥作用。在《鹿特丹规则》的制定中,实际上主要是各国船方和货方利益集团之间的冲突与妥协。著名国际法学者本维尼斯提(Benvenisti)认为:"国际不是一个坚固无缝的实体;许多普遍的利益冲突,实际上国内的冲突多于国外的冲突,避免国家内部的冲突比避免国家间的冲突要困难得多。跨国冲突的形式显示出国内利益集团经常与处于同样地位的外国利益集团合作,以便对与其匹敌的国内集团施加外部压力。"[2]事实上,国内不同类型的有影响力的集团可以在制定不同国际法规则时做工作,再一次增加这些规则之间发生冲突的危险;每个利益集团都想侧重于它们自己的利益,而不必考虑国内其他集团的利益和它们提出的规则。这种国家内部利益集团的冲突往往表现在一国对某一国际公约的生效态度上,出于国内不同利益集团斗争的压力,很多国家对于已经在国际会议上

---

〔1〕 See Anne. Marie Slaughter,The liberal international world of international law(1999)EJIL 503 at 507.
〔2〕 See Benvenisti,The way out of the era of globalization and sound(1999),98 Michigan Law Review,pp. 167-169.

通过的国际公约不予批准或加入。

除国内不同利益集团的冲突外，一国还要对公约是否有利于本国根本利益和发展进行综合权衡。就国际海上运输而言，国家都以本国的航运政策为基石，以批准或加入公约是否有益于本国航运业发展及国民根本利益来决定是否批准或加入。在国际海运领域，这种自我保护倾向体现为成员国最多的国际公约往往都是在公法领域，如1969年《国际油污损害民事责任公约》有近100个成员，1910年《统一船舶碰撞若干法律规定的国际公约》也有88个成员国家（或地区）。可以发现，此类公约往往都是对海难事故中国家（或地区）和公民权益的保护，从宏观层面更需要国家（或地区）出面来维护航运领域秩序的稳定，以实现维护公民生命健康安全、保护生态环境、惩处犯罪等任务。因此，此类公约制定后可以很快得到各国（或地区）的响应，生效时间也便加快。相反，对私法领域内的个人、企业权利义务分配的国际公约要得到各国（或地区）普遍认可的可能性就大大降低。这是由于涉及上文所述的国家（或地区）内部、国家（或地区）之间利益集团冲突问题。这一点从联合国国际贸易法委员会之前制定的其他国际公约的生效实施情况可见一斑。具体而言，1978年《汉堡规则》于1992年11月生效，从通过到生效经过了14年，而且至今参加国只有34个，并且其中没有任何航运大国和贸易大国；《1980年联合国国际货物多式联运公约》和《1991年联合国国际贸易运输港站经营人赔偿责任公约》至今没有生效。

联合国国际贸易法委员会制定《鹿特丹规则》，是力图改变在国际海上货物运输体系中三个国际公约并存的混乱局面，可以说是一次大胆的尝试，对全球海上货物运输市场利益格局的重新分配必然导致各个利益集团新一轮的力量角逐，航运大国自然要为本国的航运业争取更多的权益，而贸易大国则更加关注公约对货方利益的影响是否有利于其国家利益。

具体而言，在国际海运领域，占据主导地位的始终是航运大国和贸易大国。《海牙规则》和《维斯比规则》的诞生最主要的推动因素就是航运大国（或地区）和贸易大国（或地区）之间力量博弈的结果。传统航运大国以英国、日本、荷兰、希腊等国为代表。这些国家虽然内部也有不同的利益团体，但对外都是以维护本国航运业为第一考量要务，维护船方利益。传统贸易大国以美国、法国、加拿大、澳大利亚等国为代表。它们要求通过国际公约来限制承运人的权利，维护船货双方利益平等。可以说，过去一百多年国际海上货物运输立法都是航运大国和贸易大国之间不断讨价还价的妥协结果。但无论是航运大国还是贸易大国，历史上以发达国家为主，因为它们在国际社会有很大的话语权。因此，以往的很多国际公约，尤其是早期的国际公约，无论是维护船方利益还是货方利益，其根本性质并没有太多变化，都是维护发达国家建立起来的国际经济秩序。这引起逐渐壮大的发展中国家的强烈不满。发展中国家往往航运不发达,基本上以货主身份参与国际海运,对外贸易运输基本上由航运大国所控制,无法维护其自身利益,强烈要求改变《海牙—维斯比规则》体系下船货双方权利义务的平衡。

《汉堡规则》便是这种不满的政治化产物。《汉堡规则》虽然整体上平衡了船货双方的权利义务,但很多规定与当时的航运实践不一致,因而许多条款的实施条件不够成熟,如责任限额的提高、取消航海过失免责等。正因为如此,发展中国家推动《汉堡规则》的努力并没有得到发达国家尤其是航运大国的响应,其制定的宗旨并没有实现。《汉堡规则》的经验也告诉我们,政治化的国际公约在获得国际社会广泛认可方面将遇到许多困难。要实现国际海上货物运输法律的统一,必须最大限度地争取各类国家的支持,最大限度地满足各方需求。

此外,国际组织在公约的生效实施上也有一定影响。几乎所有重大海事公约都由国际海事委员会、国际海事组织、联合国国际贸易法委员会、联合国贸易和发展会议、国际劳工组织等国际组织参与起草并制定,对国际海事立法的统一起着非常重要的作用。某些国际航运协会组织对公约的影响亦不容小觑。它们往往有着航运市场相当大的影响力和控制力。美洲铁路协会、国际货运代理协会联合会、国际保赔协会集团、国际多式联运协会、国际海运保险联合会等国际组织对《鹿特丹规则》的态度也在很大程度上影响着它们的成员,进而影响有关国家是否接受《鹿特丹规则》。譬如,国际货运代理协会联合会作为全球运输领域中最大的非政府间国际组织以及国际货运代理行业的代言人,其对《鹿特丹规则》的意见无疑十分重要。但是,国际货运代理协会联合会在《鹿特丹规则》的制定过程中却认为,目前制定具有强制力的统一的多式联运公约并不必要,新公约适用范围应该界定在"港到港"。有些国际组织对《鹿特丹规则》却加以推崇,如国际保赔协会集团就十分支持"门到门"运输实行"最小网状责任制",建立承运人、货方之间责任的公平框架。因此,如何协调各种国际组织之间种种矛盾冲突,进而影响国家之间对公约的立场和态度,也是《鹿特丹规则》能否获得成功的一个关键因素。

《鹿特丹规则》制定过程表明,该规则同《汉堡规则》一样具有浓厚的政治因素。《鹿特丹规则》的制定过程,从某种意义上讲是联合国国际贸易法委员会第三工作组协调航运大国和贸易大国之间的利益冲突、协调代表不同利益团体的各种国际组织之间的利益冲突的过程。该规则是这些利益冲突协调的结果,是各种利益方妥协的产物。一个突出的例子是,非洲国家坚持承运人赔偿责任限额必须高于《汉堡规则》的规定,理由是《汉堡规则》于1978年产生,30年过去了,全球物价有了大幅度上涨,海运货物的平均价格也随之有了大幅度提高,因而如果承运人赔偿责任限额不高于《汉堡规则》的规定,有失公平。非洲国家作为发展中国家,虽然认识到其海运进出口货物的价格很少达到《汉堡规则》规定的承运人赔偿责任限额,从而规定高于《汉堡规则》规定的承运人赔偿责任限额对其并无现实利益,但这一诉求是其政治因素的考虑。美国为了在《鹿特丹规则》中规定其提议的批量合同制度,与非洲国家达成妥协,即非洲国家认可美国提议的批量合同制度,而美国认可非洲国家提出的高于《汉堡规则》规定的承运人赔偿责任限额,并在争取若干国家的支持后获得多数国家的认可。显然,这种妥协也是政治因素考虑的结果。

然而,《鹿特丹规则》中很多重要规定,如对于"门到门"运输的适用、承运人赔偿责任限额、货物索赔举证责任分配、批量合同、管辖权与仲裁等的规定,虽然获得多数国家的认可而得以通过,但并没有得到各国的普遍认可,有的只是勉强获得多数国家的认可,甚至有些国家只是为了使得该规则得以通过而作出此种认可。因此,一方面,不同利益方之间的利益冲突通过协调而达成妥协结果,使得该规则今后成功生效实施成为可能;另一方面,该规则具有的浓厚政治因素,使得该规则的生效实施具有很大的不确定性。

八、国内法因素

自从近代主权国家产生以来,有关国际事务(涉外事务)的立法是在国内立法和国际立法两条线上同时进行。进入 20 世纪后,国际立法发挥着越来越重要的作用。进入 21 世纪,随着经济全球化进程的加快,国际立法成为主导形式。但是,主权国家仍然发挥着基础性的作用。从国际社会统一立法角度,即使已经步入 21 世纪,国家主义和民族主义仍成为统一国际立法的一大障碍。许多国家并不愿放弃涉及本国重大利益事项的立法权,或者不参加有关国际公约,或者在公约允许的范围内予以保留,或者对公约在适用时作出修改。

目前主要航运国家和贸易国家都制定了本国海商法或海上货物运输法,并且不少国家从 20 世纪 90 年代后开始对本国海商法或海上货物运输法进行改革,如中国、北欧四国、俄罗斯等。因此,对海商法或海上货物运输法所涉及的许多领域,如承运人责任基础、赔偿责任限制等,各国都倾向于适用本国法律和由本国法院管辖。况且,《鹿特丹规则》在很大程度上改变了现有国际海上运输法律制度,如扩大适用范围至"门到门"运输、删除航海过失免责、提高承运人赔偿责任限额、批量合同、电子运输记录等。这些改变与目前各国的海商法或海上货物运输法有很大差异。《鹿特丹规则》基本上体现了美国的意愿。该规则与美国至今仍在使用的《1936 年海上货物运输法》相比,有着重大的变革。作出众多变革的《鹿特丹规则》如何与各国海商法或海上货物运输法相调和,将是影响其生效实施的一个重要因素。

在《鹿特丹规则》的制定过程中,有些国家曾提出在非海运区段,不但强制适用的单一运输方式国际公约应当优先适用,相应的国内法也应当优先适用。德国、瑞典等一些国家为适应现代运输方式的变革已经制定或改革了货物多式联运的国内立法。但是,联合国国际贸易法委员会第三工作组多数国家代表团认为,各国国内法千差万别,难以实现公约统一国际运输的目的,结果是《鹿特丹规则》并没有承认国内法的优先适用。因此,对那些期望本国国内法优先适用的国家来讲,《鹿特丹规则》的可接受性无疑被降低。

国内法因素对《鹿特丹规则》生效实施的影响,实质上是由该规则对特定国家国际航运、国际贸易等的影响所决定。如果主权国家认为可以接受《鹿特丹规则》,修改国内法并非不可能。相反,如果认为《鹿特丹规则》对本国国际航运、国际贸易等产生的影响不能接受,将不接受该规则而维持现有国内法。

九、与相关国际公约的关系因素

与相关国际公约之间的关系是任何公约制定过程中必须考虑的因素,一个新公约与现行公约之间的关系是影响该公约生效的一个重要因素。与《鹿特丹规则》具有关系的国际公约包括:

(1) 国际海上货物运输公约,即《海牙规则》《维斯比规则》和《汉堡规则》。

(2) 其他运输方式国际公约,如《1956年国际公路货物运输合同公约》(CMR)、《1980年国际铁路货物运输公约—铁路货运合同统一规则》(COTIF-CIM)、《2000年内河货物运输合同布达佩斯公约》(CMNI)、《1955年统一国际航空运输某些规则的公约》(《华沙公约》)以及《1999年统一国际航空运输某些规则的公约》(《蒙特利尔公约》)等。

(3) 国际多式联运公约,如《1980年联合国国际货物多式联运公约》《1991年联合国国际贸易运输港站经营人赔偿责任公约》等。

(4) 其他国际公约,如国际海事领域有关安全、船舶等方面的公约。

影响《鹿特丹规则》生效实施的其他公约主要是前两个方面的公约。前文对国际海上货物运输公约相关部分已作分析,下文着重阐述其他运输方式国际公约。《鹿特丹规则》希望解决集装箱"门到门"运输的法律问题,该目标能否实现,主要是看该规则能否合适处理其与现行其他运输方式国际公约之间的关系。

《鹿特丹规则》采用"海运+其他"方式的做法,也有其他运输公约——《国际公路货物运输合同公约》采用这种做法。这是由于建立统一的国际货物多式联运制度非常困难,有关国际公约在规定具体运输方式法律规则的同时,将其适用范围适当扩大到其他运输方式,以此解决国际货物多式联运问题。这种做法的缺陷是不能真正建立多式联运法律规则,更多是一种协调不同运输方式的制度性安排。因此,国际货物多式联运至少有两部法律或国际公约对此进行调整,其结果是法律冲突问题并没有彻底得到解决。

《鹿特丹规则》与其他单一方式公约的适用范围会发生重叠,因而可能产生公约之间的冲突问题。譬如,就装载在汽车上的海运货物的灭失、损坏或延迟交付而言,《国际公路货物运输合同公约》和《鹿特丹规则》在适用范围上存在冲突。依照《国际公路货物运输合同公约》第 2 条第 1 款的规定,只在灭失、损坏或延迟交付发生在其他运输方式运输期间并且不是由公路承运人的作为或不作为所引起的情况下才不适用,而《鹿特丹规则》规定对包括国际海运区段的"门到门"运输统一适用。

为了避免这种冲突,《鹿特丹规则》第 26 条规定,其他运输公约有条件地优先适用,即当造成灭失、损坏或迟延交付的事故发生在海上运输之前或之后的运输阶段,强制适用于事故发生区段的其他国际文书中有关承运人赔偿责任、赔偿责任限制或诉讼时效规定的适用,优先于《鹿特丹规则》的规定,即"最小网状责任制"。尽管有这一原则性规定,但要确定其他国际文书中的一些具体规定是否是承运人赔偿责任、赔偿责任限制或诉讼时效的规定,并非总是易事或可行。鉴于有的现有单式运输公约已存在各种各样的解释,其他公约中任何有关管辖权的规定,都会对索赔人的立场产生重大的实际影响,从而影响到承运人的赔偿责任。[1]

并且,这种责任制度只局限于与承运人责任有关的事项,不涉及各项公约与承运人责任之外的其他事项有关的规定之间可能产生的冲突,如托运人责任和义务、交货、运输单证、运费等。关于这些"非责任"事项,运输的不同阶段受相互冲突的条款约束的结果可能会造成混乱。例如,《国际公路货物运输合同公约》中关于发货通知书的要求可以在承运人与分包承运人之间适用,但如果把这些要求适用于《鹿特丹规则》所调整的运输合同,就会出现与该规则对全航程要求的运输单证或电子运输记录不一致的情况。在合同其他事项方面,该规则反映了海上运输合同的法律、习惯和惯例。这些法律、习惯和惯例可能与其他单一方式公约的规定不同。事实上,所有单一方式运输公约都反映出该方式固有的特定习惯和惯例。

因此,如果根据《鹿特丹规则》第 26 条的规定,对于海上运输之前或之后的内陆运输,内陆运输公约的所有规定都优先适用,则就承运人对货物的损失、损坏或延误交付所负责任之外的事宜,在各当事方权利和义务方面会产生许多混乱。就有关承运人责任的规定而言,"网状责任制"是可行的,因为《鹿特丹规则》明确其只适用于针对承运人和海运履约方提起的诉讼,可以避免赔偿制度之间的冲突。但在涉及承运人责任之外的其他合同事项的规定方面,必须作出选择:对于整个多

---

〔1〕 Krijn Haak and Marian Hoeks,"Intermodal transport under unimodal arrangements. Conflicting conventions: the UNCITRAL/CMI draft instrument and the CMR on the subject of intermodal contracts", Transportrecht, Vol. 28, No. 3 (2005), pp. 89-102.

式联运合同,要么适用一个公约的这类规定,要么适用另一个公约的这类规定,而不可能两者同时适用。然而,《鹿特丹规则》第 26 条没有作出对其他国际公约在不涉及承运人赔偿责任的领域如何适用给出一个明确的答复。该规则第 82 条"管辖其他运输方式货物运输的国际公约"规定,该规则的规定概不影响在该规则生效时已生效的、规范其他运输方式承运人对货物灭失或损坏的赔偿责任的国际公约,包括今后对此种公约的任何修正的适用。但是,这一规定同样没有回答《鹿特丹规则》第 26 条存在的问题。

在当今国际货物多式联运领域多个国际公约并存的情况下,任何一个试图统一国际多式运输的国际公约都会面临被指责侵入其他运输领域的风险。但是,纵观国际社会的法律统一运动历史和业界的商业实践,对于国际货物多式联运而言,似乎没有比有限的分段赔偿责任制度更易被接受采纳。实践中广为采用的《联合国贸易和发展会议/国际商会多式联运单证规则》也采用"网状责任制",同样只适用于对引发争议最多的货物灭失、损坏的赔偿问题。1980 年《联合国国际货物多式联运公约》就是因为不切实际地企图替代其他所有的单一方式国际运输公约,采取统一责任制而至今没有生效。因此,在冲突不可避免的情况下,《鹿特丹规则》似乎是作了一个最为妥协的处理办法,通过在该规则中限定其适用范围,使冲突的范围缩小,但未能完全避免或解决冲突。

十、司法因素

国际公约是国家之间所缔结,国际公约是为了履行而制定,但国际公约的履行必须落实到具体的每个国家。[1]《维也纳条约法公约》第 26 条规定:"凡有效之条约对其各当事国有拘束力,必须由各该国善意履行。"但是,不应当认为公约一旦对一个国家生效,就成为该国法律的一部分。一旦一个国家成为公约的成员国,在充分履行公约方面就需要扫清一切障碍。然而,事实上这并非易事,因为公约所创设的权利义务是否可以在一国国内得到实施,实施会产生什么样的国际和国内后果,历来都要经过诸多司法意义上的考验,尤其是国际公约与国内法的关系。

(一)管辖权和仲裁

涉外海事案件极易引起管辖冲突。世界各国从维护国家主权和经济利益出发,从立法和司法上都积极地扩张其海事管辖权,尤其是因为涉外海事案件通常金额较大,与经济利益有一定的联系。海事法律关系以船舶为中心,船舶作为一种海上运输工具,在世界所有可航水域航行。因此,一般每一起涉外海事争议中都具有

---

[1] P. Reuter, Introduction to the Law of Treaties, 2nd edition, 1995, para. 44.

两个以上的管辖根据。世界各国普遍流行的通过扣船而获得管辖权的做法,使涉外海事管辖权的冲突进一步加剧。通常,一国法院审理案件时,如当事人没有协议选择所适用的法律,法院往往适用本国法律,即法院地法(lex fori)。尤其是,合同当事方协议选择某一特定管辖权,可能被推断为该合同受选定的法院的实体法支配。即便情况并非如此,当人们在更为客观的立场上选择准据法时,当事方对管辖权或仲裁地点的选择依然可能是重要的连结因素,因为常常唯独这些连结因素能确定管辖权或仲裁地点。英国法官萨尔蒙说:"……切合实际的推断为仲裁所在地之法律应该被确定为合同的适用法,假如其意思为其他法律,人们应该希望各当事方明确陈述他们打算适用哪一种外国法律制度。"[1]因此,管辖权和仲裁条款便成为一国行使司法管辖权的重要依据。实践中,各国为了维护本国企业及公民的利益,往往扩大本国法院的管辖权,仲裁机构也有扩大自己管辖案件范围的趋势,管辖和仲裁问题往往成为利益之争的焦点。同时,各国内法律和国际公约对管辖权和仲裁的规定大相径庭。澳大利亚、加拿大、中国、丹麦、芬兰、挪威、南非、瑞典和委内瑞拉等国已经通过海上货物索赔领域的有关仲裁和管辖的国内立法;许多国家,比如日本、新加坡和英国有着强制性的管辖权,倾向强制实行本国诉讼管辖和仲裁;美国没有相关的管辖和诉讼的规定,但实践中主张广泛的法院管辖权。对管辖权和仲裁条款的效力由于各国国内法和所缔结的国际公约的不同而亦有差异。例如,意大利、澳大利亚、新西兰、希腊等极少数国家明确否认提单管辖权条款的法律效力;美国、英国、加拿大、北欧国家、日本、新加坡等航运贸易大国对提单管辖权条款的效力没有明确规定,但基本态度是承认提单管辖权条款的协议管辖性质,又通过各种各样的手段给予限制。

　　管辖权和仲裁问题历来是敏感且有争议的问题,但《鹿特丹规则》第十四章"管辖权"和第十五章"仲裁"的规定,与主要航运国家和主要贸易国家的现行规定和做法差别很大。因此,虽然这两章都是"选择适用"(opt-in),但各国有关管辖权和仲裁的规定可能成为影响《鹿特丹规则》能否得到广泛批准或加入的一个障碍。广泛接受的《海牙规则》和《海牙—维斯比规则》并未确立对管辖和仲裁加以调整的条款,而是留给国内法处理。与此相对照,《汉堡规则》中的管辖权和仲裁条款被认为是该规则未得到广泛认可的主要原因之一。不可否认,当今海事案件"择地诉讼"(forum shopping)现象普遍,国际社会普遍有着就管辖权和仲裁制定统一国际标准的愿望。但现实情况是,当今国际社会有关管辖权和仲裁的国际公约纵横林立,尤其是涉外海事案件中,可以适用的国际公约及国内法较多,诸如《1952年

---

[1]〔挪威〕S.布雷柯斯:《国际航运中法律选择新发展》,侯军、侯广燕译,中国城市经济社会出版社1996年版,第132—133页。

统一扣押海运船舶若干规定的国际公约》《1952年统一船舶碰撞或其他航行事故中民事管辖权方面若干规定的国际公约》《汉堡规则》《1968年布鲁塞尔关于民商事案件管辖权及判决执行的公约》及其修正案、1958年《承认及执行外国仲裁裁决公约》(《纽约公约》)等。可以说,《鹿特丹规则》重新制定了一套新的管辖和仲裁规则,势必打破已有国际公约和国内立法对管辖和仲裁的习惯做法,尤其是该规则第67条"法院选择协议"和第75条"仲裁协议"关于批量合同中的管辖权协议或仲裁协议未经第三人同意亦可约束第三人的规定。暂且不论该规则中管辖和仲裁的规定是否符合业界习惯做法,是否易于被运输各方当事人接受,仅从司法层面上看,统一的管辖权和仲裁规则必然引起各国的立法者和司法者对本国涉外案件的管辖和仲裁问题重新考量,而打破已有的习惯势力和利益格局本就不容易。该规则有关管辖和仲裁的规定,在国内实施时要配合国内相关制度的改变和国际合作,而管辖和仲裁问题本就涉及各国根本利益的敏感问题。因此,这样的改变之路注定要布满荆棘。《鹿特丹规则》第十四章"管辖权"和第十五章"仲裁"的规定都是"选择适用"(opt-in),即仅在一国批准或加入该规则中申明对该国适用的情况下才对该国有效。这在一定程度上可以缓解上述问题。但同时,这种规定不但无助于管辖权和仲裁问题的国际统一,反而会加剧不统一的局面,从而难以改变很多国家的态度和立场。

(二) 公约的适用

国际公约的适用需要落实到具体国家,而国际法对国家用什么方式方法在国内实施国际公约并没有特定要求。各国适用国际公约主要有以下几种方式:

1. 通过国内立法使其在国内有效

"二元论"学说认为,国际法和国内法是两个互不相同、各自独立、平行运作的法律体系,国家并不授予国际条约以任何特别地位,国际条约所创设的权利与义务在国内法上不具有任何效力,除非有生效的立法给予其效力。[1]依照英国宪法,国际条约如影响私人权利或者如其实施需要改变法律,就需要国会通过一个予以实施的法律或者在需要时通过对法律加以所要求改变的立法。在比利时,几乎其参加的所有条约,尤其是涉及公民的私人地位的,必须经过国内立法程序才能得以实施。

2. 条约是国内法的一部分

"一元论"否定"二元论"的观点,其实质是条约可以不需要二次立法,只要缔约符合宪法,就可成为国内法的一部分并对该国生效。但在有些国家,许多情况下

---

[1] 参见邵津主编:《国际法》(第2版),北京大学出版社2005年版,第23页。

仍需要立法,只有在某些"自动执行条约"的情况下才不需要立法,非自动执行条约必须经过国内立法。例如,瑞士和美国即采取此种方式;日本则直接赋予国际法在国内法上的效力,不需要经过特别立法程序。

3. 条约与国内法相抵触时各国的做法并不一致

当条约与国内法相抵触时,各国的做法并不一致,基本有两种做法:第一,国内法优先适用。很多国家规定条约与国内法相抵触时国内法优先适用,如英国、荷兰等;第二,条约优先适用。例如,我国法律规定条约优先适用,但以案件具有涉外因素为条件,并且我国对条约有保留的规定除外;法国规定条约优先适用,但以互惠为条件。

因此,《鹿特丹规则》生效后,其适用过程中会因国家的不同而有不同的效力等级。一些国家在考虑加入前会考虑本国批准或加入后赋予《鹿特丹规则》何种法律地位及优先级。譬如,在中国涉外民商事案件中国际条约优先适用;美国在一项条约和一项国会法律出现冲突的情况下,国会法律最终优先适用。因此,即使中国和美国都批准或加入《鹿特丹规则》,中、美两国当事人就运输合同发生纠纷,假如在美国法院提起诉讼,如果该规则的规定和美国国会法律不一致,很有可能的情况是直接适用美国的法律,该规则便形同虚设。诸如此类问题是影响该规则适用的重要因素,其根源便是各国司法制度的差异性。

此外,在公约的适用上,除法律效力等级的关切外,人们还会注意到,即使一国批准或加入该公约,也不能保证公约能在该国范围内都有法律效力,尤其是某些联邦制国家,如美国、加拿大、德国等。这便是公约的地域效力。再以美国为例,由于联邦与其各州之间的权力分配,尤其是立法权的划分,联邦政府很难保证一项国际公约在各州得到完全履行。这在某种程度上可以通过使用领土和联邦条款及联邦的保留和声明得到解决。[1]这种在公约适用上的地域性差异,其问题产生的根源仍是各国的政治体制和司法体制的差异,即使不会影响到公约的生效,也会大大减损公约的统一适用性,与公约制定之目的相违。对于《鹿特丹规则》而言,这种可能性并不能完全排除。

(三) 公约的解释

联合国国际贸易法委员会曾经做过这样的评价:"文书的解释在某种程度上是一种艺术,而不是严格的科学。"[2]这对于国际条约来说尤其重要,因为条约是在谈判过程中通过妥协对特定事项确立的法律规则。就多边国际条约而言,参加制

---

[1] Michelmann and Soldatos (eds), Federalism and International Relations (1990), pp. 279-280, 283.
[2] ILC Commentary, p. 218, para. (4).

定的国家越多,满足各方冲突利益的灵活空间就越大。这一过程不可避免地产生许多不清楚或模棱两可的用词。尽管在起草制定时非常小心并积累了很多经验,但没有国际公约不产生一些解释的问题,大多数提交诉讼或仲裁的争议都涉及公约的解释。

作为一种可适用于具体案件中的法律解释,必然会涉及"有权解释的主体""解释的方法和规则""解释的等级和效力"等众多复杂问题。国际公约中有些规定是技术性的,有些则与一国的政治、法律、文化传统有着密切的联系。实践中,在解释国际公约时,人们往往给予某种特别的因素以优先考虑,如公约文本、或假定的当事方的意图、或公约的目的和宗旨,以及其他给予条约解释某一因素更加重视的观点。但是,过于重视文字而不重视当事方的意图,或者只重视当事方的意图而不重视公约的文字,或者只重视理解目的与宗旨以便使公约更加有效而不注重当事方的意图,就不可能产生令人满意的效果。这种只依赖某个因素而有损于其他考虑因素的做法,是与国际法院的判例相违背的。[1]譬如,一般来说,英国法院对制定法的解释强调法律规则条文的"明显含义",体现一种形式推理风格;大陆法系国家的法院包括欧洲国家中法国、德国等国家的法院,却倾向于"目的论"的解释方法,体现一种实质推理风格。英国加入欧共体后,有的英国法官支持大陆法系法官的解释方法,但有的法官却持相反意见。在世界范围内,法律的解释研究也进入了新的时代,各种理论学说代表了不同的法律解释原则。例如,伽达默尔的解释学、德里达的解构理论、德沃金的整体性法律阐释观、波斯纳的新实用主义法律研究进路、费希以及怀特等人的后现代法学理论。从某种意义上说,这些理论所蕴含的价值取向上的差异也正反映了各国在法律解释上的不同价值导向。

《鹿特丹规则》需要面临的更大考验是,同现行国际海上货物运输公约如《海牙规则》和《汉堡规则》不同,《鹿特丹规则》主要是为了调整现代"门到门"集装箱运输,并引入了电子运输记录制度,因此规定了许多新的国际运输法律专有名词,如履约方、控制权、诉权、电子运输记录等。这些新颖的法律术语必然需要各国法律执业者乃至规则的制定者作出相应的解释,并且今后亦会随着在具体案件中的运用而经受国际航运现实和各国法律文化理念的考验。

后现代主义解释论的核心信条是:"人的存在的最基本的方式是解释性的。"[2]我们亦可以认为,国际公约存在的最基本的方式是解释性的。面对价值目标各异的各国法律解释文化,《鹿特丹规则》的条文能够最大限度地被各国的司法者合理解释,以期最大限度地适应现代国际海上货物运输的发展。这将是该规则

---

[1] H. Thirlway,"The Law and Procedure of International Court of Justice 1960-1989", BYIL(1991), pp.16-17 and pp.16-75.

[2] Patterson, Postmodernist Feminism Law [J], 77 Cornell Law Review, p.331.

得以在全球范围内获得广泛认可的必要条件。因此,该规则的广泛生效实施需要有主要航运国家和主要贸易国家中相对完善的法律体系的成员国发挥示范作用,尤其是起示范作用的成员国具有一批良好的法律解释工作者。只有这样才会减少该规则在实施过程中不必要的司法角度的分歧和差异,破坏其国际统一性。

第二节　国际社会批准或加入《鹿特丹规则》的可能性分析

一、主要国家批准或加入《鹿特丹规则》的可能性分析

(一) 美国

美国作为世界经济第一大国,其海运贸易量一直在全球位列前茅。同时,为维护其海上贸易利益,美国一直保持海运立法的传统。美国也是世界排名前10位的航运大国,海运政策长期作为国家政策的重要组成部分,随着美国海运业的发展而不断发展变化。国际统一海上货物运输法律运动起于《海牙规则》,而美国1893年《哈特法》是《海牙规则》的先导。但是,美国直到20世纪60年代中期才开始参与一些重要的海商法国际统一运动。在现行三大国际海上货物运输公约中,美国仅参加了《海牙规则》。迄今为止,美国仍然使用以《海牙规则》为蓝本的《1936年海上货物运输法》。因而,当以欧洲为核心的统一国际海上货物运输法运动如火如荼的时候,美国人发现大部分国家适用的统一法在美国却是空白,美国政府不参与国际统一法运动将会损害到美国的经济。此外,鉴于欧盟等国家的壮大,美国担心国际商业行为规则由他国主宰更会损害自身的利益。因此,美国在《鹿特丹规则》的制定过程中一直非常积极主动,并作出了不懈的努力。

在美国,国会在批准多边国际条约上的作用十分有限,若得不到主要利益方的支持很难获得通过。美国充斥着各种各样的利益团体,尽管没有任何一个团体在制定一项倾向自身利益的法案上有绝对的影响力,但大的利益集团可以阻止一项法案获得通过。美国《1999年海上货物运输法草案》没有获得美国行业集团的支持,其失败的命运彰显了美国内部行业利益之争的激烈。美国国务院国际私法法律咨询办公室带头参与《鹿特丹规则》的制定,便是受美国国内利益集团的考验。有鉴于此,美国政府代表团邀请了运输相关行业的代表,广泛听取了他们的意见,如世界海运理事会、国家运输产业联盟、运输中介协会、美国海运保险人协会、联邦快递等。美国代表团在《鹿特丹规则》制定中的基本立场和观点,便是美国国内相关利益集团妥协的产物。

尽管美国《1999年海上货物运输法草案》没有获得通过,美国海商法协会发起的此次法律变革已在美国创造了修改现今海上货物运输法律的政治契机,有关利

益各方都有了进行海上运输法律制度革新的心理准备。美国总体上是贸易利益为主的国家,贸易利益大于航运利益,贸易业的地位高于航运业的地位。2001年,美国世界海运理事会和国家运输产业联盟就有关货物责任达成了一项协议。这一协议的核心便是美国在《鹿特丹规则》制定中竭力主张并被该规则采纳的批量合同规定。批量合同可以背离《鹿特丹规则》的规定,使美国的大货主得以在与承运人签订的批量合同中,凭借其高于承运人的谈判实力,名正言顺地迫使承运人放弃该规则赋予承运人的一些权利和免责,增加承运人的义务和责任。

同时,《鹿特丹规则》在很大程度上借鉴了美国《1999年海上货物运输法草案》的内容,许多重要制度的规定都源自《1999年海上货物运输法草案》,例如取消航海过失免责,大致反映了美国各界在海运领域的利益要求。

正如联合国国际贸易法委员会第三工作组美国代表团团长玛丽·海伦·卡尔森女士所说:"公约草案已经基本上符合美国主要利益团体的需求,对美国业界希望美国政府加入该公约可以保持谨慎的乐观,我们要做的便是与业界良好的合作关系,促成公约在美国的生效。"[1]作为《鹿特丹规则》积极倡导者之一,美国是否批准该规则,对于该规则能否最终广泛适用有着至关重要的作用。

然而,尽管美国已经表示出积极推动《鹿特丹规则》生效实施的意向,但美国是否批准该规则以及何时批准,仍存在不确定因素。这是因为,美国历来积极参与国际公约的制定,将美国的国家意志在公约中转化为国际社会的意志,却很少参加国际公约。同时,美国复杂的国内环境也会影响到美国对《鹿特丹规则》的最终态度。不排除这样一种可能性:美国不会在航运和贸易大国中带头批准《鹿特丹规则》,而是要看其他国家,尤其是主要航运国家和主要贸易国家的态度。只有当不少主要航运国家和主要贸易国家批准或加入《鹿特丹规则》后,或者至少预见到美国批准《鹿特丹规则》将促使不少主要航运国家和主要贸易国家批准或加入,美国才会采取批准该规则的行动。否则,美国可能不批准该规则,而是重新启动修改其《1936年海上货物运输法》的步伐。然而,由于美国保护其贸易利益的价值取向,国际社会已经或将意识到,如果美国这样做,相比于《鹿特丹规则》,其修改后的《1936年海上货物运输法》将更加不利于承运人,而这种预见性又可能促使一些主要航运国家批准或加入该规则,以换取美国不修改其《1936年海上货物运输法》而批准该规则。

---

[1] Mary Helen Carlson, U. S. Participation in The International Unification of Private Law: The Making of The Uncitral Draft Carriage of Goods by Sea Convention, Speech re negotiations on carriage of goods by sea convention, March 22, 2006.

(二) 欧洲国家

欧盟作为一个集政治和经济于一身的区域国家一体化组织,在世界上具有重要影响力,其27个成员国大部分都是发达国家,一些国家还是传统上的海运大国和强国,如英国、法国、丹麦、挪威等。在欧洲一体化进程中,欧盟各国的经济、法律制度趋向于协调统一,意欲在欧洲各国之间建立不断的、愈益密切的、联合的基础,清除分裂欧洲的壁垒,真正实现统一。具体在国际海上货物运输领域,欧盟各国基本上是《海牙—维斯比规则》的成员国,其他运输方式又有《1956年国际公路货物运输合同公约》《1980年国际铁路货物运输公约—铁路货运合同统一规则》《2000年内河货物运输合同布达佩斯公约》《1955年统一国际航空运输某些规则的公约》(《华沙公约》)以及《1999年统一国际航空运输某些规则的公约》(《蒙特利尔公约》),并已经形成良好的运作机制。

此外,根据世界贸易组织公布的《2012年国际贸易统计》(International Trade Statistics 2012),2011年欧盟进出口贸易运输服务排在世界首位,远超第二位的美国。但是,欧盟的进出口贸易运输大部分是面向欧盟国家内部。因此,在欧盟内部对制定新的国际货物多式联运公约的需求并不是十分强烈,并且受广泛争论的公约与其他单式运输公约冲突的问题,即使并非完全是欧盟的问题,也主要是欧盟的问题。从联合国国际贸易法委员会第三工作组制定《鹿特丹规则》的历届会议看,欧盟成员国有些对该规则的意见颇多,有些却积极推动该规则的通过,更有些却保持沉默,看不到其立场。对是否批准或加入《鹿特丹规则》,在欧盟内部有着多种不同意见。

1. 北欧国家

在北欧四国即丹麦、芬兰、挪威、瑞典中,除芬兰外,都在联合国贸易和发展会议公布的《2012年海运评论》统计的35个世界主要航运国家或地区之列。其中,挪威2011年船舶运力在世界排名第八,占世界总量的3.10%;丹麦船舶运力占世界的2.87%,在世界排名第九。全球最大集装箱航运公司马士基总部就坐落于其首都哥本哈根,该公司的母公司A.P.莫勒集团是丹麦首屈一指的龙头企业,对该国有重要影响力。

1994年北欧四国颁布了新的海商法,称为《北欧海商法》。《北欧海商法》中有关海上货物运输的规定均立足于北欧国家批准的《海牙—维斯比规则》(包括1979年议定书)。北欧国家未批准1978年《汉堡规则》,但借鉴我国《海商法》的做法,吸收了《汉堡规则》中与《海牙—维斯比规则》不相抵触的部分规定。因此,北欧四国属于海上运输领域法律改革的先锋国家,对当今法律框架不适应现代集装箱多式联运和科技进步的缺陷有着深刻的体会,因而改革国际海上运输领域法律的愿望也比较强烈。

《鹿特丹规则》以调整国际集装箱班轮运输为首要目标。该规则与现行《海牙—维斯比规则》相比大大加重了承运人的责任,但马士基却与世界上其他一些航运公司或航运组织对该规则持否定或消极立场不同,在多种场合表现出积极支持该规则的态度。在国际海事委员会第39届大会上,马士基执行副总裁说道:《鹿特丹规则》符合当今国际集装箱多式联运和"门到门"运输的发展趋势,有利于承运人减少不必要的运作成本,促进国际贸易发展;《鹿特丹规则》许多革新条款可以减少当今海运业务中的不确定性和不可预见性,弥补现行三大国际海上货物运输公约的不足。但是,马士基推崇《鹿特丹规则》的深层次原因是,受国际金融危机的长期影响,国际集装箱班轮运输市场处于供过于求的状况,而《鹿特丹规则》取消承运人航海过失免责、谨慎处理使船舶适航义务的时间扩展至整个航程期间、提高承运人赔偿责任限额,以及批量合同的规定,都有利于船舶技术状况良好、船员素质高、船舶管理水平高的船公司,因而有利于马士基这样的国际集装箱班轮运输巨头。不难发现,积极支持《鹿特丹规则》的态度,并非因为该规则直接对其有利,而是从提高市场竞争力、打压竞争对手的战略高度考虑。因此,丹麦批准《鹿特丹规则》的可能性较大。由于马士基的推动,丹麦很有可能成为航运国家中批准或加入《鹿特丹规则》的先行者之一。而且,马士基积极推动《鹿特丹规则》的生效实施,会对北欧四国政府加大游说力度,力争早日使其生效。

对于其他三国,《鹿特丹规则》在适用范围、批量合同等重要方面和北欧四国目前实施的海商法有很大冲突,加入《鹿特丹规则》会造成本国执法成本的增加,对身为航运大国的挪威、瑞典乃至芬兰本国的航运业产生不小的影响。尤其是瑞典,该国政府认为,《鹿特丹规则》与《1956年国际公路货物运输合同公约》《1980年国际铁路货物运输公约—铁路货运合同统一规则》造成冲突,并且其不认为《鹿特丹规则》的制度设计比现有的法律有更加实质性的进步,其本国利益可能受损。因而,瑞典对《鹿特丹规则》的态度比较消极。可以预见,历来作为一个整体的北欧四国,尽管有丹麦积极推动《鹿特丹规则》的态度,但鉴于其他三国的消极立场,从总体上看,北欧四国短时期内加入该规则的可能性不大。

2. 荷兰

荷兰为传统航运大国,虽然在20世纪90年代荷兰航运业曾面临危机,但随着政府推行新航运政策,将各航运相关业务集中,采取海事群政策,借此刺激荷兰整体经济增长。荷兰航运业是该国经济发展的支柱。近年来荷兰的进出口贸易额获得显著增长,2012年进出口贸易额在世界排名为第七位和第五位。作为航运大国和贸易大国,荷兰对《鹿特丹规则》的支持度对国际社会将产生较大影响力。

荷兰历来积极参与海运国际公约的制定。取得成功的1924年《海牙规则》以荷兰城市海牙命名,使荷兰甚感荣耀。《鹿特丹规则》意味着对国际航运和贸易利益格局的重新分配,对于想重振本国航运业的荷兰来说便是一个良好的机遇。从整体上看,荷兰对《鹿特丹规则》持积极的态度,并在推动该规则的生效实施。如前文所述,《鹿特丹规则》中的一些规定是采纳其提案的结果。《鹿特丹规则》以荷兰城市鹿特丹命名。因而,荷兰批准该规则的可能性较大,有望成为主要航运和贸易国家中批准该规则的先行者。

3. 英国

英国是传统意义上的航运强国,尽管英国商业船队早已不是海上霸王,早已转向了高附加值的海运服务领域。伦敦作为国际航运中心的地位牢固。英国传统上是代表船东利益的国家。作为《海牙规则》的首批拥护者之一,英国在 1923 年率先通过国内立法,即《1924 年海上货物运输法》,使《海牙规则》国内法化。1968 年《维斯比规则》和 1979 年议定书通过后,英国对其《1924 年海上货物运输法》进行了修改,成为《1971 年海上货物运输法》。英国坚持与维护《海牙—维斯比规则》体系。并且,作为传统的代表船东利益的国家,英国对《鹿特丹规则》倾向于托运人利益的立场不太满意。虽然在平衡船货双方利益的历史大趋势下,英国不可能违逆大多数国家之意愿,但在考虑本国是否会批准或加入《鹿特丹规则》时,这种怀旧情结仍会起到相当大的作用。另外,英国作为国际海事诉讼和仲裁中心,以《海牙—维斯比规则》体系为中心建立起来的国际海上货物运输法律体系已经相当完善,船货双方权利义务、责任与索赔、管辖和仲裁、保险等都已形成良好的法律运作模式,尤其是对于建立在《海牙—维斯比规则》体系之上的国际海上货物运输法律实施中产生的纠纷的解决,经过几十年的积累,英国已经是熟门熟路。英国认为,《海牙—维斯比规则》体系长期以来已证明对于解决海事纠纷是令人满意和有效率的。因此,在英国人眼中,似乎没有必要再制定一部新的公约来调整在现行法律框架内基本可以解决的国际海上货物运输法律问题;《鹿特丹规则》很多制度的设计和内容将对现行法律运作产生极大的影响,对今后纠纷的解决没有好处。因此,英国从本国的利益出发,批准或加入《鹿特丹规则》的可能性较小。

4. 希腊

由于低廉的船舶注册登记费用和其他优惠的海运政策,以及从事海运业的传统,世界上许多船东在希腊进行船舶登记,使得希腊拥有全球最大的商船队和世界级的航运枢纽,2012 年由希腊船东控制的商船吨位占全球的 16.1%。但是,希腊船东将其主要业务放在油轮和散货船运输上,在《鹿特丹规则》所主要调整的集装箱运输和国际货物多式联运业务中所占份额较小。希腊本身属于贸易欠发达国家,其海运业务主要面向世界提供运输服务,并且其已经加入了《维斯比规则》。因此,希腊本国海运业对调整集装箱运输和国际货物多式联运的统一国际公约的需求不是那么强烈。此外,希腊对《鹿特丹规则》中诸多对承运人权利义务、赔偿责任和责任限制条款的修订,大大加重承运人责任的结果不满,认为不能确保权利义务在运输合同当事人之间的公平分配。因此,希腊批准或加入《鹿特丹规则》的可能性较小。

5. 法国和德国

法国和德国是传统的主要航运大国和贸易大国,两者的国际航运运力和贸易总量在世界上占有相当大的分量。同英国一样,两者也是《维斯比规则》的成员国,但两者是典型的民法法系国家,同英美法系无论在法律传统还是法律适用上均有很大不同。《鹿特丹规则》中许多制度的设计采用英美法系法律实用主义理念,注重从实践角度而非从理论层面对国际海上货物运输进行规制,譬如法律专门术语的定义、承运人交付货物、平衡承托双方权利义务、"最小网状责任制"、批量合同等,很大程度上区别于法国和德国民法体系的传统。这些革新的制度设计和内容与法国和德国的国内法和已加入的国际公约产生一定的冲突。从联合国国际贸易法委员会第三工作组历届会议上,法国和德国数量极少的提案中可以看出,《鹿特丹规则》的诸多理念和规定并不被法国、德国两国认可。该规则并没有提供给法国和德国更加优化的法律制度,或者并不认为该规则将替代现行法律会产生更优的效果。德国更有特殊的情况,因为在德国航运业、货运代理业十分发达,《鹿特丹规则》的实施将会大大加重货运代理人的责任,如海运履约方条款等。而且,德国有关货物多式联运的国内法与《鹿特丹规则》采用的"最小网状责任制"存在很大不同,成为德国批准或加入该规则的一大障碍。因此,从本国利益考虑,德国对该规则有更多的不满。法国的贸易利益要大于航运利益。《鹿特丹规则》大大加重了承运人的责任,对于法国货主是一种利好,但法国托运人协会对于该规则复杂的架构和内容等表示出很大的不满。

总之,从现行法律体系的运行来看,法国和德国,尤其是德国,批准或加入《鹿特丹规则》的可能性并不大。并且,法国和德国属于欧盟内部少数最重要的国家,其态度和立场对于欧盟其他国家将产生较大影响。

(三) 加拿大

加拿大既是主要贸易国家,也是主要航运国家。2012 年加拿大的船舶运力在世界排名第十五位,2011 年货物贸易进出口额分别排名世界第十一位和第十三位。但是,加拿大未加入三大国际海上货物运输国际公约。1993 年,加拿大将《海牙—维斯比规则》的条款引入其国内法《水上货物运输法》(Carriage of Goods by Water Act),即目前通用的《海事责任法》(Marine Liability Act)的前身。作为贸易利益高于航运利益的传统国家,加拿大甚至曾表示接受《汉堡规则》,并且《汉堡规则》的一些条款也被引入《海事责任法》。然而，加拿大政府也意识到，目前在国际海上货物运输领域，国内法和国际公约的不统一已成为国际货物流动的障碍，并增加了交易成本。加拿大在《鹿特丹规则》制定阶段认识到，随着新规则的制定，《汉堡规则》不可能取代《海牙规则》和《维斯比规则》将成定局，因而对《鹿特丹规则》的制定表示欢迎。

但是，加拿大并不认为《鹿特丹规则》反映了当今国际海运贸易的需要，对其中的诸多条款不满，如规则的适用范围、批量合同等。加拿大向联合国国际贸易法委员会第三工作组提交的提案也没有得到认可。因此，加拿大没有对《鹿特丹规则》表示认可，并且表示，除非美国、欧盟、中国和印度等主要航运大国和贸易大国都批准或加入《鹿特丹规则》，加拿大才会勉强加入该规则。

（四）澳大利亚和新西兰

澳大利亚和新西兰属于典型的货主利益国家，本国航运业并不发达，对外贸易运输主要依赖国外航运企业。因此，两国对《鹿特丹规则》中影响托运人权益的相关规定比较关注。同《海牙—维斯比规则》相比，《鹿特丹规则》加重了承运人的责任，但也相应增加了托运人的义务，如托运人提供信息、指示和文件的义务，托运人对承运人的赔偿责任等。同时，《鹿特丹规则》对承运人交付货物、批量合同等规定又极有可能使承运人规避其应承担的义务，减轻责任。这些对作为货主利益国家的澳大利亚和新西兰来说，足以影响到其商业利益，从而影响两国对《鹿特丹规则》的可接受程度。澳大利亚在 1997 年进行了海上运输法改革，与同期北欧四国和美国的海上运输法改革相比，澳大利亚的改革是最温和的、无关痛痒的，其对《海牙—维斯比规则》的坚守和英国一样。《鹿特丹规则》尽管是在《海牙—维斯比规则》体系上进行的制度重建，但对澳大利亚和新西兰两国来讲已经超出了其可接受的范围。因此，澳大利亚和新西兰短期内批准或加入《鹿特丹规则》的可能性不大。

（五）亚洲国家

1. 日本

日本国土狭小，人口多，资源贫乏，严重依赖进口，产品又得推向海外，造就了发达的海运业和造船业，航运经济发达。日本三大船公司 NYK、MOL、K.L. 的油轮、滚装船、散货船、集装箱船等业务遍布世界各地，享有很高的声誉。作为一个航运大国，如何减少纠纷和运营成本，增加航运业务的可预见性和可操作性，提高效率，是其首要考虑的问题。同现行三大国际海上货物运输公约相比，《鹿特丹规则》可以更好地调整当今国际集装箱货物多式联运和"门到门"运输业务的现状，尽管存在某些利益妥协和不尽如人意的地方,但不可抹杀其具有一定的先进性。

从历史上看,继明治维新后,日本一直处在不断的革新变化之中,对新事物的接受比较容易,譬如该国的法律制度在"二战"之前,完全照搬德国法(典型大陆法系);"二战"后,日本受美国法的影响(典型英美法系)日益加深。对于进步的法律制度,日本人从来不会吝于借鉴。日本在《鹿特丹规则》的制定中,一直是美国的追随者和支持者。

然而,日本是世界航运大国,日本航运业并非没有认识到《鹿特丹规则》与现行《海牙—维斯比规则》相比大大加重了承运人的责任。该规则通过后,除个别学者持积极支持的态度外,日本官方并没有表达对该规则的态度,甚至日本至今没有签署该规则。

但是,如果美国积极推动《鹿特丹规则》的生效实施,会带动日本向其靠拢。因此,日本是否批准或加入该规则,存在不确定因素。

2. 韩国

韩国是新兴的主要航运国家和主要贸易国家,2011年其船舶运力在世界排名第五位,2011年货物进出口贸易额分别排名世界第九位和第七位。总体而言,在对待国际海上货物运输公约的态度和立场上,韩国的航运利益高于贸易利益。韩国没有加入任何一个国际海上货物运输国际公约,其对《鹿特丹规则》的态度十分谨慎。

目前,《韩国商法》第五编"海商"中对国际海上货物运输制度作出规定。该编主要以《海牙—维斯比规则》为蓝本,并在1993年和2008年对其中某些条款作了修订,内容涉及承运人赔偿责任限制、危险货物、多式联运、海运单和电子提单的规定等。对于《鹿特丹规则》,韩国的态度比较消极,尤其认为其规定的承运人赔偿责任限额过高。《韩国商法》第五编规定的承运人赔偿责任限额仅为每件500特别提款权,低于经1979年议定书修正的《维斯比规则》规定的每件666.67特别提款权。同时,韩国对《鹿特丹规则》中批量合同的规定也不满意。因此,韩国短期内不会批准或加入该规则。

(六)非洲和拉丁美洲发展中国家

在《海牙规则》和《维斯比规则》制定的时代,西方发达国家占据国际航运市场绝对主导地位,国际海运规则也都由发达国家起草制定,发展中国家毫无政治和经济地位,无法对国际航运产生重大影响。但从20世纪50年代起,发展中国家逐渐获得政治独立,第三世界经济实力与日俱增,要求改变不平等国际经济秩序的愿望也日益强烈。同时,明显倾向于保护承运人的《海牙—维斯比规则》越来越受到质疑,托运人要求改变不合理的船货双方地位和权利义务的分配,建立公平责任体系的呼声也日益高涨。这就导致了通过联合国国际贸易法委员会这一发展中国家数量居多的国际组织制定的1978年《汉堡规则》的产生。但遗憾的是,《汉堡规则》一些规定本身缺乏实践可操作性,未充分考虑当时国际航运整体形势,一定程度上是政治斗争的产物,因而没有获得主要航运国家甚至主要贸易国家的支持,其成员国基本上是发展中国家,尤其是以非洲和拉丁美洲发展中国家为主。

《汉堡规则》的失败使得至今国际海上货物运输领域占支配地位的仍然是《海牙—维斯比规则》。对于寻求改变现行不利处境的发展中货主国家来说,《鹿特丹规则》同现行三大国际海上货物运输公约相比,更加注重平衡船货双方的利益,加大对货方权益的维护。对于艰难寻求生存发展空间的发展中货主国家来讲,《鹿特丹规则》更加适应现代货物运输方式的发展,维护货方利益,符合本国贸易利益,并且积极参加了《鹿特丹规则》的制定。因此,发展中货主国家期望《鹿特丹规则》使国际海上货物运输法律进入一个新的时代,为本国贸易带来新的发展空间。

但不可否认的是,《鹿特丹规则》中仍然反映出过多的发达国家的意志和愿望,众多的妥协更多的是发达的航运大国和贸易大国之间利益交涉和协商的结果,在经济实力决定话语权的背景下,发展中国家的影响甚微。尤其是非洲国家意图以《汉堡规则》的模式构筑新的国际海上货物运输法律制度的立场无法得到大多数国家尤其是航运及贸易大国的支持,其建议也大多未被联合国国际贸易法委员会第三工作组所采纳。因此,包括非洲国家在内的发展中国家对《鹿特丹规则》仍存在相当多不满。比如,埃及等非洲国家更加关注《鹿特丹规则》对货主利益的保护,认为该规则仍有诸多需要解释、修订的地方,对海运履约方、批量合同、合同事项、货物灭失或损坏索赔的举证责任、承运人赔偿金额的计算等规定有诸多不满,认为其无法保护中小货主的利益。

因此,总体上讲,尽管存在某些缺憾和不满,《鹿特丹规则》整体上符合发展中国家谋求生存发展之需要。但有《汉堡规则》的前车之鉴,发展中国家应该不会大量首先积极批准或加入该规则,因为该规则的前途目前还不明朗,率先草率批准或加入对于无论从经济实力还是政治影响力都相对较弱的发展中国家来讲,不是明智的选择。但是,如果主要航运国家和主要贸易国家相继批准或加入该规则,则发展中国家纷纷批准或加入的可能性较大。

二、主要航运国家批准或加入《鹿特丹规则》的可能性

主要航运国家和主要贸易国家对《鹿特丹规则》的态度和立场在较大程度上影响该规则的生效。即使该规则因非主要航运国家和非主要贸易国家的批准或加

入而生效,如果主要航运国家和主要贸易国家不批准或加入,该规则将与《汉堡规则》一样,不能很好地发挥实际作用,不能实现统一国际海上货物运输法律的目的。

联合国贸易和发展会议《2012年海运评论》中公布了世界35个主要航运国家或地区的船舶运力情况。排名前十位的国家和地区是希腊、日本、德国、中国、韩国、美国、挪威、丹麦等,掌握着世界上69.69%的船舶运力。17个发达国家或地区所拥有的船舶运力占世界总量的63.5%,希腊、日本、美国、德国、挪威、丹麦这6个发达国家位于世界船舶运力排行榜前十位,发展中国家或地区和新兴经济体国家所占运力逐步增加,2011年超过世界总运力的30%。

与现有的国际海上货物运输公约,尤其是目前广泛适用的《海牙—维斯比规则》相比,《鹿特丹规则》有许多革新性的规定。例如,"海运+其他"方式的适用范围、批量合同规定、承运人航海过失免责的取消和海事赔偿责任限额的提高、电子运输记录制度等。尽管经过联合国国际贸易法委员会第三工作组长达6年的磋商,但许多重要问题实际上没有达成完全或充分一致,《鹿特丹规则》只是各利益方的勉强妥协。主要航运国家对《鹿特丹规则》的态度和立场存在较大差异。有的主要航运国家针对某些问题仍对《鹿特丹规则》的某些规定不满,尤其是前述革新性的规定。特别明显的是,德国、瑞典等国家对"海运+其他"方式的适用范围不满,希腊等主要航运国家对《鹿特丹规则》加重承运人负担的条款不满,韩国等航运国家对批量合同规定不满。日本在《鹿特丹规则》制定中一直是美国的追随者和支持者,但该规则通过后,日本没有签署该规则,日本官方也没有表达对该规则的态度。英国对《鹿特丹规则》的制定持消极的态度,即使该规则通过后,仍然认为没有必要制定该规则以统一国际海上货物运输法律。美国、荷兰、挪威等少数主要航运国家对《鹿特丹规则》表示乐观,认为该规则实现了各方利益的公平的总体平衡,是各方利益代表力量博弈的最新妥协,将会促进国际海上货物运输法律的统一,有利于全球贸易的发展。

因此,总体而言,主要航运国家中对《鹿特丹规则》持等待乃至消极态度者居多,持积极态度者较少。

三、主要贸易国家批准或加入《鹿特丹规则》的可能性

主要贸易国家主要关心的问题主要包括:《鹿特丹规则》的适用范围、托运人义务、批量合同及承运人责任基础等方面。

根据世界贸易组织公布的《2012年国际贸易统计》,排名世界前十位的主要贸易国家是美国、中国(不包括香港和台湾地区)、德国、日本、法国、荷兰、英国、意大利、比利时、加拿大,进出口贸易额占世界总量的50.15%,在世界贸易领域占据重

要地位。排名在世界主要国家货物进出口贸易额前五十位的国家或地区的进口贸易额和出口贸易额分别占世界的 91.4% 和 92.5%。

主要贸易国家除美国对《鹿特丹规则》表示满意外,其他国家对《鹿特丹规则》的一些重要条款或多或少均存有疑义。尤其是德国、法国、加拿大、澳大利亚、新西兰等国家对该规则第 26 条关于非海运区段的适用不满,希望维系"港到港"的适用范围;新西兰和德国等对批量合同的规定不满。主要贸易国家普遍认为,《鹿特丹规则》规定复杂且有些规定不够清晰,适用起来有难度。尤其是对于国际贸易总量居世界地区首位的欧盟,其倡导在欧盟内部建立多式联运的统一责任体系。尽管《鹿特丹规则》第十四章"管辖权"和第十五章"仲裁"在批准或加入该规则时可以保留,但欧盟为了在内部达到统一,只要该种责任体系通过,那些对该规则不满意的国家,如德国、瑞典、法国等,会阻止其他国家的加入或批准。这也是《鹿特丹规则》生效前景上的一大考验。

因此,总体而言,《鹿特丹规则》并没有获得主要贸易国家的广泛支持。从目前看,除美国外,这些国家对《鹿特丹规则》大多数持等待乃至消极的态度。

第三节 《鹿特丹规则》未来展望

一、概述

可以说,国际航运和贸易发展现实以及国际海上货物运输法律现实表明,目前国际社会期望在全球国际海上货物运输领域有一个现代化的、统一的、行之有效的法律制度。《鹿特丹规则》旨在国际货物运输领域创造一个更加现代化而且统一的法律制度,该规则的适用范围包括国际海上货物运输,但不限于"港到港"的国际货物运输,而是为了适应现代国家集装箱货物多式运输的发展,适用于包括国际海运区段的"门到门"运输,以及针对集装箱班轮运输中批量合同使用普遍的情形,突破了传统的国际海上货物运输法律适用的强制性,创设了批量合同可以背离规则的规定。尽管目前在全球国际货物多式联运业务中,"门到门"集装箱货物运输不论就价值还是数量而言都占较大比例,在没有调整"门到门"运输合同的统一规则的情况下,业界用自己的规则填补了空白,但一个统一的并且具有可预见性的规则仍将降低争讼而产生的不确定性和费用。为了电子商务在国际航运领域的广泛应用前景,《鹿特丹规则》创设了电子运输记录制度,以及与之相关的控制权、权利转让等规则。为了解决国际航运实践中存在的带有普遍性的问题,《鹿特丹规则》细化了货物交付并创设了承运人无单放货规则,细化了货物索赔举证责任等。同时,适应由于现代航海技术、造船技术和通讯技术的提高,航运生产力水平的提高,为平衡船货双方权利义务,提高了承运人的责任,突出表现为延长了承运人谨慎处理使船舶适航的时间,取消了航海过失免责和火灾过失免责,提高了承运人赔偿责任限额。所有这些表明,《鹿特丹规则》的立法宗旨是正确的,该规则适应国际贸易运输发展的需要,填补了现行国际海上货物运输领域的一些法律空白,具有一定的先进性和前瞻性。

然而,在全球范围内取得法律的和谐统一也比以往更加困难。同《海牙—维斯比规则》时代相比,在当今国际社会,不同国家不但现行法律和法律传统不同,国际航运和贸易利益也不同,国际政治经济发展日益多元化和多极化,发达国家形成了不同的区域经济联盟或其他利益团体,发展中国家日益通过区域联合的形式壮大自身在国际舞台上的政治、经济影响力,每个国家在对国际规则的制定上努力争取自己的话语权,并且都出于对本国利益和发展的长远考虑,甚至个别国家试图将本国的意志强加给国际社会。所有这些因素都导致一项国际公约要获得广泛的认可变得更加艰难。

法律在本质上是一种利益的平衡,有人甚至称之为平衡的艺术,而一部获得广泛认可的国际公约的制定更是一门精湛的利益平衡艺术。然而,这一问题在《鹿特丹规则》制定伊始就引起了一些国家和有关国际组织的激烈争论。联合国国际贸易法委员会第三工作组在该规则的制定过程中也采取了更加谨慎和务实的态度,邀请了众多成员国代表、非成员国观察员和国际组织的观察员参加讨论和制定,并向与会各界代表广泛征求意见。该规则制定者的目的自然是通过普遍的参与和充分的讨论赋予该规则以合理性和正当性,为其最终的生效和普遍的适用打下坚实的基础。联合国国际贸易法委员会第三工作组的历届会议处处体现着区域之间、国家之间和行业部门之间的利益冲突和矛盾交锋,《鹿特丹规则》是众多问题妥协的产物。因此,虽然该规则的制定者为该规则获得广泛认可的理论和技术条件作出了努力,但同时对其有诸多不满者存在。

除经济、政治因素外,《鹿特丹规则》的生效和广泛实施必须妥善处理与其他国际公约的冲突。国际运输领域有着悠久的立法历史和众多调整不同方式的国际货物运输的国际规则。因此,一部新的国际公约的命运很大程度上取决于其处理有关国际规则冲突的规定。然而,与现行三大国际海上货物运输公约以及调整其他运输方式的公约仅适用于单一方式的运输不同,《鹿特丹规则》适用于包括国际海运区段的国际货物多式联运,即除适用于单一国际海上货物运输外,将其适用领域延伸至其他货物运输方式。可见,《鹿特丹规则》试图覆盖现行三大国际海上货物运输公约,以及同为联合国国际贸易法委员会制定、却一直未能生效的《1980年联合国国际货物多式联运公约》和《1991年联合国国际贸易运输港站经营人赔偿责任公约》。然而,《鹿特丹规则》调整范围的扩大,无疑对其生效和广泛实施增加了难度,因为一部国际公约的调整范围越广,要得到国际社会认同的难度就越大。《鹿特丹规则》要获得国际社会的广泛认可,必须得到除海运行业外的其他运输业领域,如货车运输业、铁路运输业、航空运输业,以及运输港站经营人和仓储保管业等运输所涉所有各参与方的支持。虽然该规则为了避免与其他运输公约相抵触,采用了"最小网状责任制",但国际社会认为这种抵触并不能消除。尤其是调整公路货物运输的《1956年国际公路货物运输合同公约》、调整铁路货物运输的《1980年国际铁路货物运输公约—铁路货运合同统一规则》,以及调整内河货物运输的《2000年内河货物运输合同布达佩斯公约》(CMNI),在欧盟内部已经成功运行多年,并已经形成复杂的利益链和法律运作体系。而且,由于欧盟特殊的地理、政治和经济背景,在欧盟内部,公路和铁路货物运输的重要性要大于海运。此外,德国等国家亦有其调整货物多式联运的国内法。"最小网状责任制"不能避免与这些国际规则和国内法相抵触。《鹿特丹规则》势必要对欧盟诸国业已习惯的国际货物多式联运法律及其实践做法产生重大影响,并将使得该规则在欧盟的前景总体上不容乐观。曾经有人批评说,该规则最大的弊病就是试图把海运领域的法律制度扩大至其他运输领域,尤其是法律责任的适用,这无论在理论还是实践领域都不可能实现。这种说法固然有些过头,但该规则的宏伟目标将增加其生效和广泛实施的难度。

《鹿特丹规则》本身在司法因素上亦存在一些阻碍其生效和广泛实施的因素。在国际公约领域,往往是涉及公共利益的国际公法公约比较容易获得各国的积极响应和认可。《国际海上人命安全公约》(SOLAS)、《国际防止船舶造成污染公约》(MARPOL)、《海员培训、发证和值班标准国际公约》(STCW)在国际社会得到广泛实施,《2006年海事劳工公约》于2013年8月20日生效。涉及公共利益的国际私法公约也往往比较容易获得各国的积极响应和认可,如《1989年国际救助公约》《1992年国际油污损害民事责任公约》《2001年国际燃油损害民事责任公约》。然而,纯民事私权利义务的国际私法公约不易获得广泛认可,尤其是关于具体权利与义务的实体法公约。1978年《汉堡规则》《1980年联合国国际货物多式联运公约》《1991年联合国国际贸易运输港站经营人赔偿责任公约》便是典型的例子。这其中一个重要的因素便是私法权利义务纠纷的管辖、法律适用与解释因国家的不同而可能大相径庭。各国由于法律文化和制度的差异,很难在私法制度的适用上获得一致。《鹿特丹规则》便属于纯实体私权利义务的国际私法公约。同时,鉴于司法因素多涉及对本国经济利益的维护,乃至本国司法主权利益,该规则有关管辖权和仲裁的规定将会削弱其获得广泛认可。尤其是欧盟普遍实施的1965年海牙《选择法院协议公约》《1968年布鲁塞尔关于民商事案件管辖权及判决执行的公约》等涉及管辖权、法院判决承认与执行的公约,虽然不能说在国际商业实践中已经形成了完全统一的习惯和做法,但《鹿特丹规则》关于管辖权和仲裁的规定与业界熟悉的部分惯例不相符,也与上述管辖权的公约不完全吻合。因此,《鹿特丹规则》对管辖权、仲裁和法院判决承认与执行的规定会影响其生效和广泛实施,其旨在协调国际货物运输法律制度冲突的目的也会受到影响。

此外,《海牙—维斯比规则》之所以取得成功,一个很重要的原因是规则来源于实践做法,是国际航运习惯做法的法律化。相较于现行三大国际海上货物运输公约,《鹿特丹规则》有许多革新性的规定,如电子运输记录、批量合同、货物交付、控制权等。这些规定几乎是全新的,不是植根于国际航运实践的做法,能否符合国际航运实践而成为真理,需要实践来检验。有的国家甚至担心,这么多全新的概念、规定和运作模式,会给实践带来更多的问题而非解决问题。换言之,对于这些规定可操作性的顾虑,会影响《鹿特丹规则》的生效与广泛实施。

还有,根据经济基础与上层建筑关系的理论,一项强制性的国际规则如果生效实施,需要相关产业进行适当的调整。倘若经济基础运行良好,处在上升繁荣时期,由此带来的经济利益的变动可能不会引发大规模的异议。但是,受金融危机的长期影响,当今国际经济整体走势下滑,国际经济环境并不稳定,引发全面经济衰退的可能性并不能排除。国际航运业更是处于低谷,其相关行业也笼罩在一片阴影之中,而且航运业何时将走出低谷,人们不得而知。在这种经济形势下,涉及航运利益的国家,在考虑是否批准或加入《鹿特丹规则》这一使得承运人责任大为增加的国际公约时,即使不加抵触,无疑也会十分慎重。可以说,《鹿特丹规则》是"生不逢时"。

综合分析以上因素,《鹿特丹规则》的生效前景不容乐观。

意识到问题的存在而并不去解决即已经是问题。国际社会意识到国际海上货物运输法律领域存在的问题,需要对现今法律框架进行革新。因此,《鹿特丹规则》的出发点符合历史发展的需要,反映了众多国家为迎合现代运输方式而作出的利益妥协。但问题是,其是否是当今国际货物运输领域统一法律制度的最优设计?正如上文所述,这个问题包含多种制约因素。《鹿特丹规则》的前景仍然有大量的不确定性和不稳定性,很有可能其进步性只有时间才能检验。

二、《鹿特丹规则》在多长时期内生效的问题

(一)短期内生效的可能性

从以上分析可知,《鹿特丹规则》的生效不仅取决于该规则本身,更重要的取决于其对所服务的航运经济利益的影响。掌控批准或加入该规则决定权的是各国及其身后各不相同的国家整体利益。甚至即使航运经济利益趋同,国家整体利益仍会阻碍该规则的生效。因此,主要问题便是这些不同的利益团体能否就新的公约达成一致意见。我们需要注意到这样一种现象,尽管事实上人们都意识到现有的一部公约不能令人满意,但如果新的公约没有在主要利益问题上作出适当的平衡,则人们仍然更愿意保持现状。这将是《鹿特丹规则》的一大考验。

《鹿特丹规则》的制定者努力使得其符合国际海上贸易运输发展所需,具有先进性和前瞻性。但同时这种先进性和前瞻性极有可能引发国际海上货物运输法律领域更大的不确定性,譬如《鹿特丹规则》与其他国际公约和国内法的冲突问题。况且一部公约即使再精心设计也不可能完美无缺,不可能使各方都欣然接受。对《鹿特丹规则》大有不满的国家亦存在,诸如认为该规则试图涵盖所有运输领域的野心太大,规则行文和结构显示出不必要的复杂和混淆不清,其提供的制度设计并未明显优于现行国际公约,批量合同的规则如同打开了"潘多拉盒子",将颠覆国际海上货物运输法律强制性之类的批评意见从未间断。主要航运国家和主要贸易国家对《鹿特丹规则》的态度和立场不同,尤其对批准或加入该规则的动向不甚明朗。

因此,可以确定的是,《鹿特丹规则》在短期内生效的可能性很小,得到主要航运国家和主要贸易国家批准或加入的可能性并不存在。从现行三大国际海上货物运输公约生效的情况看,1924年8月25日通过的《海牙规则》于1931年6月2日生效,相隔了7年;1968年2月23日通过的《维斯比规则》于1977年6月23日生效,相隔了9年;1978年3月6日至3月31日通过的《汉堡规则》于1992年11月1日生效,相隔了14年。即使是1979年12月31日通过的修订《海牙—维斯比规则》的议定书,虽然内容仅仅是将承运人赔偿责任限制金额计算单位从金法郎改为特别提款权,于1984年2月14日才生效,相隔了4年之久,更不用说《1980年联合国国际货物多式联运公约》经过了33年至今仍未生效,《1991年联合国国际贸易运输港站经营人赔偿责任公约》经过了20年至今仍未生效,而且很有可能永远不能生效。可以预见,国际社会在海上货物运输法领域的进一步融洽在未来的10年内似乎难以达到,《鹿特丹规则》的生效实施很可能需要很长的时间。

(二)长远生效的可能性

尽管有种种理由对《鹿特丹规则》的前途表示堪忧,但仍然有理由对该规则的远景持乐观态度。

与被强烈地批评为国际社会政治斗争的产物、忽视国际海上货物运输实践做法并被证明为基本失败的《汉堡规则》不同,《鹿特丹规则》的宗旨和制定过程都表明是为了适应国际集装箱货物多式联运的发展需要和电子商务在国际海上贸易运输领域广阔的应用前景,是为了重新平衡船货双方的利益,以及解决国际海上货物运输法律领域普遍存在的问题。《鹿特丹规则》所具有的先进性和前瞻性不能被否定。

同时,《海牙规则》至今已有90多年,《维斯比规则》至今也有40多年,已难以适应现代国际海上货物运输对于法律的需要。时代的发展需要一部符合商业需要和历史发展趋势的新的国际海上货物运输公约,以填补法律存在的空白,增加法律适用的确定性和统一性,减少海上贸易运输成本,提高海上贸易运输效率。这可以说是国际社会的共识。《鹿特丹规则》所具有的先进性和前瞻性在短期内很难被国际社会所接受,但随着时间的推移,其先进性终会得到国际社会的认可。

(三)《鹿特丹规则》短期内运行模式——示范法

从前文分析可知,短期内《鹿特丹规则》生效的可能性很小,但国际海上货物运输法律需要革新的趋势没有改变。由于国际海事委员会和联合国国际贸易法委员会的努力,《鹿特丹规则》在适应国际集装箱货物多式联运的发展需要和电子商务在国际海上贸易运输领域广阔的应用前景,重新平衡船货双方的利益,以及解决国际海上货物运输法律领域普遍存在的问题上所取得的成果,尤其是其先进性不能抹杀。虽然从总体上讲,《鹿特丹规则》在短期内不能为国际社会所认可和接受,但各国可以发现该规则中合理的、成熟的成分。虽然这些合理、成熟的成分不能脱离出来单独以国际条约的形式得以实施,但可以被国内立法所移植、吸收或借鉴。从而,《鹿特丹规则》对于各国海商法中海上货物运输合同的规定或海上货物运输的现代化,将可能起到示范法的作用,进而影响国际海上货物运输实践。

从20世纪90年代开始的各国海商法改革也充分说明了这一点。以我国《海商法》第四章为代表,北欧四国海商法中海上货物运输合同的规定、1998年澳大利亚《海上货物运输规则》(Carriage of Goods by Sea Regulations)、1999年《俄罗斯联邦商船航运法典》(The Merchant Shipping Code of the Russian Federation)第八章"海上货物运输合同"的规定,都采用了"混合责任制度"(hybrid liability regime),即在《海牙—维斯比规则》的基础上,不同程度地移植、吸收或借鉴了《汉堡规则》中合理、成熟的成分。可以预见,在今后一个阶段,一些国家在本国海商法或海上货物运输法修改时,将不同程度地移植、吸收或借鉴《鹿特丹规则》中合理、成熟的成分,以完善本国的海上货物运输法律。

《鹿特丹规则》预期发挥的示范法作用,不能真正实现国际海上货物运输法律统一的立法宗旨。但是,由于作为"软法"的示范法给法律文化的比较和协调留下了巨大空间,更容易被充满差异和多元化的国际社会所接受,有利于新的法律制度的实行和国际法的最终统一。因此,不能忽视《鹿特丹规则》通过发挥示范法作用而对国际海上货物运输立法和实践带来的积极、巨大和深远的影响。很有可能通过示范法作用的发挥,为《鹿特丹规则》最终实现国际海上货物运输法律统一的立法宗旨奠定基础。

第七章 《鹿特丹规则》对国际航运的影响与对策

第一节 《鹿特丹规则》中影响国际航运的主要规则

就《鹿特丹规则》对国际航运的影响而言,该规则建立的各项基本制度甚至可以说每一条规定,都对国际航运有着直接或间接的影响。本章只从该规则与国际航运直接有关或者说影响最大的几个制度或规定出发,从总体上把握该规则对国际航运可能产生的影响。

一、适用范围

《鹿特丹规则》的适用范围涉及该规则第 5 条"一般适用范围"、第 6 条"特定除外情形"、第 7 条"对某些当事人的适用",以及第 26 条"海上运输之前或之后的运输"等规定。

这些规定表明,《鹿特丹规则》适用于国际班轮运输,但班轮运输中的租船合同和使用船舶或其中任何舱位的其他合同除外;不包括非班轮运输中的运输合同,但当事人之间不存在使用船舶或其中任何舱位的租船合同或者其他合同,并且运输单证或电子运输记录已签发时除外;适用于"门到门"运输,不限于"港到港"运输;适用于承运人和海运履约方,一般不包括非海运履约方。就本章而言,《鹿特丹规则》对国际航运的影响主要针对国际班轮货物运输。就经营者而言,既包括国际船舶经营者,也包括无船承运业务经营者。就规则对"门到门"运输中的非海运区段的影响将在"国际物流"部分分析,海运履约方的概念及其影响主要在"港口经营"部分分析。

从《鹿特丹规则》适用范围的角度可以得出这样的结论:该规则对国际航运的影响范围甚广。就运输方式而言,既影响到班轮运输,也影响到非班轮运输中承运人和海运履约方与第三者运输单证或电子运输记录项下的托运人或收货人之间的权利义务;既影响到"港到港"运输,也影响到"门到门"国际货物多式联运运输。就当事人而言,既影响到国际船舶经营者,也影响到无船承运业务经营者和港口经营人。就运输区段而言,除国际海上运输区段外,在国际货物多式联运中还影响到国内沿海运输区段、内陆水域运输区段、陆上运输区段甚至航空运输区段。

二、承运人责任制度

《鹿特丹规则》规定的承运人责任制度包括承运人的责任期间、义务、责任基础、免责、责任限制以及"最小网状责任制"六个方面的规则,涉及该规则第四章"承运人的义务"、第五章"承运人对灭失、损坏或迟延交付所负的赔偿责任"、第六章"有关特定运输阶段的补充条款"以及第十二章"赔偿责任限额"等。该规则建立的承运人责任制度是对船货双方利益重新平衡的主要体现,对国际航运的影响最为直接、全面和深刻,是本章重点分析的内容。承运人谨慎处理使船舶适航义务适用于整个航程,取消航海过失免责和火灾过失免责、完全过失责任原则代替不完全过失责任原则,承运人单位赔偿责任限额提高,"门到门"运输不同公约和法律关系的处理等,对于国际船舶经营者来说都是需要重点关注的问题。如果国际船舶经营者不是作为承运人,而是作为海运履约方,其权利、义务和责任等按照《鹿特丹规则》规定的海运履约方制度确定,海运履约方制度对国际航运的影响也是直接的。

三、运输单证和电子运输记录制度

这一制度主要涉及《鹿特丹规则》第三章"电子运输记录"和第八章"运输单证和电子运输记录"。此外,第九章"货物交付"涉及货物交付与不同种类的运输单证或电子运输记录之间的关系。运输单证和电子运输记录制度与货物交付制度在解决货物接收和交付、无单放货等问题上比现行三大国际海上货物运输公约和我国《海商法》第四章的规定更加具体和完善,将有利于国际海上货物运输业务的开展。该规则中电子运输记录制度对国际航运的影响将超过运输单证制度。但是,电子运输记录制度的适用取决于若干因素,包括所需的相应电子商务技术和资金,以及船公司、贸易商等国际海上贸易运输相关行业是否全面实施电子商务策略,在强制性上与其他规则有所不同,所以对国际航运的影响是间接、渐进的。

四、批量合同制度

批量合同试图解决承运人和托运人之间涉及货量较大、分批装运的货物运输问题。《鹿特丹规则》关于批量合同的规定以合同自由为基本原则,允许批量合同当事人在一定条件和范围内背离该规则的强制性规定。由于批量合同制度颠覆了传统的国际海上货物运输法律适用的强制性原则,背离规则的强制性规定会带来有损法律适用结果的可预见性和稳定性的结果,而且合同当事人权利义务取决于双方的谈判实力,以及突破合同相对性原则,批量合同规定的权利义务及其管辖权条款或仲裁条款对第三者具有约束力,因而批量合同制度对国际航运的影响将是深刻、广泛的。

第二节 我国国际航运发展现状与问题

一、发展规模

我国国际航运的发展规模包括我国国际航运企业的数量和运力两大主要要素。

（一）我国国际班轮企业的数量

2009年2月底，在我国从事班轮业务的国际航运企业数量有155家。从其从事的班轮业务上看，从事集装箱运输的有133家，占总数的85.8%；从事客货运输的有19家，占总数的12.3%；从事旅游船业务的有3家，占总数的1.9%（如图7-1）。从这些国际班轮企业的注册地来看，在我国内地和香港地区注册的企业有72家，占46.5%，其中从事集装箱运输的有57家，占在我国从事国际班轮企业的79.2%，从事客货运输的有13家，占在我国从事国际班轮企业的18%，从事旅游船业务的有2家，占在我国从事国际班轮企业的2.8%（如图7-2）；在韩国注册的企业有17家，占11%；在日本注册的企业有12家，占7.7%；在新加坡注册的企业有10家，占6.5%；在我国台湾地区注册的企业有5家，占3.2%；在马来西亚注册的企业有4家，占2.6%；在美国和德国注册的企业分别有3家，各占1.9%；在英国、法国、荷兰和智利注册的企业分别有2家，各占1.3%；在其他国家注册的企业有21家，占13.5%（如图7-3）。

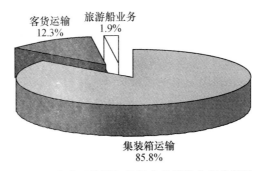

图7-1 在我国的国际航运企业班轮业务分配图

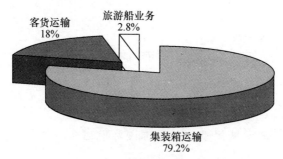

图 7-2　我国国际航运企业班轮业务分配图

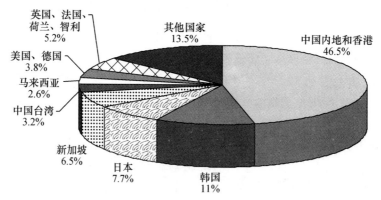

图 7-3　在我国的国际航运企业注册地分布图

根据交通运输部公告,截至 2012 年 12 月 31 日,我国国际班轮运输业务经营者为 153 家。从班轮业务类型上看,从事集装箱运输的有 127 家(包括 3 家同时从事滚装船运输的企业和 1 家只从事滚装船运输的企业),占总数的 83.0%;从事客货运输的有 18 家,占总数的 11.8%;从事客运、旅游船业务的有 8 家(包括 3 家只从事客运和 2 家只从事旅游船的企业),占总数的 5.2%。从这些国际班轮企业的注册地来看,在我国内地注册的企业有 43 家,占 28.1%;在我国香港注册的企业有 23 家,占 15.0%;在我国台湾地区注册的企业有 5 家,占 3.3%;在韩国注册的企业有 18 家,占 11.8%;在新加坡注册的企业有 17 家,占 11.1%;在日本注册的企业有 11 家,占 7.2%;在美国注册的企业有 5 家,占 3.3%;在马来西亚、英国、塞浦路斯注册的企业各有 3 家,占 2.0%;其他国家或地区注册的企业有 22 家,占 14.2%。可见,从 2009 年到 2012 年,我国国际班轮运输市场没有大的变化。

(二) 我国国际航运业的运力

根据交通运输部发布的《2012 年公路水路交通运输行业发展统计公报》,截至 2012 年年底,全国拥有水上运输船舶 17.86 万艘,比上年末减少 0.4%;净载重量

22 848.62万吨,增长7.5%;平均净载重量1 279.38吨/艘,增长7.8%;载客量102.51万客位,增长1.7%;集装箱箱位157.36万TEU,增长6.7%;船舶功率6 389.46万千瓦,增长7.4%。其中,远洋运输船舶2 486艘,比上年末增长-0.3%;净载重量6 943.79万吨,增长3.6%;平均净载重量27 932吨/艘,增长3.9%;载客量1.95万客位,增长-4.5%;集装箱箱位115.66万TEU,增长4.1%。

二、我国国际航运竞争力

(一)概述

《鹿特丹规则》对国际航运的影响,最终将体现在我国国际航运企业和商船队在全球航运市场中的竞争力上。

理论上,国际航运企业竞争力评价指标体系由三部分构成:基础因素层面竞争力评价指标体系、输入因素层面竞争力评价指标体系和过程因素层面竞争力评价指标体系。其中,基础因素层面竞争力评价指标体系包括:船队规模、平均船龄、船型结构、船舶技术装备、运输设备先进程度等有形资源,人力资源、租船比例、船舶代理关系、投资者关系管理、客户保持率等关系资源。输入因素层面竞争力评价指标体系包括:竞争目标创新、技术创新、制度创新、管理创新等指标。过程因素层面竞争力评价指标体系包括:航运业务流程、物流及延伸业务流程、财务竞争业绩等指标。[1]

一个航运国家在国际航运市场中的竞争力主要体现为竞争优势,而不是传统意义上的比较优势。美国哈佛大学教授迈克尔·波特的竞争优势理论被公认为是阐述竞争优势理论的集大成之作,为分析航运国家所具有的国际竞争力提供了一个分析范式。波特认为,决定国家竞争优势的宏观因素共有六个方面:生产要素状况、需求状况、关联的和支持性产业、公司战略、结构和竞争对手、机遇和政府。[2]

企业竞争力和国家竞争力的评价问题历来是复杂的。我们很难从《鹿特丹规则》对我国国际航运业在国际航运市场中竞争力的影响,根据前述指标体系进行系统研究。但是,如果《鹿特丹规则》生效实施,并且主要航运国家批准或加入该规则,对国际航运业和航运整体市场的影响将是全方位的,对于前述竞争力指标体系中的许多指标都将产生影响。或者说,如果《鹿特丹规则》生效实施,国际航运业在国际航运市场中提高自身竞争力时,需要考虑新规则对企业经营、市场竞争、竞争力等的影响。作为航运国家的政府及其航运主管部门,需要从提高本国航运业在国际航运市场中的竞争力角度,分析该规则可能带来的影响。

---

[1] 参见章雁:《国际航运企业竞争力研究》,大连海事大学出版社2008年版,第156—174页。
[2] 参见叶佳:《我国航运业的国际竞争力分析》,载《综合运输》2005年第11期。

《鹿特丹规则》首先规范运输合同、影响合同当事人利益,其次影响到企业经营成本和效益,最后传递到竞争力层面。因此,该规则对国际航运企业和我国国际航运业在国际航运市场中竞争力的影响,有些是直接的,但更多的是间接的。

(二) 我国国际航运在国际航运市场中的地位

根据联合国贸易和发展会议发布的《2012年海运评论》,截至2012年1月1日,世界上20个主要航运国家或地区各自拥有的船舶艘数、总载重吨及占世界船队总吨位的比例(见表7-1)中,中国(不包括香港和台湾地区)船舶艘数为3 629艘,本国旗船舶总载重吨为51 716 318吨,外国旗船舶总载重吨为72 285 422吨,合计总载重吨为124 001 740吨,占世界船队总吨位的比例为8.91%,在20个主要航运国家或地区中排名第四,仅次于希腊、日本和德国。如果包括排名第七的我国香港地区,船舶艘数为4 482艘,本国旗船舶总载重吨为80 600 788吨,外国旗船舶总载重吨为88 886 940吨,合计总载重吨为169 487 728吨,占世界船队总吨位的比例为12.18%,在20个主要航运国家或地区中排名第三,仅次于希腊和日本。

同时,根据对2007年世界船队排名前十名的国家或地区船队拥有状况的统计,截至2007年11月15日,在我国(不包括香港和台湾地区)当时拥有的占世界船队载重吨7.3%的船队中,油船占世界船队的3.4%,散货船占世界船队的10.4%,集装箱船占世界船队的5.7%,杂货船占世界船队的10.1%,客船占世界船队的3.7%(参见表7-2)。[1]

表7-1　20个主要航运国家或地区运力

	国家或地区	船舶艘数	总载重吨(吨)			占世界船队总吨位(%)
			本国或地区旗	外国或地区旗	合计	
1	希腊	3 321	64 921 486	159 130 395	224 051 881	16.10
2	日本	3 960	20 452 832	197 210 070	217 662 902	15.64
3	德国	3 989	17 296 198	108 330 510	125 626 708	9.03
4	中国(不包括香港和台湾地区)	3 629	51 716 318	72 285 422	124 001 740	8.91
5	韩国	1 236	17 102 300	39 083 270	56 185 570	4.04
6	美国	2 055	7 162 685	47 460 048	54 622 733	3.92
7	中国香港	853	28 884 470	16 601 518	45 485 988	3.27
8	挪威	1 992	15 772 288	27 327 579	43 099 867	3.10

---

〔1〕 参见中国海运信息网(http://www.chinashippinginfo.net/cataitem.aspx?cat={bf5540af-a86d-4500-80b6-cd46583b9d23}&id=133881&kw)。

(续表)

	国家或地区	船舶艘数	总载重吨(吨)			占世界船队总吨位(%)
			本国或地区旗	外国或地区旗	合计	
9	丹麦	1 043	13 463 727	26 527 607	39 991 334	2.87
10	中国台湾	703	4 076 815	34 968 474	39 045 289	2.81
11	新加坡	1 110	22 082 648	16 480 079	38 562 727	2.77
12	百慕大	268	2 297 441	27 698 605	29 996 046	2.16
13	意大利	834	18 113 984	6 874 748	24 988 732	1.80
14	土耳其	1 174	8 554 745	14 925 883	23 480 628	1.69
15	加拿大	456	2 489 989	19 360 007	21 849 996	1.57
16	印度	560	15 276 544	6 086 410	21 362 954	1.53
17	俄罗斯	1 787	5 410 608	14 957 599	20 368 207	1.46
18	英国	710	2 034 570	16 395 185	18 429 755	1.32
19	比利时	277	6 319 103	8 202 208	14 521 311	1.04
20	马来西亚	539	9 710 922	4 734 174	14 445 096	1.04

资料来源:UNCTAD:Review of Maritime Transport 2012。

表7-2 2007年世界船队排名前十国家或地区船队拥有状况(截至2007年11月15日)

国家或地区	拥有船队总量占世界船队载重吨份额	不同类型船舶占世界船队份额(%)				
		油船	散货船	集装箱船	杂货船	客船
希腊	18.0	18.6	23.0	5.2	5.0	8.0
日本	15.0	11.7	20.7	8.1	8.8	7.9
德国	8.8	4.7	3.4	35.5	7.3	2.3
中国(不包括香港和台湾地区)	7.3	3.4	10.4	5.7	10.1	3.7
挪威	5.0	6.9	2.4	0.4	10.1	6.7
美国	4.9	7.8	1.8	2.3	3.9	13.6
中国香港	4.8	4.8	6.0	1.3	2.0	0.5
韩国	3.4	2.8	4.4	1.9	2.0	1.0
新加坡	2.6	3.7	1.4	2.7	1.2	0.1
英国	2.4	2.7	1.4	3.3	2.4	3.5
前10名国家或地区拥有船队占世界船队比重(%)	72.2	67.3	75.0	66.5	52.8	47.3

按照运力标准(一般同时将其作为市场占有率的替代指标)衡量国际航运企业在全球航运市场上的地位,是判断一国际航运企业竞争力的重要方法。以下以中远集运和中海集运这两家我国主要国际集装箱运输企业为例进行论述。

全球二十大集装箱航运公司拥有的运力约占市场份额的85%。中远集运和中海集运的发展使其在全球班轮市场中的地位举足轻重。在2012年初全球二十大集装箱船公司运力排名(表7-3)中,中远集运和中海集运分列第八名和第十名,各自运力占全球集装箱船队运力近4%,合计约占8%。

表7-3 全球二十大船公司集装箱运力排名

船公司	2011年初运力(TEU)	2012年初运力(TEU)	增长率(%)
马士基航运	2 144 749	2 544 394	18.6
地中海航运	1 880 815	2 126 597	13.1
达飞海运	1 209 530	1 344 970	11.2
长荣海运	603 766	607 055	0.5
赫伯罗特	594 933	642 572	8.0
美国总统轮船	585 058	626 160	7.0
南美轮船	584 780	378 756	-35.2
中远集运	544 857	647 448	18.8
韩进海运	476 955	472 691	-0.9
中海集运	457 162	553 232	21.0
商船三井	399 377	434 337	8.8
日本邮船	386 838	401 484	3.8
汉堡南方	372 692	408 837	9.7
东方海外	353 523	406 118	14.9
川崎汽船	328 327	337 002	2.6
阳明海运	322 735	340 533	5.5
以星航运	322 091	322 113	0
现代商船	286 875	293 745	2.4
太平船务	263 558	278 130	5.5
阿拉伯联合航运	216 799	231 533	6.8
合计	12 335 380	13 397 653	8.6

数据来源:中国港口网(http://www.chinaports.com/port/transcapacity)。

除运力发展外,中远集运和中海集运的航线也得到了大力的拓展。中远集运航线遍及全球,船舶在40多个国家和地区的140多个港口挂靠,构成了以中国、美国、欧洲三大板块为核心的东西主干航线体系,以日本、澳洲、东南亚为支撑的次干线,以及中国、东南亚、欧洲三大区域内的支线网络,有国际干线、国际支线、中国沿海航线及珠江三角洲和长江支线,在全球拥有400多个代理及分支机构,在中国本土拥有货运机构300多个。中海集运经营的70多条国际航线覆盖100多个境外港口,遍布世界各主要贸易区,并大力发展第三国运输。

三、我国国际航运存在的问题

概括地讲,我国是国际航运大国,但离国际航运强国还有很大差距;国际航运企业发展不平衡,少数大而强的企业与大量小而弱的企业并存。我国国际航运存在的问题主要包括:

(一) 船队规模和结构不平衡

虽然我国整体运力在全球主要航运国家或地区的运力中列第四位,但从表7-1中可以看出,本国旗船舶载重吨仅占我国船舶总载重吨的40.5%,而外国旗船舶载重吨占我国船舶总载重吨的59.5%。在我国境内登记注册的我国国际航运企业中,中远集团、中海集团以及中外运长航集团占据绝对优势。根据交通运输部公布的2010年中国航运企业经营的船队规模排名(见表7-4),中远集团总运力为799艘、5 778.7万载重吨,船队规模继续保持我国第一。中海集团和中外运长航集团总运力分别为2 346.2万载重吨和1 614.0万载重吨,分列第二位和第三位。2011年4月27日中远集团成立50周年之时,中远集团拥有和控制各类现代化商船约800艘,5 700多万载重吨,年货运量超4亿吨,远洋航线覆盖全球160多个国家和地区的1 600多个港口,船队规模位居中国第一,世界第二。其中集装箱船队规模在国内排名第一,世界排名第五;干散货船队世界排名第一;专业杂货、多用途和特种运输船队综合实力居世界前列;油轮船队是当今世界超级油轮船队之一。中远集团经过50年的发展,不仅由一个全球航运承运人发展为一个以航运为依托的全球物流经营人,而且由一个跨国经营的企业发展为真正的跨国公司;不仅由中国航运的创始者发展为中国航运业的"航母",并发展成为世界领先航运企业。

除中远集团、中海集团和中外运长航集团外,其他航运企业的规模较小或者很小。根据交通运输部公布的2010年中国航运企业经营的船队规模排名,第四位至第二十位共17家航运企业总运力为3 030.7万载重吨,仅为排名第一的中远集团总运力的52%。如果排除排名第四的河北远洋和第五的大新华物流,第六位至第二十位共15家航运企业,每一家企业的总运力均低于200万载重吨,6家企业中每一家企业的总运力均低于 100 万载重吨，总运力为 1 596.9 万载重吨，仅为排名第一的中远集团总运力的 28%，为排名第二的中海集团总运力的 68%，仅相当排名第三的中外运长航集团的总运力。

可见，我国国际航运企业的船队规模很不平衡，有世界排名第二的中远集团，中海集团和中外运长航集团是特大型企业，但绝大多数航运企业船队规模小。

我国国际商船队数量庞大，但结构上存在明显的不平衡。一方面，从船舶类型上看，散货船比例高，过分依靠散货运输的船队结构必然会降低我国国际航运企业的抵御风险能力。另一方面，我国大型国际航运企业在大、小船的发展上还没有达到良好配置（表 7-4）。据统计，中远集运 1 000 TEU 以下的小型船艘数占 27.5%，1 000 TEU 至 4 000 TEU 的中大型船舶艘数占 44.3%，4 000 TEU 以上的超大型船艘数占 28.2%。相比之下，全球第一大班轮公司马士基航运 1 000 TEU 以下的小型船艘数占 8.1%，1 000 TEU 至 4 000 TEU 的中大型船舶艘数占 46.4%，4 000 TEU 以上的超大型船艘数则占 45.5%。我国国际航运企业船队结构以中大型船舶为主，符合世界船型发展的总体方向，但与发达国家国际航运企业相比，我国国际航运企业所拥有的小型船所占比重明显过大，而超大型船舶的数量还有所差距。

表 7-4　中国航运企业经营的船队规模排名（截至 2010 年 12 月 31 日）

排名	企业名称	总运力		自有运力	
		艘数	万载重吨	艘数	万载重吨
1	中国远洋运输（集团）总公司	799	5 778.7	481	3 007.5
2	中国海运（集团）总公司	472	2 346.2	379	2 009.1
3	中国外运长航集团有限公司	1 665	1 614.0	1 503	1 106.0
4	河北远洋运输股份有限公司	54	838.7	35	633.1
5	大新华物流控股集团	79	595.1	28	140.5
6	福建冠海海运有限公司	19	166.7	16	146.8
7	福建国航远洋运输（集团）股份有限公司	34	165.3	21	109.9
8	浙江远洋运输有限公司	11	164.2	11	164.2
9	上海时代航运有限公司	29	159.8	25	146.7
10	浙江省海运集团	41	114.7	38	102.8
11	江苏华航运集团	30	114.1	16	96.0
12	宁波海运（集团）总公司	39	106.0	31	97.7
13	福建交通运输集团有限责任公司	27	105.3	27	105.3

(续表)

排名	企业名称	总运力		自有运力	
		艘数	万载重吨	艘数	万载重吨
14	德勤集团股份有限公司	46	102.5	21	24.5
15	广东粤电航运有限公司	14	93.4	14	93.4
16	上海瑞宁航运有限公司	12	72.4	10	51.2
17	宁波经济技术开发区龙盛航运有限公司	10	65.8	10	65.8
18	上海北海船务股份有限公司	8	61.0	6	53.5
19	新海丰集装箱运输有限公司	49	58.1	15	17.6
20	海南省泛洋船务有限公司	18	47.6	5	18.2

资料来源：上海航运交易所根据各公司报送情况整理。

（二）船龄偏大、现代化程度不高

据统计，我国国际航运企业所拥有的船舶平均船龄为15.7年，其中原油船为12.2年；集装箱船为13.5年；多用途船、散货船、成品油船平均为15—17年；客船、冷藏船、液化石油气船、杂货船平均为19—23年。现代化程度较高的船舶，如液化石油气（LPG）船舶、液化天然气（LNG）船、散装液体化工品船、特种船在我国国际航运企业船队中所占比重较低。

（三）经营管理水平有较大提高空间

我国国际航运企业的管理能力主要是指我国国际航运企业的风险管理能力。企业的风险管理能力，是指企业通过在企业管理的各个环节和经营过程中执行风险管理基本流程，培育良好的风险管理文化，建立健全全面风险管理体系，包括风险管理策略、风险理财措施、风险管理的组织职能体系、风险管理信息系统和内部控制体系，从而为实现风险管理总目标提供合理保证的能力。[1]对一个国际航运企业来说，风险管理能力是指其能够承担国际航运战略风险、财务风险、投资风险、人力资源风险、航运经营风险以及船舶管理风险的能力。

不可否认，我国国际航运企业，尤其是大型国际航运企业，在风险管理体系的构建上作出了巨大的努力。中远集运开启了中国集装箱运输事业资本经营时代，用了30年的时间，使船队完成了技术、管理的阶段跨越，完成了国外船公司半个世

---

[1] 参见黄晓晖、戎文莹、邓自云：《浅议航运企业风险管理及内部控制建设》，载http://www.ebuilds.net/article/Article_Show.asp? ArticleID=1174。

纪才能完成的历程,并成功进入资本市场;中海集运于2004年在H股上市,2007年在A股上市。两者通过成功的资本运作提升了自身的抵抗财务风险的能力,增强了企业竞争力。此外,中远集运还首创了中国集装箱船队安全质量管理体系,实现了全球集装箱运输信息管理的高度集成和全球单证业务向国内的转移,搭建了全面的企业社会责任管理体系,铺设了中国规模最大和实力最强的货运机构,造就了高素质职业化的集装箱船员及货运队伍,建立了其独具特色的企业文化。这些都体现了我国国际航运企业全面的管理能力。但同时,我国大量中小国际航运企业的整体管理能力与发达国家的国际航运企业相比还相当薄弱。这一点在金融危机的影响下尤为明显,有相当一部分实力较弱的国际航运企业不得不结束经营。

（四）创新能力需要提高

参与国际航运市场竞争的传统手段主要分为降低运价和提高服务质量两类。由于降低运价通常会加剧恶性竞争状况,该竞争手段正在逐渐退出理性竞争的舞台。尽管运价高低是货主选择船公司的一项主要因素,但随着国际航运市场由卖方向买方的转变,运输服务技术质量,如运输的合适性、安全性、准确性和便捷性等,已经越来越受到客户的关注,货运质量的信誉具有相对于运价水平更为重要、持久的市场意义和顾客价值。

目前,技术创新主要包括产品或服务创新、工艺创新、市场(营销)创新等三种类型。在产品或服务创新方面,即便是我国大型国际航运企业,还仅仅注重于应用型研究,对于基础型研究缺少必要的关注,研究与开发的投入从企业可持续发展的角度来看显得非常不足。在工艺创新方面,我国国际航运业在应用新的技术和改进业务流程方面还相当欠缺,诸如电子数据交换系统、智能运输系统以及高科技含量高的运载工具与航运技术在我国的推广速度和运用程度,与国际航运企业融入世界航运市场的竞争状况仍然不相适应。在市场(营销)创新方面,特别是现代物流在世界范围内迅速成为主流,而我国的物流发展尚处于起步阶段。

（五）国际航运政府管理存在的问题

1. 国际航运管理体制

在主管部门层次上,目前尚未建立决策权、执行权、监督权既相互制约又相互协调的权力结构和运行机制。政府职能和各级主管机构之间的职责关系尚不完全适应社会主义市场经济体制的要求。在地方政府航运管理体制层次上,需要进一步转变政府职能,优化政府组织结构,完善体制机制,推进依法行政,提高行政效能。

2. 法律法规体系

从严格意义上讲,由于"航运法"尚未制定,我国尚未形成完整的国际航运法律、法规体系,一些急需修改的法律、法规尚来不及修改。

3. 公平竞争环境

在不同所有制的航运公司之间、我国航运公司与外国航运公司之间、不同地区航运公司之间等,由于各种因素不能完全实现公平竞争,主管部门在市场竞争环境监督体制和机制尚未完全建立。

4. 国际航运优惠政策

随着国际上主要航运国家之间竞争程度的提高,从建立航运强国目标出发,是否需要建立货载保留制度、税收优惠政策等是值得考虑的问题。

5. 与相关部门之间的关系

国际航运市场管理与海关、商检、边检、海洋管理、港口管理、海事管理等机构之间存在密切联系。在条块分割体制下,能否理顺和协调这些关系对国际航运发展有直接关系。

第三节 《鹿特丹规则》对我国国际航运的影响

一、承运人责任制度的影响

(一)"门到门"运输规则有助于国际货物多式联运业务的发展

集装箱运输实践已经超出传统的"港到港"运输,快速向"门到门"运输发展,以满足进出口贸易企业的需要。《鹿特丹规则》适用于"港到港"运输和包括国际海运区段的国际货物多式联运。同时,该规则采用的"最小网状责任制",虽然没有完全解决国际多式联运责任制度的统一问题,但较好地协调了与适用于其他运输方式的国际公约之间的关系,增强了承运人和货方在国际货物多式联运中权利义务的可预见性和确定性。有理由相信,该规则规定的"门到门"运输规则适应实践中承运人和托运人约定的承运人接收货物或交付货物地点多样性的要求,适应国际集装箱货物"门到门"运输的发展趋势,为此种运输的进一步发展提供了良好的法律保障,有利于促进航运企业开展国际集装箱货物"门到门"运输业务,有利于国际货物多式联运的发展。

(二)承运人责任增加对国际航运企业运营成本的影响

以现行三大国际海上货物运输公约为基础构建承运人新型责任制度,是《鹿特丹规则》的重要内容之一。为适应航运实践的发展及平衡船货双方利益,该规则对承运人责任制度作出了重大调整,包括责任期间延长、承运人谨慎处理使船舶适航义务扩展到整个航程、取消航海过失免责和火灾过失免责、提高承运人赔偿责任限额、规定货物迟延交付等。该规则对承运人责任制度作出的重大调整,加重了承运人的义务和责任。在加重义务和责任的前提下,作为国际海上货物运输中的主要承运人,国际航运企业的成本将相应提高。产生该影响的原因主要有以下五个方面:

1. 责任期间延长会导致国际航运企业经营成本增加

《鹿特丹规则》第12条"承运人的责任期"第1款规定:"承运人根据本公约对货物的责任期,自承运人或履约方为运输而接收货物时开始,至货物交付时终止。"因此,承运人责任期间为收货到交货,而不论收货和交货的地点。

这一承运人责任期间的规定不同于《海牙—维斯比规则》的强制适用期间自货物装上船时起至货物卸下船时止,也不同于《汉堡规则》规定的"港到港"责任期间,即包括装货港、运输途中以及卸货港,货物在承运人掌管的全部期间,也不同于我国《海商法》第46条按照集装箱货和非集装箱货分别规定不同的责任期间[1],而是与《1980年联合国国际货物多式联运公约》的规定相同。显而易见,《鹿特丹规则》规定的承运人责任期间长于现行海上货物运输公约以及我国《海商法》的规定。责任期间延长会导致承运人管货时间的延长,相应的风险也随之加大。风险的加大,意味着其经营成本的增加。因此,责任期间的延长会导致国际航运企业经营成本的增加。

责任期间延长导致的经营成本的增加在一定意义上是中性的。理论上,承运人可以通过增加运费弥补成本的增加。但是,决定运价高低的主要因素并不是承运人的成本,而是市场供求关系,并且与市场竞争环境和企业的竞争力相关。这样,承运人增加的成本能否得到弥补存在不确定性。

2. 全程适航义务会导致国际航运企业维持费用及保险费用的增加

《鹿特丹规则》第14条"适用于海上航程的特定义务"规定:"承运人必须在开航前、开航当时和海上航程中恪尽职守:(一)使船舶处于且保持适航状态;(二)妥善配备船员、装备船舶和补给供应品,且在整个航程中保持此种配备、装备和补给;并且(三)使货舱、船舶所有其他载货处所和由承运人提供的载货集装箱适于且能安全接收、运输和保管货物,且保持此种状态。"

---

[1] 我国《海商法》第46条第1款规定:"承运人对集装箱装运的货物的责任期间,是指从装货港接收货物时起至卸货港交付货物时止,货物处于承运人掌管之下的全部期间。承运人对非集装箱装运的货物的责任期间,是指从货物装上船时起至卸下船时止,货物处于承运人掌管之下的全部期间。在承运人的责任期间,货物发生灭失或者损坏,除本节另有规定外,承运人应当负赔偿责任。"第2款规定:"前款规定,不影响承运人就非集装箱装运的货物,在装船前和卸船后所承担的责任,达成任何协议。"

上述承运人谨慎处理使船舶适航的义务超出了《海牙—维斯比规则》第3条第1款以及我国《海商法》第47条关于承运人应在开航前和开航当时谨慎处理使船舶适航状态的要求,即将谨慎处理使船舶适航的时间从开航之前和开航当时扩展到整个航程期间,即整个航程连续适航。

全程适航义务既要求承运人在船舶开航前和开航当时谨慎处理使船舶适航,还要求承运人在航程中谨慎处理保持船舶适航状态。无疑,全程适航义务意味着承运人对于船舶与船员管理、船舶维修保养和船舶安全运营标准的提高。如发生船舶在运输途中因遭遇海难而造成设备故障或船员人数不足等情况,承运人需尽快将船舶驶入维修港等安全地点予以补救,哪怕此时距离目的地只有一天的航程,或哪怕可能驶往维修港等地的路途遥远。可见,适航义务期间延长会导致为保持船舶适航状态或恢复适航状态所进行的必要修理和维护的费用增加,船员加班费等船员成本的提高,船舶保险费用增加,甚至船舶燃油费、港口使用费在内的航次费用会因此而增加。所以,全程适航义务将加大国际航运企业的运营成本。

3. 取消航海过失免责和火灾过失免责将导致国际航运企业赔付费用及间接经营成本增加

《海牙—维斯比规则》第4条第2款和我国《海商法》第51条规定,承运人对因船员驾驶船舶过失或管理船舶过失(即"航海过失"),或者火灾中的过失导致的货物灭失或损坏免责。虽然航海技术在不断进步,但因船员航海过失导致的船舶碰撞、搁浅、触礁、沉没等,以及因船员过失导致的火灾,进而造成货物灭失或损坏的事故,不但没有减少,反而有增加之势。[1]尤其是船员航海过失和火灾过失往往导致较大程度的货物灭失或损坏。无疑,《鹿特丹规则》废除承运人航海过失免责和火灾过失免责,将使得承运人丧失传统海上货物运输法律赋予的两大最大保护手段之一,承运人对货物的灭失、损坏可以免责的情形将大大减少,必然使承运人对货物灭失或损坏的赔付率大大提高。

《鹿特丹规则》废除承运人航海过失免责和火灾过失免责后,将迫使国际航运企业采取提高船员素质、提高船舶技术水平、改善船舶安全管理等措施。而且,国际航运企业投保船舶保赔保险的费用必然增加。从而,国际航运企业成本将必然增加。

4. 提高承运人赔偿责任限额将导致国际航运企业间接运营成本增加

《鹿特丹规则》第59条第1款规定:"除须遵循第六十条以及第六十一条第一款的规定外,承运人对于违反本公约对其规定的义务所负赔偿责任的限额,按照索

---

〔1〕 参见赵月林、胡正良:《论取消航海过失免责对承运人责任、义务和其他海事法律制度的影响》,载《大连海事大学学报》(社会科学版)2002年第4期。

赔或争议所涉货物的件数或其他货运单位计算,每件或每个其他货运单位 875 个计算单位,或按照索赔或争议所涉货物的毛重计算,每公斤 3 个计算单位,以两者中较高限额为准,但货物价值已由托运人申报且在合同事项中载明的,或承运人与托运人已另行约定高于本条所规定的赔偿责任限额的,不在此列。"另外,《鹿特丹规则》明确了货物迟延交付造成损失的赔偿责任限额。第 21 条规定:"未在约定时间内在运输合同约定的目的地交付货物,为迟延交付。"第 60 条规定了货物迟延交付的赔偿责任限额,即对货物迟延交付造成经济损失的赔偿责任限额,为相当于迟延交付的货物应付运费 2.5 倍的数额;对迟延交付造成货物灭失或损坏的赔偿额,按照货物灭失时的赔偿责任限额计算,但不超过货物全损时的赔偿责任限额。

《鹿特丹规则》规定的上述赔偿责任限额中,每件或者每一其他货运单位 875 特别提款权的限额,比《海牙—维斯比规则》或者我国《海商法》第 56 条规定的 666.67 特别提款权提高了 31%,比《汉堡规则》规定的 835 特别提款权提高了 5%;货物毛重每公斤 3 特别提款权,比《海牙—维斯比规则》或者我国《海商法》第 56 条规定的 2 特别提款权提高了 50%,比《汉堡规则》规定的 2.5 特别提款权提高了 20%。[1]

相对于《海牙规则》《维斯比规则》和我国《海商法》的规定,《鹿特丹规则》在废除承运人航海过失和火灾过失免责的情况下,同时大幅度提高了承运人赔偿责任限额。据统计,目前在我国进出口货物海上运输中,对于货物的灭失或损坏,承运人援引《海牙—维斯比规则》和我国《海商法》规定的承运人赔偿责任限制的概率约为 30%。可以预见,如果适用《鹿特丹规则》规定的承运人赔偿责任限额,对于货物的灭失或损坏,承运人援引赔偿责任限制的概率将几乎为零。理论上承运人援引赔偿责任限制将限于运输高价值货物的情形,但实践中高价值货物的运输经常采用"保价运输",承运人按照托运人申报的货物价值进行赔偿,不适用赔偿责任限制。可以说,《鹿特丹规则》的适用将迎来承运人赔偿全部损失的时代,将使得承运人丧失传统海上货物运输法律赋予的两大最大保护手段之二。这将增加国际航运企业经营的责任风险,导致船舶运营成本的增加。

5. 增加承运人责任将导致国际航运企业保险费用成本增加

与现行《海牙—维斯比规则》和我国《海商法》相比,《鹿特丹规则》总体上大大

---

[1] 三个规则关于责任限额的规定是:《海牙规则》规定每件或每计费单位超过 100 英镑或其等值的其他货币的部分;《维斯比规则》规定双重责任限额,即每件或每单位的金额超过 10 000 法郎,或按灭失或损坏的货物毛重每公斤 30 法郎,两者以较高的金额为准;1979 年《维斯比规则》议定书规定承运人的责任限制金额为每件或每单位 666.67SDR,或按货物毛重计算每公斤 2SDR,两者中以较高者为准;《汉堡规则》规定承运人对货物灭失或损坏造成的损失所负的赔偿责任,以灭失或损坏的货物每件或每其他货运单位相当于 835 SDR 或毛重每公斤 2.5SDR 的数额为限,两者中以较高的数额为准。我国《海商法》第 56 条规定:承运人对货物的灭失或者损坏的赔偿限额,按照货物件数或者其他货运单位数计算,每件或者每个其他货运单位为 666.67 计算单位(SDR),或者按照货物毛重计算,每公斤为 2 计算单位(SDR),以二者中赔偿限额较高的为准。

加重了承运人的责任。承运人责任期间的延长、承运人航海过失免责和火灾过失免责的废除、承运人赔偿责任限额的提高,以及对货物迟延交付需承担责任,这种承运人责任的增加必然导致国际航运企业责任保险费用的增加。

更为重要的是,对于规模小、船龄大、船舶技术状态较差、船舶安全管理水平较差、经营状况不良的中小国际航运企业而言,甚至出现可能没有船东保赔协会承保其货物责任险,或者收取很高的保费,因为船东保赔协会为了规避过大的责任风险,不愿意承保此种国际航运企业的船舶。

(三) 承运人责任加重有利于促进我国国际航运企业提高技术水平和管理水平

如前文所述,《鹿特丹规则》大大加重了承运人的责任。但事物总是一分为二的。一方面,承运人责任加重将导致国际航运企业经营成本的增加,对我国航运企业带来不利影响。另一方面,承运人责任的加重将促使国际航运企业采取应对措施,包括降低船龄、提高船舶技术和船舶安全管理水平、提高船员素质,减少货物灭失或损坏事故的发生,尤其是航海过失和火灾过失。从宏观和长远的角度来看,这种优胜劣汰有利于净化航运市场,促进我国国际航运业向航运强国方向发展,而且有利于海上安全和防止船舶污染海域。

(四) 对诉讼成本的影响

《鹿特丹规则》关于承运人责任制度的规定,对我国国际航运企业诉讼成本的影响主要体现在五个方面:

(1)《鹿特丹规则》作为新的海上货物运输公约,将导致法律适用成本的提高。新的法律或公约在实施之初必然有一个被人们逐渐认识的过程,法律规则的不确定性在此期间最为明显,法律结果的可预见性相对较差,从而导致合同当事人或关系人之间纠纷相对较多。尤其是,该规则的适用范围广、体系庞大、内容复杂,相对于现行实施已久的《海牙—维斯比规则》和我国《海商法》,可以预见,《鹿特丹规则》的实施将导致纠纷的大量增加。但是,随着时间的推移,当判例逐渐积累,对该规则的理解不断提高后,有关纠纷数量将逐渐降低。

(2)《鹿特丹规则》对于国际货物多式联运采用"最小网状责任制",相对于现行主要通过合同约定承运人(多式联运经营人)的权利义务,将减少法律适用及解释上的冲突,增加国际集装箱货物多式联运中法律适用的可预见性和承运人权利义务的确定性,从而有利于减少法律适用及解释上的冲突给承运人带来的诉讼成本。

(3) 取消承运人航海过失免责和火灾过失免责后,收货人或取得代位求偿权的货物保险人对于因船员航海过失或火灾过失造成的货物灭失、损坏或迟延交付有权向承运人索赔,从而增加承运人在货物索赔中的诉讼费用。

(4)《鹿特丹规则》规定了明确的货物索赔举证责任分配与顺序,有利于节约承运人在货物索赔中的诉讼成本。

(5)《鹿特丹规则》关于海运履约方责任制度的规定,明确了海运履约方的地位与权利义务,有利于减少索赔方与海运履约方之间的纠纷,节约诉讼成本。

总之,与现行《海牙—维斯比规则》和我国《海商法》相比,一方面,在《鹿特丹规则》实施初期,货物索赔诉讼将大量增加,进而增加国际航运企业的诉讼成本;另一方面,《鹿特丹规则》明确了船货双方在货物索赔中的举证责任分配和举证顺序,以及随着时间的推移,人们对该规则的认识会不断提高,有关纠纷数量以及相应的诉讼成本将逐渐降低。换言之,从《鹿特丹规则》实施的短期看,国际航运企业的诉讼成本将增加,但从长远看,诉讼成本将会降低。

二、海运履约方制度的影响

根据《鹿特丹规则》第1条第6款"履约方"的定义和第7款"海运履约方"的定义,作为海运履约方应当具备三个条件:第一,主体条件,即海运履约方必须是承运人以外的人,并且不包括承运人的受雇人和代理人,以及托运人、单证托运人、控制方或收货人及其受雇人、代理人、承包人或分承包人;第二,履行条件,即海运履约方必须直接或间接地在承运人的要求、监督或者控制下,实际履行或者承诺履行运输合同下承运人的全部或部分义务;第三,地域条件,即履行义务的地域范围必须是货物到达船舶装货港至离开船舶卸货港期间,包括船舶海上运输期间和船舶港口作业期间。海运履约方与托运人之间不存在直接的合同关系,而是在承运人直接或间接的要求、监督或者控制下,实际履行或承诺履行承运人在"港到港"运输区段义务的人,主要表现为两种人:当承运人是无船承运人或者船舶承租人时,船舶的所有人、出租人或者经营人;班轮运输条件下的港口经营人。

作为国际船舶经营者的国际航运企业成为海运履约方,包括多种情形。比较普遍的情形是:船舶经营者将船舶出租,承租人与托运人订立运输合同;船舶经营者与国际货物多式联运经营人订立运输合同,履行或承诺履行海上区段的货物运输;班轮运输经营者作为承运人与作为托运人的货运代理公司订立运输合同,该货运代理公司又以承运人身份(无船承运人)与货主订立运输合同,因而相对于货主而言,班轮运输经营者成为海运履约方;一个船舶经营者与托运人订立运输合同后,又与另一船舶经营者订立运输合同,将货物委托给后者运输,因而相对于原始托运人,另一船舶经营者成为海运履约方。可见,《鹿特丹规则》规定的海运履约方制度与国际航运企业存在非常密切的联系,从而不能忽视其对于国际航运企业的影响。

我国《海商法》中与海运履约方类似的概念是第42条第(2)项定义的"实际承运人",即"接受承运人委托,从事货物运输或者部分运输的人,包括接受转委托从事此项运输的其他人"。实际承运人与海运履约方在外延上有重叠,实际承运人属于海运履约方之一。

《鹿特丹规则》第19条"海运履约方的赔偿责任"规定:海运履约方必须承担该规则对承运人规定的义务和赔偿责任,且有权享有该规则对承运人规定的抗辩和赔偿责任限制。

海运履约方承担该规则对承运人规定的义务和赔偿责任,且有权享有该规则对承运人规定的抗辩和赔偿责任限制。因此,海运履约方制度对于国际航运企业的影响,与前述承运人责任制度对国际航运企业的影响相似或相同。或者说,国际船舶经营者无论是作为承运人还是海运履约方,在有关货物的权利义务与责任等方面相同,只是当承运人约定在该规则对其规定的义务和责任范围之外承担义务和责任,或约定其赔偿责任限额高于该规则所规定的限额时,海运履约方才不受该约定的约束,除非海运履约方明示约定接受该义务或者该更高限额。

三、运输单证和电子运输记录制度的影响

（一）运输单证制度的影响

实践中,运输单证的种类比较广泛,如国际海上货物运输中使用的提单、海运单,国际货物多式联运中使用的多式联运单证、多式联运提单,其他运输方式中使用的运单。在现行国际海上货物运输法律或公约中,提单是核心运输单证,公约和法律围绕提单制定运输规则,对其他运输单证没有规定或规定非常简单。有的公约和法律没有运输单证的定义。例如,我国《海商法》吸收《汉堡规则》的规定,第四章第四节"运输单证"第71条至第80条的规定中,没有运输单证的定义,而只有第71条提单的定义,第71条至第79条都是提单的规定,只有第80条是其他运输单证的笼统规定。因此,在《鹿特丹规则》之前,可以说没有运输单证制度。

《鹿特丹规则》第1条第14款规定:"'运输单证',是指承运人按运输合同签发的单证,该单证:(一)证明承运人或履约方已按运输合同收到货物;(二)证明或包含一项运输合同。"因此,《鹿特丹规则》定义的运输单证适用于不同运输方式的货物运输,既包括国际海上货物运输中使用的提单、海运单,也包括国际货物多式联运中使用的多式联运单证、多式联运提单,以及其他运输方式中使用的运单。这一运输单证的定义与该规则规定的"海运+其他"方式的适用范围相对应。同时,根据运输单证是否具有流通性,该规则将运输单证划分为可转让运输单证和不可转让运输单证。

《鹿特丹规则》在运输单证范围上的延伸将使运输单证在实践中的应用更具有统一性,可以说建立了统一的运输单证制度。但是,与该规则就国际货物多式联运建立的有限规则相匹配,其统一程度具有局限性。

统一运输单证制度为以"门到门"运输为主要表现形式的国际货物多式联运提供了条件,适应了国际集装箱运输发展的趋势。如果《鹿特丹规则》得以实施,将有助于国际航运企业开展多式联运业务,保障国际集装箱运输的开展。同时相对于现行三大国际海上货物运输公约和我国《海商法》的规定,该规则有关运输单证签发、批准和转让等规定更加具体和明确,有利于规范国际海上货物运输实践做法,减少纠纷。

(二)电子运输记录制度的影响

《鹿特丹规则》设立电子运输记录制度是适应电子商务在国际海上货物运输领域广泛的应用前景、实现运输单证电子化的尝试。电子单证可以弥补作为纸质运输单证的传统提单的不足,其正确性、高效率、快速流转等优越性能,是人工操作的纸张单据所无法比拟的。同时,由于其是在 EDI 等交易环境下流通,数据电文的传递要经过第三方独立的授权认证机构认证,可以鉴别交易对方的真实身份。电子运输记录通过设定密匙,确保其安全性,将大大降低被伪造的可能胜。[1]电子运输记录不仅可以节约费用、提高效率、减少误差、保证安全,更重要的是可以促进国际货物流通的发展。

1. 电子运输记录制度的积极影响

《鹿特丹规则》关于电子运输记录的规定将从根本上解决国际海上货物运输中普遍存在无单放货问题。据统计,班轮运输中存在 15% 的无单放货现象,租船运输可高达 50%,某些重要商品如矿物、油类货物运输几乎 100% 无单放货。[2]无单放货主要是由于船速提高、航次较短、提单转让速度慢等原因。电子运输记录凭借本身具有的传统纸质运输单证无法比拟的快速性、高效性的特点,能大大缩短贸易领域的单证操作和传递时间,有效地解决无单放货问题。一旦《鹿特丹规则》在我国生效实施,该积极影响将有效地减少我国国际航运企业的无单放货情况。

2. 电子运输记录制度的消极影响

电子运输记录包含的内容与运输单证基本相同,效力上也与运输单证基本一致。但是,电子运输记录与纸质运输单证不同,不再是一种纸质单证,而是一种无

---

〔1〕 参见张倩倩:《电子提单展望》,载《时代经贸》2006 年第 4 卷总第 52 期。

〔2〕 See Article 9.4.2.4 of "Draft Outline Instrument" by CMI ISC 2000.11.20. 转引自朱作贤、王晓凌、李东:《对提单"提货凭证"功能重大变革反思——评〈UNCITRAL 运输法草案〉的相关规定》,载《中国海商法年刊》2005 年第 1 期。

纸单证。由于《鹿特丹规则》没有具体规定电子运输记录使用程序,电子运输记录具有与生俱来的缺陷,缺乏实践基础,国际社会对这一制度的可操作性存在担忧。这些都会给电子运输记录在国际海上货物运输领域的广泛运用带来障碍。

在我国,这种障碍尤其明显。至今为止,我国有关电子单证的信息技术还不成熟,需要大量的资金投入,用于规范电子商务的法律、法规不健全。另外,电子运输记录的广泛应用依赖于国际航运企业、国际贸易企业、海关、商检、港口等相关主体和环节实现全面的、同时的电子化。由于涉及的企业和政府部门比较多,国际航运环节多而复杂,国际航运领域电子商务的发展滞后于其他行业。我国国际航运企业要采用电子运输记录,在电子单证信息技术及其系统上还需要摸索,我国还需要相应的法律、法规对其实践进行保障。

四、批量合同制度的影响

(一) 批量合同制度的总体影响

在《鹿特丹规则》提出"批量合同"这一概念之前,在我国国际集装箱班轮运输领域,无论是中美航线、欧洲航线、地中海航线还是其他航线,服务合同的应用已相当广泛。在国际海上干散货和石油运输实践中,包运合同(contract of affreightment, COA)[1]或吨位合同(tonnage contract)也早已被广泛使用。《鹿特丹规则》对批量合同的概念、性质、适用范围、争议解决条款以及对第三方的效力等加以具体规定。基于该规则的适用范围,批量合同主要针对国际班轮货物运输而言。

批量合同制度确认了批量合同的合法性,有助于发挥批量合同确立船货双方长期运输关系、对于国际运输经营者可获得长期稳定货源的基本作用,从而节省国际运输经营者的商业运行成本。另外,批量合同会导致承运人尤其是国际航运企业的分化,对于中小承运人和中小托运人的利益存在直接的不利影响。

(二) 有利于占据谈判优势的国际航运经营者、不利于占据谈判劣势的国际航运经营者

《鹿特丹规则》第 80 条允许批量合同约定的权利义务在一定条件下可背离该规则的强制性规定。除第 14 条"适用于海上航程的特定义务"规定的承运人谨慎处理使船舶适航义务、第 29 条"托运人提供信息、指示和文件的义务"、第 32 条"危险货物特别规则"和第 61 条"赔偿责任限制权的丧失"规定的承运人丧失赔偿责

---

[1] "包运合同"也叫"包运租船合同",是 20 世纪 70 年代发展起来的一种租船方式,是指船舶所有人以一定的运力,在确定的港口之间,按事先约定的时间、航次周期,每航次以较均等的运量,完成全部货物运输的租船方式。参见胡美芬、王义源:《远洋运输业务》(第 4 版),人民交通出版社 2006 年版,第 32 页。

任限制权利的条件不允许背离外,批量合同的承运人和托运人可以约定增加或者减少该规则中规定的权利、义务和赔偿责任。

批量合同制度的实质是提倡"合同自由"原则,突破传统和现行的海上货物运输法律适用的强制性。批量合同制度是建立在合同当事人谈判地位平等的假定前提之上。然而,虽然民事合同是平等主体的当事人之间的协议,但批量合同的承运人和托运人的谈判地位总体上是不平等的。这种不平等主要表现在大而强的国际集装箱班轮经营者等国际航运经营者与小而弱的托运人之间,以及大而强的托运人与小而弱的国际集装箱班轮经营者等国际航运经营者之间。可想而知,国际集装箱班轮经营巨头马士基公司与一个小的货代公司之间在谈判地位上不可能平等。同样,跨国零售巨头家乐福与一个小的国际集装箱班轮经营者之间在谈判地位上也不可能平等。无疑,批量合同制度以形式上的承运人和托运人之间的平等掩盖很多事实上的不平等。因此,批量合同制度将有利于占据谈判优势地位的一方,而不利于占据谈判劣势地位的一方。

具体而言,对于占据谈判优势地位的国际航运经营者而言,可以通过批量合同中的约定,将《鹿特丹规则》所加重的承运人责任转嫁给托运人,甚至承担比现行《海牙—维斯比规则》规定的承运人责任更轻的责任,从而节省责任保险的费用。此外,由于批量合同制度不但赋予批量合同约定的排他性法院选择协议和仲裁条款在当事人之间具有约束力,而且在满足一定条件的情形下,未经第三人同意即可约束第三人,从而占据谈判优势地位的国际航运经营者可以利用自己的优势地位,在批量合同以及据其签发的运输单证或电子运输记录中规定对己有利的管辖权或仲裁条款。但是,对于占据谈判劣势地位的国际航运经营者而言,需承担《鹿特丹规则》所加重的承运人责任,甚至承担比《鹿特丹规则》规定的承运人责任更重的责任,而且由于其不能决定批量合同中约定的承运人责任,将使其难以预见自己所需承担的责任,进而影响其投保责任保险。尤其是由于批量合同中管辖权条款或仲裁条款未经第三人同意即对第三人具有约束力,如果《鹿特丹规则》得以实施,将导致我国中小国际航运企业被迫根据批量合同中管辖权条款或仲裁条款到境外诉讼或仲裁的情形增多。显然,对于中小国际航运企业而言,到境外诉讼或仲裁不但不便利,还会严重损害自身利益。

在我国国际航运领域,以中远集团、中海集团和中外运长航集团为代表的少数几家大型国际航运企业具有较强的谈判优势地位,从而批量合同制度将对其有利,除非遇到像跨国零售巨头家乐福这样的具有极强谈判优势地位的贸易商。然而,对于我国大量中小国际航运企业,由于缺乏谈判优势地位,批量合同制度将对其不利。由于我国国际航运企业中具有较强谈判优势地位者占少数,而谈判地位不强者占大多数,因而我国国际航运企业从批量合同制度中能获得利益者是少数,利益会遭受损失者是多数。总体上,批量合同制度对我国国际航运企业利少弊多。

五、对我国国际航运企业在国际航运市场竞争力的影响

《鹿特丹规则》与现行国际海上货物运输公约和我国《海商法》相比,大大加重了承运人的责任,将导致承运人责任保险费用的增加,以及为降低船龄、提高船舶技术水平、船员素质和经营管理水平而大量投入资金,从而导致经营管理成本的增加。同时,《鹿特丹规则》对于国际集装箱货物多式联运的适用,以及电子运输记录制度的实施,对国际航运企业提出了新的更高要求。在批量合同制度下,只有占据谈判优势地位的国际航运经营者才能获得利益,而占据谈判劣势地位的国际航运经营者的利益将受到损害。因此,《鹿特丹规则》与现行国际海上货物运输公约和我国《海商法》相比,对国际航运企业提出了更高的要求,只有规模大、船舶技术水平高、船员素质高、经营管理水平高的国际航运企业才能适用《鹿特丹规则》带来的国际海上货物运输法律制度的变革,才能从中受益,保持和提升自己在国际航运市场化中的竞争力;众多规模小,以及船舶技术水平、船员素质、经营管理水平都不高的国际航运企业将难以适应这种变革,不但不能受益,反而其利益会受到损害,甚至被迫退出国际航运市场。可以预见,如果《鹿特丹规则》在国际社会得到广泛实施,其带来的国际海上货物运输法律的变革,将改革目前国际航运市场某种程度上低成本竞争的局面,国际航运市场将进入高成本竞争的时代,并且市场竞争会更加激烈,市场机构将发生更加集中的变化。

因而总体上,如果《鹿特丹规则》在国际上得以广泛实施,将对发达国家的国际航运企业有利,会有助于提升其在国际航运市场中的竞争力,但不利于发展中国家的国际航运企业,将使得其在国际航运市场中的竞争力下降。马士基公司竭力推崇《鹿特丹规则》,游说国际社会认可该规则,正是看到了该规则的实施将带来这种变化,从而有助于巩固和提升其在国际航运市场中的竞争力。

我国国际航运企业经过较长时期的迅速发展,已经成为世界航运大国,出现了中远集团、中海集团、中外运集团等大型国际航运企业。但总体而言,我国国际航运业离世界航运强国要求还有很大的差距,突出表现为我国国际航运企业在国际航运市场中的总体竞争力还不高。我国国际航运企业在规模上显得小而分散,两极分化严重,少数规模大、竞争力强的企业,与大量中小规模、竞争力弱的企业并存,中小船公司占据了我国国际航运企业的绝大多数。一方面,占企业总数不足1%的三家大型船公司占据了中国国际航运业大部分运输生产能力;另一方面,300多家中小船公司虽然运力不足中国国际航运业的10%,但企业数目却占60%以上。[1]这么大的中小型企业比例,在发达国家航运市场罕见。相较于国内小而散的航运格局,全球兴起的企业并购联盟之势无疑进一步增大了国内外航运企业之间的差距。

从企业性质看,无论是属于国有企业或国有控股企业的我国大型国际航运企业,还是数量众多的中小民营国际航运企业,现代企业制度普遍还不够健全,企业的决策带有一定的行政色彩或个人色彩,影响核心竞争力的形成。国外大多数航运企业都已经按照市场化的要求运作了多年,有着良好的信誉和较多的经验,竞争能力远远超过我国。

从企业实力看,经过较长时期的发展,我国国际航运企业有了突飞猛进的发展,船队建设在数量上和技术水平上都有了较大的提高,中远集团和中海集团闯入全球十大航运企业之列。但是,繁荣的背后掩盖着一系列问题,如船队发展不平衡、船龄偏大、船舶技术水平不高、船员素质不高、经营管理水平不高、企业经营效益不高等。

从经营管理水平看,同发达国家国际航运企业还存在差距。发达国家的国际航运企业,大多数高层管理人员都受过良好的教育培训并有着丰富的实践经验,绝大多数企业都建立了自己的研究机构,同时积极鼓励创新。我国国际航运从业人员与国际水平相比,总体素质相对较低,企业的创新机制还很不健全。

从市场份额看,我国国际航运企业在国际航运市场,尤其是高端市场中所占市场份额并不高。根据上海海事局统计,2013年在挂靠上海港的国际航行船舶数量中,悬挂我国国旗的船舶仅占4.16%,加上悬挂方便旗的中资国际航行船舶,也仅为10%左右。这从一个侧面反映出我国国际航运企业在国际航运市场中的竞争力并不高。

因此,对于我国这样一个发展中航运大国,但不是一个航运强国,中小航运企业大量存在,且船舶技术水平、船员素质和企业安全管理水平普遍不高的国家的国际航运业而言,《鹿特丹规则》无疑是一把"双刃剑"。这是因为,如果该规则在我国得以实施,或者在国际上被普遍采纳,一方面必然促进国际航运企业进行大规模的船舶技术水平提升、提高船员和管理人员素质、提高经营管理水平,以保障在国际航运市场中的生存力和竞争力,而且这样做符合我国航运强国战略;另一方面,虽然《鹿特丹规则》在我国得以实施不会使中远集团、中海集团和中外运长航集团等我国主要国际航运企业受到严重影响,但即使是排名在全球前十位的中远集运和中海集运,在激烈的国际集装箱班轮运输市场,也面临来自马士基这样的国际集装箱班轮公司巨头的巨大竞争压力。但是,对于我国大量的船舶技术水平、船员素

---

[1] 参见张韫竹:《中国国际航运企业竞争战略研究》,武汉理工大学2004年学位论文,第11页。

质和经营管理水平不高、经营状况不良的中小航运企业而言,其在国际航运市场中的竞争力将下降,一些小企业甚至由于无法适应《鹿特丹规则》带来的变革而被迫退出国际航运市场,虽然这种优胜劣汰的竞争机制有利于优化国际航运市场结构,给大型国际航运企业、企业联盟的发展壮大带来良好的机遇。

六、对我国国际航运业政府管理的影响

政府作为政策的制定者和市场的监管者,在国际航运体系中扮演着重要角色,对推动国际航运业发展起着至关重要的作用。我国改革开放 30 多年来,随着市场经济体制的逐步完善,我国国际航运业在政府的重视和推动下已取得飞速发展。然而,我国国际航运业存在不少问题,例如,国际航运立法缓慢;国际航运企业规模小,无船承运人竞争无序;国际航运船队运力和企业结构不够合理,整体国际竞争能力不强;国际航运辅助服务体制不健全,市场管理混乱等。[1] 这些问题直接或间接与我国国际航运业政府管理有关,表明现行一些政府管理手段和方式不能完全适应国际航运市场的发展变化。

如果《鹿特丹规则》在国际社会得以广泛实施,会对全球航运市场带来全面的影响。如果我国加入该规则,将对我国国际航运业带来直接影响。即使我国没有加入该规则,如果该规则在国际社会得以广泛实施,尤其是在我国主要海上贸易伙伴中实施,同样会对我国国际航运业带来直接影响。

《鹿特丹规则》对于我国国际航运业的政府管理的影响是间接的,因为该规则是私法规则,只是对运输合同当事人和其他利害关系人产生直接的影响。但是,由于政府管理部门需要对受这种影响的国际航运经营者和国际航运市场的变化作出反应和应对,从而该规则将影响到政府管理部门。

前述几方面分析表明,《鹿特丹规则》对我国国际航运而言,既有积极的影响,也有消极的影响;既有确定的影响,也有不确定的影响;既有我国特有的影响,也有世界性的影响;既有对经营者微观层面的影响,也有对航运市场宏观层面的影响;既有对市场经营行为的影响,也有对船舶安全的影响;既有对国际航运企业的影响,也有对国际航运辅助业务经营者的影响。

在完善的社会主义市场经济体制下,我国政府对国际航运管理的主要职责是采用行政、经济和法律手段,对国际航运市场进行宏观调控,制定国际航运发展战略和发展政策,制定法律、法规和规章,对国际航运市场加以正确引导,对内营造市场公平竞争环境,维护市场经营秩序,监督法律、法规和规章的实施,惩治违法行

---

[1] 参见刘舒燕、王少梅、方芳等:《对我国国际航运行政管理体系改革的思考》,载《武汉理工大学学报》(交通科学与工程版)2002 年第 2 期。

为，对外提升我国国际航运企业在国际航运市场中的竞争力。

如果《鹿特丹规则》在国际社会得以广泛实施，将对我国国际航运企业在国际航运市场中的竞争力产生影响。因此，基于这种潜在的影响，我国政府航运管理部门需要根据其管理职责，采取相应的对策。

第四节 国际航运企业的对策

相对于现行国际海上货物运输公约和我国《海商法》，《鹿特丹规则》使得承运人的责任风险大大增加。为了控制和分散这种责任风险，对船舶技术水平、船员素质和国际航运企业的经营管理提出了更高要求。该规则对我国国际航运企业而言，既是机遇，也充满挑战。为此，应当深入研究国际航运企业如何面对该规则带来的潜在影响，抓住机遇，迎接挑战，以提高我国国际航运企业在国际航运市场中的竞争力为核心，采取积极的对策。

一、建立现代化船队、提高船舶技术水平

我国大量中小国际航运企业普遍存在船舶结构不合理、老旧船舶多、船舶技术水平不高等问题。技术水平不高的船舶，难以按照《鹿特丹规则》的要求保证在整个航程中处于适航状态，也容易出现承运人根据该规则不能免责的船员管理船舶过失和驾驶船舶过失，即航海过失。即使未导致所运货物的灭失或损坏，技术水平不高的船舶难以保证船期，容易出现承运人未能在与托运人约定的时间在目的地交付货物的情形，从而承运人需承担迟延交付货物的责任。

因此，面对《鹿特丹规则》的潜在不利影响，国际航运企业要应对承运人责任制度的变革，保持和提升在国际航运市场中的竞争力，必须建立现代化船队、提高船舶技术水平。这就要求我国国际航运企业运用各种融资手段，用现代化船舶逐步替代老旧船舶、安全系数低的落后船型，对船舶进行技术改造，提高船速以减少航线配船数，实施现代化航运手段，优化船队结构。

二、提高船员素质和经营管理水平

《鹿特丹规则》带来的承运人责任制度的变革以及承运人责任的增加，最显著的表现之一是废除承运人航海过失和火灾过失免责。航海过失和火灾过失是指船长、船员、引航员或者承运人的其他受雇人所犯的过失，主要是包括船长在内的船员所犯的过失。实践表明，造成货物灭失或损坏的事故，尤其是造成重大货物灭失或损坏的事故，大多数由于航海过失或火灾过失所致。因此，减少航海过失或火灾过失所造成的货物灭失或损坏的事故，对于国际航运企业有效应对《鹿特丹规则》

废除承运人航海过失和火灾过失免责而给承运人增加的责任,具有重要意义。

我国国际航运企业,尤其是大量中小国际航运企业,普遍存在船员素质不高、管理水平不高的问题。船员素质不高是船员造成航海过失或火灾过失的主要原因。因此,国际航运企业必须采取措施减少航海过失或火灾过失所造成的货物灭失或损坏的事故。同时,海上货物运输法律规定的承运人义务,很多需要船员直接或间接地履行。提高船员素质,可以减少管货过失、减少货物迟延交付、减少错误交付货物、减少错误签发运输单证等海上货物运输法律规定承运人需承担责任的情形,从而有助于承运人履行运输合同的义务,避免承担责任。提高国际航运企业的经营管理水平,不但与提高船员素质直接相关,而且与保证船舶适航性和履行运输合同的其他义务、避免承担责任直接相关。

因此,提高船员素质和国际航运企业的经营管理水平,对于国际航运企业有效应对《鹿特丹规则》对承运人增加的责任,具有重要意义。

三、国际航运企业的规模化发展

航运经济具有规模经济的特点。国际航运企业要在国际航运市场中具有一定的竞争力,能够有效抵御航运市场风险和法律风险等经营风险,其船队必须具有一定的规模,而且规模越大,其抵御风险的能力就越强,在国际航运市场中的竞争力就容易稳定和提高。应对《鹿特丹规则》带来的因承运人责任制度的变革以及承运人责任增加而对国际航运企业的影响,归根结底表现为对国际航运企业在国际航运市场中竞争力的影响。因此,国际航运企业走规模化发展道路,对于有效应对该规则的潜在影响,具有重要意义。在我国国际航运企业中,中远集团、中海集团和中外运长航集团不会因该规则受到严重的不利影响。这也说明了国际航运企业走规模化发展道路对于有效应对该规则的潜在影响所具有的重要意义。

我国大量中小国际航运企业船队规模小、国际航运市场竞争力不高,其结果将是抵御《鹿特丹规则》带来的责任风险的能力低。要有效应对该规则的潜在不利影响,国际航运企业的规模化发展是有效途径。规模化发展将有助于扩大国际航运企业船队规模、优化船队结构,提高船舶技术水平、船员素质和经营管理水平,从而提高在国际航运市场中的竞争力。

国际航运企业的规模化发展有两个途径:第一,国际航运企业通过兼并收购扩大规模。通过扩大规模,实现资源一体化,充分发挥规模经济优势,使船队建设和船舶调度能够在更大规模和范围上进行,航线网络覆盖面更广,航线间隔期更短,船舶利用率更高,经营管理成本更低。近十年来,随着全球并购大潮,航运市场也发生了30多次并购事件。特别是2005年,国际航运业出现许多成功并购案例,如航运巨头马士基海陆并购铁行渣华、赫伯罗特收购加拿大太平洋航运、法国达飞收购达贸等,这些成功的案例给我国国有大型航运企业提供了经验和启示。第二,国际航运企业实施企业联盟战略。中小国际航运企业应利用自身规模小、经营灵活、数量多的特点,实施企业联盟战略,逐步改变我国国际航运企业小、散、弱、差的局面,形成集团优势,增强集体竞争力。通过企业联盟,中小国际航运企业在经营过程中联合起来,采取信息共享、资源共享、优势互补的方式降低营运成本,提高竞争力。

四、加快航运电子商务系统建设

联合国贸易与发展委员会2000年全球海运研究报告指出,电子商务在远洋运输中的地位愈发凸显,船公司利用网络科技提升运输服务品质,为货主提供即时工具,加强船货双方沟通渠道,已成为航运企业强化竞争的手段。《鹿特丹规则》通过后,电子运输记录的发展将成为新形势下国际航运业发展的一大新趋势。为了应对电子运输记录的广泛应用前景,加快航运电子商务系统建设就成为一种必然。对于国际航运企业来说,建设电子商务系统不仅仅是为了搭建网络平台、提高办公效率,更重要的是从全球客户的需求变化出发,以全球一体化的营销体系为业务平台,以物流、信息流和业务流程重组为管理平台,以客户满意为文化理念平台构建智能的、服务方式柔性的、运输方式综合多样并与环境协调发展的综合物流系统。[1]所以,建设电子商务系统,保障电子运输记录的运用,不仅有利于提高办事效率,还有助于综合物流的发展,而这同样也是《鹿特丹规则》追求的目标之一。

第五节 国际航运政府管理的对策

面对《鹿特丹规则》对我国国际航运业的发展带来的潜在巨大压力,我国国际航运政府管理部门应当立足于我国国际航运企业的现状和国际航运市场的发展趋势,以促进我国国际航运企业竞争力的提高为核心,积极采取国际航运管理方面的对策。

一、提高我国国际航运的现代化水平

我国国际航运企业要在国际竞争中立于不败之地,提高我国国际航运的现代化水平、促进航运技术水平进步是硬道理。在社会主义市场经济体制下,提高我国国际航运的现代化水平主要是国际航运企业的任务,但政府具有不可忽视的重要作用。政府要立足于我国国际航运企业的现状,以国际航运市场的发展趋势为导

---

[1] 参见于卫红:《基于Ajax的航运电子商务系统设计与实现》,载《交通与计算机》2007年第5期。

向,综合运用经济、技术、法律和必要的行政手段,对国际航运市场进行宏观调控,促进国际航运企业扩大船队规模、优化船队结构、提高船舶技术水平、船员素质和经营管理水平,从而提高我国国际航运企业整体的现代化水平。为此,政府主管部门要切实有效地实施航运强国战略,认真履行政府在我国国际航运现代化建设中的职责。

二、促进我国国际航运企业竞争力的提高

(一) 鼓励国际航运企业走规模化发展道路

整体而言,面对《鹿特丹规则》对我国国际航运业的发展带来的潜在巨大压力,政府应积极引导我国国际航运企业走规模化发展道路,以提高我国国际航运企业的整体竞争力。政府要鼓励我国大型国际航运企业实施全球发展战略,提高我国国际航运企业的国际竞争力和影响力,起到龙头带动作用,为中小企业树立良好的典范,提供先进的经验。同时,政府要鼓励众多的中小国际航运企业之间进行联合、改组、兼并,扩大规模,逐步改变我国航运企业小、散、弱、差的局面,提高抵御市场风险和责任风险的能力。

在市场经济体制下,企业间通过联合、改组、兼并扩大规模难度颇大。同时,如果完全由"大鱼吃小鱼"的市场竞争促使国际航运企业间进行组合,以达到企业的适度集中,容易造成航运市场秩序的混乱。因此,为了实现国际航运企业规模的扩大,不能完全依赖市场对于资源配置的作用,同时需要政府通过行政、经济和法律等综合手段来完成。

(二) 制定和实施扶持国际航运业发展的优惠政策

尽管在世界贸易组织的活动和双边、多边的海运会谈中,都积极倡导公平竞争、减少政府干预、取消国与国之间的歧视性措施等,但不少国家至今还保留造船补贴、货载份额保留、减免税赋等扶持本国国际航运企业发展的优惠政策。美国最为突出,欧洲次之,日本、韩国都有不同程度的保护措施。[1]这些航运相对发达的国家尚为航运业的发展制定优惠政策,我国作为一个发展中航运大国,面对《鹿特丹规则》对我国国际航运业的发展带来的潜在巨大压力,更应当从我国实际国情出发,借鉴国外合理的保护本国航运业的方式,制定相应的优惠政策扶持我国国际航运企业健康和可持续发展。在当前受金融危机的长期影响,国际航运市场长期低迷,我国国际航运企业经营状况不良的特殊时期,制定和实施扶持国际航运业发展

---

[1] 参见孙光圻主编:《国际航运政策与法规》,人民交通出版社2001年版,第154页。

的优惠政策更具迫切性。

具体而言，可以从以下几个方面入手：

（1）采用适度货载优先。虽然我国取消了货载保留制度，但可实行适度的货载优先。对政府采购、外援物资、军用物资及某些关系国计民生的重要战略物资以国家购买服务的形式，优先配给国轮承运，同时鼓励竞争，引进运价招标制，降低运输成本，避免保护落后。

（2）实行补贴扶持。借鉴世界上航运发达国家对本国航运业的保护，以税制、借贷优惠等间接调控措施为主，进行引导性扶持。例如，通过国家设立政策性融资机构保证我国国际航运企业购船及造船资金的来源，延长贷款还款期，加速船舶折旧，发挥税收信贷政策在市场机制下对企业的激励与结构优化作用等。

（3）逐步取消给外资航运企业的超国民待遇，以保护我国航运企业的竞争力，促进航运市场公平有序竞争。

当然，在采取航运保护政策的同时，也要考虑到我国作为世界贸易大国的实际国情，权衡船货双方利益，促进对外贸易均衡发展，以维护我国整体经济利益。

（三）积极推进现代物流业的发展

现代物流在世界范围内广泛兴起，而我国的物流业还处于初级发展阶段，市场潜力和发展前景十分广阔。《鹿特丹规则》为国际集装箱货物多式联运的开展提供了较好的法律制度保证。物流发展离不开运输，从总体意义上来讲，物流业务是运输服务的延伸。通过近几年国际海上集装箱运输的快速发展，我国港口集装箱场站不断建立，港口集疏运系统逐步完善。因此，政府应利用现有的有利条件，运用金融、信贷等手段积极鼓励和引导我国国际航运企业开展现代物流业务。同时，应利用现代科学和信息技术，把港口建设成为物流基地或物流中心，以国际航运业的发展推动物流业务的开展，以参与物流服务的市场竞争，为我国国际贸易的发展提供高质量的运输服务。积极推进国际集装箱货物多式联运和现代物流业的发展，也是应对《鹿特丹规则》对我国国际航运业的发展带来的潜在巨大压力的有效途径。

三、加强对国际航运市场、船舶和船员的监督管理

（一）加强对航运市场的监督管理

《鹿特丹规则》对承运人经营管理提出了更高要求。为此，我国政府航运主管部门应把好国际航运市场准入关，适当提高国际航运企业的市场准入门槛，以逐步改善我国国际航运企业小、散、弱、差的局面，确保国际航运企业整体竞争力的提高。同时，应加强对国际航运企业、国际船舶代理企业、国际货物运输代理企业、国

际船舶理货企业等相关主体的经营行为的监督管理,提高监管效率,维护市场秩序,依法查处非法经营行为。

(二) 加强对船舶和船员的监督管理

在我国国际航运船队中,普遍存在船舶技术水平低、老化严重等问题。据统计,我国国际航运船队中,老龄船、超龄船比例达41%,且平均吨位低于世界平均水平。[1]我国要建设航运强国,保证国际航运企业在国际竞争中立于不败之地,必须加强对船舶的监管,优化船队结构,加快淘汰船龄老、技术水平低、存在安全隐患的船舶,提高船队整体技术水平和平均吨位,改变目前商船队伍杂、乱、差的局面。政府主管部门应根据我国国际航运船队存在的主要问题及与世界水平尤其是与航运发达国家的差距,制定更加完善的船舶管理规定,依法加强对船舶的监督管理。

政府部门应当以提高船员素质为目标,加强对船员的管理,严格执行《1978年海员培训、发证和值班标准国际公约》[2]和《船员条例》规定的船员要求。同时必须看到,随着我国经济的迅速发展和人民生活水平的大幅度提高,船上收入与陆地收入的差距在不断缩小,船员对陆地精神文化生活的向往越来越强烈,导致船员队伍不稳定。船员队伍不稳定是我国船员素质整体不高的一个重要原因。因此,政府主管部门除应当保障船员在船期间的工作、生活条件外,应当制定政策、采取措施,提高船员的待遇,以保障船员队伍的稳定。

(三) 加强航运信息指导工作

政府主管部门及时掌握国际航运市场和我国国际航运企业的信息,是正确制定我国国际航运发展方针政策的基础。国际航运企业全面了解航运市场的基本情况、发展趋势,是企业正确制定企业发展战略决策的首要条件。为此,政府主管部门应当积极建立权威的航运市场信息网络或咨询机构,及时向我国国际航运企业及其主管部门提供国内外航运市场信息和资料。这将有助于国际航运企业应对《鹿特丹规则》对我国国际航运业的发展带来的潜在巨大压力。

---

[1] 参见《干散货船经营现状分析与对策研究》,载中国国际海运网(http://www.shippingchina.com/static),访问日期:2008年3月。

[2] International Convention on Standards of Training, Certification and Watchkeeping for Seafarers, 1978 (STCW 公约)。国际海事组织海上安全委员会第81届会议于2006年5月18日分别以 MSC.203(81)号决议和MSC.209(81)号决议通过了经修正的《1978年海员培训、发证和值班标准国际公约》(STCW 公约)和《海员培训、发证和值班标准规则》(STCW 规则)的修正案。我国是 STCW 公约的缔约国,在上述修正案通过后对我国具有约束力。参见交通部《关于国际海事组织〈1978年海员培训、发证和值班标准国际公约〉(STCW 公约)和〈海员培训、发证和值班标准规则〉(STCW 规则)修正案生效的公告》,载 http://www.moc.gov.cn/zhuzhan/zhengwugonggao/jiaotongbu/haishijielao/200807/t20080715_506690.html。

第八章 《鹿特丹规则》对国际贸易的影响与对策

第一节 国际海运与国际贸易之间的关系

一、国际海运是世界贸易主要承运者

20世纪后半叶,世界经济一体化、全球化加速,各国在经济、贸易、金融、投资等领域进入高度依赖的时代。2008年开始的全球金融危机具有的广泛影响力正表明现代国家在经济上难以独善其身。从长期趋势上,世界经济一体化、全球化将有力地促进各国之间的贸易。迄今为止,国际海上运输是实现国际贸易活动的主要运输保障。据统计,世界贸易货物总量的85%是由船舶运输完成的。[1]

2005年,国际海事组织将世界海事日的主题确定为"世界海运——国际贸易承运者"。国际海事组织秘书长 Mitropoulos 先生在海事日致辞中说:"我相信我们应该比现在更多地庆祝这一海运界盛事,我们为2005年世界海事日选择了主题——国际海运——世界贸易的承运者(Carrier of World Trade),我们真诚地希望我们(政府、组织、行业和所有其他有关方)能够注意海运在支撑国际商业和世界经济中所发挥的重要作用,它是全球运输货物最为有效、安全且环保的方法。我们生活在一个由全球经济支持的社会中——要不是船舶和海运业,经济就不能运作。"[2]

二、国际海运是世界贸易助推器

国际贸易是国际海运发展的重要基础,国际贸易在一定程度上决定着国际海运的发展。但是,国际海运对于国际贸易而言,并不总是处于被动的服务地位,国际海运在许多情况下对国际贸易具有直接的推动作用。

纵观整个世界贸易的发展历程,可以发现每一次贸易的跨越式发展都伴随有运输工具和运输技术的变革,国际海运是世界贸易的助推器(propeller of world trade)。20世纪50年代以来,集装箱化和船舶大型化以及航海技术的进步,大大缩短了运输时间、装卸时间,简化了装卸模式,提高了运输质量和货物安全性,为国

---

[1] 参见严鹤鸣:《循环经济与拆船业可持续发展》,载《中国资源综合利用》2005年第8期。
[2] 李祥斌编译:《国际海运——世界贸易承运者——2005年世界海事日》,载《中国海事》2005年第4期。

际贸易发展的突飞猛进作出了巨大贡献。

2013年,1.8万TEU超大型集装箱船投入使用。国际航运市场干线上的主流集装箱船为8 000 TEU、1万TEU或1.2万TEU等。从"5 000 TEU的集装箱船和8 000吨杂货船运营效率对比"(表8-1),可以看出集装箱运输与传统件杂货运输相比所具有的高效率优势。作业效率、作业对天气状况要求、船舶平均在港时间、包装费用、货损货差、开展多式联运等比较项表明,集装箱运输全面优于非集装箱运输。经过半个世纪的集装箱化过程,集装箱化程度已比较高,在集装箱货和非集装箱货之间保持基本稳定的比例。集装箱运输具有的优势部分由承运人享有,部分由货方享有。此外,港口经营者、货运代理人等国际海运的其他参与者同样可从中获益。

国际海运是世界贸易的助推器是指国际海运通过自身的发展直接推动国际贸易的发展。集装箱运输和船舶大型化通过降低货损货差、降低包装费用、加快货物流转等直接降低国际贸易运输成本,促进国际贸易的发展。集装箱运输的巨大发展潜力,根源于其本身的优越性,其在船队发展创新、环保安全推广、信息技术运用以及与资本市场融合等方面,始终走在航运业的前列[1],并且可适用于海洋运输、公路运输、铁路运输及国际多式联运等,是推动传统海运业与现代物流业相融合的重要有生力量。20世纪80年代初,集装箱运输占全球海运货量的比重仅有4%左右,1988年达到5.4%,1998年超过10%,2006年该比重跃升到15%。目前,这一比重有了大幅度提高,总体上,已经完成集装箱化。从价值形态上,由于集装箱运输的货物价值在总体上要高出散货和杂货,该比例要远高于货运量比例。

表8-1 5 000 TEU的集装箱船和8 000吨杂货船运营效率对比

比较项目	集装箱船	普通杂货船
作业效率	400 t/h	35 t/h
作业对天气状况要求	没有	多数有
船舶平均在港时间	2天	15天
包装费用	较低或无	视具体货物而定,相对较高
货损货差	较少出现	容易产生
开展多式联运	适宜	不适宜

---

[1] 参见杨芳梅:《浅议我国集装箱运输业自身提高国际竞争力的途径》,载《科技资讯》2008年第18期。

三、运输合同与买卖合同的关联性

(一) 概述

国际货物贸易通常包括买卖、运输、保险、支付、争议解决五个环节。在这五个环节中,国际货物买卖是其他环节的基础和起点,其他环节因为国际货物买卖才产生,并服务于实现国际货物买卖。从某种意义上说,国际货物买卖合同是整个交易的中心,是其他环节合同的根据,其他环节合同或安排必须符合国际货物买卖合同的运输条款、保险条款、交付条款等条款。另外,国际货物买卖也有赖于其他环节合同或安排的顺利进行,其他环节安排又相对独立于国际货物买卖合同。根据合同相对性原理,这些合同与买卖合同具有不同的当事人、不同的法律地位。

由于货物大多需要从卖方所在地运往买方所在地,国际货物买卖合同的履行依赖于运输来完成。为了实现买卖合同中的权利义务,国际货物买卖双方必须由其中一方与承运人订立运输合同。故而,买卖合同中的一方当事人成为运输合同的主体。买卖双方作为买卖合同的当事人,同时又在运输合同中可能承担着托运人、发货人或收货人的角色。

由于需要经过储运、装卸、运输、进出口报关等手续,买卖合同中通常都涉及与运输交货相关的问题,如卖方交货时间、地点、方式,哪一方负责订立货物运输合同、保险合同,办理进出口相关手续并承担相关费用,货物风险从何时由卖方向买方转移等诸多问题。在长期的贸易实践中,为简化买卖双方交易手续,缩短谈判时间,节省费用和开支,买卖双方逐渐采用了贸易术语,就交货地点、双方的成本、费用、风险、责任等问题进行划分。贸易术语因此成为买卖合同和运输合同衔接的重要连接点。

国际货物买卖当事人与承运人之间的运输合同关系在某种程度上取决于买卖合同,买卖合同决定是由买方还是由卖方负责与承运人订立运输合同。而且,虽然买卖合同不影响运输合同条款的制定,但可以约定与承运人订立运输合同的条件。因此,如果与承运人订立不符合买卖合同约定条件的运输合同,就可能造成对买卖合同的违约。

就国际海上货物运输关系而言,当事人一般有托运人、承运人和收货人三方,形成托运人与承运人之间的运输合同关系,承运人与收货人通过提单的转让或依法约束承运人的海运单等所形成的法定关系,以及托运人与收货人之间约定运输责任的买卖合同关系。

以 FOB 买卖合同为例,A 和 B 是买卖合同的双方当事人,A 为买方,B 为卖方,A 和 B 之间签订买卖合同后,根据买卖合同的约定,A 负责指派船至 B 的所在地装运货物。A 为了履行买卖合同,与承运人 C 签订运输合同。这时,A 是买卖合同的买方,又是运输合同的托运人。B 要履行买卖合同约定的义务,将货物交给 C 运输。

以 CIF 买卖合同为例,A 和 B 是买卖合同的双方当事人,A 为买方,B 为卖方。根据买卖合同的约定,B 必须自负费用,按照通常条件订立运输合同,将货物运输至指定的目的港。为履行上述义务,B 与 C 签订运输合同。这时,C 是承运人,B 是运输合同的托运人。当 B 把货物装上船后,经 B 请求,C 或其代理人或船长代表 C 有义务向 B 签发提单。CIF 的特点之一便是单证买卖。B 在收到 A 的货款后,向 A 提供包括提单在内的相关单证。A 得到的不仅是提单本身,并且一同受让提单中 B 作为托运人向承运人 C 所享有的权利以及所负有的义务。因此,提单的转让使得原本没有合同约束关系的 A 和 C 之间互有权利义务。

综上,买卖与运输是国际贸易相互依存的两个环节。国际海运货物之所以从一个国家到另一个国家,绝大多数情况下是基于国际货物买卖合同,只有少部分是基于展览等非买卖形式。如果运输合同受阻,买卖合同就难以履行,其他环节也难以顺利履行。

买卖双方对运输合同的履行实际上是实现买卖合同的权利义务,国际货物买卖合同和国际海上货物运输合同中各种权利义务的约定既不应该出现重叠,也不应有所遗漏。在国际货物贸易中,如何正确处理运输合同与买卖合同的衔接问题,如何通过运输合同的履行,低成本、安全且快速地将货物运到目的地,是国际贸易当事方需认真考虑与对待的问题,以免造成资金的浪费和贸易正常运行的受阻。具体而言,运输合同与买卖合同之间的衔接指的是通过主体、条款、权利义务内容上的一致化处理,使两个相互独立的合同相互契合。

然而,传统国际海上货物运输公约没有解决提单和其他运输单据同货物买卖双方的权利和义务之间的关系等问题,属于立法空白。《鹿特丹规则》通过第十章"控制方的权利"和第十一章"权利转让"对此进行了规定。

(二) 运输合同和买卖合同主体的衔接

买卖合同和运输合同属于两个彼此独立但又有内在联系的合同,从形式上虽然涉及四方当事人,但实际上只有三方。负有订立运输合同义务的买卖合同一方当事人需要以托运人的身份与承运人就该货物的运输达成协议。这就是说,卖方或买方同时还将作为托运人出现在运输合同中。同一主体既要受买卖合同的约束,又要受运输合同的约束。从这一意义上说,主体的衔接是买卖合同和运输合同衔接的直接表现。

然而,买卖合同的一方当事人作为托运人与承运人通过运输合同发生联系,但另一方买卖合同当事人与承运人之间存在何种关联,双方之间是否有权利义务,是理论和实践中存在的问题。在 FOB 价格条件下,买方有义务与承运人订立运输合同,由卖方将货物交给承运人。买方作为托运人与承运人订立运输合同,卖方相对于承运人的法律地位如何?他是托运人还是发货人?他与承运人之间存在什么样的权利义务关系?例如,第一,如果货物在越过船舷以前由于承运人的过错发生灭失或损坏,卖方与承运人之间没有运输合同关系,卖方对承运人提起侵权之诉,承运人能否以单位赔偿责任限制进行抗辩?第二,如果承运人签发的提单记载卖方为托运人,收货人凭卖方指示,该运输合同的托运人是否是卖方?第三,如果提单记载买方为托运人,收货人凭买方指示,卖方是否为托运人?如货物到达目的港后,承运人在无正本提单情况下将货物交给买方,卖方是否能以托运人身份就承运人无单放货向承运人索赔?

关于这些问题,包括我国在内的一些国家的海商法通过确立交货托运人或实际托运人等概念区别于订约托运人或托运人来解决。《鹿特丹规则》通过确立单证托运人概念来解决。

(三)运输合同和买卖合同在合同条款上的衔接

当事人在订立运输合同时,运输合同在条款上与买卖合同的对应首先表现在货物信息上应当相吻合,确保运输合同所包含的与货物有关的基本信息,如货物种类、数量应当与买卖合同中的品质规格条款、数量条款一致;货物装卸港口、履约船舶的要求等与买卖合同条款要保持对应;签发的运输单证、运费支付等应当与买卖合同一致。这种一致和对应就构成两者之间的衔接在形式上的表现。

(四)运输合同和买卖合同权利义务内容的衔接

作为运输合同的一方当事人,托运人应在货物交给承运人之前,对货物进行妥善包装,及时向港口、海关、检验、检疫机关申报货物,完成货物运输所必要的手续,以确保承运人的履约船舶到达装货港后顺利装运货物。

作为运输合同中的另一主体,承运人应当完成货物运输和货物交付。货物运输是承运人与作为托运人的贸易方之间衔接的基础;货物交付是运输合同的主要目的,是承运人与作为收货人的贸易相对方之间衔接的基础。托运人或收货人对运输中货物由于承运人应负责的原因所造成的损害可以通过追究承运人责任获得赔偿。

(五)运输单证体现运输合同和买卖合同的衔接

运输单证是承运人就海上货物运输签发的单据。以提单为例,在运输领域,提单具有运输合同证明、收货凭据和提货凭证三大功能。提单功能反映运输合同主体与买卖合同主体的关联,体现两个合同在主体上的衔接。在贸易领域,提单使货物得以由卖方转移到买方。这是因为,提单代表承运人凭单交付的承诺,占有提单相当于享有对提单项下货物的权利。提单作为运输单证,是使没有直接与承运人订立运输合同的买卖合同一方主体进入运输关系,并与承运人连接的纽带。因此,卖方在船货分离、但需要对运输途中的货物进行转卖时,提单常常被用来代替货物进行交付,持有提单的买方可以凭提单对货物行使权利,如要求承运人交付货物、对货物进行转卖等,就如同他已经占有了货物本身。由此可见,提单关系中所涉及的主体包括将货物交付给承运人的人(发货人)、承运人以及有权要求承运人交付货物的人(收货人)。

第二节 《鹿特丹规则》对我国国际贸易的影响

一、《鹿特丹规则》对我国国际贸易的积极影响

(一)适用范围扩大到"门到门"运输符合国际货物多式联运发展要求

1. 国际贸易的发展要求大力推进"门到门"集装箱运输

国际上,1956年前后出现了集装箱运输的设想,包括类似集装箱的容器、集装箱运输雏形以及简单的陆路集装箱运输等。1956年4月26日"Ideal X"轮载着58个集装箱起航,拉开了海上集装箱运输的开创期的序幕。1966年美国海陆公司的"Fairland"轮从美国新泽西州起航,载运236个集装箱前往荷兰鹿特丹,标志着国际集装箱海运时代的开始。经济全球化正在逐步消除国家之间的各种贸易壁垒,在市场经济基础上推动生产要素在全世界范围内的自由流动和合理配置,实现生产全球化、资本流动国际化。资源和产品在全球范围内流动活跃,全球性的产业转移分工深化。这给国际集装箱运输发展提供了巨大的货源支持和市场机遇(见表8-2),其中2008年至2011年数据参考了联合国海运评论。

表8-2 世界经济与集装箱海运量增长率统计

(单位:%)

年份	GDP增长率	贸易增长率	集装箱海运增长率
1988—1997	3.25	7.2	—
1998	2.9	4.6	3.7
1999	3.6	5.3	10.5
2000	4.9	12.8	10.7

(续表)

年份	GDP 增长率	贸易增长率	集装箱海运增长率
2001	2.6	-0.5	0.6
2002	3.1	3.7	10.5
2003	4.1	6.3	11.3
2004	5.3	10.9	13.4
2005	4.9	7.5	10.0
2006	5.1	9.4	10.7
2007	4.9	7.8	10.0
2008	2.5	2.0	5.4
2009	-1.9	-13.7	-5.1
2010	4.1	13.9	12.8
2011	2.7	5.9	7.1

资料来源:IMF CLARKSON。

全球贸易一体化的快速发展极大地推进了集装箱运输量及港口吞吐量的发展。集装箱运输在各种海运发展方式中最具活力。

2.《鹿特丹规则》适用范围的扩大适应"门到门"集装箱运输的需要

在国际件杂货物贸易中,除林木产品和钢铁的运输、使用特种运车船进行的车辆运输以及大型专项货运之外,绝大部分是集装箱运输。日益壮大的集装箱运输刺激了"门到门"运输方式的产生,而"门到门"运输又是多式联运最常采用的运输方式。[1]美国运输部海运管理署收集并作为"美国对外水运统计数字"予以公布的数据显示,集装箱班轮所运货物的价值占美国 2001 年所有对外水运货物价值的 68%,即在价值 7 200 亿美元的总额中占 4 900 亿美元。而且,据估计,美国集装箱运输的贸易货物至少有 75%～80% 属于"门到门"运输。从全球的角度来看,2000 年世界港口集装箱货运吞吐量达 2.253 亿 TEU,主要是亚洲、欧洲与北美之间的运输。

随着全球经济一体化的发展,传统国际贸易运输方式的改变,集装箱"门到门"运输方式和电子商务的迅猛发展,必然要求调整国际货物贸易的法律制度进行相应的改革。[2]在现行三个国际海上货物运输公约中,《海牙规则》鉴于历史的原因,没有任何文字涉及集装箱及集装箱运输;《维斯比规则》制定时,商业化的集装

---

[1] 参见陈琳:《论国际运输法统一下的海商法上岸——以〈UNCITRAL 运输法草案〉为起点》,载《海南大学学报》(人文社会科学版)2008 年第 5 期。

[2] 参见《联合国贸发会审议〈海上货物运输法公约〉》,载《世界贸易组织动态与研究》2002 年第9期。

箱运输刚刚起步，故只有在承运人对集装箱货物赔偿限额方面有所规定；《汉堡规则》在这方面的进步之处仅表现为在货物定义中考虑了集装箱的因素。[1]目前调整多式联运的国际法律框架由各种单式运输公约，区域规则和国家法律及标准条款合同组成，并没有被广为接受的关于调整多式联运的法律制度。1980年《联合国国际货物多式联运公约》没有达到所要求的批准国数，因而未能生效。1992年《联合国贸易和发展会议/国际商会多式联运单证规则》只是作为国际惯例被适用，因而对实现国际统一的作用有限。因此，出台一部适应集装箱运输发展需要的公约来调整集装箱"门到门"运输以促进其发展，势在必行。

适用范围一直是《鹿特丹规则》制定过程中的重点问题之一。在国际海事委员会接受联合国国际贸易法委员会的委托，起草运输法公约的过程中，该问题就引起广泛关注和热烈讨论。在联合国国际贸易法委员会第三工作组制定《鹿特丹规则》过程中，德国、瑞典等一些国家强烈反对"门到门"的适用，主张将《鹿特丹规则》的适用范围限制在"港到港"范围。但更多国家认为，在现代航运实践中，包括陆运在内的集装箱海上货物运输业务数量巨大，而这种运输很多都是按"门到门"业务来组织；随着电子商务等方面的技术发展以及物流设施的改善，此类业务还会继续增加。因此，在国际范围内对此进行法律统一是客观需要，而把集装箱货物运输法律的调整范围限于"港到港"完全是人为的，应考虑是否将适用范围扩大到海运之外。2001年2月，在国际海事委员会新加坡会议上，此意见得到了广泛支持，即承运人的责任期间应包括承运人接收货物到向收货人交付货物的整个期间，包括海运之前或之后的内陆运输，并且承担"网状责任"。[2]支持的理由主要是，考虑到将海运区段前后的陆运包括在内的集装箱货物班轮运输的海运合同数量大，且不断增多，有必要在公约草案中就其与某些国家适用的内陆运输公约之间的关系作出规定。

联合国国际贸易法委员会选择将《鹿特丹规则》从海运公约上升成为一个特殊的多式联运公约，使国际海运制度在包含国际海运的多式联运下得以扩展适用。《鹿特丹规则》第5条"一般适用范围"第1款规定："除须遵循第六条的规定外，本公约适用于收货地和交货地位于不同国家且海上运输装货港和同一海上运输卸货港位于不同国家的运输合同，条件是运输合同约定以下地点之一位于一缔约国：（一）收货地；（二）装货港；（三）交货地；（四）卸货港。"从上述规定可以看出，《鹿特丹规则》可适用于包括至少一段国际海上运输的"门到门"运输。《鹿特丹规则》第12条第1款规定："承运人根据本公约对货物的责任期，自承运人或履约方

---

[1] 参见蒋正雄：《集装箱运输法律十大问题导论》，载《集装箱化》2003年第1期。
[2] 参见海事委员会文件"新加坡门到门运输"，第3.2段，载http://www.comitemaritime.org/singapore/issue/issue_door/html. 转载于联合国国际贸易法委员会第三工作组（运输法）第9届会议：A/CN.9/WG.III/WP.21/Add.1：《运输法：海上货物运输文书草案初稿》，第13段。

为运输而接收货物时开始,至货物交付时终止。"与此同时,第 12 条第 3 款规定:"为确定承运人的责任期间,各当事人可以约定接收和交付货物的时间和地点,即运输合同条款作下述规定的即为无效:(一)接收货物的时间是在根据运输合同开始最初装货之后;(二)交付货物的时间是在根据运输合同完成最后卸货之前。"

由此可见,《鹿特丹规则》在适用范围上突破了传统海运公约的限制,在性质上演变成为一个不纯粹、不完全的国际货物多式联运公约。有人给《鹿特丹规则》调整的运输合同起了一个十分贴切的名字,即"最核心的一揽子协议",也即承运人可以对海上运输之外的其他方式的运输作出约定。除非被其他规则的适用所取代,否则《鹿特丹规则》所设立的海运责任制度也将适用于其他运输方式。[1]《鹿特丹规则》是一个"海运+其他"公约,适用范围不仅包括单一的国际海上货物运输,而且还包括至少含有一段国际海上货物运输在内的国际货物多式联运,不管陆运是否是海运的附属环节。其确定的"门到门"运输期间,更是与 1980 年《联合国国际货物多式联运公约》的规定有异曲同工之处。

应该说,《鹿特丹规则》有关适用范围的规定,旨在改变目前国际立法现状,适应"门到门"集装箱海运和多式联运的发展,从而也适应国际贸易的发展,并将有利于国际贸易的发展,从而同样有利于我国国际贸易的发展。从总体上看,《鹿特丹规则》将其适用范围规定为包括国际海运区段在内的国际货物多式联运,以及解决与其他公约适用范围的冲突而采用"最小网状责任制",不仅直接影响承运人的义务与赔偿责任,也决定该规则将来能否适应国际货物运输的实践。

(二)履约方制度顺应国际贸易发展的需要

1. 适用范围的扩大是引入履约方制度的基础

在《鹿特丹规则》的制定过程中,适用范围和对履约方的处理是纠缠在一起的两个问题,对其中一个问题的任何立场都取决于就另一个问题达成的特定结果。[2] 如果《鹿特丹规则》仅适用于"港到港",而不是"门到门",则"履约方"将仅仅体现为海上承运人和港口经营人,不涉及其他运输方式的承运人。《鹿特丹规则》将适用范围扩大到"门到门"运输,为配合"门到门"的责任期间,《鹿特丹规则》提出了"履约方"的概念。这一概念是在《汉堡规则》实际承运人概念的基础上,借鉴美国 1999 年《海上货物运输法草案》中"履约承运人"的概念演变而来。在联合国国际

---

[1] GLASS A. David, Meddling in the Multimodal Muddle? a Network of Conflict in the UNCITRAL Draft Convention on the Carriage of Goods Wholly or Partly by Sea, Lloyd's Maritime and Commercial Law Quarterly,2006(1):307-334. 转引自陈琳:《论国际运输统一下的海商法上岸——以〈UNCITRAL 运输法草案〉为起点》,载《海南大学学报》(人文社会科学版)2008 年第 5 期。

[2] 联合国国际贸易法委员会第三工作组(运输法)第 11 届会议:A/CN.9/526:第三工作组(运输法)第 11 届会议工作报告,第 256 段。

贸易法委员会第三工作组第 12 届大会上,为了协调运输法公约在法律适用上的分歧,在"履约方"的基础上第一次提出了"海运履约方"的概念。[1]

《鹿特丹规则》对履约方进行区分,其原因在于:《鹿特丹规则》的适用范围扩展到"门到门"运输,包括海运和内陆运输两部分,而内陆运输存在着调整不同运输方式的国际公约(公路、铁路、航空、内河等国际公约)以及国内法。由于各运输区段都有其特殊性,且相关规则已趋成熟并且差异很大,对于海运以外的运输方式,还得适用现有的国际公约和国内法。在"网状责任制度"下,如果"门到门"运输中承运人同履约方之间订立的运输合同属于另一部国际公约的适用范围,则该公约与《鹿特丹规则》将同时适用。此时,在包括国际海运区段在内的国际货物多式联运中,非国际海运区段合同受《鹿特丹规则》的约束,而不是由适用于承运人所承诺实施的运输的国际公约或国内法调整。这种状况造成的局面将是,该承运人对履约方提出的追索诉讼将由这两方当事人订立的合同所适用的国际公约或国内法调整,而托运人或收货人对履约方的直接诉讼属于《鹿特丹规则》的调整范围。因此,根据索赔人的不同,履约方的赔偿责任将由不同的规则调整。为了克服这种情形,《鹿特丹规则》将"海运履约方"和"非海运履约方"作出区分。换言之,《鹿特丹规则》之所以对"海运履约方"和"非海运履约方"进行区分,与《鹿特丹规则》的适用范围密不可分。

综上所述,海运履约方受《鹿特丹规则》的制约,非海运履约方不受《鹿特丹规则》的制约,而是适用调整非国际海运区段相应的国际文书,这样既照顾到调整其他运输方式的国际文书的适用,又扩大了《鹿特丹规则》的适用范围。

2. 海运履约方和非海运履约方的划分将有利于货方利益的保护

履约方履行的是承运人的部分义务。履行是否包括实际履行和承诺履行,在《鹿特丹规则》的制定过程中颇具争议,最终定为既包括实际履行也包括承诺履行,从而将仅承诺履行而未实际履行的无船承运人和货运代理人纳入履约方的范围。履约方的行事范围十分广泛,不仅局限于狭义的"运输",而且包括接收、装载、操作、积载、照料、卸载或交付货物等。根据《鹿特丹规则》的规定,纳入该规则调整范围的仅限于海运履约方,即仅限定在国际海上货物运输以及与之紧密相连的装卸两港的港区范围之内。

《鹿特丹规则》区分海运履约方与非海运履约方,并直接规定海运履约方的权利义务和责任,将非海运履约方的权利义务和责任留待非海运区段的国际文书解决。首先,对于海运履约方,《鹿特丹规则》第 19 条"海运履约方的赔偿责任"第 1

---

[1] 联合国国际贸易法委员会第三工作组(运输法)第 12 届会议:A/CN.9/544;第三工作组(运输法)第 12 届会议工作报告,第 34 段。

款规定:"符合下列条件的,海运履约方必须承担本公约对承运人规定的义务和赔偿责任,且有权享有本公约对承运人规定的抗辩和赔偿责任限制……"换言之,《鹿特丹规则》将承运人的义务和赔偿责任、抗辩和赔偿责任限制适用于海运履约方。该规则尽可能地将海上货物运输的各环节以及各方当事人都包括在该规则规定的强制性体系中,确保规则在最大限度范围内适用,防止该规则强制性规定被种种规避措施所损害,进而实现确保货主利益的初衷。其次,该规则没有直接对非海运履约方的责任作出规定,而是把非海运履约方的责任留给适用于非海运区段的国际文书解决。此种处理方式考虑了各个运输区段的现实差异,即其他运输方式的风险远小于海上运输方式下的风险,如果统一适用《鹿特丹规则》,显然对货方不利,也会使规则更不容易被各国接受。因此,海运履约方和非海运履约方的划分有利于货方利益的保护,从而有利于我国国际贸易的发展。

3. 海运履约方制度便于货方索赔

《鹿特丹规则》赋予货方直接向海运履约方索赔货物灭失、损坏或迟延交付造成的经济损失的权利。海运履约方受该规则规定的有关承运人义务和赔偿责任的约束,并且有权享有该规则规定的有关承运人的权利和免责。这一索赔权为货方的一种法定权利,货方不受制于运输合同即可向海运履约方索赔。换言之,海运履约方承担责任的性质是法定责任而非合同责任。

《鹿特丹规则》将非运输合同当事人的海运履约方纳入到承运人责任制度框架之下。并且,该规则第 20 条"连带赔偿责任"第 1 款规定:"对于货物灭失、损坏或迟延交付,承运人和一个或数个海运履约方均负有赔偿责任的,其赔偿责任为连带责任,但仅限于本公约所规定的限额。"因此,当货物发生灭失、损坏或迟延交付时,货方既可以向承运人索赔,也可以向造成货物灭失、损坏或迟延交付的事件发生区段的海运履约方索赔,还可以同时向承运人和海运履约方索赔并要求其承担连带责任。因此,该规则规定的海运履约方制度,当货物发生灭失、损坏或迟延交付时,便于货方索赔,尤其可以避免索赔方识别责任主体的难题。因而,该制度对我国国际贸易有利。

(三)电子运输记录和运输单证制度革新将促进国际贸易的发展

1. 电子运输记录制度代表国际贸易发展方向

随着经济全球化趋势增强,国际集装箱运输将得到进一步发展,同时对国际货物多式联运提出更快捷、更准时的新要求。国际海上集装箱运输需求不仅在于量的增加,更在于质的提升。国际货物多式联运的快捷和畅通需要现代化信息管理系统的支持。电子数据交换(Electronic Data Exchange,EDI)技术和国际互联网技术的应用,将使整个贸易过程的效率明显提高(见表 8-3)。[1]

表 8-3 不同技术方式下的贸易流程

步骤	传统贸易方式	EDI 贸易方式
1	买方准备一份请购单	买方准备一份请购单
2	获得批准或授权	获得批准或授权
3	输入请购单数据	输入请购单数据
4	打印采购订单	×
5	邮寄采购订单给卖方	×
6	卖方接收采购订单	×
7	进行订货登记	×
8	卖方打印集装单或订单	卖方打印集装单或订单
9	货物装运给买方	货物装运给买方
10	缮制发票及应收账	×
11	将发票寄给买方	×
12	买方收到货物	买方收到货物
13	买方收到发票	×
14	登记所收货物存货科目	登记所收货物存货科目
15	将发票输入应付款系统	×
16	缮制支票	×
17	将支票寄给卖方	×
18	卖方收到支票	×
19	登记应收款账户冲账	×

从上表可以看到,使用 EDI 技术可省去许多流通环节。例如,邮寄而产生的延误被消除,数据重复输入的时间被消除。由于数据不是反复输入,可大大减少产生误差的几率。有资料显示,采用 EDI,支付循环时间可节省 8—10 天,差错率从 50% 降到 4%,免除人工重新输入可以减少每笔交易成本 25%。随着国际贸易的发展,贸易单证与商务文件的数量成指数增长。据统计,全球国际贸易文件的成本每年达 400 亿美元,其中 40% 的国际货运单证有差错。国际货运单证的差错导致的损失,比国内贸易要高得多。只要国际贸易所需的许多单证中有任意两份不匹

---

[1] 参见光一:《国际贸易给多式联运带来的变革》,载《中国水运》2007 年第 1 期。

配,就会导致贸易环节的推迟。EDI 能够减少差错,减少产生差错的机会,加快贸易循环,因而对国际贸易有深远的意义。

国际贸易为 EDI 提供了最广阔的应用领域。据统计,全球用于国际贸易 EDI 建设方面的投入占全球 EDI 总投入最大,同时覆盖面最广、用户最多、效益最显著。可以说,国际贸易是 EDI 发展的主要动因,EDI 发展又促进了国际贸易的发展。在进出口业务中,如果以计算机网络为依托,建立由计算机硬件、软件(包括 EDI 软件)、通讯设备和通讯软件组成的 EDI 网络中心,把与国际贸易有关的工厂、公司、海关、航运、商检、银行和保险等单位连成一个 EDI 网络,在国际统一标准的 EDI 文件格式(如 EDIFACT)下传递和接收信息,就会有效地降低文件处理费用,消除语言文化障碍,加速货物和资金的周转,从而大大加速国际贸易的全过程。图 8-1 为以国际贸易为中心的 EDI 应用流程。

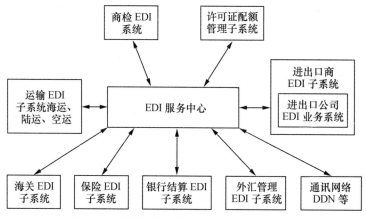

图 8-1 以国际贸易为中心的 EDI 应用流程

国际航运同国际贸易密不可分。EDI 运用到国际贸易以后,其在运输环节的运用也必然日渐广泛。订舱由电子计算机自动进行,提单等运输单证表现为储存于电子计算机内的电子数据,由特定的规则组合而成,并由电子计算机通讯途径将提单等运输单证信息转化为数字信息后,在网络上高速传递,经由 EDI 服务中心,最后由接收方计算机处理还原为原信息,其缮制、修改、转让、储存等全部过程都在计算机内部进行。目前 EDI 的应用以电子提单为主。电子提单可以利用"功能等价法"保留纸质提单的作用,还可以大大加快贸易领域的整个操作时间,并使承运人在货物到达目的地时很容易确定谁是收货人,避免因纸质单证晚到出现无单放货。当然,电子提单的全面实行必须建立在电子商务的平台之上。[1]随着整个国

---

[1] 参见朱作贤、王晓凌、李东:《对提单"提货凭证"功能重大变革反思——评〈UNCITRAL 运输法草案〉的相关规定》,载《中国海商法年刊》2006 年第 16 卷。

际贸易活动电子化、网络化与数字化的实现,电子提单会展现更大的活力,电子提单取代纸质提单是必然趋势。

《鹿特丹规则》首次建立电子运输记录制度,是该规则的几大创新之一。该规则第三章"电子运输记录"和第八章"运输单证和电子运输记录"规定了电子运输记录的系统规范,在第1条第17款"电子通讯"定义、第18款"电子运输记录"定义、第19款"可转让电子运输记录"定义、第20款"不可转让电子运输记录"定义和第21款可转让电子运输记录"签发"定义的基础上,从电子运输记录的签发、保持其完整性、证明持有人、交付、转让、内容、效力等方面单独或与运输单证一起作了规定。此外,该规则第九章"货物交付"的规定,涉及电子运输记录的记载、持有及所代表的权利、转让与提取货物的效力等同于运输单证。

总之,伴随电子通信与电子商务的发展需要,《鹿特丹规则》中的电子运输记录制度体现了该规则紧跟时代发展潮流,适应国际贸易电子化交易的发展方向,并具先进性和适度超前性。因而从长远看,该制度有利于我国国际贸易的发展。但是,该规则并没有具体规定电子运输记录使用程序,加上电子运输记录具有与生俱来的缺陷,尤其是电子运输单证规则的适用缺乏实践基础,国际社会对这一制度的可操作性存在担忧。

2. 运输单证制度的革新有利于保障货方的权利

运输单证在国际贸易与物流领域都起到举足轻重的作用。在贸易领域,它可能作为货物权利凭证,成为事实上贸易双方的买卖标的;在物流运输领域,它是承运人收货与交货凭证,并体现为运输合同的证明。从现行三大国际海上货物运输公约看,《海牙规则》没有运输单证的概念,只有提单的规则,但并无提单的定义。[1]《维斯比规则》考虑到提单持有人的利益,补充了提单证据效力。[2]《汉堡规则》将运输单证的范围扩大至提单以外的其他单据,并明确了提单的定义和作用以及其他运输单证的作用。然而,在现行三大国际海上货物运输公约背景下,运输单证在国际航运、贸易中面临相关问题,如提单的可流转性、无单放货、海运单的作用等,使得修正运输单证的作用成为必要。[3]

《鹿特丹规则》未使用"提单"或"物权凭证"等传统概念,取而代之的是可转让的运输单证和不可转让的运输单证,单证类型包括但不限于海运单证与多式联运单证。该规则第1条第14款将运输单证定义为"承运人按运输合同签发的单证,该单证:(一)证明承运人或履约方已按运输合同收到货物;并且(二)证明或包含

---

[1] 根据《海牙规则》第3条第4款的规定,提单的效力是承运人收到提单所载货物的初步证据。即在处理提单纠纷时,只要承运人提出相反证明,证明其无过失,就可以对提单持有人的任何损失不负责任。

[2] 根据《维斯比规则》的规定,当提单转移给善意的第三方时,与此相反的证据不予采纳。

[3] 参见马得懿、刘宝宇:《运输单证新考量》,载《沈阳师范大学学报》(社会科学版)2007年第5期。

一项运输合同"。该定义明确了运输单证的两大作用,即收货凭证作用和运输合同证明或包含运输合同作用。

《鹿特丹规则》对运输单证和电子运输记录制度在概念、类型、内容、效力等方面都发生了重大变化,而这些制度革新对托运人和收货人的权利将产生重大影响。总体上,该规则对制度的革新将有助于保障货方的利益,具体包括如下几个方面:

(1) 托运人要求承运人签发运输单证和电子运输记录的权利。《鹿特丹规则》第35条"运输单证或电子记录的签发"规定,运输单证无论是作为收货凭证还是运输合同的证明,托运人在交付货物后都有权要求承运人签发运输单证或电子运输记录,除非托运人与承运人已约定不使用运输单证或电子运输记录,或不使用运输单证或电子运输记录是行业习惯、惯例或做法。该规定使得托运人要求签发运输单证或电子运输记录的权利在立法上得到明确,将有助于保护托运人的利益。

(2) 保障运输单证和电子运输记录记载事项的完整性和可信性。《鹿特丹规则》第36条"合同事项"要求运输单证或电子运输记录记载的完整性和准确性,从而有助于保障其无论作为运输性质单证还是贸易性质单证都具有很高的可信性,可以依赖其记载进行单纯的单证买卖,保护善意收货人或交易相对人的信赖利益。对于托运人与收货人来说,增强运输单证或电子运输记录的可信性,有助于使用运输单证或电子运输记录进行顺利快速的流通交易。

(3) 便于货方识别承运人。《鹿特丹规则》第37条"承运人的识别"规定了识别承运人的方法。具体而言,运输单证或电子运输记录正面条款或背面条款中记载为承运人的即为承运人,不允许其他合同事项中有相反规定;如果没有相应记载,则推定船舶的登记所有人为承运人;如该船舶的登记所有人能够证明运输货物时该船舶处于光船租用之中,且能够指出该光船承租人及其地址,则该光船承租人为承运人;如该船舶登记所有人可以通过指出承运人及其地址,则被指出的人为承运人。同时,该规则允许索赔人证明,承运人是合同事项所载明的人以外的人,或根据第37条第2款所识别的人以外的人。

对于复杂的海上货物运输法律关系而言,便利地确定承运人是货方主张权利的基础所在。《鹿特丹规则》第37条关于承运人的识别的规定使得托运人或收货人识别承运人变得简单易行,有利于托运人与收货人确定主张权利的对象。

(4) 运输单证或电子运输记录记载事项证据效力的规定有利于收货人。《鹿特丹规则》第41条"合同事项的证据效力"规定,除在合同事项中作出保留外,运输单证或电子运输记录是承运人收到合同事项所记载货物的初步证据,但允许双方通过相反举证加以推翻。但在可转让的运输单证或者可转让的电子运输记录已经转让给善意行事第三方时,合同事项成为最终证据,不允许承运人提出任何相反证据加以推翻。而且,最终证据效力适用于载明必须交单提货的不可转让运输单证。此外,《鹿特丹规则》按照运输单证或电子运输记录是否可以流通分别作出了规定,将一部分合同事项排除在最终证据效力之外,即在不可转让运输单证或不可转让电子运输记录中,在不需要凭单交货时,由托运人提供的关于货物描述的事项(不包括货物表面状况)并不构成承运人最终保证事项。

在现行三大国际海上货物运输公约中,《海牙规则》仅规定了提单中有关货物事项记载的初步证据效力;《维斯比规则》增加了最终证据效力;《汉堡规则》两者兼有,但《鹿特丹规则》关于证据效力的规定更加详细。这种规定使得善意收货人可以依据运输单证或电子运输记录的记载要求承运人承担交货不符等运输合同责任,从而可以较好地保护善意收货人的利益。

(5)"预付运费"的规定有利于收货人。《鹿特丹规则》第42条"预付运费"规定:"合同事项载有'预付运费'声明或类似性质声明的,承运人不能以运费尚未支付这一主张对抗持有人或收货人。持有人或收货人也是托运人的,本条不适用。"该规定使得持有人或收货人在运输单证或电子运输记录载明"预付运费"的情况下,即使事实上运费并未支付,其货物也不会被承运人留置,从而保障其权利。

(6)赋予运输单证或电子运输记录的持有人控制权。《鹿特丹规则》将运输单证与控制权联系起来,规定运输单证或电子运输记录的持有人(包括发货人、收货人)具有控制权。托运人或收货人只要拥有运输单证或电子运输记录,就可以对承运人主张权利,包括要求变更收货人、变更指示与变更交货地。从商业角度看,控制权加强了货物的卖方对所运货物的控制与港口选择的权利,可以更好地保护货物卖方交货收款的权利,降低卖方的贸易风险。

综上所述,《鹿特丹规则》对运输单证和电子运输记录的记载、签发、持有、转让、提货等作了系统规定,明确承运人与持有人的权利和义务,对于运输单证或电子运输记录在托运人与收货人之间的流通与其所代表的权利起到了推动与巩固作用,有助于有效地保护货方的权利。因而,运输单证和电子运输记录制度有利于我国国际贸易的发展。

(四)承运人责任制度变革将促进国际贸易的发展

1. 承运人完全过失责任原则对国际贸易的影响

《海牙—维斯比规则》和我国《海商法》采用承运人不完全过失责任原则,对于货物的灭失或损坏,如果是由于船员航海过失和火灾过失所致,承运人不负赔偿责任。与航海过失中的船员管理船舶过失免责相对应,承运人谨慎处理使船舶适航的时间只限于船舶开航前和开航当时。

《鹿特丹规则》第17条"赔偿责任基础"废除了航海过失和火灾过失免责,并与废除航海过失中的船员管理船舶过失免责相对应。第14条"适用于海上航程的特定义务"规定了承运人的全程适航义务,即承运人谨慎处理使船舶适航的时间不限于船舶开航前和开航当时,在海上航程中也应当谨慎处理保持船舶适航状态。

虽然航海技术在不断进步,但因船员航海过失导致的船舶碰撞、搁浅、触礁、沉没等,以及因船员过失导致的火灾,进而造成货物灭失或损坏的事故,不但没有减少,反而有增加之势。尤其是船员航海过失和火灾过失往往导致较大程度的货物灭失或损坏。因而,《鹿特丹规则》废除承运人航海过失免责和火灾过失免责,将使承运人对货物的灭失、损坏可以免责的情形大大减少,使承运人对货物灭失或损坏的赔付率大大提高。

对于货方而言,承运人完全过失责任原则将使其在发生货物的灭失、损坏时获得赔偿的机会大大增加,从而有利于货方。对于货物在运输过程中发生灭失或损坏的风险,货方可向货物保险人投保。由于《鹿特丹规则》废除承运人航海过失免责和火灾过失免责,减少了货物保险人的责任风险,货物保险费将相应减少,从而有助于货方节省国际贸易成本,虽然货物保险费在国际贸易成本中占很小比重。从理论上讲,虽然废除承运人航海过失免责和火灾过失免责的结果将使承运人的责任增加,进而增加其船舶营运成本,从而运费将随之增加,但运费的高低主要由航运市场供求关系决定,因承运人责任增加而可能导致的运费增加可以忽略不计。

此外,《鹿特丹规则》第17条"赔偿责任基础"在规定承运人完全过失责任原则的同时,详细规定了承运人和索赔方在货物灭失或损坏索赔中的举证责任分配,并采用部分承运人过失推定。《海牙—维斯比规则》和我国《海商法》第51条仅规定,承运人欲援引免责事项时,应举证证明货物灭失、损坏是由于可免责的原因所致。《海牙—维斯比规则》还规定在船舶不适航的情况下,承运人应证明已经谨慎处理使船舶在开航之前和开航当时适航,即对于船舶不适航推定承运人没有谨慎处理。除此之外,《海牙—维斯比规则》和我国《海商法》没有明确在货物灭失或损坏索赔中的举证责任。相对于《海牙—维斯比规则》和我国《海商法》,《鹿特丹规则》对于货物灭失或损坏索赔中举证责任的明确规定,将有助于货物灭失或损坏索赔纠纷的解决,有利于节省诉讼费用,从而有利于国际贸易的顺利开展。

因此,《鹿特丹规则》实行承运人完全过失责任原则,有助于保护货方利益,从而有利于我国国际贸易的开展。

2. 管货义务内容的充实对国际贸易的影响

《海牙—维斯比规则》第3条第2款和我国《海商法》第48条是承运人管货义务的规定,规定了装载、搬运、积载、运输、保管、照料、卸载七个管货环节。《鹿特丹规则》第13条"特定义务"第1款规定:"在第十二条规定的责任期内,除须遵循第二十六条的规定外,承运人应妥善而谨慎地接收、装载、操作、积载、运输、保管、照料、卸载并交付货物。"该条第2款规定,承运人与托运人可以约定由托运人、单证托运人或收货人装载、操作、积载或卸载货物,但此种约定应在合同事项中载明。

可见,《鹿特丹规则》第13条充实了承运人管货的环节,即货物接收、装载、搬移、积载、运输、保管、照料、卸载、交付这九个环节,增加了"接收"和"交付"两个环节。此外,该规则允许承运人与托运人在合同事项中约定由托运人、单证托运人或收货人装载、操作、积载或卸载货物,即允许承运人将装载、积载及卸载三个环节转让给货方,由货方履行承运人的部分管货义务。这一规定对于国际贸易的顺利开展具有现实意义,反映国际贸易实践需求,符合货方利益,因而有利于我国国际贸易的发展。这是因为,当代国际海上货物运输,尤其是集装箱货物运输,已经改变了《海牙规则》产生年代的承运人在船边交接货物的实践做法。因此,承运人负责货物接收和交付两个环节,与承运人责任期间相一致,更与国际航运和贸易实践相一致,而允许承运人与托运人约定将装载、积载及卸载三个环节由货方负责,又兼顾了国际海上货物运输合同(航次租船合同)和国际货物买卖合同中使用"承运人不负责货物装载、卸载、积载和平舱"(FIOST)条款或类似条款时的特殊需要。

3. 承运人迟延交付责任对国际贸易的影响

与海上贸易运输早期贸易商主要关心货物能否安全运到目的地不同,当代海上贸易运输中,贸易商不但关心货物能否安全运到目的地,而且由于国际贸易市场商品价格频繁变化,贸易商关心货物能否及时运到目的地。并且,由于造船技术和航海技术的进步,货物在海上运输过程中遭受灭失或损坏的风险已大大减小,贸易商对一些应季货物或货物品质随着在途时间的延长而发生变化的货物,对货物能否及时运到目的地的关心甚至超过能否安全运到目的地。如货物不能及时运到目的地,不但货物可能发生实际灭失或损坏,即使货物本身并没有发生灭失或损坏,但贸易商的期得利益很可能因市场跌价、进口关税提高、向买方支付违约金等原因而遭受重大经济损失。这种经济损失在英美法中称为"纯经济损失"。

在现行三大国际海上货物运输公约中,《海牙规则》和《维斯比规则》都没有规定货物迟延交付,也没有规定承运人对这种纯经济损失的赔偿责任。《汉堡规则》第5条规定了延迟交付,即如果货物未能在明确约定的时间内,或没有这种约定时,未按照具体的情况,在对于一个勤勉的承运人来说合理的时间内,在海上货物运输合同中约定的卸货港交付,为迟延交付。换言之,迟延交货包括两种情形:一是承运人未能在合同明确约定的时间内交付货物;二是在没有此种明确约定时,承运人没有在合理时间内交付货物。我国《海商法》采用了约定时间标准,而没有采用合理时间标准,第50条第1款规定:"货物未能在明确约定的时间内,在约定的卸货港交付的,为迟延交付。"

《鹿特丹规则》第 21 条"迟延"规定:"未在约定时间内在运输合同约定的目的地交付货物,为迟延交付。"这一定义与我国《海商法》第 50 条第 1 款迟延交付的定义相似,唯一的不同是《鹿特丹规则》第 21 条"迟延"的定义中没有"明确"(expressly)一词。《鹿特丹规则》没有采用合理时间标准,是因为"合理时间"的认定缺乏可操作性,以及承运人难以保证货物运输的及时性,而且凡是对货物及时运到目的地有利益关系的托运人均可以同承运人约定交付货物的时间。

此外,《鹿特丹规则》第 17 条"赔偿责任基础"规定的承运人完全过失责任原则适用于货物迟延交付造成的货物灭失、损坏或纯经济损失。而且,《鹿特丹规则》第 60 条"迟延造成损失的赔偿责任限额"规定了承运人对货物迟延交付造成的货物灭失、损坏或纯经济损失的赔偿责任限制,即:对于货物的灭失或损坏,赔偿责任限额按照第 59 条"赔偿责任限额"关于货物灭失或损坏的赔偿限额计算;对于纯经济损失,赔偿责任限额为所迟延交付的货物运费的 2.5 倍;赔偿总额不得超过所迟延交付的货物全损时的赔偿责任限额。因此,《鹿特丹规则》第 60 条规定的赔偿责任限额与《汉堡规则》的规定相似,但对于纯经济损失的赔偿限额高于我国《海商法》第 57 条规定的所迟延交付的货物运费的 1 倍的限额。

综上,《鹿特丹规则》关于货物迟延交付的规定,适应当代国际贸易对于货物运输及时性的要求;其采用的认定货物迟延交付的约定时间标准和规定的赔偿责任限额,体现了承运人和托运人双方利益的平衡。因此,《鹿特丹规则》关于货物迟延交付的规定,适应当代国际贸易的需要,与《海牙—维斯比规则》相比有利于对货方利益的保护,因而有利于我国国际贸易的发展。

4. 承运人赔偿责任限额的提高对国际贸易的影响

《鹿特丹规则》第 59 条第 1 款规定:"除须遵循第六十条以及第六十一条第一款规定外,承运人对于违反公约对其规定的义务所负赔偿责任的限额,按照索赔或争议所涉货物的件数或其他货运单位计算,每件或每个其他货运单位 875 个计算单位,或按照索赔或争议所涉货物的毛重计算,每公斤 3 个计算单位,以两者中较高限额为准,但货物价值已由托运人申报且在合同事项中载明的,或承运人与托运人已另行约定高于公约所规定的赔偿责任限额的,不在此列。"

《鹿特丹规则》规定的上述赔偿责任限额中,每件或者每一其他货运单位 875 特别提款权的限额,比《海牙—维斯比规则》或者我国《海商法》第 56 条规定的 666.67 特别提款权提高了 31%,比《汉堡规则》规定的 835 特别提款权提高了 5%;货物毛重每公斤 3 特别提款权,比《海牙—维斯比规则》或者我国《海商法》第 56 条规定的 2 特别提款权提高了 50%,比《汉堡规则》规定的 2.5 特别提款权提高了 20%。

很明显,《鹿特丹规则》大幅度提高承运人赔偿责任限额,使得货方在货物遭受灭失或损坏时,比适用现行《海牙—维斯比规则》和我国《海商法》的情况下将得到更充分甚至全部损失的赔偿。此外,与《鹿特丹规则》废除承运人航海过失免责和火灾过失免责一样,承运人赔偿责任限额的大幅度提高将减少货物保险人的责任风险,货物保险费将相应减少,从而有助于货方节省国际贸易成本,虽然货物保险费在国际贸易成本中占很小比重。因而,提高承运人赔偿责任限额有利于我国国际贸易的发展。

(五)控制权规定将保障国际贸易的顺利开展

国际贸易货物交给承运人运输后,若出现不可抗力、情势变更、买方违约或失去偿付能力等情况,致使买卖合同的履行受阻时,继续按照原运输合同的约定运输货物并将货物交给收货人,将严重损害卖方的利益。因此,不少国家货物买卖法律规定,在这种情况下,卖方有权采取合理的救济措施,如指示承运人不向买方交付货物或变更收货人等。最为常见的是英美法系国家货物买卖法律规定的未得到货款的卖方具有的中途停运权和大陆法系中的不安抗辩权。《联合国国际货物销售合同公约》第71条也规定了卖方的这种权利。

但是,由于承运人实际占有货物,卖方只有通过买卖合同的第三人即运输合同的承运人才能实现这一权利。根据合同相对性原则,承运人并非买卖合同的当事人,其仅根据运输合同享有权利和履行义务,不受买卖合同的约束。因此,即使买卖合同的卖方是运输合同的托运人,卖方亦不能以货物买卖法律或货物买卖合同本身赋予的权利来对抗承运人,从而使货物买卖法律或货物买卖合同本身赋予卖方的救济权利在货物运输中难以实现。

现行三大国际海上货物运输公约均没有对控制权作出规定。《鹿特丹规则》第十章"控制方的权利"对控制权作了较为详尽的规定,内容包括:第50条"控制权的行使和范围"、第51条"控制方的识别和控制权的转让"、第52条"承运人执行指示"、第53条"视为交货"、第54条"运输合同的变更"、第55条"向承运人提供补充信息、指示或文件"以及第56条"协议变更"。

我国《合同法》第308条规定:"在承运人将货物交付收货人之前,托运人可以要求承运人中止运输、返还货物、变更到达地或者将货物交给其他收货人,但应当赔偿承运人因此受到的损失。"《鹿特丹规则》第十章"控制方的权利"对控制权的规定,要比我国《合同法》第308条的上述规定更加明确、具体,也更加合理,尤其是它兼顾了对承运人利益的保护。

因此,为了保护货物卖方的正当利益,《鹿特丹规则》把贸易法领域中的中途停运权或类似权利移植到运输法,形成控制权。通过赋予控制方以控制权,使买卖合同下的贸易风险得到有效控制,为未获得货款的卖方提供及时有效的法律救济,同时通过设定控制权行使的条件以及控制方应承担的义务,兼顾了对承运人利益的保护。可见,《鹿特丹规则》关于控制权的规定,对于保障国际贸易的顺利开展具有重要意义,因而有利于我国国际贸易的开展。

(六) 权利转让规定将促进国际贸易的发展

海上货物运输合同是承运人与托运人订立的合同,合同当事人是承运人和托运人。在国际贸易中使用最为普遍的 CIR、CFR 价格条件下,托运人是货物卖方。此种情况下的货物买方在海上货物法律中的地位是收货人,但不是运输合同当事人,根据合同相对性原则,不享有运输合同约定的权利,也不承担运输合同约定的义务。由此便产生非运输合同当事人的收货人与承运人之间的权利义务如何确定的问题。

现行三大国际海上货物运输公约没有就上述问题作出明确规定。《汉堡规则》只是通过规定提单的提货凭证作用,明确了收货人凭提单提货的权利和承运人凭收回提单交付货物的义务。我国《海商法》第 71 条规定了提单的提货凭证作用;第 78 条第 1 款又规定:"承运人同收货人、提单持有人之间的权利、义务关系,依据提单的规定确定。"在收货人与承运人之间的权利义务问题上,英国 1855 年《提单法》和 1992 年《海上货物运输法》作了明确规定。

《鹿特丹规则》第十一章"权利转让"就上述问题作了规定,包括第 57 条"签发可转让运输单证或可转让电子运输记录"和第 58 条"持有人的赔偿责任"。其中,第 57 条明确规定可转让运输单证或可转让电子运输记录的持有人可以通过向其他人转让该运输单证或电子运输记录而转让其中包含的各项权利;第 58 条规定非托运人的持有人请求提取货物或行使运输合同下其他权利时,负有运输合同对其规定的任何赔偿责任,但此种赔偿责任需载入可转让运输单证或可转让电子运输记录,或可以从其中查明。

《鹿特丹规则》上述权利转让的规定,加上该规则其他章节关于货物交付以及其他涉及非托运人的持有人权利义务的规定,将在一定程度上解决承运人与非托运人的持有人之间的权利义务问题,提高可转让运输单证和可转让电子运输记录的可信赖度,有利于货物的自由流通,促进以单证买卖为基础的国际贸易的顺利开展,同样有利于我国国际贸易的开展。

二、《鹿特丹规则》对我国国际贸易的消极影响

(一) 单证托运人制度将给我国国际贸易带来新问题与挑战

《鹿特丹规则》第 1 条第 9 款将"单证托运人"定义为"托运人以外的,同意在

运输单证或电子运输记录中记名为'托运人'的人"。在一定程度上,单证托运人是《汉堡规则》和我国《海商法》规定的实际托运人的化身。与实际托运人相同,实践中单证托运人表现为 FOB 或类似价格条件下的发货人,即将货物交给承运人或履约方进行运输的人。

《鹿特丹规则》并没有对单证托运人的权利义务专章作出规定,仅在第 33 条"单证托运人享有托运人的权利并承担其义务"第 1 款规定:"单证托运人必须承担本章和第五十五条对托运人规定的义务和赔偿责任,且有权享有本章和第十三章为托运人提供的权利和抗辩。"《鹿特丹规则》规定的单证托运人制度将给我国国际贸易带来新问题与挑战。

我国是世界上第一出口大国和第二进口大国。国家统计局发布的 2012 年经济数据显示,全年进出口总额 38 667.6 亿美元,比上年增长 6.2%;出口 20 489.3 亿美元,增长 7.9%;进口 18 178.3 亿美元,增长 4.3%。进出口相抵,顺差 2 311 亿美元。进出口总额中,一般贸易进出口 20 098.3 亿美元,比上年增长 4.4%;加工贸易进出口 13 439.5 亿美元,增长 3.0%。出口额中,一般贸易出口 9 880.1 亿美元,增长 7.7%;加工贸易出口 8 627.8 亿美元,增长 3.3%。进口额中,一般贸易进口 10 218.2 亿美元,增长 1.4%;加工贸易进口 4 811.7 亿美元,增长 2.4%。[1]

我国加入世界贸易组织时,作出了取消进出口经营权审批制的承诺,即我国在入世后三年内完全放开进出口经营权,所有在中国的企业均有权从事进出口贸易。完全放开进出口经营权的结果之一是,我国出口贸易中,虽然有少量大型国有或国有控股国际贸易企业,但国际贸易企业主要是数量众多的中小企业,而且很多是中小民营企业。据海关统计,2012 年我国民营企业进出口 12 210.6 亿美元,增长 19.6%,高出外贸总体增速 13.4 个百分点,占外贸总值的 31.6%;国有企业进出口 7 517.1 亿美元,下降 1.2%,占外贸总值的 19.4%。[2]

然而,绝大多数中小国际贸易企业,尤其是中小民营或私营企业只是注重商品价格,不懂得或不注重运输环节,因而绝大多数情况下以 FOB 或类似价格条件出口货物,境外客户负责与承运人订立运输合同,国际贸易企业在运输合同中的地位是我国《海商法》第 42 条托运人定义中的第二种托运人,即实际托运人。根据我国《海商法》第 72 条的规定,货物由承运人接收或者装船后,托运人有权要求承运人签发提单,而没有区分是订约托运人还是实际托运人。在我国海事司法实践中,当两种托运人同时要求承运人签发提单时,提单应签发给实际托运人。显然,这种做法有助于保护我国国际贸易企业的权益。

---

[1] http://finance.qq.com/a/20130118/003382.htm.
[2] 参见《2012 年我国进出口贸易总体增速回落 2013 有望温和回暖》,载钢联资讯(www.finance.glinfo.com)。

但是，在我国出口贸易实践中，经常出现这样的情况：货物由承运人接收或者装船后，根据货物买卖合同的约定，承运人、船长或承运人的代理人签发的提单上托运人一栏记载境外客户的名称；货物在目的地被承运人无单放货，国际贸易企业没有收到货款，提单重新回到国际贸易企业手中，但由于国际贸易企业既非订约托运人，又非提单中载明的托运人，国际贸易企业凭手中持有的提单难以就未收到货款要求承运人承担无单放货的责任，其结果是国际贸易企业"钱货两空"。

根据《鹿特丹规则》第33条"单证托运人享有托运人的权利并承担其义务"第1款的规定，FOB价格条件下的出口企业（发货人）只有成为单证托运人时，才享有托运人对承运人的权利。然而，根据第35条"运输单证或电子运输记录的签发"的规定，FOB价格条件下的发货人要成为单证托运人并取得承运人签发的提单，必须得到托运人（货物买方）的同意。换言之，如果未得到货物买方的同意，FOB价格条件下的出口企业既不能成为单证托运人，也不能取得提单。总之，FOB价格条件下的出口企业要想享有托运人的权利，就必须成为单证托运人，而一旦成为单证托运人，就需承担托运人对承运人的义务，并与托运人一起向承运人承担连带赔偿责任。无怪乎有学者认为，相对于我国《海商法》规定的实际托运人的法律地位，FOB价格条件下的发货人在《鹿特丹规则》中的法律地位一落千丈。

虽然，FOB价格条件下的出口企业可以在与买方签订的货物买卖合同中约定，买方同意卖方为单证托运人，并且同意提单签发给卖方。但是，我国很多中小国际贸易企业风险意识和法律保护意识淡薄，没有意识到成为单证托运人的重要性，因而没有在货物买卖合同中作出此种约定，或者在买方市场背景下，由于买方不同意而没有在货物买卖合同中作出此种约定。即使在货物买卖合同中作了此种约定，货物由承运人接收或者装船后，买方没有根据货物买卖合同的约定，而是要求承运人、船长或承运人的代理人将提单签发给自己，并且提单上不将卖方列为托运人。同时，根据第35条"运输单证或电子运输记录的签发"的规定，出口企业由于不是单证托运人，不能向承运人主张任何权利，包括因承运人无单放货向承运人索赔因此遭受的经济损失，何况部分无单放货被《鹿特丹规则》合法化。

由此可见，如果《鹿特丹规则》得以实施，将给我国众多的中小国际贸易企业带来很大的风险，会出现更多的"钱货两空"的情形，从而有损我国出口贸易利益。虽然出口企业对于造成这种局面具有自身原因，但提高中小国际贸易企业的风险意识和法律保护意识并非易事。虽然很多中小国际贸易企业通过国际货代公司出口货物，但与国际贸易企业的情况相似，我国很多国际货代企业也是中小企业，同样风险意识和法律保护意识淡薄。因此，要想通过提高数量众多的中小国际贸易企业或国际货代公司的风险意识和法律保护意识，以克服《鹿特丹规则》关于单证托运人的规定给我国出口贸易带来的潜在不利影响，难度可想而知。

(二) 批量合同制度将给我国国际贸易带来新问题与挑战

《鹿特丹规则》关于批量合同的规定以合同自由为基本原则,允许批量合同当事人在一定条件和范围内背离该规则的强制性规定;批量合同约定的权利义务经非合同当事人的第三人同意,对第三人有约束力,而且批量合同中管辖权条款或仲裁条款未经第三人同意即可对第三人具有约束力。

批量合同制度确认了批量合同的合法性,有助于发挥批量合同确立船货双方长期运输关系、国际贸易企业可获得长期稳定的优惠运价的基本作用,从而节省商业运行成本。但是,由于批量合同制度颠覆了传统的国际海上货物运输法律适用的强制性原则,背离规则的强制性规定会带来有损法律适用结果的可预见性和稳定性的结果。尤其是批量合同制度是建立在合同当事人谈判地位平等的假定前提之上,但批量合同的承运人和托运人的谈判地位总体上是不平等的。批量合同制度以形式上的承运人和托运人之间的平等掩盖事实上的不平等。因此,批量合同制度将有利于占据谈判优势地位的国际贸易企业,而不利于占据谈判劣势地位的国际贸易企业。正因为如此,如同批量合同制度对我国国际航运的影响,批量合同制度将对我国进出口贸易带来深刻的、广泛的潜在影响。

批量合同制度有可能造成占据谈判优势地位的国际航运经营者通过合同的约定,承担的责任远低于《鹿特丹规则》规定的承运人责任,或者加重托运人的责任。如同联合国贸易和发展会议所担心的那样,该制度如同打开潘多拉盒子,使承运人以批量合同的名义再次获得《海牙规则》制定前的优势地位,滥用"合同自由"的现象将重新出现,进而将给整个国际航运和国际贸易带来不利的后果。[1]由于占据谈判劣势地位的进出口商不能决定批量合同中约定的承运人责任,将使其难以预见自己所需承担的责任,进而影响其投保货物保险。尤其是由于批量合同中管辖权条款或仲裁条款未经第三人同意即可对第三人具有约束力,如果《鹿特丹规则》得以实施,将导致我国国际贸易企业被迫根据批量合同中管辖权条款或仲裁条款到境外诉讼或仲裁的情形增多。可以想象,在中美贸易中,强势的美国货主必然倾向于选择美国作为争议解决地,造成大量的纠纷受制于美国的司法裁判。在中欧贸易中,类似的情况也会上演。结果很可能是我国中小国际贸易企业只能被动接受该排他性的法院选择协议或者仲裁条款。显然,对于我国中小国际贸易企业而言,到境外诉讼或仲裁不但不便利,还会严重损害自身利益,中小国际贸易企业基于风险和成本的考量,很可能放弃向承运人索赔。

---

[1] 联合国国际贸易法委员会第三工作组(运输法)第15届会议:A/CN.9/WG.III/WP.46;《运输法:拟定全程或部分途程海上货物运输文书草案》,贸发会议秘书处关于合同自由的评述,第2、13段。

在我国出口贸易中,虽然有少量大型国有或国有控股国际贸易企业,但国际贸易企业主要是数量众多的中小企业。我国少量大型国有或国有控股国际贸易企业具有较强的谈判优势地位,从而批量合同制度将对其有利。然而,对于我国大量中小国际贸易企业而言,由于缺乏谈判优势地位,批量合同制度将对其不利。由于我国进出口企业中具有较强谈判优势地位者占少数,而谈判地位不强者占大多数,因而我国进出口企业从批量合同制度中能获得利益者是少数,利益会遭受损失者是多数。

目前国际海运服务业中的垄断问题主要与班轮公司组织的航运组织,如运价协商组织有关。此种组织是由从事集装箱班轮运输的航运公司组成的带有国际海运性质的垄断性组织。其垄断方式是通过成员间的协议或安排使特定航线的运费率和运输条件达到统一,其目的是限制或取消成员间的竞争。我国国内各大航运公司本身并不具备垄断能力,对我国货主利益造成损害的主要是境外的此种组织。由于欧美各国均制定有严格的反垄断法,因此从欧美到中国的货物运价一般由市场调节,但由中国到欧美的航线运价把持在此种组织手中。在金融危机之前,从中国到欧洲的运费一度被抬高到 1 500 美元/标准箱,而相比之下从欧洲到中国的运费只要 200 美元/标准箱。运费如此高昂势必影响到我国的出口成本,不利于我国对外贸易发展。借助于批量合同制度在很大范围内允许合同当事人自由约定双方的权利义务,国外大集装箱班轮公司利用优势地位损害我国中小国际贸易企业利益的情况极可能加剧。

因此,总体上,批量合同制度对我国国际贸易不利。

(三) 运输单证交货凭证功能弱化及无单放货规定将对我国国际贸易带来新问题与挑战

目前无单放货现象具有普遍性,尤其是在油类或其他散装液体货物运输、集装箱货物运输和近洋运输领域,其主要原因是:一方面,传统纸质提单具有交货凭证功能,承运人应凭收货人出示的提单交付货物;另一方面,纸质提单流转速度慢,而随着技术的进步和船舶现代化,船舶航行速度在加快,导致很多情况下货物运抵目的港时,收货人尚未收到提单。无单放货容易造成提单持有人"钱货两空",继而引发了大量海事纠纷。但是,在使用传统纸质提单的情况下,无单放货对于货物买卖合同的履行具有一定的积极意义。

联合国国际贸易法委员会第三工作组在《鹿特丹规则》制定过程中,认为有必要在法律上解决无单放货这一世界性难题。导致无单放货的根本原因是传统纸质提单流转速度慢,因而要从根本上解决无单放货问题,只能废除纸质提单的使用,但已使用几个世纪的纸质提单不可能在短期内被废除。为此,《鹿特丹规则》采取了三种有助于解决无单放货问题的办法:第一,创设了电子运输记录制度,以期逐步替代纸质提单;第二,将运输单证或电子运输记录的交货凭证功能弱化;第三,将特定情况下的无单放货合法化。

《鹿特丹规则》将运输单证或电子运输记录的交货凭证功能弱化,表现为运输单证和电子运输记录是否具有交货凭证的作用,需根据运输单证和电子运输记录是否可转让,以及运输单证是否明确规定可以不提交运输单证交付货物而定,而不是一概规定运输单证或电子运输记录具有交货凭证功能。对此,第九章"货物交付"作了具体规定,可以概括为:可转让运输单证具有交货凭证的作用,除非明确规定可以不提交运输单证交付货物;不可转让运输单证不具有交货凭证的作用,除非明确规定必须提交运输单证交付货物;电子运输记录不具有交货凭证的作用,收货人凭其是电子运输记录持有人的身份证明提取货物。

《鹿特丹规则》将特定情况下的无单放货合法化,承运人被赋予无单放货的权利。具体而言,第47条规定:签发可转让运输单证,并且可转让运输单证没有明确规定可以不提交运输单证交付货物,因而收货人应凭其出示的运输单证及其为持有人的适当身份证明提取货物时,如果承运人由于下列原因之一而未能凭可转让运输单证交付货物,承运人可以通知托运人,请求就货物的交付发出指示,或者,承运人经合理努力无法确定托运人时,承运人应通知单证托运人,请求就货物的交付发出指示;第一,收货人接到了到货通知而未在第43条述及的时间或期限内在货物到达目的地后向承运人主张提取货物;第二,承运人因声称是收货人的人未适当表明其为收货人或未提交单证而拒绝交货;第三,承运人经合理努力无法确定收货人,请求就货物的交付发出指示。在满足上述条件的情况下,承运人可根据托运人或单证托运人的指示交付货物,并被解除向持有人交付货物的义务。

应当说,《鹿特丹规则》将运输单证或电子运输记录的交货凭证功能弱化,以及将特定情况下的无单放货合法化,既符合解决无单放货问题的客观需要,也符合各国对运输单证类型与流通性的法律规定与交易惯例并不相同、难以统一的现状,有助于国际货物买卖合同的顺利履行,从而对国际贸易有促进作用。同时,符合公平的理念,因为提单流转速度慢或者迟延发生在国际贸易环节,与承运人无关,凭单交货的要求反而让承运人承担无单放货的风险,对承运人有失公允。

但是,《鹿特丹规则》的这种规定,将使出口商的贸易风险增加,因而无论是弱化运输单证或电子运输记录的交货凭证功能,还是将特定情况下的无单放货合法化,其结果都是承运人被赋予不凭提单交付货物的权利,因而会增加出口商在没有收到货款的情况下,虽然持有提单,但不能就因此遭受的损失向承运人索赔的情形。我国是世界第一出口大国,而且大多数国际贸易企业是中小企业,风险意识和法律意思普遍淡薄。基于这种原因,并且在买方市场背景下,可以预见,如果《鹿特丹规则》得以实施,有可能大量出现可转让运输单证明确规定可以不提交运输单证交付货物的情形,或者在签发了可转让运输单证而承运人可以无单放货的情况下,国际贸易企业由于不是托运人和单证托运人而不能就货物的交付向承运人发出指示。其结果是,我国国际贸易企业"钱货两空"的情形会大量增多。

第三节　我国应采取的相应对策

根据前文的分析,如果《鹿特丹规则》得以实施,将对我国国际贸易带来巨大的影响,其中既有积极的影响,也有消极影响。总体而言,《鹿特丹规则》适用范围扩大到"门到门"运输、海运履约方制度、电子运输记录和运输单证制度、承运人责任制度变革(承运人完全过失责任原则、管货义务内容的充实、承运人迟延交付责任、承运人赔偿责任限额的提高)、控制权规定、权利转让规定等,将不同程度地有助于维护我国国际贸易利益,促进或保障我国国际贸易的发展;《鹿特丹规则》创设的单证托运人制度、批量合同制度、运输单证交货凭证功能弱化及无单放货规定,将给我国国际贸易带来新的问题和挑战,不利于维护我国国际贸易利益、促进或保障我国国际贸易的发展。

因此,我国应当采取相应的对策,充分利用和发挥《鹿特丹规则》将对我国国际贸易带来的积极影响,同时努力消除或减少其将对我国国际贸易带来的消极影响。必须看到,这种消极影响产生的一个重要根源是我国的国情,主要表现为绝大部分进出口公司是中小企业,风险意识和法律意识普遍淡薄;绝大部分货物出口采用 FOB 价格条件,绝大部分进口采用 CIF 或 CFR 价格条件,在货物运输环节话语权不强,缺乏决定权。因此,在采取措施应对《鹿特丹规则》将对我国国际贸易带来的消极影响时,很重要的一点是立足我国国情,从发展的眼光考虑,与我国贸易强国战略的实施相结合,提高我国众多中小国际贸易企业在国际贸易市场中的竞争力,提升其在与国际航运经营者谈判中的话语权。

一、我国国际贸易企业的对策

(一) 增加风险意识和法律意识

在我国国际贸易中,虽然有少量大型国有或国有控股国际贸易企业,但国际贸易企业主要是数量众多的中小企业,其中大多数是生产企业并自营进出口。而且,绝大多数中小国际贸易企业主要注重商品生产环节而不充分注重商品流通环节,在流通环节主要注重商品价格,不懂得或不注重运输环节,对流通环节的风险意识和法律意识差,国际贸易和海上货物运输法律知识欠缺。其结果是绝大多数情况下以 FOB 或类似价格条件出口货物,以 CIF、CFR 或类似的价格条件进口货物,失去了与承运人订立运输合同的机会,而且在货物买卖合同中对于运输条款的重视程度不够,从而在海上货物运输法律中处于被动地位,其正当权利得不到保障,最终导致"钱货两空"情况的大量发生。

因此,要应对《鹿特丹规则》规定的单证托运人制度、批量合同制度、运输单证交货凭证功能弱化及无单放货规定等给我国国际贸易企业带来的潜在不利影响,我国国际贸易企业,尤其是中小贸易企业,应当充分认识《鹿特丹规则》带来的潜在不利影响,充分认识进出口货物流通环节的商业风险和法律风险。只有这样,才能采取积极和正确的应对措施,维护我国国际贸易企业的正当权益。

(二) 争取托运人或单证托运人的法律地位和控制权

根据《鹿特丹规则》,在 FOB 价格条件的出口贸易中,出口企业不具有托运人的法律地位。根据第 33 条"单证托运人享有托运人的权利并承担其义务"的规定,只有当出口企业成为单证托运人时,才享有托运人的权利和抗辩,并承担托运人的义务和赔偿责任。但是,出口企业作为发货人要取得单证托运人的法律地位,必须得到托运人的同意,即托运人同意将发货人在运输单证或电子运输记录中记载为托运人,才能取得提单。此外,取得货物控制权是货方,尤其是出口方维护其在海上货物运输法律关系中权益的重要保障,因为根据第 50 条"控制权的行使和范围"的规定,控制权是在整个承运人责任期间,就货物向承运人发出指示或修改指示的权利,在计划挂靠港或在内陆运输情况下在运输途中的任何地点提取货物的权利,以及由包括控制方在内的其他任何人取代收货人的权利。而且,根据第 51 条"控制方的识别和控制权的转让"的规定,当已签发不可转让运输单证且载明必须交单提货时,托运人为控制方;当签发可转让运输单证时,单证持有人为控制方;当签发可转让电子运输记录时,持有人为控制方;在其他情况下,托运人为控制方,除非托运人在订立运输合同时指定收货人、单证托运人或其他人为控制方。

因此,我国国际贸易企业争取托运人或单证托运人的法律地位和控制权,具体措施包括:

1. 出口贸易时争取采用 CIF、CFR 或类似价格条件

原对外贸易经济合作部于 2000 年 12 月 5 日发布的《关于规避无单放货风险的通知》[(2000)外经贸发展函字第 3040 号]中提到,当时我国出口贸易使用 FOB 价格条款的比例为 60%～70%。2008 年 4 月,中国国际货运代理协会和中国对外贸易经济合作企业协会联合发出的《关于选择合法货代物流企业防范贸易风险有关问题的通知》中提到,这一比例已上升到 85% 以上。目前,这一比例估计为 85%～90%。因此,我国出口贸易时争取采用 CIF、CFR 或类似价格条件,具有很

大空间。

总体来讲,国际贸易企业在出口贸易中采用 CIF、CFR 或类似价格条件,尤其是 CIF 价格条件,要比采用 FOB 有利,因为在 CIF 价格条件下,国际货物买卖中涉及的三个合同(买卖合同、运输合同和保险合同)都由卖方作为当事人,卖方可根据情况统筹安排备货、装运、投保等事项,保证生产与流通环节相互衔接。重要的是,采用 CIF、CFR 或类似价格条件,出口企业具有选择承运人以及与承运人洽谈和签署运输合同的权利,取得托运人的法律地位,同时成为控制方而具有控制权。我国国际贸易企业在出口贸易时应争取采用 CIF、CFR 或类似价格条件。

2. 出口贸易采用 FOB 价格条件时出口企业争取成为单证托运人

在出口贸易中采用 CIF、CFR 或类似价格条件,往往取决于贸易市场供求关系,在买方市场的背景下往往具有难度。而且,采用 CIF、CFR 或类似价格条件需要出口企业具有比较丰富的流通环节的知识和经验,包括熟悉海上货物运输法律。因此,对于我国大量中小国际贸易企业而言,在出口贸易中实现从绝大多数情况下采用 FOB 价格条件转变为普遍采用 CIF、CFR 或类似价格条件,条件并不成熟,因而在今后较长时期内,出口贸易大量采用 FOB 价格条件的局面必将继续。

但是,出口贸易采用 FOB 价格条件时,出口企业应力争成为单证托运人。具体而言,在货物买卖合同中应争取约定在运输单证或电子运输记录中将卖方记载为托运人,以及在货物由承运人或履约方接收或装船后,承运人、船长或承运人的代理人签发的运输单证或电子运输记录应当签发给卖方,签发的可转让运输单证或电子运输记录由记名的托运人背书转让。这样便可保证出口企业具有单证托运人的法律地位和控制权。如果货物买卖合同作了此种约定,但境外买方作为托运人就运输单证或电子运输记录的签发向承运人作出了相反的要求,出口企业应及时寻求法律救济,包括根据我国《海事诉讼特别程序法》的规定,向海事法院申请海事强制令。

(三) 国际航运企业的规模化发展

我国国际贸易企业要在国际贸易市场中具有较强的竞争力,获得与承运人的话语权,能够有效抵御贸易环节的经营风险和法律风险,企业必须具有一定的规模,而且规模越大,其抗风险的能力就越强,在国际贸易市场中的竞争力就越容易稳定和提高。我国国际贸易企业走规模化发展道路,对于有效应对《鹿特丹规则》带来的潜在不利影响,具有重要意义。如前文所述,在我国国际贸易企业中,大型国有或国有控股贸易企业不会因《鹿特丹规则》受到严重的不利影响。这也说明了国际贸易企业走规模化发展道路对于有效应对《鹿特丹规则》的潜在影响所具有的重要意义。

我国大量中小国际贸易企业规模小,国际贸易市场竞争力不高,抗风险能力差。因此,我国国际贸易企业的规模化发展不但具有现实意义,也具有深远的战略意义,是实现我国贸易强国战略的有效途径。就《鹿特丹规则》而言,这是应对该规则中批量合同制度、单证托运人制度给我国中小国际贸易企业带来的潜在不利影响的最有效途径。

国际贸易企业的规模化发展具有两种途径:第一,国际贸易企业通过兼并收购扩大规模。通过扩大规模,实现资源一体化,充分发挥规模经济优势。第二,国际贸易企业实施企业联盟战略。中小国际贸易企业应利用自身规模小、经营灵活、数量多的特点,实施企业联盟战略,逐步改变我国国际贸易企业小、散、弱、差的局面,形成集团优势,增强集体竞争力。通过企业联盟,使得中小国际贸易企业在经营过程中联合,并且国际贸易企业与国际货运代理企业、专业进出口公司联合或合作,采取信息共享、资源共享、优势互补的方式增加话语权,提高竞争力。

(四)加快电子商务系统建设

《鹿特丹规则》通过后,电子运输记录的发展成为新形势下国际海上贸易运输业发展的一大新趋势。为了应对电子运输记录的广泛应用前景,国际贸易企业加快电子商务系统建设就成为一种必然。对于国际贸易企业来说,建设电子商务系统不仅仅是为了搭建网络平台、提高办公效率,更重要的是从全球客户的需求变化出发,以全球一体化的营销体系为业务平台。为了保障电子运输记录的使用,国际贸易企业的电子商务系统需要与国际航运企业、银行等单位的电子商务系统对接。由于电子商务系统的建立涉及资金、技术和管理方面的高要求,因而对于很多中小国际贸易企业而言,建立电子商务系统是一项艰巨的任务。

二、我国国际贸易政府管理对策

(一)出台规则引导出口企业慎重使用 FOB 或类似价格条件

由于 FOB 价格条件下我国出口企业屡因无单放货遭受损害,原对外贸易经济合作部于 2000 年 12 月 5 日发布了《关于规避无单放货风险的通知》,对于境外进口商利用 FOB 条款并指定在我国的境外货代安排运输损害我国出口企业的情况,提出针对性建议,包括"尽量签订 CIF 或 CFR 条款,力拒 FOB 条款",以及"如外商坚持 FOB 条款,可接受指定船公司,但不接受指定货代安排运输","货代企业必须出具凭正本提单放货的保函",以及"外贸公司不要轻易接受货代提单,尤其是外商指定的境外货代提单"。2008 年 4 月,中国国际货运代理协会和中国对外贸易经济合作企业协会联合发出了《关于选择合法货代物流企业防范贸易风险有关问题的通知》,以落实商务部 2008 年 3 月 3 日下发的《关于加快我国流通领域现代物流发展的指导意见》(商改发〔2008〕53 号)。

原对外贸易经济合作部《关于规避无单放货风险的通知》的实施效果并不明显,未能起到减少 FOB 价格条件出口货物的比例。但是,如果《鹿特丹规则》得以实施,使用 FOB 价格条件将使我国出口企业面临更大的风险。这就需要外贸主管部门继续引导出口商慎重使用 FOB 术语,以降低风险。

(二) 鼓励国际贸易企业走规模化发展道路、与国际航运企业的合作

整体而言,面对《鹿特丹规则》对我国国际贸易业的发展带来的潜在巨大压力,政府应积极引导我国国际贸易企业走规模化发展道路,以提高我国国际贸易企业的整体竞争力。政府要鼓励我国大型国际贸易企业实施全球发展战略,提高我国国际贸易企业的国际竞争力和影响力,起到龙头带动作用,为中小企业树立良好的典范,提供先进的经验。同时,政府要鼓励众多的中小国际贸易企业之间进行联合、改组、兼并,扩大规模,逐步改变我国国际贸易企业小、散、弱、差的局面,提高抵御流通领域风险的能力,提升我国国际贸易企业在国际航运谈判中的话语权。这样才能使我国贸易大国的地位在国际航运谈判中得以显现,使我国国际贸易企业在国际航运市场的话语权和影响力与我国在国际贸易市场的份额和国际贸易实力相匹配。

在市场经济体制下,企业间通过联合、改组、兼并扩大规模难度颇大。同时,如果完全由"大鱼吃小鱼"的市场竞争促使国际贸易企业间进行组合,以达到企业的适度集中,容易造成贸易市场秩序的混乱。因此,为了实现国际贸易企业规模的扩大,不能完全依赖市场对于资源配置的作用,同时需要政府通过行政、经济和法律等综合宏观调控手段来完成。

与世界上很多货主国家没有规模型的商船队不同,我国具有世界上排名第四位的商船队。由于损害我国国际贸易企业利益的往往是国外大集装箱班轮公司,我国国际贸易企业可以与我国国际航运企业结成战略联盟,从行业层面上实现"国货国运",从而达到双赢,并有利于国家整体利益。我国的航运企业和贸易企业已经意识到这个问题,并实现了一定程度的战略合作。目前我国三大石油公司、十大钢铁公司以及有色金属、煤炭、粮食等行业纷纷与四大航运公司签订 5 至 10 年的长期运输协议,并且确定了燃油价格波动的补偿机制。在这方面,政府应当在"国货国运"政策框架下,积极鼓励我国国际贸易企业与我国国际航运企业之间的紧密合作。

(三) 加强对国际货运代理业的管理

国际货运代理业在某种意义上因大量中小国际贸易企业的存在而得以生存和

发展。为中小国际贸易企业提供流通环节的优质服务,是国际货运代理业的首要任务。面对《鹿特丹规则》给国际贸易企业带来的潜在不利影响,国际货运代理企业应当有责任通过提供国际货运代理服务,利用自身熟悉国际航运市场和航运事务以及自身与航运企业谈判的实力和经验,减少甚至消除这种不利影响。理论上,有实力并提供优质服务的国际货运代理企业,完全可以弥补中小国际贸易企业在实力上的不足。

然而,由于市场准入门槛低,虽然我国有几家大型国有或国有控股国际货运代理企业,但总体上国际货运代理业同样存在小、散、弱、差的局面。国际货运代理市场混乱,经营不规范、不正当竞争、唯利是图甚至损害国际贸易企业利益的情况很多,商业纠纷不断。目前我国海事法院审理的商务案件中,很大一部分是涉及国际货运代理业务的案件。此外,如原对外贸易经济合作部在 2000 年 12 月 5 日发布的《关于规避无单放货风险的通知》中指出,部分在我国境内从事国际货运代理业务的企业是境外国际货运代理业务在我国境内设立的分支机构或独资公司,境外进口商利用 FOB 价格条件并指定在我国的这种境外货代安排运输,出现了不少损害我国出口企业利益的情况。

政府主管部门应当加强对国际货运代理业的管理,培育规范化经营、竞争有序的市场环境,培育有实力并提供优质服务的国际货运代理企业,以弥补中小国际贸易企业在国际航运市场谈判实力上的不足,从而减少《鹿特丹规则》给国际贸易企业带来的潜在不利影响。

(四) 培育和扶持行业自律组织的发展

我国国际贸易企业小、散、弱、差的局面,是抵御流通领域风险能力不高、在国际贸易市场中的竞争力不强以及在国际航运谈判中的话语权不多的根本性原因。要改变这种局面,政府要积极鼓励国际贸易企业走规模化发展道路,从政策上鼓励我国国际贸易企业与我国国际航运企业之间的紧密合作。此外,为了改变这种局面,政府应积极培育和扶持国际贸易行业自律组织的发展,切实充分地发挥中国对外贸易经济合作企业协会和地方行业自律组织的作用。行业自律组织的作用包括:

(1) 行业保护,即国际贸易行业自律组织作为贸易企业整体利益的代表,维护所属各会员单位的利益。

(2) 行业协调,即国际贸易行业自律组织通过自身工作,协调会员单位之间以及会员单位整体与外界相关单位或团体之间的关系,加强会员单位的联系与合作,并通过业务交流、相互启发指导、教育培训、向政府提供意见和建议等方式,促进国际贸易行业共同进步。

（3）行业监管，即国际贸易行业自律组织自我管理与约束的过程，包括对会员进行例行检查，对会员的日常业务活动进行监管，对欺诈客户、操纵市场等违法违规行为进行调查等。

（五）加强国际贸易市场信息指导工作

政府主管部门及时掌握国际贸易市场和我国国际贸易企业的信息，是正确制定我国国际贸易发展方针政策的基础。国际贸易企业全面了解贸易市场的基本情况、发展趋势，是企业正确制定企业发展战略决策的首要条件。为此，政府主管部门应当积极建立权威的贸易市场信息网络或咨询机构，及时向我国国际贸易企业提供国际贸易市场信息和资料，就海上货物运输和其他流通环节的风险预防与控制等提供指导性意见和建议。这将有助于国际贸易企业应对《鹿特丹规则》对我国国际贸易企业的发展带来的潜在巨大压力。

第九章 《鹿特丹规则》对港口经营的影响与对策

第一节 《鹿特丹规则》与港口经营人

一、港口经营人及其法律地位

(一)港口经营人的含义

交通运输部 2009 年发布的《港口经营管理规定》将港口经营人(port operator)定义为"依法取得经营资格从事港口经营活动的组织和个人",并将港口定义为"具有船舶进出、停泊、靠泊,旅客上下,货物装卸、驳运、储存等功能,具有相应的码头设施,由一定范围的水域和陆域组成的区域"。"港口经营包括码头和其他港口设施的经营,港口旅客运输服务经营,在港区内从事货物的装卸、驳运、仓储的经营和港口拖轮经营等"。

交通运输部《港口经营管理规定》对港口经营的业务范围进行了具体化,规定:港口经营,是指港口经营人在港口区域内为船舶、旅客和货物提供港口设施或者服务的活动,主要包括下列各项:为船舶提供码头、过驳锚地、浮筒等设施;为旅客提供候船和上下船舶设施和服务;为委托人提供货物装卸(含过驳)、仓储、港内驳运、集装箱堆放、拆拼箱以及对货物及其包装进行简单加工处理等;为船舶进出港、靠离码头、移泊提供顶推、拖带等服务;为委托人提供货物交接过程中的点数和检查货物表面状况的理货服务;为船舶提供岸电、燃物料、生活品供应、船员接送及船舶污染物(含油污水、残油、洗舱水、生活污水垃圾)接收、围油栏供应服务等船舶港口服务;从事港口设施、设备和港口机械的租赁、维修业务。

与上述港口经营业务范围很广相对应,港口经营人的范围较广,包括港口码头或设施经营人、港口客运站、港口货物装卸公司、港口集装箱场站经营人、港口货物仓储经营人、港口轮驳公司、港口理货公司、港口船舶供应公司、港口接受油污水或垃圾的公司,以及港口设施、设备和港口机械租赁公司和维修公司等。

(二)《鹿特丹规则》通过之前港口经营人的法律地位和权利义务

港口经营人的法律地位是长期以来在很多国家没有定论的问题,且该问题直接涉及港口经营人的权利义务。研究《鹿特丹规则》对港口经营的影响,需要首先澄清港口经营人的法律地位问题。

目前,围绕港口经营人的法律地位,在《鹿特丹规则》通过以前,主要有六种学说,即港口经营人是独立合同人、承运人的受雇人或代理人、承运人的被代理人、履约承运人、履行辅助人、实际承运人。

1. 独立合同人

独立合同人(independent contractor)是指"承担某种工作并达到约定的结果,但在实际完成此项工作时能够发挥自身能动性,而不受委托人指令或控制的人"。[1] 独立合同人有着对服务方式的自我控制权,不受委托人的控制,而仅仅受制于合同条款。将港口经营人视为独立合同人,是因为港口经营人是独立的法律实体,既非承运人的受雇人也非其代理人,以自己的工作方式根据合同为他人提供服务,只在工作的最后成果上向委托人负责。独立合同人如港口货物装卸公司由于其与承运人之间签订的合同属商业合同,装卸公司不是承运人的雇佣、代理人,而是独立合同人。

2. 承运人的雇佣人或代理人

雇佣人是指接受他人的管理和指挥,并为他人工作的人,其行为受雇主控制或雇主对其有控制权。在早期件杂货运输时代,船东为完成货物运输所需要的装卸作业,通常雇佣港口临时装卸工人,而且大多使用船上的装卸设备。此时,装卸工人的作业无论是过程还是结果都受到船东或船员的严格控制,因而将其作为船方雇佣人员来理解。但这种情况在专门的港口经营组织产生以后便不再存在。

代理是指代理人以被代理人的名义,或者代理人以自己的名义、但为了被代理人(委托人),在代理权限内实施民事法律行为,所产生的权利义务直接归属被代理人。港口经营人接受承运人的委托而从事的装卸等工作是承运人履行海上运输合同不可分割的一部分。因此,有人认为港口经营人是承运人的代理人。但是,民法学者认为,代理人完成所委托的工作,主要是依靠其自身的知识、技术、经验和所花的时间,而不是其设施或设备,否则是委托合同下的受委托人。港口装卸公司等港口经营人在完成所委托的货物港口作业时,虽然也依靠其自身的知识、技术、经验和所花的时间,但主要依靠的是装卸设施或其他港口设施或设备。因此,港口经营人不是承运人的代理人。

3. 承运人的被代理人

将港口经营人视为承运人的被代理人,即与上述代理进行反向代理,视承运人为港口经营人的代理人。该学说来自于英国 Reid 法官在 *Scruttons, Ltd. v. Midland*

---

[1] Pollock,Tort,15th ed.,P. A. Landon,1951,p.63.

Silicones Ltd.[1]案中提出的代理理论。在实践中，欧美国家的法官经常利用这一理论挑战合同相对性原则。但在我国，该理论并没有被人们广泛认可。

4. 履约承运人

履约承运人(performing carrier)的概念源自美国 1999 年《海上货物运输法草案》，即"履约承运人是指履行、承担履行或组织履行订约承运人在运输合同下任何义务的人；但仅限于在订约承运人直接或间接要求下或监督下或控制下进行工作的人，不论该人是否是运输合同的一方当事人，或是否被列明于该运输合同，或是否负有运输合同下法律责任。但无论在什么情况下，履约承运人不包括托运人或收货人的受雇人，或托运人或收货人的受雇人、代理人、合同人或分合同人"。从上述履约承运人的定义可以看出，其所含范围十分广泛，包括了承运人的受雇人、代理人和独立合同人、分包人等辅助承运人履行海运合同的人。因此，接受承运人委托，为承运人完成货物装卸等港口作业的港口经营人是履约承运人。

5. 履行辅助人

我国台湾地区将承运人的受雇人、代理人、独立合同人统称为承运人的履行辅助人。根据履行辅助人是否能够按自己的意愿独立行事，将其分为非独立履行辅助人和独立履行辅助人。独立履行辅助人主要包括装卸公司、仓储公司、修船厂等，因而港口经营人的法律地位为独立履行辅助人。

6. 实际承运人

实际承运人(actual carrier)是《汉堡规则》和我国《海商法》中的概念。《海商法》第 42 条第(2)项将实际承运人定义为"接受承运人委托，从事货物运输或者部分运输的人，包括接受转委托从事此项运输的其他人"。对于接受承运人委托从事货物装卸等作业的港口经营人是否是实际承运人，理论界有两种观点：一种观点认为，货物装卸等作业属于《海商法》第 42 条第(2)项实际承运人定义中"运输"的范畴，因而港口经营人是实际承运人；另一种观点认为，运输是指使用运输工具实现货物位移的过程，货物装卸等作业不属于《海商法》第 42 条第(2)项实际承运人定义中"运输"的范畴，因而港口经营人不是实际承运人。在我国海事司法实践中，两种观点分别有判例支持，但最高人民法院在对广州集装箱码头有限公司一案的再审中认为，港口经营人不是实际承运人。对于《汉堡规则》中的实际承运人是否包括港口经营人，国际上也有不同的观点。

在《鹿特丹规则》通过以前，接受承运人委托的港口经营人对于货方的权利义

---

[1] *Scruttons Ltd. v. Midland Silicones. Ltd.* 案中，Reid 法官提出代理成立的四个条件：(1) 提单清楚表明装卸公司受该提单中责任限制条件保护；(2) 提单很清楚地表明，承运人不仅为自己也代表装卸公司进行合同约定；(3) 承运人事前或事后得到装卸公司授权；(4) 装卸公司克服困难完成相关的操作。如果四个条件都满足，则代理成立；缺少任一条件，代理不成立。

务,取决于港口经营人的法律地位,国际上主要有以下几种情形:第一,在英美法系国家和其他一些国家,当提单或运输合同中的"喜马拉雅条款"(Himalaya clause)规定承运人的受雇人、代理人或独立合同人(independent contractor)可以享有承运人的免责、责任限制和抗辩时,港口经营人对于其从事的货物港口作业,享有与承运人相同的免责、责任限制和抗辩。第二,当港口经营人被认为是承运人的受雇人或代理人时,港口经营人对于其从事的货物港口作业,享有与承运人相同的免责、责任限制和抗辩。第三,少数国家的法律直接规定港口经营人对于其从事的货物港口作业所具有的权利和义务。在我国,如果港口经营人不是接受承运人的委托,则其与委托人之间的权利和义务根据委托合同的约定或《合同法》确定,与第三人之间的权利和义务依据《中华人民共和国侵权责任法》(以下简称《侵权责任法》)确定;如果港口经营人接受承运人的委托,则其与委托人之间的权利和义务根据委托合同的约定或《合同法》确定,对于其与第三者货方之间的权利和义务有两种观点和司法实践做法,即当认为港口经营人是实际承运人时,因而根据《海商法》第61条"本章对承运人责任的规定,适用于实际承运人"的规定,享有承运人的免责、责任限制和抗辩;当认为港口经营人不是实际承运人时,与第三者货方之间的权利和义务依据《侵权责任法》确定,不享有承运人的免责、责任限制和抗辩。

前文分析表明,在《鹿特丹规则》通过之前,各国无论是在理论界还是司法实践中,接受承运人委托从事货物港口作业的港口经营人,其法律地位以及对于委托人之外的第三者货方的权利义务,尤其是能否享有承运人的免责、责任限制和抗辩,没有统一的观点和做法,而且少有国内法律对此问题作出明确规定。然而,港口经营人所从事的货物港口作业,是海上货物运输的重要环节,港口经营人是海上货物运输的重要参与者。因此,统一港口经营人的法律地位以及权利义务,对于海上货物运输法律制度的完善具有十分重要的意义。

二、港口经营人在《鹿特丹规则》中的法律地位及权利义务

(一)港口经营人具有海运履约方的法律地位

《鹿特丹规则》第1条第6款是履约方的定义:"(一)'履约方'是指承运人以外的,履行或承诺履行承运人在运输合同下有关货物接收、装载、操作、积载、运输、照料、卸载或交付的任何义务的人,以该人直接或间接在承运人的要求、监督或控制下行事为限。(二)'履约方'不包括不由承运人而由托运人、单证托运人、控制方或收货人直接或间接委托的任何人。"第7款是海运履约方的定义:"'海运履约方'是指凡在货物到达船舶装货港至货物离开船舶卸货港期间履行或承诺履行承运人任何义务的履约方。内陆承运人仅在履行或承诺履行其完全在港区范围内的服务时方为海运履约方。"

根据《鹿特丹规则》规定的履约方和海运履约方的定义,当港口经营人在装货港或卸货港履行或承诺履行属于承运人在运输合同下的义务的港口作业,并直接或间接在承运人的要求、监督或控制下从事此种港口作业时,属于该规则规定的海运履约方。因此,港口经营人成为海运履约方,需满足以下条件:(1)履行或承诺履行承运人运输合同的义务;(2)在装货港或卸货港从事港口作业,即在货物到达船舶装货港至离开船舶装货港,或者货物达到船舶卸货港至货物离开船舶卸货港期间;(3)从事此种港口作业是直接或间接在承运人的要求、监督或控制下。

上述第一个条件,即履行或承诺履行承运人在运输合同下的义务,这种义务必须是《鹿特丹规则》规定的承运人的义务。根据该规则的规定,结合交通运输部《港口经营管理规定》规定的港口经营业务范围,履行或承诺履行的承运人在运输合同下的义务,主要是该规则第13条"特定义务"第1款规定的管货义务,即"妥善而谨慎地接收、装载、操作、积载、运输、保管、照料、卸载并交付货物"的义务,以及第14条"适用于海上航程的特定义务"规定的谨慎处理使船舶适航的义务,即:"承运人必须在开航前、开航当时和海上航程中恪尽职守:(一)使船舶处于且保持适航状态;(二)妥善配备船员、装备船舶和补给供应品,且在整个航程中保持此种配备、装备和补给;并且(三)使货舱、船舶所有其他载货处所和由承运人提供的载货集装箱适于且能安全接收、运输和保管货物,且保持此种状态。"由于需满足上述第二个条件,即在装货港或卸货港从事港口作业,港口经营人履行或承诺履行的只是承运人在运输合同下的部分义务,从事的港口作业主要表现为货物接收、装载、操作、积载、卸载、交付,即货物港口作业,但也可能是为使船舶适航所需的为船舶提供岸电、燃物料或生活品供应。因此,作为海运履约方的港口经营人主要是港口货物装卸公司、港口集装箱场站经营人、港口货物仓储经营人,以及港口船舶供应公司。

但是,根据《鹿特丹规则》第19条"海运履约方的赔偿责任"的规定,海运履约方承担该规则对承运人规定的义务和赔偿责任,且有权享有该规则对承运人规定的抗辩和赔偿责任限制的条件是:一是海运履约方在一缔约国为运输而接收了货物或在一缔约国交付了货物,或在一缔约国某一港口履行了与货物有关的各种活动;二是造成灭失、损坏或迟延交付的事件发生在货物在海运履约方掌管期间,或者海运履约方参与履行运输合同约定的任何活动的其他任何时间内。问题是,对于第一个条件,为使船舶适航所需而为船舶提供岸电、燃物料或生活品供应,是否属于"与货物有关的各种活动"?对此问题,如果《鹿特丹规则》得以实施,还需在司法实践中予以明确。下文为讨论问题方便,仅讨论港口经营人从事货物港口作业的情形。

此外，前述港口经营人成为海运履约方的第一个条件，即履行或承诺履行承运人在运输合同下的义务，意味着港口经营人是接受承运人的委托或者转委托。因此，港口经营人如果接受货方委托或者转委托从事货物港口作业，不是海运履约方，除非根据运输合同，货物港口作业属于承运人义务，因而货方是代承运人委托港口经营人从事此种货物港口作业。换言之，从事货物港口作业的港口经营人的法律地位并不总是海运履约方，也即《鹿特丹规则》作为一项全程或部分海上国际货物运输合同公约，对港口经营人法律地位的确定是不彻底的。

（二）港口经营人对货方的权利和义务

港口经营人是《鹿特丹规则》规定的海运履约方时，具有该规则规定的海运履约方的权利，同时承担该规则规定的海运履约方的义务和责任。

《鹿特丹规则》第 19 条"海运履约方的赔偿责任"规定了海运履约方对于货方的权利和义务。具体到作为海运履约方的港口经营人，其权利和义务主要包括：

（1）港口经营人承担该规则对承运人规定的义务和赔偿责任，且享有该规则对承运人规定的抗辩和赔偿责任限制，条件是：一是港口经营人在一缔约国为运输而接收了货物或在一缔约国交付了货物，或在一缔约国某一港口履行了与货物有关的各种活动；二是造成灭失、损坏或迟延交付的事件发生在货物在海运履约方掌管期间，或者海运履约方参与履行运输合同约定的任何活动的其他任何时间内。因此，《鹿特丹规则》第四章"承运人的义务"、第五章"承运人对灭失、损坏或迟延所负的赔偿责任"、第七章"托运人对承运人的义务"、第九章"货物交付"、第十二章"赔偿责任限额"，以及第十三章"时效"中凡是与港口经营人从事的货物港口作业相关的承运人权利、义务和责任的规定，在满足前述条件时，均适用于港口经营人。

（2）当承运人约定在该规则对其规定的义务范围之外承担义务，或约定其赔偿责任限额高于该规则所规定的限额时，港口经营人不受该约定的约束，除非港口经营人明示接受该义务或该更高限额。

（3）港口经营人需对接受其委托从事港口作业的人履行港口经营人根据该规则具有的义务的作为或不作为，承担赔偿责任，但港口经营人的受雇人不承担赔偿责任。

（4）根据《鹿特丹规则》第 20 条"连带赔偿责任"的规定，对于货物灭失、损坏或迟延交付，港口经营人与承运人和其他海运履约方均负有赔偿责任时，应承担连带赔偿责任，但以第十二章规定的赔偿责任限额为限。

第二节 《鹿特丹规则》对我国港口经营的影响

一、《鹿特丹规则》对我国港口经营影响的程度

《鹿特丹规则》与我国现行法律相比,有了很大变化。对于接受承运人委托从事货物港口作业的港口经营人的法律地位及其权利和义务,《中华人民共和国港口法》(以下简称《港口法》)和《海商法》中没有相应规定。这就导致前文所述的在我国理论界和海事司法实践中对此问题的看法不一致。《鹿特丹规则》明确了港口经营人在满足一定条件时具有海运履约方的法律地位,从而具有该规则规定的海运履约方的权利和义务。因而,如果适用《鹿特丹规则》,该规则将对我国港口经营带来较大的影响,包括对港口经营人的影响和对港口政府管理的影响。而且,由于我国是港口大国,这种影响的程度将很高。

根据交通运输部综合规划司发布的《2012年公路水路交通运输行业发展统计公报》,到2012年年底,全国港口拥有生产用码头泊位31 862个,比上年末减少106个,其中沿海港口生产用码头泊位5 623个,增加91个;内河港口生产用码头泊位26 239个,减少197个。全国港口拥有万吨级及以上泊位1 886个,比上年末增加124个,其中沿海港口万吨级及以上泊位1 517个,增加95个;内河港口万吨级及以上泊位369个,增加29个(见表9-1)。

全国万吨级及以上泊位中,专业化泊位997个,通用散货泊位379个,通用件杂货泊位340个,比上年末分别增加55个、41个和18个(见表9-2)。

表9-1 2012年全国港口万吨级及以上泊位

(计算单位:个)

泊位吨级	全国港口	比上年末增加	沿海港口	比上年末增加	内河港口	比上年末增加
合计	1 886	124	1 517	95	369	29
1—3万吨级(不含3万)	732	24	564	16	168	8
3—5万吨级(不含5万)	335	24	232	16	103	8
5—10万吨级(不含10万)	581	53	489	40	92	13
10万吨级及以上	238	23	232	23	6	—

表 9-2　全国万吨级及以上泊位构成

（按主要用途分,计算单位:个）

泊位用途	2012 年	2011 年	比上年增加
专业化泊位	997	942	55
集装箱泊位	309	302	7
煤炭泊位	189	178	11
金属矿石泊位	60	52	8
原油泊位	68	68	—
成品油泊位	114	111	3
液体化工泊位	141	123	18
散装粮食泊位	34	33	1
通用散货泊位	379	338	41
通用件杂货泊位	340	322	18

我国港口货物吞吐量和集装箱吞吐量已经连续 9 年位居世界第一。目前,在世界排名前十位的大港中,我国内地占了 8 个;在世界排名前十位的集装箱大港中,我国内地占了 5 个。上海港已成为世界第一大港口和第一大集装箱港口。

2012 年,全国港口完成货物吞吐量约 107.80 亿吨,比上年增长 7.3%。其中,沿海港口完成 68.80 亿吨,内河港口完成约 39.0 亿吨,分别增长 8.2% 和 5.9%（见图 9-1）。

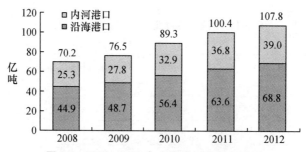

图 9-1　2008—2012 年全国港口货物吞吐量

2012 年,货物吞吐量超过亿吨的港口由上年的 26 个增加到 29 个。其中,沿海亿吨港口 19 个,内河亿吨港口 10 个（见表 9-3）。

2012 年,全国港口完成集装箱吞吐量约 1.77 亿 TEU,比上年增长 8.4%。其中,沿海港口完成 1.58 亿 TEU,内河港口完成 1950 万 TEU,比上年分别增长 8.0% 和 12.3%（见图 9-2）。

表 9-3 2012 年货物吞吐量超过亿吨的港口

(计算单位:亿吨)

港口	货物吞吐量	港口	货物吞吐量
沿海港口：			
宁波—舟山港	7.44	深圳港	2.28
上海港	6.37	烟台港	2.03
天津港	4.77	北部湾港	1.74
广州港	4.35	连云港港	1.74
青岛港	4.07	厦门港	1.72
大连港	3.74	湛江港	1.71
唐山港	3.65	黄骅港	1.26
营口港	3.01	福州港	1.14
日照港	2.81	泉州港	1.04
秦皇岛港	2.71		
内河港口：			
苏州港	4.28	江阴港	1.32
南京港	1.92	秦州港	1.32
南通港	1.85	重庆港	1.25
湖州港	1.78	嘉兴内河港	1.09
镇江港	1.35	岳阳港	1.04

图 9-2 2008—2012 年全国港口集装箱吞吐量

2012 年,集装箱吞吐量超过 100 万 TEU 的港口由上年的 19 个增加到 22 个。其中,沿海港口 18 个,内河港口 4 个(见表 9-4)。

表 9-4 2012 年集装箱吞吐量超过 100 万 TEU 的港口

(计算单位:个)

港口	集装箱吞吐量	港口	集装箱吞吐量
沿海港口:			
上海港	3 252.94	营口港	485.10
深圳港	2 294.13	烟台港	185.05
宁波—舟山港	1 617.48	福州港	182.50
广州港	1 454.74	日照港	174.92
青岛港	1 450.27	泉州港	169.70
天津港	1 230.31	丹东港	125.05
大连港	806.43	汕头港	125.02
厦门港	720.17	虎门港	110.36
连云港港	502.01	海口港	100.01
内河港口:			
苏州港	586.35	南京港	230.03
佛山港	266.71	江阴港	115.38

2012 年,全国港口完成液体散货吞吐量 9.06 亿吨,比上年下降 0.5%;干散货吞吐量 62.91 亿吨,增长 7.4%;件杂货吞吐量 10.64 亿吨,增长 4.6%;集装箱吞吐量(按重量计算)19.81 亿吨,增长 11.7%;滚装汽车吞吐量(按重量计算)5.33 亿吨,增长 10.2%。液体散货、干散货、件杂货、集装箱和滚装汽车在港口货物吞吐量中所占比重分别为 8.4%、58.4%、9.9%、18.4% 和 4.9%(见图 9-3)。

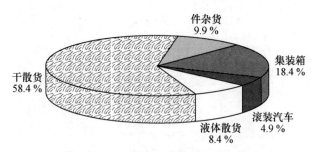

图 9-3 2012 年各形态货种吞吐量构成

2012 年,全国规模以上港口完成货物吞吐量 97.75 亿吨,比上年增长 7.2%。其中,完成煤炭及制品吞吐量 19.96 亿吨,石油、天然气及制品吞吐量 7.38 亿吨,金属矿石吞吐量 15.00 亿吨,分别增长 2.7%、下降 1.3% 和增长 8.3%(见表

9-5)。

表 9-5 2012 年规模以上港口各货类吞吐量及增长速度

货类名称	吞吐量（亿吨）	比上年增长（%）	外贸吞吐量（亿吨）	比上年增长（%）
总计	97.75	7.2	30.31	9.7
煤炭及制品	19.96	2.7	2.63	23.3
石油、天然气及制品	7.38	-1.3	3.36	6.4
原油	3.93	-3.9	2.56	6.1
金属矿石	15.00	8.3	9.08	10.9
铁矿石	13.29	7.7	7.96	10.6
钢铁	4.23	1.0	0.67	-0.6
矿铁材料	14.94	10.2	0.27	-1.3
水泥	2.49	12.7	0.11	19.2
木材	0.66	4.5	0.52	10.7
非金属矿石	2.06	-3.4	0.47	-9.5
化学肥料及农药	0.38	0.4	0.20	6.7
盐	0.13	5.0	0.05	29.2
粮食	2.00	20.1	0.76	31.4
机械、设备、电器	1.95	13.9	1.18	8.8
化工原料及制品	1.90	8.8	0.77	7.6
有色金属	0.12	34.8	0.10	31.6
轻工、医药产品	1.00	9.9	0.46	-3.8
农林牧渔业产品	0.43	30.0	0.22	35.5
其他	23.10	11.4	9.44	7.5

二、《鹿特丹规则》对我国港口经营人的影响

如果适用《鹿特丹规则》，其对我国港口经营人产生的潜在影响主要体现在以下三个方面：

（一）《鹿特丹规则》明确了港口经营人的法律地位及其权利义务

前文所述，在我国，接受承运人委托从事货物港口作业的港口经营人的法律地位并不明确，学术界有多种观点，主要集中在港口经营人是否是《海商法》第 42 条

第(2)项定义的实际承运人。对此,学术界有两种观点,我国海事司法实践中两种观点分别有判例支持,但最高人民法院在对广州集装箱码头有限公司一案的再审中认为,港口经营人不是实际承运人。不是实际承运人的结果是:港口经营人即使接受承运人的委托从事货物港口作业,对于在货物港口作业中的原因造成的货物灭失或损坏,港口经营人不能援引《海商法》第56条规定的承运人赔偿责任限制的规定,而需根据《侵权责任法》的规定,按照过失责任归责原则承担全部损失的赔偿责任。而且,同样是对于在货物港口作业中的原因造成的货物灭失或损坏,如果货方基于港口经营人或其受雇人、代理人、分包人的过失向港口经营人索赔,港口经营人不得限制赔偿责任,但如货方向承运人索赔,承运人仍然可以按照《海商法》第56条的规定限制赔偿责任。可见,港口经营人与承运人的权利并不相同。甚至出现了这样的情况:货方向承运人索赔,承运人按照《海商法》第56条规定的赔偿责任限额赔付后,货方可就实际损失与承运人赔偿责任限额的差额再向港口经营人索赔。此外,港口经营人不得限制赔偿责任这种情形,与《中华人民共和国民用航空法》(以下简称《民用航空法》)[1]和《中华人民共和国铁路法》(以下简称《铁路法》)[2]分别规定了机场服务经营人和铁路场站经营人的责任限制权利不同。

根据《鹿特丹规则》第19条"海运履约方的赔偿责任"的规定,港口经营人作为海运履约方时,港口经营人承担该规则对承运人规定的义务和赔偿责任,且有权享有该规则对承运人规定的抗辩和赔偿责任限制,条件是:第一,港口经营人在一缔约国为运输而接收了货物或在一缔约国交付了货物,或在一缔约国某一港口履行了与货物有关的各种活动;第二,造成灭失、损坏或迟延交付的事件发生在货物在海运履约方掌管期间,或者港口经营人参与履行运输合同约定的任何活动的其他任何时间内。

因此,《鹿特丹规则》使接受托运人委托从事货物港口作业的港口经营人的法律地位及其权利和义务得以明确,尤其是港口经营人享有该规则对承运人规定的赔偿责任限制。港口经营人的法律地位及其权利义务得到明确,无疑将使港口经营人对其经营活动中的责任风险可以预见,进而采取控制和分散这种风险的措施。另外,虽然该规则第59条"赔偿责任限额"规定的承运人对货物灭失或损坏的赔偿责任限额很高,为每件或每个其他货运单位875特别提款权,或按照货物的毛重计算,每公斤3特别提款权,以两者中较高限额为准,而实践中我国进出口货物的价格很少达到这一金额,因而港口经营人援引这一赔偿责任限制的机会将不多甚至

---

[1] 1995年10月30日第八届全国人民代表大会常务委员会第十六次会议通过,自1996年3月1日起施行。

[2] 1990年9月7日第七届全国人民代表大会常务委员会第十五次会议通过,自1991年5月1日起施行。

很少,但港口经营人仍有少量的机会援引这一赔偿责任限制,尤其是这一赔偿责任限制有助于港口经营人投保责任保险。

总之,《鹿特丹规则》通过明确港口经营人的法律地位及其权利义务,有利于维护港口经营人的利益。

(二)《鹿特丹规则》适用范围扩大到"门到门"运输对港口经营提出了更高的要求

国际集装箱货物"门到门"运输方式的出现,催生了国际货物运输多式联运和国际物流的产生和发展。港口作为国际货物运输多式联运和国际物流的重要节点之一,如果《鹿特丹规则》得以实施,港口经营的定位需相应的发生变化,从传统的货物装卸等货物港口作业的单一化功能,转变为现代化物流重要节点的功能,为货物物流提供多方位和多形式的现代化服务,成为货物集散地,港口要成为现代交通运输的枢纽。目前,我国的港口尚不能完全满足上述要求。

(三)《鹿特丹规则》采用的电子运输记录制度要求港口经营企业建立电子商务系统

电子运输记录作为电子商务在《鹿特丹规则》中的体现,适应国际航运领域电子商务的广泛应用前景,对港口经营业务中电子商务硬件和软件都提出了更高的要求。具体而言,港口经营企业必须建立自己的电子商务系统,并与国际航运企业、国际贸易企业等相关单位的电子商务系统连接。目前,我国的港口经营企业普遍尚不能满足上述要求。

三、《鹿特丹规则》对我国港口政府管理的影响

(一)《鹿特丹规则》使我国港口发展与港口立法不完善的矛盾更加突出

目前,我国港口立法主要体现为《港口法》和《港口经营管理规定》。我国现行法律没有明确港口经营人的法律地位及其权利义务。我国《港口法》制定时,本计划制定"港口经营"一章,规定港口经营人的民事权利义务。但由于对港口经营人地位的认识不一致,《港口法》最终对港口经营人的民事权利义务没有作出任何规定。虽然《鹿特丹规则》主要调整国际海上货物运输关系,但港口经营人作为海运履约方时,事实上作为利益关系方被纳入到该规则的调整范围。该规则表明了港口经营人的法律地位及其民事权利义务的方向。同时,该规则对港口经营人的法律地位及其权利义务的明确是不彻底的,即仅限于港口经营人成为海运履约方的情形。换言之,如果港口经营人不构成海运履约方,该规则便对港口经营人不适用。因此,《鹿特丹规则》使我国港口发展与港口立法不完善的矛盾更加突出。

（二）《鹿特丹规则》对我国港口政府管理提出了更高要求

《鹿特丹规则》适应国际集装箱货物多式联运的快速发展，将适用范围从传统的国际海上货物运输，扩展到包括国际海上货物运输区段的国际货物多式联运。如果该规则得以实施，将促进港口的地位、功能、作用和重要性发生变化，港口应作为国际货物运输多式联运和国际物流的重要节点之一，成为现代交通运输的枢纽。这就要求我国港口政府管理要适应这种变化趋势，从而《鹿特丹规则》潜在地对我国港口政府管理提出了更高要求。

第三节　我国应采取的相应对策

一、我国港口经营人应采取的对策

（一）提升港口企业的服务功能和竞争力

如前文所述，如果《鹿特丹规则》得以实施，将促进港口经营的定位相应的发生变化，港口从传统的货物装卸等货物港口作业的单一化功能，转变为现代化物流重要节点的功能，为货物物流提供多方位和多形式的现代化服务，成为货物集散地。港口要具有国际货物运输多式联运和国际物流的重要节点、现代交通运输枢纽的作用。目前，我国的港口尚不能完全满足上述要求。因此，我国港口经营企业要适应港口的地位、功能、作用和重要性的变化趋势，制定符合自己特点的港口经营政策，加快自身的基础设施建设，同日益发展的国际贸易和国际航运保持同步，努力增强企业的实力，促进企业多元化发展，提升在国际和地区港口经营市场中的竞争力。

（二）积极开展港口物流业务、适应国际货物多式联运快速发展

《鹿特丹规则》适应国际集装箱货物多式联运的快速发展，将适用范围从传统的国际海上货物运输，扩展到包括国际海上货物运输区段的国际货物多式联运。此举将促进国际集装箱货物多式联运的发展。

港口物流是指中心城市利用其自身的口岸优势，以先进的软硬件环境为依托，强化其对港口周边物流活动的辐射能力，突出港口集货、存货、配货特长，以临港产业为基础，以信息技术为支撑，以优化港口资源整合为目标，发展具有涵盖物流产业链所有环节特点的港口综合服务体系。[1] 现代港口的功能主要体现在以港口

---

[1] 参见李延松、王久梗：《港口物流发展模式研究》，载《交通与运输》2007年第2期。

的运输和中转功能为依托,建立强大的现代物流系统,进而发展仓储、配送、加工改装、包装等产业,带动整个临港产业带的发展。积极开展港口物流业务,是充分发挥港口在现代物流产业中的功能和地位的重要途径。

我国港口经营企业应当适应上述变化和要求,从传统的货物装卸等货物港口作业的单一化功能,转变为现代化物流重要节点的功能,采用现代化的技术和管理,建立健全现代港口物流模式、加快物流信息化建设、强化港口物流的服务理念,在充分发挥港口的复合优势的基础上,实现港口现代物流中心的功能。

(三) 建立和健全电子商务系统

为适应《鹿特丹规则》中采用的电子运输记录制度,同时也是实现港口现代物流中心功能的客观要求,港口经营企业应当大力发展电子商务,建立统一的信息平台,提高信息搜集、处理和服务能力,缩短信息交换与作业时间,使其成为港口现代物流发展的重要内容和载体。港口经营企业应建立起与航运、经贸和口岸信息网络相连接的畅通无阻及规范的物流操作信息平台。港口现代物流的发展方向是一体化的供应链方向。这就要求对供应链上的各个环节的信息进行及时、有效的沟通,而这种沟通必须借助先进的信息技术手段。同时,信息技术的应用可以改善港口物流服务质量。首先,畅通的信息可以使港口现代物流的各个环节得到有机协调,缩短船舶在港非生产性停泊时间,并可减少货损货差;其次,先进的信息技术可以避免人工安全控制系统可能造成的疏忽,提高港口安全保障系统的可靠性;最后,信息技术能够实时监控整个港口资源利用情况,随时发现资源配置的不合理之处,从而对全部资源的利用进行系统的安排,以实现物尽其用,发挥最佳效能。

二、港口政府管理部门应采取的对策

(一) 完善我国港口经营人的民事法律

我国《港口法》和《海商法》没有规定港口经营人的民事权利和义务。港口经营人的民事权利和义务依据《合同法》和《侵权责任法》确定。当港口经营人接受国际海上货物运输承运人的委托时,其权利和义务与其委托人的权利和义务不协调。实践表明,这种状况不适应港口经营人的业务特点,也与《鹿特丹规则》将港口经营人纳入海运履约方,进而承担承运人的义务和责任、享有承运人的抗辩和赔偿责任限制的做法不一致。《鹿特丹规则》明确了港口经营人的法律地位及其权利义务立法的发展趋势。

作为港口政府管理的一项要求,应当参照《鹿特丹规则》的规定,制定我国港口经营人的民事法律,明确其法律地位和民事权利义务。同时,《鹿特丹规则》作为一部全程或部分海上国际货物运输合同公约,对港口经营人法律地位的确定是不彻底的,从事货物港口作业的港口经营人的法律地位并不总是海运履约方,因为当港口经营人接受货方委托或者转委托从事货物港口作业时,港口经营人不是海运履约方,除非根据运输合同,货物港口作业属于承运人义务,因而货方是代承运人委托港口经营人从事此种货物港口作业。因此,完善我国港口经营人的民事法律,不但要吸收《鹿特丹规则》的规定,解决当港口经营人接受承运人的委托或者转委托从事货物港口作业时的法律地位及其权利义务,也要解决当港口经营人接受货方的委托或者转委托从事货物港口作业时的法律地位及其权利义务。

(二) 鼓励港口企业转变功能、提高竞争力

《鹿特丹规则》对包括港口经营企业提出的更高要求,将促进国际集装箱货物多式联运和物流的发展。为实现我国港口大国向港口强国的发展战略,政府需要采取经济、技术、法律和行政手段,鼓励和促进我国港口经营企业适应上述变化和要求,增加港口建设的资金投入,加快港口基础设施的现代化建设,加快港口的信息化建设进程,将包括传统货物装卸业务在内的仓储、包装、配送、加工等多种功能集成化,使港口从交通枢纽转变为内涵更广、层次更高的物流网络节点,提升我国港口经营企业的竞争力。

第十章 《鹿特丹规则》对船舶管理与船员管理的影响与对策

第一节 《鹿特丹规则》中对我国船舶管理与船员管理有潜在影响的规则

《鹿特丹规则》中没有针对船舶管理与船员管理的直接规定,但其对承运人责任制度的设计将间接影响船舶管理与船员管理。该规则在承运人责任制度方面作了重大的变更,如第14条"适用于海上航程的特定义务"扩展了承运人的适航义务期间、第17条"赔偿责任基础"第3款取消了承运人的航海过失和火灾过失免责、第21条"迟延"增加了迟延交付的规定,以及第十二章"赔偿责任限额"提高了承运人的赔偿责任限额等。该规则的这些规定都体现出其为改变现有的船货双方风险分担不均状况而加大承运人责任的倾向。如果该规则得以实施,将对我国的船舶管理与船员管理带来深远的影响。

(1) 就承运人谨慎处理使船舶适航义务而言,《鹿特丹规则》将承运人谨慎处理使船舶适航的时间从《海牙—维斯比规则》和我国《海商法》规定的船舶在装货港开航之前和开航当时扩展为整个航次,同时废除了承运人的航海过失免责,对承运人的适航义务产生很大影响,进而对船舶管理提出了更高的要求。承运人的航海过失免责包括两方面内容:一是船长、船员等驾驶船舶的过失免责;二是船长、船员等管理船舶的过失免责。废除驾驶船舶过失免责并不对承运人谨慎处理使船舶适航义务产生影响,而废除管理船舶过失免责则不同。《鹿特丹规则》规定承运人需要在整个航次期间谨慎处理使船舶适航并保持船舶适航,随之废除管理船舶过失免责。结果是,承运人需要在整个航次期间对管理船舶过失造成的货物灭失、损坏承担责任。因此,要减少或避免航次中因未能保持船舶适航状态、船员管理船舶过失产生的货物灭失、损坏的赔偿责任,承运人对船舶管理的要求和船员素质的要求必须随之提升。

(2) 就承运人免责而言,除废除承运人航海过失免责外,《鹿特丹规则》虽仍将火灾免责列入承运人的免责事项中,但仅限于船上发生的火灾,且不再将《海牙—维斯比规则》和我国《海商法》规定的非承运人本身存在的过失,也即船长、船员等在火灾中的过失作为免责事项。因此,《鹿特丹规则》在火灾问题上对承运人提出了更高的要求,也体现在船舶管理和船员管理上。

(3)就举证责任而言,根据《鹿特丹规则》第17条的规定,举证责任由船货双方共同分担,而且是分层次的。在举证顺序的引导下,虽然某些事实的举证责任归于货方,但主要事实的举证责任往往最后仍归于承运方。当举证责任移转至承运人时,由承运人证明自己做到谨慎处理使船舶适航或保持船舶适航状态,或者船舶不适航与货物的灭失、损坏或迟延交付没有因果关系。与《海牙—维斯比规则》和我国《海商法》相比,《鹿特丹规则》更加明确了船货双方的举证责任。总体上,承运人的举证责任变相地被加重。

(4)无论是承运人义务的增加、免责事项的减少,还是赔偿责任限额的提高,其结果都是加重承运人的责任。为了应对承运人责任的加重,要求承运人尽量减少承担赔偿责任的事故发生,而实现这一目标必须提高船舶管理的水平和船员素质,从而对船舶管理和船员管理提出了更高的要求。

第二节 《鹿特丹规则》对我国船舶管理的影响与对策

一、船舶管理的含义

船舶管理(ship management)属于航运业中的核心管理,尤其是国际船舶管理更是世界航运市场经营的主要内容。船舶管理对船舶安全、海洋环境、人命财产的安全等方面有很大的影响。船舶管理包括为船舶办理机务、海务、装备、船员配备、维修保养以及其他保证船舶正常运行事宜的活动。国际上将船舶管理所包含的服务分为四大类:第一,技术管理,主要是维护船舶安全,防止海洋污染,确保船舶经济、有效营运,包括提供船舶供应品、船舶维护和保养、安全和质量管理、船舶证书管理、安排船舶保险等;第二,船员管理,包括挑选和配备船员、进行船员培训、制定船员纪律和奖惩制度、安排船员保险等;第三,商务管理,包括进行航次估算、协助缔约、指定代理、代收代付、账目审核等;第四,辅助性服务,包括提供业务或法律咨询服务、协助船舶融资、保险等。其中,前两类是船舶管理的中心内容。

船舶管理有狭义和广义之分。狭义的船舶管理通常是指第三方船舶管理,其概念在国外学者的论述中早有涉及。John Spruyt 在其著述中提出:船舶管理是指"通常不享有船舶所有权的管理公司,根据合同的约定,向船舶提供专业的所有船上服务以及岸上监督服务"。他还补充了一个较为简单的定义,即船舶管理是"不具有船舶所有权的船舶管理公司提供的一项或一系列专业服务"。[1]这一定义被

---

[1] John Spruyt, Ship Management, 1st Edition, 1990, LLP, p. 6.

另一学者 Malcolm Willingale 所采用,并且他对这一定义作出了具体解释,即"提供专业服务"是指提供者(船舶管理公司)根据合同条款向使用者(船舶所有人)提供服务,并获得管理费;"一项或一系列服务"是指船舶所有人从船舶管理公司提供的所有服务中,选择一定范围的完全服务或只是一项单一服务;"不具有船舶所有权的船舶管理公司"是指服务的提供者与使用者相互独立,具有自己的员工和独立的办公室。[1]

专业船舶管理是随着船舶所有权和经营权分离的船舶经营模式而出现的,并随着船舶安全管理体系的实施而迅速发展起来。广义的船舶管理不仅限于专业船舶管理公司接受委托而对他人的船舶所提供的管理服务,还包括船舶所有人或经营人对自己拥有或经营的船舶所进行的管理活动。

从事船舶管理业务的公司被称为船舶管理人(ship manager)。与船舶管理一样,船舶管理人也有狭义和广义之分。狭义的船舶管理人是指接受船舶所有人、船舶承租人或者船舶经营人的委托而管理他人船舶的人;广义的船舶管理人除狭义的船舶管理人外,包括对自己拥有或者经营的船舶进行管理的人。因此,船舶所有人、船舶承租人或者船舶经营人如果自己管理其所有、租用或者经营的船舶,则属于广义的船舶管理人。[2]

我国《海商法》没有关于船舶管理的直接规定,但我国其他法规和规章对船舶管理或船舶管理人有所涉及。根据2002年1月1日正式实施的《国际海运条例》第2条的规定,国际船舶运输经营者和国际海运辅助业中的国际船舶管理经营者是不同的。国际船舶运输经营者,包括中国国际船舶运输经营者和外国国际船舶运输经营者。其中,中国国际船舶运输经营者是指依据《国际海运条例》和《中华人民共和国国际海运条例实施细则》(以下简称《国际海运条例实施细则》)的规定取得《国际船舶运输经营许可证》,经营国际船舶运输业务的中国企业法人;外国国际船舶运输经营者是指依据外国法律设立经营进出中国港口国际船舶运输业务的外国企业。[3]国际船舶管理经营者,是指依照中国法律设立从事《国际海运条例》第30条规定业务的中国企业法人。[4]这些业务包括船舶买卖、租赁以及其他船舶资产管理,机务、海务和安排维修,船员招聘、训练和配备,以及保证船舶技术状况和正常航行的其他服务。[5]2009年修正后的《国内船舶管理业规定》进一步明确了船舶管理的定义,其第2条规定:我国国内船舶管理业是指船舶管理经营人

---

[1] 转引自赫靓:《船舶管理公司民事法律责任若干问题研究》,2003年大连海事大学硕士毕业论文,第3页。
[2] 参见胡正良:《船舶管理公司的法律地位与责任》,载《世界海运》2004年第27卷第3期。
[3] 参见《国际海运条例实施细则》第3条第(2)项。
[4] 参见《国际海运条例实施细则》第3条第(7)项。
[5] 参见《国际海运条例》第30条。

根据约定,为船舶所有人或者船舶承租人、船舶经营人提供船舶机务管理、船舶海务管理、船舶检修和保养以及其他船舶管理服务。从以上规定可以看出,我国国内船舶管理采用的是狭义的船舶管理概念。

但从我国现有的海运实践来看,与我国的国情相适应,船舶运输经营者和船舶管理经营者的区分并不是那么明确。在计划经济时期,船公司多为具有相当规模的国有企业,普遍采用的船舶管理模式是自行管理模式。随着我国市场经济体制的实施和航运业的发展,以及安全管理体系的实施,出现了不少以投资目的购买船舶的民营和个体船公司,而这些船舶所有人从管理船舶成本和效益考虑,更愿意委托专业的船舶管理公司管理其船舶,随之就出现了专业的第三方船舶管理公司。正因为如此,我国的船舶管理和船舶管理人具有广泛性。

二、我国国际船舶管理的现状

因《鹿特丹规则》主要调整国际海上货物运输,这里主要讨论我国国际船舶管理的现状。诚如前文所言,我国国际船舶管理包括船舶所有人、国际船舶运输经营者和国际船舶管理经营者对船舶的管理。

(一) 我国国际船舶管理行业的现状

1. 船舶所有人及国际船舶运输经营者管理船舶的现状

船舶所有人及国际船舶运输经营者管理船舶,主要是指从事国际航线运输的船公司管理自有船舶或代管他人船舶。

我国目前不少大的国际航运公司用自己的资金在境外注册单船公司,再以委托管理的形式由自己管理,其实质是管理自己所有的船舶。选择境外注册的原因是船舶可以悬挂方便旗。这是国际海运界通行的做法,因为方便旗国家或地区一般具有鼓励船舶注册的优惠政策,包括:不设最低注册资金限制、注册资料保密、金融机构主动提供贷款业务、可以代办开设国内指定地区的银行账号。船公司取得国际船舶运输经营许可证后,依法可以直接管理自己所有的船舶,而无须另行申请国际船舶管理业经营资质证书。但由于方便旗国家的海运公司大多是离岸注册,在船舶注册地并没有办公机构,所以必须在境内成立商业实体作为其境外公司的操作平台。在法律、法规没有界定船舶管理业务时,不少是在境内注册国际货运代理公司等作为操作平台,但船舶管理工作还得委托相应的其他船舶管理公司。

此外,如果船公司是基于船舶管理合同的约定而管理他人的船舶,依法必须取得国际船舶管理业经营资质证书。如果是该船公司光船租赁他人船舶,同时自己管理,则相当于管理自己的船舶,无须具备国际船舶管理业经营资质证书。

2. 国际船舶管理经营者管理船舶的现状

国际船舶管理经营者管理船舶是国际上较为盛行的船舶管理公司进行国际船舶管理的模式。随着我国实施安全管理体系,不少规模小的船公司很难满足该体系的要求,或者建立这一体系对其本身而言并不经济,从而客观上促进了船舶管理公司专业化船舶管理的快速发展。[1]专业船舶管理的发展历程见表10-1。

表10-1 专业船舶管理的发展历程

发展阶段	时间	需求发展趋势	供应数量	市场情况
出现阶段	1945—1956 年	非常快	缺少	很好
起步阶段	1956—1973 年	非常快	激增	竞争
持续发展阶段	1973—1988 年	出现下降	相对过剩	相对低迷
新发展阶段	1988—1997 年 1998—2003 年	逐步回升 缓慢增长	缓慢增长 缓慢增长	竞争 竞争
全面发展阶段	2003—2008 年	持续增长	不断扩大	竞争激烈

资料来源:《船舶管理第三方》。[2]

我国国际船舶管理公司是指按照《国际海运条例》和《国际海运条例实施细则》的规定,取得国际船舶管理业经营资格证书的专业化的第三方船舶管理公司。这些国际船舶管理公司具有专业船舶管理技术,并已取得相应资质,其业务主要是接受船舶所有人的委托进行船舶管理。目前,第三方国际船舶管理公司主要分为三类:

(1)管理业务伙伴船舶的国际船舶管理公司。一些国际船舶管理公司的发起人是海运关联行业,如国际贸易公司、国际货运代理公司、国际船舶代理公司等。这些企业因商业信用好、服务质量佳,得到服务对象的认可,从而被要求扩大服务范围,在我国为其提供船舶管理服务,船舶来源相对稳定,业务拓展比较稳健。

(2)公共国际船舶管理公司。这类国际船舶管理公司为所有船舶所有人提供船舶管理服务,在船舶管理市场上从无到有地发展,是真正的市场竞争者。

(3)因特殊需求设立的国际船舶管理公司。以中海国际船舶管理公司为例,其是中海集团设立的主要管理中海集团船舶的船舶管理公司。

3. 我国国际船舶管理市场存在的问题

我国国际船舶管理具有我国船舶管理的通病。现有的船舶管理模式已越来越难以适应形势发展的需要,一些深层次的矛盾和问题日益突出,主要反映在以下几

---

[1] 参见胡正良:《船舶管理公司的法律地位与责任》,载《世界海运》2004 年第 3 期。
[2] 参见芦稼:《船舶管理第三方》,载《中国水运》2003 年第 1 期。

个方面：

(1) 因船舶管理不当而发生的大量海上事故使船舶所有人承担过重的风险。船舶管理不当已经成为海损事故的主要原因之一。《鹿特丹规则》废除航海过失免责在一定程度上体现了现代航海技术的进步。但据统计，尽管随着科学技术的进步和航海技术的发展，船舶抵御自然风险的能力在增加，但因人为过失而引起的事故并没有相应减少，反而呈现出增加的趋势。[1]其中相当一部分人为过失表现为管理船舶不当。

(2) 超越法规管理船舶的现象严重。船舶管理公司的基本业务是严格按照《国际船舶安全营运和防止污染管理规则》(ISM 规则)和安全管理体系(SMS)，对每艘船舶进行管理。然而，现实生活中，发展较好的企业往往是那些能为客户提供更多服务的企业，所以很多企业超越行业管理部门所界定的经营内容从事经营活动。随着市场经济的发展，这类业务的不断拓展导致超过管理法规界限的现象越来越多，船舶管理市场也是如此。在国际通行的船舶管理业务中，单纯的海务和机务管理业务只占很小的比例，更多的船舶所有人希望船舶管理公司除了能在船舶管理上负起责任外，还应在船舶经营上给予船舶所有人以有力支持。第一种情况是船舶管理公司完全负责经营；第二种情况是船舶管理公司负责组织当地的货源；第三种情况是在船舶所有人的经营活动中充当辅助角色。所以，很多船舶管理公司从事着其所管理的船舶经营活动，有的是成立一个船公司，有的是再注册一个货运代理公司或者船舶代理公司，以利于经营活动的开展。

(3) 船舶管理公司供过于求、竞争激烈。由于船舶管理业务市场准入门槛低、投资少、所需人员数量少，船舶管理市场发展非常迅速，船舶管理公司数量众多，供过于求的现象严重。其中，有规模较大、运作规范、服务质量好的专业船舶管理公司。这种船舶管理公司往往是大型国际航运企业下设的公司，管理母公司的船舶，或者以管理母公司的船舶为主。但大量的船舶管理公司规模小，存在运作不规范、服务质量不高的问题。船舶管理公司数量众多、供过于求的局面，导致船舶管理市场竞争激烈。面对竞争激烈的船舶管理市场，很多船舶管理公司采取少收船舶管理费的手段，而不是依靠提高服务质量取胜。与此同时，船舶管理公司提供的船舶管理服务质量受到严重影响。

在我国航运实践中，大量存在"挂靠"现象，即有些小规模国际航运企业，从船舶经营管理成本考虑，没有建立安全管理体系，从而没有取得管理船舶的资质，而是与船舶管理公司或具有船舶管理资质的航运企业签订船舶管理协议，名义上委

---

[1] 参见赵月林、胡正良：《论取消航海过失免责对承运人责任、义务和其他海事法律制度的影响》，载《大连海事大学学报》(社会科学版)2002 年第 4 期。

托他人管理船舶,但实际上仍由自己管理船舶。被挂靠的船舶管理公司或航运企业仅收取少量的管理费,提供的服务往往只是为船舶办理《安全管理证书》(SMC),在安全检查时提供《符合证明》(DOC),以及办理其他所需的手续和证书。由于船舶管理公司或具有船舶管理资质的航运企业实际上并没有对船舶进行管理,给船舶的安全留下了隐患。

(4)对船舶管理的监督管理体系不够健全。目前,政府部门对船舶管理公司的管理主要表现为运管部门的市场准入管理,以及海事管理机构对安全管理体系的年审。对船舶管理公司经营行为、对管理人员基本素质的控制处于比较混乱的状态,政府管理机构对船舶管理违法、违规行为查处不严。

(二)我国国际船舶管理立法的现状

1. 与我国国际船舶管理相关的法律、法规及国际公约

我国目前在船舶管理领域尚无明确规范船舶管理的法律,但有与之相关的行政法规、规章及我国参加的国际公约。

(1)《国际海运条例》和《国际海运条例实施细则》。国际船舶管理业务主要由《国际海运条例》和《国际海运条例实施细则》调整,其主要从狭义的船舶管理角度将国际船舶管理作为国际海运辅助业的一部分进行调整,规定国际船舶管理经营者的权利、义务和责任。

第一,国际船舶管理经营者的权利。《国际海运条例》第30条规定:"国际船舶管理经营者接受船舶所有人或者船舶承租人、船舶经营人的委托,可以经营下列业务:(一)船舶买卖、租赁以及其他船舶资产管理;(二)机务、海务和安排维修;(三)船员招聘、训练和配备;(四)保证船舶技术状况和正常航行的其他服务。"这就意味着取得经营资格的国际船舶管理经营者具有在合法的经营范围内开展经营活动的权利。

第二,国际船舶管理经营者的义务。《国际海运条例实施细则》第34条规定:国际船舶管理经营者应当根据合同的约定和国家有关规定,履行有关船舶安全和防止污染的义务。根据这一规定,只有当其与委托人之间签订的船舶管理协议有此种约定时才承担该义务。此外,根据《国际海运条例实施细则》第37条[1]和38

---

[1] 《国际海运条例实施细则》第37条规定:"国际船舶代理经营者、国际船舶管理经营者、国际海运货物仓储业务经营者以及国际集装箱站与堆场业务经营者,不得有下列行为:(一)以非正常、合理的收费水平提供服务,妨碍公平竞争;(二)在会计账簿之外暗中给予客户回扣,以承揽业务;(三)滥用优势地位,限制交易当事人自主选择国际海运辅助业务经营者,或者以其相关产业的垄断地位诱导交易当事人,排斥同业竞争;(四)其他不正当竞争行为。"

条[1]的规定,国际船舶管理经营者应当履行依法公平竞争维护国际船舶管理市场的义务。

第三,国际船舶管理经营者的法律责任。国际船舶管理经营者的法律责任是指因其违法行为而应当承担的法定强制的不利后果,包括行政责任、民事责任甚至刑事责任。但是,《国际海运条例》和《国际海运条例实施细则》主要规定的是国际船舶管理经营者的行政法律责任。《国际海运条例》第44条、第47条、第52条、第53条、第54条及《国际海运条例实施细则》第37条和第56条都规定了国际船舶管理经营者因违反法规而需要承担的具体行政责任,包括责令停止经营、没收非法所得、取消经营资格、罚款等。

(2)《国际船舶安全营运和防止污染管理规则》。1993年,国际海事组织第18届大会以A.741(18)号决议的形式,正式通过了《国际船舶安全营运和防止污染管理规则》(ISM规则)。1994年,《1974年国际海上人命安全公约》(SOLAS)新增第九章"船舶安全营运管理",与《国际船舶安全营运和防止污染管理规则》相呼应。为了进一步促进履约,加强审核发证工作的管理,2000年国际海事组织以MSC.99(72)号决议在《1974年国际海上人命安全公约》第IX章中明确了《国际船舶安全营运和防止污染管理规则》的强制性,并以MSC.104(73)号决议对该规则进行了修正,将有关审核发证的内容纳入其中。[2]

《国际船舶安全营运和防止污染管理规则》为船舶提供了一个安全营运和防止海洋污染的国际标准,并且其作为《1974年国际海上人命安全公约》的附件而被要求强制执行。《国际船舶安全营运和防止污染管理规则》的实施分为两步,从1998年7月1日起适用于客船、高速客船、500总吨及以上油船、化学品船、气体运输船、散货船和高速货船;从2002年7月1日起适用于移动式近海钻井装置和500总吨以上其他货船。《国际船舶安全营运和防止污染管理规则》要求船公司根据自身情况制定相应的安全目标,并制定、实施符合国际规则要求和船旗国的相关强制性规定,经主管当局认可的船舶安全营运和防止污染管理体系,通过在公司船、岸之间的有效运行,确保国际公约、规范及相关技术标准和船旗国特殊的要求得以全面履行。

如上所言,国际船舶管理经营者对其管理的船舶应履行有关船舶安全和防止污染的义务,是以船舶管理协议有此约定,或者我国相关法律、法规及我国参加的

---

[1] 《国际海运条例实施细则》第38条规定:"外国国际船舶运输经营者以及外国国际海运辅助企业的常驻代表机构不得从事经营活动,包括不得:(一)代表其境外母公司接受订舱,签发母公司提单或者相关单证;(二)为母公司办理结算或者收取运费及其他费用;(三)开具境外母公司或者其母公司在中国境内设立的《海运条例》第三十三条规定的企业的票据;(四)以托运人身份向国际班轮运输经营者托运货物;(五)以外商常驻代表机构名义与客户签订业务合同。"

[2] 参见马燕:《ISM执行现状与发展趋势》,载《中国船检》2008年第5期。

国际公约有此规定为前提。当国际船舶管理经营者承担其管理船舶的安全和防止污染的义务时，才成为《国际船舶安全营运和防止污染管理规则》和原交通部文件中的"公司"。按照规定，该国际船舶管理公司应建立安全管理体系及获得《符合证明》，同时应对其管理的船舶建立安全管理体系文件，获得《安全管理证书》，以履行其管理船舶安全和防止污染的义务。对国际航行船舶特别是油船和化学品船等运载危险货物的船舶，经常要进行频繁的种类繁多的严格检查，而船舶安全管理体系施行的情况直接影响到船舶检查的结果，从而影响到船舶的正常营运和公司的经济效益。

船舶安全管理体系在我国已经实施了多年。曾经由业界、国际组织、主管当局和其他相关组织组成的独立专家组对各国《国际船舶安全营运和防止污染管理规则》执行的有效性进行过调研，调研对象是船员、船旗国政府官员和船公司。绝大多数被调查者认为，《国际船舶安全营运和防止污染管理规则》在促进船舶安全和防止污染方面是积极有效的，主要表现在：通过鼓励更多的人参与安全管理体系，使整个海事界的安全文化意识得以提升；主管当局的统计数据显示，船舶滞留率、重大事故的数量有了一定程度的下降；《国际船舶安全营运和防止污染管理规则》不但制定了若干操作手册，还帮助船公司建立起安全管理模式；大部分船员对培训、公司支持、工作环境等方面感到满意。被调查者普遍认为这项安全投资会在将来得到回报，并期望该规则能得到进一步修改，以增强其有效性。

2. 我国国际船舶管理立法存在的问题

（1）相关立法效力不高、可操作性有限。在《国际海运条例》对国际船舶运输经营业务和国际船舶管理业务作出明确区分之前，我国的国际船舶经营和国际船舶管理是混同的。很多航运公司（船舶所有人）将船舶经营交由经营部门负责，船舶管理由海务管理、机务管理和人员调配部门负责，国际船舶经营人同时又是国际船舶管理人。与航运实践做法相对应，我国法律一直没有明确区分船舶经营人和船舶管理人。我国《海商法》只有船舶经营人一词，而没有一处提到船舶管理人。虽然《国际海运条例》及其实施细则对两者进行了详细的区分，但其内容上缺少对国际船舶所有人或经营人直接管理船舶情况的调整，效力上也只停留在法规、规章的层次，其可操作性也有待提高。

（2）国际船舶管理经营者的民事责任不明确。《国际海运条例》及其实施细则对国际船舶管理经营者在民事责任方面没有任何规定。航运实践中，这方面问题不可避免，国际船舶管理经营者这一角色作为独立的主体面临现实索赔的风险早已成为不争的事实。国际船舶管理经营者与其所服务的其他航运企业之间的法律关系是以签订委托合同的方式而形成的委托关系，作为民事法律关系的一种，受《中华人民共和国民法通则》（以下简称《民法通则》）和《合同法》的调整。国际船舶管理经营者对委托人的民事责任是以委托合同为基础的,但其对第三人可能产生的侵权责任,如不履行船舶安全和防止污染义务时可能产生的民事责任,并没有相应的规定。

此外,国际船舶管理经营者面临索赔时能否援引《海商法》中海事赔偿责任限制的规定以限制其赔偿责任,也是一个尚待解决的问题。在我国《海商法》第十一章"海事赔偿责任限制"第204条关于责任主体的规定中,海事赔偿限制的适用主体之一船舶所有人,包括船舶承租人和船舶经营人,但没有包括船舶管理人。虽然《国际海运条例》及其实施细则就国际船舶运输经营者和国际船舶管理经营者进行了区分,但并不能成为《海商法》的解释,更何况在我国海运实践中,船舶管理人和船舶经营人这两个概念并没有明确的区分。广义船舶管理人概念包括船舶经营人。而且,《1976年海事索赔责任限制公约》明确规定船舶管理人是赔偿责任限制的主体之一。因此,《海商法》需要明确规定船舶管理人可以享受赔偿责任限制的权利。

三、《鹿特丹规则》对我国国际船舶管理的影响

通过对《鹿特丹规则》加大承运人责任规定的透视,可以得出该规则对规范船舶管理以及船舶安全管理将起到促进作用,使规范船舶管理、加强船舶安全管理变得更为重要。只有规范船舶管理、注重船舶安全管理,才能使我国商船队在国际航运市场上更具竞争力。我国要建设航运强国,保证航运业在国际竞争中立于不败之地,就必须提升船舶技术水平、船舶管理水平和船员素质。因此,该规则对船舶管理提出了更高的要求。

(一)《鹿特丹规则》对我国国际船舶管理市场的影响

目前,我国航运业的发展为船舶管理业的发展提供了广阔的发展前景,相应的,我国船舶管理业的发展有助于增强我国航运业的国际竞争力,提高船舶营运安全性及服务水平,有助于船舶顺利通过船旗国和港口国安全检查,提高船舶经营效益。这些将进一步促进我国航运业的发展。诚如上文所言,虽然《鹿特丹规则》是一部调整国际海上货物运输关系的国际公约,但如其得以生效实施,必然会成为我国国际船舶管理行业市场进行变革的催化剂。上文提及的我国国际船舶管理行业市场所存在的管理不当、越线管理、实力不强、"挂靠"以及监督不力等问题也必须纳入彻底解决的日程。

如果《鹿特丹规则》得以生效实施,将要求国际船舶管理业的服务质量标准进一步提高,其与客户的关系将进一步细化。有学者曾对多家船舶管理公司和客户进行调查研究后发现,客户选择和评估专业船舶管理公司主要体现在两个方面:第

一,技术质量(专业技术、解决问题的能力、适任、经验)、职能质量(可靠性、责任心、完整性)、相关质量(信任度、承诺、沟通)、操作质量(技术、体系)以及形象(名声、特长、资历)水平;第二,经济因素(高效、收益、利润)和战略因素(地理位置、管理能力)。[1] 目前我国是一个航运大国,但还不是一个航运强国,中小航运企业大量存在,且船舶技术状态、船员素质和管理水平总体上远远落后于国际先进水平。因此,如果《鹿特丹规则》得以生效实施,一方面必然促使国际航运企业提升船舶技术状态、提高船员和管理人员素质,以确保和提升市场竞争力;另一方面,一些市场竞争力差的中小国际航运企业,会因承运人责任的加重,不堪负重而遭遇破产最终退出航运市场。这种变化的趋势必然反映到船舶管理和船舶管理市场。从前述选择和评估专业船舶管理公司的质量和经济因素角度看,如果《鹿特丹规则》得以生效实施,必然促进船舶管理水平和服务质量的提高,船舶管理市场的竞争也因此将更加激烈。从宏观和长远的角度来看,船舶管理市场也必然产生优胜劣汰的市场竞争结果。因此,《鹿特丹规则》使得我国国际船舶管理企业面临新的挑战。

(二)《鹿特丹规则》对我国国际船舶管理法律方面的影响

《鹿特丹规则》对承运人的高要求,将带动国际航运公司对船舶管理的高要求。船舶管理属于航运业中的服务领域,其对船舶安全、海洋环境、人命财产的安全等方面有很大的影响,在适应该规则对承运人的高要求,以及保障海上安全、防止船舶污染海洋环境方面的重要性,使得提升我国船舶管理水平、规范船舶管理市场必须上升到法律的高度。我国船舶管理业的发展,尤其是国际船舶管理业,离不开有关法律制度的建立实施。缺乏完善的船舶管理法律制度,缺乏法律制度的实施保障机制,将不利于提升我国船舶管理水平,甚至会阻碍我国船舶管理业的发展,妨碍我国国际海运业的整体竞争力,对我国航运业乃至国家的经济发展都会产生不利的影响。

四、我国在船舶管理方面应采取的对策

《鹿特丹规则》大大加重了承运人的责任,实行完全过失责任原则、废除航海过失免责、延展船舶适航义务期间等,对航运企业在硬件设备和软环境上的要求都很高。既要求船舶全程适航、安全航行,减少事故发生率,又要求船舶运行信息及时高效地传递。面对该规则对提升我国国际船舶管理水平的要求,提升我国国际船舶管理业在国际船舶管理市场的竞争力,必须从船舶管理立法、政府对船舶管理业的管理,以及国际航运企业和船舶管理企业三方面积极采取正确的对策。

---

[1] 参见葛依东、刘清水:《中国第三方船舶管理公司市场战略探析》,载《水运管理》2004年第7期。

(一) 我国船舶管理立法方面的对策

为使管理质量起到事半功倍的效果,应建立船舶管理法规体系,完善各项船舶管理制度,保障船舶的全面有效管理。

1. 建立船舶管理法律体系

目前,我国还没有建立起完善的船舶管理法律体系。船舶管理法律涉及船舶管理机构设置及其职责、船舶管理业务范围、船舶管理资质、船舶管理机制、船舶管理行为和市场的监督等复杂和丰富的内容。因此,船舶管理法律不可能是单一的一部法律或法规,而应当是由我国参加的国际海事条约、法律、法规和规章组成的一个相对独立的法律体系。其中,法律规定有关船舶管理制度的原则性内容,法规和规章规定船舶管理的具体办法等操作性内容。

在我国,需要在修改后的《中华人民共和国海上交通安全法》中对涉及航行安全和防止船舶污染海域环境的船舶管理问题作出原则性规定,在正在起草的"航运法"中对涉及船舶管理市场的问题作出原则性规定。根据这两部法律或者我国参加的有关船舶管理的国际海事条约制定的法规或部门规章,就船舶管理制度的具体实施问题作出规定。

如前文所述,我国《海商法》第十一章"海事赔偿责任限制"没有将船舶管理人列为有权限制赔偿责任的主体,而《1976年海事索赔责任限制公约》明确将其列为有权限制赔偿责任的主体。法律规定船舶管理人是有权限制赔偿责任的主体,对于完善船舶管理法律制度具有重要意义。因此,今后《海商法》修改时,需要将船舶管理人列为有权限制赔偿责任的主体。

2. 完善各项船舶管理制度

船舶管理制度,既包括针对所有船舶管理业务的管理制度,也包括针对船舶管理市场的管理制度,以及针对不同船舶管理业务的特殊管理制度。根据《国际海运条例》的规定,船舶管理业务包括船舶买卖、租赁以及其他船舶资产管理,机务、海务和安排维修,船员招聘、训练和配备,以及保证船舶技术状况和正常航行的其他服务。这些不同的业务对法律制度的构成和内容存在很大差异,很多需要分别规定之。但是,不同法律制度之间要围绕一个统一的目标,即基于我国国际航运船队存在的船舶技术水平与船舶管理水平总体上与航运发达国家之间存在的差距,提升船舶管理水平,提高国际竞争力。政府部门对船舶管理业的管理制度的内容应当既包括行政相对人的权利、义务和责任,也包括政府行政管理机构的责、权、利;既要有实体性规范,又要有具体的程序性规范。

(二) 我国政府船舶管理方面的对策

1. 加强对船舶管理的监督管理

政府交通主管部门应根据我国国际航运船队存在的船舶技术水平与船舶管理水平总体上与航运发达国家之间存在的差距,依法加强对船舶管理过程的监督管理,加强对船舶管理行为的检查,建立除安全管理体系年审之外的监督检查机制,严格执法,加强对违法、违规经营行为的调查与处罚力度,尤其要打击船舶管理"挂靠"现象,以逐步提高我国船舶管理水平,提高船舶管理服务质量,从而提高我国国际商船队的整体国际竞争力。

2. 提高船舶管理业市场准入条件

目前,在我国船舶管理市场中,船舶管理公司数量众多、供过于求、水平参差不齐、经营行为不规范、无序竞争现象严重,服务质量不高。造成这种市场比较混乱现象的根本原因是船舶管理公司数量及其提供服务的能力过剩,而造成这种过剩的根源是船舶管理业市场准入"门槛"过低。要改变这种现象,应当适当提高船舶管理业市场准入"门槛",平衡船舶管理市场供求关系,促进船舶管理公司向规模化、专业化、现代化方向发展,保证船舶管理服务质量。

(三) 我国国际航运企业和船舶管理企业的对策

船舶管理关系到国际航运企业履行有关船舶安全和防止污染海域的公法义务,因为船舶管理对船舶航行安全、防止船舶污染海域环境具有重要影响。而且,船舶管理关系到国际航运企业履行国际海上货物运输法律规定的承运人、实际承运人(海运履约方)的义务。这是因为,船舶管理直接影响船舶技术状态、船员素质,以及国际航运企业对海损事故的预防和处理,因而直接关系到船舶适航性、对货物的管理。船舶管理工作做得越好,船舶技术状态就维护得较好,船员航海过失尤其是管理船舶中的过失就越少。此外,这些因素还直接影响到国际航运企业投保船舶保险和责任保险以及保险费的高低。

因此,如果《鹿特丹规则》得以实施,船舶管理工作的好坏,直接影响到国际航运企业作为承运人或者海运履约方履行该规则第14条"适用于海上航程的特定义务"规定的承运人谨慎处理使得并保持船舶适航的义务、第13条"特定义务"规定的承运人管货义务,甚至承运人其他义务,也直接关系到发生货物灭失、损坏事故后,国际航运企业作为承运人或者海运履约方作为承运人能否援引第17条"赔偿责任基础"规定的免责,能否援引第十二章"赔偿责任限额"规定的赔偿责任限制。换言之,船舶管理工作做得好,就容易减少因该规则加重承运人的责任而给国际航运企业带来的责任风险。

国际航运企业和专业船舶管理公司要充分认识到船舶管理的重要性。要熟悉有关船舶管理的法律、法规、规章和其他规范性法律文件,以及我国参加的国际海事条约,严格按照要求建立安全管理体系,建立和完善船舶管理的各项规章制度。尤其重要的是,要切实落实安全管理体系和各项规章制度。要健全船舶管理的机构,提高船舶管理人员的素质和责任心,提高预防和应对突发事件的能力。国际航运企业如果委托专业船舶管理公司或者其他国际航运企业管理船舶,必须委托具有船舶管理资质、规模较大、管理船舶水平高、服务质量高的专业船舶管理公司或者其他国际航运企业,要避免"挂靠"。

第三节 《鹿特丹规则》对我国船员管理的影响与对策

一、船员管理的含义

我国《海商法》第 31 条规定:"船员,是指包括船长在内的船上一切任职人员。"国际劳工组织《2006 年海事劳工公约》第 2 条第 1 款(f)项规定:"'海员'一词系指在本公约所适用的船舶上以任何职务受雇或从业或工作的任何人员。"国务院 2007 年 4 月 14 日公布并于 2007 年 9 月 1 日起实施的《中华人民共和国船员条例》(以下简称《船员条例》)第 4 条第 1 款规定:"本条例所称船员,是指依照本条例的规定经船员注册取得船员服务簿的人员,包括船长、高级船员、普通船员。"

管理就是在社会活动中,一定的人或组织依据所拥有的权力,通过实施既定措施,对人力、物力、财力及其他资源进行协调或处理,以达到预期目标的活动过程。

船员管理是针对特定的管理对象即船员,按照国家法律、法规协调或处理有关船员活动的过程。船员管理的内容包括船员的资质、就业、工资、船员患病及受伤的医疗保险、船员伙食、起居舱室、遣返等有关福利待遇和权利保护以及船员的社会保障等方面的内容。

二、我国船员管理现状

(一)我国船员管理的发展现状

1. 我国船员队伍的发展现状

根据统计,目前我国船员总数已达 155 万人,其中从事海上运输船员 50 多万人,数量上居世界第一位。

此外,自 1979 年派出第一批外派船员以来,我国船员劳务输出发展比较快。我国外派船员在国际船员市场中也占据着一定的地位,无论是在管理级船员、操作级船员还是支持级船员的比例上都居全球船员劳务输出的前十位之内(表

10-2)。

表 10-2　全球前十位船员劳务输出国状况

排名		1	2	3	4	5	6	7	8	9	10
管理级（船长、大副等）	国家	菲律宾	乌克兰	波兰	俄罗斯	印度	克罗地亚	韩国	中国	印度尼西亚	罗马尼亚
	份额%	20.8	10.5	8.3	8.3	7.2	5.0	4.6	4.2	3.7	2.8
操作级（二副、三副等）	国家	菲律宾	印度	乌克兰	俄罗斯	中国	波兰	印度尼西亚	缅甸	罗马尼亚	克罗地亚
	份额%	37.6	8.6	8.4	8.2	5.7	4.5	3.9	3.3	3.0	2.6
支持级（水手等）	国家	菲律宾	乌克兰	印度	中国	印度尼西亚	波兰	缅甸	俄罗斯	拉脱维亚	罗马尼亚
	份额%	37.6	6.2	5.2	4.8	4.1	3.9	3.4	3.2	1.9	1.9

据国际船员研究中心提供的数据，在国际船员劳务市场占有份额第一名的是菲律宾，达到42%，乌克兰第二名，达到7.3%，印度第三名，达到6.8%，而人口居世界第一的我国在国际船员劳务输出市场份额是第四位。菲律宾占据整个国际船员市场的霸主地位，每年向国际市场提供约20万名船员，其中15万名船员服务于欧洲船东的船上，另5万名船员服务于以日本为主的亚洲船东的船上。每年为国家增加大约20亿美元的收入。

我国虽是人口大国，但在船员输出方面，年均外派海员仅为5万人次左右。我国外派船员虽然遍布亚、非、拉、北美、欧洲及大洋洲，但从国别和地区看，外派船员主要分布在中国香港和台湾地区、新加坡、韩国、日本、德国、挪威、美国等国家和地区，而且80%为亚洲地区输送劳务，真正打入欧美市场的不多。并且，高级船员输出特别是管理级高级船员输出排名较低。根据波罗的国际航运公会（BIMCO）和国际航运联合会（ISF）所做的预测，我国外派船员人数2010年年底应该达到10.4万人，而实际只有4.3万人。这种情形与我国作为人口大国的国情不符。

2. 我国船员管理的主要形式

目前，从管理主体上，我国船员管理的主要形式可以划分为以下几种：政府管理机构对船员的管理；航运企业、船员管理公司等船员用人单位对船员的管理；船员中介机构对船员的管理；船员用工单位对船员的管理；船员行业协会对船员的管理。其中，船员中介机构对船员的管理是服务式管理，以及船员行业协会对船员的管理是自律管理。各种船员管理相互配合，达成有机、有效的管理效果。

（1）政府管理机构对船员的管理。主要表现为我国海事管理机构对船员的管理，包括制定船员适任资格标准；管理船员考试和发证；审定船员培训机构资质并管理其质量体系审核工作；负责海员证件管理、对船员实施任职情况和安全记录的跟踪管理等。此外，根据我国《船员条例》的规定，地方政府社会保障部门负责船员社会保障的管理。

（2）航运企业、船员管理公司等船员用人单位对船员的管理。主要包括本单位船员资源的组织、协调和船员政治思想工作；编制本单位船员资源开发规划和用工计划，并办理船员用工的招聘、考核、转正、调动、解雇、除名以及工资级别等船员劳动合同事宜；本单位船员资源的统筹、组织、培训、考核；船员用工的调配、安排及跟踪管理；本单位船员的社会保障与社会福利。

（3）船员中介服务机构对船员的管理。主要包括船员招募、培训，船员证书，船员派遣，船员考核奖励和福利。

（4）船员用工单位对船员的管理。主要是从安全管理规则的要求出发，建立完整的安全教育和培训制度，并作为安全管理体系的重要组成部分，对在船船员进行安全教育，开展安全培训和训练，不断加强船员的安全意识和自我保护意识以及遵守规章制度的自觉性，提高安全操作技能。

3. 我国船员管理的特点

我国现行的船员管理是在传统的计划经济体制逐步向市场经济体制过渡的特定条件下形成的，具有显著的特点。过去，公司对船员的管理以具有正式而固定的人事关系的"公司人"管理的方式为主。随着船员就业模式的转变和多样化，以及由于船员的流动性很强，"自由人"方式的船员雇佣和管理已很普遍，因而公司对船员的管理已不是单一的"公司人"方式的管理，已形成较完善的聘用合同制管理。政府管理机构尤其是海事局对船员的管理基本上是基于传统的"公司人"的管理模式，即海事管理机构主要通过对船员所属公司、船员中介机构，或者借助于对船员所属公司、船员中介机构的直接管理，实现对船员的间接管理，而很少直接面对船员。

4. 我国船员管理存在的问题

船员管理对于船舶安全运营以及航运业的平稳发展来说，是基础性因素。近几年来，政府船员管理机构加大了对船员管理的力度。我国是船员大国，但不是船员强国。我国目前船员劳务市场仍然存在比较多的问题。

（1）船员整体综合素质不高，船员队伍不稳定。船员整体综合素质并不高，与航运发达国家船员，甚至是一些主要船员劳务输出国家船员的整体综合素质还有较大差距，主要表现为：船长、轮机长、驾驶员、轮机员等高级船员虽然专业知识和技能较高，但商务知识和经验不足；由于航海教育机构发展过快，且更多地是注重理论教育,而对航海教育特色和船员基本技能的训练重视程度不够,以及一些船员用人单位快速提拔高级船员,使得部分高级船员基本技能不足,尤其缺乏油船、液化船或特殊船舶所需要的特殊技能;船员敬业精神、责任心不强,为用人单位和用工单位服务意思不强;外语交流能力不高。

船员队伍不稳定问题突出,主要表现为:第一,很多船员在船上工作三到五年便离开船舶到陆地上工作,即"弃海登陆"。究其原因:船员长期在船上工作和生活,具有一定的风险性,而且远离陆地和家庭,船上工作和生活辛苦、单调和寂寞。第二,随着我国经济快速发展和人民生活水平的大幅度提高,船员收入与陆上工作人员收入的差距在缩小,与航运发达国家船员甚至大多数国家船员收入的差距很大,使得传统的船员最大优越感逐渐丧失。第三,大量自由船员与船公司、船员管理公司等公司之间没有隶属关系,与用人单位或用工单位之间只是"打短工"关系,船员中介服务机构更是以牟利为目的,船员缺少了传统的所属公司对船员的关怀,从而归属感下降。第四,船员社会保障没有全面落实,船员劳动权益得不到保障的情形较多。其结果是,愿意作为船员长期在船上工作的人越来越少,尤其是将船员作为终生执业的人越来越少,甚至不少航海高等院校的毕业生不上船工作。这种状况造成船员队伍的不稳定、影响船员的责任心,严重影响船员素质的提高,尤其是高级船员的稳定和素质的提高。

(2)船员用人单位对船员的管理不到位。航运企业、船员管理公司等船员用人单位对船员进行管理范围广、内容多,包括本单位船员资源的组织、协调,船员用工的招聘、考核、转正、调动、解雇、除名以及工资级别等船员劳动合同事宜,本单位船员培训与考核,船员用工的调配,以及船员社会保障与社会福利。

然而,船公司为了节省船舶营运成本、减少船员管理负担,改革船员用工制度,改变计划经济时期以"公司人"进行船员管理的传统模式,以完全意义的合同制聘用船员为主流,不招聘与公司具有隶属关系的船员,或者仅招聘与公司具有隶属关系的高级船员,而使用大量自由船员。由于自由船员与船公司没有隶属关系,船公司对所使用的自由船员的管理往往不够重视。突出表现为对船员的培训和教育不够、对船员的关心不够,与船员形成一种简单的劳务提供与支付报酬关系。目前一个突出的问题是,船员用人单位不按照规定为船员办理社会保障与社会福利。

虽然我国大部分船公司建立了安全管理体系,但一些中小船公司建立安全管理体系的主要目的是为了获得相应的船舶经营管理资质,应对海事管理机构的审查,从而在一定程度上停留于形式。这种状况影响到在安全管理方面对船员的管理。

(3)船员市场混乱。在我国,已经形成了由船员、船公司等船员用人单位、船员管理公司和船员外派机构等船员劳务提供单位、船员服务机构、船员教育与培训机构,以及船员行业自律组织所组成的船员市场。而且,我国船员市场规模很大。

目前我国船员总数已达 155 万人,其中从事海上运输船员 50 多万人,数量上居世界第一位。截至 2012 年 12 月 14 日,全国有船员服务机构、船员外派机构 172 家。国内海船船员服务机构(甲级、乙级)和内河船员服务机构数量众多,仅江苏省就有甲级海船船员服务机构 23 家,乙级海船船员服务机构 67 家,内河船员服务机构 5 家。全国有海员教育和培训机构 94 家,其中本科院校 12 所,高等航海职业学院 13 所,航海中专学校 12 所。

造成船员管理公司、船员外派机构、船员服务机构、船员教育与培训机构数量众多的根本原因是准入条件过低。以船员劳务外派机构为例,《中华人民共和国海员外派管理规定》《海员外派机构资质管理实施意见(试行)》规定船员劳务外派机构的条件是:具有外派海员 100 人以上,注册资本不低于 500 万元人民币,100 万元人民币海员外派备用金。由于数量众多,很多单位规模小。仍以船员劳务外派机构为例,目前我国外派船员数量约为每年 5 万人次,因为平均每家船外派机构每年外派船员仅为 460 人,小的船员外派机构每年外派船员仅为 100 人左右,即仅外派 3—5 条船的船员。由于经营规模小,经济收益必然受到影响,进而出现了经营不够规范,市场混乱的局面。例如,很多船员管理公司和船员外派机构既收取用人单位支付的船员管理费,还克扣船员工资;有的收取高额实习费、中介费、船员违约保证金;很多不为船员缴纳工伤保险、医疗保险、养老保险、失业保险和其他社会保险;有的扣押船员证照;有的发生船员突发事件和其他情况后,推卸责任。"中介真黑"已经成为船员对船员服务机构的普遍评价。此外,非法经营的船员服务机构或者个人很多,即黑中介多。

(4) 政府部门对船员的管理不全面。长期以来,我国政府部门对船员的管理主要表现为海事管理机构通过实施船员培训、考试(核)和发证的国际公约和国内法规、规章,实现对船员适任和资质的管理。近几年来,海事管理机构开始了对船员管理公司、船员外派机构、船员服务机构的管理,但主要限于对其市场准入的管理,而对其经营行为缺乏全面和有效的监督与管理。更为突出的问题是,船员社会保障和劳动保护属于劳动和社会保障部门的职责,但由于船员行业的特点以及我国劳动和社会保障管理总体薄弱的现状,劳动和社会保障部门并没有切实有效地实施船员社会保障和劳动保护的管理。

(二) 我国船员管理的立法现状

船员立法,是围绕船员这一特殊从业群体而进行的立法活动及其结果的总称,形式上表现为国内立法和我国参加的国际条约。对船员的人为因素在水上交通活动中,特别是在水上交通事故、船舶污染事故中的作用和影响的研究,国际上主要始于国际海事组织着手制定《1978 年海员培训、发证和值班标准国际公约》的 20

世纪70年代,而我国至90年代中期国际海事组织着手全面修订上述国际规则时,方开始重视船员立法的研究,于2007年3月28日通过了《船员条例》,并于2007年9月1日起施行。

1. 国内立法

《海商法》第三章"船员"虽然比较详细地规定了船长的职权,但没有对船员劳动合同、劳动报酬、劳动保护、社会保障等方面的具体内容作出规定。《中华人民共和国劳动法》(以下简称《劳动法》)的规定不适用于船员雇用合同,船员雇用合同适用有关调整民事法律关系的法律,如《民法通则》和《合同法》的相关规定。但是,《民法通则》和《合同法》没有船员劳动报酬、劳动保护、社会保障等方面的内容。2007年9月1日起施行的《船员条例》,以及此后公布和实施的配套性规章,包括《中华人民共和国海员外派管理规定》《海员外派机构资质管理实施意见(试行)》《中华人民共和国船员注册管理办法》《中华人民共和国船员服务管理规定》等,对于规范我国国内船员管理和船员劳务市场,起到了重要作用。

2. 国际条约

我国是《1978年海员培训、发证和值班标准国际公约》的参加国,并参加了经1995年修正的该公约。为调整船员雇用和劳动合同关系,保障船员合同权益,国际劳工组织从20世纪20年代开始陆续制定了约40个关于船员相关雇用、劳动和社会保障标准方面的国际条约,而我国批准了包括《1926年海员协议条款公约》在内的其中21个条约。[1]《2006年海事劳工公约》的通过和生效将对我国船员管理和船员利益的保护产生更为重要的影响。

尽管我国已参照参加的国际条约的标准颁布了相应的法规、规章,但长期以来,我国关于船员立法的法律体系并不健全,立法层次也不高。这种立法上的落后状况与我国航运业的快速发展、航运大国和船员大国的地位不相适应,不利于船员权益的保障和船员素质的提高,不利于政府部门对船员劳务市场的监管,从而也不利于保障船舶航行安全和海洋环境保护。

三、《鹿特丹规则》对我国船员管理的影响

《鹿特丹规则》加大了承运人的责任,主要表现为将承运人谨慎处理使船舶适航的时间从《海牙—维斯比规则》和我国《海商法》规定的船舶开航之前和开航当时延长到整个航次期间,要求在整个航次期间保持船舶适航状态,废除了航海过失和在火灾中过失免责,并提高了承运人赔偿责任限额。航海过失和在火灾中过失

---

[1] 参见胡正良、叶红军:《船员立法的最新发展》,载上海海事大学海商法研究中心编:《海大法律评论:2007》,上海社会科学院出版社2007年版,第7页。

是船长、船员所犯的过失。而且,实践中,承运人未谨慎处理使船舶适航也经常是船长、船员的过失所致。从而,提高船长、船员的素质有助于减少船员航海过失和在火灾中的过失,以及使得并保持船舶在整个航次期间适航中的过失,降低造成货物灭失、损坏事故的发生率,从而有效地减轻因《鹿特丹规则》加大承运人的责任而给国际航运企业带来的不利影响。船员管理对船员素质的高低具有直接的影响。因此,该规则对船员管理提出了更高的要求。而且,提高船员素质也是我国建设航运强国、提升我国在国际航运市场中的竞争力的需要,从而对于我国国际航运企业应对该规则带来的不利影响具有重要作用。

(一)《鹿特丹规则》对我国船员市场的影响

虽然《鹿特丹规则》是一部调整国际海上货物运输关系的国际公约,但如其得以生效实施,由于该规则对船员素质提出了更高要求,必然会成为我国船员市场以提高船员素质为目标,进行变革的催化剂。上文提及我国船员市场目前存在的问题,包括船员整体综合素质不高、船员队伍不稳定、船员市场混乱、政府部门对船员的管理不全面等。其中,船员整体综合素质不高是突出表现,并且与其他问题具有内在关联,即其他问题影响到船员整体综合素质的提高。这些问题的存在不适应《鹿特丹规则》对船员素质提出的更高要求。因此,为适应该规则的要求,应对该规则对我国国际航运业带来的不利影响,必须要提高船员的素质。为了适应这种需要,我国船员市场必须要解决目前存在的上述种种问题。

如果《鹿特丹规则》得以生效实施,国际航运企业将对船员综合素质提出更高的要求。这种要求不但将反映到国际航运企业自己招聘船员上,同时将反映到国际航运企业对船员管理公司、船员外派公司和其他船员服务机构所提供的船员的素质要求上,也将反映到航海教育与培训机构的培训与教育工作。同时,政府船员管理部门也将适应这种要求,加强对船员和船员市场的管理。这种要求将促进船员管理水平的提高,同时船员市场的竞争也因此会更加激烈。从宏观和长远的角度来看,船员市场也必然产生优胜劣汰的市场竞争结果。因此,《鹿特丹规则》使得我国国际船员管理面临新的挑战。

(二)《鹿特丹规则》对我国船员管理立法方面的影响

我国已参照参加的国际条约的标准颁布了相应的法规、规章,但我国关于船员立法的法律体系并不健全,立法层次也不高。这种立法上的落后状况与我国航运业的快速发展、航运大国和船员大国的地位不相适应,不利于船员权益的保障和船员素质的提高,不利于政府部门对船员劳务市场的监管,从而也不利于保障船舶航行安全和海洋环境保护。由于《鹿特丹规则》对船员素质提出了更高要求,而完善船员立法有助于促进和保障船员素质的提高。

四、我国船员管理方面的对策

《鹿特丹规则》对承运人实行完全过失责任原则、废除航海过失免责和火灾中的过失免责、延展船舶适航义务期间等对船员素质的潜在要求都很高,要求船员提高驾驶和管理船舶的水平,在整个航程中提高戒备,谨慎处理。我国若想保持和提升在国际航运市场的竞争力,不断蓄积自己的实力,就要在立法、政府部门和航运企业内部多方面调整船员管理的对策。

(一)我国船员管理立法方面的对策

针对我国船员市场目前存在的问题,包括船员整体综合素质不高、船员队伍不稳定、船员市场混乱、政府部门对船员的管理不全面等,以及《鹿特丹规则》对船员素质提出的更高要求,我国应完善船员立法,促进和保障船员素质的提高,规范船员市场,维护船员正当权益。因此,应当完善船员管理的各项法律制度,完善对船员市场管理的制度,尤其是完善船员劳动和社会保障制度,以及推进我国参加《2006年海事劳工公约》。

(二)我国船员管理方面政府部门的对策

针对前文所述的目前我国存在政府部门对船员的管理不全面的问题,为了促进船员整体综合素质的提高,维护船员的正当权益,提升我国在国际航运市场中的竞争力,同时应对《鹿特丹规则》对船员素质提出的更高要求,我国政府部门应当加强对船员和船员市场的管理。其中,海事管理机构在继续加强对船员适任和资质管理的同时,要加强对船员管理公司、船员外派机构、船员服务机构的管理,不但要加强对其市场准入的管理,更重要的是加强对其经营行为全面和有效的监督与管理,要规范市场经营行为,扭转市场混乱的局面,尤其是严格查处船员管理公司、船员外派机构和船员中介机构克扣船员工资,收取高额实习费、中介费、船员违约保证金,扣押船员证照,发生船员突发事件和其他情况推卸责任的行为;要尽快改变劳动和社会保障部门实施船员社会保障和劳动保护的管理不到位的现状,针对船员就业特点,切实有效地实施船员社会保障和劳动保护的管理,维护船员的正当权益,严格查处船员用人单位不依法为船员缴纳工伤保险、医疗保险、养老保险、失业保险和其他社会保险的行为;要参照多数海运国家减免船员个人所得税的做法,出台减免船员个人所得税的政策和规定,增加船员的收入,缩小我国船员与航运发达国家船员收入的差距,调动船员的积极性,稳定船员队伍。

（三）我国船员管理方面航运企业的对策

1. 充分认识船员管理的重要性

国际航运企业和其他船员用人单位要充分认识到，船员作为船舶的操纵者和国际海上货物运输的直接参与者，其综合素质的提高不但是保障航行安全和防止船舶污染环境的最重要、最关键的因素，其素质的高低决定着能否确保达到"航行更安全，海洋更清洁"的目标，而且，对于减少海损事故的发生，尤其是因船员过失发生的海损事故，节省船舶营运成本，提高船舶营运效率，提高在国际航运市场中的竞争力，都具有重要作用。

2. 提高船员综合素质

航运企业、船员管理公司等船员用人单位要以提高船员综合素质为目标，按照法律、法规、规章和我国参加的国际条约的要求，对船员进行全方位的管理，建立和落实各项船员管理的规章制度。对于以完全意义的合同制聘用的自由船员，虽然船员与公司不具有隶属关系，但航运企业、船员管理公司仍然应当重视对其的管理，要对其进行培训和教育，要关心他们，履行按照同他们之间的劳务合同所约定的义务，不能仅形成一种简单的劳务提供与支付报酬关系，尤其是要按照规定或约定为自由船员办理社会保障、提供社会福利。对于与航运企业、船员管理公司具有隶属关系的船员，航运企业、船员管理公司要负责其培训、考核、转正、调动、解雇、除名以及工资级别等劳动合同事宜，要保障其社会保障与社会福利。航运企业要将有关船员的安全管理体系落到实处，不能停留于形式。

3. 充分保障船员的合法、正当权益

航运企业和其他船员用人单位要充分保障船员的合法、正当权益，尤其是切实落实我国参加的国际条约、法律、法规规定以及船员服务合同约定的船员工资、伙食费、加班费和津贴费，船上工作和生活条件，公休时间和待遇，船员遣返以及社会保障，尤其是要依法为船员缴纳工伤保险、医疗保险、养老保险、失业保险和其他社会保险。只有这样，才能使船员有比较高的收入、比较体面的工作，才能稳定船员队伍、鼓励船员安心在船上工作，从而增加船员的责任感，提高船员素质。

第十一章 《鹿特丹规则》对国际物流的影响与对策

第一节 我国国际物流的现状

一、我国国际物流行业的现状

(一) 国际物流的内涵

世界经济贸易的全球化发展趋势是历史的必然。如果将世界经济贸易比喻成一个人体,那么国际物流就如同血液在体内流动。因此,高效快捷、永无障碍的物流在任何一个国家和政府都不容忽视。2009年国务院发布的《物流业调整和振兴规划》中指出:"物流业是融合运输业、仓储业、货代业和信息业等的复合型服务产业,是国民经济的重要组成部分,涉及领域广,吸纳就业人数多,促进生产、拉动消费作用大,在促进产业结构调整、转变经济发展方式和增强国民经济竞争力等方面发挥着重要作用。"

我国加入世界贸易组织以后,外贸的持续发展给我国国际物流业带来了巨大商机,同时对我国国际物流业的承受力形成了巨大挑战。20世纪90年代以来,随着现代科学技术的迅猛发展,全球经济一体化趋势日益加强,世界经济和现代国际贸易及国际生产等都得到了高速发展。跨国公司正在由各国子公司独立经营阶段向围绕公司总部战略、协同经营一体化发展,贸易伙伴遍布全球。这些发展趋势必然要求物流国际化,即物流设施国际化、物流技术国际化、物流服务国际化、货物运输国际化、包装国际化和流通加工国际化等,从而对国际物流提出了更高的要求。

物流有狭义和广义之分。狭义的物流,仅指商品销售领域的物流。广义的物流,不仅包括商品销售领域的物流,也包括商品生产领域的物流(如采购物流),还包括废旧物品回收领域及商品退回领域的物流。目前各国对物流的表述不完全一样。美国物流管理协会(CLM)对物流的定义是:为满足顾客的需求,对来源点到使用点的货物、服务及相关信息的有效率的流动和存储进行计划、实施和控制的供应链过程的一部分。日本早稻田大学阿保荣司教授对物流的定义是:有关供给主体和需求主体相结合,克服空间和时间的"隔离",以及创造部分有形物质的经济活动组成,包括运输、配送、保管、包装、装卸、流通加工及物流信息处理等多项基本活动。我国物流的概念也来源于美国和日本。我国国家质量监督检验检疫总局和国家标准化管理委员会于2006年12月4日联合发布了国家标准《物流术语》（GB/T18354-2006），对物流及其相关概念进行了统一。第一，物流中的"物"被明确定性为"物品"（goods），指经济活动中实体流动的物质资料，包括原材料、半成品、产成品、回收品以及废弃物等（第3.1条）；第二，物流（logistics），是指为物品及其信息流动提供相关服务的过程（第3.2条）；第三，物流活动（logistics activity），是指物流过程中的运输、储存、装卸、搬运、包装、流通加工与信息处理（第3.3条）；最后，物流管理（logistics management），是指为了以合适的物流成本达到用户满意的服务水平，对正向及反向的物流活动过程及相关信息进行的计划、组织、协调与控制（第3.4条）。

国际物流（international logistics）是相对国内物流而言的，是不同国家或地区之间的物流。国际物流是国内物流的延伸和进一步扩展，是跨国界的、流通范围扩大了的物的流通，有时也称其为国际大流通或大物流。国际物流是国际贸易的一个必然组成部分，各国或地区之间的相互贸易最终都将通过国际物流实现。国际物流的狭义理解是：当生产和消费分别在两个或两个以上国家或地区独立进行的情况下，为了克服生产和消费之间的空间隔离和时间距离而对物资（商品）所进行的物理空间移动的一项国际商品贸易或交流活动，完成国际商品交易的最终目的，即实现卖方交付单证、货物和收取货款，而买方接受单证、支付货款和收取货物的贸易对流条件。[1] 有人说狭义的物流企业不包括运输、港口等经营者，只是指单纯的国际货运代理企业、场站经营者等物流企业。从宏观上定义国际物流，就是组织商品在国际间的合理流动，即发生在不同国家或地区之间的物流，各国或地区之间的相互贸易最终要通过国际物流来实现。国际物流的总目标是为国际贸易和跨国经营服务，即选择最佳的方式和路径，以最低的费用和最小的风险，保质、保量、适时地将商品从某国或某地区的供方运送到别的一个国家或地区的需方。

国际物流中最有分析价值的是航运物流。航运物流是交通运输领域物流的一个分支。其"流"的范围是一个地理性的大范围，是洲际、国际间的"流"，带有国际物流的性质。世界贸易所涉及的商品运输的80%以上由航运完成，众多货主对物流运输需求的日益增长首先在航运市场上得到体现。因此，物流服务从一开始就与航运紧密相关。航运物流是货物从供给者到需求者的跨国的物理性运动，是为客户创造时间价值和空间价值，有时也创造一定附加价值的活动。航运物流并不是指一种简单的物质运动，而是更侧重于向客户提供价值服务，而不是以低运价争取客户，即在不提高运价，且不增加航运企业额外运作成本的基础上，以丰富客户的多种服务形式，集货物运输、信息、服务为一体，向客户提供特定化的货物服务组

---

[1] 参见张康潜：《发展国际物流业的优势和劣势》，载《物流经济》2007年第2、3期。

合(满足客户挑剔性的个人需要),同时提高航运企业的收益。客户寻找个性化的货运服务,航运企业帮助客户以最为经济(时间、空间、费用)的方式进行特定化服务,如发展多式联运和物流增值服务(图 11-1[1])。

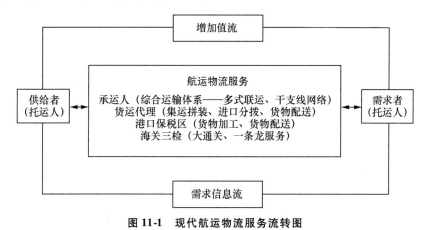

图 11-1 现代航运物流服务流转图

(二) 我国国际物流的发展现状

"物流"这一概念早在 20 世纪 70 年代末期就进入我国,到世纪之交的这几年才有了实质性的发展,特别是从 2006 年进入"十一五"时期以来其发展更引人注目。我国物流业已成为我国第三产业中的骨干产业和国民经济新的增长点。

根据国家发展改革委、国家统计局、中国物流与采购联合会发布的《2012 年全国物流运行情况通报》[2],2012 年我国物流需求缓中趋稳,企业物流效率有所提升,但经济运行中的物流成本依然较高。

1. 社会物流总费用较快增长

2012 年社会物流总费用 9.4 万亿元,同比增长 11.4%,增幅比上年回落 7.1 个百分点。其中,运输费用 4.9 万亿元,同比增长 10.7%,占社会物流总费用的比重为 52.5%,同比降低 0.3 个百分点;保管费用 3.3 万亿元,同比增长 11.8%,占社会物流总费用的比重为 35.2%,同比提高 0.2 个百分点;管理费用 1.2 万亿元,同比增长 13.1%,占社会物流总费用的比重为 12.3%,同比提高 0.1 个百分点。

在运输费用中,受燃油价格上涨、道路运量快速增长的影响,道路运输费用同比增长 12.6%,增幅比社会物流总费用高出 1.2 个百分点。在保管费用中,利息费用增长 13.3%,增幅比社会物流总费用高出 1.9 个百分点。

---

[1] 参见张仁颐:《关于现代航运物流理论与实践的几点认识》,载《上海海运学院学报》2000 年总第 21 期。

[2] http://news.hexun.com/2013-02-26/151483433.html.

从全国重点企业物流统计调查数据看,2011年我国工业、批发和零售业企业百元销售额占用的物流成本分别为9.3%和7.6%,同比分别降低0.4和0.2个百分点,反映出我国企业物流效率有所提升。但经济运行中的物流成本依然较高,社会物流总费用与GDP的比率为18%,同比提高0.2个百分点。

2. 社会物流总额缓中趋稳

2012年全国社会物流总额177.3万亿元,按可比价格计算,同比增长9.8%,增幅较上年回落2.5个百分点。分季度看,一季度为10.9%,上半年为10%,前三季度为9.6%,呈逐季回落之势,四季度则明显趋稳回升,全年总体保持较快增长。

从构成情况看,工业品物流总额162万亿元,按可比价格计算,同比增长10%,是推动社会物流总额增长的主要动力。受网购等电子商务快速发展的推动,快递等与民生相关的物流发展势头良好,全年单位与居民物品物流总额按可比价格计算,同比增长23.5%,增幅高于社会物流总额13.7个百分点。进口货物物流总额11.5万亿元,按可比价格计算,同比增长7.8%。农产品物流总额和再生资源物流总额同比分别增长4.5%和10.2%。

3. 物流业增加值平稳增长

2012年全国物流业增加值3.5万亿元,按可比价格计算,同比增长9.1%。其中,交通运输物流增加值增长8.7%,仓储物流增加值增长6.8%,批发、零售物流增加值增长9.8%,邮政物流增加值增长26.7%。2012年物流业增加值占GDP的比重为6.8%,占服务业增加值的比重为15.3%。

我国物流业自2006年以来获得了稳定发展,在国际物流业中具有重要地位。我国国际物流的发展与我国对外贸易的发展密不可分。从90年代以来,我国对外贸易保持高速增长。海关总署发布的报告中指出,2012年我国外贸进出口总值38 667.6亿美元,比上年增长6.2%,其中出口20 498.3亿美元,增长7.9%;进口18 178.3亿美元,增长4.3%;贸易顺差2 311亿美元,扩大48.1%。我国对外贸易这种高速增长态势促进了我国国际物流的快速发展。

4. 我国国际物流企业结构和管理发生变革

(1)国际物流企业结构多元化的形成。我国物流市场由多种所有制、不同经营规模、各种服务模式、提供各种物流功能的物流企业构成。当前,越来越多的跨国公司将其生产制造基地迁入中国,并开始构筑以中国为轴心的全球性生产、供应、销售物流体系。世界物流巨头也纷纷加快了进入中国的步伐,抓紧实施布局中国的扩张战略。例如,美国联合包裹运送服务公司(UPS)的中国出口业务保持强劲增长势头,2008年虽然经济下滑,但UPS的中国出口业务同比增幅仍有10%,而且2008年12月9日,UPS宣布其位于上海浦东国际机场西货运区的上海国际转运中心正式启用。这是内地首家正式运营的外资转运中心,也是UPS在亚洲最大的转运中心,总投资1.25亿美元。目前,跨国公司正在由各国子公司独立经营的阶段,向围绕公司总部战略、协同经营一体化发展,从而对国际物流提出了更高的要求。目前全球跨国的生产和贸易总值约占全球贸易量的50%,它们伸向全球的触角就是现代物流业。

(2)国际物流企业优化组合形成供应链。目前,有相当一部分物流企业与制造企业达成战略合作,发挥各自优势,共同提升双方主业优势。例如,中国远洋物流有限公司先后与海尔集团、长虹集团、中核集团、TCL公司等结成战略合作关系,与日立公司签署了物流总包合同,与东风悦达起亚汽车有限公司形成紧密的合作关系;中邮物流责任有限公司与雅芳公司在运输、仓储、配送、流通加工、信息和代收货款等基础上建立了战略合作伙伴关系,并延伸到联合开办专卖店等新领域;中国海运集团与宝钢集团签订了《战略合作协议》,建立了长期国际海上运输和国内江海运输合作,探讨和研究物流优化组合,提升双方主业竞争力;重庆长安汽车责任有限公司与民生轮船公司成立长安民生公司,负责长安汽车散件进口和汽车出口销售、配送、包装、储存及运输。[1]

(3)国际物流基础设施和设备初具规模。在交通运输方面,我国目前已经逐步建成了由铁路运输、公路运输、水路运输、航空运输和管道运输五个部分组成的综合运输体系,在运输线路和场站建设方面以及运输装备方面有较大的发展。仓储设施近年来也发展迅速,年投资规模呈现快速增长趋势。

根据交通运输部发布的《2012年公路水路交通运输行业发展统计公报》,2012年年底,全国公路总里程达423.75万公里,比上年末增加13.11万公里。全国内河航道通航里程12.50万公里,比上年末增加383公里。全国营业性货运车辆完成货运量318.85亿吨、货物周转量59534.86亿吨公里,比上年分别增长13.1%和15.9%,平均运距186.72公里,提高2.5%。全国完成水路货运量45.87亿吨、货物周转量81707.58亿吨公里,分别增长7.7%和8.3%,平均运距1781.27公里,比上年增加10.62公里。在全国水路货运中,内河运输完成货运量23.02亿吨、货物周转量7638.42亿吨公里,比上年分别增长9.5%和16.4%;沿海运输完成货运量16.27亿吨、货物周转量20657.06亿吨公里,分别增长6.9%和5.9%;远洋运输完成货运量6.58亿吨、货物周转量53412.10亿吨公里,分别增长3.6%和8.2%。全国港口完成外贸货物吞吐量30.56亿吨,比上年增长9.7%。其中,沿海港口完成27.86亿吨,内河港口完成2.71亿吨,分别增长9.5%和12.0%。全国港口完成集装箱吞吐量1.77亿TEU,比上年增长8.4%。其中,沿海港口完成1.58

---

[1] 参见王立微:《我国国际物流业发展现状、存在问题及解决方案》,2006年吉林大学硕士学位论文,第12页。

亿 TEU，内河港口完成 1 950 万 TEU，比上年分别增长 8.0% 和 12.3%。

根据中商情报网发布的《2013—2017 年中国铁路运输行业市场调研咨询报告》[1]，2012 年我国铁路货运量达 39.04 亿吨，与上年同期相比下降 0.7%；货物周转量为 29 187 亿吨公里，同比下降 0.9%。

根据中国民用航空局发布的《2012 年全国机场生产统计公报》，2012 年我国内地民用航空（颁证）机场共有 183 个，全年完成货邮吞吐量 1 199.4 万吨，比上年增长 3.6%，其中国内航线完成 784.9 万吨，比上年增长 4.6%（其中内地至香港、澳门和台湾地区航线为 73.4 万吨，比上年增长 5.8%）；国际航线完成 414.5 万吨，比上年增长 1.7%。

在信息通信方面，我国已基本形成以光缆为主体，以数字微波和卫星通信为辅助手段的大容量数字干线传输网络，包括分组交换数据网（ChinaPAC）、数字数据网（ChinaDDN）、公用计算机互联网（ChinaNet）和公用中继网四大骨干网络，其覆盖范围包括全国地市级以上城市和 90% 以上的县级市及大部分乡镇，并连通世界主要国际信息网络。这就使 EDI、ERP、MRP、GPS 等一些围绕物流信息交流、管理和控制的技术得以应用，在一定程度上提高了我国物流信息管理水平，促进物流效率的提高。

在包装与搬运设施方面，现代包装技术和机械化、自动化货物搬运技术在我国已有比较广泛的应用，基本上改善了我国国际物流活动过程中货物运输的散乱状况和人背肩扛的手工搬运方式。[2]

（4）现代物流中心的建设已初有成效。全球经济一体化的发展和我国外贸量的逐年攀升，在物流流转的链条中，现代港口正朝着供应链的一个环节发展，如何在内陆地区找到下一个高效运转的环节以保证整个供应链的畅通是值得研究的问题。国家实施的向中西部转移的经济战略，也使内陆地区经济获得了一个良好的发展机遇，当地外贸企业渴望在本地就能实现"一关三检"将货物运出去，当地政府也希望有一个这样的平台为招商引资发展经济创造条件。在这种外部环境的拉动和内部要求的驱动下，内陆港（亦称"干港"），作为一种建在内陆地区但具有和沿海港口基本相似功能的现代物流中心，便应运而生。内陆港建设是一个系统工程，需要政府、海关等行政职能部门、港口当局、船公司和货主等通力合作，以使内陆港的运营得到一个良性的发展。我国正处于集装箱运输高速发展的阶段，内陆集装箱设施建设得到了快速的发展。但这些集装箱设施参差不齐，大多数设施规模较小，没有形成具有枢纽性质的内陆港。

---

〔1〕　http://www.askci.com/reports/201301/2491724188840.shtml.

〔2〕　参见王立微：《我国国际物流业发展现状、存在问题及解决方案》，2006 年吉林大学硕士学位论文，第 13 页。

在这种模式中,目前运转比较良好的例子有围绕宁波港建立的金华、义乌、绍兴、余姚及衢州 5 个内陆港。这 5 个内陆港的建立极大地推动了当地经济的发展,也为宁波港带来了大量的货源。在这 5 个内陆港的支持下,宁波港集装箱外运量占到浙江省集装箱外运总量的 50% 以上。宁波港区向外辐射力度更是不断加大,据宁波海关统计,外地企业进出口值占宁波口岸进出口值的比重已超过 60%。北方的天津港在内陆港方面成效显著。天津先后在新疆乌鲁木齐、河北石家庄、河南郑州等地设立了内陆港。实施"走出去"战略,通过"铁海联运"将内地 12 个内陆港的货物源源不断地运到天津港,使原本只有 37 平方公里陆域面积的天津港区辐射腹地扩大至 450 万平方公里,内陆港带动天津港通往内地的航道得以畅通。还有东北地区的营口港内陆港做得也不错,在中央振兴东北老工业基地的背景下,营口港港务集团早在 2005 年年末就在沈阳浑南新区建立了一个占地 4 万多平方米的内陆港。该港正式运营后,运输能力就可达到每年 10 万 TEU,占营口港全年吞吐能力的 11% 左右,给营口港带来很大的经济效益。同时营口港在港内建立港务机构,一切物流都可交由专业人员办理,当地就可以出关,可大大降低企业出口产品运送到营口港的成本,便于大规模运输。[1] 而且,沈阳作为区域中心城市的重要性会越来越明显,内陆港将在相当大程度上降低相关物流成本,拉近沈阳及周边城市与营口港的空间距离,更好地凸显辽宁中部城市群的整体作用。

建立内陆港对物流行业的发展有很大的促进作用。内陆港的发展和规划全力配合运输业的发展,提高自身的港口管理水平,加大监督和规范的力度,将更全面带动物流业的扩张。

(三)我国国际物流存在的问题

1. 物流基础设施不能满足国际物流发展需求

虽然我国物流基础建设初具规模,但与发达国家相比仍有较大差距,不能和我国国际物流的发展相适应。以下以美国对比进行分析。

(1)我国交通运输网络密度不足。美国交通运输业极为发达,铁路总长约 30 多万公里,铁路网平均密度为 100 平方公里有 4.5 公里;全国公路约 600 多万公里,已形成干支相连、四通八达的公路系统,高速公路发展迅速,长度 7 万多公里,占世界高速公路的 2/3,各大城市间有高速公路相通;航空运输业发达,定期航线 28 万多公里,遍布全国各地,600 多个大中小城市都有飞机航班相通。全国建立起了庞大的铁路、公路、航空、内河航运和管道运输网,铁路、公路、航空、管道运输等均居世界首位。

---

[1] 参见吕顺竖:《无水港,供应链重要的一环》,载《市场周刊》2008 年第 5 期。

与美国相比,我国交通运输网络的发展明显有差距。我国铁路里程总量不少,但路网密度不高,截至2012年,我国铁路通车里程约10万公里,2011年年末全国铁路路网密度97.1公里/万平方公里;我国公路数量不少,但高等级公路密度较低;我国航空运输运力不足,价格昂贵,虽然我国航空货运市场庞大,但货物主要靠客运飞机捎带,货运飞机较少。在海运方面,港口布局不合理情况比较突出。以上这些问题都严重影响了我国交通运输网络的构建。尤其是铁路运输,相比世界其他主要国家,我国铁路网的发展仍然十分滞后。我国货运密度长期处于高位,大约是俄罗斯和日本的2倍,法国的9倍,英国的11倍,货运运力不足十分突出(图11-2)。2012年我国铁路通车里程约10万公里,而美国到2005年的铁路里程就达到27.28万公里。普遍认为,从需求来看,中国拥有20万公里铁路里程较为合理。

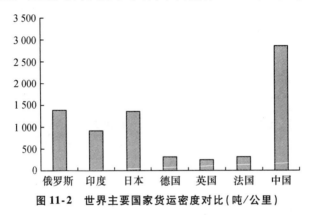

图11-2 世界主要国家货运密度对比(吨/公里)

(2)我国国际物流配送中心系统不完全且管理混乱。我国各大城市在物流园区、物流中心、配送中心的建设上存在较大的盲目性,重复建设情况严重,没有系统性,也没有产生预想的经济社会效应。美国则不同,其配送中心早已形成了其固有的模式。美国物流配送中心主要有三种模式:一是特大型生产企业产供销一体化的配送中心;二是大型零售、连销企业自有的配送中心;三是为大中小型生产零售企业服务的社会化物流配送中心。

(3)我国仓储业功能不强。在仓储方面,我国仓库资源规模较大,仅流通领域的仓库面积就达3亿多平方米,但普遍功能不强,大多只有商品存储功能,很少有物流配送功能,而且分散在各个企业中,仓库管理社会化程度不高,仓库设施资源利用率平均还不到40%。[1]但美国不同,其仓储公司分类明确,有工厂自有仓库、公共仓库(营业性仓库)和合同制仓库(租赁性仓库)之分。其中营业性仓库就可具有物流配送的功能,全国从事营业仓库的企业共有550多家,营业仓库总面积约

---

[1] 参见吴友成:《论我国国际物流业的现状、问题与对策》,载《科技信息》2007年第12期。

1 800—2 000万平方米,从业人员10万人左右。

2. 我国物流企业国际物流观念淡薄、规模小、综合服务能力不足

我国多数物流企业是在传统体制下物资流通企业的基础上发展起来的,对物流的认识仍局限于运输、仓储、搬运等,对国际物流的概念、供应链管理系统等都无从知道。而且,我国国际物流公司很多都是私营的小规模企业,无论是物流服务的硬件还是软件,与提供高效率、低成本的国际物流服务的要求还有较大的差距,信息的收集、加工、处理、运用能力,物流的统筹策划和精细化组织与管理等能力都显得不足。国际物流观念淡薄和较小的规模造成在国内很少有物流企业能够提供综合性的物流服务。物流企业在全社会降低流通成本和交易费用,增加利润,提高企业竞争力的独特优势没有得到体现,也制约了生产企业对物流方式的选择。很多生产企业仍然习惯于自己安排国际物流行程,购买国际物流服务往往只限于一次性和临时、分散的运输服务或仓储服务,主观上排斥社会化国际物流服务。

3. 外资公司的进入形成严峻挑战

在我国加入世界贸易组织以后,外资物流公司进入中国的门槛越来越低。根据商务部有关文件的规定,今后外资投资我国物流企业的地域将从此前的8个地区扩大到全国;此外,500万元企业注册资本金,以及外资持股不能超过50%等诸多限制条款也被取消。从实际情况来看,美国UPS公司、联邦快递、德国汉莎航空公司、美国总统轮船等国外物流巨头纷纷通过并购的方式在国内各大城市抢滩布点,本土物流企业与外资公司相比在竞争中处于明显劣势。当国外一些真正从事第三方物流的大企业完全进入国内市场以后,将会对国内物流企业的进一步发展形成严峻挑战。

4. 我国国际物流的标准化滞后导致物流无效作业环节增加

我国国际物流的标准化滞后,物流无效作业环节必然增加,从而物流速度降低和物流成本上升,影响了物流的效益和竞争力。这种标准化滞后主要表现在:各种运输方式之间装备标准不统一;国际物流器具标准不配套;国际物流包装标准与设计标准之间缺乏有效衔接,这对各种运输工具的装载率、装卸设备的荷载率、仓储设施空间利用率方面的影响较大;信息系统之间缺乏接口标准,工商企业内部物流信息系统与第三方信息系统之间缺乏有效衔接,运输信息系统、仓储信息系统、物流作业管理信息系统之间互不沟通。

5. 国际物流配送建设与电子商务发展需要不相适应

我国目前的国际贸易比较发达,但国际物流配送明显滞后。长期以来,商流与物流分割,严重影响了商品经营和规模效益。由于我国的物流发展起步晚、水平低,第三方物流服务发展滞后,适应电子商务发展的物流体系尚未建立。现行的物流体系很大程度制约着电子商务的发展,尚不具备或基本不具备信息化、现代化、

社会化的新型物流配送的特征。因此,在经营中存在着传统物流配送无法克服的种种弊端和问题。

6. 国际物流专业人才匮乏

现代物流专业人才需要既掌握仓储、运输、包装和流通加工等专业知识,又要能灵活运用现代信息技术、物流规划理论及国际物流运营知识。但由于我国国际物流起步较晚,现有从业人员素质远远跟不上物流发展的需要。我国现有国际物流人员有相当数量是由原来传统的交通运输、仓储等专业人员转变而来的,知识结构不适应现代物流的要求,所需的人才相当缺乏,特别是掌握商品配送和资金周转、成本核算等相关知识和操作方法的国际性物流高级人才。国际物流专业人才尤其是高级国际物流人才的匮乏,已经成为制约国际物流发展的主要瓶颈。

二、我国国际物流管理的现状

(一)我国国际物流政府管理现状

1. 我国国际物流管理机构

物流管理体制是指物流管理系统的结构和组成方式,即采用怎样的组织形式对物流业进行管理,以及如何将这些组织形式结合成为一个合理的有机系统,并以怎样的手段、方法来实现管理的任务和目的。物流管理的体制是规定中央、地方各物流部门、企业在各自方面的管理范围、权限职责、利益及其相互关系的准则。它的核心是物流管理机构的设置及其惯例权限。在我国,目前涉及物流管理的部门主要有生产、交通、流通、环保等,形成了一个多元化的管理体制,包括多个国务院下属部委如交通运输部(水运局、公路局、中国民用航空局、国家铁路局),地方政府交通等多个主管部门,还有军队系统的物流管理机构(即后勤供应系统)。同样,我国国际物流也主要由交通运输部、商务部、海关等不同的政府部门进行监管。

多元化的管理体制容易造成政出多门、职责交叉、相互推诿、部门利益等弊端,管理体制混乱阻碍综合性国际物流体系的建立和发展。在我国国际物流管理体制方面,条块的分割成为其发展的重要障碍。虽然与物流相关的各部分由交通运输部、商务部、海关等不同的政府部门进行管理,但没有一个部门或机构协调全社会的物流管理,国际物流的统筹安排不能很好地进行。而且,对内物流和对外物流分离,内外物流分工非常明确,相互间几乎没有协调合作,物流的内外分割造成人力、交通运输工具等资源的相对浪费。这种局面也造成了我国国际物流活动很难达到必需的经济规模和预期,导致规模小、实力弱、增长乏力。

2. 我国国际物流管理特点

（1）多元化管理体制。我国现行国际物流管理体制和国内物流管理体制一样，其最大的特点就是"多元化"。物流业作为一个复合性产业，现代物流涉及运输、仓储、装卸、加工、整理、配送、信息等环节。这必然使其在管理上涉及多个行政部门。由于我国经济管理分工较细，各领域都分别设置若干个部门，自成体系、多头领导，对物流这个综合性很强的行业来说，涉及的部门也很多，也就形成了"多元化"的管理体制。各物流企业或机构只服务于本部门或本地区，只对其上级管理机关负责，而它们之间的横向联系却很少。

（2）物流管理资源未充分利用。从我国实际情况看，由于长期受计划经济的影响，采购、制造、运输、仓储、代理、配送、销售等环节的管理彼此分割，企业物流仍然是全社会物流活动的重点，物流的社会化、规模化、信息化程度不高，使得物流管理资源未能充分利用。这与高要求的国际物流不相适应，也是造成物流成本居高不下的重要因素之一。物流管理资源不能得到合理分配，造成部分物流环节由多个部门管理，而部分则出现空白管理的现象，使得管理效率不高。

（3）政企不分现象尚未彻底根除。在我国物流业中，还有很多从事国际物流的物流企业虽然名义上已独立于其原本隶属的政府机构，但实质上并未完全脱离，导致这类企业受到政府机构的特殊优惠，行业间的不公平竞争凸显。

（4）法律监督不完善。我国国际物流的法律监管方面也很不健全。我国国际物流尚处于起步阶段，相应法律、法规缺乏。我国加入世界贸易组织之后，国内外物流业者纷纷进入，再加上从业者本身素质良莠不齐，原有的法律已不足以对这些企业形成有效监管。面临复杂的国际环境，物流企业又需要得到多方面法规的引导和支持，这样就产生了矛盾。如对物流市场从业资格就缺乏相关的法律规定，我国目前仅对国际货运代理企业作了规定。虽然我国现有的物流从业者其原有身份多为运输代理，但在这些企业转型为国际物流从业者的过程中，其法律地位已有本质变化，无法对其进行全面监管。

（二）我国国际物流管理运行机制的现状

我国国际物流管理运行机制有两大突出问题：

1. 资源分配不合理以及供应流不平衡

目前某些不发达地区的物流资源的正确比率是50%～80%，其余20%～50%的物流资源往往不是送到不该去的地方就是没有送到该去的地方，而且大约只有2%的物流供应者是每天做到存货的平衡。这是一个严重问题，因为物流供应者不懂得掌握每天存货进出量信息的重大意义，即使拥有再好的电脑设备也无济于事。如果供应链信息每天甚至每时每刻都能更新，但管理人员不懂得去利用最新的信息动态,物流服务也不会有所进步。

2. 口岸物流效率相对较低

在我国现行口岸管理体制下,进出口货物的通关涉及海关、检验检疫、边防、运输、代理等多项环节,衔接不好将会造成时间的延误,影响企业的合同履行期限和经济效益,而且海关、商检等各种口岸执法部门对已引进的先进技术设备并没有充分利用。这在一定程度上影响了我国口岸物流的效率。

三、我国国际物流法律现状

(一) 调整市场准入的法律

国际物流管理跨越众多行业,涉及面非常广泛。在构成物流活动的系统和子系统中,对各项活动所进行管理涉及的法律、法规构成国际物流管理法律框架。我国现行调整国际物流管理的法律涉及运输、仓储、包装、配送、搬运、流通加工和信息等各个方面,有法律、法规、部门规章等不同层次。

调整市场准入的法律规范,是指规范物流市场准入、物流企业设立、物流市场秩序等体现纵向行政管理的法律规范。如 2013 年 12 月 28 日修订的《中华人民共和国公司法》;2001 年 3 月 15 日修正的《中华人民共和国中外合资经营企业法》及 2001 年 7 月 22 日修订的《中华人民共和国中外合资经营企业法实施条例》;2002 年 1 月 1 日起实施的《国际海运条例》和 2013 年 8 月 29 日修正的《国际海运条例实施细则》以及 2002 年 6 月 20 日发布的《关于开展试点设立外商投资物流企业工作有关问题的通知》等。

(二) 调整物流环节的法律

1. 运输环节的法律

(1) 公路运输。2004 年 8 月 28 日修正的《中华人民共和国公路法》;2012 年 11 月 9 日修订的《中华人民共和国道路运输条例》;原交通部 1999 年 11 月 15 日发布、2000 年 1 月 1 日起施行的《汽车货物运输规则》。

(2) 航空运输。主要有 1996 年 3 月 1 日起实施的《中华人民共和国民用航空法》;1996 年 3 月 1 日起施行的《中国民用航空货物国内运输规则》;2000 年 8 月 1 日起施行的《中国民用航空货物国际运输规则》。

(3) 铁路运输。主要是 1991 年 5 月 1 日起实施的《中华人民共和国铁路法》。

(4) 水路运输。主要有 1993 年 7 月 1 日起实施的《海商法》和 2004 年 1 月 1 日起实施的《港口法》;2002 年 1 月 1 日起实施的《国际海运条例》;2013 年 1 月 1 日起施行的《国内水路运输管理条例》;1996 年 12 月 1 日起实施的《水路危险货物运输规则》;2001年1月1日起实施的《国内水路货物运输规则》。

2. 搬运配送环节的法律

有关搬运配送环节的法律规范主要为国务院各主管部门制定的规章,如原铁道部1983年12月24日颁布、1984年4月1日起实施的《铁路装卸作业安全技术管理规则》;1986年7月30日发布实施的《铁路装卸作业组织管理规则》;2000年8月28日发布、2001年1月1日起实施的《港口货物作业规则》。

3. 包装环节的法律

目前我国关于包装环节的规范主要体现为对包装标准的规定,除国际标准外,还有国务院及有关主管部门制定的规范性文件。主要有《一般货物运输包装通用技术条件》(GB9174-2008),《危险货物运输包装通用技术条件》(GB12463-2009),原铁道部1963年10月首次发布、1973年9月第一次修订、1985年6月第二次修订的《危险货物包装标志》(GB190-1990),2011年3月2日修订的《危险化学品安全管理条例》。

(三) 口岸监督与管理的法律

口岸管理涉及国家的重大利益,因而是国际物流法律框架中重要的一部分。

与物流相关的口岸管理方面的法律有《中华人民共和国海关法》《中华人民共和国国境卫生检疫法》《中华人民共和国食品安全法》《中华人民共和国进出境动植物检疫法》《中华人民共和国进出口商品检验法》。

法规主要有《中华人民共和国海关行政处罚实施条例》《中华人民共和国进出口关税条例》《中华人民共和国海关稽查条例》《保税区海关监管办法》《中华人民共和国海关关于转关货物监管办法》《中华人民共和国国境卫生检疫法实施细则》《中华人民共和国进出境动植物检疫法实施条例》《进口许可制度民用商品入境验证管理办法》《进出境集装箱检验检疫管理办法》《中华人民共和国商品检验法实施条例》《中华人民共和国出口食品卫生管理办法(试行)》等。

(四) 与厂商供货和销售相关的法律

这一部分的活动主要是物流与供应链相结合形成的与物资的供应和销售相关的法律、法规的集合,主要涉及与国际贸易相关的国内法律、法规与国际惯例,同时涉及与内贸物资的流通相关的货物买卖双方的行为规范。由于货物买卖必须遵守政府对贸易货物所设定的限制条件,所以涉及国际物流管理法的规定。

法律层面的规定主要有《中华人民共和国对外贸易法》《中华人民共和国产品质量法》《中华人民共和国进出口商品检验法》等。行政法规有《中华人民共和国货物进出口管理条例》等。

部门规章主要有《货物出口许可证管理办法》《货物进口许可证管理办法》《出口商品配额管理办法》《货物自动进口许可管理办法》《货物进口指定经营管理办法》《机电产品进口管理办法》《机电产品进口配额管理实施细则》《特定机电产品进口管理实施细则》《机电产品进口自动许可实施办法》《纺织品被动配额管理办法》等。

第二节 《鹿特丹规则》对我国国际物流的影响与对策

一、《鹿特丹规则》对我国国际物流的影响

（一）《鹿特丹规则》中对我国国际物流有影响的规定

《鹿特丹规则》没有直接调整国际物流的规定。因此，其对国际物流的影响取决于国际物流经营人的业务性质及其法律地位。国际物流经营人的法律地位包括几种情形：第一，当其与国际贸易企业订立运输合同时，具有承运人（多式联运经营人）的法律地位；第二，当其接受承运人的委托履行或承诺履行某一个或几个运输环节时，具有履约方的法律地位，其中，当其履行或承诺履行的运输环节在货物到达船舶装货港至货物离开船舶卸货港期间时，具有海运履约方的法律地位；第三，当其与承运人订立运输合同时，具有托运人的法律地位。

因此，如果《鹿特丹规则》得以实施，其对国际物流影响的程度将很大。具体而言，该规则规定的承运人责任制度、托运人制度、履约方（海运履约方）制度、批量合同制度，以及货物交付规定等，都将直接影响到国际物流经营人。

（二）《鹿特丹规则》对我国国际物流经营人的影响

1. 国际物流经营人作为海运承运人时的影响

当国际物流经营人与托运人订立港到港国际海上货物运输合同时，其法律地位是承运人，具体而言是海运承运人。因此，一旦《鹿特丹规则》得以实施，我国有船经营人要受到该规则中有关承运人责任规定的约束，而这些对其风险责任、成本、市场地位和风险防控等方面都将有明显的影响。

（1）国际物流经营人不可避免地要承担《鹿特丹规则》规定的承运人的义务和责任，因而该规则加大承运人责任的种种规定将给我国大量规模小、竞争力不强的国际物流经营人带来巨大的压力和风险。

（2）对于实力强的国际物流经营人而言，该规则中运输单证与电子运输记录制度、批量合同制度以及货物交付规定等，将给其带来利益。

（3）由于该规则就承运人对货物在装上船舶之前或卸离船舶之后的法律责任

进行强制性规定,国际物流经营人不能像在现行《海牙—维斯比规则》和我国《海商法》框架下,可以利用其优势地位,就装前卸后法律责任与托运人约定对货方不利的条款。这对我国实力不强的国际物流经营人来说是不利的。

2. 国际物流经营人作为多式联运经营人时的影响

当国际物流经营人与托运人订立包括国际海运区段的两种或多种运输方式的国际货物多式联运合同时,其法律地位是承运人,具体而言是多式联运经营人。

在国际物流中,往往国际多式联运经营人作为承运人和托运人签订国际多式联运运输合同。国际多式联运(international multimodal transport)是指按照国际多式联运合同,以至少两种不同的运输方式,由国际多式联运经营人将货物从一国境内的接管地点运至另一国境内指定交付地点的货物运输。国际货物多式联运是在集装箱运输的基础上产生和发展起来的,适用于水路、公路、铁路和航空多种运输方式。在国际贸易中,由于85%～90%的货物通过海运完成,故海运在国际多式联运中占据主导地位。国际多式联运经营人是指本人或通过其代表与发货人订立多式联运合同的任何人,负有履行合同的责任。

国际多式联运经营人通常有两种:一种是有船的国际多式联运经营人(以下简称有船经营人),另一种为无船的国际多式联运经营人(以下简称无船经营人)。前者在接收货物后,不但负责海上货物运输,还须安排其他运输方式的运输,因而有船经营人将海运区段之外的运输和其他国际物流环节转委托给其他相应的区段承运人完成,对交接过程中可能产生的包装、装卸、仓储等业务,转委托给有关经营人完成,但有船经营人必须承担整个运输过程中产生的责任。后者在接收货物后,并不负责海上货物运输,而是将国际海上货物运输委托给海运履约方完成,其他国际物流环节转委托给其他相应的区段承运人或经营人完成,但无船经营人承担整个运输过程中产生的责任。无船经营人不拥有船舶,可能是专业的国际货物多式联运经营人,自己不从事国际物流的任何具体环节,也可能是内陆运输承运人、仓储业者或其他从事陆上货物运输中某一环节的人。

如果《鹿特丹规则》得以实施,国际物流经营人要受到该规则中有关承运人责任规定的约束,而这些对其风险责任、成本、市场地位和风险防控等方面都将有明显的影响。

(1) 国际物流经营人不可避免地要承担《鹿特丹规则》规定的承运人的义务和责任,而该规则加大承运人责任的种种规定将给我国大量规模小、竞争力不强的国际物流经营人带来巨大的压力和风险。

(2) 该规则将"门到门"运输的整个系统都纳入其调整范围,且"最小网状责任制"将承运人责任的不确定性程度降低,一方面有利于国际物流经营人进行成本核算,但某些方面仍然存在不确定性,客观上还影响着国际物流经营人对自己经营成本的判断。以国际多式联运经营人运输成本构成中的保险费为例,在现行不统一的法律制度下,保险人对区段承运人的追偿需要根据适用于该区段的国际公约或者国内法的规定进行。这种"一事一议"的做法增加了追偿成本,而且法律适用的不稳定性更增加了追偿结果的不确定性,因而保险人会提出较高的保险费,无疑增加了区段承运人的成本,也增加了国际多式联运经营人的成本。如果《鹿特丹规则》得以实施,一方面可以使保险人能在相对统一稳定的法律环境下进行追偿,追偿成本将会降低,有利于保险费的降低,客观上会降低承运人的成本,但另一方面也存在着不确定性。《鹿特丹规则》规定国际货物多式联运中国内法不适用于多式联运经营人与托运人或收货人之间的关系,但在我国和其他未参加公路、铁路和内陆水运方面的国际公约的国家,多式联运经营人与区段承运人之间的权利义务仍适用国内法。因此,从国际物流经营人的角度看,我国各种运输法律与《鹿特丹规则》的不一致性使得法律适用后果的预见性难以实现。

(3) 由于《鹿特丹规则》就承运人装前卸后的法律责任进行强制性规定,国际物流经营人不能像在现行《海牙—维斯比规则》和我国《海商法》框架下,可以利用其优势地位,就装前卸后法律责任与托运人约定对货方不利的条款。这对我国实力不强的国际物流经营人来说是不利的。

(4) 承运人责任期间的延长将加重承运人的举证责任,增强承运人的风险意识,促使国际物流经营人积极采取保护性措施预防风险,比如委托第三方检验公司在发货人工厂进行检验,以确定货物装箱时的状况,为日后可能发生的纠纷留下证据。"最小网状责任制"促使国际物流经营人增强责任心,加强对运输区段的控制,尤其是对不同运输区段交接方面的监控,以防出现纠纷时无法举证证明损失的具体区段,客观上促进国际多式联运监控技术的发展。这对我国国际物流经营人既是挑战也是发展机遇,有助于我国有实力的国际物流经营人建立更大范围内的物流网点服务,细化其服务内容,有助于推动其全球物流的战略思维和模式。

(5) 对于实力强的国际物流经营人而言,《鹿特丹规则》中运输单证与电子运输记录制度、批量合同制度以及货物交付规定等,将给其带来利益。

总之,如果《鹿特丹规则》得以实施,我国国际物流业务经营人作为海运承运人或包括国际海上货物运输区段的国际货物多式联运经营人时,将直接受该规则中有关承运人权利义务规定的约束。对于我国少数规模大、竞争力强的国际物流经营人而言,其不会受到这种约束的不利影响或者重大不利影响。但是,对于我国大量规模小、竞争力不强的中小航运企业,以及数量众多、规模小、竞争力不强的国际货运代理企业等国际物流经营人而言,该规则的实施将给我国这些企业从事国际物流业务带来利益的同时,更多的是带来巨大的压力和风险,在风险责任、成本、市场地位和风险防控等方面都将有明显的影响。

3. 对仓储经营人和场站经营人的影响

《鹿特丹规则》创设履约方和海运履约方的概念是为了应对海上货物运输中日益复杂的法律关系。履约方具有双重的法律地位,一方面与承运人有委托关系,另一方面与货方之间存在侵权法律关系。为了维护海上货物运输法律关系的稳定,需要为其设立一种独立的法律制度,明确其法律地位,规范并统一其在海上货物运输中的权利义务关系。该规则就是应这种需要而创设了这两个概念,并规定其权利义务。诚如前文所述,国际物流过程中涉及的港口经营人、仓储经营人和场站经营人都属于履约方的范畴。因此,该规则有关履约方的规定,尤其是海运履约方的规定,会影响到这些仓储和场站经营人。[1]

(1)《鹿特丹规则》为确保货方利益,防止强制性规定被种种规避措施所损害,在第18条规定承运人要为任何履约方不履行该规则对承运人规定的义务的作为或不作为承担赔偿责任,从而尽可能地将海上货物运输的各环节以及各方当事人都包括在该规则规定的强制性体制中,而这些当事人包括仓储和场站经营人。

(2)《鹿特丹规则》通过第19条"海运履约方的赔偿责任"的规定,使得承运人的归责原则、责任限制、免责权利和抗辩适用于更多的海上货物运输的相关方,包括在港区范围内的仓储经营人和场站经营人,改变目前仓储经营人和场站经营人的权利义务混乱、不统一的现状,从而将对整个国际物流业的发展具有扶持和促进作用。

(3)将海运履约方作为独立的索赔义务主体,有利于平衡承运人和海运履约方之间的利益关系,解决海上货物运输法中责任主体识别的难题,减少讼累,但从另一角度来说,会对仓储经营人和场站经营人增加压力。

综上,《鹿特丹规则》对仓储经营人和场站经营人的影响有利有弊。但就我国目前仓储经营人和场站经营人的现状来看,形势并不乐观。我国的仓储经营人和场站经营人发展并不均衡,实力不强的仓储经营人和场站经营人在《鹿特丹规则》得以实施后将受到冲击。

4. 国际物流经营人作为托运人时的影响

当国际物流经营人与作为承运人的国际航运企业或其他人订立运输合同时,具有托运人的法律地位。国际物流经营人与承运人订立运输合同而具有托运人的法律地位时,通常又与国际货物卖方或买方订立运输合同或者具有运输合同性质的其他物流业务合同,因而又具有承运人的法律地位。

因此,如果《鹿特丹规则》得以实施,国际物流经营人将受到该规则规定的承运人责任制度、履约方(海运履约方)制度、托运人制度、批量合同制度,以及货物

---

[1] 港口经营人在本书第九章中已单独论述,本章不再重述。

交付规定等全面约束。由于国际物流经营人具有托运人和承运人双重身份,因而如果其与承运人订立的运输合同和与货方订立的运输合同相衔接,俗称两个合同"背靠背",《鹿特丹规则》对其利益不会产生影响或明显影响。如果其与承运人订立的运输合同和与货方订立的运输合同不相衔接,该规则对其利益将产生影响甚至明显影响。具体而言,如果国际物流经营人根据前者承担的义务大于后者、享有的权利小于后者,国际物流经营人将得到利益;反之,其利益会受到损害。对于我国中小国际物流经营人而言,如果其作为托运人与实力强的国际集装箱班轮公司订立批量合同时,很可能由于该规则规定的批量合同制度而遭受利益的损害。

(三)《鹿特丹规则》对我国国际物流管理的影响

1.《鹿特丹规则》对我国国际物流管理体制的影响

当前,我国国际物流总量在世界物流中占有重要比重,进入了"物流大国"的行列。我国从事国际物流业务的经营人有少数几家国有或国有控股的大型企业,是传统国有交通运输与仓储大企业实行资产重组与流程再造,加速向第三方物流企业转型发展而形成的,如中远物流、中外运物流、中铁物流、中邮物流、中储物流、中海物流、港口物流、民航物流、中集物流、交通物流等。但是,我国从事国际物流业务的经营人大多是传统的国际货运代理企业,存在数量众多、规模小、基础设施落后、管理方法和手段传统、在国际物流市场竞争力不高的国际货运代理企业,经营行为不规范、无序竞争现象严重,经营效率普遍不高。我国是国际物流大国,但不是国际物流强国。

由于《鹿特丹规则》适用于国际货物多式联运,包括"门到门"运输,因而几乎适用于国际物流的全过程和每一个环节,并且给国际物流业务经营人提出了更高的要求,包括国际物流业务经营人作为承运人对全程货物运输负责、承运人责任大大加重、使用电子运输记录等。这势必给我国国际物流管理机构现有的监管资源配置带来巨大压力,对我国海关等监管机关带来考验和先进物流管理理念的挑战。

此外,在物流快递业务方面,当前世界最大的几家物流公司,如全球最大的包裹递送公司——联合包裹速递服务公司(United Parcel Service Inc.,UPS)、联邦快递(Fed Ex)、敦豪(DHL),以及世界上一些专业的大物流企业,如已有120多年历史的德迅公司(Kuehne & Nagel, K&N),都已先后进入我国物流市场,拉动了我国国际物流量的增长。随着我国国际物流业的进一步发展和市场的进一步开放,国外大物流企业会进一步进入我国国际物流市场,带来"全球营销、快速交货、产品个性化、零库存管理"的物流运作模式和管理方式。如果我国国际物流管理继续受到传统监管思维的束缚,对物流业发展趋势缺乏足够的认识,在管理理念上不与时俱进,我国国际物流企业将受到更大的冲击。如果《鹿特丹规则》得以实施,由于该规则对国际物流业务经营人提出了更高的要求,在面对强手的竞争市场,我国国际物流企业受到的冲击将更加明显。

以海关为例,如果《鹿特丹规则》得以实施,会对传统海关等监管机关的监管模式造成冲击。首先是监管对象的变化。传统的海关监管模式是以进出口货物为主要监管对象。从物流的概念来讲,传统的海关监管对象定位是进口方或出口方即第一方或第二方物流。如果《鹿特丹规则》得以实施,为促进第三方物流的发展,第三方物流是今后物流业发展的主要方向,因而物流的发展将从法律责任、政策执行、业务操作等多方面对海关监管对象的定位产生根本性的影响。其次是监管内涵的扩大。传统的海关监管模式侧重于对监管区域内货物的静态监管,而对监管区域外货物的常规监管力度则相对弱化,一般是通过一些核查、稽查和调查等非常规监管手段介入。但是,从《鹿特丹规则》加大承运人责任、扩大集装箱运输责任期间的种种方面可见,受该规则影响下的国际物流业是一个与信息流、资金流相伴相生的动态过程,因而仅仅把握监管现场局部物流和信息流,往往难以了解全面真实的物流动态。

2.《鹿特丹规则》对我国国际物流运行机制的影响

在运行机制方面,贸易壁垒的消除将有力促进我国国内统一市场的形成,并加速我国参与国际分工和全球一体化的进程,从而拓展物流业的发展空间。从国外物流企业功能发展看,物流业所提供的服务内容已远远超过传统的仓储、分拨和运送等物流服务,第三方物流企业发展迅速。由于不断缩减供应链成本的需要,美国的制造商和零售商们要求物流公司做得更多一些,物流企业提供的仓储和分拨设施、维修服务、电子跟踪和其他具有附加值的服务日益增加。新加坡环球公司亚太地区总裁保罗·格雷厄姆曾说道:物流服务商正在变为客户服务中心、加工和维修中心、信息处理中心和金融中心。[1]第三方物流企业借助信息技术提供越来越多的物流服务,对市场变化作出迅速响应。所以,鼓励第三方物流发展,提高物流企业的专业化、社会化水平,延伸服务领域,建立功能齐全、布局合理、层次鲜明的综合物流体系,已是全球物流业发展潮流所在,也是我国物流业发展的重要方向。

目前国际航运物流战略的关键之一是体现物流的现代思想,而不是发展经营孤立的陆上物流产业和业务。如果《鹿特丹规则》得以实施,会促进我国国际物流企业改变自己单独建立陆地物流系统等传统做法,而为配合货主物流战略和满足货主的物流需求,降低经营成本,提高服务质量和水平,从而加强市场综合竞争能力,在日益激烈的市场竞争中得以生存和发展。如果不认识到这一点,在激烈竞争的国际物流市场中就不能采取正确的策略和对策。

---

〔1〕 参见李笔、李沛强:《中国国际物流企业建立现代运作模式分析》,载《物流管理》2007年第8期。

(四)《鹿特丹规则》对我国国际物流法律的影响

很多学者认为"物流"是经济学的概念,而非法律概念,物流法规只是通俗的叫法,而非专业术语。《鹿特丹规则》的出台从法律上建立统一的包括国际海运区段的国际货物多式联运系统观,调整从承运人接收到交付货物的全过程,包括货物的接收、装载、操作、积载、运输、卸载、保管、照料、交付所有环节,并囊括全程运输中涉及的多个主体。这样一来,整体上的货物运输更与经济学领域"物流"的概念接近。当前我国物流法律缺乏体系、没有龙头法律导向。《鹿特丹规则》对包括国际海运区段的国际货物多式联运的适用,将促使各国完善物流法律体系,促使调整国际物流领域各种运输方式、仓储、港站作业等法律形成协调、统一的法律体系。这对我国也不例外。而且,由于当前我国物流法律缺乏体系、没有龙头法,完善我国国际物流法律体系和制度,就显得更加重要和迫切。

二、我国应采取的对策

我国国际物流经营企业是从传统的国际货运代理企业发展而来的。除少数几家国有或国有控股的大型企业外,存在数量众多、规模小、基础设施落后、管理方法和手段传统、在国际物流市场竞争力不高的国际货运代理企业,经营行为不规范、无序竞争现象严重,经营效率普遍不高。我国是国际物流大国,但不是国际物流强国。由于《鹿特丹规则》给国际物流经营企业提出了更高的要求,我国国际物流业针对该规则的潜在影响应采取的对策,无论是国际物流企业还是政府主管部门以及立法,都要以提高我国国际物流企业的市场竞争力为目标。

(一)我国国际物流企业的对策

1. 国际物流企业规模化发展

要改变我国大量中小国际物流企业小、散、弱、差的局面,必须要走规模化发展道路。具有两种途径:第一,国际物流企业通过兼并收购扩大规模,实现资源一体化,充分发挥规模经济优势,使企业基础设施和设备以及企业经营管理能够在更大规模和范围上进行,业务网络覆盖面更广,提高业务效益,经营管理成本更低。第二,国际物流企业实施企业联盟战略。中小国际物流企业应利用自身规模小、经营灵活、数量多的特点,实施企业联盟,在经营过程中联合起来,形成集体优势,采取信息共享、资源共享、优势互补的方式降低营运成本,增强集体竞争力。尤其是从事全程物流的企业要加强与从事区段物流和仓储、包装、港站作业的经营人联合,以及从事不断区段物流经营人之间的联合。

2. 加大现代化物流基础设施建设

现代化物流需要现代化物流基础设施,包括运输工具以及仓储、包装和港站设施等。布局合理、种类齐全、使用可靠和高效的物流基础设施,是现代化物流的硬件保障,也是实现《鹿特丹规则》所适用的国际货物多式联运的重要基础。

加大现代化物流基础设施建设,不只是增加物流基础设施的数量,更重要的是基础设施布局合理,提升基础设施的科技水平,提高基础设施的使用效率,降低基础设施的使用成本,进而提高物流效率,降低物流成本。现代化物流基础设施是国际物流企业保障其客户服务水平的硬件基础,也是现代化国际物流企业的重要标志。物流基础设施的现代化具有很多途径。例如,建设区域物流枢纽,提供集成的物流服务环境;建设高效物流公共通道;建设现代化物流园区、配送中心;对现有基础设施进行现代化改造;实现包装规范化,增大技术装载量,减少损耗;实现仓库的自动化、立体化和智能化;保障运输工具快捷、安全和环保的运输。

现代化物流基础设施建设,其中公共物流基础设施建设主要是政府部门的责任,而经营性基础设施和专用基础设施建设是国际物流企业的责任。2009年3月10日国务院发布的《物流业调整和振兴规划》指出:"多渠道增加对物流业的投入。物流业的发展,主要依靠企业自身的投入。要加快发展民营物流企业,扩大对外开放步伐,多渠道增加对物流业的投入。对列入国家和地方规划的物流基础设施建设项目,鼓励其通过银行贷款、股票上市、发行债券、增资扩股、企业兼并、中外合资等途径筹集建设资金。银行业金融机构要积极给予信贷支持。对涉及全国性、区域性重大物流基础设施项目,中央和地方政府可根据项目情况和财力状况适当安排中央和地方预算内建设投资,以投资补助、资本金注入或贷款贴息等方式给予支持,由企业进行市场化运作。"

3. 建设物流电子信息平台

建设物流电子信息平台,保障电子运输记录的运用,不仅有利于综合物流的发展,也是实施《鹿特丹规则》的保障之一。

电子商务的迅速发展促使了电子物流的兴起,电子技术的应用有利于低成本、高效率、高利润的物流系统的建设,也有利于物流企业提高国际竞争力。建设物流电子信息平台,尤其要建设物流信息枢纽,形成适用于多环境的物流信息互动服务(XDI),通过 VPN、VPDN 等各种网络接入模式,以 Web、E-mail、WAP、FTP 或者其他自定义的技术协议实现企业间物流流程的电子化连接、集成与整合,实现各类客户内部信息系统之间的流程组合。同时,为大量中小国际物流企业提供配送中心的核心系统(WMS 系统)的应用服务,使那些无力投资大型物流软件或者来不及实施 WMS 系统的客户能够在业务运作中享用最先进的物流管理系统。

4. 提高企业经营管理水平

目前,我国国际物流企业总体经营水平低下,不少中小国际物流企业仍然停留在主要依靠廉价劳动力和设施、设备提供服务的传统经营管理模式,向客户提供单一、脱节的物流要素服务,而不是系统化、系列化的增值服务。国际物流企业,尤其是第三方物流企业,不一定需要有多少员工,拥有多少物流设施,但需要具有足够的网点铺设,以满足不同客户的跨区域需求;专业化方面,需要培养一批掌握专业物流知识的人才,具备整合低端物流供应商和给客户提供完整物流解决方案的专业能力;信息方面,第三方物流企业需要强有力的物流信息管理系统和网络支持。要具有客户为导向的服务理念,结合客户的具体情况,提供整套的供应链方案设计、全方位、多层次、个性化的现代物流服务。这种服务是将各个物流要素有机整合起来,提供系统化、系列化的增值服务,从而可以占领高层次的利润空间。

5. 为客户提供更多的增值服务

目前,国际物流企业单一的业务范围已经无法满足客户的需要,无法为企业提供充分的发展和利润空间。国际物流企业必须不断推陈出新,为客户提供更多增值服务,以提高自己企业的竞争力。例如,大的国际物流企业为顾客提供一站式服务,将服务涵盖一件产品从采购到仓储入库、外包装、配给、发送和管理回返、修理以及再循环的全过程;小的国际物流企业在负责运输货物的同时,提供诸如打制商业发票、为货物购买保险和管理全程的服务。努力提供完整的供应链管理,使客户能在第一时间追踪到货物方位、准确进程和实际费用。[1]

(二) 我国国际物流政府管理部门的对策

国家"十一五"规划纲要明确提出"大力发展现代物流业",中央和地方政府相继建立了推进现代物流业发展的综合协调机制,出台了支持现代物流业发展的规划和政策。2009年3月10日,国务院发布了《物流业调整和振兴规划》,明确了指导思想、原则和目标、主要任务、重点工程、政策措施和规划实施。2011年8月2日,国务院办公厅发布了《关于促进物流业健康发展政策措施的意见》(国办发〔2011〕38号)。根据上述文件,结合前述《鹿特丹规则》如果得以实施将给我国国际物流带来的影响,我国国际物流政府管理部门应采取的主要对策如下:

1. 制定宏观调控政策、扶持我国国际物流业的发展

国务院办公厅发布的《关于促进物流业健康发展政策措施的意见》中提出:要切实减轻物流企业税收负担,加大对物流业的土地政策支持力度,促进物流车辆便利通行,加大对物流业的投入、推进物流技术创新和应用。

---

〔1〕 参见杨娟:《我国国际物流业发展的障碍及对策分析》,载《商场现代化》2007年第4期。

针对我国大量中小国际物流企业小、散、弱、差的局面，《关于促进物流业健康发展政策措施的意见》中提出，政府鼓励整合物流设施资源，包括支持大型优势物流企业通过兼并重组等方式，对分散的物流设施资源进行整合；鼓励中小物流企业加强联盟合作，创新合作方式和服务模式，优化资源配置，提高服务水平，积极推进物流业发展方式转变。目前只为本行业本系统提供服务的仓储和运输设施，要积极创造条件向社会开放，开展社会化物流服务。支持商贸流通企业发展共同配送，降低配送成本，提高配送效率。支持物流企业加强与制造企业合作，全面参与制造企业的供应链管理，或与制造企业共同组建第三方物流企业。制造企业剥离物流资产和业务，可享受税收、资产处置、人员安置等相关扶持政策。统筹规划和发展工业园区、经济开发区、海关特殊监管区域、高新技术产业园区等制造业集聚区的物流服务体系，积极引导区内企业将物流业务外包，扩大物流需求，推动区域内物流基础设施和信息平台等共享共用。

实现物流现代化，物流技术创新和应用是关键。为此，《关于促进物流业健康发展政策措施的意见》中提出：要加强物流新技术的自主研发，重点支持货物跟踪定位、无线射频识别、物流信息平台、智能交通、物流管理软件、移动物流信息服务等关键技术攻关。适时启动物联网在物流领域的应用示范。加快先进物流设备的研制，提高物流装备的现代化水平。

对于物流信息平台建设，《关于促进物流业健康发展政策措施的意见》中指出："地方各级人民政府对物流企业的物流信息平台建设要积极给予扶持。推动有关部门、重点制造企业和商贸企业、物流企业不断提高物流信息资源的开发利用水平，促进物流信息的科学采集、安全管理、有效利用、深度开发、有序交换和集成应用……推进物流信息资源开放共享，处理好安全与协同的关系，鼓励采取多种方式实现物流信息的互通交换，促进信息流、物流和资金流的协同和联动，提高物流服务效率和经营管理水平。"

针对我国国际物流基础设施布局不合理、重复建设严重的现状，为了优化国际物流资源配置，政府部门要加强基础设施布局规范的制定与落实。国务院《物流业调整和振兴规划》要求：在充分发挥市场配置资源作用的同时，政府要加强规划指导，注重协调联动，统筹国内与国际、全国与区域、城市与农村物流协调发展，做好地区之间、行业之间和部门之间物流基础设施建设与发展的协调和衔接，走市场化、专业化、社会化的发展道路，合理布局重大项目；各地区要从本地区经济发展的实际出发，因地制宜，统筹规划，科学引导物流业的发展，防止盲目攀比和重复建设。

2. 改革物流管理体制

目前我国物流政府管理是一种多元化的管理体制，不适应现代物流的发展要求，因而必须改革物流管理体制。对此，国务院《物流业调整和振兴规划》指出："按照精简、统一、高效的原则和决策、执行、监督相协调的要求,建立政企分开、决策科学、权责对等、分工合理、执行顺畅、监督有力的物流综合管理体系,完善政府的公共服务职能,进一步规范运输、货代等行业的管理,促进物流服务的规范化、市场化和国际化。"

国务院办公厅发布的《关于促进物流业健康发展政策措施的意见》也提出,加快物流管理体制改革包括"打破物流管理的条块分割";"在规范管理的前提下适当放宽对物流企业资质的行政许可和审批条件,改进资质审批管理方式。认真清理针对物流企业的资质审批项目,逐步减少行政审批。要破除地区封锁和体制、机制障碍,积极为物流企业设立法人、非法人分支机构提供便利,鼓励物流企业开展跨区域网络化经营。进一步规范交通、公安、环保、质检、消防等方面的审批手续,缩短审批时间,提高审批效率。对于法律未规定或国务院未批准必须由法人机构申请的资质,物流企业总部统一申请获得后,其非法人分支机构可向所在地有关部门备案获得。物流企业总部统一办理工商登记注册和经营审批手续后,其非法人分支机构可持总部出具的文件,直接到所在地工商行政管理机关申请登记注册,免予办理工商登记核转手续"。

3. 规范国际物流业市场

规范国际物流业市场行为、保障市场统一、有序、竞争和健康发展,是政府部门的重要职责。目前我国国际物流市场中经营行为不规范、无序竞争现象普遍,因此,规范国际物流业市场是当务之急。对此,国务院《物流业调整和振兴规划》指出:"打破行业垄断,消除地区封锁,依法制止和查处滥用行政权力阻碍或限制跨地区、跨行业物流服务的行为,逐步建立统一开放、竞争有序的全国物流服务市场,促进物流资源的规范、公平、有序和高效流动。加强监管,规范物流市场秩序,强化物流环节质量安全管理。"规范国际物流业市场,首要任务是完善国际物流市场行为规则,其次是通过执法环节保障行为规则得以严格实施。

4. 提高政府服务水平和服务质量

国际物流的发展,涉及政府公共服务环节。提高政府服务水平和服务质量,对于发展我国现代化物流至关重要。对此,国际物流政府管理部门应当合理规划口岸布局,改善口岸通关管理,提高通关效率,促进国际物流和保税物流发展。

例如,就口岸物流而言,政府部门高效的服务模式即进出口货物自货主委托报检报关起,到提取进口货物进厂或将出口货物运抵监管区域出境的全过程中,口岸执法单位、港航管理部门、中介机构等联合运用信息化技术和高科技手段,对通关所需单证流、货物流、资金流和信息流进行整合,逐步使用电子化、自动化通关系统,使货物通关快速畅通,实现管理部门有效监管和为企业高效服务的目标。由于进出口货物的通关涉及多项环节,各部门必须密切配合、共同努力,才能从整体上提高口岸物流效率。上海已经采取了这种高效的服务模式,即"大通关"制度。

5. 发挥行业社团组织的作用

国务院《物流业调整和振兴规划》指出：物流业社团组织应履行行业服务、自律、协调的职能，发挥在物流规划制订、政策建议、规范市场行为、统计与信息、技术合作、人才培训、咨询服务等方面的中介作用，成为政府与企业联系的桥梁和纽带。我国国际物流市场大而不强、数量众多、经营不规范以及无序竞争普遍存在，以及国务院决定大量缩减审批项目的形势下，我国国际物流行业自律组织应当切实发挥上述国务院《物流业调整和振兴规划》指出的行业自律作用。

（三）我国国际物流法律制度上的对策

1. 健全国际物流法律体系和法律制度

我国国际物流市场尚不成熟。在这种市场条件下，健全、完善的国际物流法律制度，对于促进我国国际物流市场健康发展，规范市场经营行为，提高国际物流业的经营管理水平和经营效率，加快国际物流现代化进程，提高我国国际物流业在国际上的竞争力，具有重要的作用。然而，我国物流法律体系不全，没有统领物流领域的基本法，调整各种运输的法律协调性不足，调整货物包装、仓储、装卸等物流环节的法律、法规欠缺。"支离破碎而复杂的法律框架造成法律的不确定性和不可预测性，相应地加大了交易成本，因为法律的不确定性容易引发诉讼和举证以及保险费用的提高。特别是对那些发展中国家小型或中型的托运人来讲，这些问题就更加突出。法律框架没有可预见性，一些中小企业经营者要想公平地进入市场，参与国际贸易竞争就更加困难了。"[1]因此，健全我国国际物流法律体系和法律制度，在物流或国际物流基本法的指引下，统一国际物流法律规则和标准，已经成为国家推动我国现代国际物流发展的当务之急。

2. 制定和实施国际物流统一标准

物流标准化是以物流为一个大系统，制定系统内部物流设施、机械设备、专用工具等的技术标准，仓储、装卸、运输等各类作业标准以及作为现代物流突出特征的物流信息标准，形成全国统一、与国际接轨的标准化体系。过去几年，我国国际物流管理标准化有了很大进展，但尚未统一和完善标准。大力推进物流管理标准化工作，有助于规范国际物流行为，提高国际物流业的经营管理水平和经营效率，加快国际物流现代化进程，提高我国国际物流业在国际上的竞争力。

国际物流标准包括很多内容，如物流用语、计量标准、技术标准、数据传输标准、物流作业和服务标准、物流安全和环境标准。国际物流标准要根据《标准化法》制定与实施，国家标准和行业标准相结合，强制性标准和非强制性规则相协调。

---

[1] 杨运涛：《国际多式联运法律关系研究》，人民交通出版社2006年版，第250—251页。

第十二章 《鹿特丹规则》对海上保险的影响与对策

第一节 海上保险概论

一、海上保险与国际航运、国际贸易的关系

海上保险一般包括海上货物运输保险、船舶保险、保赔保险。前两者是商业保险,保险人是保险公司。保赔保险通常是非营利性的互助保险,保险人是船东保赔协会。广义上,海上保险包括部分物流保险。目前,物流保险既有商业保险,也有互助保险;既有财产保险,也有责任保险。

无论在国内还是国际上,贸易、运输与保险之间关系密切。国际航运与海上保险是以国际贸易的存在为基础,国际航运与海上保险离开国际贸易将成为无源之水、无本之木。国际航运为国际贸易提供运输服务,实现商品在不同国家或地区之间的流转;国际海上运输保险为国际贸易货物在运输过程中遇到的各种风险提供保障,使国际贸易的各参与方以较小的成本(运费、保险费)顺利地开展经营活动,实现其追求利润最大化的目的。国际货物运输保险与国际海运一起支撑起国际贸易,三者都是国际服务贸易的基本行业。[1] 当然,海上保险也为从事运输的船舶提供保险服务。

合同约定的权利义务相当一部分与当事人之间风险划分与分摊有关。国际货物买卖合同和国际海上货物运输合同这两类合同当事人之间风险的划分最终影响到保险合同当事人风险的划分和承担。国际货物买卖合同当事人作为托运人或收货人与承运人形成国际海上货物运输合同或国际多式联运合同关系。同时,国际货物买卖合同当事人作为投保人或被保险人与保险人之间形成国际海上货物运输保险合同关系。船舶所有人或经营人与商业保险公司或保赔保险人形成船舶保险合同关系或保赔保险合同关系,非船舶所有人或经营人的承运人(如无船承运人、多式联运经营人)或货运代理人、仓储经营人、场站经营人和港口经营人会投保物流责任保险或类似的责任保险。这样,货物运输过程中风险的划分与承担显得更为复杂。

---

[1] 参见〔日〕加藤修:《国际海上运输货物保险实务》,周学业、王秀芬译,大连海事大学出版社1995年版,第14—15页。

合同当事人之间风险划分的依据有两个：一是法律规定；二是合同约定。前者通常是指有关强制性规定，当事人不得通过合同变更；后者是法律允许当事人自由约定，或允许约定与法律规定不同的内容。强制性是国际海上货物运输法律的基本特点，即有关法律或国际公约规定合同当事人权利义务在一定范围内不得违反。当事人之间的风险划分基本上由这些法律或公约决定。《海牙规则》《海牙—维斯比规则》《汉堡规则》和《鹿特丹规则》在运输合同当事人风险划分上存在较大差别。国际货物买卖合同和海上保险合同当事人之间风险划分原则上以合同约定为主，法律较少有强制性规定。

国际海上货物运输风险既有自然风险，也有人为风险；既有货物本身固有的风险，也有来自运输工具的风险。但是，最终归结为货物因为灭失、损坏或迟延交付导致的经济损失。无论是基于违约或侵权还是不可抗力，最终总由一个或几个特定主体承担这些风险。就货物损失而言，可能由买卖合同当事人之一、货运代理人、承运人、保险人等承担。就船舶遭受的风险而言，可能由船舶所有人、船舶承租人、船舶管理人、货方、商业保险人、保赔保险人等承担。在一定时期内，根据保险学上的大数法则，风险是相对确定的，在特定航次货物、船舶在遭受风险后的损失也是确定的，问题的核心是如何在有关主体之间分配风险、承担损失。现代保险承保的风险范围非常广泛，除投保人、被保险人故意或重大过失造成的事故外，只要是可保风险，均可由有关的险种承保。所以，货物买卖合同、货物运输合同等当事人之间风险的划分变得相对次要，是基础性的风险划分，大部分风险通过保险合同由保险人承担。当然，作为投保人、被保险人的船舶所有人、货物所有人、承运人等主体需要以支付保费为对价。

因此，海上保险服务于海上货物运输，海上货物运输的参与方之间的法律关系影响着保险人的经济利益。当承运人与货方之间货损风险分摊的法律发生变化时，保险人（包括保赔协会）的利益也会受到影响。这是因为，在运输合同关系方将自己承担的风险转嫁给各自保险人的情况下，最终承担货物运输风险的人往往是保险人。

长期以来，在海上货物运输领域起主导作用的国际公约是《海牙规则》和《海牙—维斯比规则》。《汉堡规则》虽然废除了承运人航海过失免责，加重了承运人的赔偿责任，但未能在国际航运界起到主导作用。由于世界上主要航运国家或地区和主要贸易国家或地区依据《海牙—维斯比规则》体系确定承运人与货方之间的权利义务，《汉堡规则》并未对海上保险产生实质性的影响。《汉堡规则》基本上没有针对保险合同条款和保险费率定价机制等产生实质性影响。

《鹿特丹规则》吸收了《汉堡规则》的部分内容，重新调整《海牙—维斯比规则》体系确定的承运人与货方之间关于货物灭失、损坏风险的分摊机制。如果《鹿特丹规则》得到广泛的认可并实施,对海上保险无疑会产生重要的影响。投保人、被保险人与保险人之间有必要通过修改保险合同条款重新分配风险。

二、国际海上保险市场

海上货物运输合同法律规则的变化将对我国海上保险业产生影响。《鹿特丹规则》将对国际海上保险市场整体产生影响,也将对我国海上保险产生影响。

全球主要的保险市场主要集中在发达国家,尤其是英国、美国、日本和法国,但我国占有一定份额。

根据国际海上保险联合会(IUMI)的统计数据,在2011年全球船舶保险保费83亿美元中,我国(不包括香港和台湾地区)船舶保险保费为2.573亿美元,占全球船舶保险市场保费总额的3.1%,超过作为亚洲国际航运中心的新加坡和中国香港(见图12-1)。

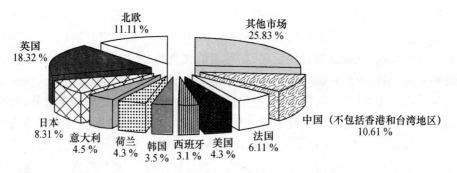

图12-1 2011年我国在世界船舶保险市场上的份额
数据来源:国际海上保险联合会。

图12-1关于我国船舶保险保费2.573亿美元及其比例3.1%,该数据只统计了我国一个航运保险公司的数据。据中国保监会统计,2011年全国船舶险保费规模为55.87亿元,约8.87亿美元,占全球船舶保险保费83亿美元的10.61%。

根据国际海上保险联合会的统计,2011年全球货运保险市场保费总额为172亿美元。我国货运保费为15.48亿美元,占9%。其他国家的情况是:日本为19.608亿美元,占11.4%;德国为12.04亿美元,占7%;法国为8.6亿美元,占5%;英国为15.652亿美元,占9.1%,其中劳合社市场保费占6.8%,而英国国际保险协会市场占2.3%;巴西为7.224亿美元,占4.2%;其他国家为56.932亿美元,占33.1%(见图12-2)。

在保赔保险方面,英国、挪威、日本、瑞典和美国占据了世界保赔市场的绝大部分份额,全球船东保赔保费收入高度集中于伦敦。

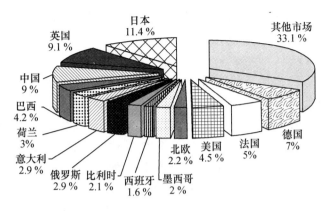

图 12-2　2011 年我国在世界货运保险市场中的份额
数据来源：IUMI。

第二节　我国海上保险发展现状

一、海上货物运输保险

根据国际海上保险联合会的统计,2011 年,全球航运保险保费达到 319 亿美元,其中,船舶保险占 84 亿美元,货运险占 172 亿美元,海事责任险占 18 亿美元,离岸能源险占 45 亿美元。据中国保监会统计,2011 年全国货运险保费规模为 97.83 亿元,同比增长 24.3%。分地区来看,货运险方面,上海市、北京市和江苏省分别位列全国前三名,保费规模分别为 13.60 亿元、13.23 亿元和 7.73 亿元,同比分别增长 13.3%、36.2% 和 21.1%。[1]

航运业是国际商业活动中非常重要的支柱产业,也是国际化和风险较大的行业,成熟的国际航运中心都有发达的海上保险业。根据联合国贸易和发展会议发布的《2012 年海运评论》,2011 年在我国商船队总运力在全球排名第四;如果包括在全球排名第七的中国香港地区的商船队,则在全球排名第三。据海关统计,2012 年我国外贸进出口总值 38 667.6 亿美元,在全球排名第二,2013 年则超过美国而全球排名第一。我国已成为名副其实的世界航运大国和贸易大国。但是,与航运业密切相关的海上保险业务发展却相对滞后。整个海上货物运输保险业务有两大特点:一是这些年来海上货物运输保险总体发展速度相对于其他险种缓慢;二是海上货物运输保险在整个财产险市场的份额下降。从全国范围看,这些年海上货物

---

[1] 转引自交通运输部:《2011 中国航运发展报告》。

运输保险占财产险保费收入的比重在下降。综合分析,制约我国海上保险发展的因素有以下方面。

1. 保源的流失

值得注意的是,由于多种原因,这些年我国国际贸易中以 CIF 价格条款进口和以 FOB 价格条件出口都呈上升趋势。如上海某大型钢铁企业出口以 FOB 成交为 100%,上海某专业矿产进出口公司出口以 FOB 成交也已达 100%,上海某专业化工进出口公司进口以 CIF 成交达 98%。这样势必导致国内进出口海上货物运输保险业务保源的下降。这是我国海上货物运输保险业务保源下降的最主要原因。另外,国内一定程度上存在的理赔难的问题,使货主倾向于将有关保险推给境外方去负责。这样也势必导致国内进出口海上货物运输保险业务保源的下降。

2. 条款差异

目前我国海上货物运输保险条款是中国人民财产保险股份有限公司 2009 年《海洋运输货物保险条款》。该条款是在中国人民保险公司 1981 年《海洋运输货物保险条款》的基础上,参照 2009 年 1 月 1 日英国联合货物保险委员会(Joint Cargo Committee)制定的《协会货物运输保险条款》而修订。相对于 1981 年《海洋运输货物保险条款》,2009 年《海洋运输货物保险条款》作了一些改进。

但是,2009 年《海洋运输货物保险条款》与 2009 年《协会货物运输保险条款》相比较,之前的 1981 年《海洋运输货物保险条款》与 1982 年《协会货物运输保险条款》所存在的差异,依然没有改变,这两种条款存在明显差异。例如,2009 年《协会货物运输保险条款》(A)条款中除列明除外责任外,承担一切风险责任。2009 年《海洋运输货物保险条款》一切险条款中,与 1981 年《海洋运输货物保险条款》相同,不但列明了五项基本险除外责任,而且规定:"一切险的责任范围,除包括上述平安险和水渍险的各项责任外,还负责被保险货物在运输途中由于外来原因所致的全部或部分损失。"其中,平安险承保责任范围为八项列明风险;水渍险的责任范围规定:"除包括上述平安险的各项责任外,还包括被保险货物由于恶劣气候、雷电、海啸、地震、洪水等自然灾害所造成的部分损失。"可见,2009 年《海洋运输货物保险条款》一切险条款实质上仍然是列明风险,即平安险承保责任范围为八项列明风险,加上水渍险责任范围中的自然灾害所造成的部分损失,以及外来原因所致的全部或部分损失。1981 年《海洋运输货物保险条款》中就列明"外来原因",但 2009 年《海洋运输货物保险条款》中仍然没有解释。换言之,三十多年过去了,"外来原因"到底是什么仍然是一个问题。

2009 年《协会货物运输保险条款》与 1982 年《协会货物运输保险条款》相比较,一个很大的变化是扩展了保险责任起讫期间,对保险人引用除外责任条款作了一些条件限制,对条款中容易产生争议的用词作出了明确规定,条款的文字结构更为简洁、严密。然而,2009年《海洋运输货物保险条款》中看不到这种对被保险人有利的变化。

在华联粮油诉华安财产保险海上货运保险合同纠纷案中,广州海事法院和广东省高级人民法院都没有支持"一切险"为列明风险的解释。《中华人民共和国保险法》(以下简称《保险法》)确立的不利解释原则和国际惯例是一致的,但由于在适用上缺乏统一的标准,以及不承认判例的约束力,同种保险条款经不同的法院解释,可能出现相互冲突甚至是截然相反的结论。如海南省高级人民法院和海口海事法院在有关案件的判决书中都有"一切险"为列明风险的判词。何种条款适用不利解释,特别是这一原则能否适用于中国保险监督管理委员会颁布或核准的条款,我国《保险法》对此没有相应规定。这样,保险公司业务员展业时如未向客户进行充分必要的解释,我国进出口海上货物运输保险条款常常使国内被保险人,尤其是国外被保险人或保单持有人不理解,保险争议发生后会导致客户的流失。

3. 保费增长速度缓慢

随着保险市场主体增多和我国保险市场对外开放,保险市场的竞争主要集中在保费的费率上,造成保费增长速度缓慢。就国际海上货物运输保险而言,竞争尤为激烈。据统计,国际市场上海上货物运输险赔付率在60%~82%之间,而我国海上货物运输险赔付率在40%~60%之间,可见海上货物运输险是盈利能力很强的效益型险种。由于费率竞争的缘故,就市场整体而言,保额增长幅度缓慢,在一定程度上制约了海上保险业务的发展规模。

4. 国内保险技术和服务质量落后于国外保险公司

国内保险通常只重视保险业务本身,而轻视配套技术服务,如帮助客户租船订舱、设计保险方案以及防范控制风险等。在出险理赔时,保险人工作拖沓,服务不到位。另外,出险后对现场勘查验证时,往往是保险公司自己聘请的保险公估公司进行检验,缺少公正的第三人检验,检验结果往往对被保险人缺少公正性。同时,惜赔思想严重。如果出口以CIF成交,投保人是国内出口商,而被保险人是国外进口商,该赔不赔或少赔,国外进口商在以后的交易中,不愿以CIF价交易,也加重了保源的流失。

我国保险市场中与进出口海上货物运输险配套的险种开发不够。目前主要由少数几家保险公司和进出口银行在财政支持下开展出口信用保险,没有有效地发挥作用。国外保险公司为了鼓励出口,争取海上货物运输险,纷纷开展进出口信用保险。短期信用险商业化是一种必然的趋势。所以,我国应从鼓励出口,支持国家经济发展,争取进出口海上货物运输险保源,保护国家整体利益这一角度出发,有步骤地发展这一配套险种。

二、船舶保险

据中国保险监督管理委员会统计,2011年全国船舶险保费规模为55.87亿元,同比增长10.0%;分地区来看,上海市、江苏省和浙江省分别位列全国前三名,保费规模分别为20.85亿元、5.73亿元和4.92亿元。其中,上海市同比增长109.71%,江苏省和浙江省同比分别下跌5.9%和3.2%。[1]

船舶保险是以不同类型的船舶为保险对象,当其遭遇自然灾害或意外事故,或因某些人为因素而受损时,由保险人依据承保风险,对损失负责赔偿的保险。船舶险主要有以下六种:一是远洋船舶(船壳)险,主要承保船舶在国际航行中,因自然灾害、非被保险人的人为责任引起的被保险船舶灭失、损坏赔偿,因碰撞产生的、被保险人在法律上应承担的对他船或固定浮动物体的赔偿责任。二是沿海内河船舶险,主要承保在国内沿海及内河航行中,满足一定条件的自然灾害以及碰撞引起的被保险船舶灭失、损坏,因碰撞产生的、被保险人在法律上应承担的对他船或固定浮动物体的赔偿责任。三是船舶建造险,主要承保在建造、试航过程中,因自然灾害及意外事故导致的在建船舶灭失、损坏以及引起的相关建造人的责任。四是集装箱箱体与责任险,主要承保集装箱在运输及堆放过程中,因自然灾害或意外事故引起的箱体的灭失、损坏,因集装箱箱体设计缺陷、箱体破损或箱主因管理上的疏忽而导致第三者人身或财产的损失。五是船东保赔保险,主要承保船东在船舶运输过程中,因疏忽而导致在法律上应对本船船员人身伤亡的赔偿责任,所载货物灭失、损坏的赔偿责任,或因意外事故导致的油污、强制打捞及对第三者人身或财产造成损失的赔偿责任。六是租家责任险和舱位互租责任险,主要承保承租人在法律上应对承租船舶灭失、损坏及所载货物灭失、损坏须承担的赔偿责任。

考虑到《鹿特丹规则》主要涉及国际海上货物运输,这里仅讨论我国远洋船舶保险。

(一)我国远洋运输发展概况

我国是国际航运大国,我国远洋船队的运力规模在全球排名第四。但是,大多数国际航运企业规模偏小,我国船舶老龄化现象严重,导致船舶技术状况普遍较差,安全事故隐患增多,不仅影响我国国际航运业的健康发展,也影响远洋船舶保险业的发展。

---

[1] 转引自交通运输部《2011中国航运发展报告》。

（二）我国远洋船舶保险市场现状

随着我国国际航运业的发展，我国远洋船舶保险业务也逐渐增长。最初，我国保险公司没有自己的保险条款，一直沿用英国劳合社的船舶标准保险单和伦敦协会船舶保险条款及其他外国船舶保险条款。直到1972年，中国人民保险公司才制定了自己的船舶保险条款，后来又经过几次修改，才有了现行的2009年《远洋船舶保险条款》。

1. 整体业务概况及与其他财产险险种的比较

由于从2001年起，中国保险监督管理委员会将船舶保险归入其他财产保险项下统计，故无法获得近几年准确的船舶保险业务数据。但考虑到船舶保险市场的内外部环境条件均未有明显变化，并参考业内人士的观点，近年船舶保险业务整体状况并没有发生重要改变。与其他财产险种相比较，船舶保险市场并不太景气。首先，业务保费规模小，而且增长率几乎为零，低于同期财产险业务增长率。其次，赔付率高达80%左右，远远高于财产险平均赔付率和主要险种赔付率。这也说明船舶保险是一种高风险业务。

2. 中外资公司市场份额分析

在整个船舶保险市场中，中资公司占有绝对优势，外资公司的市场份额很小，几乎对市场不具影响。之所以出现这种局面，主要是由于中资公司与船公司之间有着长期的业务合作关系，加上外资公司进入市场并不久，或许出于风险控制的原因，并未大力开展该项业务。但值得注意的是，外资公司的业务规模虽小，但业务质量明显好于中资公司，赔付率远低于中资公司。这也说明外资公司并不像中资公司那样重规模、轻效益。

（三）我国远洋船舶保险业务存在的主要问题

我国是航运大国，拥有庞大的远洋船队。照理来说，远洋船舶保险业务应当相当可观。然而，目前远洋船舶保险业务状况却不尽如人意。一方面，保险公司利润过低甚至无利可图；另一方面，船舶保险市场的状况不利于船公司有效地转移风险。通过调查和分析，现阶段我国远洋船舶保险业务主要存在以下问题：

1. 保险条款内容陈旧、不能适应新的情况

近二十年来，不论是国际海事法律方面，还是船舶营运管理方面，都发生了许多变化，而我国目前使用的2009年《远洋船舶保险条款》与国外同类条款相比，有些内容陈旧，不能适应国际海上运输的发展变化，客观上束缚了我国远洋船舶保险业务的发展，尤其具体表现在：航运企业可能遇到的某些风险未能得到承保；有的合同条款制定时考虑不够严密，使得保险人承担的风险过大。保险产品的研究和

开发严重滞后,不能与时俱进,不能满足投保人新的保险需求,从而影响业务的发展。

2. 营销体制落后、业务赔付率高

目前,保险公司重规模、轻效益的现象仍未得到彻底解决,分支公司面对保费指标的压力,有时即使知道某些业务风险过大,也只好承保下来。再加上展业和理赔分开运作,出于个人利益驱动,一些员工在承保业务时降低标准,导致业务质量低下。另外,在保险条款全国统一的情况下,各保险公司的竞争基本上靠降费率拉业务,而我国船舶由于老龄化现象严重和安全管理水平不高,标的物的风险高,带来的后果便是过高的赔付率。

3. 保险公司对被保险人和被保险船舶疏于监督和控制

海上航行的特殊性和复杂性,使船舶保险业务的风险远大于其他保险业务。尤其是在船舶登记方面,有的国家为了增加收入,实行"开放登记",对注册船舶不进行严格审查和管理,使很多低标准船舶进入市场。实务中,保险人对船公司和船舶的了解完全靠被保险人的陈述和船舶证书的记载,而不实地调查船公司经营管理船舶的情况以及查看船舶的实际情况,从而处于信息不对称状态。这种状况对保险公司控制风险不利。

三、保赔保险

(一) 保赔保险的产生

船舶保赔保险的历史悠久,早在19世纪中期就已盛行。1885年5月,世界上第一个船东互保协会,即英国不列坦尼亚汽船保赔协会(The Britannia Steam Ship Insurance Association Limited)成立。第二年又成立了北英保赔协会(The North of England P&I Association)。嗣后,英国保赔协会、西英保赔协会、伦敦汽船保赔协会等船东保赔协会相继成立。19世纪后期,以英国为中心的船东保赔协会市场在世界上逐渐成立。保赔协会的产生有着深刻的历史背景,归纳起来有三方面的主要原因:

1. 为了转移船舶碰撞后船舶保险人不愿承担的碰撞责任

在1936年英国法院审理的 *De Vaux v. Salvador* 碰撞案中,法庭认为船舶碰撞责任不属于碰撞损失,因而不能向船舶保险人索赔。被保险人不得不向保险人另行投保碰撞责任的风险。由于当时船舶碰撞事故频繁发生,保险人为了使被保险人有所约束,在保险合同中规定只承保被保险船舶的3/4碰撞责任,留下1/4的碰撞责任由被保险人船东自己承担。这使得被保险人不得不自己组织起来,以互相保险的形式分摊1/4碰撞责任。这样,船东协会的组织形式开始出现。随着保赔保险的发展,船东又把超过船舶保险价值的超额碰撞责任(excess collision liability)向保赔协会投保,因为这种超额碰撞责任在普通船舶保险合同中保险人不承保。另外,船舶发生碰撞后,船舶残骸以及船上货物、财产散落在海上或港内航道上,产生清除这些残骸或残物所需的费用,这种风险及损失又被保赔协会所承保。

2. 为了转移船员和岸上装卸工人等雇佣人员在船上发生的人身伤亡、疾病等事故造成的风险

船舶发生碰撞等重大事故不仅会造成财产的损失,也会造成船员及其他人员的人身伤亡。即使船舶在正常航行之中,特别是在较长的海上航程中,也难免发生船员人身伤亡、疾病等情况。当船舶处于装卸作业过程中,装卸工人、理货人员以及其他岸上人员发生意外的人身伤亡事故也屡有发生。以上人身伤亡、疾病的风险在船舶或货物保险合同中都不承保。因此,为了转移这部分风险,以船东互保形式承保这类风险。

3. 船舶不适航或承运人没有妥然、谨慎地管理承运货物而造成的货损责任

根据《海牙规则》的规定,对因船舶不适航或承运人没有妥然、谨慎地管理货物而造成的货物损失,承运人不能免责,而且船舶保险人不愿意承保这种责任风险。为了转移这部分风险,以船东互保形式承保这类风险。

因此,船东保赔协会成立的重要原因是承保船舶保险所不承保的、船舶运营中又经常发生的责任风险和其他风险。船舶互保协会不但为船东减少向保险人支付保险费,同时可互相交流经营船舶的经验教训。国际上船舶保赔协会发展的历史也告诉我们,这是一种促进国际航运安全、经济运行的有效组织形式,在国际航运业中发挥着积极的作用。

(二)保赔保险的发展

船东保赔协会建立至今已有 140 多年的历史。仅在英国伦敦保险市场上,1995 年年底就有约 39 家保赔协会承保海上业务,形成了伦敦市场上互助保险协会的主体,其中有 11 家保赔协会是国际船东保赔协会集团(The International Group of P&I Clubs,IG)的成员。如今 IG 由 13 家船舶保赔协会组成,垄断了全世界商船总吨位的 95% 以上。其实,IG 是船东保赔协会独特的再保险制度。参加 IG 的各船东保赔协会的经营相互独立,对于一定数额以下的赔偿案,由各船东保赔协会独立承担;对于超过这一数额的保险责任,或由 IG 的共同基金承担,或由各船东保赔协会相互承担,或由 IG 向其他的保险市场进行分保。这一数额是不断变化的。例如,根据现行的规定,对 500 万美元以下的保险责任,由各船东保赔协会独立承担;介于 500 万美元和 3 000 万美元的保险责任,由参加 IG 的各船东保赔协会共同建立的基金承担;介于 3 000 万美元和 15 亿美元之间的保险责任,由

各船东保赔协会相互承保;超过15亿美元的保险责任,分保到其他国际保险市场上。

国际保赔协会集团定期召开会议,研究并制订国际船舶保赔保险的重大方针政策,例如保费调整、接受会员、分保政策、主要承保风险的赔偿原则、重大海事案件以及保险市场控制和发展等,已成为国际海上保险业的核心组织。传统上,船舶保赔协会的赔偿没有限额,但从1996年2月起,IG将其承保责任限制在200亿美元以内,但油污责任限制在500亿美元以内。

（三）中国保赔保险的历史与现状

20世纪50年代,中国远洋船队尚未建立前,中外合资航运公司的船舶直接在国际市场上投保保赔险。例如,中波轮船股份有限公司拥有的挂中国旗的船舶都向波兰的保险公司投保船舶保赔险,为此波兰保险公司专门为中波轮船公司设立了保赔保险业务。到了20世纪六七十年代,为适应中国远洋运输船队的发展,中国人民保险公司在开办船舶保险业务的同时,设立了船舶保赔保险业务。1965年10月中国人民保险公司上海分公司采用西英保赔协会的条款承保了两条中波轮船股份有限公司船舶的保赔保险。这是我国保赔险的开始。1976年1月1日,中国人民保险公司开始使用自己制定的《油污和其他保赔责任险条款》,1978年1月1日又全面补充修订了该条款。之后,中国远洋船队的保赔保险一直由中国人民保险公司承保,中国人民保险公司把其中80%的承保风险分保给联合王国保赔协会或西英保赔协会。1984年1月1日,中国船东互保协会（China Shipowners' Mutual Assurance Association,简称中船保或CPI）在北京成立。

目前,中国船舶的保赔保险通过三个渠道把风险转移给国际保赔保险市场:第一,直接在国际保赔保险市场上投保;第二,继续向保险公司投保保赔保险;第三,加入中国船东互保协会。在第二、三种情况下,一般又由保险公司或中国船东互保协会将部分业务分保给其他保赔协会。

中国船东互保协会的保险业务范围主要分为责任险（保赔险）和船舶险及一些附加险（如法律抗辩保险、战争险、罢工险等）。

中国船东互保协会《2011年年度工作报告》显示,截至2012年2月20日,协会共有会员146家,入会船1 112艘,共31 336 101总吨;截至2011年12月31日,2011年协会船舶险（包括IV险）承保的会员37家,入会船舶共318艘,总保额约为51.87亿美元。协会会员基本上是在我国登记的国际航运企业,或者我国企业或个人拥有而在境外登记的国际航运企业。中国船东互保协会目前不是国际船东保赔协会集团的成员。

中国船东互保协会 2011 年度新发生案件的风险归类见表 12-1。

表 12-1　中国船东互保协会 2011 年度新发生案件的风险归类

	风险类型	案件数量（件）			风险责任	索赔金额（万美元）	
		2010 年	2011 年			2010 年	2011 年
1	协会旨意费	620	802	1	货物责任	1 564	2 869
2	货物责任	432	601	2	财产灭失	251	1 027
3	船员伤亡	292	277	3	残骸处理	643	377
4	人员伤亡	21	28	4	船舶伤亡	985	351
5	财产灭失	43	27	5	碰撞责任	3 368	239
6	碰撞责任	36	24	6	人员伤亡	14	62
7	污染风险	18	15	7	罚款	8	22
8	罚款	12	13	8	污染风险	173	17
9	共同海损费	2	6	9	入会船财产	4	14
10	残骸处理	6	4	10	损害防止费	15	13
11	其他	26	11	11	其他	60	11
	合计	1 508	1 808		合计	7 085	5 002

资料来源：中国船东互保协会《2011 年年度工作报告》。

（四）保赔协会存在的问题

船舶保赔保险因其独特的承保范围受到航运界的广泛关注，同时其现存的一些问题也引起航运界人士的重视。其主要存在的问题如下：

1. 船舶保赔保险在立法上存在欠缺

船舶保赔保险通常是由船东互保协会承保。该保险承保的责任保险是传统的海上保险立法所面临的新问题之一。尽管在海上保险立法中，许多法律条文的规定同样适用于船舶保赔保险，但在很多方面立法上尚存欠缺。在通常情况下，承保船东责任风险的前提条件是"被保险人"，即船东是否已经入会，船东是否已承担共同的风险。另外，对船舶保赔保险的性质提出了疑问，船舶保赔保险是否是传统商业意义上的"保险"，是否受各国或地区保险法的约束，保险界未达成一致意见。中国保险监督管理委员会《关于船东互保协会问题的复函》（保监办函〔2003〕78号）指出：根据《中华人民共和国保险法》第 2 条、第 9 条，以及国务院《关于成立中国保险监督管理委员会的通知》的规定，中国保险监督管理委员会负责对全国商业保险进行监督管理。船东互保协会从事的活动不属于《中华人民共和国保险法》

第2条规定的商业保险行为,因而不属于中国保险监督管理委员会的监管范围。但是,人们仍从法理上探讨船东互保协会是否为保险人。

随着船舶保赔保险承保范围的进一步扩大,其最初互保的性质正逐渐发生变化,公司化经营的性质越来越明显,在将来其"保险"的性质必将逐步加强,受保险法约束的倾向也会更加明显。相比之下,货物保险或船舶保险的保险人承保货物或船舶可能遭遇风险的前提条件是保险合同是否已经成立和生效。

2. 董事会权力过大

由于船东互保协会章程规定不明确或不详细,导致会员与协会之间产生很大的矛盾和纠纷。而且,由于历史遗留原因,船东互保协会的董事会的权力过大。因此,在决定某些保险事故赔与不赔的关键问题上,经常出现纠纷,导致会员与董事会之间、会员与会员之间产生矛盾。这一矛盾在世界范围内普遍存在,而且愈演愈烈,会员状告协会的现象屡见不鲜。因此,在海上保险立法中作出适当规定,以调整与船东互保协会有关的问题,应被提到议事日程。

尽管到目前为止,海上保险立法尚未规范或调整船东互保协会,但随着社会的发展,强制性责任保险立法的不断完善,以及船东互保协会与其会员之间的矛盾激化,这一现状将会改变。因此,我国海上保险立法应作出如下调整:第一,关于第三人能否直接向船东互保协会提出索赔的问题,法律应作出明确规定;第二,关于船东互保协会的内部关系,应根据内部关系中容易引起纠纷的事宜作出明确规定,以平息纠纷;第三,关于船东互保协会的法律地位、协会章程及其内容、入会证书的签发等,均应作出适当的规定。

第三节 《鹿特丹规则》对海上保险的影响

一、承运人责任制度的变化对保险人的影响

《鹿特丹规则》规定的承运人责任归责原则为完全过失责任原则。相对于现行《海牙—维斯比规则》和我国《海商法》第四章"海上货物运输合同",《鹿特丹规则》将承运人谨慎处理使船舶适航的时间从船舶开航之前和开航当时扩展至整个航次期间,废除了航海过失免责和火灾过失免责。国际航运实践中,大多数造成货物灭失或损坏的事故是由于船长、船员等的航海过失或火灾过失所致。同时,大幅度提高了承运人赔偿责任限额。因此,《鹿特丹规则》大大增加了承运人的责任。

相对于现行《海牙—维斯比规则》和我国《海商法》第四章"海上货物运输合同"关于承运人责任的规定,如果《鹿特丹规则》得以实施,由于承运人责任制度发生了重大变化,海上保险业将带来相应变化。具体而言,由于承运人责任的大幅度

提高,承运人责任保险人(船东互保协会)承保的承运人责任将相应增加;承运人责任的大幅度提高将导致货物所有人承担的货物在海上运输中的风险减少,从而货物保险人所承担的保险责任将相应减少。换言之,货物保险人所承担的部分货物灭失或损坏风险将转移至承运人责任保险人。与此相对应,承运人向承运人责任保险人(船东互保协会)支付的保险费将相应增加,货主向货物保险人支付的保险费将相应减少。换言之,货物保险人收取的部分保险费将很可能转移至承运人责任保险人。

二、承运人责任期间的延长对货物保险人的影响

《鹿特丹规则》既适用于"港到港"的国际海上货物运输,也适用于包括国际海上货物运输区段的国际货物多式联运,包括"门到门"运输。与此相对应,承运人对货物的责任期间为收货到交货。《海牙—维斯比规则》没有直接规定承运人的责任期间,只是规定该规则强制适用的期间,即自货物装上船时起至货物卸下船时止;关于承运人对货物在装船之前和卸船之后的责任,允许承运人与托运人达成任何协议。因此,根据这种装前卸后协议,《海牙—维斯比规则》规定的承运人责任期间为"装船到卸船"或者"港到港"。我国《海商法》规定的承运人责任期间,区分集装箱货物和非集装箱货物,承运人对集装箱货物的责任期间是指从装货港接收货物时起至卸货港交付货物时止,即"港到港";对非集装箱货物的责任期间与《海牙—维斯比规则》的规定相同。因此,与现行《海牙—维斯比规则》和我国《海商法》相比,《鹿特丹规则》扩大了承运人的责任期间。

在海上货物保险中,保险人早就为货主提供了"门到门"的保险服务。英国《1906 年海上保险法》第 2 条将保险人承保的风险从纯粹的海上风险扩大到与海上航程有关的内河或陆上风险。现行货物保险条款均规定了"仓至仓"(warehouse to warehouse)的责任期间。因此,货物保险人的承保期间与《鹿特丹规则》规定的承运人的责任期间实现了吻合。而且,这种吻合加上《鹿特丹规则》采用"最小网状责任制",将有利于货物保险人行使代位求偿权而向承运人追偿。具体而言,由于承运人对全程货物运输负责,对于在任何区段造成的货物灭失或损坏,货物保险人向被保险人赔偿后,均可行使代位求偿权而向承运人追偿。而且,由于《鹿特丹规则》采用"最小网状责任制",货物保险人基本上可以预见追偿的结果。

三、诉讼时效延长对货物保险人的影响

《鹿特丹规则》第 62 条第 1 款规定:"两年时效期届满后,不得就违反本公约下的一项义务所产生的索赔或者争议提起司法程序或者仲裁程序。"相对于现行《海牙—维斯比规则》和我国《海商法》规定的 1 年的诉讼时效期间,《鹿特丹规则》延

长了货方向承运人索赔货物灭失、损坏或迟延交付造成的经济损失的诉讼时效期间。

《鹿特丹规则》将向承运人索赔的诉讼时效期间延长到两年,有利于货物保险人行使代位求偿权而向承运人追偿。

四、举证责任的规定对货物保险人的影响

现行《海牙—维斯比规则》和我国《海商法》未明确规定在货物灭失、损坏索赔中承运人与货方之间举证责任的承担及举证顺序。《海牙—维斯比规则》仅在第4条第1款中规定,由于船舶不适航引起的货物灭失或损坏,谨慎处理的举证责任应由承运人或者请求免责的其他人承担;第4条第2款规定,承运人欲援引免责事项,应证明货物灭失或损坏是由于一项或几项承运人可免责的原因所致,但对于火灾所造成的货物灭失或损坏,货方需证明承运人本人对于火灾的发生有过错。我国《海商法》仅在第51条第2款规定,承运人欲援引免责事项,应证明货物灭失或损坏是由于一项或几项承运人可免责的原因所致,但对于火灾所造成的货物灭失或损坏,货方需证明承运人本人对于火灾的发生有过错。

《鹿特丹规则》第17条在规定承运人责任和免责的同时,明确规定举证责任由船货双方共同分担,并且分层次地规定了举证顺序。该规则构建了"三个推定"的立法框架:第一,货方只要举证货物灭失、损坏或迟延交付发生于承运人的责任期间之内,便推定承运人有过失,承运人如要免除赔偿责任,必须证明其本人以及第18条述及的人没有过错。第二,如承运人证明货物的灭失、损坏或迟延交付由免责事项所致,推定其无过失,如索赔方不能反证承运人有过错,承运人不负赔偿责任。第三,对于船舶不适航导致的货物灭失、损坏或迟延交付,只要货方证明船舶不适航造成或者可能造成损失,便推定承运人有过失,除非承运人证明已谨慎处理使船舶适航或者船舶不适航与货物的灭失、损坏或迟延交付没有因果关系。

《鹿特丹规则》规定的举证责任分配呈现出不同于《海牙—维斯比规则》和《汉堡规则》的特点:第一,规定了明确的举证顺序,使举证责任分配更加明确合理。《鹿特丹规则》既吸取了《海牙—维斯比规则》规定模糊不清给司法实践带来困扰的教训,又避免了《汉堡规则》规定的完全推定承运人过错的"一边倒"模式给承运人带来过重的举证负担。第二,《鹿特丹规则》规定更全面具体,具有可操作性。第三,与《海牙—维斯比规则》相比,加重了承运人的举证责任。

《鹿特丹规则》关于举证责任的规定对保险人的影响,主要体现在货物保险人向承运人进行追偿时,要履行该规则明确规定的索赔方的举证责任,而在适用现行《海牙—维斯比规则》和我国《海商法》的情况下,由于货物索赔举证责任的不明确,司法实践中货物保险人向承运人进行追偿时的举证责任并不明确和统一。

五、《鹿特丹规则》对我国海上保险业的影响

从上述分析可以看出,如果《鹿特丹规则》得以实施,对我国海上保险业的潜在影响主要表现为:第一,《鹿特丹规则》将有利于货物保险人,包括货物保险人的保险责任将由于该规则大幅度增加承运人的责任而减小,同时其保险费的收入将相应减少;该规则规定的承运人责任期间延长、诉讼时效期间延长和明确的货物索赔举证责任,将有利于货物保险人行使代位求偿权而向承运人追偿。第二,承保承运人对货物灭失、损坏赔偿责任的承运人责任保险人(船东保赔协会)的保险责任将由于《鹿特丹规则》大幅度增加承运人的责任而增加,同时其保险费的收入将可能相应增加。第三,由于《鹿特丹规则》大大加重了承运人的责任,将有助于促使国际航运企业提高船舶技术状态、提高船员素质和船舶管理水平,从而减少海损事故的发生,因而对船舶保险将产生潜在的有利影响。

第四节 我国保险业的对策

一、保赔保险的对策

如果《鹿特丹规则》得以实施,承运人责任保险人(船东保赔协会)的保险责任将由于《鹿特丹规则》大幅度增加承运人的责任而增加,承运人责任保险人(船东保赔协会)的保险责任将由于《鹿特丹规则》大幅度增加承运人的责任而增加,与之同时其保险费的收入将可能相应增加。针对这种潜在的变化,我国保赔保险人应采取以下对策:

(一)提高承保承运人责任险的能力

承运人责任保险人(船东保赔协会)的保险责任增加与保险费收入可能相应增加之间,保险责任的增加将是很明显的,而保险费收入的增加相对不明显。这是因为,保险费率高低与保险人承保的责任大小有关,但保险费率高低的决定因素是保险市场的供求关系,而且承运人对货物灭失、损害的责任在保赔保险中所占比重并不大。因而,即使保赔保险的保险费将增加,其增加的幅度将很有限。因此,我国保赔保险人(中国船东互保协会和承保保赔保险的商业保险公司)必须提高承保承运人责任险的能力。主要表现在:第一,提高赔付能力,以应对更多的承运人对货物灭失、损坏需承担赔偿责任的索赔案件。第二,提高出具担保的能力,即由于承运人对货物灭失、损坏需承担赔偿责任的索赔案件增多,保赔保险人需为国际航运企业出具担保以避免其船舶被扣押或使已经扣押的船舶获释的情形将增多,

而且，由于承运人赔偿责任限额的大幅度提高，担保的金额将随之提高，保赔保险人需满足这种需要，尤其是提高国内出具的担保在国际上的被接受程度。第三，提高应急处理和理赔能力，即随着承运人责任事故的增多，对保赔保险人的应急处理和理赔人员的数量和水平都提出了更多要求。第四，提高分保能力，即提高通过在国际保赔保险或国际保险市场分保而分散保险责任的能力。

（二）加强对船舶技术状态以及国际航运企业船舶管理与船员管理的监督

我国国际航运企业要减少由于《鹿特丹规则》大幅度加重了承运人的责任，必须要提高船舶技术状态、提高船员素质和船舶管理水平。同样，船舶技术状态的提高、船员素质和船舶管理水平的提高将有效地减少保赔保险人的责任风险。因此，加强对船舶技术状态以及国际航运企业船舶管理与船员管理的监督，帮助国际航运企业积极采取正确的防损、减损措施，督促国际航运企业遵守有关海上安全和船员的国际公约、法律、法规和规章，督促国际航运企业严格实施安全管理体系。

前文所述，我国国际航运业中存在大量的中小企业，这些企业的船舶技术状态、船员素质和船舶管理水平普遍不高。虽然理论上我国保赔保险人可以选择不承保这些企业船舶的保赔保险，但客观上这些企业恰是我国保赔保险业务得以发展甚至存在的重要基础，而且承保这些企业船舶的保赔保险是促进我国国际航运业发展的需要，在某种意义上也是我国保赔保险人承担的社会责任的表现。因此，对于这些企业及其船舶，重要的是我国保赔保险人加强对船舶技术状态以及企业船舶管理与船员管理的监督，而不是不予以承保或者提高保险费。

（三）提高中国船东互保协会的国际化程度

由于历史的原因，中国船东互保协会在成立之初依附于中国远洋运输总公司。目前，中国船东互保协会的会员结构具有两个明显的特点：第一，会员是在我国登记的国际航运企业，或者中国企业或个人在境外登记的国际航运企业，而没有纯境外国际航运企业，从而会员结构上没有成为一家国际性船东保赔协会，到目前为止还不是国际船东保赔协会集团的成员。第二，会员以中国远洋运输集团、中国海运集团下属企业等少数几家大型国际航运企业为核心，董事会成员大多由这些会员单位的人担任。会员中虽然中小国际航运企业数量居多，但在董事会权力过大的保赔协会体制下，其在协会中地位不高，受到的待遇往往低于规模大的会员。

中国船东互保协会在其网站"互保协会简介"中指出：保赔协会的特点是除了海上保险的专业化外，互保协会最大的特点是国际化。即会员国际化、保险业务国际化、海商海事案件处理国际化、投资活动国际化。经过150年的发展和经营，互保协会在国际海运界、保险界和法律界的形象已确立,信誉已被确认。因此,国际化是互保协会最高也是最基本的服务标准和要求。很明显,中国船东互保协会离保赔协会的国际化要求还有很大差距,需要努力提高其国际化程度。

二、货物保险的对策

《鹿特丹规则》如得以实施,将有利于货物保险人,包括货物保险人的保险责任将减小、便于货物保险人行使代位求偿权而向承运人追偿,但保险费将相应减少。与前文分析的《鹿特丹规则》的实施使保赔保险费增加明显不同,该规则如得以实施,保险费将明显相应减少。因此,如果该规则得以实施,我国货物保险人在个案中的保险责任将减小,但从宏观上讲,以保险费收入为衡量指标,我国货物保险市场将出现萎缩。而且,目前我国货物保险在国际货物保险市场中的竞争力主要体现在保险费率较低。随着货物保险费占货物价值的比例减少,货物所有人对于货物保险费高低的关注程度将相应降低,从而将导致部分货物所有人选择在国外保险公司投保,因为相对而言,发达国家保险公司的保险责任更加明确,理赔更加及时,惜赔思想不严重。其结果是,我国货物保险市场保源会进一步流失。针对这种影响,我国货物保险人应以稳定和增加保源为目标,采取以下对策:

(一) 完善我国的货运险条款、与国际接轨

前文所述,目前我国 2009 年《海上货物运输保险条款》是对 1981 年《海上货物运输保险条款》所进行的修改,参照了 2009 年《协会货物运输保险条款》。2009 年《协会货物运输保险条款》与 1982 年《协会货物运输保险条款》相比所具有的对被保险人有利的变化,包括扩展了保险责任起讫期间,对保险人引用除外责任条款作了一些条件限制,对条款中容易产生争议的用词作出了明确规定,条款的文字结构更为简洁、严密。2009 年《海上货物运输保险条款》中一切险的文字结构实质上仍然是列明风险。由于"外来原因"等用词的含义容易产生争议,保险人在惜赔思想的影响下,凭借其专业知识,经常利用其作为拒赔的理由。

因此,应当继续完善我国的《海上货物运输保险条款》,与国际接轨。要扩大保险人责任范围,对保险人引用除外责任条款作出一些条件限制,对条款中容易产生争议的用词作出明确规定,条款的文字结构更为简洁、严密,避免被保险人,尤其是国外被保险人或保单持有人不理解,保险争议发生后导致客户的流失。

(二) 改进理念、提高服务质量

我国保险公司经营货物险业务,要逐渐改变小责任、低保费、低赔付的经营理念,将主要通过降低保费作为市场竞争手段逐渐改变为主要依靠提高服务质量作

为市场竞争手段。

在展业承保货物险时,要树立全心全意为客户服务的思想,为被保险人,尤其是中小对外贸易企业设计合理的保险方案以及防范控制风险,要详细解释保险条款,特别是除外责任的解释应明确具体,以诚待人,争取客户。出险理赔时,要以取信于客户,改变承保时与理赔时"两张面孔"的现象,做到展业、理赔态度一个样,克服惜赔思想,对保险责任范围内的赔案,应及时理赔,巩固和发展进出口货运险业务。

此外,针对短期信用险商业化是一种必然的趋势,以及我国保险市场中与进出口海上货物运输险配套的险种开发不够,目前主要由保险公司和进出口银行在财政支持下开展出口信用保险的现状,为了鼓励出口,扩大货物险业务,要积极开展进出口信用保险,以争取进出口海上货物运输险保源。

第十三章 《鹿特丹规则》对银行业的影响与对策

第一节 海上运输规则与银行业

一、银行在国际贸易与国际航运中的地位

(一) 银行与国际贸易

在当今经济全球化的背景下,银行在国际贸易领域中发挥越来越重要的作用,银行以其信用及其他独特优势,为贸易中的各方当事人提供形式多样、方便快捷的银行服务,最大限度地保证国际贸易顺利进行,促进当代国际贸易的飞速发展。

银行在国际贸易中的作用主要可分为支付结算和融资担保。其中,国际结算方式主要包括电汇、托收、信用证、银行保函、备用信用证、福费廷[1]、票据贴现及国际保理业务。目前国际贸易中使用最广泛的结算方式主要有三种,即电汇、托收和信用证。

电汇是指由汇款人(进口商)委托当地银行将一定金额的款项汇交给国外收款人(出口商)的一种结算方式,一般的程序是买卖双方签订购销合同,规定以电汇方式结算;汇款人填写汇款申请书,交款付费给汇出行;汇出行通过加押电传或SWIFT方式将款项汇到汇入行;汇入行解付汇款给收款人。电汇属于商业信用,双方合同的履行、货款的汇付完全依靠进出口双方的信誉。

托收是出口方把单据或光票交给银行,委托银行代为收取货款的行为,分为跟单托收和光票托收。托收结算同样是以商业信用为基础,银行只是在其中办理委托业务,并不承担付款和收回货款的责任。

信用证(简称 L/C)支付方式是随着国际贸易的发展、银行参与国际贸易结算的过程中逐步形成的。由于货款的支付以取得符合信用证规定的货运单据为条件,避免了预付货款的风险。因此,信用证支付方式在很大程度上解决了进出口双方在付款和交货问题上的矛盾。它已成为国际贸易中的一种主要付款方式。

在托收和电汇业务中,办理国际结算的各相关银行对买卖双方的交货、履约、

---

〔1〕 福费廷是英文"Forfaiting"的音译,是指改善出口商现金流和财务报表的无追索权融资方式,包买商从出口商那里无追索地购买已经承兑并通常由进口商所在地银行担保的远期汇票或本票的业务。

付款过程中的一切风险都不承担任何保证责任,只是按照买卖双方的委托,承担受托办理和支付中介的角色。但信用证业务中,开证银行则承担第一性的付款责任,若出口商提供的单据与所开具的信用证条款完全相符,银行必须无条件付款。

国际贸易中,信用证交易极为频繁。在此期间,通过银行进行一项独立于实体交易的单纯的单证交易。依据买方开证行开出的信用证,备货装船,开出符合信用证的运输单证来进行贸易结汇,议付行与开证行都要对运输单证进行审查,确定单单相符与单证相符。

银行在单证贸易当中扮演了很重要的角色。银行在信用证交易中的业务不仅限于形式,而要具体进行相关的审单业务。在银行接收运输单证、持有运输单证时,银行处于什么样的法律地位,拥有什么样的法律权利,履行什么样的法律义务,承担什么样的法律责任,都需要法律进行明确。

(二)银行与国际海运

随着世界商品贸易的发展,国际间经济的进一步融合,航运业在各国的经济地位与战略地位不断提高。从全球角度看,航运业作为一个技术与资本都高度密集的产业,其发展与该国的金融资本支持密不可分。没有本国金融资本长期稳定的支持,在航运业这样一个高度周期波动性的行业中,航运公司很难获得长期持续性的发展。因此,银行在国际航运结算、船舶融资等方面均发挥着举足轻重的作用。

全球性的竞争需要商业银行与海运企业具有开放性的视野,包括在双方的合作中,建立开放性的、多边的银企关系。

由于国际货物贸易运输大部分经由海运进行,而在信用证支付方式中,海运单证对银行交易至关重要,因而海上货物运输规则对银行利益规定了相关保障机制。

二、传统海上货物运输规则下银行业利益的保障机制

我国《海商法》第71条规定:"提单,是指用以证明海上货物运输合同和货物已经由承运人接收或者装船,以及承运人保证据以交付货物的单证。提单中载明的向记名人交付货物,或者按照指示人的指示交付货物,或者向提单持有人交付货物的条款,构成承运人据以交付货物的保证。"据此,一般认为提单具有三大功能,其中一项为"承运人保证据以交付货物的单据",有的因此将提单称为"物权凭证"。

提单的这一功能意味着持有提单即拥有支配提单项下的货物,就该货物享受利益并具有排他的权利,包括货物在被承运人保管待运期间、运输途中、交付中的控制权及在目的港请求交付的权利,以及通过转让提单而转让提单项下的货物及

其相应权利的效力。通过转让提单,可实现转让提单项下的货物,以最大限度地实现其商业价值。另外,提单所具有的承运人与提单持有人之间的债权凭证的功能为提单的流转提供了可靠的保障,确保了提单的信用,使最终的合法提单持有人得以在目的港凭提单请求承运人交付货物,最终实现对货物的实际支配与利用。

在以信用证为结算方式的国际贸易活动中,银行持有提单的情况颇为常见。例如,银行根据买方的申请,向卖方开出信用证,卖方将货物装船后,承运人签发提单给卖方。卖方凭提单及信用证项下的单证向议付行结汇,银行付款取得信用证项下的所有单证。当买方不付款赎单时,银行便成为提单的合法持有人。

银行支付信用证受益人(卖方)货款后,应享有提单项下货物之权利,以作为银行付款的对价。银行占有提单时,对提单的权利符合质权的法律要件。在信用证条件下,买方向银行申请开立以卖方为受益人的信用证,开证协议中约定应提交的单证包括提单,银行通过向卖方议付货款取得并持有提单,提单由卖方移转给银行,质押合同自银行占有提单时成立并生效。该状态持续到买方付款赎单时。这一期间,银行合法持有提单这种权利凭证,对提单的占有代替了对提单项下货物的占有,避免了对货物的保管负担。

提单可以转让,为可让与财产权。谁持有提单,谁就有权主张提单项下的物权,能担保债权优先清偿。银行作为质权人,要实现优先清偿债务的目的,可以通过提取提单项下的货物出售或转让提单获取价款等方法行使处分权。当买方不付款赎单时,银行实际占有和控制提单。银行凭提单向承运人主张提货或提起诉讼时,将承担提单条款确定的运输合同的责任,如支付运费、卸货港滞期费、共同海损分摊等。如银行不履行这些责任,承运人依法可以行使留置权。这样,对银行实现质权权利会产生相当严重的影响。但是,银行持有记名提单时,无法直接提取货物变卖并从中优先受偿,因为承运人可以银行不是提单上记载的收货人拒绝交付货物,银行也不能通过转让提单获得优先清偿。此时,银行只能向开证申请人主张权利。所以,在信用证付款方式下,银行应慎重对待不能转让、不能提货的记名提单。

三、影响银行业的公约规则

《鹿特丹规则》对银行业产生较大影响的规则主要有:

1. 运输单证和电子运输记录制度

银行在单证贸易中的重要地位决定其在海上货物运输法中运输单证制度的变革必将对其产生重大影响。《鹿特丹规则》第八章"运输单证和电子运输记录"就运输单证和电子运输记录制度作了详细规定,包括运输单证或者电子运输记录的签发、合同事项、签名、合同事项的证据效力等。该规则第三章"电子运输记录"就电子运输记录的使用和效力、可转让电子运输记录的使用程序以及可转让运输单证或者可转让电子运输记录的替换作了明确规定。

2. 货物交付制度

银行持有运输单证,相当于获得了偿付货款的担保,但如果承运人可以无单放货,则会损害银行和收货人的利益。根据现行国际海上货物运输法律,可转让提单必然要求凭单放货。为了解决目前航运实践中普遍存在的无单放货现象,《鹿特丹规则》第九章"货物交付"设计了新的货物交付制度,运输单证的"提货凭证"功能被弱化,承运人凭单放货的义务不再作为一项基本原则,而是在一定条件下承运人被赋予无单放货的权利。这将给银行带来一定的风险。

3. 控制权与权利转让制度

《鹿特丹规则》为托运人、提单持有人等创设了一种新的权利,即"控制权"(right of control),第十章"控制方的权利"具体规定了控制权的行使和范围、控制方的识别和控制权的转让、视为交货的情形以及运输合同的变更等内容。银行作为提单持有人时亦会受此规定的影响。该规则第十一章"权利转让"规定了签发可转让运输单证或者可转让电子运输记录的情形以及持有人的赔偿责任。在可转让的运输单证转让后,该单证上的权利抑或是权利义务一同转让给受让单证的单证持有人。但是,运输单证转让后,转让的到底是什么,各国的立法例不完全一致。从微观上讲,运输单证转让关系到船方与货方利益;从宏观上讲,运输单证转让关系到运输法和贸易法衔接的临界点,关系到贸易方和银行何时受运输法约束的问题。

第二节 《鹿特丹规则》对银行业的影响

一、对银行业务运作的影响

(一)《鹿特丹规则》中运输单证制度对银行业务的影响

国际贸易中,信用证交易极为频繁。在此期间,通过银行进行一项独立于实体交易的单纯的单证交易。依据买方开证行开出的信用证,卖方备货装船,开出符合信用证的运输单证进行贸易结汇。议付行与开证行对运输单证进行审查,确定单单相符与单证相符。银行在单证贸易当中扮演很重要的角色,在信用证交易中的业务不仅限于形式,而要具体进行相关的审单业务。

银行审单主要审查运输单证的记载,体现单证交易的特点。《跟单信用证统一惯例》(The Uniform Customs and Practice for Documentary Credits:UCP600)第20条"提单"规定了银行关于提单的审单规则:"a. 提单,无论名称如何,必须看似:表明承运人名称,并有下列人员签署:承运人或其具名代理人,或者;船长或其具名代理人。承运人、船长或代理人的任何签字必须标明其承运人、船长或代理人的身份。代理人的任何签字必须标明其系代表承运人还是船长签字……"

上述审单规则在《跟单信用证统一惯例》第 19 条"多式联运单证"、第 21 条"不可转让海运单"、第 22 条"租船合同提单"、第 23 条"空运单据"、第 24 条"公路、铁路与内陆运输单据"中都有相同的表述。它们表明运输单证当中必须记载承运人、船长或代理人的名称,代理人须表明其代理身份并说明代理谁签发。唯一不同的是,在第 22 条"租船合同提单"中代理人在表明其代理身份的同时,必须表明其代理的承租人或船舶所有人的名称。

《鹿特丹规则》第 38 条"签名"对运输单证和电子运输记录签名进行了专门的规定[1],虽然只有两款条文,但体现了运输单证上签名的重要性与该规则对于签名的重视。签名作为运输单证和电子运输记录中身份的表征,具有很高的效力,无论在实务还是法律当中都极其重要。签名通常作为承运人识别的重要根据,在航运实践与法律事务当中都受到重视。

《鹿特丹规则》第 38 条"签名"规定运输单证和电子运输记录应当由承运人或者代其行事的人签名,表达了两层含义:第一,承运人或代其行事的人必须在运输单证或电子运输记录上签名或电子签名;第二,在签名栏进行签名只能是承运人或代其行事的人。

《鹿特丹规则》第 38 条第 2 款要求承运人或代其行事的人也须在电子运输记录上进行相应的电子签名。电子签名的技术为中性,只要能够实现签名的可识别性并表明承运人对代其签名的授权即可。电子签名与签名具有同等效力,该规则与我国《电子签名法》都予以确认。

我国《海商法》第四章中没有对于运输单证签名的规定。《鹿特丹规则》实现了这一方面的创新,对于相应问题的解决将起到很大的作用。

《跟单信用证统一惯例》第 19 条至第 24 条规定,运输单证的出具日期将被视为发运日期,除非运输单证载有已装船批注注明发运日期,此时已装船批注上注明的日期将被视为发运日期。《鹿特丹规则》第 39 条第 2 款"合同事项不完备"规定:"合同事项包含日期而未载明其含义的:(一)如果合同事项载明货物已装船,该日期视为运输单证或者电子运输记录中载明的全部货物的装船日期;或者(二)如果合同事项未载明货物已装船,该日期视为承运人或者履约方收到货物的日期。"《跟单信用证统一惯例》的规定较《鹿特丹规则》更为具体,但两者规定协调统一。

---

[1]《鹿特丹规则》第 38 条"签名"规定:"一、运输单证应由承运人或代其行事的人签名。二、电子运输记录应包含承运人或代其行事的人的电子签名。凭借此种电子签名,应能够识别与该电子运输记录有关的签名人,且表明承运人对该电子运输记录的授权。"

《鹿特丹规则》关于"签名"和发运日期的规定与《跟单信用证统一惯例》的审单规则一致。这种协调统一将保障单据在运输领域与贸易领域的顺利衔接,既符合运输领域规范的操作,又满足贸易领域交单结汇的需要。所以,从影响方面评价,《鹿特丹规则》的上述规定对于贸易商与银行都是一种利好。

(二)电子运输记录对银行业务的影响

电子运输记录制度作为《鹿特丹规则》几大创新之一,其在国际公约中首次被采纳,必然给各国立法或法律修改带来新的内容。关于电子运输单证,电子提单规则早在 1990 年《国际海事委员会电子提单规则》(CMI Rules for Electronic Bill of Lading)中就出现了,但这一规则是民间规则,没有确定的法律效力。此后,各国关于电子运输单证的立法也随之增多,但都处于一种初级与多样的阶段,并没有实质的系统规定。《鹿特丹规则》中的电子运输记录制度,一是为了与现实同步,确认电子运输记录的法律效力,促进电子运输记录的发展;二是为了统一各国关于电子运输单证的规定,为其在国际范围内的适用扫清法律障碍。对电子运输记录作出统一完善的规定是《鹿特丹规则》的立法宗旨之一。

《鹿特丹规则》包含了较为系统的电子运输记录规定,从电子运输记录的定义,到电子运输记录的签发、保持其完整性、证明持有人、交付、转让、内容、效力等方面都进行了单独的规定或与运输单证同一的规定。并且,根据该规则第九章"货物交付"的规定,电子运输单证的记载、持有及所代表的权利、转让与提取货物的效力等同于运输单证。

随着航运技术的不断发展,纸面运输单证高昂的成本、缓慢的周转速度、工作上的漏洞以及其他类似的问题,使得人们有必要为现行的单证流转速度寻求一个更完整的替代方案。随着 EDI 技术和电子商务在海运业的应用,用电子运输记录替代传统纸质单证成了众望所归的选择。无疑电子运输记录能加快单证流转速度、降低单证处理成本,并且在时间和空间上具有全天候和全球性。

另外,电子运输记录能增加贸易的安全性,降低贸易风险。由于电子运输记录以电子形式记录在权利注册系统中,被伪造的可能性大大减少,且其发送和接收通过特定的确认手段,可以有效防止欺诈;承运人可以控制和监视电子运输记录内容,以防止托运人涂改、欺骗收货人与银行;托运人、银行甚至收货人可以监视承运人行踪,很大程度上可以避免船舶失踪;承运人对收货人的提货行为可以有效控制,只有当收货人付款之后,银行才通知货物所有权的转移,承运人可以将货物准确无误地交给真正的收货人,避免货物被冒领、错交。

据银行统计,在信用证结算中,超过 50% 的单证有不符点,单证的反复修改造成资源的浪费。使用电子运输记录后,电子数据不必重新录入,可以避免纸张单证分次、分散缮打发生不一致的错误,单证不符的情况将大幅降低。即使有错误,也可以立即由签发方通过 EDI 进行更正,减少拒付事件。[1]

但是,电子运输记录像其他电子单证一样有其先天不足:缺乏具体的形态,如果系统被误操作或被人故意破坏,极易被修改;被修改的电子单证不会留下明显的痕迹,而纸面单证如有变化则较易被察觉;电子单证有被人欺诈使用的可能,比如提供修改密码、假造电子单证提货等;电子单证在网络上运作,存在网络威胁。

对银行以及其他各方来说,安全性是电子运输记录使用的一个非常重要的前提条件。安全包括技术安全和法律安全。商业信息和可转让单证的电子传递需要充分保证其真实性、确定性、保密性和合法有效性,这是电子运输记录存在和发展的前提条件之一。在电子单证领域,技术安全和法律安全紧密联系。研究电子单证的法律安全不可忽视技术安全,银行只有具备一套完整安全的电子运输记录技术支持,才能按照法律的规定顺利开展业务,防范风险。

二、对银行风险管理的影响

(一) 货物交付制度对银行风险的影响

在当代国际航运与贸易实践中,提单似乎陷入了一个难以克服的困境之中:在很多情况下,货物已经到达目的地,而提单还继续停留在贸易领域的流转过程中,由于提单是提货凭证,承运人有义务收回提单再交付货物,但为了避免船舶滞港、货物滞港而给承运人带来损失,同时为了配合货方及时接收货物、加速货物流转的商业需求,承运人往往在接受保函的情况下无单放货。

据粗略统计,班轮运输中存在 15% 的无单放货现象,租船运输可高达 50%,某些重要商品如矿物、油类货物运输几乎是 100% 无单放货。[2]

在《鹿特丹规则》的制定中,一些国家认为,无单放货现象普遍存在,使提单的提货凭证功能与航运实践发生了很大的偏离,说明继续维护提单的提货凭证功能已有些不合时宜。该规则不再坚持绝对的提货凭证功能,一旦提单迟于货物到达目的地,或者由于其他原因提单持有人未能在货物到达目的地时要求提货,承运人有权听从控制方或托运人(包括单证托运人)的指示予以放货。这种放货行为视为承运人已经向提单持有人履行了交付货物的义务,而无须承担无单放货的责任。

《鹿特丹规则》第九章"货物交付"规定了货物交付制度,其中第 47 条规定了签发可转让运输单证或者可转让电子运输记录时的交付。

(1) 该条规定在签发可转让运输单证或可转让电子运输记录的情况下,承运

---

[1] 参见郭瑜:《提单法律制度研究》,北京大学出版社 1997 年版,第 146—147 页。
[2] See Article 9.4.2.4 of "Draft Outline Instrument" by CMI ISC 2000.11.20.

人应当凭运输单证交付货物。此规定与目前法律规定和航运实践做法保持一致。

（2）该条规定所签发的可转让运输单证或可转让电子运输记录明确规定可以不提交运输单证或电子运输记录交付货物时，在持单人不按约定提取货物的情况下，承运人应如何履行交货义务，即当持有人不提货时，承运人应将这一情况通知托运人，承运人经合理努力无法确定托运人的，有权通知单证托运人，而托运人或者单证托运人应向承运人发出关于货物交付的指示；同时，承运人在按照托运人或单证托运人指示交付货物后，即履行其根据运输合同向持有人交付货物的义务。

（3）在此种交付后成为持有人的人，在其成为持有人时不知道并且不可能合理地知道此项交付时，仍取得可转让运输单证或者可转让电子运输记录所包含的权利。如此种情形下承运人对持有人承担赔偿责任，发出指示的人应当赔偿承运人因此遭受的损失。同时，合同事项载明预计到货时间，或者指明如何获取有关货物是否已交付的信息时，推定持有人在其成为持有人时已知道或者能够合理地知道货物的交付，因而在该情形下持有人将不能获得赔偿。

该条最重要的意义是为实务中可转让单证的无单放货问题提出了创新解决方案，但这一问题的解决也有很大困难。承运人可按照托运人或单证托运人指示交货并且免除向持有人的交货义务，是对目前通行的凭可转让单证交付货物的航运实践的重大改变，直接影响可转让单证的可靠性和信赖度，有可能损害银行等单证持有人的利益。因而，规定在此种交付后成为持有人的人，在其成为持有人时不知道并且不可能合理地知道此项交付时，仍取得可转让运输单证或者可转让电子运输记录所包含的权利，企图在实务做法和提单信誉中寻求平衡。而对于银行来说，必须更加谨慎地审单，查明可转让运输单证或可转让电子运输记录是否明确规定可以不提交运输单证或电子运输记录交付货物以及预计到货时间，或者获取货物是否已交付的信息，以免成为承运人无单放货的受害者。

（二）控制权制度对银行风险的影响

为了解决不可转让单证不能流转的缺陷，《鹿特丹规则》规定的控制权制度使不可流通单证产生流转的实际效果。该规则第十章规定了控制方的权利，分为三种情况：

（1）未签发可转让运输单证或者可转让电子运输记录时，《鹿特丹规则》第51条第1款规定托运人为控制方，除非托运人在订立运输合同时指定收货人、单证托运人或者其他人为控制方，并且控制权可以转让。在《跟单信用证统一惯例》中，银行接受海运单证结汇，因而控制权不仅限于转让给收货人，还可以转让给银行。由于托运人可以随时更改收货人，因而记名提单的收货人没有安全的保障，但当事人得协议限制控制权的可转让性。

（2）签发载明应当交单提货的不可转让运输单证时,《鹿特丹规则》第51条第2款规定托运人为控制方,并且可以通过将运输单证不经背书转移给该单证中记名收货人的方式,将控制权转让给该收货人;签发一份以上正本单证时,为实现控制权的转让,应当转移所有正本单证,此种情况下收货人要行使控制权必须提示全套正本单证,银行持有单证时不会因此遭受利益损害。

（3）签发可转让运输单证或可转让电子运输记录时,持有人为控制方,行使控制权时也必须提示全套正本单证。因而,银行持有单证或电子运输记录时成为控制方,可保障其利益不受损害。

（三）权利转让制度对银行风险的影响

在可转让运输单证或可转让电子运输记录转让后,该运输单证或电子运输记录上的权利抑或是权利和义务一同转让给受让运输单证或电子运输记录的持有人。但是,运输单证或电子运输记录转让后,转让的到底是什么,各国或地区的立法例不完全一致。但前文所述,此种问题从微观上讲,关系到船方与货方的利益;从宏观上讲,关系到运输法和贸易法衔接的临界点,关系到贸易方和银行何时受运输法约束的问题。

关于非托运人的提单持有人如何获得对承运人的权利,在理论上有不同的学说,如"代理说""证券关系说""合同让与说""第三人利益合同说""法律规定说"等。《鹿特丹规则》第十一章"权利转让"采用的显然是"合同权利让与说",并且明确规定,非托运人的提单持有人未行使运输合同下的任何权利时,不能仅仅因为持有提单而承担运输合同项下的任何责任。换言之,提单持有人受让提单的同时就受让了提单下的权利,但提单持有人对承运人的义务或责任只有在其向承运人主张权利时才能发生,即所谓的"权利义务异步说"。这是采纳了英国《1992年海上货物运输法》的做法。

关于提单持有人的权利义务,我国《海商法》第78条第1款明确规定："承运人同收货人、提单持有人之间的权利义务关系,依据提单的规定确定。"对这条规定的一般理解是,提单持有人在享有权利的同时要承担相应的义务,即所谓"权利义务同步说"。按此理解,仅仅持有提单而未曾主张提货的中间商及银行,也要面临承运人的各种索赔,如到付运费、目的港滞期费、货物对船舶所造成的损坏等。

显然,对于承运人而言,"权利义务同步说"比"权利义务异步说"更为有利。然而,"权利义务同步说"在理论上是否成立,涉及对提单物权凭证功能的认识,在实践中是否有利于国际贸易、是否有利于单证买卖,值得研究。

大陆法系国家或地区大多没有针对提单转让,随之带来的提单权利转让,抑或是权利和义务转让进行直接规定。涉及提单转让后持有人或收货人取得相应权利的规定有两种方式:第一,日本、韩国、瑞典、希腊、德国、挪威、俄罗斯等国家的法律,从收货人已收取货物或接收货物时,需承担相应费用的支付义务角度进行规定,从而收货人只有提取货物时才承担提单上所记载的义务或责任;第二,持有人有权行使运输法中规定的权利,如意大利。英美法系国家法律规定,可转让运输单证的转让仅转让权利,如英国《1992年海上货物运输法》第2条的规定。从查找的资料看,仅有我国大陆和我国台湾地区规定可转让运输单证转让时,权利和义务一同转让,并且采用"承运人与单证持有人间的关系依单证记载确定"的规定方式。如我国大陆《海商法》第78条和我国台湾地区"海商法"第60条。[1]

以下对两种规定方式将会带来的法律后果进行比较:

1. 运输单证转让仅转让权利的法律后果

该种立法例主要是考虑了作为提单持有人的中间商和银行的利益。中间商的目的是为了转手货物而赚取利益,仅在贸易环节中存在,并非自己向承运人提取货物,与承运人形成权利义务关系。银行仅对贸易当事人在贸易中起到融资或者支付的作用,因而该种方式对其有利,包括:(1) 中间的提单持有人可以确定地不承担运输合同的义务和责任。(2) 给其自由选择的权利,当其选择转手货物时,可以不必顾虑在运输合同中承担责任,而只有在其向承运人要求提货时,才能承担运输合同中的某些义务和责任,从而使其对义务和责任具有预见性。(3) 有利于促进贸易的发展和银行业务开展。(4) 在无人提货时,为托运人依旧承担运输合同项下的义务和责任提供理论依据和法律上的衔接。

2. 运输单证转让时,权利义务一同转让的后果

第一,持有提单不仅享有提单所证明的运输合同项下的权利,同时承担义务,需要对承运人承担不履行义务的责任,即使提单持有人没有要求提货或没有实际提货,该义务和责任依旧存在。

第二,中间商和银行同样有面临对承运人的义务和责任,只要运输单证在其手中,从而使不想介入运输领域的中间商和银行承担运输合同的风险和责任,与其意志不符。

第三,无法衔接托运人、收货人与承运人间的责任,在卸货港单证持有人不提货时,托运人承担无人提货的责任和风险的依据何在,无法解释。

第四,给中间商和银行带来顾虑。

通过比较可以看出,《鹿特丹规则》关于可转让运输单证或可转让电子运输记

---

[1] 我国台湾地区"海商法"第60条第2项规定:"以船舶之全部或一部供运送为目的之运送契约另行签发载货证券者,运送人与托运人以外载货证券持有人间之关系,依载货证券之记载。"

录的转让仅转让权利的规定,不仅是英美法系和大陆法系多数国家或地区所采纳的立法例,而且有利于促进国际贸易的发展,应当予以接受。鉴于我国《海商法》对权利转让没有专门的规定。我国《海商法》在未来修改时,可参照本条规定加进权利转让的内容。

可转让运输单证的持有人在持有该单证时是否就应当承担相应的义务和责任,不仅涉及《鹿特丹规则》第57条中所提及的运输单证转让时是权利转让还是权利和义务同时转让各国或地区立法例不一致的问题,而且即使在权利转让的情形下,单证持有人何时承担运输单证下的责任亦需明确界定,因其关系到单证持有人何时受运输合同约束的问题。

《鹿特丹规则》第58条"持有人的赔偿责任"第1款规定:非托运人的持有人未行使运输合同项下任何权利时,不能只因为其是持有人而承担运输合同下的任何赔偿责任。本款的用意是为银行等中间持单人提供利益保护,只要其不行使运输合同下的任何权利,就不承担该合同下的任何责任。然而,该条第2款将单证持有人承担责任的条件规定为"行使运输合同下任何权利",较为宽泛,缺乏明确的界定。虽然在本条第3款中作了排除的规定,但仍然有可能在"任何权利"的解释上对其范围产生争议。如果非托运人的单证持有人行使控制权,例如通知或指示承运人改变货物温度等,就要承担义务,显然对持单人不公平。尤其是对那些并不想最终介入运输领域的中间商、银行而言,采用如此宽泛的规定,更会使其顾虑重重,不利于促进贸易的发展和发挥银行在贸易中的融资作用。

综合而言,《鹿特丹规则》规定非托运人的运输单证持有人可以拥有转让与要求换签运输单证或电子运输记录的权利,并且行使这些权利不被认为是需要承担运输合同项下赔偿责任。非托运人的运输单证持有人在行使其他权利时,也不承担运输合同下的任何赔偿责任,只要此种赔偿责任没有载入可转让运输单证或者可转让电子运输记录当中,或者可以从其中查明。银行作为非托运人的持有人,享有上述权利,同时只有在运输单证记载相应责任时才承担责任。单纯的持有、转让、信用证交易并不产生银行在运输合同项下的义务与责任。这是《鹿特丹规则》的一个重要创新点,在《海牙规则》《海牙—维斯比规则》与《汉堡规则》中都没有关于此种运输单证持有人权利义务的规定,我国《海商法》也没有对此进行专门的规定。在国际贸易中,运输单证流通频繁,对流通过程当中各持有人的权利义务进行规范非常必要。《鹿特丹规则》明确了银行在进行单证交易时在运输合同领域内权利与责任,值得肯定与借鉴。

第三节 我国银行业的对策措施

一、银行业务操作层面的对策

《鹿特丹规则》对银行审单业务的影响是与银行现有的操作规则同步，没有增加银行义务，而是更加肯定银行的单证交易做法，规范现有运输单证，与银行的单证审查工作相一致。

法律来源于现实，亦反作用于现实。近20年来，由互联网产生的电子商务迅猛发展，运输单证由纸面逐渐走向电子化。在运输单证领域，电子提单以及电子运输记录是运输单证电子化的表现。法律需要确认此种现实，并对此种现实进行相应的规范。1990年，国际海事委员会出台了《国际海事委员会电子提单规则》(CMI Rules for Electronic Bills of Lading)，属民间规则，并不具有强制的约束力。在随后出现的联合国国际贸易法委员会《电子商务示范法》与《电子签字示范法》中，电子单证问题也没有得到完全的解决。电子运输单证要得到广泛适用，必须解决三个方面的问题：一是资金问题，因为建立计算机通讯网络需要巨额资金；二是技术上的问题，必须实现单证流通的安全性与可识别性；三是法律上的问题，必须确认电子运输单证作为流通单证的法律效力。《鹿特丹规则》试图从国际公约的角度对电子单证的法律效力问题作出全面的解决。

从《鹿特丹规则》的规定看，一个基本出发点是赋予电子运输单证与传统运输单证同等效力，从运输单证整个流通过程，即从签发到货物交付，都使其与传统单证具有同等法律效力。所以，该规则首先肯定传统运输单证与电子运输记录共存并具有同等法律效力，解决电子运输单证的一个关键问题，即法律效力问题。但是，该规则不解决技术问题。

在未来应用前景中，电子运输记录能否代替纸面单证，实现完全电子化操作？电子运输单证有着鲜明的优点，快捷、高效，低成本，可以解决无单放货问题。但是，人们对其安全性与技术性的担心阻碍了其商业应用。从长远来看，运输单证完全电子化操作能够实现。法律解决效力问题，技术解决安全与可识别性问题。由于快捷与高效对于商务至关重要，电子运输记录取代纸面单证是大势所趋。

从商业应用看，电子提单涉及非常复杂的技术设备和操作程序，初次使用电子提单系统的成本较大。如果对外贸易业务量较小，使用电子提单并不划算。所以，在我国只有少数大的公司和银行在使用，比如中国远洋运输集团和香港中国银行集团。中国远洋运输集团在2000年8月正式以"企业级"用户身份加入Bolero.net电子提单机制，成为其创始级用户。2001年7月5日，香港中国银行集团作为当地第二大银行集团加入 Bolero.net 电子提单机制。解决初始成本投入较大的办法就是大力推广电子提单的使用,边际成本随着电子提单数量的增长而下降,因为总的来说,电子提单本身的费用只有纸制提单的一半,成本主要在系统的软件和硬件方面。[1] 1985 年创立的 Bolero 电子提单系统,经过 20 多年的发展与改进,在电子提单运作平台领域已经取得了发展,在技术与安全上都达到商业应用的程度。它所体现的安全、快捷、交易有序性为电子提单的发展提供了例证,但运营成本很高。

二、银行风险防控层面的对策

银行不是托运人,也不是单证托运人或运输单证的记名收货人,在运输单证或电子运输记录流转过程中,银行只能成为持有人。因此,根据《鹿特丹规则》第 51 条"控制方的识别和控制权的转让"的规定,只有在签发可转让运输单证或可转让电子运输记录,并且银行持有可转让运输单证或可转让电子运输记录时,才能成为控制方而具有控制权。此外,根据第十一章"权利转让"第 57 条"签发可转让运输单证或可转让电子运输记录时的权利转让"的规定,银行持有可转让运输单证或可转让电子运输记录作为运输单证持有人时,才享有通过向其他人转让该运输单证而转让其中包含的各项权利。因此,作为风险防控的主要措施,银行在业务中应当保证签发的运输单证或电子运输记录可转让。并且,银行应保障其成为合法的可转让运输单证或可转让电子运输记录的持有人,包括遵守《鹿特丹规则》第 9 条规定的可转让电子运输记录的使用程序。

三、政府层面的对策

电子运输记录制度的运用关系到国际航运企业、国际贸易企业、银行以及港口经营人等各方利益。因此,政府部门需要从长远的战略高度,支持在我国建立国际多方电子交易平台,增强我国进出口贸易单证交易的安全性,提高我国在世界金融市场的影响力和竞争力。其中,银行作为金融服务提供商,应该在使用电子运输记录过程中充分发挥自己的平台优势。

四、立法层面的对策

《鹿特丹规则》采纳了电子运输记录制度,但并没有规定具体的应用规则。因此,如果该规则得以实施,国际组织很难制定统一的强制性应用规则,而是需要各国国内法加以规定。目前,我国航运电子商务的立法仅限于 2004 年《电子签名法》,原交通部颁布的《海上国际集装箱运输电子数据交换管理办法》《海上国际集

---

[1] 参见茅建勋:《Bolero 电子提单系统》,载《集装箱化》2000 年第 5 期。

装箱运输电子数据交换电子报文替代纸面单证管理规则》《海上国际集装箱运输电子数据交换协议规则》《海上国际集装箱运输电子数据交换报文传递和进出口业务流程规定》等部门规章,以及2009年3月31日起施行的《电子认证服务管理办法》。为了适应电子商务在国际航运、国际贸易、国际金融等领域的广阔应用前景,我国需要通过立法,制定和完善统一的强制性电子运输单证应用规则。

第十四章 《鹿特丹规则》对海事司法和海事仲裁的影响与对策

第一节 《鹿特丹规则》关于时效、管辖和仲裁的规定

一、概述

《鹿特丹规则》关于诉讼与仲裁方面的规定从国际海事委员会框架文件(CMI框架文件)到最后联合国通过的文本发生了很大的变化,主要体现在内容和体例结构上。

首先,CMI框架文件仅规定了诉权(rights of suit)和时效(time bar),并没有关于法院管辖权(jurisdiction)与仲裁(arbitration)的规定。在联合国国际贸易法委员会第三工作组第12届大会中,美国提出运输法公约应当规定法院管辖权和仲裁。[1]本届大会后,《鹿特丹规则》草案中增添了法院管辖权和仲裁方面的规定。2004年11月29日至12月10日,在维也纳召开的第三工作组第14届大会上,法院管辖权和仲裁问题首次被提出讨论。

其次,CMI框架文件和第三工作组第9届大会最初提出的《鹿特丹规则》草案都有诉权的规定,但在第三工作组第18届大会上被删除。早在第三工作组第11届大会上,就有国家主张删除诉权的规定,认为使用封闭式的列举方式确认有限的少数人享有诉权是一种危险的做法,因为这种做法无意中可能将应具有合法诉权的人排除在外。[2]工作组决定在之后的会议中再对诉权的存留问题进行讨论。

最后,在第三工作组第18届大会上经过讨论,工作组认为草案试图就各种法律制度以不同方式解决的一些重要的实际问题提出统一的解决办法,虽然关于诉权一章的目标值得称许,但目标过高,工作组不可能就其中涉及的实质问题达成共识。[3]最后,诉权一章被删除。

如果《鹿特丹规则》得以实施,其中将影响我国海事司法和海事仲裁的规则主要是关于时效、法院管辖权以及仲裁方面的规定,即第十三章"时效"、第十四章

---

[1] A/CN.9/WG.III/WP.34,美国的提案。
[2] 第三工作组第11届会议工作报告,A/CN.9/526,第152段。
[3] 第三工作组第18届会议工作报告,A/CN.9/61,第116段。

"管辖权"和第十五章"仲裁"。

在现行三个海上国际货物运输公约中,《海牙规则》和《海牙—维斯比规则》仅有时效的规定而没有法院管辖权与仲裁的规定,《汉堡规则》就这三个方面都作了规定。《鹿特丹规则》关于法院管辖权和仲裁方面的规定最初参照了《汉堡规则》第21条"管辖权"和第22条"仲裁"的规定,随后对其进行了一系列的修改。

《鹿特丹规则》第十三章是"时效",包括第62条"时效期"、第63条"时效的延长"、第64条"追偿诉讼"和第65条"对被识别为承运人的人的诉讼"。

该规则第十四章是"管辖权",包括第66条"对承运人的诉讼"、第67条"法院选择协议"、第68条"对海运履约方的诉讼"、第69条"不另增管辖权地"、第70条"扣留以及临时措施或保全措施"、第71条"诉讼合并和移转"、第72条"争议产生后的协议和被告应诉时的管辖权"、第73条"承认和执行"以及第74条"第十四章的适用"。

该规则第十五章是"仲裁",包括第75条"仲裁协议"、第76条"非班轮运输中的仲裁协议"、第77条"争议产生后的仲裁协议"以及第78条"第十五章的适用"。

二、时效制度

（一）时效期

1. 适用的范围

《鹿特丹规则》规定的时效所适用的范围比较广泛。第62条"时效期"第1款规定:"两年时效期满后,不得就违反本公约下的一项义务所产生的索赔或争议提起司法程序或仲裁程序。"因此,该规则规定的诉讼时效适用于因违反该规则规定的任何义务所产生的索赔或者争议,即不仅适用于托运人、收货人针对承运人、海运履约方的索赔,也适用于承运人、海运履约方针对托运人、收货人的索赔;不仅适用于司法程序,也适用于仲裁程序。

我国《海商法》第257条规定的海上货物运输请求权时效期间,仅适用于向承运人的索赔,并不适用于承运人向托运人、收货人的索赔。1997最高人民法院《关于承运人就海上货物运输向托运人、收货人或提单持有人要求赔偿的请求权时效期间的批复》中,将此种索赔时效期间也规定为1年。

2. 时效期间

《鹿特丹规则》规定的时效期间为两年,与《汉堡规则》相同,比《海牙规则》和《海牙—维斯比规则》规定的1年时效期间长。《鹿特丹规则》最初参照了《海牙规则》的做法将诉讼时效期间规定为1年,但在第三工作组第18届大会上经过讨论将该时效期间延长为两年。工作组之所以作出该决定,是基于以下两点:首先,《鹿特丹规则》中的时效不仅适用于对承运人和海运履约方的索赔,还适用于对托运人提起的索赔,而出于公平的考虑,对于两者时效期间的规定应当一致;其次,由于托运人所提供信息不准确而造成货物交付迟延,或者因危险货物给船舶造成毁损等原因,承运人可能对托运人提起的索赔涉及范围广泛的事项,因而承运人可能为了这种索赔而进行广泛调查,所需要的时间比在正常情况下准备普通货物索赔所需要的时间更长。[1]

3. 时效的起算

《鹿特丹规则》第62条"时效期"第2款规定:"本条第一款述及的时效期,自承运人交付货物之日起算,未交付货物或只交付了部分货物的,自本应交付货物最后之日起算。时效期间的起算日不包括在该期间内。"因此,时效的起算分为两种情况:第一,当交付货物时,时效自实际交付货物时起算;第二,当未交付货物或只交付部分货物时,时效自本应交付货物的最后一日起算。

在大多数情况下,托运人、收货人给承运人造成损害的行为通常发生在交付货物之前,而《鹿特丹规则》的这种规定保证该时效不会在货物交付之前起算,因而从一定程度上是对承运人有利的规定。同时,由于货物交付时间和应该交付时间相对确定,该规则中关于时效起算点的规定更具有确定性和可预见性。

根据最高人民法院《关于承运人就海上货物运输向托运人、收货人或提单持有人要求赔偿的请求权时效期间的批复》的规定,对托运人、收货人和提单持有人提起的诉讼,时效自权利人知道或者应当知道权利被侵害之日起计算。时效自权利人知道或者应当知道权利被侵害之日起计算,是我国时效制度的一般规则。

4. 时效的效力

在不同的法律制度下,时效效力通常有两种:第一,时效期间届满时权利人丧失实体权利,即时效效力消灭实体权利;第二,时效期间届满导致权利人丧失胜诉权,从而使权利人的权利成为一种自然权利,不受法律的强制保护。

《鹿特丹规则》规定时效的法律效力是第二种效力,与我国《海商法》第257条所规定的时效效力基本上一致。首先,该规则第62条"时效期"第3款规定:"即使本条第一款规定的时效期满,一方当事人仍然可以提出索赔作为抗辩,或以此抵消对方当事人提出的索赔。"既然权利人可以在时效届满后行使抗辩权和抵消权,该实体权利仍然存在,否则当事人无法行使这些权利。其次,根据立法者的意图进行解释,在第三工作组第18届大会上,各方就该问题进行了详细的讨论,并在最初对于时效的规定存在两个备选条文中,没有选择提及权利消灭的备选案文B[2],由

---

[1] 第三工作组第18届工作会议报告。
[2] 第三工作组第18届会议工作报告,A/CN.9/61,第133段。

此可以推断立法者的意图是采用胜诉权消灭说。

我国《海商法》与《鹿特丹规则》中规定的时效效力的区别在于我国现有法律没有规定时效届满后的抵消权制度。对于超过诉讼时效期间的债权是否可以进行抵消,目前存在争议的主要有两种观点。第一种观点认为,当适用于抵消的双方债务都成为自然债务时可进行抵消,但仅有其中一方的债务成为自然债务时,则不能一概而论,要区分具体情况,必须是债务人的债权是用作抵消的主动债权,债权人的债权是被动债权时方可抵消。但超过诉讼时效期间的债权,不得作为主动债权而主张抵消,否则无异于强使他方债务人履行自然债务;如果被动债权已过诉讼时效就可用作抵消,可认为债务人抛弃了时效利益。第二种观点则认为,在时效未届满时已适合于抵消的债权都可抵消,而不论是否已过诉讼时效。[1] 目前多数大陆法系国家对时效届满后的债权抵消问题持肯定态度,即赞同上述第二种观点。根据前述《鹿特丹规则》第 62 条第 3 款的规定,该规则在这方面的规定与大多数大陆法系国家的做法一致。我国现行法律中并没有就该问题进行明确的规定。

(二) 时效的延长

《鹿特丹规则》第 63 条"时效的延长"规定:"第六十二条规定的时效期不得中止或中断,但被索赔人可以在时效期内的任何时间,通过向索赔人声明而延长该时效期。该时效期可以经再次声明或多次声明进一步延长。"根据该规则第 3 条"形式要求"的规定,被索赔人延长时效的声明必须是书面形式。该规则之所以规定禁止时效的中止或中断,是因为对于时效的中止和中断的条件以及效力,各国法律规定不尽相同,联合国国际贸易法委员会第三工作组认为,该规则应提供一个有关该事项的统一规则,而不是将其留给国内法解决。

《鹿特丹规则》关于被索赔人声明延长时效的规定,实质上是当事人协议延长时效的一种表现。一般而言,被索赔人不会单方同意延长时效,而是在索赔人要求之下同意延长时效。但是,在表现形式上,该规则并不要求双方之间达成书面协议,只需要被索赔人单方书面声明即可。

我国学理上和法律上一般将时效作为强制性法定制度对待,不允许当事人改变法律规定。时效延长只在特殊情况下由法院作出。根据《民法通则》第 137 条的规定,有特殊情况的,人民法院可以延长诉讼时效期间,以保护特殊情况下权利人由于特殊原因未能及时行使的权利,避免造成不公平的结果。最高人民法院《关于审理民事案件适用诉讼时效制度若干问题的规定》第 2 条规定:"当事人违反法律规定,约定延长或者缩短诉讼时效期间、预先放弃诉讼时效利益的,人民法院不予

---

[1] 参见韩德洋、鲍爱武:《诉讼时效制度研究》,载《法律适用》2002 年第 195 期。

认可。"由此可见,在我国只有在特殊情况下法院有权延长诉讼时效,但当事人无权约定时效的延长。我国《海商法》第266条和第267条规定了时效中止和中断的情形,但没有规定当事人可以通过协议延长诉讼时效。

(三) 追偿诉讼

《鹿特丹规则》中关于追偿诉讼的特殊规定是参照《汉堡规则》第20条第5款制定。《鹿特丹规则》第64条"追偿时效"规定:"被认定负有责任的人,可以在第六十二条规定的时效期满后提起追偿诉讼,提起该追偿诉讼的时效期以下列较晚者为准:(一)提起程序的管辖地准据法所允许的时效期内;或(二)自追偿诉讼提起人解决原索赔之日起,或自收到向其本人送达的起诉文书之日(以较早者为准)起九十日内。"

根据上述规定,《鹿特丹规则》规定的追偿诉讼时效的计算有三种方法,并以晚者为准:第一,根据诉讼管辖地适用的法律所确定的时间点;第二,自提起追偿诉讼的人解决原索赔之日起90日之内;第三,自提起追偿诉讼的人收到向其本人送达的起诉文书之日起90日之内。

我国《海商法》第257条与前述《鹿特丹规则》关于追偿诉讼时效的规定存在一定的差异。首先,在诉讼时效的起算上,我国《海商法》第257条规定了两个起算时间点,即自追偿请求人解决原赔偿请求之日起或者收到受理对其本人提起诉讼的法院的起诉状副本之日起计算,但没有规定其优先顺序。其次,关于追偿诉讼中诉讼时效的特殊规定的适用范围并不明确,对于《海商法》第257条的规定在司法实践中产生很多争议,缺乏可操作性,并且该90天的追偿诉讼期间也适用于1年的时效期间届满之前。[1]

(四) 对被识别为承运人的人的诉讼

相比于《海牙规则》《海牙—维斯比规则》和《汉堡规则》,《鹿特丹规则》在时效部分增加了对被识别为承运人的人的诉讼之特殊规定。这是因为,该规则第37条"承运人的识别"增加了关于承运人识别的规定,尤其是该条第2款关于承运人推定的规定:"合同事项中未按第三十六条第二款第(二)项载明任何人为承运人,但合同事项载明货物已装上指定船舶的,推定该船舶的登记所有人为承运人,除非该登记所有人能够证明运输货物时该船舶处于光船租用之中,且能够指出该光船承租人及其地址,在这种情况下,推定该光船承租人为承运人。或,船舶登记所有人可以通过指出承运人及其地址,推翻将其当作承运人的推定。光船承租人可以

---

[1] 参见司玉琢:《海商法专论》,中国人民大学出版社2007年版,第665页。

按照同样方式推翻将其当作承运人的任何推定。"根据这一规定,船舶所有人与光船承租人可以推翻其为承运人的推定。这就需要在保护船舶所有人与光船承租人的同时,考虑托运人、收货人或提单持有人等相关权利人的诉讼利益,因为船舶所有人和光船承租人有可能在基本诉讼时效即将届满时提出证据推翻这种推定,而此时权利人在诉讼时效届满前很难或无法对真正的承运人提起诉讼。

因此,《鹿特丹规则》在时效部分增加了对被识别为承运人的人的诉讼的规定。第65条"对被识别为承运人的人的诉讼"规定:"对光船承租人或对根据第三十七条第二款被识别为承运人的人的诉讼,可以在第六十二条规定的时效期满后提起,提起该诉讼的时效期以下列较晚者为准:(一)提起程序的管辖地准据法所允许的时效期内;或(二)自识别承运人之日起,或自船舶登记所有人或光船承租人根据第三十七条第二款推翻其为承运人的推定之日起九十日内。"换言之,货方在两年的诉讼时效届满后,可以至少在90日内对真正的承运人提起诉讼。

三、管辖权制度

(一)对承运人和海运履约方诉讼的地域管辖

《鹿特丹规则》区分以承运人为被告与以海运履约方为被告两种不同的诉讼管辖,规定了两种情况下不同的连接点。该规则之所以区分这两种不同情况,是因为对海运履约方提起的诉讼相对于对承运人提起的诉讼具有特殊性,海运履约方与对承运人提起诉讼的连接点的关系并不密切,至少对装卸公司或其他港口经营人提起的诉讼的管辖权应局限于其主要营业地或提供服务的地点。[1]

根据《鹿特丹规则》,无论是对承运人的诉讼还是对海运履约方的诉讼,有管辖权的法院要同时满足两个条件:第一,该规则中规定的相应连接点在其管辖范围内;第二,该法院根据相关国内法的规定具有管辖权。这表明该规则中规定的有管辖权的法院不仅要满足该规则中所规定的连接点,还要具有相关国内法规定的连接点。

《鹿特丹规则》第66条"对承运人的诉讼"规定,对承运人诉讼的连接点包括承运人的住所、运输合同约定的收货地、运输合同约定的交货地、货物最初装船的港口和货物最终卸船的港口。第68条"对海运履约方的诉讼"规定,对海运履约方的诉讼的连接点包括海运履约方的住所、海运履约方接收货物或者交付货物的港口或者海运履约方从事与货物有关的活动的港口。

根据我国《民事诉讼法》与《海事诉讼特别程序法》的规定,我国地域管辖的连

---

[1] 参见第三工作组第14届会议工作报告,A/CN.9/572,第116段。

接点包括运输始发地、运输目的地、被告住所地和转运港,不区分承运人与非承运人。

(二)法院选择管辖

1. 管辖权协议有效要件

(1)管辖权协议的形式。《鹿特丹规则》第3条规定,有关争议产生前的管辖权协议的形式必须为书面。但是,对于该规则第72条"争议产生后的协议和被告应诉时的管辖权"规定的争议产生后的管辖权协议的形式并没有强制性要求,而是留给国内法解决。这与我国关于管辖权协议的要求有所不同。我国并没有区分争议产生前的管辖权协议与争议产生后的管辖权协议。根据《中华人民共和国民事诉讼法》(以下简称《民事诉讼法》)第34条以及《海事诉讼特别程序法》第8条的规定,无论是否有涉外因素,管辖权协议的形式都要求是书面的。

(2)法院选择协议。对于法院选择协议,《鹿特丹规则》与我国法律的规定有所不同。

第一,选择的法院数量不同。根据《鹿特丹规则》第67条第1款第(2)项的规定,批量合同中排他性管辖权协议的形式有两种:一是可以约定一个具有管辖权的法院;二是可以约定一个以上具有管辖权的法院。但是,在我国管辖权协议中约定的法院只能为一个。最高人民法院《关于适用〈中华人民共和国民事诉讼法〉若干问题的意见》第24条规定:"合同的双方当事人选择管辖的协议不明确或者选择民事诉讼法第二十五条(现行《民事诉讼法》第34条)规定的人民法院中的两个以上人民法院管辖的,选择管辖的协议无效,依照民事诉讼法第二十四条(现行《民事诉讼法》第23条)的规定确定管辖。"依据该司法解释,当事人在协议中只能约定一个管辖法院,该选择必须是确定的、唯一的,否则协议无效。1995年12月最高人民法院下发的《关于当事人在合同中协议选择管辖法院问题的复函》中,明确了《关于适用〈中华人民共和国民事诉讼法〉若干问题的意见》第24条的适用范围,指出:如果当事人约定选择两个以上人民法院管辖的,该选择管辖的协议无效。

第二,选择的法院种类不同。《鹿特丹规则》中对于一般管辖权协议中约定的法院并没有要求,只是要求在争议产生前在批量合同中具有排他效力的管辖权协议中约定的法院需为缔约国法院。我国法律对协议管辖中约定的法院种类有着更严格的要求。海事诉讼中管辖权协议可以分为三种:一是国内海事诉讼,根据《民事诉讼法》第34条的规定,当事人书面协议管辖的法院必须为被告住所地、合同履行地、合同签订地、原告住所地、标的物所在地等与争议有实际联系的地点的海事法院管辖,但不得违反专属管辖的规定。二是一般的涉外海事诉讼,如对在我国领域内没有住所的被告提起的诉讼,根据《民事诉讼法》第265条的规定[1],合同签订地、合同履行地、诉讼标的物所在地、可供扣押财产所在地、侵权行为地或者代表机构住所地海事法院具有管辖权,即当事人书面协议管辖的法院必须是上述与争议有实际联系的地点的法院之一;如对在我国领域内有住所的被告提起的诉讼,适用《民事诉讼法》第34条的规定,当事人书面协议管辖的法院必须是与争议有实际联系的地点的海事法院管辖,且不得违反专属管辖的规定。三是如海事纠纷的当事人都是外国人、无国籍人、外国企业或者组织的海事诉讼,《海事诉讼特别程序法》第8条规定:"海事纠纷的当事人都是外国人、无国籍人、外国企业或者组织,当事人书面协议选择中华人民共和国海事法院管辖的,即使与纠纷有实际联系的地点不在中华人民共和国领域内,中华人民共和国海事法院对该纠纷也具有管辖权。"即当事人选择中国法院管辖时,不要求该法院与争议有实际联系。

2. 管辖权协议的种类

根据不同的标准,《鹿特丹规则》规定的管辖权协议可以分为以下几类:首先,按照管辖权协议订立的时间,将管辖权协议分为争议产生前的管辖权协议与争议产生后的管辖权协议;其次,根据与管辖权协议相关的合同种类,分为批量合同中的管辖权协议与非批量合同中的管辖权协议;最后,根据管辖权协议是否具有排他效力,将其分为具有排他效力的管辖权协议与不具有排他效力的管辖权协议。

(1) 争议产生前的管辖权协议与争议产生后的管辖权协议。《鹿特丹规则》对于争议产生前后的管辖权协议作出了不同规定。这种区别主要是在管辖权协议的排他效力的规定上。对于争议产生前的管辖权协议,该规则第67条"法院选择协议"第1款对其排他效力规定了一些限制性的条件;对于争议产生后的管辖权协议,该规则第72条"争议产生后的协议和被告应诉时的管辖权"并未作限制性的规定。

(2) 具有排他性的管辖权协议和不具有排他性的管辖权协议。双方当事人协议选择处理纠纷的法院,如果其协议有效,这种协议是否排除所选择法院之外的法院管辖,这就是协议管辖的排他性问题。《鹿特丹规则》对管辖权协议的排他性进行了详细规定,对管辖权协议的排他性采取了一定限度的承认。对于是否允许排他性管辖权协议的存在,在该规则起草过程中曾经产生过争议,但考虑到以下几个原因,联合国国际贸易法委员会第三工作组认为,应当允许排他性管辖权协议的

---

[1]《民事诉讼法》第265条规定:"因合同纠纷或者其他财产权益纠纷,对在中华人民共和国领域内没有住所的被告提起的诉讼,如果合同在中华人民共和国领域内签订或者履行,或者诉讼标的物在中华人民共和国领域内,或者被告在中华人民共和国领域内有可供扣押的财产,或者被告在中华人民共和国领域内设有代表机构,可以由合同签订地、合同履行地、诉讼标的物所在地、可供扣押财产所在地、侵权行为地或者代表机构住所地人民法院管辖。"

存在。

第一,已经有几部已生效的公约,如《关于承认和执行民商事外国判决的海牙公约》允许设定排他性管辖权,并且通常不附带任何防止滥用的条件。

第二,在公约中不包括排他性管辖权条款在现代将是不寻常的。尽管与会者承认存在一种危险,即排他性管辖权条款可能对格式合同带来危险,但当合同是经自由谈判达成时,允许法院选择条款具有排他性必然有充分的商业原因。排他性管辖权条款在商业上相当常见,因为这种条款可以增加可预见性,并降低双方的总体费用。附加防止滥用的条件可以消除出现意外的可能性。这是商业上有关排他性管辖权条款的关键问题。

第三,在公约中规定排他性管辖权条款的其他好处是,在出现重复诉讼,尤其是在没有竞合诉讼规定时,可以减少可能的管辖地数量,并减少择地行诉的风险。

第四,可能必须在一个偏远的地点提起索赔诉讼,对于从事国际贸易业务的当事人来说是众所周知的风险。[1]

联合国国际贸易法委员会第三工作组考虑到允许批量合同中排他性管辖权协议的存在可能带来的不公平,对排他性管辖权协议进行了一些限制,包括:第一,合同当事人约定该法院对合同当事人之间的争议具有排他性管辖权;第二,记载管辖权协议的合同必须为批量合同,且该批量合同明确载明各方当事人的名称和地址;第三,该管辖权协议需为当事人单独协商订立,或者载有存在排他性法院选择协议的明显声明,并且指明批量合同中载有该协议的部分;第四,当事人所指定的法院必须为缔约国的法院。《鹿特丹规则》没有对争议产生后的管辖权协议的排他效力进行限制性规定。

非批量合同中的管辖权协议,不具有排他性效力。

(3)排他性管辖权协议对第三方的效力。对于批量合同约定的排他性管辖权协议对第三方的效力问题,《鹿特丹规则》起草过程中存在着反对者与支持者两种声音。该规则第67条"法院选择协议"第2款规定了在一定条件下承认该排他性管辖权协议对于第三方的效力。具体而言,该规则采取双重限制原则。首先,具有排他性效力的管辖权协议必须满足以下条件:第一,该法院位于第66条第(1)项所指定的地点之一;第二,该协议载于运输单证或者电子运输记录中;第三,关于诉讼提起地法院以及该法院拥有排他性管辖权的通知已及时、正确地发给该第三方。其次,管辖权协议的排他性效力还取决于受案法院的法律,即如果受案法院地法不承认管辖权协议的排他性效力,则该管辖权协议就不具有排他性。但是,在满足上述条件时,排他性管辖权协议未经第三方同意,即对第三方有约束力。这是排他性

---

[1] 参见第三工作组第15届会议工作报告,A/CN.9/576,第159段。

管辖权协议对第三方的效力的实质。

（三）扣留以及临时措施或保全措施

《鹿特丹规则》第70条"扣留以及临时措施或保全措施"原则上不影响对临时措施或保全措施，包括对扣留船舶的管辖权。

根据《鹿特丹规则》，临时措施或者保全措施的管辖权与对案件实体问题的管辖权并不存在必然的联系，即不会因为前者而取得后者，也不会因为后者而取得前者。采取临时措施或者保全措施的法院对案件的实体问题具有管辖权，需满足以下两个条件之一：该法院满足该规则规定的有管辖权的法院的条件，或者该法院根据其所在国参加的其他国际公约取得相应的管辖权。

（四）诉讼合并和移转

1. 诉讼合并

《鹿特丹规则》关于诉讼合并的规定主要是针对以承运人与海运履约方为被告进行的共同诉讼。根据该规则第71条"诉讼合并和移转"第1款的规定，如果存在第67条或者第72条规定的具有排他效力的管辖权协议，则该款不适用；如果不存在第67条或者第72条规定的具有排他效力的管辖权协议，则对合并诉讼具有管辖权的法院有两种：一是第66条和第68条均规定的法院；二是不存在第一种情况下的法院时，由第68条第2款规定的法院，即海运履约方接收货物或者交付货物的港口，或者海运履约方从事与货物有关的活动的港口所在地法院管辖。

我国法律没有对诉讼合并作出特别规定。这是因为，《海事诉讼特别程序法》第6条第2款关于海上运输合同纠纷管辖权的规定并没有区分是针对承运人提起的诉讼还是针对实际承运人提起的诉讼。因而，在我国无论是以承运人为被告还是以实际承运人为被告，确定有管辖权法院的连接点基本上一致，其中一个连接点是被告的住所地，所以现实中很可能由于承运人与实际承运人的住所并不在同一地点而导致连接点的不一致。但是，《民事诉讼法》第21条第3款规定："同一诉讼的几个被告住所地、经常居住地在两个以上人民法院辖区的，各该人民法院都有管辖权。"据此，无论是承运人经常居住地的法院还是实际承运人经常居住地的法院都对整体诉讼具有管辖权。所以，这种情况下我国法律的规定与《鹿特丹规则》的规定不同。

2. 诉讼移转

《鹿特丹规则》第71条"诉讼合并和移转"第2款关于诉讼转移的规定，适用于不存在根据第67条或第72条具有排他性的法院选择协议的情况。根据该规则第71条第2款的规定，货方从《鹿特丹规则》第66条或第68条中规定的连接点中选择法院对承运人或海运履约方提起诉讼的权利,不因承运人或海运履约方主动提起诉讼而被剥夺。相反,当承运人或者海运履约方主动对权利人提起诉讼时,货方一旦根据第 66 条或第 68 条选择了法院并提出要求,承运人或海运履约方应当撤回诉讼,然后可以在货方选择的法院重新提起诉讼。

(五)争议产生后的协议和被告应诉时的管辖权

《鹿特丹规则》第 72 条第 2 款规定了应诉管辖,即:"被告在一有管辖权的法院应诉,并且未根据该法院的规则提出管辖权异议的,该法院拥有管辖权。"应诉管辖的条件为:第一,取得应诉管辖权的法院根据其所在国家的法律具有管辖权;第二,该法院可为缔约国内任何法院,并不要求其为该规则中规定的地域管辖或者协议管辖中的法院;第三,被告未根据该法院规则提出管辖权异议。

我国法律也规定了应诉管辖,《民事诉讼法》第 127 条第 2 款规定:"当事人未提出管辖异议,并应诉答辩的,视为受诉人民法院有管辖权,但违反级别管辖和专属管辖规定的除外。"

(六)外国法院判决的承认与执行

《鹿特丹规则》第 73 条"承认和执行"第 1 款原则上规定一缔约国根据该规则具有管辖权的法院作出的裁判,应在另一缔约国根据该另一缔约国的法律得到承认和执行,条件是:两国需已根据第 74 条"第十四章的适用"均声明受第十四章"管辖"的约束,并且另一缔约国法院依其法律所规定的拒绝承认和执行的理由,不能拒绝给予承认和执行。

另外,该规则第 73 条第 3 款规定:"本章不影响加入本公约的区域经济一体化组织有关其成员国彼此承认或者执行判决的规则的适用,不论此种规则是在本公约之前还是之后通过。"换言之,区域经济一体化组织有关成员国彼此承认或者执行判决的规则优先适用。

四、仲裁制度

(一)《鹿特丹规则》规定的仲裁制度的原则

《鹿特丹规则》第十五章"仲裁"根据以下三个原则作出规定:

(1)防止当事人滥用仲裁以规避该规则中强制性规定,尤其是第十四章"管辖"的规定。第十四章的规定仅适用于诉讼,因而当事人很可能通过订立仲裁协议以规避第十四章关于管辖的强制性规定。这是该规则第十五章"仲裁"的首要目的。

(2) 当事人意思自治的原则。当事人的意思自治是仲裁的内在要求。仲裁机构具有民间性,对纠纷不享有强制管辖权。法律关于仲裁权的规定只是为仲裁权的行使设定一种可能性,只有在双方当事人协商一致的基础上,这种可能性才转化为现实性。这种意思自治的精神不仅体现在1958年《承认及执行外国仲裁裁决公约》等国际公约中,也体现在各国关于仲裁制度方面的立法中。

(3) 遵循国际通行的仲裁惯例。《鹿特丹规则》中仲裁方面的规定需与国际通行的仲裁惯例保持一致,只有在特定政策原因时才应考虑偏离这些标准。[1]虽然《汉堡规则》有关于仲裁方面的规定,但当时国际仲裁统一标准尚未被广泛接受。[2]对于《鹿特丹规则》应当考虑的国际通行的仲裁惯例,联合国国际贸易法委员会第三工作组主要参考了联合国国际贸易法委员会《国际商事仲裁示范法》与1958年《承认及执行外国仲裁裁决公约》。工作组在制定仲裁方面的条文时认为《鹿特丹规则》中仲裁的规定不仅要尽量不与国际通行的仲裁惯例相冲突,还要反映国际仲裁的核心原则。

(二) 仲裁协议

1. 概述

联合国国际贸易法委员会第三工作组第12届大会文件中第一次出现关于仲裁方面的规定。该文件提出了A和B两个备选方案。备选案文A完全照搬《汉堡规则》关于仲裁方面的规定。备选方案B与国际海事委员会运输法框架文件的条文一致。围绕仲裁是否应当纳入《鹿特丹规则》以及两个备选方案,在工作组第14届大会上进行了讨论并提出了三种建议:第一,仲裁自由原则在示范法和《纽约公约》中都是根深蒂固的概念,根据该原则不应当在公约中纳入仲裁规定。第二,在可能的情况下按照《汉堡规则》的做法,对与仲裁有关的事项作出必要的详细规定将是有益的。第三,公约应当只包括基本仲裁规定,这样既不破坏国际仲裁机制,又可确保公约强制性规定的适用。工作组采取了折中的办法,既对仲裁作出限制性规定,又维护仲裁意思自治原则,在《汉堡规则》的基础上对条文进行修改。

2. 仲裁协议的形式

《鹿特丹规则》第75条"仲裁协议"第1款规定:"除须遵循本章的规定外,当事人可以协议约定,任何根据本公约运输货物可能产生的争议均应提交仲裁。"

关于仲裁协议的形式,《鹿特丹规则》与我国法律的规定不尽相同。该规则中无论对争议产生前还是争议产生后达成的仲裁协议原则上没有作出形式上的要

---

[1] 第三工作组第14届会议工作报告,A/CN.9/572,第153段。
[2] 同上注。

求。但是,在批量合同中,如果仲裁协议需对不是批量合同当事人的人具有约束力,应该采用书面形式。《中华人民共和国仲裁法》(以下简称《仲裁法》)对于仲裁协议的形式作出了明文的规定,要求仲裁协议为书面形式。《仲裁法》第16条第1款规定:"仲裁协议包括合同中订立的仲裁条款和以其他书面形式在纠纷发生前或者纠纷发生后达成的请求仲裁的协议。"2006年9月8日起施行的最高人民法院《关于适用〈中华人民共和国仲裁法〉若干问题的解释》(法释〔2006〕7号)第1条规定:"仲裁法第十六条规定的'其他书面形式'的仲裁协议,包括以合同书、信件和数据电文(包括电报、电传、传真、电子数据交换和电子邮件)等形式达成的请求仲裁的协议。"

3. 仲裁协议的效力

仲裁协议通常包括仲裁地、仲裁规则以及仲裁机构等,但《鹿特丹规则》仅就仲裁协议中仲裁地的选择对当事人的效力作出了规定。根据该规则的规定,班轮运输中的仲裁协议可以分为批量合同中的仲裁协议与非批量合同中的仲裁协议,该规则对批量合同中的仲裁协议作出了特殊的规定。

(1) 对向承运人提起索赔的人的效力。《鹿特丹规则》第75条"仲裁协议"第2款规定:"仲裁程序应按照对承运人提起索赔的人的选择:(一)在仲裁协议为此目的指定的任何地点进行;(二)在一国的其他任何地点进行,下列任何地点位于该国即可:1. 承运人的住所;2. 运输合同约定的收货地;3. 运输合同约定的交货地;或4. 货物的最初装船港或货物的最终卸船港。"该款起初照搬了《汉堡规则》第22条第3款的规定,但随后在联合国国际贸易法委员会第三工作组第16届大会和第18届大会经过了两次较大的修改。

根据《鹿特丹规则》的规定,一般情况下仲裁协议中约定的仲裁地仅对承运人具有约束力,而在承运人提起的索赔中对被索赔方不具有约束力,即仲裁协议中约定的仲裁地的效力是单方的。只有在满足该规则第75条第3款规定的条件时才对双方当事人都具有约束力。根据该条第2款的规定,对承运人提起索赔的人不仅可以在仲裁协议中约定的地点提起仲裁,还可以在以下地点提起仲裁:承运人的住所、或者运输合同约定的收货地、或者运输合同约定的交货地、或者货物最初装船的港口或者货物最终卸船的港口所在国的任何地点。这意味着无论仲裁协议中是否约定了仲裁地,对承运人提起索赔的人都享有择地仲裁的效力。

(2) 对批量合同当事人的效力。《鹿特丹规则》第75条"仲裁"第3款规定:"仲裁协议指定的仲裁地对仲裁协议当事人之间的争议具有约束力,条件是,载有该仲裁协议的批量合同清楚载明各方当事人的名称和地址,且该批量合同属于下列情况之一:(一)是单独协商订立的;(二)载有一则存在一项仲裁协议的明确声明,且指出批量合同中载有该仲裁协议的部分。"该款的目的是与第67条"法院选择协议"第1款排他性管辖权协议的规定相一致。根据第十四章"管辖"的规定,向承运人索赔的人享有从《鹿特丹规则》第66条"对承运人的诉讼"规定的几个管辖连接点中选择一个连接点进行诉讼的权利。为防止承运人利用仲裁协议排除索赔人对法院的选择权,该规则在"仲裁"这一章作出了第75条第1款的规定。但是,根据第67条第1款关于排他性管辖权协议的规定,批量合同中如存在排他性管辖权协议,则向承运人索赔的人就不存在第66条中规定的对管辖法院进行选择的权利,相应的在第67条第1款规定的情况下,法律就不应当对仲裁协议进行过多的限制。

(3)对非批量合同当事人的效力。《鹿特丹规则》第75条"仲裁协议"只规定仲裁协议中约定的仲裁地对非批量合同当事人的效力,并未规定整个仲裁协议对非批量合同当事人的效力。该条第4款规定,仲裁协议中约定的仲裁地对非批量合同当事人产生效力必须满足以下条件:第一,该协议中指定的仲裁地位于第75条第2款第(2)项述及的地点之一;第二,该协议载于运输单证或者电子运输记录;第三,仲裁地通知已及时、正确地发给受仲裁协议约束的人;第四,所适用的法律允许该人受该仲裁协议的约束。

通过与《鹿特丹规则》第67条第2款关于管辖权协议对第三方效力的规定对比,可以发现这两个条款规定的方法基本一致,都是从四个方面对管辖权协议与仲裁协议进行限制:第一,对协议中管辖地点与仲裁地点进行限制;第二,要记载于运输单证或电子运输记录中;第三,通知义务;第四,受到所适用的法律限制。这是因为,该条款在制定之初就曾努力使这一案文尽量与该规则草案中有关管辖权一章中所采取的做法保持一致。[1]

《鹿特丹规则》第75条第5款规定:"本条第一款、第二款、第三款和第四款的规定,视为每一仲裁条款或仲裁协议的一部分,此种条款或协议的规定,凡与其不一致的,一概无效。"该规定表明,该规则第75条的规定为强制性规定,任何与其相违背的约定均无效。

然而,虽然《鹿特丹规则》就批量合同中排他性仲裁协议对第三方的效力作了种种限制,但不能改变排他性仲裁协议未经第三方同意就可约束第三方的实质。

(三)非班轮运输中的仲裁协议

《鹿特丹规则》第76条"非班轮运输中的仲裁协议",是在联合国国际贸易法委员会第三工作组第16届大会上提出的,是两种观点折中的产物。一种观点认为,应最大限度适用仲裁自由的原则;另一种观点认为,尽管纠纷当事人可利用仲

――――――――――
[1] 参见第三工作组第18届会议工作报告,A/CN.9/616,第272段。

裁,但不应将其用于规避公约所规定的管辖权。在国际航运实践中,班轮运输较少采用仲裁解决纠纷;非班轮运输中,仲裁则是标准的纠纷解决办法。因此,总的原则是允许后者有广泛的仲裁自由。[1]

非班轮运输中的仲裁协议可以分为两种:一种是出现在非班轮运输合同中的仲裁协议,如航次租船合同、定期租船合同中的仲裁条款;另一种是出现在运输单证或者电子运输记录中的仲裁协议。对于这两种仲裁协议,《鹿特丹规则》作出了不同的规定。

对于非班轮运输合同中的仲裁协议,即使在满足《鹿特丹规则》第7条"对某些当事人的适用"的规定或者由于当事人的意思表示一致而使该规则适用于非班轮运输合同的情况下,该规则中仲裁的规定也不得影响当事人之间的仲裁协议。

对于运输单证或者电子运输记录中的仲裁协议,如该运输单证或者电子运输记录根据《鹿特丹规则》第7条的规定而适用该规则,原则上该仲裁协议受该规则规定的约束。但存在一个例外,即如满足以下条件,则该仲裁协议不受该规则规定的约束:第一,以提及方式并入由于第6条"特定除外情形"的适用而被排除在该规则适用范围之外的租船合同或者其他合同中的仲裁协议;第二,具体提及仲裁条款;第三,载明该租船合同或者其他合同的当事人和日期。

(四) 争议产生后的仲裁协议

《鹿特丹规则》第77条"争议产生后的仲裁协议",是参照《汉堡规则》第22条第6款的规定制定,该条规定:争议产生后,争议各方当事人仍可以协议约定在任何地点以仲裁方式解决争议,而不论是班轮运输合同的当事人还是非班轮运输合同的当事人。

第二节 《鹿特丹规则》对我国海事司法、海事仲裁的影响

我国《海商法》包括第四章"海上货物运输合同"在总体上是借鉴国际公约制定的。但是,在涉及海事司法管辖权和海事仲裁等程序法制度上,我国有自己的特色。

《鹿特丹规则》关于时效、管辖权和仲裁等规定,考虑了现行三大国际海上货物运输公约的相关规定、国际航运实践和各国立法现状,在制度设计上具有一定的先进性,时效的起算、时效的延长、协议管辖、诉讼合并和转移等方面的规定都具有相当的合理性,对我国具有借鉴意义。与此同时,如果该规则在我国得以实施,该

---

[1] 参见第三工作组第16届会议工作报告,A/CN.9/591,第96段。

规则关于时效、管辖权和仲裁等规定将对我国海事诉讼和海事仲裁带来影响。

一、《鹿特丹规则》对我国海事司法的影响

（一）与我国现行海事管辖权法律规定的冲突

如果我国批准或加入《鹿特丹规则》，并且根据第 74 条"第十四章的适用"的规定，声明我国将受第十四章规定的约束，则该规则管辖权的规定与我国现行海事管辖权法律规定产生冲突，主要表现在以下几个方面：

1. 管辖权协议分为排他性管辖权协议和非排他性管辖权协议

《鹿特丹规则》第 66 条"对承运人的诉讼"和第 67 条"法院选择协议"将管辖权协议分为排他性管辖权协议和非排他性管辖权协议。排他性管辖权协议需满足以下条件：(1) 合同当事人约定该法院对合同当事人之间的争议具有排他性管辖权。(2) 记载管辖权协议的合同必须为批量合同，且该批量合同明确载明各方当事人的名称和地址。(3) 该管辖权协议需为当事人单独协商订立，或者载有存在排他性法院选择协议的明显声明，并且指明批量合同中载有该协议的部分。(4) 当事人所指定的法院必须为缔约国的法院。

此外，第 72 条"争议产生后的协议和被告应诉时的管辖权"，没有对争议产生后的管辖权协议的排他效力作出限制性规定，表明对争议产生后的管辖权协议具有排他效力。

除此之外，管辖权协议不具有排他性效力。因而，除非具有排他性管辖权协议，当事人约定的诉讼法院只是可供当事人选择的诉讼法院之一。对此，第 66 条"对承运人的诉讼"规定，货方可选择以下具有管辖权的法院之一对承运人提起诉讼：承运人住所地法院、运输合同约定的收货地法院、运输合同约定的交货地法院、货物的最初装船港或货物的最终卸船港所在地法院、托运人与承运人约定的法院。

根据我国法律，当事人之间达成的管辖权协议不分排他性管辖权协议和非排他性管辖权协议，有效的管辖权协议即具有排他性效力，当事人只能在约定的法院提起诉讼。海事管辖权协议的效力分为三种情形：

(1) 国内海事诉讼，根据《民事诉讼法》第 34 条的规定，当事人书面协议管辖的法院必须为被告住所地、合同履行地、合同签订地、原告住所地、标的物所在地等与争议有实际联系的地点的海事法院管辖，但不得违反专属管辖的规定。

(2) 一般的涉外海事诉讼，如对在我国领域内没有住所的被告提起的诉讼，根据《民事诉讼法》第 265 条的规定，合同签订地、合同履行地、诉讼标的物所在地、可供扣押财产所在地、侵权行为地或者代表机构住所地海事法院具有管辖权，即当

事人书面协议管辖的法院必须是上述与争议有实际联系的地点的法院之一;如对在我国领域内有住所的被告提起的诉讼,适用《民事诉讼法》第 34 条的规定,当事人书面协议管辖的法院必须是与争议有实际联系的地点的海事法院管辖,且不得违反专属管辖的规定。

(3) 如海事纠纷的当事人都是外国人、无国籍人、外国企业或者组织的海事诉讼,《海事诉讼特别程序法》第 8 条规定:"海事纠纷的当事人都是外国人、无国籍人、外国企业或者组织,当事人书面协议选择中华人民共和国海事法院管辖的,即使与纠纷有实际联系的地点不在中华人民共和国领域内,中华人民共和国海事法院对该纠纷也具有管辖权。"即当事人选择中国法院管辖时,不要求该法院与争议有实际联系。

2. 批量合同中管辖权条款对第三人的约束力

《鹿特丹规则》第 67 条"法院选择协议"第 2 款规定,在满足下列条件时,批量合同中排他性管辖权协议未经非合同当事人的第三方同意,即对第三方具有约束力:(1) 该法院位于第 66 条第(1)项所指定的地点之一。(2) 该协议载于运输单证或者电子运输记录中。(3) 关于诉讼提起地法院以及该法院拥有排他性管辖权的通知已及时、正确地发给该第三方。(4) 受案法院地法承认管辖权协议的排他性效力。

这是批量合同中管辖权协议对第三方的效力的实质。

根据我国法律规定,管辖权协议对第三方产生效力,必须得到第三方的同意。

3. 保全措施不影响实体管辖权

根据《鹿特丹规则》第 70 条"扣留以及临时措施或保全措施"的规定,临时措施或者保全措施的管辖权与对案件实体问题的管辖权并不存在必然的联系。即不会因为前者而取得后者,也不会因为后者而取得前者。采取临时措施或者保全措施的法院对案件的实体问题具有管辖权,需满足以下两个条件之一:该法院满足《鹿特丹规则》规定的有管辖权的法院的条件;或者该法院根据其所在国参加的其他国际公约取得相应的管辖权。

我国《海事诉讼特别程序法》对于海事财产保全、海事证据保全和海事强制令等保全与临时措施都规定了单独的管辖权。《海事诉讼特别程序法》第 13 条规定:"当事人在起诉前申请海事请求保全,应当向被保全的财产所在地海事法院提出。"第 19 条规定:"海事请求保全执行后,有关海事纠纷未进入诉讼或者仲裁程序的,当事人就该海事请求,可以向采取海事请求保全的海事法院或者其他有管辖权的海事法院提起诉讼,但当事人之间订有诉讼管辖协议或者仲裁协议的除外。"换言之,当事人可以向采取海事请求保全的海事法院提起实体案件的诉讼,但当事人之间订有诉讼管辖协议或者仲裁协议的除外。[1]

4. 外国法院判决的承认与执行

《鹿特丹规则》第73条"承认和执行"原则上规定一缔约国根据该规则具有管辖权的法院作出的裁判,应在另一缔约国根据该另一缔约国的法律得到承认和执行,条件是:两国须已根据该规则第74条"第十四章的适用"均声明受第十四章"管辖"的约束;并且另一缔约国法院依据其法律所规定的拒绝承认和执行的理由,不能拒绝给予承认和执行。

我国《民事诉讼法》第282条规定:"人民法院对申请或者请求承认和执行的外国法院作出的发生法律效力的判决、裁定,依照中华人民共和国缔结或者参加的国际条约,或者按照互惠原则进行审查后,认为不违反中华人民共和国法律的基本原则或者国家主权、安全、社会公共利益的,裁定承认其效力,需要执行的,发出执行令,依照本法的有关规定执行。违反中华人民共和国法律的基本原则或者国家主权、安全、社会公共利益的,不予承认和执行。"据此,除以下情况外,外国法院的判决在我国不能得到承认和执行:

(1) 我国与作出判决的外国法院所在国都是某一国际公约的缔约国,且该国际公约规定缔约国法院相互承认和执行外国法院的判决,如《1992年国际油污损害民事责任公约》。但是,我国没有参加1972年在海牙签订的《国际民商事案件中外国判决的承认和执行公约》。

(2) 我国与外国签订有双边协议,相互承认和执行另一国法院的判决。目前我国与俄罗斯签订有相互承认和执行另一国法院的民商事判决的双边协议。[2]

(3) 在互惠的基础上承认和执行外国法院的判决。换言之,要求申请人所在国与我国之间存在互惠关系,具体是指事实上的互惠关系,即我国法院在审查我国与申请人所在国之间是否存在互惠关系时,是审查我国与申请人所在国法院之间是否存在相互承认和执行对方法院判决的先例。如果存在这样的先例,则认为存在互惠关系,否则认为不存在互惠关系。换言之,我国法院不主动基于互惠关系而

---

[1] 但是,对于一般的民事诉讼,我国法律规定法院不能因为采取诉前财产保全而取得管辖权。根据《民事诉讼法》第23条和最高人民法院《关于适用〈中华人民共和国民事诉讼法〉若干问题的意见》第31条的规定,在人民法院采取诉前财产保全后,申请人起诉的,可以向采取诉前财产保全的人民法院或者其他有管辖权的人民法院提起;因合同纠纷提起的诉讼,由被告所在地或者合同履行地人民法院管辖。最高人民法院《关于如何理解关于适用〈中华人民共和国民事诉讼法〉若干问题的意见第31条第2款的批复》(法释〔1998〕5号中)指出:最高人民法院《关于适用〈中华人民共和国民事诉讼法〉若干问题的意见》第31条第2款的规定是指:在人民法院采取诉前财产保全后,申请人起诉的,应当向有管辖权的人民法院提起。采取诉前财产保全的人民法院对该案有管辖权的,应当依法受理;没有管辖权的,应当及时将采取诉前财产保全的全部材料移送有管辖权的受诉人民法院。

[2] 我国与澳大利亚签订的《中华人民共和国政府与澳大利亚政府相互鼓励和保护投资协定》中规定了对彼此法院和仲裁裁决的承认和执行。

承认和执行外国法院的判决。

如外国法院的判决在我国不能得到承认和执行,判决中胜诉的一方只能在我国有管辖权的法院另行提起诉讼,并将外国法院的判决作为支持其诉讼请求的证据。

(二) 对我国海事司法管辖权的影响

如果《鹿特丹规则》在我国得以实施,将由于以下几个方面的原因影响我国法院对海上货物运输合同纠纷案件的管辖权,使我国法院管辖的案件减少:

1. 管辖权协议分为排他性管辖权协议和非排他性管辖权协议

根据《鹿特丹规则》第66条"对承运人的诉讼"和第67条"法院选择协议"的规定,除批量合同中的管辖权协议在满足一定条件时具有排他性效力,以及争议产生后当事人之间达成的管辖权协议具有排他性效力外,管辖权协议不具有排他性效力,当事人约定的诉讼法院只是可供当事人选择的诉讼法院之一。因此,即使海上货物运输合同约定在我国法院诉讼,当不具有排他性效力时,原告就可能不选择在我国法院诉讼,从而使我国法院管辖的案件减少。虽然,当海上货物运输合同约定在外国法院诉讼,当不具有排他性效力时,原告可能选择在我国法院诉讼,但具有选择诉讼法院权利的人大多数是托运人,而由于我国国际贸易大多数以FOB价格条件出口、CIF或CFR价格条件进口,大多数情况下与承运人订立海上货物运输合同的托运人是境外货物卖方或买方,同时由于诉讼语言、法律文化、司法体制和传统、司法环境等因素,境外货物卖方或买方选择在我国法院诉讼的情形不多,因而总体上,《鹿特丹规则》区分为排他性管辖权协议和非排他性管辖权协议,将使我国法院管辖的案件减少。

2. 批量合同中管辖权条款对第三人的约束力

根据《鹿特丹规则》第67条"法院选择协议"第2款的规定,在满足一定条件时,批量合同中排他性管辖权协议未经非合同当事人的第三方同意,即对第三方具有约束力。前文所述,我国国际贸易大多数以FOB价格条件出口、CIF或CFR价格条件进口,大多数情况下与承运人订立海上货物运输合同的托运人是境外货物卖方或买方,同时由于诉讼语言、法律文化、司法体制和传统、司法环境等因素,境外货物卖方或买方选择在我国法院诉讼的情形不多。因此,当境外货物卖方或买方与承运人订立批量合同时,批量合同中排他性管辖权协议绝大多数情况下将规定境外法院管辖权。由于我国进出口公司将受到此种排他性管辖权协议的约束,我国大量中小国际贸易企业将被迫到境外法院诉讼,我国法院管辖的案件也将随之减少。

3. 保全措施不影响实体管辖权

根据《鹿特丹规则》第70条"扣留以及临时措施或保全措施"的规定,临时措施或者保全措施的管辖权与对案件实体问题的管辖权并不存在联系,除非行使临时措施或者保全措施管辖权的法院满足该规则规定的有管辖权的法院的条件,或者该法院根据其所在国参加的其他国际公约取得相应的管辖权。我国现行法律规定,除当事人之间订有诉讼管辖协议或者仲裁协议的外,当事人可以向采取海事请求保全的海事法院提起实体案件的诉讼。因此,如果《鹿特丹规则》在我国得以实施,该规则关于保全措施不影响案件实体管辖权的规定,将使我国法院管辖的案件减少。

(三) 对我国海事审判机关的素质和水平提出更高要求

如果《鹿特丹规则》在我国得以实施,将对海事审判机关的素质和水平提出更高要求。这是因为:第一,相比现行《海牙—维斯比规则》和我国《海商法》第四章"海上货物运输合同",《鹿特丹规则》不但体系和内容复杂,而且有众多制度创新,因而海事审判机关要全面、深入、正确理解该规则,尤其是其创新的制度,并非易事;第二,《鹿特丹规则》第66条"对承运人的诉讼"和第68条"对海运履约方的诉讼"均规定了供原告选择的法院范围,而且原则上将当事人约定的法院作为供原告选择的诉讼法院之一,从而原告选择的法院范围大,而原告选择法院考虑的因素之一是法院的素质和水平。

对于上述第二点,我国海事法院从1984年成立至今已有30年历史,我国有10个海事法院,有世界上独一无二的海事诉讼专门程序法——《海事诉讼特别程序法》,但受法律传统和文化、法制化程度、司法环境、审判语言、法院和法官的素质和水平等因素的影响,虽然我国审理的海事纠纷案件数量很多,是国际海事审判大国,但还不是海事审判强国,在国际上的声誉并不很高。因此,如果《鹿特丹规则》在我国得以实施,海事审判机关的素质和水平必须提高。

二、《鹿特丹规则》对我国海事仲裁的影响

(一) 与我国现行海事仲裁法律规定的冲突

如果我国批准或加入《鹿特丹规则》,并且根据第78条"第十五章的适用"的规定,声明我国将受第十五章规定的约束,则该规则中关于仲裁的规定将与我国现行海事仲裁法律规定产生冲突,主要表现在以下几个方面:

1. 仲裁协议中约定的仲裁地仅作为供选择的仲裁地点之一

根据《鹿特丹规则》第75条"仲裁协议"第2款的规定,对承运人提起索赔的

人不仅可以在仲裁协议中约定的地点提起仲裁,还可以在以下地点提起仲裁:承运人的住所,或者运输合同约定的收货地,或者运输合同约定的交货地,或者货物最初装船的港口或者货物最终卸船的港口所在国的任何地点。这意味着,除根据第77条"争议产生后的仲裁协议"的规定,当事人在争议产生后达成的仲裁协议对双方具有约束力外,无论仲裁协议中是否约定了仲裁地,对承运人提起索赔的人都享有择地仲裁的效力。

根据我国法律,仲裁协议中约定的仲裁地对双方当事人都具有约束力,当事人必须在约定的仲裁机构进行仲裁。

2. 批量合同中仲裁协议对非合同当事人的效力

根据《鹿特丹规则》第75条"仲裁协议"第4款的规定,仲裁协议中约定的仲裁地在满足以下条件时,对非批量合同当事人产生效力:第一,该协议中指定的仲裁地位于第75条第2款第(2)项述及的地点之一;第二,该协议载于运输单证或者电子运输记录;第三,仲裁地通知已及时、正确地发给受仲裁协议约束的人;第四,所适用的法律允许该人受该仲裁协议的约束。

根据我国法律,仲裁协议仅对协议双方当事人有效,对非合同当事人的第三方不产生效力,除非该第三方明确同意受仲裁协议的约束。

(二) 运输单证或者电子运输记录中仲裁协议的效力

目前我国法律没有明确规定提单或其他运输单证中仲裁条款的效力,尤其是提单或其他运输单证并入租船合同中的仲裁条款的效力。在我国海事司法实践中,提单或其他运输单证中仲裁条款的效力,尤其是提单或其他运输单证并入租船合同中的仲裁条款的效力的认定并不统一。多数情况下,法院在扩大其管辖权思想的指导下,以该种仲裁条款不符合我国《仲裁法》规定的仲裁协议的有效条件等为由,否认此种仲裁条款的效力。[1]在《福建省生产资料总公司与金鸽航运有限公司国际海运纠纷一案中提单仲裁条款效力问题的复函》中,最高人民法院认为:"本案上诉人福建省生产资料总公司虽然不是租船合同和海上货物运输合同的签约人,但其持有承运人签发的含有合并租约和仲裁条款的提单,并明示接受该仲裁条款,因此,该条款对承运人和提单持有人均有约束力。"[2]

根据《鹿特丹规则》第76条"非班轮运输中的仲裁协议"的规定,运输单证或

---

[1] 参见朱子勤、诸远征:《论提单仲裁条款的效力及法律适用》,载《仲裁与法律》2000年第3期。相关的案例有广东省高级人民法院判决的"多米诺海运有限公司与上海工商对外贸易公司海上货物运输货损赔偿管辖权纠纷案"(1998年粤法经二终字第417号判决书)、广州海事法院审理的"北京和德(集团)有限公司与希腊樱桃谷航运有限公司海上货物运输货损纠纷案"(1998年广海法湛字第52号)。

[2] 最高人民法院《关于福建省生产资料总公司与金鸽航运有限公司国际海运纠纷一案中提单仲裁条款效力问题的复函》(法函〔1995〕135号,1995年10月20日发布)。

者电子运输记录中的仲裁协议,如该运输单证或者电子运输记录根据该规则第7条的规定而适用该规则,原则上该仲裁协议受该规则规定的约束,但如果满足以下条件,该仲裁协议不受该规则规定的约束:第一,以提及方式并入由于第6条"特定除外情形"的适用而被排除在该规则适用范围之外的租船合同或者其他合同中的仲裁协议;第二,具体提及仲裁条款;第三,载明该租船合同或者其他合同的当事人和日期。

因此,如果《鹿特丹规则》在我国得以实施,上述该规则第76条的规定将明确提单或其他运输单证中仲裁条款的效力,以及提单或其他运输单证并入租船合同中的仲裁条款的效力。对于前者,仲裁条款受该规则的约束;对于后者,如果提单或其他运输单证中的"并入条款"提及租船合同中的仲裁条款,并载明了该租船合同的当事人和日期,则仲裁条款不受该规则的约束,并应当认为对第三者提单或其他运输单证持有人有约束力。

(三) 对我国海事仲裁的影响

如果《鹿特丹规则》在我国得以实施,将由于以下几个方面的原因影响我国海上货物运输合同纠纷案件的仲裁,使我国管辖案件减少:

1. 原则上仲裁协议中约定的仲裁地仅作为供选择的仲裁地点之一

除根据《鹿特丹规则》第77条"争议产生后的仲裁协议"的规定,当事人在争议产生后达成的仲裁协议对双方具有约束力外,根据该规则第75条"仲裁协议"第2款的规定,无论仲裁协议中是否约定了仲裁地,对承运人提起索赔的人都享有择地仲裁的效力。

因此,即使海上货物运输合同约定在我国仲裁,而申请人可能不选择在我国仲裁,从而使我国仲裁案件减少。虽然海上货物运输合同约定在境外仲裁,当不具有排他性效力时,申请人可能选择在我国仲裁,但具有选择仲裁地点权利的人大多数是托运人,而由于我国国际贸易大多数以FOB价格条件出口、CIF或CFR价格条件进口,大多数情况下与承运人订立海上货物运输合同的托运人是境外货物卖方或买方,同时由于法律文化、仲裁体制和传统、仲裁环境等因素,境外货物卖方或买方选择在我国仲裁的情形不多,因而总体上,《鹿特丹规则》的实施将使我国仲裁案件减少。

2. 批量合同中仲裁协议对非合同当事人的效力

根据《鹿特丹规则》第75条"仲裁协议"第4款的规定,在满足一定条件时,批量合同中仲裁协议未经非合同当事人的第三方同意,即对第三方具有约束力。如前文所述,我国国际贸易大多数以FOB价格条件出口、CIF或CFR价格条件进口,大多数情况下与承运人订立海上货物运输合同的托运人是境外货物卖方或买方,同时由于法律文化、仲裁体制和传统、仲裁环境等因素,境外货物卖方或买方选择在我国仲裁的情形不多。因此,当境外货物卖方或买方与承运人订立批量合同时,批量合同中仲裁协议绝大多数情况下将规定在境外仲裁。由于我国进出口公司将受到此种仲裁协议的约束,我国大量中小国际贸易企业将被迫到境外仲裁,我国仲裁的案件也将随之减少。

(四)对我国海事仲裁机构和仲裁员的素质和水平提出更高要求

如果《鹿特丹规则》在我国得以实施,与对我国海事审判机关的素质和水平提出更高要求一样,将对我国仲裁机构和仲裁员的素质和水平提出更高要求。这是因为:第一,相比于现行《海牙—维斯比规则》和我国《海商法》第四章"海上货物运输合同",《鹿特丹规则》不但体系和内容复杂,而且有众多制度创新,因而仲裁机构和仲裁员要全面、深入、正确理解《鹿特丹规则》,尤其是其创新的制度,并非易事;第二,《鹿特丹规则》第75条"仲裁协议"和第76条"非班轮运输中的仲裁协议"均规定了供当事人选择的仲裁地点的范围,而且原则上将当事人约定的仲裁地点作为供选择的仲裁地点之一,从而当事人选择的仲裁地点范围大,而当事人选择仲裁地点考虑的因素之一是仲裁机构和仲裁员的素质和水平。

对于上述第二点,中国海事仲裁委员会虽然已有50多年历史,有近200名仲裁员,但每年仲裁案件只有100多起,比起伦敦每年海事仲裁数量或者我国海事法院每年处理的案件数量,显得很寒酸,在国际上的声誉并不高。我国既不是海事仲裁大国,更不是海事仲裁强国。其中的原因很多,包括我国《仲裁法》规定严格的仲裁协议有效条件、仲裁体制、仲裁环境、法律传统和文化,仲裁机构和仲裁员的素质和水平也是重要因素。因此,如果《鹿特丹规则》在我国得以实施,仲裁机构和仲裁员的素质和水平必须提高。

第三节 我国海事司法、海事仲裁的对策

一、我国对《鹿特丹规则》第十四章和第十五章的态度

法院管辖权涉及国家司法主权,管辖权和仲裁涉及一国国际航运企业和国际贸易企业的利益。各国从维护本国司法主权以及本国国际航运企业和国际贸易企业的利益出发,在《鹿特丹规则》制定中普遍关注管辖权和仲裁的规定。在联合国国际贸易法委员会第三工作组讨论该规则第十四章"管辖权"和第十五章"仲裁"期间,各国的分歧很大,尤其是一些国家对美国竭力主张的批量合同中的管辖权协议和仲裁协议未经非合同当事人的第三方同意即可约束第三方表示不满,最终未

能取得广泛共识。最后,为了得到大多数国家的同意,第十四章"管辖权"第 74 条"第十四章的适用"和第十五章"仲裁"第 78 条"第十五章的适用"均采用"选择适用",规定这两章仅在一国根据第 91 条"声明的程序和效力"声明其将受第十四章和(或)第十五章约束时,才对该国有约束力。

本书在第七章第三节"《鹿特丹规则》对我国国际航运的影响"和第八章第二节"《鹿特丹规则》对我国国际贸易的影响"的分析中指出:如果该规则得以实施,其批量合同中管辖权条款或仲裁条款对第三人的约束力的规定,将迫使我国大量中小国际航运企业和中小国际贸易企业到境外诉讼或仲裁。如果该规则在我国得以实施,其第十四章"管辖权"中管辖权协议分为排他性管辖权协议和非排他性管辖权协议、批量合同中管辖权条款对第三人的约束力、保全措施不影响实体管辖权、外国法院判决的承认与执行的规定,将与我国现行海事管辖权法律规定产生冲突;第十五章"仲裁"中仲裁协议约定的仲裁地仅作为供选择的仲裁地点之一、批量合同中仲裁协议对非合同当事人的效力的规定,与我国现行海事仲裁法律规定产生冲突。并且,如果该规则在我国得以实施,使我国法院管辖的案件和在我国仲裁的案件减少。因此,从维护本国司法主权以及本国国际航运企业和国际贸易企业的利益,以及保障我国海事司法和海事仲裁的发展出发,即使我国批准或加入该规则,也不应作出受第十四章"管辖权"和第十五章"仲裁"约束的声明。当然,一旦我国真正成为国际航运强国、国际贸易强国,以及海事审判强国和海事仲裁强国,可以根据该规则第 91 条"声明的程序和效力"的规定,作出受第十四章"管辖权"和第十五章"仲裁"约束的声明。

二、我国立法上的对策

(一) 借鉴《鹿特丹规则》的规定完善海上货物运输时效

如前文所述,《鹿特丹规则》第十三章"时效"的规定,相对于我国《海商法》第十三章"时效"第 257 条第 1 款的规定[1],不少规定更具有合理性和先进性,值得我国借鉴。主要表现为:

1. 扩大《海商法》第 257 条第 1 款规定的时效的适用范围

《海商法》第 257 条第 1 款规定:"就海上货物运输向承运人要求赔偿的请求权,时效期间为一年,自承运人交付或者应当交付货物之日起计算……"此时效仅

---

[1]《海商法》第 257 条第 1 款规定:"就海上货物运输向承运人要求赔偿的请求权,时效期间为一年,自承运人交付或者应当交付货物之日起计算;在时效期间内或者时效期间届满后,被认定为负有责任的人向第三人提起追偿请求的,时效期间为九十日,自追偿请求人解决原赔偿请求之日起或者收到受理对其本人提起诉讼的法院的起诉状副本之日起计算。"

适用于就海上货物运输向承运人的索赔,并不适用于承运人向托运人、收货人的索赔。《鹿特丹规则》第 62 条"时效期"的规定,适用于任何违反该规则规定的任何义务所产生的索赔或者争议,即不仅适用于托运人、收货人针对承运人、海运履约方的索赔,也适用于承运人、海运履约方针对托运人、收货人的索赔;既适用于司法程序,也适用于仲裁程序。我国《海商法》中的时效适用范围过于狭窄,可以借鉴《鹿特丹规则》第 62 条"时效期"的规定,扩大时效的适用范围。

2. 确立时效届满后的抵消权制度

对于超过诉讼时效期间的债权是否可以进行抵消,我国现行法律没有规定,并且学理上也没有形成统一的观点。目前多数大陆法系国家或地区对此持肯定态度[1],即在时效未届满时已适合于抵消的债权都可抵消,而不论是否已过诉讼时效。如《法国民法典》第 1290 条规定:"债务的抵消得依法律之效力当然发生,即使债务人不知,亦同。两宗债务自其开始同时存在起,即在各自同等数额的范围内相互消灭之。"《德国民法典》第 215 条规定:"请求权在第一次能够用于抵消或用于主张留置权时其时效未届满的,则时效届满不排除抵消和主张留置权。"《日本民法典》第 508 条规定:"因时效而消灭的债权,如果于其消灭之前适于抵消,其债权人可以实行抵消。"我国台湾地区"民法"第 337 条规定:"债之请求权虽经时效而消灭,如在时效未完成前,其债务已适于抵消者,亦得为抵消。"《意大利民法典》第 1242 条规定:"抵消将消灭同时并存的两个债务。法官不得依职权提出抵消。如查明共同存在的两个债务的消灭时效尚未届满,则消灭时效不阻却抵消。"

《鹿特丹规则》第 62 条第 3 款规定:"即使本条第一款规定的时效期满,一方当事人仍然可以提出索赔作为抗辩,或以此抵消对方当事人提出的索赔。"可见,该规则的规定与大多数大陆法系国家或地区的做法一致。

将来我国《海商法》修改时,可以参照《鹿特丹规则》第 62 条第 3 款的规定,确立时效届满后的抵消权制度。

3. 明确追偿时效的起算点

《海商法》第 257 条第 1 款规定,在时效期间内或者时效期间届满后,被认定为负有责任的人向第三人提起追偿请求的,时效期间为 90 日,自追偿请求人解决原赔偿请求之日起或者自收到受理对其本人提起诉讼的法院的起诉状副本之日起计算。因此,《海商法》规定了追偿时效两个起算时间点,即追偿请求人解决原赔偿请求之日或收到受理对其本人提起诉讼的法院的起诉状副本之日,但没有规定以何者为准。

《鹿特丹规则》第 64 条"追偿诉讼"规定:"被认定负有责任的人,可以在第六

---

[1] 参见韩德洋、鲍爱武:《诉讼时效制度研究》,载《法律适用》2002 年第 195 期。

十二条规定的时效期满后提起追偿诉讼,提起该追偿诉讼的时效期以下列较晚者为准:(一)提起程序的管辖地准据法所允许的时效期内;或(二)自追偿诉讼提起人解决原索赔之日起,或自收到向其本人送达的起诉文书之日(以较早者为准)起九十日内。"可见,《鹿特丹规则》明确了追偿时效两个起算时间点以较晚者为准。

将来我国《海商法》修改时,可以参照《鹿特丹规则》第64条的规定,明确《海商法》第257条规定的追偿时效两个起算时间点以较晚者为准。

4. 明确对被识别为承运人的人的诉讼时效

《鹿特丹规则》第37条"承运人的识别"的规定,对于解决国际海上货物运输实践中存在的问题具有现实意义。将来我国《海商法》修改时,应当参照这一规定增加承运人识别的规定。

《鹿特丹规则》第65条"对被识别为承运人的人的诉讼"规定:"对光船承租人或对根据第三十七条第二款被识别为承运人的人的诉讼,可以在第六十二条规定的时效期满后提起,提起该诉讼的时效期以下列较晚者为准:(一)提起程序的管辖地准据法所允许的时效期内;或(二)自识别承运人之日起,或自船舶登记所有人或光船承租人根据第三十七条第二款推翻其为承运人的推定之日起九十日内。"

因此,将来我国《海商法》修改时,在规定如何识别承运人的同时,有必要参照前述《鹿特丹规则》的规定,规定对被识别为承运人的人提起诉讼的时效期间。

(二)借鉴《鹿特丹规则》的规定明确运输单证中仲裁条款的效力

前文所述,我国现行法律没有明确规定提单或其他运输单证中仲裁条款的效力,尤其是提单或其他运输单证并入租船合同中的仲裁条款的效力,而且司法实践中的做法不完全一致。多数情况下,法院在扩大其管辖权思想的指导下,以该种仲裁条款不符合我国《仲裁法》规定的仲裁协议的有效条件等为由,否认此种仲裁条款的效力。

根据《鹿特丹规则》第76条"非班轮运输中的仲裁协议"的规定,运输单证或者电子运输记录中的仲裁协议,如该运输单证或者电子运输记录根据该规则第7条的规定而适用该规则,原则上该仲裁协议受该规则规定的约束,但如果满足以下条件,该仲裁协议不受该规则规定的约束:第一,以提及方式并入由于第6条"特定除外情形"的适用而被排除在该规则适用范围之外的租船合同或者其他合同中的仲裁协议;第二,具体提及仲裁条款;第三,载明该租船合同或者其他合同的当事人和日期。

将来我国《海商法》修改时,应参照上述《鹿特丹规则》第76条的规定,明确提单或其他运输单证中仲裁条款的效力,以及提单或其他运输单证并入租船合同中的仲裁条款的效力。

三、提高我国海事诉讼和海事仲裁水平

如果《鹿特丹规则》在我国得以实施,将对海事审判机关、海事仲裁机构和仲裁员的素质和水平提出更高要求。这主要是因为《鹿特丹规则》第 66 条"对承运人的诉讼"和第 68 条"对海运履约方的诉讼"均规定了较大的供原告选择的法院范围,第 75 条"仲裁协议"规定了较大的供当事人选择的仲裁地点的范围,而且原则上将当事人约定的法院或仲裁地点作为供当事人选择的诉讼法院或仲裁地点之一,而当事人选择法院或仲裁地点考虑的因素之一是海事审判机关、海事仲裁机构和仲裁员的素质和水平。

我国是国际上海事审判大国,但还不是海事审判强国;我国既不是国际上海事仲裁大国,更不是海事仲裁强国。我国的海事审判和海事仲裁在国际上的声誉并不高。究其原因,受多种因素影响,包括法律传统和文化、法制化程度、司法或仲裁环境、仲裁协议有效条件、仲裁体制、法院和法官的素质和水平、仲裁机构和仲裁员的素质和水平等。法律传统和文化、法制化程度、司法或仲裁环境、仲裁协议有效条件、仲裁体制等因素涉及政治、法律、经济、社会等领域,其改善和完善并非易事。但是,我国应当努力提高法院和法官的素质和水平、仲裁机构和仲裁员的素质和水平。这不仅有助于应对《鹿特丹规则》对我国海事诉讼和海事仲裁的潜在影响,也是建设我国海事审判强国和海事仲裁强国所需。

四、我国国际航运企业和国际贸易企业应采取的对策

如果《鹿特丹规则》得以实施,该规则第十四章"管辖权"和第十五章"仲裁"的规定将给我国国际航运企业和国际贸易企业带来较大的影响。其中,最大的影响莫过于在批量合同广泛使用的集装箱国际货物运输中,批量合同中管辖权条款或仲裁条款在未经非合同当事人的第三方同意即可约束第三方,从而我国大量中小国际航运企业和国际贸易企业将被迫到境外诉讼或仲裁。尤其是我国国际货物进出口中,绝大多数情况下是以 FOB 价格条件出口、以 CIF 或 CFR 价格条件进口,从而与承运人订立运输合同的权利在境外客户手中,从而我国大量中小国际贸易企业被迫到境外诉讼或仲裁的情形将比目前明显增多。显然,到境外诉讼或仲裁不但对我国大量中小国际航运企业和国际贸易企业不便,而且成本高,当我国国际航运企业和国际贸易企业向他人索赔时,到境外诉讼或仲裁意味着被迫放弃小额索赔。此外,《鹿特丹规则》规定了较大的供当事人选择的法院或仲裁地点范围,意味着对我国国际航运企业和国际贸易企业而言,诉讼或仲裁地点的不确定性增加。尤其是对于我国国际航运企业,由于国际海上货物运输中作为被告的经常是承运人,从而我国国际航运企业将经常在境外被提起诉讼或仲裁。这对于我国大量中小国际航运企业而言将是很大的负担。

如同本书第七章第三节和第八章第二节分析的我国国际航运企业和国际贸易企业应对《鹿特丹规则》的潜在不利影响，我国国际航运企业和国际贸易企业，尤其是中小企业，应对该规则第十四章"管辖权"和第十五章"仲裁"规定的潜在不利影响，首先应当增加风险意识和法律意识，充分认识这种潜在的不利影响，我国出口贸易时争取采用 CIF、CFR 或类似价格条件，进口贸易时争取采用 FOB 或类似价格条件，获得与承运人订立运输合同的权利。当以 CIF、CFR 或类似价格条件进口货物，或以 FOB 或类似价格条件出口货物时，如有可能，在货物买卖合同中约定客户与承运人订立的运输合同中所约定的诉讼或仲裁地点，以及约定运输单证中管辖权或仲裁条款对我国国际贸易企业没有约束力。

要真正有效应对《鹿特丹规则》第十四章"管辖权"和第十五章"仲裁"的规定对我国国际航运企业和国际贸易企业的潜在不利影响，从根本上讲需要依靠我国国际航运企业和国际贸易企业在国际市场中的竞争力的提高。为此，我国大量中小国际航运企业和国际贸易企业要走规模化发展道路，逐步改变我国国际航运企业和国际贸易企业小、散、弱、差的局面。

第十五章　我国是否批准或加入《鹿特丹规则》问题研究

第一节　批准或加入《鹿特丹规则》应遵循的基本原则

一、立足国情原则

是否批准或加入一部国际条约,是一国基于自身的客观情况所做的战略考量。因此,我国在决定是否批准或加入《鹿特丹规则》时,首先应立足于我国的国情,尤其是要立足于我国国际航运企业国际竞争力的现状和我国对外贸易在国际贸易格局中所处的地位。

就国际航运业的发展而言,改革开放之初的1978年,我国拥有从事远洋运输的船舶仅51艘,年海运货运量3 600多万吨。[1]海运业是我国对外开放程度最广的领域之一,经过30年的对外开放,我国已成为世界航运大国。截至2012年年底,我国有208家国际航运公司、1 209家国内航运公司持有我国海事局签发的有效符合证明,1 561艘国际航行船舶、7 250艘国内航行船舶持有效安全管理证书。[2]截至2012年年底,在交通运输部登记的国际班轮运输业务经营者共156家,其中在我国注册的76家。[3]

根据联合国贸易和发展会议发布的《2012年海运评论》,截至2012年1月1日,世界上35个主要航运国家或地区各自拥有的船舶艘数、总载重吨及占世界船队总吨位的比例,中国(不包括香港和台湾地区)船舶艘数为3 629艘,本国旗船舶总载重吨为51 716 318吨,外国旗船舶总载重吨为72 285 422吨,合计总载重吨为124 001 740吨,占世界船队总吨位的比例为8.91%,在35个主要航运国家或地区中排名第四,仅次于希腊、日本和德国。如果包括排名第七的中国香港特区,船舶艘数为4 482艘,本国旗船舶总载重吨为80 600 788吨,外国旗船舶总载重吨为88 886 940吨,合计总载重吨为169 487 728吨,占世界船队总吨位的比例为12.18%,在35个主要航运国家或地区中排名第三,仅次于希腊和日本。

---

〔1〕　参见魏家福:《WTO多边框架下中国航运企业的发展战略》,载http://www.cosco.com/cn/pic/forum/06856639738799997.pdf。
〔2〕　资料来源:中华人民共和国海事局网站(www.msa.gov.cn)。
〔3〕　资料来源:中华人民共和国交通运输部网站(www.moc.gov.cn)。

与此同时,我国港口吞吐量发生着巨大的变化。自2003年以来,我国港口货物吞吐量和集装箱吞吐量一直位居世界第一。目前,在世界排名前10位的大港中,中国内地占了8个;在世界排名前10位的集装箱大港中,中国内地占了5个。上海港已成为世界第一大港口和第一大集装箱港口。2012年,全国港口完成货物吞吐量107.76亿吨,其中外贸货物吞吐量30.56亿吨,货物吞吐量超过亿吨的港口由2011年的26个增加到29个。我国港口集装箱的年吞吐量由起步到100万标准箱用了16年时间,由100万标准箱到1000万标准箱用了8年时间,由1000万标准箱到5000万标准箱用了7年时间,由5000万标准箱到1亿标准箱仅用了3年时间。[1]

然而,我国要发展成为航运强国,还有很长的路要走。从船舶运力拥有数量上看,我国是国际航运大国,但国际航运综合实力与世界航运强国相比差距甚远。

就国际贸易发展状况而言,经过30多年的改革开放,特别是在2001年12月11日加入世界贸易组织以来,我国的对外贸易迅猛进步,我国已成为名副其实的国际贸易大国。2004年我国外贸进出口总额首次突破1万亿美元大关,达到11547.4亿美元,在世界贸易排名中上升到第三位。根据世界贸易组织发布的《2012年国际贸易统计》,2011年我国(不包括香港和台湾地区)出口货物贸易总值在世界上排名第一位,进口货物贸易总值在世界上排名第二位;进出口货物贸易总值总额占世界货物贸易额的9.92%,在世界上排名第二,仅次于美国。据海关统计,2012年,我国外贸进出口总值38667.6亿美元,比上年增长6.2%。其中出口20498.3亿美元,增长7.9%;进口18178.3亿美元,增长4.3%。

然而,我国在人均贸易额、贸易竞争力指数、主要产品的国际市场占有率、国际分工地位、出口商品结构、企业的国际竞争力、品牌竞争力等指标上与贸易强国的差距甚远,远低于美国、韩国、日本等世界贸易强国。贸易强国在国际分工的价值链上位于分工的高端,出口结构以高附加值产品为主,而我国的许多工业制成品多为贴牌的加工贸易产品,利润率水平低,甚至处于价值链的最低端。

综上可见,我国是国际航运大国,但仍不是国际航运强国;我国是国际贸易大国,但仍不是国际贸易强国。此外,与之相关的我国港口经营、船舶管理、船员管理、国际物流、银行业、海上保险行业,乃至海事诉讼和仲裁,都存在大而不强、强弱不一的现实。这种基本国情是我国决定是否批准或加入以及如何批准或加入《鹿特丹规则》需要考虑的重要因素。

---

[1] 参见《我国港口集装箱年吞吐量突破1亿标准箱》,载中国经济信息网数据库。

二、利弊权衡原则

以我国国际航运业和国际贸易业以及其他相关行业的发展现状为基点,我国是否批准或加入《鹿特丹规则》,应以我国整体经济利益为利益取向。在我国这样一个行业齐全的大国,在该规则框架下,受其影响的不同行业以及同一行业中的不同主体,具有不同的利益诉求。在这种多元化利益诉求的背景下,需要确定正确的利益取向,而这种取向只能是我国整体经济利益。同时,考量我国是否批准或加入该规则对我国整体经济利益的影响,应构筑在对我国相关行业,尤其是对国际航运和国际贸易行业的综合分析基础之上。

如前文所述,批准或加入《鹿特丹规则》将对我国国际航运、国际贸易、港口经营、国际物流以及相关的银行业、保险等行业带来不同广度、不同深度、利弊兼具的潜在影响。从影响结果的正负角度而言,我国是否批准或加入该规则,对这些领域的潜在影响并不相同,可能是积极的,也可能是消极的;对某些行业有利,而对某些行业不利。尤其是在我国国际航运、国际贸易和其他相关行业中,存在国际竞争力较强的少数国有或国有控股大型企业,也存在大量国际竞争力弱的中小企业,因而在同一行业,我国批准或加入该规则对前者可能有利或者不利的影响小,而对后者可能不利或者有利的影响小。这就有必要在具体分析对各领域利弊影响的基础上,从国家整体经济利益出发作出综合权衡,通盘考量、统筹兼顾,避免顾此失彼,因小失大。

我们认为,我国在批准或加入《鹿特丹规则》的战略决策中,"一个中心,四个方面"的利弊得失平衡,对于我国政府的决策至关重要。

"一个中心"是始终以国家整体经济利益为中心。对国家整体经济利益的潜在影响应当成为决定我国是否批准或加入《鹿特丹规则》的最根本因素。换言之,当整体经济利益利大于弊时,批准或加入该规则才是必要的、值得的。虽然各国尤其是主要航运国家和主要贸易国家都应当为国际社会海上货物运输法的统一作出贡献,但世界上任何一个国家都不会以牺牲本国的整体经济利益为代价而参加某一国际公约,国际社会也不会要求一国这样做。国家整体经济利益超越行业、部门利益,行业利益和部门利益应相对居于次要地位。但国家整体经济利益不是抽象的,而是具体的,直接由有关行业利益构成。

"四个方面"具体是指:一是我国国际航运业利益与我国国际贸易业利益的平衡;二是我国国际航运业内部和国际贸易业内不同企业类型、不同运作模式之间的利益平衡;三是国际航运业和国际贸易业利益与其他相关行业利益的平衡;四是相关行业当前利益与行业长远发展利益的平衡。

对于《鹿特丹规则》这样一部涉及广泛、影响深远的国际公约,利益的综合权衡并不是利益的简单叠加与抵消。对行业利弊得失的考量应当与我国相关行业的发展战略和发展规划相结合,与我国相关行业的更新换代与能级提升相结合。要从长远的、发展的眼光看,能否以批准或加入《鹿特丹规则》为契机,推动我国国际航运业、国际贸易业和其他相关行业发展实现现代化和国际化。

三、循序渐进原则

一国是否具备批准或加入某部国际条约的条件,对这一问题的判断总是处在动态的变化当中,其中既有国际层面发展态势不断调整的因素,也有本国相关行业国际竞争力动态发展的因素,同时可能夹杂着一国战略考量重点发生变化等缘由。由此,在决定是否批准或加入《鹿特丹规则》时,我国既要在宏观上有总体态势的判断,又要在中观层面和微观层面有具体的路径设计。

从总体态势判断而言,要分析《鹿特丹规则》是否符合国际海上货物运输法律的发展潮流,是否能在目前航运经济发展条件和航运技术条件下促进国际航运和国际贸易的长远发展。与此同时,该规则的制度设计是否可以成为国际层面平衡船货双方利益新的"法律良方"。

如对总体态势作出肯定回答,我国应依照循序渐进的原则,审慎考虑如何在适当的条件下、选择适当的时机批准或加入《鹿特丹规则》。一方面,要根据我国相关行业发展的实际情况,尤其是相关行业促进批准或加入条件的成就,其中既包括相关行业内的整合与调整,也包括国内立法与国际规则衔接的逐步到位,为批准或加入该规则做好国内立法准备。另一方面,还应审时度势,适当选择批准或加入时机。对于理想、但不符合现实条件的法律制度,不能盲目追求,而是应当积极创造条件争取早日适用,否则便是想"一步登天",结果是"欲速则不达"。《鹿特丹规则》的先进性和前瞻性代表了国际海上货物运输法律的发展方向。但是,我国目前国际航运生产力的整体发展水平和国际贸易发展的整体水平还无法满足该规则所要求的高水平。因此,我国既不能采取积极批准或加入的态度,也不能采取抵触的态度,而是应当积极应对,努力尽快提高国际航运生产力的整体发展水平和国际贸易发展的整体水平。在批准或加入该规则时机的选择中,既要考虑该规则被其他国家,尤其是国际航运大国和国际贸易大国,特别是我国主要贸易伙伴批准或加入的总体情况,以及该规则生效的情况,同时要考虑我国批准或加入该规则所处的境内外航运经济形势,即要选择批准或加入时机基本满足、宏观经济形势较为平稳、内外部阻力相对较小的时机批准或加入该规则,顺势而为、趋利避害,为我国国际航运、国际贸易以及相关行业的进一步调整、为国内法制与国际法制的协调融合留足空间。

第二节 我国暂不宜批准或加入《鹿特丹规则》

一、国内层面因素：批准或加入《鹿特丹规则》对我国整体经济利益的利弊影响

如前文所述，如果《鹿特丹规则》得以实施，该规则将对我国整体经济利益带来的影响，是我国决定是否批准或加入该规则的决定性因素，而整体经济利益既包括对国际航运企业和国际贸易企业的影响，还涉及其他相关行业的利益。根据前文分析，如果该规则得以实施，将对我国整体经济利益带来的影响可归纳如下：

（一）对我国国际航运企业的利弊影响

《鹿特丹规则》中"门到门"运输规则有利于国际货物多式联运业务的发展，承运人责任制度和海运履约方制度将增加国际航运企业运营成本。尤其是在受金融危机的影响，国际航运市场长期处于低迷、国际航运企业普遍亏损的市场形势下，大幅度增加承运人责任对国际航运企业是不小的负担，如果此时我国实施该规则，无疑将给国际航运企业"雪上加霜"。但是，从长远看，有利于促进我国国际航行船舶的技术状况的提高，促进我国国际航运企业提高技术水平和管理水平。运输单证和电子运输记录制度总体上将有利于提高国际航运的效率，促进国际航运的顺利开展，但满足电子运输记录制度的实施要求存在不少困难。批量合同制度将有利于占据谈判优势地位的大型国际航运企业，但不利于大量的中小国际航运企业。货物交付制度有利于国际航运企业的实务运作。

（二）《鹿特丹规则》对我国国际贸易企业的利弊影响

《鹿特丹规则》适用范围扩大到国际货物多式联运符合国际货物运输发展要求；承运人责任制度变革和履约方制度有利于国际贸易发展的需要，尤其是承运人责任的大幅度增加有利于国际贸易企业节省货物运输保险费用和货物索赔费用，从而节省贸易成本；电子运输记录和运输单证制度革新将促进国际贸易的发展，但满足电子运输记录制度的实施要求存在不少困难；控制权和权利转让制度有助于保障国际贸易的顺利开展；单证托运人制度、批量合同制度和运输单证交货凭证功能弱化及无单放货规则，将给我国国际贸易带来新的问题与挑战，将损害我国大量中小国际贸易企业的利益。

（三）《鹿特丹规则》对我国其他相关行业的影响

（1）对港口经营人而言，《鹿特丹规则》明确了港口经营人的法律地位及其权利义务,有利于港口经营人;该规则适用范围扩大到"门到门"运输对港口经营提出了更高的要求;该规则采用的电子运输记录制度要求港口经营企业建立电子商务系统。该规则在给港口经营人带来利益的同时,实力不强的港口经营人将受到很大冲击。

(2)对于国际船舶管理和国际船员管理业,为了应对《鹿特丹规则》大幅度加重承运人的责任,要求承运人尽量减少承担赔偿责任的事故发生,而实现这一目标必须提高船舶管理的水平和船员素质,从而对船舶管理、船员素质和船员管理提出了更高的要求。我国大量中小国际船舶管理企业和国际船员管理企业规模小、管理水平和船员素质不高、市场竞争力不强,很难适应该规则的更高要求,将面临被淘汰的可能。

(3)对于国际物流行业,我国国际物流业务经营人作为承运人时,将直接受《鹿特丹规则》中有关承运人责任规定的约束。我国存在大量规模小、竞争力不强的中小国际航运企业,以及数量众多、规模小、竞争力不强的国际货运代理企业等国际物流经营人,该规则将给这些企业带来巨大的压力和风险,风险责任、成本、市场地位和风险防控等方面都将有明显的影响。这种影响也将在一定程度上存在于我国国际物流经营人具有托运人和承运人双重身份的场合。该规则对仓储经营人和场站经营人的影响有利有弊。但我国目前仓储经营人和场站经营人发展并不均衡,大量实力不强的中小仓储经营人和场站经营人的利益在该规则得以实施后会受到较大影响,但实力强的仓储经营人和场站经营人的利益不会受到不利影响或明显的不利影响。

(4)对于我国海上保险业,《鹿特丹规则》将有利于货物保险人,包括货物保险人的保险责任将由于该规则大幅度增加承运人的责任而减小,与之同时其保险费的收入将相应减少;该规则规定的承运人责任期间延长、诉讼时效延长和明确的货物索赔举证责任,将有利于货物保险人行使代位求偿权而向承运人追偿;承保承运人对货物灭失、损坏赔偿责任的承运人责任保险人(船东保赔协会)的保险责任将由于该规则大幅度增加承运人的责任而增加,与之同时其保险费的收入将可能相应增加;该规则大幅度加重了承运人的责任,将有助于促使国际航运企业提高船舶技术状态、提高船员素质和船舶管理水平,从而减少海损事故的发生,因而对船舶保险业将产生潜在的有利影响。

(5)对于我国银行业,《鹿特丹规则》中运输单证制度对银行都是一种利好,电子运输记录对银行业务从总体上和长远看有利,但目前实施电子运输记录需要解决一些困难;货物交付制度有可能损害银行等单证持有人的利益,控制权和权利转让制度有助于保障其利益不受损害,

(6)对于我国海事司法和海事仲裁,《鹿特丹规则》与我国现行海事管辖权和

海事仲裁法律规定存在冲突;如果该规则在我国得以实施,将影响我国法院对海上货物运输合同纠纷案件的司法管辖权和仲裁,使我国法院管辖的案件和仲裁案件减少,对我国海事审判和海事仲裁的素质和水平提出更高要求。

(四)目前和今后一个时期,《鹿特丹规则》的实施对我国整体经济利益利少弊多

如前文所述,在我国将受到《鹿特丹规则》影响的国际航运、国际贸易、港口经营、船舶管理、船员管理、国际物流、海上保险、银行以及海事诉讼和仲裁等领域,如果该规则得以实施,都将受到影响。具体而言:

(1)每一领域都将既受到有利的影响,也将受到不利的影响。

(2)国际航运、国际贸易、港口经营和国际物流将受到直接的影响,并且影响的程度最大;船舶管理、船员管理、国际物流、海上保险、银行以及海事诉讼和仲裁将受到间接的影响,并且影响的程度较小。

(3)就不利影响程度而言,国际航运将受到最大的不利影响,国际贸易其次。

(4)在同一行业中,《鹿特丹规则》将给在国际市场中竞争力强的企业带来利益,不会受到不利影响或者明显的不利影响,但将给在国际市场中竞争力弱的企业带来不利益,甚至明显的不利益。从而总体上,该规则的实施对我国整体经济利益利少弊多。

如果目前《鹿特丹规则》得以实施,上述利益影响十分明显;如果该规则在今后一段时间得以实施,由于各领域的现状不可能得到迅速改变,因而上述利益影响依然存在。由此可以得出结论,目前和今后一个时期,该规则的实施对我国整体经济利益是利少弊多。

(五)《鹿特丹规则》的实施对我国整体经济利益利少弊多的根本原因

目前和今后一个时期,《鹿特丹规则》的实施对我国整体经济利益利少弊多,其根本原因是由我国相关行业的国情所决定的。这些相关行业有两个共同的特征:第一,所有行业均大而不强,即我国是世界航运大国、贸易大国、港口大国、船员大国、物流大国、海上保险大国,但总体上均不是强国,与世界发达国家先进水平存在一定的或者较大的差距;第二,同一行业中强的强、弱的弱、强少弱多,即由于所有制形式和历史发展等原因,同一行业中经营企业发展不均衡,形成了强的强、弱的弱的局面,有的在国际市场中的竞争力强,有的在国际市场中的竞争力弱,但国际竞争力强的企业数量很少,只为少数国有或国有控股企业,而大量的是国际竞争力弱的中小企业。虽然这种格局是在不断变化过程中,但要根本性改变这种格局,使得具有较强国际竞争力的企业数量有大幅度上升,需要一个很长的时期。因此,我国目前和今后一个时期,国际航运、国际贸易和其他相关行业生产力的整体发展

水平还无法满足《鹿特丹规则》所要求的较高水平。

二、国际层面因素:《鹿特丹规则》短期内被国际社会广泛接受的可能性

如前文所述,为使国际海上货物运输法律制度现代化,新公约必须适应国际集装箱货物多式联运的发展和电子商务在国际航运领域的广阔应用前景,以及改变目前船货双方利益分担不均衡的现状,适当保护货方利益是大势所趋。《鹿特丹规则》基于此种需要,创设了很多新的制度,大幅度增加了承运人的义务和责任。但是,虽然少数主要航运和贸易国家支持该规则,仍有相当多的国家、国际和地区组织不满意该规则的这种妥协结果。

(一)《鹿特丹规则》因涵盖面广、体系庞大、内容复杂而不容易被国际社会广泛接受

目前全球多式联运业务日益增加,与"门到门"运输关系最大的集装箱业务在海运业中,不论就价值还是数量而言,都占较大比例,一个统一的、可预见的规则将大大降低就特定案件适用哪些合同条款或公约条款发生争讼而产生的不确定性和费用。可以说,在全球货物运输领域,一个协调的法律责任体系的需求比以往任何时候都要强烈。

《鹿特丹规则》覆盖面广、体系庞大、内容复杂,可以用"大胆"和"雄心勃勃"来形容。在覆盖面上,该规则比现行三大海上货物运输公约中的任何一个国际公约所涉及的领域都要广,试图覆盖现行三大海上货物运输公约、尚未生效的《1980年联合国国际货物多式联运公约》以及尚未生效的《1991年联合国国际贸易运输港站经营人赔偿责任公约》。《鹿特丹规则》旨在为国际货物运输领域创造一个更加先进、统一的法律体系,其适用范围不限于"港到港"的国际海上货物运输。在体系上,为了适应现代集装箱运输发展和电子商务在国际航运领域的广阔应用前景、平衡船货双方的利益,以及解决国际航运实践中带有普遍性的问题,《鹿特丹规则》修正了传统的制度并创设了许多新的制度,如承运人责任制度、海运履约方制度、托运人责任制度、运输单证和电子运输记录制度、控制权和权利转让制度、批量合同制度、货物交付规定,以及诉讼和仲裁制度。在内容上,《鹿特丹规则》总共有十八章96条,而《海牙规则》总共只有16条,《维斯比规则》在《海牙规则》的基础上仅新增加了1条,《汉堡规则》也只有34条和两个附件。

然而,《鹿特丹规则》覆盖面广、体系庞大、内容复杂,不可避免地会带来一些不利于该规则生效实施的结果。由于覆盖面广,该规则必须妥善处理和调整与其他运输方式的国际公约的冲突,然而德国、瑞典、加拿大等国家对该规则采用"最小网状责任制"并不满意。曾经有人批评说,该规则最大的弊病就是试图把海运领域

的法律制度扩大至其他运输领域,尤其是法律责任的适用,这无论在理论还是实践领域都是不可能实现的。覆盖面广、体系庞大、内容复杂的规则,不但在制定时不容易取得大多数国家的共识,同时被代表不同利益的国家所普遍接受的难度就大,使理想与现实的矛盾加剧。以电子运输记录制度为典型,不是基于成熟的实践做法而创新的制度和内容越多,人们对其实践中的可操作性的担忧就越多。更何况,电子运输记录制度的适用不但涉及法律规则,还涉及建立计算机通讯网络所需的复杂技术、巨额资金和高技术管理人员,而这些并非一个发展中的小国所能轻易满足。复杂的内容对于喜欢清楚、明确的规则的国际航运界、国际贸易界及其他相关行业广大实践者来说将带来理解规则内涵的障碍。此外,《鹿特丹规则》有关管辖权和仲裁的规定将会削弱其获得被广泛适用的可能性。

(二)《鹿特丹规则》因颠覆传统制度而增加被国际社会接受的难度

《鹿特丹规则》采用的批量合同制度允许在一定条件下当事人通过约定背离该规则中的大部分条款,颠覆了自美国1893年《哈特法》所确立、已实行了一个多世纪的国际海上货物运输法律强制性适用的原则,使国际社会很多人担心是打开了"潘多拉盒子"。《鹿特丹规则》废除了承运人航海过失免责和火灾过失免责,高额的承运人赔偿责任限额的实际效果几乎使承运人赔偿责任限制形同虚设,从而对作为海上货物运输法律核心的承运人责任制度进行了重大变革,彻底改变了自美国1893年《哈特法》所确立、为《海牙—维斯比规则》所采纳并至今普遍实施的传统承运人责任制度,某种程度上可以说是颠覆了传统的海运立法,从而很难被习惯传统做法的国际航运界、承运人责任保险界所接受。国际航运界、国际贸易界和保险界已经习惯了建立在传统承运人责任制度基础之上的风险分摊机制的运行,而且不认为现行制度并非到了严重阻碍国际海上贸易开展的地步,对于重大变革后承运人责任制度不容易接受,更希望对现行制度加以适当完善而不是对现行制度加以重大变革。

(三)统一的国际规则在当今多元化、多极化时代被广泛认可更为艰难

同《海牙规则》和《海牙—维斯比规则》时代相比,当今社会发展中国家日益通过区域集团联合等形式壮大自身在国际舞台上的政治经济影响力,发达国家亦形成不同的区域经济联盟或其他利益团体,国际政治经济发展日益多元化和多极化,每个国家都试图在国际规则的制定上有自己独立的话语权。在联合国国际贸易法委员会第三工作组数十个国家积极参加《鹿特丹规则》的制定,便是很好的例证。因此,出于对本国利益和发展的长远考虑,一部国际公约,尤其是覆盖面广、涉及利益深远的国际公约要获得广泛的认可变得更加艰难,因为没有一个国家愿意牺牲

本国的整体经济利益以换取国际海上货物运输法律的统一。

(四) 航运市场不景气使得国际航运界很难接受承运人责任的大幅度增加

《鹿特丹规则》对承运人责任制度作了重大变革,如果得以实施,无疑将大幅度增加承运人的责任。受2007年金融危机的深度影响,国际航运市场长期处于低迷状态,国际航运也举步维艰。在我国上市企业中,2012年多数航运企业仍处于亏损状态,中远航运更是连续两年名列亏损大户之首。由于受金融危机影响最深的是主导世界经济的西方国家,而且影响最直接的是对世界经济发展最关键的金融业,从而全球经济恢复难度大、所需时间长。从而,虽然有以"金砖五国"为代表的新兴体国家为世界经济的好转发力,但国际海上贸易形势的明显好转不是一年、两年可以实现的。分析人士认为,国际航运市场在今后2—3年不可能恢复。

虽然国际海上货物运输公约可以平衡船货双方的利益,但总体上历来是航运利益占主导。目前,全球贸易排名前十位的国家或地区都是航运大国或地区。这些航远大国或地区首先考虑国际航运利益而不是国际贸易利益。因此,《鹿特丹规则》的前途和命运很大程度上直接掌握在主要航运国家手中。然而,在国际航运市场长期低迷并且今后几年前景不容乐观的背景下,大幅度增加承运人责任的法律制度很难被大多数主要航运国家所接受,只有极少数具有很强市场竞争力的国际航运企业,如国际集装箱运输巨头丹麦马士基,凭借自己的市场竞争力,试图借助于国际上实行增加承运人责任的法律制度而扩大自己的市场份额。从某种意义上说,《鹿特丹规则》是"生不逢时"。

综上,《鹿特丹规则》在今后几年内生效并得到国际社会广泛采纳,尤其是世界多数主要航运国家和主要贸易国家的采纳,特别是我国主要海上贸易伙伴的采纳,可能性很小。该规则从通过到生效、再到被国际社会广泛采纳,还有很长的路要走。但是,从长远看,该规则的先进性和前瞻性不可忽视,它代表了国际海上货物运输法律的发展方向。该规则在生效实施并为国际社会广泛采纳之前,很可能会发挥示范法的作用,其中成熟、合理、先进的制度和规定会不同程度地被国内法所吸收,进而通过国内法的实践为该规则在全球的实施奠定基础。

三、结论:我国暂不宜批准或加入《鹿特丹规则》

基于以下原因,我国暂不宜批准或加入《鹿特丹规则》:

(1) 根据立足国情、利弊权衡、循序渐进原则,以对我国整体经济利益的影响为根本衡量标准,基于《鹿特丹规则》如得以实施将给我国国际航运、国际贸易和其他相关行业带来的利弊分析,受目前和今后一个时期我国国际航运、国际贸易和其他相关行业生产力发展总体水平和总体国际竞争力的制约,目前和今后一个时期,《鹿特丹规则》如得以实施对我国整体经济利益的影响将是利少弊多。

（2）《鹿特丹规则》在今后几年内生效并得到国际社会广泛采纳,尤其是世界多数主要航运国家和主要贸易国家的采纳,特别是我国主要海上贸易伙伴的采纳,可能性很小。

（3）在全球经济一体化的背景下,在我国国际航运、国际贸易及其他相关行业几乎都不同程度地开放的市场环境下,在我国国际航运、国际贸易及其他相关行业刚开始从大国到强国的转型过程中,如果《鹿特丹规则》近期在我国得以实施,不但无助于提升相关行业的整体国际竞争力,反而会削弱整体国际竞争力,很多国际竞争力弱的中小企业在国际市场激烈的竞争中会遭淘汰,从而影响我国国际航运、国际贸易和其他相关市场的安全、稳定和健康发展。

与此同时,必须看到《鹿特丹规则》的先进性和前瞻性。它代表了国际海上货物运输法律的发展方向,并与我国航运、国际贸易等相关行业强国发展战略基本契合。因此,我国应当以发展国际航运和国际贸易以及其他相关行业生产力、提升国际竞争力、实现强国战略为目标,从国际航运企业、国际贸易企业和其他行业的企业层面、国家立法层面和政府管理层面,从我国国情和在全球经济一体化大背景下的发展需要出发,针对不同行业和国际市场的特点,积极采取应对措施。

需要指出的是,我国暂不宜批准或加入《鹿特丹规则》,主要是受目前和今后一个时期我国国际航运、国际贸易和其他相关行业生产力发展总体水平和总体国际竞争力的制约,其中主要因素是我国航运、国际贸易等相关行业中存在大量国际竞争力弱的中小企业。但是,我国暂不宜批准或加入该规则并不是保护国际航运、国际贸易和其他相关行业落后的生产力,而是根据循序渐进原则,从维护国际航运、国际贸易和其他相关市场的安全、稳定和健康发展出发,努力促使其尽快提升国际竞争力,以尽快适应该规则对国际航运等行业生产力发展水平的更高要求。

第十六章 《鹿特丹规则》与我国《海商法》第四章的比较

第一节 适用范围

《鹿特丹规则》第二章"适用范围"第5条"一般适用范围"规定了该规则的一般适用范围,第6条"特定除外情形"规定了该规则不适用的特定情形,第7条"对某些当事人的适用"规定了在第6条规定的特定除外情形中该规则在承运人与特定当事人之间适用。该规则关于适用范围的规定是该规则制定过程中的核心问题之一,因为该问题不仅直接与该规则的调整范围有关,还对该规则的其他规定有直接影响。

联合国国际贸易法委员会第三工作组在第14届大会上讨论形成了比较一致的意见,认为该规则应当以强制方式适用于使用提单和海运单的运输合同,也适用于电子运输记录证明的运输合同,但应当排除对于非班轮运输的租船合同双方当事人之间,以及班轮运输中的租船合同、舱位租赁合同或箱位租赁合同双方当事人之间的适用。

我国《海商法》第四章"海上货物运输合同"的适用范围是由该法第2条关于海上运输定义确立,即适用于国际海上货物运输合同。我国内地与港澳台地区之间的货物运输是特殊的国内运输,视为国际货物运输,适用《海商法》第四章。《海商法》关于适用范围的规定是从地理范围上界定,相当于《鹿特丹规则》第5条第1款规定的"本公约适用于收货地和交货地位于不同国家且海上运输装货港和同一海上运输卸货港位于不同国家的运输合同"。

《鹿特丹规则》具体规定了不适用的运输合同。但是,我国《海商法》没有具体规定适用于哪些国际海上货物运输合同。从我国《海商法》第四章立法体例上,班轮运输合同、航次租船合同和国际多式联运合同适用《海商法》第四章,但定期租船合同和光船租赁合同适用《海商法》第六章。《鹿特丹规则》第6条第1款规定了班轮运输中两种特殊合同不适用该规则,即租船合同和使用船舶或其中任何舱位的其他合同。班轮运输中的租船合同与我国《海商法》第四章第七节规定的航次租船合同具有交叉,即航次租船合同可以存在于不定期运输,也可以存在于班轮运输。《鹿特丹规则》排除班轮运输中的租船合同,是由于此种合同基于合同自由原则订立,在性质上属于租船合同,与班轮运输中由提单或海运单证明的运输合同有很大差别。

班轮运输中达成的使用船舶或其中任何舱位的合同,通常属于国际班轮运输承运人之间订立的联营协议,较少在托运人和承运人之间订立。如果是后者,一般属于租船合同性质。就前者而言,由于是班轮承运人之间订立,对于托运人和单证托运人而言,涉及承运人和实际承运人(《鹿特丹规则》定义的海运履约方)两个概念。一直以来,各国海商法对于承运人和实际承运人之间的关系不予调整,也不调整班轮运输承运人之间与货物运输有关的其他合作关系。《鹿特丹规则》也遵循这一传统做法。一般来说,国际班轮公司之间的联营协议由各国航运法调整,属于公法调整的对象。

《鹿特丹规则》第6条第2款在排除非班轮运输合同适用该规则时作出了例外规定,旨在解决租船合同情况下出租人作为承运人与非承租人的第三者货方之间的权利义务,即如果签发了运输单证或电子运输记录,则《鹿特丹规则》在承运人与第三者运输单证或电子运输记录持有人或收货人之间仍然适用。我国《海商法》对此没有明确规定,但司法实践做法与此一致。

另外,《鹿特丹规则》将国际集装箱班轮运输中广泛使用的服务合同(即批量合同)纳入调整范围,并以合同自由为原则确立批量合同可以背离该规则强制性规定的内容和条件。我国《海商法》没有此种合同的定义,也没有明文规定是否适用于此种合同。但是,如果根据此种合同签发了提单,则《海商法》第四章适用于承运人与提单持有人或收货人之间的关系。对于实践中使用的包运合同(COA),如果据此签订了航次租船合同,则《海商法》第四章第七节"航次租船合同的特别规定"应当适用;如果根据此种航次租船合同签发了提单,则《海商法》第四章适用于承运人与提单持有人或收货人之间的关系。

我国《海商法》第四章与《鹿特丹规则》在适用范围制度上的条文对比参见附录十。

第二节 运输单证和电子运输记录

一、运输单证的概念

《鹿特丹规则》第一章"总则"第1条"定义"第14款给出了运输单证的定义。该规则对运输单证的定义作了以下几个方面的改变与创新:第一,在范围上,运输单证概念外延上更为广泛,包括海运单证、陆运单证、空运单证、水运单证与多式联运单证;第二,在内容上,运输单证的定义强调了单证作为收货凭证与证明或包含运输合同两大功能属性,而我国《海商法》第四章第四节"运输单证"第71条规定提单具有运输合同证明、承运人已经收到货物或将货物装船的证明和承运人保证据以交付货物的凭证的作用。海运单具有运输合同证明、承运人已经收到货物或将货物装船的证明的作用。需要指出的是,《鹿特丹规则》并没有规定运输单证具有承运人保证据以交付货物的凭证的作用。这是因为,由于凭单交货与无单放货紧密相连,各国对于运输单证类型与流通性的法律规定与交易惯例并不相同,该规则第45条至第47条规定了承运人不凭运输单证交付货物的情形。可见,与我国《海商法》第71条规定任何提单均是交货凭证不同,《鹿特丹规则》对于运输单证是否具有交货凭证的作用,没有采用一刀切的做法,而是根据运输单证或电子运输记录是否可以转让,以及是否规定应当凭运输单证或电子运输记录提取货物,作了不同规定。

二、运输单证与电子运输记录的种类

根据《鹿特丹规则》的规定,运输单证与电子运输记录只是形式不同,在内容和效力上没有本质区别。按照可否转让,运输单证与电子运输记录各分为两类,即可转让运输单证和不可转让运输单证,可转让电子运输记录和不可转让电子运输记录。根据该规则第1条第15款"可转让运输单证"的定义和第19款"可转让电子运输记录"的定义,可转让运输单证或可转让电子运输记录是指通过"凭指示"或者"可转让"之类的措辞,或通过法律规定的其他同等效力的词语表明货物按照指示交付或交给运输单证持有人的运输单证或电子运输记录;"不可转让运输单证"或"不可转让电子运输记录"即指不能流通转让的运输单证或电子运输记录。

与我国《海商法》相比,《鹿特丹规则》关于运输单证与电子运输记录的种类的规定主要有两个方面的不同:第一,在形式上,《鹿特丹规则》在传统的纸质运输单证之外,新增电子运输记录,以适应电子商务发展的需要;我国《海商法》只是规定提单和其他运输单证,没有明确运输单证是否包括非纸质的电子运输单证。第二,在运输单证或电子运输记录的种类上,《鹿特丹规则》是从运输合同而不是海上运输合同出发,规定的运输单证实际上包含国际海运、内陆水运、陆运、多式联运等在内的各种运输单证或电子运输记录,并未按照不同运输方式规定不同的运输单证或电子运输记录;我国《海商法》第四章第四节"运输单证"主要规定提单,对其他运输单证只在第80条作了原则性的规定,即:"承运人签发提单以外的单证用以证明收到待运货物的,此项单证即为订立海上货物运输合同和承运人接收该单证中所列货物的初步证据。承运人签发的此类单证不得转让。"

三、运输单证或电子运输记录的记载内容及其效力

《鹿特丹规则》第 36 条"合同事项"列明了运输单证或电子运输记录应当记载的事项,我国《海商法》第 73 条对这些记载事项大都同样作出了明确的规定。所不同的是,《鹿特丹规则》第 36 条第 4 款规定了"货物表面状况"如何确定,即"货物表面状况"是指在下述基础上确定的货物状况:货物由托运人交付给承运人或履约方时对所装载货物进行的合理外部检验,以及承运人或履约方在签发运输单证或电子运输记录之前实际进行的任何进一步检验。这一规定有助于避免或减少船货双方对货物表面状况的争议。需要指出的是,《鹿特丹规则》对于记载事项的用词虽为"应当",但第 39 条"合同事项不完备"规定缺少任何一项或几项,或有些内容不准确,并不影响其运输单证或电子运输记录的性质与其法律效力。《海商法》第 73 条亦作出了相同规定。

《鹿特丹规则》第 38 条"签名"规定,运输单证应当由承运人或者代其行事的人签名,电子运输记录应包含承运人或代其行事的人的电子签名。这一规定表达了两层含义:第一,运输合同的承运人或代其行事的人必须在运输单证或电子运输记录上签名或电子签名;第二,在签名栏进行签名的只能是承运人或代其行事的人。签名的技术为中性,只要能够实现签名的可识别性,以及由代承运人行事的人签名的情况下,表明承运人对代其签名的人授权即可。电子签名与签名具有同等效力,该内容在我国《电子签名法》中有规定。相比之下,我国《海商法》没有运输单证签名的具体规定,只是在第 73 条第 1 款规定了"承运人或者其代表的签字"是提单的内容之一,且完全没有涉及电子签名。《鹿特丹规则》实现了这一方面的创新,对于将来实践中规范电子运输单证的使用具有重要作用。

《鹿特丹规则》第 41 条规定了合同事项的证据效力,包括初步证据与最终证据。其中,初步证据针对承运人与托运人之间,最终证据针对承运人与善意行事的第三人之间。但是,该规则按照运输单证或电子运输记录是否可以流通,对最终证据效力作了不同规定。在承运人与善意行事的可转让运输单证或可转让电子运输记录的第三方受让人之间,或者在承运人与善意行事的、载明必须交单提货的不可转让运输单证的第三方收货人之间,具有最终证据效力。但是,在承运人与善意行事的不可转让运输单证或不可转让电子运输记录的第三方收货人之间,就承运人提供的第 36 条第 1 款中述及的合同事项,集装箱的号码、型号和识别号,以及第 36 条第 2 款中述及的合同事项,只有当该收货人依赖载于不可转让运输单证或不可转让电子运输记录中的上述任何合同事项时,才具有最终证据效力。

可见,根据《鹿特丹规则》第 41 条关于合同事项的证据效力的规定,不论运输单证或电子运输记录是否可以转让,合同事项要具有最终证据,均以第三者收货人

主观上善意，即对记载事项不正确并不知情为前提。对于没有载明必须交单提货的不可转让运输单证或者不可转让电子运输记录，虽然此种运输单证或者电子运输记录不构成承运人交付货物的依据，但对所记载的承运人提供的货物情况、承运人的情况，以及承运人容易确定的集装箱箱码、型号和识别号，如果第三者收货人对记载事项不正确并不知情，并且依赖了记载的合同事项，即按照记载事项向卖方支付了货款或者付出了其他对价，则记载的这些合同事项仍具有最终证据的效力。《鹿特丹规则》对于没有载明必须交单提货的不可转让运输单证或者不可转让电子运输记录，在合同记载事项最终证据效力上，附加了第三者收货人依赖了记载的合同事项的条件。

相比较而言，我国《海商法》第77条规定提单在承运人与托运人之间为初步证据，在承运人与善意的收货人或提单持有人之间为最终证据的规定，显得更加直接、明确。根据《海商法》第71条的规定，无论是指示提单、空白提单还是记名提单，承运人都必须按提单交货。因此，根据《海商法》第77条的规定，所有合同事项在承运人与托运人之间均为初步证据，但在与包括收货人在内的善意提单受让人与承运人之间成为最终证据。但是，我国《海商法》对于提单之外的其他运输单证并没有关于初步证据与最终证据的规定。

我国《海商法》第四章与《鹿特丹规则》在运输单证制度上的条文对比参见附录十一。

第三节 承运人的义务与责任

一、承运人的主要义务

《鹿特丹规则》第1条第5款将承运人定义为"与托运人订立运输合同的人"。我国《海商法》第四章第42条(1)项将承运人定义为"本人或者委托他人以本人名义与托运人订立海上货物运输合同的人"。两者虽然表述不同，但实质含义并无区别。

《鹿特丹规则》规定了承运人五项主要义务：

（1）运输和交付货物的义务，即第11条"货物的运输和交付"规定："承运人应根据本公约，按照运输合同的条款将货物运至目的地并交给收货人。"

（2）承运人管货义务，即第13条"特定义务"规定："一、在第十二条规定的责任期内，除须遵循第二十六条的规定外，承运人应妥善而谨慎地接收、装载、操作、积载、运输、保管、照料、卸载并交付货物。二、虽有本条第一款规定，在不影响第四章其他规定以及第五章至第七章规定的情况下，承运人与托运人可以约定由托运人、单证托运人或收货人装载、操作、积载或卸载货物。此种约定应在合同事项中载明。"

（3）承运人谨慎处理使船舶适航的义务，即第 14 条"适用于海上航程的特定义务"规定："承运人必须在开航前、开航当时和海上航程中恪尽职守：（一）使船舶处于且保持适航状态；（二）妥善配备船员、装备船舶和补给供应品，且在整个航程中保持此种配备、装备和补给；并且（三）使货舱、船舶所有其他载货处所和由承运人提供的载货集装箱适于且能安全接收、运输和保管货物，且保持此种状态。"

（4）与托运人在提供信息和指示方面的合作义务，即第 28 条"托运人与承运人在提供信息和指示方面的合作"规定："如果有关货物正确操作和运输的信息处于被请求方的占有之下，或有关货物正确操作和运输的指示是在被请求方能够合理提供的范围之内，且请求方无法以其他合理方式获取此种信息和指示，承运人和托运人应就对方提出的提供此种信息和指示的请求作出响应。"

（5）承运人执行控制权人的指示义务，即第 52 条"承运人执行指示"的规定，其中第 1 款规定："除须遵循本条第二款和第三款的规定外，在下列条件下，承运人应执行第五十条述及的指示：（一）发出此种指示的人有权行使控制权；（二）该指示送达承运人时即能按照其中的条件合理地执行；并且（三）该指示不会干扰承运人的正常营运，包括其交付作业。"

我国《海商法》第四章规定的承运人的主要义务包括：

（1）承运人谨慎处理使船舶适航的义务，即第 47 条规定："承运人在船舶开航前和开航当时，应当谨慎处理，使船舶处于适航状态，妥善配备船员、装备船舶和配备供应品，并使货舱、冷藏舱、冷气舱和其他载货处所适于并能安全收受、载运和保管货物。"对照前述《鹿特丹规则》第 14 条"适用于海上航程的特定义务"的规定，根据该规定，承运人谨慎处理的时间不但是在开航前、开航当时使船舶适航，而且需在海上航程中谨慎处理保持船舶的适航状态。

（2）承运人管货义务，即第 48 条规定："承运人应当妥善地、谨慎地装载、搬移、积载、运输、保管、照料和卸载所运货物。"对照前述《鹿特丹规则》第 13 条"特定义务"的规定，根据该规定，承运人管货环节还包括接收和交付两个环节。

（3）船舶不进行不合理绕航义务，即第 49 条规定："承运人应当按照约定的或者习惯的或者地理上的航线将货物运往卸货港。船舶在海上为救助或者企图救助人命或者财产而发生的绕航或者其他合理绕航，不属于违反前款的规定的行为。"《鹿特丹规则》没有规定承运人的这一义务，只是第 24 条"绕航"规定了绕航的后果，即："如果绕航根据适用的法律构成违反承运人义务，承运人或海运履约方不得因此被剥夺本公约为其提供的任何抗辩或赔偿责任限制，但第六十一条规定的情形除外。"

我国《海商法》没有规定《鹿特丹规则》第28条"托运人与承运人在提供信息和指示方面的合作"规定的与托运人在提供信息和指示方面的合作义务,也没有规定《鹿特丹规则》第52条"承运人执行指示"规定的承运人执行控制权人的指示义务。

二、承运人的责任期间

责任期间是指承运人对运输的货物负责的时间范围。

《鹿特丹规则》第12条"承运人的责任期"第1款规定:"承运人根据本公约对货物的责任期,自承运人或履约方为运输而接收货物时开始,至货物交付时终止。"因此,承运人对货物的责任期间为从接收货物时起至交付货物时至,即"收货到交货"。换言之,《鹿特丹规则》既适用于国际海上货物运输,也适用于包括国际海运区段的国际海上货物多式联运,甚至是货物"门到门"运输。

我国《海商法》第46条规定的承运人责任期间,区分集装箱货物和非集装箱货物。承运人对集装箱货物的责任期间是指从装货港接收货物时起至卸货港交付货物时止,即"港到港"。承运人对非集装箱货物的责任期间是指从货物装上船时起至卸下船时止,但对于在装船前和卸船后所承担的责任,承运人与托运人可以达成任何协议。换言之,承运人对非集装箱货物的责任期间要根据承运人与托运人是否对于在装船前和卸船后所承担的责任达成协议以及何种协议而定。具体而言,如果没有达成协议,或者协议约定承运人对货物在装船前和卸船后不承担责任,则承运人的责任期间为从货物装上船时起至卸下船时止,即"装船到卸船";如果达成了协议并且约定承运人对货物在装船前和卸船后承担责任,则承运人的责任期间为从装货港接收货物时起至卸货港交付货物时止,即"港到港"。

对于国际货物多式联运,我国《海商法》第四章第八节"多式联运合同的特别规定"第103条规定:"多式联运经营人对多式联运货物的责任期间,自接收货物时起至交付货物时止。"换言之,这一责任期间与《鹿特丹规则》的规定相同。

三、承运人责任基础

承运人责任基础(basis of liability),又称承运人责任归责原则,是指确定承运人对于货物灭失、损坏或迟延交付造成的损失的赔偿责任所依据的原则。

《鹿特丹规则》采用的承运人责任基础是完全过错责任原则,即对于货物灭失、损坏或迟延交付造成的损失,如果是承运人、其受雇人或代理人、海运履约方、非海运履约方(适用其他国际文书时除外)的过错所致,承运人需承担赔偿责任;如没有过错,或者虽然过错,但不是由过错所致,承运人不承担赔偿责任。

我国《海商法》采用的承运人责任基础是不完全过错责任原则,或者说完全过错责任原则加特定过失免责,即原则上,对于货物灭失、损坏或迟延交付造成的损失,如果是承运人、其受雇人或代理人、实际承运人的过错所致,承运人需承担赔偿责任;如没有过错,或者虽然过错,但不是由过错所致,承运人承担赔偿责任。但是,如果货物灭失、损坏或迟延交付造成的损失,是由于船长、船员、引航员或者承运人的其他受雇人在驾驶船舶或者管理船舶中的过失,或者非由于承运人本人的过失所造成的火灾所致,即由于船长、船员、引航员或者承运人的其他受雇人的航海过失或火灾过失所致,承运人不承担责任。

四、承运人的免责事项

《鹿特丹规则》第17条"赔偿责任基础"第3款规定了15项承运人的免责事项,即:"除证明不存在本条第二款所述的过失之外,如果承运人证明下列一种或数种事件或情形造成、促成了灭失、损坏或迟延交付,也可免除承运人根据本条第一款规定所负的全部或部分赔偿责任:(一)天灾;(二)海上或其他通航水域的风险、危险和事故;(三)战争、敌对行动、武装冲突、海盗、恐怖活动、暴乱和内乱;(四)检疫限制;政府、公共当局、统治者或民众的干涉或造成的障碍,包括非由承运人或第十八条述及的任何人所造成的滞留、扣留或扣押;(五)罢工、关厂、停工或劳动受限;(六)船上发生火灾;(七)虽恪尽职守仍无法发现的潜在缺陷;(八)托运人、单证托运人、控制方或根据第三十三条或第三十四条托运人或单证托运人对其作为承担责任的其他任何人的作为或不作为;(九)按照第十三条第二款所述及的约定进行的货物装载、操作、积载或卸载,除非承运人或履约方代表托运人、单证托运人或收货人实施此项活动;(十)由于货物固有缺陷、品质或瑕疵而造成的数量或重量损耗或其他任何灭失或损坏;(十一)非由承运人或代其行事的人所做包装不良或标志欠缺、不清;(十二)海上救助或试图救助人命;(十三)海上救助或试图救助财产的合理措施;(十四)避免或试图避免对环境造成危害的合理措施;或(十五)承运人根据第十五条和第十六条所赋权利的作为。"

我国《海商法》第51条第1款规定了12项承运人可以援引的免责事项,即:"在责任期间货物发生的灭失或者损坏是由于下列原因之一造成的,承运人不负赔偿责任:(一)船长、船员、引航员或者承运人的其他受雇人在驾驶船舶或者管理船舶中的过失;(二)火灾,但是由于承运人本人的过失所造成的除外;(三)天灾,海上或者其他可航水域的危险或者意外事故;(四)战争或者武装冲突;(五)政府或者主管部门的行为、检疫限制或者司法扣押;(六)罢工、停工或者劳动受到限制;(七)在海上救助或者企图救助人命或者财产;(八)托运人、货物所有人或者他们的代理人的行为;(九)货物的自然特性或者固有缺陷;(十)货物包装不良或者标志欠缺、不清;(十一)经谨慎处理仍未发现的船舶潜在缺陷;(十二)非由于承运人或者承运人的受雇人、代理人的过失造成的其他原因。"

与我国《海商法》第51条第1款规定的12项承运人免责事项相比,《鹿特丹规则》废除了船长、船员、引航员或者承运人的其他受雇人的航海过失或火灾过失免责,并增加了免责事项,即海盗、避免或者试图避免对环境造成危害的合理措施、承运人根据第十五条和第十六条[1]所赋予的权利的作为。其他免责事项虽然表述有所不同,但实质含义并无不同。

在《鹿特丹规则》增加的两项承运人免责事项中,第一项免责事项,即避免或者试图避免对环境造成危害的合理措施,体现了现代海事立法重视海上运输对海洋环境的影响的价值取向,通过规定承运人对其采取避免或者试图避免对环境造成危害的合理措施所造成的货物灭失、损坏或迟延交付免责,来鼓励承运人采取此种措施,以促进对海洋环境的保护;第二项免责事项,即承运人根据第15条和第16条所赋予的权利的作为,是承运人行使这两条所赋予的权利的逻辑后果,同时体现了现代海事立法重视海上安全的价值取向。

五、货物索赔的举证责任

举证责任的本质在于,当某一事实处于模糊不清或者真伪不明的状态时,由负有举证责任的一方承担不利益的后果。船货双方对货物灭失、损坏或迟延交付的索赔发生争议时,一个很现实的重要问题是双方举证责任的承担及举证顺序。

《鹿特丹规则》没有专条规定船货双方对货物灭失、损坏或迟延交付索赔的举证责任,而是连同承运人的赔偿责任和免责规定在第17条"赔偿责任基础"条款之中,并贯彻了举证责任由船货双方共同分担的原则。

《鹿特丹规则》第17条在规定承运人对货物灭失、损坏或者迟延交付的赔偿责任与免责的同时,对船货双方的举证责任分担作了分层次的详细规定,在举证的顺序和内容上构建了"三个推定"的立法框架。具体而言:第一,如果货方证明货物的灭失、损坏或迟延交付,或者其原因发生于承运人的责任期间之内,即推定承运人有过失,承运人要免除赔偿责任,必须证明其本人以及第18条述及的人没有过失;第二,如果承运人证明货物的灭失、损坏或迟延交付由第17条第3款列明的15项免责事项中的一项或者几项所致,则推定其无过失,如果索赔方不能反证承运人本人以及第18条述及的人有过失,承运人便不负赔偿责任;第三,如果货方证明货物灭失、损坏或迟延交付是或者可能是船舶不适航所致,即推定承运人有过失,承运人要免除赔偿责任,必须证明货物灭失、损坏或迟延交付不是由于船舶不适航所

---

[1] 第15条是关于承运人对危险货物所采取的包括将货物卸下、销毁或者使之不能致害等合理措施;第16条是关于海上航程期间承运人为了共同安全而牺牲货物的合理措施。

致,或者已经做到谨慎处理使船舶适航。具体参见图16-1。

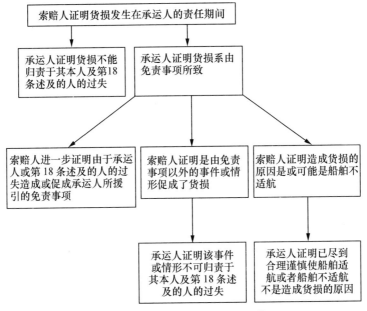

图 16-1 《鹿特丹规则》举证责任体系

我国《海商法》未明确规定船货双方对货物灭失、损坏或迟延交付索赔的举证责任,只是第51条第2款规定:"承运人依照前款规定免除赔偿责任的,除第(二)项规定的原因外,应当负举证责任。"换言之,当承运人欲援引该条第1款规定的免责事项对货物灭失、损坏或迟延交付造成的损失免责时,应当证明货物灭失、损坏或迟延交付是由于第1款规定的一项或几项免责事项所致。但如承运人证明货物灭失、损坏或迟延交付是由于火灾造成时,承运人即可免责,除非索赔方证明火灾是由于承运人本人的过失所造成,即对于火灾原因采用举证责任倒置。由于《海商法》未明确、全面规定船货双方的举证责任,司法实践中对船货双方的举证顺序及举证责任分担的处理比较混乱。

与我国《海商法》第51条的规定相比,《鹿特丹规则》举证责任的规定具有以下特点:第一,规定了明确的举证顺序,使得举证责任分配更加明确合理;第二,规定全面具体,具有可操作性,尤其对索赔人的反证,规定了三种反驳承运人援引免责事项的方式,尽量涵盖了实践中可能出现的各种情形,并分别列出了每种情形下承运人进一步应承担的举证责任,使整个举证责任分配体系层次分明,可操作性强。

六、承运人迟延交付责任

《鹿特丹规则》第 21 条"迟延"规定:"未在约定时间内在运输合同约定的目的地交付货物,为迟延交付。"

我国《海商法》第 50 条规定:"货物未能在明确约定的时间内,在约定的卸货港交付的,为迟延交付。除依照本章规定承运人不负赔偿责任的情形外,由于承运人的过失,致使货物因迟延交付而灭失或者损坏的,承运人应当负赔偿责任。除依照本章规定承运人不负赔偿责任的情形外,由于承运人的过失,致使货物因迟延交付而遭受经济损失的,即使货物没有灭失或者损坏,承运人仍然应当负赔偿责任。承运人未能在本条第一款规定的时间届满六十日内交付货物,有权对货物灭失提出赔偿请求的人可以认为货物已经灭失。"

对比上述《鹿特丹规则》第 21 条的规定和我国《海商法》第 50 条的规定,可以看出两者有以下不同:

(1) 两者关于迟延交付方的含义几乎相同,即承运人与托运人或者收货人约定了承运人在目的地交付货物的时间,但承运人未能交付时,才构成迟延交付。换言之,如果没有此种交付货物时间的约定,即使承运人未能在合理时间内交付货物,也不构成迟延交付。两者唯一不同的是,根据我国《海商法》第 50 条的规定,交付货物的时间必须"明确"约定,而《鹿特丹规则》第 21 条没有采用"明确"(expressly)一词,意味着交付货物时间的约定既可以是明示的,也可以是默示的。

(2) 我国《海商法》第 50 条第 2 款规定了承运人对迟延交付造成的货物灭失或者损坏所应承担的赔偿责任及其免责,第 3 款规定了承运人对因迟延交付造成的纯经济损失的赔偿责任及其免责。《鹿特丹规则》第 21 条没有此种规定,但承运人对因迟延交付造成的货物灭失或者损坏,以及未造成灭失或损坏,但造成的纯经济损失的赔偿责任及其免责,可以通过第 17 条的规定确定。

(3) 我国《海商法》第 50 条第 4 款规定了货物推定灭失,即"承运人未能在本条第一款规定的时间届满六十日内交付货物,有权对货物灭失提出赔偿请求的人可以认为货物已经灭失"。但是,《鹿特丹规则》第 21 条没有此种规定,因而如果承运人未能在约定时间内在目的港交付货物,即使超期的时间很长,只要承运人证明货物并未灭失,收货人便不能提出货物灭失的索赔,而只能索赔因迟延交付造成的纯经济损失,并且根据事后承运人是否交付货物或何时交付货物,再提出货物灭失的索赔或进一步的纯经济损失索赔。因此,缺少货物推定灭失的规定不利于收货人利益的保护。

七、承运人赔偿额的计算

《鹿特丹规则》第 22 条"赔偿额的计算"规定:"一、除须遵循第五十九条的规定外,承运人对货物灭失或损坏应支付的赔偿额,参照货物在根据第四十三条确定的交货地和交货时间的价值计算。二、货物的价值根据商品交易价格确定,无此种价格的,根据其市场价格确定,既无商品交易价格又无市场价格的,参照交货地同种类和同品质货物的通常价值确定。三、货物发生灭失或损坏的,承运人对超出本条第一款和第二款所规定的赔偿额不负任何赔偿责任,除非承运人与托运人在第十六章的限度内约定了赔偿额的不同计算方法。"

我国《海商法》第 55 条规定:"货物灭失的赔偿额,按照货物的实际价值计算;货物损坏的赔偿额,按照货物受损前后实际价值的差额或者货物的修复费用计算。货物的实际价值,按照货物装船时的价值加保险费加运费计算。前款规定的货物实际价值,赔偿时应当减去因货物灭失或者损坏而少付或者免付的有关费用。"

可见,两者存在很大差别。《鹿特丹规则》第 22 条规定赔偿额根据交货地和交货时间的货物价值计算,确定该价值的顺序是:商品交易价格,市场价格,交货地同种类和同品质货物的通常价值。换言之,索赔方可以索赔因货物灭失或损坏所遭受的期得利益损失,同时,如果由于货物在交货地的市场价格下跌,则价格下跌的损失由索赔方自己承担。根据我国《海商法》第 55 条的规定,索赔方只能按照货物的 CIF 价格进行索赔,而且即使由于货物在交货地的市场价格下跌,索赔方仍可按照货物的 CIF 价格进行索赔,即价格下跌的损失由承运人承担。因此,《鹿特丹规则》第 22 条的规定更加合理,但我国《海商法》第 55 条的规定更具有可操作性。

八、承运人赔偿责任限制

《鹿特丹规则》第 59 条"赔偿责任限额"第 1 款规定:"除须遵循第六十条以及第六十一条第一款的规定外,承运人对于违反本公约对其规定的义务所负赔偿责任的限额,按照索赔或争议所涉货物的件数或其他货运单位计算,每件或每个其他货运单位 875 个计算单位,或按照索赔或争议所涉货物的毛重计算,每公斤 3 个计算单位,以两者中较高限额为准,但货物价值已由托运人申报且在合同事项中载明的,或承运人与托运人已另行约定高于本条所规定的赔偿责任限额的,不在此列。"第 60 条"迟延造成损失的赔偿责任限额"规定:"除须遵循第六十一条第二款的规定外,对迟延造成货物灭失或损坏的赔偿额,应按照第二十二条计算,对迟延造成经济损失的赔偿责任限额,是相当于迟交货物应付运费两倍半的数额。根据本条以及第五十九条第一款确定的赔付总额,不得超过所涉货物全损时根据第五十九条第一款确定的限额。"

我国《海商法》第 56 条第 1 款规定："承运人对货物的灭失或者损坏的赔偿限额，按照货物件数或者其他货运单位数计算，每件或者每个其他货运单位为 666.67 计算单位，或者按照货物毛重计算，每公斤为 2 计算单位，以二者中赔偿限额较高的为准。但是，托运人在货物装运前已经申报其性质和价值，并在提单中载明的，或者承运人与托运人已经另行约定高于本条规定的赔偿限额的除外。"第 57 条规定："承运人对货物因迟延交付造成经济损失的赔偿限额，为所迟延交付的货物的运费数额。货物的灭失或者损坏和迟延交付同时发生的，承运人的赔偿责任限额适用本法第五十六条第一款规定的限额。"

对比上述《鹿特丹规则》的规定和我国《海商法》的规定，可以看出两者有以下不同：

（1）承运人对货物灭失或损坏的赔偿责任限额，《鹿特丹规则》第 59 条第 1 款规定的每件或者每一其他货运单位 875 特别提款权的限额，比我国《海商法》第 56 条第 1 款规定的 666.67 特别提款权提高了 31%；货物毛重每公斤 3 特别提款权，比我国《海商法》第 56 条规定的 2 特别提款权提高了 50%。可以说，《鹿特丹规则》大幅度提高了承运人对货物灭失或损坏的赔偿责任限额。

（2）《鹿特丹规则》第 59 条第 1 款规定的承运人赔偿责任限额，既适用于承运人对货物灭失或损坏的赔偿责任，也适用于承运人对于违反该规则对其规定的义务所负的其他赔偿责任。换言之，《鹿特丹规则》扩大了承运人赔偿责任限制的适用范围。

（3）承运人对货物迟延交付造成的纯经济损失的赔偿责任限额，《鹿特丹规则》第 60 条规定为所迟延交付的货物应付运费的 2.5 倍，但连同所迟延交付的货物的灭失或损坏，不得超过货物全损时承运人的赔偿责任限额；我国《海商法》第 57 条规定为所迟延交付的货物应付运费的 1 倍，货物的灭失或者损坏和迟延交付同时发生时，赔偿责任限额适用第 56 条第 1 款规定的限额。

《鹿特丹规则》第 59 条第 2 款规定的"集装箱条款"，与我国《海商法》第 56 条第 2 款和第 3 款规定的"集装箱条款"基本相同，唯一不同的是前者增加了车辆所载货物的规定。

《鹿特丹规则》第 61 条"赔偿责任限制权的丧失"的规定，与我国《海商法》第 59 条的规定几乎相同。

九、实际承运人（海运履约方）等的赔偿责任

《鹿特丹规则》第 1 条第 6 款规定："（一）'履约方'是指承运人以外的，履行或承诺履行承运人在运输合同下有关货物接收、装载、操作、积载、运输、保管、照料、卸载或交付的任何义务的人，以该人直接或间接在承运人的要求、监督或控制

下行事为限。(二)'履约方'不包括不由承运人而由托运人、单证托运人、控制方或收货人直接或间接委托的任何人。"海运履约方是履约方的一种,《鹿特丹规则》第1条第7款其定义为"凡在货物到达船舶装货港至货物离开船舶卸货港期间履行或承诺履行承运人任何义务的履约方。内陆承运人仅在履行或承诺履行其完全在港区范围内的服务时方为海运履约方"。

在我国《海商法》中,与海运履约方对应的是实际承运人。《海商法》第42条第(2)项将实际承运人定义为"接受承运人委托,从事货物运输或者部分运输的人,包括接受转委托从事此项运输的其他人"。

可见,海运履约方与实际承运人的内涵相同。但是,在两者的识别上,《鹿特丹规则》中"该人直接或间接在承运人的要求、监督或控制下行事"的规定,比我国《海商法》中"接受承运人委托,从事""接受转委托从事"的规定更具有可操作性。

《鹿特丹规则》第19条"海运履约方的赔偿责任"第1款规定了海运履约方的权利和义务,即:"符合下列条件的,海运履约方必须承担本公约对承运人规定的义务和赔偿责任,且有权享有本公约对承运人规定的抗辩和赔偿责任限制:(一)海运履约方在一缔约国为运输而接收了货物或在一缔约国交付了货物,或在一缔约国某一港口履行了与货物有关的各种活动;并且(二)造成灭失、损坏或迟延交付的事件发生在:1.货物到达船舶装货港至货物离开船舶卸货港的期间内;以及2.货物在海运履约方掌管期间;或者3.海运履约方参与履行运输合同所载列任何活动的其他任何时间内。"第20条"连带赔偿责任"第1款规定,当承运人和海运履约方均负有赔偿责任时,其赔偿责任为连带责任,但仅限于该规则所规定的赔偿限额。

《海商法》第60条至第65条规定了承运人与实际承运人之间的关系和赔偿责任,核心是第61条中"本章对承运人责任的规定,适用于实际承运人"的规定。第63条规定:"承运人与实际承运人都负有赔偿责任的,应当在此项责任范围内负连带责任。"

对比《鹿特丹规则》第19条和第20条的规定与我国《海商法》第60条至第65条的规定,两者的不同主要在于承运人对海运履约方(实际承运人)的行为是否负责。

我国《海商法》第60条第1款规定:"承运人将货物运输或者部分运输委托给实际承运人履行的,承运人仍然应当依照本章规定对全部运输负责。对实际承运人承担的运输,承运人应当对实际承运人的行为或者实际承运人的受雇人、代理人在受雇或者受委托的范围内的行为负责。"该条第2款规定:"虽有前款规定,在海上运输合同中明确约定合同所包括的特定的部分运输由承运人以外的指定的实际承运人履行的,合同可以同时约定,货物在指定的实际承运人掌管期间发生的灭失、损坏或者迟延交付,承运人不负赔偿责任。"

因此,根据《鹿特丹规则》第18条"承运人为其他人负赔偿责任"的规定,承运人对海运履约方的作为或不作为负责,没有例外。但是,根据《海商法》第60条第2款的规定,海上运输合同可以明确约定,对于特定的部分运输由承运人以外的指定的实际承运人履行时,货物在指定的实际承运人掌管期间发生的灭失、损坏或者迟延交付,承运人不负赔偿责任。

我国《海商法》第四章与《鹿特丹规则》在承运人的义务与责任制度上的条文对比参见附录十二。

第四节 托运人的义务与责任

一、托运人的定义

《鹿特丹规则》第1条第8款规定:"'托运人'是指与承运人订立运输合同的人。"

我国《海商法》第42条第(3)项规定:"'托运人'是指:1. 本人或者委托他人以本人名义或者委托他人为本人与承运人订立海上货物运输合同的人;2. 本人或者委托他人以本人名义或者委托他人为本人将货物交给与海上货物运输合同有关的承运人的人。"

可见,《鹿特丹规则》第1条第8款定义的托运人,与我国《海商法》第42条第(3)项定义的托运人,在范围上存在很大差别。具体而言,《鹿特丹规则》中的托运人仅限于我国《海商法》上述规定中的第一种托运人,而不包括第二种托运人,即通常是实践中FOB价格条件下货物的卖方。FOB价格条件下货物的卖方有可能成为《鹿特丹规则》第1条第9款定义的单证托运人,即"托运人以外的,同意在运输单证或电子运输记录中记名为'托运人'的人"。《鹿特丹规则》第33条"单证托运人享有托运人的权利并承担其义务"规定:"一、单证托运人必须承担本章和第五十五条对托运人规定的义务和赔偿责任,且有权享有本章和第十三章为托运人提供的权利和抗辩。二、本条第一款规定不影响托运人的义务、赔偿责任、权利或抗辩。"

二、托运人的义务和责任

《鹿特丹规则》第七章"托运人对承运人的义务"规定了托运人的义务和责任,包括:

(1)托运人将货物交付运输的义务,即第27条"交付运输"规定:"一、除非运输合同另有约定,否则托运人应交付备妥待运的货物。在任何情况下,托运人交付的货物应处于能够承受住预定运输的状态,包括货物的装载、操作、积载、绑扎、加固和卸载,且不会对人身或财产造成损害。二、根据第十三条第二款订有约定的,托运人应妥善而谨慎地履行根据该约定承担的任何义务。三、集装箱或车辆由托运人装载的,托运人应妥善而谨慎地积载、绑扎和加固集装箱内或车辆内的货物,使之不会对人身或财产造成损害。"

(2) 托运人与承运人在提供信息和指示方面的合作义务,即第 28 条"托运人与承运人在提供信息和指示方面的合作"规定:"如果有关货物正确操作和运输的信息处于被请求方的占有之下,或有关货物正确操作和运输的指示是在被请求方能够合理提供的范围之内,且请求方无法以其他合理方式获取此种信息和指示,承运人和托运人应就对方提出的提供此种信息和指示的请求作出响应。"

(3) 托运人提供信息、指示和文件的义务,即第 29 条"托运人提供信息、指示和文件的义务"规定:"一、托运人应及时向承运人提供承运人无法以其他合理方式获取,且是为下述目的而合理需要的有关货物的信息、指示和文件:(一)为了正确操作和运输货物,包括由承运人或履约方采取预防措施;并且(二)为了使承运人遵守公共当局有关预定运输的法律、条例或其他要求,但承运人须及时将其需要信息、指示和文件事宜通知托运人。二、本条规定概不影响根据公共当局有关预定运输的法律、条例或其他要求,提供有关货物的某些信息、指示和文件的任何特定义务。"

(4) 托运人赔偿责任归责原则,即第 30 条"托运人对承运人赔偿责任的基础"规定:"一、对于承运人遭受的灭失或损坏,如果承运人证明,此种灭失或损坏是由于违反本公约规定的托运人义务而造成的,托运人应负赔偿责任。二、灭失或损坏的原因或原因之一不能归责于托运人本人的过失或第三十四条述及的任何人的过失的,免除托运人的全部或部分赔偿责任,但托运人违反第三十一条第二款和第三十二条对其规定的义务所造成的灭失或损坏,不在此列。三、托运人根据本条被免除部分赔偿责任的,托运人仅对因其本人的过失或第三十四条述及的任何人的过失所造成的那部分灭失或损坏负赔偿责任。"

(5) 托运人向承运人提供拟定合同事项以及签发运输单证或电子运输记录所需的准确信息的义务,即第 31 条"拟定合同事项所需要的信息"规定:"一、托运人应及时向承运人提供拟定合同事项以及签发运输单证或电子运输记录所需要的准确信息,包括第三十六条第一款所述及的事项;合同事项中拟载明为托运人的当事人名称;有收货人的,收货人名称;须凭指示签发运输单证或电子运输记录的,指示人名称。二、承运人收到根据本条第一款提供的信息时,理当认为托运人已对信息的准确性给予保证。托运人应就此种信息不准确所导致的灭失或损坏向承运人作出赔偿。"

(6) 托运人托运危险货物时的义务,即第32条"危险货物特别规则"规定:"当货物因本身性质或特性而已对人身、财产或环境形成危险,或适度显现有可能形成此种危险时:(一) 托运人应在货物交付给承运人或履约方之前,及时将货物的危险性质或特性通知承运人。托运人未履行此项义务,且承运人或履约方无法以其他方式知道货物危险性质或特性的,托运人应就未发通知所导致的灭失或损坏向承运人负赔偿责任。(二) 托运人应根据货物预定运输任何阶段所适用的公共当局的法律、条例或其他要求,对危险货物加标志或标签。托运人未履行此项义务的,托运人应就由此导致的灭失或损坏向承运人负赔偿责任。"

(7) 托运人的转承责任,即第34条"托运人为其他人负赔偿责任"规定:"托运人委托包括受雇人、代理人和分合同人在内的任何人履行托运人任何义务的,对于此等人的作为或不作为造成违反本公约规定的托运人义务,托运人负赔偿责任,但托运人委托承运人或代表承运人行事的履约方履行托运人义务的,对于此等人的作为或不作为,托运人不负赔偿责任。"

我国《海商法》第四章第三节"托运人的责任"规定了托运人的义务和责任,包括:

(1) 托运人妥善包装货物、保证其提供的货物资料正确的义务及责任,即第66条规定:"托运人托运货物,应当妥善包装,并向承运人保证,货物装船时所提供的货物的品名、标志、包数或者件数、重量或者体积的正确性;由于包装不良或者上述资料不正确,对承运人造成损失的,托运人应当负赔偿责任。承运人依照前款规定享有的受偿权利,不影响其根据货物运输合同对托运人以外的人所承担的责任。"

(2) 托运人向主管机关办理货物运输所需要的各项手续及责任,即第67条规定:"托运人应当及时向港口、海关、检疫、检验和其他主管机关办理货物运输所需要的各项手续,并将已办理各项手续的单证送交承运人;因办理各项手续的有关单证送交不及时、不完备或者不正确,使承运人的利益受到损害的,托运人应当负赔偿责任。"

(3) 托运人托运危险货物时的义务及责任,即第68条规定:"托运人托运危险货物,应当依照有关海上危险货物运输的规定,妥善包装,作出危险品标志和标签,并将其正式名称和性质以及应当采取的预防危害措施书面通知承运人;托运人未通知或者通知有误的,承运人可以在任何时间、任何地点根据情况需要将货物卸下、销毁或者使之不能为害,而不负赔偿责任。托运人对承运人因运输此类货物所受到的损害,应当负赔偿责任。承运人知道危险货物的性质并已同意装运的,仍然可以在该项货物对于船舶、人员或者其他货物构成实际危险时,将货物卸下、销毁或者使之不能为害,而不负赔偿责任。但是,本款规定不影响共同海损的分摊。"

（4）托运人按照约定支付运费义务，即第 69 条规定："托运人应当按照向承运人支付运费。托运人与承运人可以约定运费由收货人支付；但是，此项约定应当在运输单证中载明。"

（5）托运人赔偿责任归责原则，即第 70 条第 1 款规定："托运人对承运人、实际承运人所遭受的损失或者船舶所遭受的损坏，不负赔偿责任；但是，此种损失或者损坏是由于托运人或者托运人的受雇人、代理人的过失造成的除外。"

对比上述《鹿特丹规则》第七章"托运人对承运人的义务"的规定和我国《海商法》第四章第三节"托运人的责任"的规定，可以发现两者关于托运人的义务和责任的规定基本相同。主要不同之处在于：

（1）《鹿特丹规则》第 27 条规定了托运人将货物交付运输的义务，第 28 条规定了托运人与承运人在提供信息和指示方面的合作义务，第 29 条规定了托运人提供信息、指示和文件的义务，第 31 条规定了托运人向承运人提供拟定合同事项以及签发运输单证或电子运输记录所需要的准确信息的义务；我国《海商法》没有规定或直接规定这些义务。

（2）我国《海商法》第 67 条规定了托运人向主管机关办理货物运输所需要的各项手续及责任，第 69 条规定了托运人按照约定支付运费义务；《鹿特丹规则》没有规定这些义务或责任。

我国《海商法》第四章与《鹿特丹规则》在托运人义务与责任制度上的条文对比参见附录十三。

第五节 货 物 交 付

《鹿特丹规则》第九章"货物交付"对货物交付作了规定，包括第 43 条"接受交货的义务"、第 44 条"确认收到的义务"、第 45 条"未签发可转让运输单证或可转让电子运输记录时的交付"、第 46 条"签发必须提交的不可转让运输单证时的交付"、第 47 条"签发可转让运输单证或可转让电子运输记录时的交付"、第 48 条"货物仍未交付"和第 49 条"货物留置"。

我国《海商法》第四章第五节"货物交付"第 81 条、第 82 条和第 85 条规定了货物灭失、损坏的通知，第 83 条和第 84 条规定了货物状况检验，第 86 条规定无人提取货物的处理，第 87 条和第 88 条规定了货物留置权。

一、收货人接受交货的义务

《鹿特丹规则》第 43 条"接受交货的义务"规定："当货物到达目的地时，要求交付货物的收货人应在运输合同约定的时间或期限内，在运输合同约定的地点接受交货;无此种约定的,应在考虑到合同条款和行业习惯、惯例或做法以及运输情形,能够合理预期的交货时间和地点接受交货。"

我国《海商法》没有相关的规定。

二、收货人确认收到货物的义务

《鹿特丹规则》第44条"确认收到的义务"规定:"收货人应按照交付货物的承运人或履约方的要求,以交货地的习惯方式确认从承运人或履约方收到了货物。收货人拒绝确认收到货物的,承运人可以拒绝交付。"

我国《海商法》没有相关的规定。

三、不同情况下货物的交付

(一) 未签发可转让运输单证或者可转让电子运输记录时的交付

《鹿特丹规则》第45条"未签发可转让运输单证或可转让电子运输记录时的交付"主要规定了以下内容:第一,收货人提货时应提交其是收货人的身份证明;第二,如收货人的名称和地址未在合同中列明,控制方应提前将收货人的名称和地址通知承运人;第三,如果承运人不知道收货人的名称或者地址,或者收货人收到到货通知后不主张提取货物,承运人凭交货指示交货,交付货物的指示依顺序由控制方、托运人和单证托运人发出,即允许承运人有条件地无单放货;第四,承运人凭交货指示交货,视为已履行其向收货人交付货物的义务。

(二) 签发必须提交的不可转让运输单证时的交付

《鹿特丹规则》第46条"签发必须提交的不可转让运输单证时的交付"主要规定了以下内容:第一,收货人提货时应提交一份不可转让运输单证和其是收货人的身份证明;第二,如收货人收到到货通知后不主张提取货物,或者收货人不提交不可转让运输单证或身份证明,或者承运人无法确定收货人,则承运人凭交货指示交货,交付货物的指示依顺序由托运人和单证托运人发出,即允许承运人有条件地无单放货;第三,承运人凭交货指示交货,视为已履行其向收货人交付货物的义务。

(三) 签发可转让运输单证或者可转让电子运输记录时的交付

《鹿特丹规则》第47条"签发可转让运输单证或可转让电子运输记录时的交付"主要规定了以下内容:第一,可转让运输单证持有人提货时应提交一份可转让运输单证及其身份证明,可转让电子运输记录的持有人提货时应证明其为持有人;第二,如可转让运输单证或可转让电子运输记录明确规定可以不提交运输单证或电子运输记录交付货物,当持有人收到到货通知后不主张提取货物,或者持有人不证明其持有人身份,或者承运人无法确定持有人时,承运人凭交货指示交货,交货指示依顺序由托运人和单证托运人发出,即允许承运人有条件地无单放货;第三,承运人凭交货指示交货,视为已履行其向持有人交付货物的义务;第四,一人在交货后成为持有人,并且在其成为持有人时知道此种交货,仍取得对运输合同下对承运人的权利,但不具有提货权;第五,一人在交货后成为持有人,并且在其成为持有人时不知道且不可能知道此种交货,则取得可转让运输单证或可转让电子运输记录所包含的权利,包括提货权;第六,承运人对第五项所述持有人负赔偿责任时,向承运人发出交货指示的人应赔偿承运人由此遭受的损失,并且承运人交货前有权要求其提供适当担保,否则承运人可以拒绝按其指示交货。可见,《鹿特丹规则》注重对可转让运输单证或可转让电子运输记录持有人利益的保护,并兼顾了对承运人利益的保护。

根据我国《海商法》的规定,如果未签发提单,承运人应当将货物交给托运人指定的收货人,收货人提货时应提供身份证明;如果签发了提单,收货人提货时应提供提单,而不论提单是否可以转让。

四、货物仍未交付时的规定

《鹿特丹规则》第48条"货物仍未交付"主要规定了以下内容:第一,货物到达目的地后应被视为仍未交付的情形包括:收货人未接受交货;控制方、持有人、托运人或单证托运人无法被找到,也未向承运人发出交货指示;承运人有权或必须拒绝交付货物;请求交货地的法律不允许承运人向收货人交付货物;以及承运人无法交付货物的其他情形。第二,货物仍未交付时,承运人可以根据情况的合理要求采取以下措施,并由有权提货的人承担风险和费用:将货物存放在任何合适的地方;货物载于集装箱内或车辆内时,开箱或卸车,或采取转移货物等其他行动;按照惯例或货物当时所在地的法律,将货物出售或销毁。第三,承运人采取措施之前,应通知被通知方,并按顺序通知承运人知道的收货人、控制方或托运人之一。第四,如按第二项规定出售货物,承运人应为有权提取货物的人的利益代为保管出售货物所得的价款,但可从中扣除承运人承担的任何费用和应付给承运人的与运输货物有关的运费或其他任何款项。第五,货物仍未交付期间内发生货物灭失或损坏,承运人不负赔偿责任,除非索赔人证明是由于承运人未能在当时的情况下采取应有的合理步骤保存货物所致,且承运人已知道或本应知道不采取此种步骤将给货物造成的灭失或损坏。

我国《海商法》第86条规定:"在卸货港无人提取货物或者收货人迟延、拒绝提取货物的,船长可以将货物卸在仓库或者其他适当场所,由此产生的费用和风险由收货人承担。"

相比较而言,《鹿特丹规则》的规定比较合理、具体,同时体现了对承运人的保护和对承运人处置货物的严格限制;我国《海商法》第86条的规定比较单一。

五、货物留置权

《鹿特丹规则》第49条"货物留置"规定:"本公约的规定概不影响承运人或履约方可以根据运输合同或准据法留置货物,为应付款的偿付获得担保的权利。"换言之,承运人或履约方对货物的留置权,依据运输合同或所适用的法律确定。

我国《海商法》第87条规定了承运人对货物的留置权:"应当向承运人支付的运费、共同海损分摊、滞期费和承运人为货物垫付的必要费用以及应当向承运人支付的其他费用没有付清,又没有提供适当担保的,承运人可以在合理的限度内留置其货物。"第88条规定了承运人对所留置货物的处置权:"承运人根据本法第八十七条规定留置的货物,自船舶抵达卸货港的次日起满六十日无人提取的,承运人可以申请法院裁定拍卖;货物易腐烂变质或者货物的保管费用可能超过其价值的,可以申请提前拍卖。拍卖所得价款,用于清偿保管、拍卖货物的费用和运费以及应当向承运人支付的其他有关费用;不足的金额,承运人有权向托运人追偿;剩余的金额,退还托运人;无法退还、自拍卖之日起满一年又无人领取的,上缴国库。"

我国《海商法》第四章与《鹿特丹规则》在货物交付制度上的条文对比参见附录十四。

第十七章　我国《海商法》第四章修改的必要性

第一节　我国《海商法》第四章存在的问题

一、适用范围存在的问题

(一) 不适用于沿海货物运输合同

我国有着很长的海岸线,沿海运输十分发达,对于国内贸易和经济发展非常重要。在《海商法》起草期间,考虑到当时国际海上货物运输与沿海货物运输在承运人责任的归责原则、赔偿责任限制、运输单证等主要内容上存在很大差异[1],而且这种差异在当时无法调和,《海商法》没有建立统一的沿海货物运输和国际海上货物运输制度。《海商法》第2条第2款规定第四章"海上货物运输合同"的规定仅适用于国际海上货物运输,而不适用于沿海货物运输,留下了《海商法》最大的漏洞。

目前,我国沿海货物运输合同适用《合同法》,因而沿海货物运输合同实行承运人严格责任原则,没有承运人单位赔偿责任限制。由于《合同法》第十七章"运输合同"中关于货运合同和多式联运合同的规定比较原则,没有关于水路运输合同或沿海运输合同的具体规定,导致适用上的困难。

(二) 没有规定对我国进出口货物运输的强制适用

《海商法》第四章没有规定是否强制适用于我国进口货物或出口货物的国际海上运输。第十四章"涉外关系的法律适用"第269条规定:"合同当事人可以选择合同适用的法律,法律另有规定的除外。合同当事人没有选择的,适用与合同有最密切联系的国家的法律。"据此,国际海上货物运输合同当事人借助"合同自由",完全可以排除我国进出口货物的国际海上运输适用《海商法》。这一规定既有损《海商法》的严肃性,也与国际上通常做法不符,并且不符合我国海上贸易利益。

---

[1] 当时,国际海上货物运输中,承运人责任的归责原则为不完全的过错责任原则,承运人享有赔偿责任限制的权利(如中国远洋运输公司提单条款中规定为每件货物700元人民币),使用的运输单证为提单;沿海货物运输适用1981年《中华人民共和国经济合同法》、1986年国务院批准的《水路货物运输合同实施细则》和原交通部制定的《水路货物运输规则》,受国家运输计划约束很大,承运人责任的归责原则为完全的过错责任原则,承运人不享有赔偿责任限制的权利,使用的运输单证主要为水路货物运单,装货港、航运公司和卸货港(即"两港一航")共同作为承运人。

(三)"港到港"适用范围不符合当代航运实践

《海商法》第41条规定:"海上货物运输合同,是指承运人收取运费,负责将托运人托运的货物经海路由一港运至另一港的合同。"随着集装箱货物运输的迅速发展,当今国际货物运输已向多式联运发展,包括"门到门"运输,国际海上货物运输很多情况下已经超越"港到港"这一地理范围的限制,而向港外延伸,直至货方的工厂仓库。我国《海商法》以"港到港"为适用范围的做法已落后于贸易和航运发展的现实,不能适应现代国际货物运输的需要。

《鹿特丹规则》基于国际集装箱货物运输发展的现实需要,扩大其适用范围的做法值得借鉴。我国《海商法》对货物多式联运的规定为第四章第八节"多式联运合同的特别规定"。货物多式联运是一个复杂的问题,但在《海商法》起草之时,由于可以借鉴的国际上这方面成功的经验很少,国际公约仅为尚未生效的《1980年联合国国际货物多式联运公约》,仅在第四章第八节规定了5个条文。并且,根据《海商法》第2条第2款的规定,该节的规定不适用于我国境内的货物多式联运。《海商法》实施的实践表明:这些规定过于简单,适用范围过窄,存在漏洞,没有规定多式联运经营人的迟延交付责任。相比之下,《鹿特丹规则》对包含国际海运区段的国际货物多式联运合同进行了全面的规定,采用"最小网状责任制",将增强合同双方当事人对各自权利和义务的可预测性,以及对不同运输方式的国际公约之间的协调性。

国际多式联运涉及两种或多种运输方式,需要处理《鹿特丹规则》与缔约国国内法律、其他运输方式公约等的协调关系。《鹿特丹规则》采用的"最小网状责任制"的处理方式并没有获得普遍广泛的认可。例如,德国、瑞典等欧洲国家就对此表示不满。它们认为,《鹿特丹规则》过少地考虑陆运法律的特点,把海运法律的规定强行推广至陆运阶段。这是由于欧洲货物运输往往会碰到两头陆运路程较长而海运路程较短的实际情况,而根据《鹿特丹规则》的规定,该运输全程很可能适用《鹿特丹规则》,但海路运输承运人的赔偿责任又远远小于陆路运输,将使货主遭受极大的损失。[1]

二、基本定义存在的问题

(一) 第四章实际承运人定义的缺陷

《海商法》第42条第(2)项规定:"'实际承运人',是指接受承运人委托,从事

---

[1] 参见联合国国际贸易法委员会:A/CN.9/WG.III/WP.30,《运输法:编写海上货物运输文书草案》,联合国贸易和发展会议(贸发会议)提供的参考文件,第3页。

货物运输或者部分运输的人,包括接受转委托从事此项运输的其他人。"

实际承运人通常表现为租船合同的出租人,而出租人与承租人之间的租船合同关系很难构成《合同法》第二十一章规定的委托关系。原定义中"委托"一词使实际承运人的范围过窄。"委托"一词译自《汉堡规则》中英文"entrust"一词,但"entrust"的直接含义之一是基于对他人的某种信任而将某事交给他人去做,与我国法律中委托的含义并不完全相同。判断双方当事人之间是否存在委托关系,除双方有委托合意外,还要看受托人是否在委托关系外,发生与第三人间的法律关系,从而完成委托任务。如果受托人自己并不履行运输任务,而是将它再委托给其他人,根据《海商法》中实际承运人的定义,转委托的受托人是实际承运人,但转委托人是否也是实际承运人,存在疑问。此外,《海商法》中实际承运人的定义,实践中还存在接受承运人委托从事货物装卸等港口作业的港口经营人是否是实际承运人的问题。

(二) 第四章托运人的规定缺乏可操作性

《海商法》第42条第(3)项规定:"'托运人'是指:1.本人或者委托他人以本人名义或者委托他人为本人与承运人订立海上货物运输合同的人;2.本人或者委托他人以本人名义或者委托他人为本人将货物交给与海上货物运输合同有关的承运人的人。"

因此,《海商法》规定了两种托运人,即与承运人订立运输合同的人和将货物交给承运人的人。并且,在国际贸易FOB或者类似价格条件下两种托运人在某些情况下同时存在,即买方与承运人订立运输合同而成为第一种托运人,卖方将货物交给承运人而成为第二种托运人。两种托运人成为托运人的基础不同,即第一种托运人基于与承运人订立运输合同,第二种托运人基于将货物交给承运人,但《海商法》对托运人权利义务的规定中没有区分这两种托运人。《海商法》实施过程中由此产生了一系列问题。例如,当两种托运人均请求承运人签发提单时,承运人应向谁签发?承运人是否有权向第二种托运人请求运费?在其他方面,两种托运人是否具有相同的权利和义务?这些问题的存在使《海商法》中托运人的规定欠缺可操作性。

三、具体制度存在的问题

(一) 承运人责任制度存在的不足

1. 承运人责任期间

《海商法》第46条是关于承运人责任期间的规定,区分集装箱货物和非集装箱货物,规定集装箱货物的责任期间为装货港接收货物至卸货港交付货物;非集装箱货物的责任期间为从货物装上船时起至卸下船时止,但承运人就在装船前和卸船后所承担的责任可与托运人达成任何协议。然而,航运实践已很少存在船边交接货物的情况。

2. 承运人义务与免责

《海商法》第47条规定,承运人谨慎处理使船舶适航的时间仅限于船舶开航之前和开航当时。在承运人责任的归责原则上,采用不完全过错责任原则,承运人对船员航海过失和火灾过失免责。由此产生的问题是,随着航海技术、造船技术的发展,为了平衡船货双方的利益,是否有必要采纳《鹿特丹规则》的规定,将承运人谨慎处理使船舶适航的时间扩展到整个航次期间,废除船员航海过失免责和船员火灾过失免责?由于立法疏忽,《海商法》第51条有关承运人免责事项的规定中没有将迟延交付包含在内。

《海商法》没有规定货物索赔的举证责任,仅在第51条第2款规定:"承运人依照前款规定免除赔偿责任的,除第(二)项规定的原因外,应当负举证责任。"其含义是,承运人欲援引免责事项,需证明货物灭失或损坏是由于一项或几项免责事项所致。但是,如承运人证明货物灭失或损坏是由于火灾所致,则火灾系承运人本人过错所致的举证责任由索赔方承担。这一举证责任倒置的规定并不合理。总之,由于没有规定明确的举证责任,导致司法实践中举证责任问题的混乱。

3. 舱面货

《海商法》第53条是关于舱面货的规定,该条第1款规定:"承运人在舱面上装载货物,应当同托运人达成协议,或者符合航运惯例,或者符合有关法律、行政法规的规定。"这一规定没有解决航运实践中比较普遍的件杂货船舶甲板装载集装箱是否合法的问题。此外,该条没有规定承运人向第三者提单持有人主张舱面货特殊风险免责是否以提单载明货物装载于舱面为条件,也没有规定承运人违反舱内装载的约定而将货物装载于舱面,对因此造成的货物灭失或损坏丧失赔偿责任限制。

4. 货物灭失或损坏赔偿金额计算

《海商法》第55条是关于承运人对货物灭失或损坏的赔偿金额计算的规定,该条第1款和第2款规定:"货物灭失的赔偿额,按照货物的实际价值计算;货物损坏的赔偿额,按照货物受损前后实际价值的差额或者货物的修复费用计算。货物的实际价值,按照货物装船时的价值加保险费加运费计算。"这一计算方式虽然操作性较强,但剥夺了货方索赔预期可得利润损失的权利,严重背离了赔偿实际损失原则。而且,货物损坏的赔偿额按照货物受损前后 CIF 价格的差额计算缺乏可操作性,因为货物受损后的 CIF 价格往往无法确定。此外,第55条第3款规定:"前款规定的货物实际价值,赔偿时应当减去因货物灭失或者损坏而少付或者免付的有关费用。"按此规定,在不能索赔预期可得利润损失的情况下,在从货物 CIF 价格"减去因货物灭失……而少付或者免付的有关费用"(比如进口关税和增值税),甚至有可能计算出负值的赔偿额,缺乏合理性。

5. 实际承运人权利与义务

《海商法》第 60 条至第 65 条是关于实际承运人的规定,其核心是第 61 条中"本章对承运人责任的规定,适用于实际承运人"。由于"本章对承运人责任的规定"包括哪些内容并不明确,导致司法实践混乱。

(二) 运输单证制度存在的问题

《海商法》第四章第四节是运输单证,从第 71 条至第 80 条共 10 条,但前 9 条只规定了提单。第 80 条规定:"承运人签发提单以外的单证用以证明收到待运货物的,此项单证即为订立海上货物运输合同和承运人接收该单证中所列货物的初步证据。承运人签发的此类单证不得转让。"这一规定缺乏可操作性。

《海商法》第 71 条是提单的定义:"提单,是指用以证明海上货物运输合同和货物已经由承运人接收或者装船,以及承运人保证据以交付货物的单证。提单中载明的向记名人交付货物,或者按照指示人的指示交付货物,或者向提单持有人交付货物的条款,构成承运人据以交付货物的保证。"据此,任何提单都具有交货凭证的作用,收货人提取货物应提交提单,承运人凭提单交付货物。这一做法有助于保障提单的可信度和单证贸易的开展,但同时造成了无单放货现象的加剧。

为解决无单放货问题,海运单(sea waybill)在国际航运实践中已被不同程度地使用。尤其是随着电子商务技术的发展和国际社会对电子商务立法的高度重视,电子运输单证的应用前景十分广阔。但是,《海商法》制定之时缺乏海运单和电子运输单证的实践,对这两种运输单证没有作任何直接规定。因此,《海商法》中的运输单证制度需要现代化。

(三) 货物交付制度存在的问题

《海商法》第四章第五节第 81 条至第 88 条是货物交付的规定,其主要内容包括三部分:第 81 条、第 82 条和第 85 条是关于货物灭失、损坏或迟延交付通知的规定;第 83 条和第 84 条是关于货物状况检验的规定;第 86 条是关于无人提货的规定;第 87 条和第 88 条是关于货物留置权的规定。

这一货物交付制度主要存在以下问题:

(1) 没有规定收货人的提货义务。

(2) 对无人提取的货物的处理方式过于单一。《海商法》第 86 条规定:"在卸货港无人提取货物或者收货人迟延、拒绝提取货物的,船长可以将货物卸在仓库或者其他适当场所,由此产生的费用和风险由收货人承担。"换言之,承运人处理无人提取的货物的唯一方式是将货物卸在仓库或者其他适当场所。《海商法》针对集装箱货物没有规定承运人可以开箱并移动货物,没有规定承运人对无人提取的货物可以提存和出售。

(3) 对承运人货物留置权的规定存在瑕疵。《海商法》第 87 条规定:"应当向承运人支付的运费、共同海损分摊、滞期费和承运人为货物垫付的必要费用以及应当向承运人支付的其他费用没有付清,又没有提供适当担保的,承运人可以在合理的限度内留置其货物。"其中,"其货物"意指债务人所有的货物。这一规定在实践中导致承运人无法得到货物留置权的有效保护。而且,该规定与《合同法》第 315 条中"托运人或者收货人不支付运费、保管费以及其他运输费用的,承运人对相应的运输货物享有留置权,但当事人另有约定的除外"的规定不一致。

四、其他问题

《海商法》第四章第六节是合同解除的规定,从第 89 条至第 91 条只有 3 个条文,其中第 91 条实质上不是合同的解除。该节的规定过于简单,而且与《合同法》第六章"合同的权利义务终止"中合同解除的规定差别很大。

《海商法》第四章第七节是"航次租船合同的特别规定",该节的规定过于简单,可操作性不强。

《海商法》第四章第八节是"多式联运合同的特别规定",该节的规定同样过于简单,可操作性不强。

第二节 《鹿特丹规则》对我国《海商法》第四章修改的借鉴意义

一、适应现代国际货物多式联运的需求

目前,全球经济一体化趋势日益增强,跨国公司正由各国子公司独立经营的阶段向围绕公司总部战略、协同经营一体化发展,贸易伙伴遍布全球。其结果必然要求物流国际化,即物流设施国际化、物流技术国际化、物流服务国际化、货物运输国际化、包装国际化和流通加工国际化等,从而对国际物流提出了更高的要求。

集装箱运输的发展使得国际贸易货物"门到门"运输成为可能,从而适应了现代物流对"门到门"运输的需求。然而,由于海路运输和陆路运输的风险程度不同,国际上关于多式联运法律的纷争一直没有停止过。《鹿特丹规则》采用"最小网状责任制",适用范围采取"海运 + 其他"的模式。根据该规则第 26 条"海上运输之前或之后的运输"的规定,如果货物灭失、损坏或造成迟延交付的事件或情形发生在承运人的责任期间内,但发生的时间仅在货物装上船舶之前或仅在货物卸离船舶之后,该规则的规定不得优先于在此种事件或情形发生区段调整其他运输方式并强制适用的国际文书;如果此种事件或情形发生的区段不能确定,则仍适用《鹿特丹规则》。换言之,该规则不影响任何已生效并调整公路、航空、铁路、内路水域国际货物运输的国际公约或地区性协议,其目的是尽量避免或减少与国际公约或地区性协议的冲突。这种机制符合国际货物运输"门到门"发展趋势的要求。

"门到门"运输的正常运作离不开运输活动和贸易活动的紧密结合。在"门到门"运输活动中,负责整个运输过程的人很可能并不是海运承运人,而是第三方物流企业。为了运输活动的正常进行,第三方物流企业需要根据贸易情况对整个运输活动进行控制,并方便货主顺利转让与运输相关的权利和提取货物。作为运输公约,《鹿特丹规则》特别强调保护贸易方的利益,其控制权制度、货物交付制度、运输单证制度和权利转让制度结合起来,给予贸易方强有力的保护。通过这些制度,货主、中间商或第三方物流企业可及时有效地与海运承运人和其他区段承运人展开积极的交流互动,充分了解和控制运输中的货物,使整个"门到门"运输活动顺利进行。

《海商法》第四章第八节"多式联运合同的特别规定"采用以海运为主,将多式联运作为特殊情况处理的立法方式,只有5个条文,过于简单,无法满足国际货物多式联运实务的具体需求。借鉴《鹿特丹规则》采用"最小网状责任制"的方式规范多式联运活动,将有助于弥补《海商法》第四章第八节的不足。

二、适应国际航运领域电子商务发展的要求

近十多年来国际国内电子商务发展极为迅速,网络上 B to B 或者 B to C 的商业模式早已为世人所熟悉。国际航运业利用网络模式规范流程,可大大降低成本、提高效率,将带来巨大的服务和利润的提升空间。

《鹿特丹规则》顺应电子商务发展及其在国际航运领域广阔的应用前景,确立了传统纸面运输单证和新兴电子运输记录相平行的体系。在这一体系中,运输单证与电子运输记录是平行而又平等的关系,充分承认电子运输记录的法律地位。虽然该规则采用的电子运输记录规则缺乏实践基础,但至少将为国际海上货物运输领域电子运输单证的应用提供示范性作用,将促进电子商务在国际航运中的运用。

我国《海商法》制定之时,计算机和网络技术尚未普及,从而未能制定电子单证的使用规范。立法的滞后使国际海上货物运输中电子商务受到很大限制。《海商法》通过后,我国有关电子商务的法律有了较大发展。原交通部于1997年颁布了《海上国际集装箱运输电子数据交换管理办法》,但该办法只限于 EDI 平台,没有对电子商务可采用的其他电子报文传递方式作出规定。我国《合同法》第11条亦有电子数据交换的规定,即:"书面形式是指合同书、信件和数据电文(包括电

报、电传、传真、电子数据交换和电子邮件)等可以有形地表现所载内容的形式。"2004年我国通过了《电子签名法》。

国际海上货物运输电子商务立法必须以一般电子商务立法为基础,并考虑国际航运的特殊性及其具体应用。我国《海商法》设立电子运输单证规则,是《海商法》现代化的客观要求。我国有关电子商务的法律和《鹿特丹规则》关于电子运输记录的规则,对于我国《海商法》设立电子运输单证规则具有重要的借鉴意义。

三、重新平衡船货双方的权利和义务

船方和货方是国际海上货物运输两大主体,船货双方利益之间的矛盾与平衡是国际海上货物运输法律制度发展的内在动力之一。为确保航运业稳定发展,关键在于平衡船货双方的利益。重新平衡船货双方的权利和义务,是制定《鹿特丹规则》的一项重要任务。

国际贸易是国际海上货物运输的基础,国际贸易决定国际海上货物运输;国际海上货物运输为国际贸易服务,保障国际贸易的开展。国际贸易与国际海上货物运输的这种内在联系,要求国际海上货物运输法律平衡船货双方的权利和义务。

船货双方利益的平衡是个复杂的问题,涉及多种因素。其中一个重要的因素是,随着技术的发展和航运生产力水平的提高,人们抵抗海上风险能力的提高对于承运人责任制度的影响。

在海运发展初期,大多以帆船等小型船舶进行运输,人们抵抗海上风险的能力薄弱。后来,航运进入蒸汽机时代,人们抵抗海上风险的能力有了提高,但航运生产力仍处于较低水平。与这种航运生产力水平相对应,为促进航运业的发展,《海牙规则》以及《海牙—维斯比规则》赋予承运人对船员航海过失和火灾过失免责、较低的承运人赔偿责任限额等权利。我国《海商法》第四章是以当时国际上普遍适用的《海牙—维斯比规则》作为确定承运人责任的基础,并在迟延交付责任上适当吸收了《汉堡规则》的部分内容。

"二战"后几十年是国际经济贸易发展的黄金时代,经济全球化成为国际经济发展的大背景,国际航运也获得了巨大的发展,发展中国家航运业逐渐兴起,并占有一定的市场份额。但是,国际上普遍适用的《海牙—维斯比规则》的局面没有改变。随着科学技术的日新月异,航海技术、造船技术和通讯技术得到不断提高,尤其是集装箱船等大型船舶的建造技术日益成熟。航运技术的发展和集装箱运输的推广不仅提高了运输效率,而且降低了运输风险。因此,国际社会广泛认为,航海过失和火灾过失免责、较低的承运人赔偿责任限额已经导致船货利益的不平衡,即利益天平已经偏向于船方利益;以《海牙—维斯比规则》为基础的现行海上国际货物运输立法已落后于现代航运技术发展的步伐。

从哲学上经济基础与上层建筑的原理看，技术的进步、生产力水平的提高，必定要求作为上层建筑的法律作出相应的变更。从现代基本法律原则分析，实施更严格的违约责任和侵权责任已经成为事实。因此，重新平衡船货双方利益有其法律基础和必要性。

在这种背景下，与《海牙—维斯比规则》相比较，《鹿特丹规则》扩大了承运人责任期间，废除了船员航海过失和火灾过失免责，大幅度提高了承运人赔偿责任限额，规定承运人对货物迟延交付的责任，从而大幅度增加了承运人的责任。《鹿特丹规则》制定时，联合国国际贸易法委员会第三工作组中大多数国家希望，新的承运人责任制度能够重新平衡船货双方的利益，为国际航运发展营造一个更为公平的环境。与此同时，该规则明确了托运人接收货物、告知货物信息等义务，明确了承运人对于危险货物的处置权等。承运人责任制度的这种改革是基于国际航运和国际贸易新的发展现实，体现了该规则重新平衡船货双方权利义务的目标。无疑，相比《海牙—维斯比规则》，由于承运人责任的大幅度增加，使得《鹿特丹规则》明显对货方有利。尤其是在国际航运处于货方市场的环境中，该规则允许批量合同在一定条件和范围内背离该规则规定的强制性义务和责任，将使具有较强谈判实力的货方获得明显的利益。

我国既是航运大国，也是贸易大国。同时，海上货物运输法律制度直接影响到我国国际航运企业和进出口贸易及相关企业的利益。因而，注重船货双方权利义务平衡对我国而言是一个特别重要的基本原则。

目前，《鹿特丹规则》根据重新平衡船货双方权利义务的目标所设计的制度和规则将来能否被国际社会广泛采纳，以及什么时候将被国际社会广泛采纳，尚存在不确定性。而且，国际海上货物运输法律制度发展的关键在于解决各国法律规则的多样性，并在这一过程中充分考虑现代经济、贸易、航运、技术等的新发展，在更高程度上实现国际海上货物运输法律制度的统一。一项新的法律制度的产生和实施不仅涉及法律问题，还涉及政治、经济、技术、市场等各方面因素。《鹿特丹规则》确立的重新平衡船货双方权利义务的目标，也应当成为我国《海商法》第四章修改时应追求的目标之一。在全面、科学评估《海商法》第四章是否在新的形势下能平衡船货双方的利益，以及如果《鹿特丹规则》得以实施，其将对我国国际航运和国际贸易的影响基础上，该规则设计的承运人责任制度以及其他有关船货双方权利和义务的规则，对于我国《海商法》第四章修改将具有借鉴作用。

四、解决国际海上货物运输实践中带有普遍性的问题

解决国际海上货物运输实践中带有普遍性的法律，也是制定《鹿特丹规则》所追求的一项目标。该规则在这方面做了有益的尝试，试图解决以下问题：

（一）无单放货

为了解决由于提单流转速度跟不上现代海上货物运输速度，国际航运实践中普遍存在的无单放货问题，《鹿特丹规则》创新了电子运输记录制度，并且弱化了运输单证和电子运输记录的交货凭证功能，规定：在不可转让运输单证和不可转让电子运输记录情况下，收货人提取货物时不提交运输单证或电子运输记录，除非不可转让运输单证载明需交单提货；在可转让运输单证和可转让电子运输记录情况下，在满足一定条件时允许承运人无单放货。

（二）承运人识别

随着当代国际航运实践中船舶所有权与经营权的分离，以及租船运输的普及，实践中非托运人的运输单证受让人往往遇到识别承运人身份的困难，影响其因货物灭失、损坏或其他利益受到损害时向承运人主张权利。为此，《鹿特丹规则》第八章第37条规定了运输单证和电子运输记录情形下识别承运人的方法与流程。

（三）港口经营人法律地位及其权利义务

港口经营人从事国际贸易货物的装卸等货物港口作业，是国际海上货物运输的重要参与方。当港口经营人接受承运人委托从事货物港口作业时，其法律地位如何、对货方具有何种权利和义务，在国际上并不统一。《鹿特丹规则》创设的海运履约方制度较好地解决了这方面的问题。

（四）目的港无人提取货物

国际航运实践中会出现由于收货人未收到运输单证、拒绝提货、目的地法律不允许承运人向收货人交付货物等原因，导致承运人无法交付货物的情形。对此，《鹿特丹规则》第48条"货物仍未交付"规定了承运人无法交付货物的情况下对货物的处置权利，包括将货物存放在任何合适的地方，打开集装箱取出货物或将货物卸车，按照惯例或当地法律将货物出售或销毁，并规定了承运人行使此种权利之前的通知义务等。

（五）非集装箱船装载舱面货

集装箱船甲板装载集装箱货物早已被认为是国际航运惯例。国际航运实践中，非集装箱船甲板装载集装箱是否构成国际航运惯例，因而承运人有权将集装箱货物装于此种船舶甲板而无须得到托运人同意，在国际上并没有定论。对此，《鹿特丹规则》第25条"船舶上的舱面货"规定，如果货物载于适合舱面运输的集装箱内或车辆内,而舱面专门适于载运此类集装箱或车辆,则承运人有权将集装箱或车辆装载于舱面,但对于因装载于舱面所造成的货物灭失、损坏或迟延交付,承运人不享有舱面载运货物特殊风险免责。

（六）船舶不合理绕航的法律后果

船舶不进行不合理绕航是承运人的主要义务之一。在航运发展初期,由于船舶抵抗海上风险能力低,船舶走什么航线往往影响船舶和所运货物在航次中所面临的风险大小。因此,对于船舶不合理绕航的法律后果,传统的英国普通法将船舶不合理绕航作为根本违约,赋予货方解除运输合同的权利,承运人丧失合同所赋予的权利和抗辩。但是,随着船舶大型化和现代化,船舶绕航通常并不影响船舶和所运货物在航次中所面临的风险大小。然而,国际上关于船舶不合理绕航的法律后果规定并不统一。对此,《鹿特丹规则》第 24 条"绕航"规定:"如果绕航根据适用的法律构成违反承运人义务,承运人或海运履约方不得因此被剥夺本公约为其提供的任何抗辩或赔偿责任限制,但第六十一条规定的情形除外。"换言之,将船舶不合理绕航作为一般的违反承运人义务处理。

（七）运输合同变更

货物在运输过程中,有时由于货物买卖合同履行的原因,托运人或者运输单证持有人会要求承运人中止运输、变更收货人或交货地或者变更运输合同的其他内容。对此,《鹿特丹规则》第 50 条"控制权的行使和范围"和第 54 条"运输合同的变更"规定了有权变更运输合同的主体、变更的条件,以及要求变更的主体应承担的责任等。

（八）预付运费

在国际海上货物运输实践中,运费有预付运费和到付运费两种形式。在 CIF 或 CFR 价格条件的国际货物买卖合同以及信用证中,通常约定卖方提交载明"预付运费"（Freight Prepaid）或"运费已付"的运输单证。然而,实践中经常出现承运人在尚未收到运费的情况下,经托运人要求,签发载明"预付运费"的提单或其他运输单证。由此产生的问题是,承运人是否有权因尚未收到运费而在目的地交付货物之前留置货物,从而要求运费由第三者收货人或运输单证持有人支付。对此,为保护第三者收货人或运输单证持有人的利益,维护提单或其他运输单证的可信度,《鹿特丹规则》第 42 条"预付运费"规定:"合同事项载有'预付运费'声明或类似性质声明的,承运人不能以运费尚未支付这一主张对抗持有人或收货人。持有人或收货人也是托运人的,本条不适用。"换言之,在上述情况下,承运人不得因尚未收到运费而在目的地交付货物之前留置货物,除非持有人或收货人也是托运人。

上述《鹿特丹规则》为解决国际海上货物运输实践中带有普遍性的法律问题而作出的规定,对于我国《海商法》的修改具有重要的借鉴作用。

五、其他具体制度对我国《海商法》修改的借鉴

（一）履约方和海运履约方制度

《鹿特丹规则》为适应国际货物多式联运的发展,创立了履约方和海运履约方制度。第1条第6款对履约方作了定义,第7款对海运履约方作了定义。由于该规则采用"最小网状责任制",原则上不适用于国际货物多式联运中的非国际海运区段,因而几乎没有直接规定非海运履约方的权利和义务。对于海运履约方,第19条"海运履约方的赔偿责任"规定,在满足一定条件时,海运履约方必须承担该规则对承运人规定的义务和赔偿责任,且享有该规则对承运人规定的抗辩和赔偿责任限制。该规则关于海运履约方的规定,比《汉堡规则》和我国《海商法》关于实际承运人的规定更具合理性和可操作性,包括明确了港口经营人的法律地位和权利义务。《鹿特丹规则》在《汉堡规则》实际承运人制度基础上创设的履约方和海运履约方制度,对我国《海商法》第四章的修改具有借鉴作用。

（二）控制权制度

控制权制度是《鹿特丹规则》第十章确立的新制度。货物控制权是指货物在海上运输中处于承运人的责任期间,在不妨碍承运人正常营运的条件下,控制方享有的就货物向承运人下达指示或变更指示以及要求承运人中止运输、变更目的地或变更收货人等的权利。《鹿特丹规则》专设第十章"控制方的权利",规定了控制权的行使和范围、控制方的识别和控制权的转让、承运人执行指示等内容。

控制权对于保障国际贸易的顺利开展,保障托运人、运输单证或电子运输记录持有人的正当权益,同时平衡船货双方的权利义务,具有重要意义。尤其是在适用电子运输记录和不可转让运输单证情况下,控制权制度是解决承运人与非托运人的第三者之间权利义务的主要途径。毋庸置疑,《鹿特丹规则》关于控制权的规定对我国《海商法》第四章的修改具有借鉴作用。

第三节 《海商法》第四章修改的必要性

一、《海商法》修改的必要性

《海商法》第四章"海上货物运输合同"是《海商法》的重要组成部分,也可以说是《海商法》中最重要的一章。《海商法》不可能仅仅因为第四章而修改。因此,分析《海商法》第四章修改的必要性,需要分析《海商法》修改的必要性。

《海商法》自1993年7月1日施行以来,已经实施20年之久。理论研究、航运实践以及司法实践表明,该法存在一些漏洞、空白甚至法律制度的缺失,有些规定已变得陈旧、过时,有些规定缺乏合理性或可操作性,有些规定与一般法不协调。产生这些不足的原因具有多样性,归纳起来主要有:第一,《海商法》制定之时设立法律制度或规定的条件尚不成熟的内容,由于过去20年来我国国情发生了很大变化,尤其是航运和贸易的快速发展而变得成熟,并且成为必要;第二,由于国际航运实践做法发生了很大变化,使《海商法》的一些规定已不符合航运实践对法律的需要;第三,由于当时国际上缺乏广泛实施的相应国际条约,也没有足够的国际上成功经验可以借鉴,运用保守的方法对复杂的问题只作了简单的规定,从而使相关规定缺乏足够的可操作性;第四,《海商法》早于《担保法》《保险法》《合同法》《侵权责任法》《物权法》等一般法律出台,导致《海商法》的有些规定与一般法不协调;第五,《海商法》借鉴了当时国际上广泛实施的国际海事条约、广泛采用的标准合同格式和民间规则,而其中一些国际海事条约、标准合同格式和民间规则已发生了变化,使《海商法》中的一些规定陈旧、过时;第六,《海商法》制定时对一些问题的考虑不够周延。

《海商法》实施20年来,对于调整海上运输关系、船舶关系、维护当事人各方的合法权益、促进海上运输和经济贸易的发展,发挥了巨大作用。但是,《海商法》上述种种问题的存在,使《海商法》的修改成为必要。

二、《海商法》第四章修改的必要性

本章第一节具体分析了《海商法》第四章存在的问题,从中可以发现,前述《海商法》存在的问题在第四章"海上货物运输合同"中几乎或多或少均存在,使《海商法》第四章的修改成为必要。尤其是与《鹿特丹规则》制定的背景相似,随着国际集装箱运输的发展,在我国国际货物多式联运得到迅速发展,电子商务在我国国际航运领域有着广阔的应用前景,《海商法》第四章的规定涉及船货双方权利义务的平衡,一些国际航运和司法实践中带有普遍性的问题有待解决。

因此,为了体现国际海上货物运输的时代特征,完善我国海上货物运输法律制度,使之具有先进性和适当的超前性,促进海上货物运输和货物贸易的发展,维护海上货物运输利益方的合法权益,我国《海商法》第四章的修改具有必要性。同时,《鹿特丹规则》对于我国《海商法》第四章的修改具有借鉴作用。

第十八章 我国《海商法》第四章修改建议

第一节 《海商法》第四章修改应遵循的原则

一、法律修改的一般原则

法的修改,是指由于情势变化等原因,立法机关对于生效的法律予以部分变更,包括删除原有内容和补充新的内容,使其呈现新面貌的专门活动。为使法的修改合理、适度,使现行法更趋于完善,首先需要确立科学、适宜的原则或指导思想,然后在这一基础上进行法律修改方面的技术性工作。

法的修改作为完善立法的手段,也是立法的一种形式。因此,立法应遵循的基本原则,即立法的整个活动过程中贯彻始终的行为准则或者准绳[1],适用于法的修改。《海商法》第四章的修改作为一项立法活动,也应遵循立法应遵循的基本原则。法理上,对立法应遵循的基本原则,学者有不同的理解。

有学者认为,立法应遵循的基本原则包括:一是实事求是,一切从实际出发原则;二是原则性和灵活性正确结合的原则;三是维护法的严肃性、稳定性和连续性的原则;四是创建性、纲领性原则;五是坚持群众路线,实行领导与群众相结合的原则;六是总结我国经验与借鉴外国经验相结合的原则。[2]也有学者认为,我国立法一般应遵循的基本原则是[3]:一是实事求是,一切从实际出发原则;二是合宪性和法制统一原则;三是总结自己实践经验和借鉴外国经验相结合的原则;四是原则性和灵活性相结合的原则;五是立足全局、统筹兼顾、适当安排的原则;六是群众路线和专门机关相结合,民主与集中相结合的原则;七是维护法的稳定性、连续性和严肃性与及时创、改、废相结合的原则。[4]又有学者认为,立法应遵循的基本原则主要是指:一是科学性原则;二是适时性原则;三是民主化原则;四是合宪性原则。[5]还有学者将立法应遵循的基本原则概括为法治原则、民主原则和科学化原则。[6]

---

[1] 参见沈宗灵主编:《法理学》,北京大学出版社2001年版,第254页。
[2] 参见孙国华、朱景文主编:《法理学》,中国人民大学出版社1999年版,第250—254页。
[3] 同上注。
[4] 参见沈宗灵主编:《法理学》,北京大学出版社2001年版,第255—260页。
[5] 参见张文显主编:《法理学》,法律出版社1997年版,第344—348页。
[6] 参见李永红主编:《法理学》,厦门大学出版社2007年版,第286—288页。

法律修改与新法制定仍然有所区别。新法是从无到有的过程，新法的制定和实施可以具有尝试性质，并定为暂行条例或规定一个有限的实施期间。法律修改是对现有法律的完善。法律稳定性是法律的生命，所以如果不是必需，一般不宜修改法律。

法律修改前需要对现有制度进行全面评估。通过这种评估，正确评价现有制度实施效果、存在的问题以及就修改方案征求意见。为了获得准确、真实、全面的信息，这种评估通常广泛邀请各方参与，包括行政管理机关、学者、行业内各类企业、相关行业的企业、协会等。

二、服务于航运强国建设战略

我国在 2000 年左右提出向航运强国迈进的目标，并在官方文件中正式使用航运大国和航运强国两个概念。2001 年原交通部《关于航运业结构调整的意见》（交水发〔2001〕74 号）指出，"中国是世界航运大国"；"我国航运业结构调整的方向是：通过 10 年左右的努力……把航运大国建成航运强国，以满足国民经济、对外贸易和国家安全的需要"。2001 年原交通部《公路、水路交通发展三阶段战略目标（基础设施部分）》（交规划发〔2001〕265 号）提出：到 2020 年实现基本适应的第二阶段战略目标，"实现海运强国战略，基本建立全国统一、公平竞争、规范有序，与国际接轨的公路、水路交通市场体系，初步实现公路、水路交通可持续发展，基本适应国民经济与社会的发展需要，东部地区的公路、沿海港口与内河基本实现现代化"。

目前我国国际航运在世界上的地位可表述为：我国是航运大国，并正在实现航运强国目标。航运强国的核心是能够表明一个国家航运综合发展水平和竞争力在世界航运国家中处于前列。这方面与航运大国的通常含义不同。在航运强国评价指标体系中，除一些硬性指标外，尤其应该重视软指标的权重。除商船队的规模外，一国商船队的技术水平和运力结构的合理性、航运基础设施建设、航运企业在国际航运市场中的竞争力、港口在国际港口市场中的竞争力、国际国内航运企业的经营管理水平和效益、航运辅助业的规模和发展水平、其他航运相关产业的规模和发展水平、航运安全和环境保护水平、政府的航运管理和提供公共服务产品的水平、航运政策和航运立法的完善程度、航运立法和航运教育在国际上的影响力、对国际公约和标准制定的影响力、航运司法的完善程度及在国际上的影响力等，都是评价一个航运强国的重要指标。

法的制定要以政策为指导，服务于政策的实施。建设航运强国是我国现阶段和今后近十年航运发展的总政策。《海商法》肩负通过调整海上运输关系、船舶关系，促进海上运输和经济贸易发展的使命。因此，《海商法》的修改应当服务于航运强国建设战略，实现前述航运强国评价指标体系中完善的航运立法这一指标。其中，《海商法》第四章作为《海商法》中最重要的一章，其修改更应当服务于航运强国建设战略。

三、服务于贸易强国建设目标

我国是一个贸易大国,外贸出口总额于2009年就超过德国,在世界贸易中排名第一位,进口总额在世界贸易中排名第二位。目前,我国进出口货物贸易总额已超过美国,在世界排名第一。但是,商务部明确指出:中国只是贸易大国而非贸易强国;中国外贸发展还存在诸如对很多商品没有定价权、没有"游戏规则"制定权、缺乏完善的销售网络和有影响力的品牌、自主创新能力弱等突出问题。

商务部在2010年广交会上举行"全国转变外贸发展方式报告会",首次发布《后危机时代中国外贸发展战略研究》,提出到2030年要初步实现贸易强国目标。报告提出:未来10年我国货物贸易和服务贸易在内的总贸易额将达到5.3万亿美元左右,比当前增1倍,届时我国对国际贸易规则制定权和主导权也将得到大幅提升。报告还提出,中国实现外贸由大转强的工作将分"两步走":未来10年即到2020年的目标是巩固贸易大国地位,推动贸易强国进程;第二个10年即到2030年初步实现贸易强国的目标。具体将在"十二五"期间进一步巩固我国的贸易大国地位,在"十三五"期间即到2020年实质性推进贸易强国进程。

海上运输在我国国际贸易中起着举足轻重的作用,是我国发展外向型经济中不可缺少的因素之一。据统计,我国国际贸易中85%以上货物通过国际海上货物运输完成。同时,国际贸易对国际航运的发展起着极大的推动作用。航运业如果离开了国际贸易的支撑,该行业的发展将陷入危机。自2007年美国次贷危机引发全球经济危机以来,国际贸易受到重创,航运业一直处于低迷时期。国际贸易与国际航运之间的关系表明,调整国际航运关系的海商法必须顾及国际贸易的发展,尤其是对于我国这样一个既是航运大国又是贸易大国的国家。如前文所述,我国《海商法》肩负通过调整海上运输关系、船舶关系,促进海上运输和经济贸易发展的使命。因此,《海商法》第四章作为《海商法》中最重要的一章,其修改应当服务于贸易强国建设战略。为此,《海商法》第四章修改时必须协调、平衡船货双方的利益。

四、遵循国际上普遍适用的国际条约原则

在《海商法》制定时,遵循了从我国海上运输和经济贸易等实际情况出发,以当时通行的海商海事国际条约为基础,吸收体现国际海商海事惯例的民间规则,借鉴有广泛影响的标准合同格式,并适当考虑国际海商海事立法的发展趋势的具体

原则。[1]实践证明,遵循这些原则是正确的。因此,《海商法》第四章修改时,也应当从我国海上运输和经济贸易等实际情况出发,充分考虑国际上普遍适用的国际海上货物运输公约,借鉴有广泛影响的租船标准合同格式,并适当考虑国际海上货物运输法律的发展趋势。

我国《海商法》第四章是以《海牙—维斯比规则》为基础,吸收了《汉堡规则》中一些成熟、合理的规定。如果《鹿特丹规则》得以生效实施,国际海上货物运输法律将发生重大变革,国际海上货物运输法律环境将变得更加复杂,国际上将形成《海牙规则》《海牙—维斯比规则》《汉堡规则》和《鹿特丹规则》四足鼎立的局面。因此,我国《海商法》的修改需要在以下三个方案中选择其一:第一,在保留现有《海牙—维斯比规则》体系的基础上进行修改;第二,选择以《鹿特丹规则》体系为基础进行修改;第三,立足我国国情,形成《海牙—维斯比规则》和《鹿特丹规则》的混合体系。

这种选择根据我国是否批准或加入《鹿特丹规则》有所不同。如果我国批准或加入《鹿特丹规则》,必然要根据该规则修改我国《海商法》第四章,即应当选择上述第二种方案。如果采取不批准或加入,或者短期内不批准或加入的立场,则应在第一种方案和第二种方案之间作出选择。

本书第十五章中的分析表明,国际上航运发达国家和贸易发达国家中,除美国、荷兰和丹麦等少数国家对《鹿特丹规则》持积极态度外,大多数国家对该规则持消极态度,尤其是持观望态度,该规则在今后几年内生效的可能性较小,尤其是为国际上大多数航运发达国家和贸易发达国家采纳的可能性更小。可以预见,该规则对现行国际海上货物运输法律制度的影响很可能不是整体的、全面的,而是从个别制度被少数国家国内法采纳开始。该规则中的多式联运、海运履约方、运输单证与电子运输记录、货物交付、控制方权利与权利转让、批量合同等制度将在不同程度上以国内法形式被国际社会逐渐采纳。更为重要的是,由于我国是航运大国和贸易大国,但不是航运强国和贸易强国,国际航运企业和国际贸易企业中中小企业数量占大多数,如果我国批准或加入该规则,其将对我国国际航运业和国际贸易业均带来有利和不利的影响,并且总体上均是弊大于利。

因此,从我国国际航运和国际贸易实际情况出发,仍然以《海牙—维斯比规则》为基础,但积极吸收《鹿特丹规则》中成熟、合理的内容,是现阶段修改《海商法》第四章需作出的理性选择。

---

[1] 参见司玉琢主编、胡正良副主编:《中华人民共和国海商法问答》,人民交通出版社1993年版,第2—3页。

五、强调合理性和可操作性

法理上,作为立法应遵循的一般原则之一的科学性原则,要求法律规定具有理性化的特征、具有合理性、明确性和主观符合客观。[1] 理性化特征,是指法律创制不能依靠初级的、低层次的感性认识,而必须建立在理性思维、理性判断的基础上。这是因为,法律作为一种有目的性、确定性、普遍性、可靠性的社会规范和行为模式,其创制应当建立在人们鉴别、判断、评价、认识客观事物真理基础之上。所谓主观符合客观,是指法律应当是主观同客观、理性和经验相结合的产物,要求主观符合客观实际,正确、准确地反映法律所调整的社会关系的规律性。

法理上,合理性是指法律对所调整的社会关系的恰当的、适宜的界定。公平、正义作为法的价值或者法的精神,是合理性的最重要体现。法律的合理性是一个相对的概念。在现阶段,衡量《海商法》合理性的最重要的标准就是看它是否有利于促进我国航运经济的发育和成长。具体地说,就是看它是否有利于积极、公平地调动并调整航运市场中最活跃的因素——船方和货方及其有关的各方。[2]《海商法》修改时要充分考虑维护各方当事人的利益,反复协调,最终达到现实条件下的利益平衡,体现法律的公正性,使《海商法》继续发挥促进海上运输和经济贸易发展的作用。

法理上,明确性主要体现为法律规定的可操作性,要求一部法律内容明确、严谨、准确、规范,尽可能避免在实施中产生歧义。[3]

法律规定的合理性和明确性是立法的科学性原则的体现。《海商法》也必须从科学实践的角度出发,寻求其合理性和明确性。首先,《海商法》是从习惯法发展而来的,离不开航运和经济贸易的实践,因此符合经济与社会实践,公平调动并调整航运市场船方、货方及有关方利益,促进航运市场经济的成长是《海商法》合理性的重要体现。其次,为使《海商法》既不脱离现实又具有较强的稳定性,《海商法》的内容必须具有先进性和适当的超前性,体现时代的特征。最后,《海商法》注重文字用语的严谨、准确。

因此,遵从科学性的要求,强调合理性和可操作性,《海商法》第四章修改时应注意以下事项:

(1)《海商法》第四章修改时,对国际海事条约、民间规则、合同格式和外国海事立法例的引用、参照或者借鉴,应当建立在正确理解、分析、评判的基础上,避免

---

[1] 参见张文显主编:《法理学》,法律出版社1997年版,第344—345页。
[2] 参见司玉琢:《海商法专论》,中国人民大学出版社2007年版,第9页。
[3] 参见司玉琢主编:《新编海商法学》,大连海事大学出版社1999年版,第36页。

盲目照搬。

（2）《海商法》第四章的修改，应当以符合航运和经济贸易的实践，针对《海商法》实施以来所发生的航运和贸易的变化，并在正确预测国际海事立法发展趋势的基础上，以平衡承运人与托运人、收货人的利益为目标，重点审视该章的规定是否公平地维护船方和货方的利益。

（3）《海商法》第四章修改中，对现有条文使用的一些明显不准确、不规范的文字或者表述，尤其是"外国话"，应当加以修改和完善。

六、协调特别法与一般法之间的关系

法制统一原则，要求各个法律部门之间的规范性文件不得冲突、抵触或者重复，应该相互协调和补充。[1]

根据这一原则的要求，对《海商法》第四章的修改应当遵循法的效力层次规则的要求，解决《海商法》第四章作为特别法与《合同法》等一般法之间存在的不协调。这一原则的运用要体现《海商法》与其他法律调整范围的科学划定，要体现《海商法》法律概念和术语与其他相关民商事法律的尽可能趋同，要体现《海商法》与其他法律重复规定的协调删减。

此外，根据这一原则的要求，通过对《海商法》第四章的修改，有必要将《海商法》第四章适用于国内水路货物运输合同，即国内沿海货物运输合同，甚至与海相通的内陆水域货物运输合同，对国内水路货物运输合同作出必要的特殊规定。

七、体现本土化价值

航运活动的国际特征不可避免地带来《海商法》的国际趋同性。《海商法》制定时几乎把当时最新的国际公约（有的甚至尚未生效，如1978年《汉堡规则》《1989年国际救助公约》）及国际民间规则和国外先进的立法例收罗殆尽，尽量求新、求同。其中的原因之一是当时我国没有丰富而充分的海商法本土资源，为适应我国改革开放和发展我国航运经济的需求，需要制定一部符合中国国情、与国际接轨的《海商法》，因而大量移植了国际公约、国际航运惯例及标准合同。

《海商法》经过20年的实践检验，这一做法的有效性得到了充分的显现。与此同时，它的一些内在缺陷及漏洞也逐渐显露，有些内容因经济和科技的发展、运输方式的变革以及国际海商法思潮的冲击而变得相对陈旧。因而，弥补原有的法律缺陷，使《海商法》更好地规制我国航运经济活动，应成为《海商法》修改的主要任

---

[1] 参见沈宗灵主编：《法理学》，北京大学出版社2001年版，第256页。

务。从这个角度讲,满足我国航运和经济贸易发展的实际需要,在经过多年实践并积累大量宝贵经验的历史背景下,立足于《海商法》的本土化发展已成为《海商法》修改的原则之一。换言之,要在借鉴和移植国际公约和国际惯例的基础上,充分考虑《海商法》的本土化。

坚持《海商法》的本土化,就是要使《海商法》服务于本国航运经济的需要,满足法所调整的社会关系的变化。坚持本土化原则首先就需要实际调查研究我国航运经济发展对海商立法的需求,总结出《海商法》中的哪些规则及制度不适应实际需要,需要修改或补充;哪些规定行之有效而无须改动。法律随着商业习惯的发展而变化,而不是相反。航运虽然具有国际性,但经济发展水平却有国别。从这个意义上讲,适用于他国的海运规则未必完全符合我国航运经济的实际。因此,《海商法》第四章的修改应当立足于我国航运和经济贸易的实际,又要满足我国航运和经济贸易的发展需要。

2006 年年底,据时任最高人民法院副院长万鄂湘透露,自最高人民法院根据全国人民代表大会常务委员会 1984 年 11 月作出《关于在沿海港口城市设立海事法院的决定》后,10 家海事法院相继设立。22 年来,海事法院和上诉审高级人民法院共受理各类一审海事、海商案件 72 000 件;扣押船舶 4 000 余艘,其中外轮 1 100 余艘;拍卖船舶 800 余艘,其中外轮 100 余艘;案件诉讼标的总金额达 700 亿元人民币。[1] 如此大量的司法实践使《海商法》的各项制度得到充分检验,移植而来的法律是否能够与我国整体法律体系相协调并成为有力的裁判规范,已经显露无遗。针对《海商法》的适用而由最高人民法院所作的一些司法解释、批复等,虽然标志着《海商法》存在一些缺陷和漏洞,另一方面却集中反映了我国司法界及学术界对《海商法》本土化过程中所产生问题的回应,是宝贵的海商法本土资源。对这些资源,在《海商法》修改中需要格外加以注重。经过系统的整理与加工之后,应该再将这些研究成果吸收到《海商法》中,不要只将注意力集中于国外而置国内司法界所积累的经验于不顾,也不要单纯为了求新而丢掉辛勤积累起来的宝贵成果。[2]

我国《海商法》第四章的修改有必要在一定范围内确立本土化目标,这将有利于全面归纳总结我国《海商法》司法实践丰富的经验。在国际海上货物运输法律制度没有实现全面统一的情况下,本土化原则将在最大限度上考虑到我国国际航运、国际贸易、海上保险、银行等所有相关方的利益。

---

[1] 参见《中国受理海事海商案件数量类型均居世界首位》,载《中国水运报》2006 年第 11 期。
[2] 傅廷中:《论我国〈海商法〉修改的基本原则与思路》,载《现代法学》2006 年第 5 期。

第二节 《海商法》第四章修改建议

一、扩大《海商法》第四章的适用范围

1. 将水路货物运输合同纳入《海商法》第四章的适用范围

《海商法》第2条第2款规定,第四章"海上货物运输合同"仅适用于国际海上货物运输,而不适用于沿海货物运输。从而,人为地留下了这一《海商法》最大的漏洞。其主要原因是《海商法》出台之时,我国国际海上货物运输法律制度与沿海货物运输法律制度,在承运人责任的归责原则、赔偿责任限制、运输单证以及受国家运输计划影响程度等方面存在很大差异,并且在当时不具备统一或者相对统一的客观条件。虽然《合同法》适用于沿海货物运输合同,但这一一般法的许多规定不能满足沿海货物运输的特殊要求。2000年原交通部颁布的《国内水路货物运输规则》,在效力层次上属于部门规章,根据《中华人民共和国立法法》的要求,在内容上不得与《民法通则》和《合同法》的规定相抵触。而且由于其效力层次低下,在海事司法实践中,没有作为确定船货双方权利义务的依据。因此,以特别法的形式确立沿海货物运输合同制度是必要的,并且目前设立这一制度的条件已经成熟。[1]具体而言,可针对沿海货物运输的特点,参照《合同法》和2000年《国内水路货物运输规则》,增设沿海货物运输合同制度,但对承运人的归责原则、赔偿责任限制和运输单证等作出必要的不同于国际海上货物运输合同的特别规定。同时,在我国,沿海货物运输合同与内陆水域货物运输合同都属于国内水路货物运输合同,适用相同的法律。因此,有必要将与海相通的内陆水域货物运输合同一并纳入《海商法》第四章的调整范围。当然,这一问题需要与《海商法》整体是否调整与海相通的内陆水域船舶关系一并考虑。

2. 规定《海商法》第四章对我国进出口货物运输的强制适用

如前文所述,《海商法》第四章没有规定是否强制适用于我国进口货物或出口货物的国际海上运输。第十四章"涉外关系的法律适用"第269条规定:"合同当事人可以选择合同适用的法律,法律另有规定的除外。合同当事人没有选择的,适用与合同有最密切联系的国家的法律。"据此,国际海上货物运输合同当事人借助"合同自由",完全可以排除我国进出口货物的国际海上运输适用《海商法》。这一规定既有损《海商法》的严肃性,也与国际上通常做法不符,并且不符合我国海上贸易利益。

---

[1] 参见胡正良:《论〈海商法〉修改的必要性》,载《当代法学》2003年第12期。

为此,应当借鉴国际上通常做法,考虑在《海商法》中规定第四章强制适用于我国进口货物或出口货物的国际海上运输。

3. 将批量合同纳入《海商法》第四章的适用范围

《鹿特丹规则》第1条第2款将批量合同定义为"在约定期间内分批装运特定数量货物的运输合同。货物数量可以是最低数量、最高数量或一定范围的数量"。国际集装箱货物运输中,服务合同(service contract)应用很普遍,而且大宗散货运输中包运合同(COA)的使用也很普遍。因此,有必要将以这两类合同所体现的批量合同纳入《海商法》第四章的适用范围。

但是,由于《鹿特丹规则》规定的批量合同制度对谈判实力弱的合同当事人一方明显不利,而我国存在数量众多的中小国际航运企业和国际贸易企业,我国不宜采纳《鹿特丹规则》关于允许批量合同在满足一定条件下可以背离规则的原则,而应当维系海上货物运输法律适用的强制性原则。对于包运合同履行中签订的航次租船合同,应当维系目前《海商法》第四章第七节"航次租船合同的特别规定"采用的以任意性规范为主的做法,但在签发运输单证的情况下,对承运人与第三者收货人的权利义务关系实行强制性规范。

二、完善承运人责任制度

承运人责任制度对船货双方利益直接产生很大影响,一直是国际海上货物运输法律制度的核心,代表了一部国际海上货物运输公约或一国海上货物运输法律的基本价值取向,也是各国海上货物运输法律在制定或修改时最具争议的部分。

通过修改《海商法》第四章完善承运人责任制度,应主要考虑以下几点:

1. 扩大承运人责任期间

我国《海商法》第46条关于承运人责任期间的规定,区分集装箱货物和非集装箱货物,将承运人对集装箱货物的责任期间界定为从装货港接收货物到卸货港交付货物,已经将承运人对非集装箱货物的责任期间界定为从货物装船到卸船、装前和卸后允许承运人与托运人自由约定承运人对货物的责任。这一承运人责任期间的规定不适应集装箱货物多式联运的发展,也不适应非集装箱货物船边交接货物现象已经很少的航运实践的做法。因此,有必要借鉴《鹿特丹规则》第12条"承运人的责任期"的规定,将承运人责任期间扩大到接收货物至交付货物。

2. 采纳海运履约方制度

相对于我国《海商法》第四章中实际承运人的规定,《鹿特丹规则》采纳的海运履约方制度更具合理性和可操作性,并有助于解决我国司法实践中长期存在的港口经营人法律地位与权利义务不明确的问题。因此,有必要在《海商法》第四章中吸收《鹿特丹规则》采纳的海运履约方制度。

三、完善运输单证规则制度、为电子运输单证提供法律依据

《海商法》第四章第四节"运输单证"只规定了提单,运输单证制度规定不全面,对国际航运实践中已被不同程度使用的海运单以及具有广阔应用前景的电子运输单证没有规定。运输单证的电子化能够大大提高运输单证的传输速度,节约单证成本、提高单证效率,且能在很大程度上解决传统提单产生的并且普遍存在的无单放货问题。因此,《海商法》第四章中运输单证制度需要现代化。为此,《鹿特丹规则》中运输单证制度的一些内容可以借鉴。电子运输记录作为《鹿特丹规则》的一个显著的创新点,体现了该规则紧跟时代发展并具有适度超前性的立法技术。尽管《鹿特丹规则》关于电子运输记录制度能否成功目前尚难以下定论,但无论如何它是《1990年国际海事委员会电子提单规则》以来又一次重要的实现国际航运电子商务化的尝试。因此,应当借鉴《鹿特丹规则》中电子运输记录制度的内容,对电子运输单证作出原则性规定,如承运人和托运人可以约定使用电子运输单证(记录)、电子运输单证(记录)具有与运输单证同等效力等。关于电子运输单证(记录)使用的程序性规定,可以作出授权性规定,授权国务院交通主管部门制定具体规定,由国务院批准后施行。从短期看,由于电子运输单证的使用不但涉及法律问题,还涉及建立计算机通讯网络需要巨额资金,以及计算机通讯网络涉及复杂的技术和管理问题,因而传统的提单仍将是最主要的运输单证,从而《海商法》第四章中运输单证制度现代化仍需以提单为核心。

完善运输单证规则制度,涉及的一个重要问题是如何规定运输单证的交货凭证功能。《海商法》第四章第71条提单的定义规定,包括记名提单在内的任何提单均具有交货凭证功能。这一规定的优点是有利于维护提单的可信度和转让效力,保护单证持有人的利益,也有利于保护我国出口贸易企业的权益;缺点是不利于减少无单放货现象的发生。均衡两者的利弊,可以借鉴《鹿特丹规则》的做法,修改《海商法》第71条提单的定义,原则上规定不可转让运输单证(记名提单)不具有交货凭证功能,除非单证载明需凭单交货。

四、完善托运人制度

我国《海商法》第42条第(3)项托运人定义包括两种托运人,即与承运人订立运输合同的人和将货物交给承运人的人,并且两种托运人在目前我国货物出口大多数情况下采用FOB价格条件时同时存在。而且,虽然两种托运人成为托运人的基础不同,第一种托运人因与承运人订立运输合同而成为托运人,第二种托运人因将货物交给承运人而成为托运人,但《海商法》第四章没有区分两种托运人的权利义务,包括支付运费的义务。实践中还存在当两种托运人都要求承运人签发提单

时,提单应签发给何者的问题。以上种种问题表明,《海商法》第四章中的托运人制度需要完善。

要完善托运人制度,可以借鉴《鹿特丹规则》第七章"托运人对承运人的义务"中第27条"交付运输"、第28条"托运人与承运人在提供信息和指示方面的合作"、第29条"托运人提供信息、指示和文件的义务"、第31条"拟定合同事项所需要的信息"的规定,完善《海商法》第四章第三节"托运人的责任"所规定的托运人的义务和责任。

与《汉堡规则》和我国《海商法》第四章的规定相比,《鹿特丹规则》对于托运人制度创新的一个重要内容是将上述第二种托运人排除在托运人范围之外,创设单证托运人。根据《鹿特丹规则》第33条"单证托运人享有托运人的权利并承担其义务"的规定,单证托运人必须承担托运人规定的义务和赔偿责任,且享有托运人提供的权利和抗辩。因此,FOB价格条件下的发货人只有成为单证托运人,才能对承运人享有与托运人同样的权利,并承担托运人的义务。但是,发货人成为单证托运人,除发货人同意在运输单证中列为托运人外,还必须得到托运人的同意。如前文所述,在我国是世界第一大出口国,而且大多数出口企业为中小国际贸易企业的国情下,《鹿特丹规则》中的单证托运人规则不利于保护我国出口企业的利益,甚至会加重目前国际贸易实践中存在的"钱货两空"的局面。因此,《鹿特丹规则》中的单证托运人规则不符合我国的国情。但是,对两种托运人的权利义务有必要做适当的区分。

五、设立货物交付制度

我国《海商法》第四章第五节"货物交付"规定得比较简单,第81条、第82条和第85条规定了货物灭失、损坏的通知,第83条和第84条规定了货物状况检验,第86条规定了无人提取货物的处理,第87条和第88条规定了货物留置权,没有形成一项比较完整的货物交付制度。其中,第86条规定的无人提取货物的处理方式仅限于将货物卸在仓库或者其他适当场所。

可以借鉴《鹿特丹规则》第九章"货物交付"第43条"接受交货的义务"、第44条"确认收到的义务"和第48条"货物仍未交付"的规定,尤其是第48条对于承运人无法交付货物处理的规定,完善《海商法》第四章第五节"货物交付"的规定。

《鹿特丹规则》第九章"货物交付"规定中的最重要内容是不同情况下货物的交付,即第45条"未签发可转让运输单证或可转让电子运输记录时的交付"、第46条"签发必须提交的不可转让运输单证时的交付"以及第47条"签发可转让运输单证或可转让电子运输记录时的交付",包括在承运人无法交付货物的情况下,承运人凭托运人、单证托运人或控制方发出的交货指示交货,并且规定了承运人寻求交货指示的顺序。虽然此种规定有助于海上货物运输合同和国际货物买卖合同的顺利履行,但有可能因此损害我国出口企业的利益,甚至会加重目前国际贸易实践中存在的"钱货两空"的局面。因此,是否借鉴《鹿特丹规则》的上述规定,需要慎重考虑。

六、引入控制权与权利转让制度

我国《海商法》第四章与现行三大国际海上货物运输公约一样,没有对货物控制权作出规定。控制权制度是《鹿特丹规则》确立的一项重要新制度,第十章"控制方的权利"对控制权作了较为详尽的规定,内容包括第50条"控制权的行使和范围"、第51条"控制方的识别和控制权的转让"、第52条"承运人执行指示"、第53条"视为交货"、第54条"运输合同的变更"、第55条"向承运人提供补充信息、指示或文件"以及第56条"协议变更"。《鹿特丹规则》把贸易法领域中的中途停运权或类似权利移植到运输法,形成控制权制度。通过赋予控制方以控制权,使买卖合同下的贸易风险得到有效控制,为未获得货款的卖方提供及时有效的法律救济,同时通过设定控制权行使的条件以及控制方应承担的义务,兼顾了对承运人利益的保护。

我国《合同法》第308条规定:"在承运人将货物交付收货人之前,托运人可以要求承运人中止运输、返还货物、变更到达地或者将货物交给其他收货人,但应当赔偿承运人因此受到的损失。"《鹿特丹规则》第十章"控制方的权利"对控制权的规定,要比我国《合同法》第308条的上述规定更加明确和具体,也更加合理,尤其是它兼顾了对承运人利益的保护。

因此,为了保障我国国际贸易的顺利开展,保护我国出口企业的正当利益,《海商法》第四章修改时可以借鉴《鹿特丹规则》中的控制权制度,引入控制权的规定。

同时,《鹿特丹规则》第十一章"权利转让",包括第57条"签发可转让运输单证或可转让电子运输记录"、第58条"持有人的赔偿责任",规定可转让运输单证或可转让电子运输记录持有人可以通过向其他人转让该运输单证而转让其中包含的各项权利,以及非托运人的持有人对于承运人的权利和义务。这些规定明确了非托运人的持有人对于承运人的权利和义务,有助于提高可转让运输单证和可转让电子运输记录的可信赖度,促进以单证买卖为基础的国际贸易的顺利开展,也有利于保障我国国际贸易的顺利开展。《海商法》第四章修改时可以借鉴《鹿特丹规则》的这些规定,在《海商法》第78条规定的基础上,明确收货人的法律地位及其对承运人的权利和义务。

附录 《海商法》《海牙—维斯比规则》《汉堡规则》和《鹿特丹规则》比较表

附录一 《鹿特丹规则》与《海牙—维斯比规则》在承运人责任制度上的条文对比

	《海牙—维斯比规则》	《鹿特丹规则》
承运人责任期间	第一条 …… 5."货物运输"是指自货物装上船时起，至卸下船时止的一段期间。 …… 第七条 本条约中的任何规定，都不妨碍承运人或托运人就承运人或船舶对海运船舶所载货物于装船以前或卸船以后所受灭失或损害，或与货物的保管、照料和搬运有关的灭失或损害所应承担的责任与义务，订立任何协议、规定、条件、保留或免责条款。	第十二条　承运人的责任期 一、承运人根据本公约对货物的责任期，自承运人或履约方为运输而接收货物时开始，至货物交付时终止。 二、（一）收货地的法律或条例要求将货物交给某当局或其他第三方，承运人可以从该当局或该其他第三方提取货物的，承运人的责任期自承运人从该当局或从该其他第三方提取货物时开始。 （二）交货地的法律或条例要求将货物交给某当局或其他第三方，收货人可以从该当局或该其他第三方提取货物的，承运人的责任期至承运人将货物交给该当局或该其他第三方时终止。 三、为确定承运人的责任期，各当事人可以约定接收和交付货物的时间和地点，但运输合同条款作下述规定的即为无效： （一）接收货物的时间是在根据运输合同开始最初装货之后；或 （二）交付货物的时间是在根据运输合同完成最后卸货之前。
承运人义务	第三条 1. 承运人应在开航前和开航时谨慎处理： （a）使船舶适航； （b）适当地配备船员、装备船舶和供应船舶；	第十一条　货物的运输和交付 承运人应根据本公约，按照运输合同的条款将货物运至目的地并交给收货人。 第十三条　特定义务 一、在第十二条规定的责任期内，除须遵循第二十六条的规定外，承运人应妥善而谨慎地接收、装载、操作、积载、运输、保管、照料、卸载并交付货物。

(续表)

	《海牙—维斯比规则》	《鹿特丹规则》
	（c）使货舱、冷藏舱和该船其他载货处所能适宜和安全地收受、运送和保管货物。 2. 除第四条另有规定外，承运人应适当和谨慎地装卸、搬运、积载、运送、保管、照料和卸载所运货物。 ……	二、虽有本条第一款规定，在不影响第四章其他规定以及第五章至第七章规定的情况下，承运人与托运人可以约定由托运人、单证托运人或收货人装载、操作、积载或卸载货物。此种约定应在合同事项中载明。 第十四条　适用于海上航程的特定义务 承运人必须在开航前、开航当时和海上航程中恪尽职守： （一）使船舶处于且保持适航状态； （二）妥善配备船员、装备船舶和补给供应品，且在整个航程中保持此种配备、装备和补给；并且 （三）使货舱、船舶所有其他载货处所和由承运人提供的载货集装箱适于且能安全接收、运输和保管货物，且保持此种状态。
承运人责任基础与免责	第四条 …… 2. 不论承运人或船舶，对由于下列原因所引起或造成的灭失或损坏，都不负责： （a）船长、船员、引水员或承运人的雇佣人员，在航行或管理船舶中的行为、疏忽或不履行义务； （b）火灾，但由于承运人的实际过失或私谋所引起的除外； （c）海上或其他通航水域的灾难、危险和意外事故； （d）天灾； （e）战争行为； （f）公敌行为； （g）君主、当权者或人民的扣留或管制，或依法扣押； （h）检疫限制； （i）托运人或货主、其代理人或代表的行为或不行为； （j）不论由于任何原因所引起的局部或全面罢工、关厂、停工或限制工作； （k）暴动和骚乱； （l）救助或企图救助海上人命或财产；	第十七条　赔偿责任基础 一、如果索赔人证明，货物灭失、损坏或迟延交付，或造成、促成了灭失、损坏或迟延交付的事件或情形是在第四章规定的承运人责任期内发生的，承运人应对货物灭失、损坏和迟延交付负赔偿责任。 二、如果承运人证明，灭失、损坏或迟延交付的原因或原因之一不能归责于承运人本人的过失或第十八条述及的任何人的过失，可免除承运人根据本条第一款所负的全部或部分赔偿责任。 三、除证明不存在本条第二款所述的过失之外，如果承运人证明下列一种或数种事件或情形造成、促成了灭失、损坏或迟延交付，也可免除承运人根据本条第一款规定所负的全部或部分赔偿责任： （一）天灾； （二）海上或其他通航水域的风险、危险和事故； （三）战争、敌对行动、武装冲突、海盗、恐怖活动、暴乱和内乱； （四）检疫限制；政府、公共当局、统治者或民众的干涉或造成的障碍，包括非由承运人或第十八条述及的任何人所造成的滞留、扣留或扣押； （五）罢工、关厂、停工或劳动受限； （六）船上发生火灾；

(续表)

《海牙—维斯比规则》	《鹿特丹规则》
（m）由于货物的固有缺点、性质或缺陷引起的体积或重量亏损，或任何其他灭失或损坏； （n）包装不善； （o）标志不清或不当； （p）虽谨慎处理亦不能发现的潜在缺点； （q）非由于承运人的实际过失或私谋，或者承运人的代理人，或雇佣人员的过失或疏忽所引起的其他任何原因；但是要求引用这条免责利益的人应负责举证，证明有关的灭失或损坏，既非由于承运人的实际过失或私谋，亦非承运人的代理人或雇佣人员的过失或疏忽所造成。 ……	（七）虽恪尽职守仍无法发现的潜在缺陷； （八）托运人、单证托运人、控制方或根据第三十三条或第三十四条托运人或单证托运人对其作为承担责任的其他任何人的作为或不作为； （九）按照第十三条第二款所述及的约定进行的货物装载、操作、积载或卸载，除非承运人或履约方代表托运人、单证托运人或收货人实施此项活动； （十）由于货物固有缺陷、品质或瑕疵而造成的数量或重量损耗或其他任何灭失或损坏； （十一）非由承运人或代其行事的人所做包装不良或标志欠缺、不清； （十二）海上救助或试图救助人命； （十三）海上救助或试图救助财产的合理措施； （十四）避免或试图避免对环境造成危害的合理措施；或 （十五）承运人根据第十五条和第十六条所赋权利的作为。 四、虽有本条第三款规定，有下列情形之一的，承运人仍应对灭失、损坏或迟延交付的全部或部分负赔偿责任： （一）索赔人证明，承运人或第十八条述及的人的过失造成、促成了承运人所依据的事件或情形；或 （二）索赔人证明，本条第三款所列事件或情形以外的事件或情形促成了灭失、损坏或迟延交付，且承运人无法证明，该事件或情形既不能归责于其本人的过失，也不能归责于第十八条述及的任何人的过失。 五、虽有本条第三款规定，在下列情况下，承运人还应对灭失、损坏或迟延交付的全部或部分负赔偿责任： （一）索赔人证明，造成或可能造成或促成灭失、损坏或迟延交付的原因是：1. 船舶不适航；2. 配备船员、装备船舶和补给供应品不当；或3. 货舱、船舶其他载货处所或由承运人提供的载货集装箱不适于且不能安全接收、运输和保管货物；并且

(续表)

	《海牙—维斯比规则》	《鹿特丹规则》
		（二）承运人无法证明：1. 本条第五款第（一）项述及的任何事件或情形未造成灭失、损坏或迟延交付；或 2. 承运人已遵守第十四条规定的恪尽职守的义务。 六、承运人根据本条规定被免除部分赔偿责任的，承运人仅对根据本条应由其负赔偿责任的事件或情形所造成的那部分灭失、损坏或迟延交付负赔偿责任。
承运人赔偿责任限制	**第四条** …… 5.（a）不论是承运人或船舶，对超过每件或每单位相当于 666.67 计算单位，或按灭失或受损货物毛重计算，每公斤相当于 2 计算单位（两者之中以较高者为准）的货物或与货物有关的灭失或损害，在任何情况下，概不负责，除非货物的性质和价值已由托运人在货物装运前声明，并在提单上注明。 （b）可赔偿的总额应参照该货物根据合同从船上卸下或本应卸下的当时当地的价值计算。货物价值应按商品交换价格确定，或者，如无此种价格，按现时市场价格计算；如无商品交换价格和现时市场价格，参照相同品种和质量的货物的正常价值确定。 （c）如货物是以集装箱、货盘或类似的运输工具集装，则提单中载明的装在此种运输工具中的件数或单位数，应视为本款所述件数或单位数。除上述情况之外，此种运输工具应视为一个包件或单位。 （d）本条述及的计算单位，是国际货币基金组织定义的特别提款权。本款（a）项述及的金额，须按照一国货币在受案法院所在地法律确定的日期的币值，折算成该国货币。 ……	**第五十九条　赔偿责任限额** 一、除须遵循第六十条以及第六十一条第一款的规定外，承运人对于违反本公约对其规定的义务所负赔偿责任的限额，按照索赔或争议所涉货物的件数或其他货运单位计算，每件或每个其他货运单位 875 个计算单位，或按照索赔或争议所涉货物的毛重计算，每公斤 3 个计算单位，以两者中较高限额为准，但货物价值已由托运人申报且在合同事项中载明的，或承运人与托运人已另有约定高于本条所规定的赔偿责任限额的，不在此列。 二、货物载于集装箱、货盘或拼装货物的类似装运器具内，或载于车辆内运输的，合同事项中载列的载于此种装运器具内或车辆内的货物件数或货运单位数，视为货物件数或货运单位数。未载列的，载于此种装运器具内或车辆内的货物视为一个货运单位。 三、本条述及的计算单位，是国际货币基金组织定义的特别提款权。本条述及的限额，须按照一国国家货币在判决日或裁决日，或在当事人约定日的币值折算成该国货币。一缔约国是国际货币基金组织成员国的，该国货币对特别提款权的比价，须按照国际货币基金组织当日对其业务和交易实行的计价换算方法计算。一缔约国不是国际货币基金组织成员国的，该国货币对特别提款权的比价，须按照该国确定的方式计算。 **第六十条　迟延造成损失的赔偿责任限额** 　　除须遵循第六十一条第二款的规定外，

(续表)

《海牙—维斯比规则》	《鹿特丹规则》
	对迟延造成货物灭失或损坏的赔偿额,应按照第二十二条计算,对迟延造成经济损失的赔偿责任限额,是相当于迟交货物应付运费两倍半的数额。根据本条以及第五十九条第一款确定的赔付总额,不得超过所涉货物全损时根据第五十九条第一款确定的限额。

附录二 《鹿特丹规则》与《海牙—维斯比规则》在运输单证制度上的条文对比

	《海牙—维斯比规则》	《鹿特丹规则》
适用的运输单证	**第一条** …… （b）"运输合同"仅适用于以提单或任何类似的物权凭证进行有关海上货物运输的合同；在租船合同下或根据租船合同所签发的提单或任何物权凭证，在它们成为制约承运人与凭证持有人之间的关系准则时，也包括在内。 ……	**第一条 定义** …… 十四、"运输单证"是指承运人按运输合同签发的单证，该单证： （一）证明承运人或履约方已按运输合同收到货物；并且 （二）证明或包含一项运输合同。 十八、"电子运输记录"是指承运人按运输合同以电子通信方式发出的一条或数条电文中的信息，包括作为附件与电子运输记录有着逻辑联系的信息，或在承运人签发电子运输记录的同时或之后以其他方式与之有联系从而成为电子运输记录一部分的信息，该信息： （一）证明承运人或履约方已按运输合同收到货物；并且 （二）证明或包含一项运输合同。
运输单证记载事项	**第三条** …… 3. 承运人或船长或承运人的代理人在收受货物归其照管后，经托运人的请求，应向托运人签发提单，其上载明下列各项： （a）与开始装货前由托运人书面提供者相同的、为辨认货物所需的主要标志，如果这项标志是以印戳或其他方式标示在不带包装的货物上，或在其中装有货物的箱子或包装物上，该项标志通常应在航程终了时仍能保持清晰可认。 （b）托运人用书面提供的包数或件数，或数量，或重量。 （c）货物的外表状况。 但是，承运人、船长或承运人的代理人，无须将任何货物的标志、包数或件数，数量或重量表明或标示在提单上，如果他有合理根据怀疑提单不能正确代表实际收到的货物，或无适当方法进行核对。	**第三十六条 合同事项** 一、第三十五条述及的运输单证或电子运输记录中的合同事项应包括由托运人提供的下列信息： （一）适合于运输的货名； （二）识别货物所必需的主标志； （三）货物包数、件数或数量；和 （四）货物重量（如果已由托运人提供）。 二、第三十五条述及的运输单证或电子运输记录中的合同事项还应包括： （一）承运人或履约方收到待运货物时货物表面状况的说明； （二）承运人名称和地址； （三）承运人或履约方收到货物日期、货物装船日期或运输单证或电子运输记录签发日期；和 （四）运输单证可转让，且签发一份以上正本的，可转让运输单证的正本份数。 三、第三十五条述及的运输单证或电子运输记录中的合同事项还应包括：

（续表）

	《海牙—维斯比规则》	《鹿特丹规则》
		（一）收货人的名称和地址（如果收货人已由托运人指定）； （二）船舶名称（如果已在运输合同中指明）； （三）收货地和交货地（如果承运人已知道交货地）；和 （四）装货港和卸货港（如果已在运输合同中指明）。 四、就本条而言，本条第二款第（一）项中"货物表面状况"一词是指在下述基础上确定的货物状况： （一）货物由托运人交付给承运人或履约方时对所装载货物进行的合理外部检验；和 （二）承运人或履约方在签发运输单证或电子运输记录之前实际进行的任何进一步检验。
运输单证的签发	第三条 3. 承运人或船长或承运人的代理人在收受货物归其照管后，经托运人的请求，应向托运人签发提单…… …… 7. 货物装船后，如果托运人要求，签发"已装船"提单，承运人、船长或承运人的代理人签给托运人的提单，应为"已装船"提单，如果托运人事先已取得这种货物的物权单据，应交还这种单据，换取"已装船"提单。但是，也可以根据承运人的决定，在装货港由承运人、船长或其代理人在上述物权单据上注明装货船名和装船日期。经过这样注明的上述单据，如果载有第三条第3款所指项目，即应成为本条所指的"已装船"提单。 ……	第三十五条 运输单证或电子运输记录的签发 除非托运人与承运人已约定不使用运输单证或电子运输记录，或不使用运输单证或电子运输记录是行业习惯、惯例或做法，否则，货物一经向承运人或履约方交付运输，托运人，或经托运人同意的单证托运人，有权按照托运人的选择，从承运人处获得： （一）不可转让运输单证，或，符合第八条第（一）项规定的，不可转让电子运输记录；或 （二）适当的可转让运输单证，或，符合第八条第（一）项规定的，可转让电子运输记录，除非托运人与承运人已约定不使用可转让运输单证或可转让电子运输记录，或不使用可转让运输单证或可转让电子运输记录是行业习惯、惯例或做法。 第三十八条 签名 一、运输单证应由承运人或代其行事的人签名。 二、电子运输记录应包含承运人或代其行事的人的电子签名。凭借此种电子签名，应能够识别与该电子运输记录有关的签名人，且表明承运人对该电子运输记录的授权。

(续表)

	《海牙—维斯比规则》	《鹿特丹规则》
		第九条 可转让电子运输记录的使用程序 一、使用可转让电子运输记录,应当遵守包含以下内容的程序: (一)向预期持有人签发和转让可转让电子运输记录的方法; (二)可转让电子运输记录保持完整性的保证; (三)持有人能够证明其持有人身份的方式;和 (四)已向持有人交付货物的确认方式,或根据第十条第二款或第四十七条第一款第(一)项第二目和第(三)项,可转让电子运输记录已失去效力的确认方式。 二、本条第一款中的程序应当在合同事项中载明且易于查核。 第十条 可转让运输单证或可转让电子运输记录的替换 一、如果可转让运输单证已签发,且承运人与持有人约定以可转让电子运输记录替换该运输单证: (一)持有人应向承运人移交该可转让运输单证,若签发的单证不止一份,应移交所有单证; (二)承运人应向持有人签发可转让电子运输记录,其中应包括一项替换该运输单证的声明;并且 (三)该运输单证随即失去效力。 二、如果可转让电子运输记录已签发,且承运人与持有人约定以可转让运输单证替换该电子运输记录: (一)承运人应向持有人签发替换该电子运输记录的可转让运输单证,其中应包括一项替换该电子运输记录的声明;并且 (二)该电子运输记录随即失去效力。
单证记事项的证据效力	第三条 …… 4. 依照第3款(a)、(b)、(c)项所载内容的提单,应作为承运人收到该提单中所载货物的初步证据……	第四十一条 合同事项的证据效力 除合同事项已按照第四十条规定的情形和方式作了保留外, (一)运输单证或电子运输记录是承运人收到合同事项中所记载货物的初步证据; (二)在下列情况下,承运人就任何合同事项提出的相反证据不予接受:

(续表)

《海牙—维斯比规则》	《鹿特丹规则》
	1. 此种合同事项载于已转让给善意行事第三方的可转让运输单证或可转让电子运输记录;或 2. 此种合同事项载于载明必须交单提货,且已转让给善意行事收货人的不可转让运输单证。 (三) 承运人提出的针对善意行事收货人的相反证据,在该收货人依赖载于不可转让运输单证或不可转让电子运输记录中的下述任何合同事项时,不予接受: 1. 第三十六条第一款中述及的合同事项,此种合同事项由承运人提供; 2. 集装箱的号码、型号和识别号,而非集装箱封条的识别号;和 3. 第三十六条第二款中述及的合同事项。 **第四十二条 "预付运费"** 合同事项载有"预付运费"声明或类似性质声明的,承运人不能以运费尚未支付这一主张对抗持有人或收货人。持有人或收货人也是托运人的,本条不适用。

附录三 《鹿特丹规则》与《海牙—维斯比规则》在托运人义务和责任制度上的条文对比

	《海牙—维斯比规则》	《鹿特丹规则》
托运人义务	**第三条** …… 5. 托运人应被视为已在装船时向承运人保证，由他提供的标志、号码、数量和重量均正确无误；并应赔偿给承运人由于这些项目不正确所引起或导致的一切灭失、损坏和费用 ……	**第二十七条 交付运输** 一、除非运输合同另有约定，否则托运人应交付备妥待运的货物。在任何情况下，托运人交付的货物应处于能够承受住预定运输的状态，包括货物的装载、操作、积载、绑扎、加固和卸载，且不会对人身或财产造成损害。 二、根据第十三条第二款订有约定的，托运人应妥善而谨慎地履行根据该约定承担的任何义务。 三、集装箱或车辆由托运人装载的，托运人应妥善而谨慎地积载、绑扎和加固集装箱内或车辆内的货物，使之不会对人身或财产造成损害。 **第二十八条 托运人与承运人在提供信息和指示方面的合作** 如果有关货物正确操作和运输的信息处于被请求方的占有之下，或有关货物正确操作和运输的指示是在被请求方能够合理提供的范围之内，且请求方无法以其他合理方式获取此种信息和指示，承运人和托运人应就对方提出的提供此种信息和指示的请求作出响应。 **第二十九条 托运人提供信息、指示和文件的义务** 一、托运人应及时向承运人提供承运人无法以其他合理方式获取，且是为下述目的而合理需要的有关货物的信息、指示和文件： （一）为了正确操作和运输货物，包括由承运人或履约方采取预防措施；并且 （二）为了使承运人遵守公共当局有关预定运输的法律、条例或其他要求，但承运人须及时将其需要信息、指示和文件事宜通知托运人。 二、本条规定概不影响根据公共当局有关预定运输的法律、条例或其他要求，提供有关货物的某些信息、指示和文件的任何特定义务。

(续表)

	《海牙—维斯比规则》	《鹿特丹规则》
		第三十一条 拟定合同事项所需要的信息 一、托运人应及时向承运人提供拟定合同事项以及签发运输单证或电子运输记录所需要的准确信息,包括第三十六条第一款所述及的事项;合同事项中拟载明为托运人的当事人名称;有收货人的,收货人名称;须凭指示签发运输单证或电子运输记录的,指示人名称。 二、承运人收到根据本条第一款提供的信息时,理当认为托运人已对信息的准确性给予保证。托运人应就此种信息不准确所导致的灭失或损坏向承运人作出赔偿。 **第三十二条 危险货物特别规则** 当货物因本身性质或特性而已对人身、财产或环境形成危险,或适度显现有可能形成此种危险时: (一)托运人应在货物交付给承运人或履约方之前,及时将货物的危险性质或特性通知承运人。托运人未履行此项义务,且承运人或履约方无法以其他方式知道货物危险性质或特性的,托运人应就未发通知所导致的灭失或损坏向承运人负赔偿责任; (二)托运人应根据货物预定运输任何阶段所适用的公共当局的法律、条例或其他要求,对危险货物加标志或标签。托运人未履行此项义务的,托运人应就由此导致的灭失或损坏向承运人负赔偿责任。
托运人责任	**第四条** …… 3. 对于任何非因托运人、托运人的代理人或其雇佣人员的行为、过失或疏忽所引起的使承运人或船舶遭受的灭失或损坏,托运人不负责任。 ……	**第三十条 托运人对承运人赔偿责任的基础** 一、对于承运人遭受的灭失或损坏,如果承运人证明,此种灭失或损坏是由于违反本公约规定的托运人义务而造成的,托运人应负赔偿责任。 二、灭失或损坏的原因或原因之一不能归责于托运人本人的过失或第三十四条述及的任何人的过失的,免除托运人的全部或部分赔偿责任,但托运人违反第三十一条第二款和第三十二条对其规定的义务所造成的灭失或损坏,不在此列。

(续表)

《海牙—维斯比规则》	《鹿特丹规则》
	三、托运人根据本条被免除部分赔偿责任的,托运人仅对因其本人的过失或第三十四条述及的任何人的过失所造成的那部分灭失或损坏负赔偿责任。 **第三十四条 托运人为其他人负赔偿责任** 托运人委托包括受雇人、代理人和分合同人在内的任何人履行托运人任何义务的,对于此等人的作为或不作为造成违反本公约规定的托运人义务,托运人负赔偿责任,但托运人委托承运人或代表承运人行事的履约方履行托运人义务的,对于此等人的作为或不作为,托运人不负赔偿责任。

附录四 《鹿特丹规则》与《海牙—维斯比规则》在时效制度上的条文对比

	《海牙—维斯比规则》	《鹿特丹规则》
诉讼时效	**第三条** 6. …… 除第6款（之一）另有规定外，除非从货物交付之日或应交付之日起一年内提出诉讼，承运人和船舶在任何情况下都免除对于货物的任何责任。但是，诉讼事由提出后，如经当事方同意，该期限可以延长。 6（之一）、即使在前款规定的年限期满后，如果在受理该案的法院的法律准许的时间内，仍可以对第三者提出赔偿诉讼。但是，准许的时间不得少于三个月，自提出这种赔偿诉讼的人已经解决了对他本人的索赔或者从起诉传票送达他本人之日起算。	**第六十二条 时效期** 一、两年时效期满后，不得就违反本公约下的一项义务所产生的索赔或争议提起司法程序或仲裁程序。 二、本条第一款述及的时效期，自承运人交付货物之日起算，未交付货物或只交付了部分货物的，自本应交付货物最后之日起算。时效期间的起算日不包括在该期间内。 三、即使本条第一款规定的时效期满，一方当事人仍然可以提出索赔作为抗辩，或以此抵消对方当事人提出的索赔。 **第六十三条 时效的延长** 第六十二条规定的时效期不得中止或中断，但被索赔人可以在时效期内的任何时间，通过向索赔人声明而延长该时效期。该时效期可以经再次声明或多次声明进一步延长。 **第六十四条 追偿诉讼** 被认定负有责任的人，可以在第六十二条规定的时效期满后提起追偿诉讼，提起该追偿诉讼的时效期以下列较晚者为准： （一）提起程序的管辖地准据法所允许的时效期内；或 （二）自追偿诉讼提起人解决原索赔之日起，或自收到向其本人送达的起诉文书之日（以较早者为准）起九十日内。 **第六十五条 对被识别为承运人的人的诉讼** 对光船承租人或对根据第三十七条第二款被识别为承运人的人的诉讼，可以在第六十二条规定的时效期满后提起，提起该诉讼的时效期以下列较晚者为准： （一）提起程序的管辖地准据法所允许的时效期内；或 （二）自识别承运人之日起，或自船舶登记所有人或光船承租人根据第三十七条第二款推翻其为承运人的推定之日起九十日内。

附录五 《鹿特丹规则》与《汉堡规则》在承运人制度上的条文对比

	《汉堡规则》	《鹿特丹规则》
承运人责任期间	**第四条 责任期间** 1. 按照本公约,承运人对货物的责任期间包括在装货港,在运输途中以及在卸货港,货物在承运人掌管的全部期间。 2. 就本条第1款而言,在下述期间,承运人应被视为已经掌管货物: (a) 自承运人从下述各方接管货物时起: (i) 托运人或代其行事的人;或者 (ii) 根据装货港适用的法律或规章,须将货物交其装运的当局或其他第三方。 (b) 直至他按下列方式交付货物之时为止: (i) 将货物交付收货人;或者 (ii) 如果收货人不向承运人提货,则依照合同或在卸货港适用的法律或特定商业习惯,将货物置于收货人支配之下;或者 (iii) 根据卸货港适用的法律或规章,将货物交付所需交付的当局或其他第三方。 3. 本条第1、2款所述承运人或收货人,除他们本人之外,还包括承运人或收货人的受雇人或代理人。	**第十二条 承运人的责任期** 一、承运人根据本公约对货物的责任期,自承运人或履约方为运输而接收货物时开始,至货物交付时终止。 二、(一)收货地的法律或条例要求将货物交给某当局或其他第三方,承运人可以从该当局或该其他第三方提取货物的,承运人的责任期自承运人从该当局或从该其他第三方提取货物时开始。 (二)交货地的法律或条例要求将货物交给某当局或其他第三方,收货人可以从该当局或该其他第三方提取货物的,承运人的责任期至承运人将货物交给该当局或该其他第三方时终止。 三、为确定承运人的责任期,各当事人可以约定接收和交付货物的时间和地点,但运输合同条款作下述规定的即为无效: (一)接收货物的时间是在根据运输合同开始最初装货之后;或 (二)交付货物的时间是在根据运输合同完成最后卸货之前。
承运人义务	无	**第十一条 货物的运输和交付** 承运人应根据本公约,按照运输合同的条款将货物运至目的地并交给收货人。 **第十三条 特定义务** 一、在第十二条规定的责任期内,除须遵循第二十六条的规定外,承运人应妥善而谨慎地接收、装载、操作、积载、运输、保管、照料、卸载并交付货物。 二、虽有本条第一款规定,在不影响第四章其他规定以及第五章至第七章规定的情况下,承运人与托运人可以约定由托运人、单证托运人或收货人装载、操作、积载或卸载货物。此种约定应在合同事项中载明。

附录　《海商法》《海牙—维斯比规则》《汉堡规则》和《鹿特丹规则》比较表　513

(续表)

	《汉堡规则》	《鹿特丹规则》
		第十四条　适用于海上航程的特定义务 承运人必须在开航前、开航当时和海上航程中恪尽职守： （一）使船舶处于且保持适航状态； （二）妥善配备船员、装备船舶和补给供应品，且在整个航程中保持此种配备、装备和补给；并且 （三）使货舱、船舶所有其他载货处所和由承运人提供的载货集装箱适于且能安全接收、运输和保管货物，且保持此种状态。
承运人责任基础与免责	**第五条　责任基础** 1. 除非承运人证明他本人或其受雇人或代理人为避免该事故发生及其后果已采取了一切所能合理要求的措施，否则承运人应对因货物灭失或损坏或延迟交货所造成的损失负赔偿责任，如果引起该项灭失、损坏或延迟交付的事故，如同第四条所述，是在承运人掌管期间发生的。 2. 如果货物未在明确约定的时间内，或者在没有这种约定时，未在按照具体情况对一个勤勉的承运人所能合理要求的时间内，在海上运输合同规定的卸货港交付，便是延迟交货。 3. 如果在本条第2款规定的交付时间届满之后连续六十天之内，尚未根据第四条要求交付货物，则有权对货物的灭失提出索赔的人，可以视为货物已经灭失。 4.(a) 承运人应对下列事项负赔偿责任： （i）由火灾所引起的货物灭失、损坏或延迟交付，如果索赔人证明，火灾是由于承运人、其受雇人或代理人的过失或疏忽所造成。 （ii）经索赔人证明由于承运人、其受雇人或代理人在采取可以合理要求的扑灭火灾和避免或减轻其后果的一切措施中的过失或疏忽所造成的货物的灭失、损坏或延迟交付。	**第十七条　赔偿责任基础** 一、如果索赔人证明，货物灭失、损坏或迟延交付，或造成、促成了灭失、损坏或迟延交付的事件或情形是在第四章规定的承运人责任期内发生的，承运人应对货物灭失、损坏和迟延交付负赔偿责任。 二、如果承运人证明，灭失、损坏或迟延交付的原因或原因之一不能归责于承运人本人的过失或第十八条述及的任何人的过失，可免除承运人根据本条第一款所负的全部或部分赔偿责任。 三、除证明不存在本条第二款所述的过失之外，如果承运人证明下列一种或数种事件或情形造成、促成了灭失、损坏或迟延交付，也可免除承运人根据本条第一款规定所负的全部或部分赔偿责任： （一）天灾； （二）海上或其他通航水域的风险、危险和事故； （三）战争、敌对行动、武装冲突、海盗、恐怖活动、暴乱和内乱； （四）检疫限制；政府、公共当局、统治者或民众的干涉或造成的障碍，包括非由承运人或第十八条述及的任何人所造成的滞留、扣留或扣押； （五）罢工、关厂、停工或劳动受限； （六）船上发生火灾； （七）虽恪尽职守仍无法发现的潜在缺陷；

（续表）

《汉堡规则》	《鹿特丹规则》
（b）在船上发生火灾影响货物时，如果索赔人或承运人要求，应根据航运惯例，对火灾的起因和情况进行检验，并根据要求，向索赔人和承运人提交检验人的报告。 5. 关于活动物，承运人对由于这类运输所固有的任何特殊风险造成的灭失、损害或延迟交付不负赔偿责任。如果承运人证明，他是按照托运人对有关活动物所作的专门指示行事，并且证明，根据具体情况，灭失、损坏或延迟交付可以归之于这种风险，便应推定灭失、损坏或延迟交付系因此而造成，除非提出证明，该灭失、损坏或延迟交付的全部或一部是由于承运人、其受雇人或代理人的过失或疏忽所引起。 6. 除共同海损外，承运人对于海上救助人命的措施或救助财产的合理措施所引起的货物灭失、损坏或延迟交付，不负赔偿责任。 7. 如果货物的灭失、损坏或延迟交付是由于承运人、其受雇人或代理人的过失或疏忽连同另一原因所引起，承运人只在能归之于这种过失或疏忽所引起的灭失、损坏或延迟交付的范围内负责。但是，承运人应对不属于这种灭失、损坏或延迟交付的数额，提出证明。 **第九条　舱面货** 1. 承运人只有在依据和托运人达成的协议或该特定的贸易习惯，或为法规或规则所要求时，才有权在舱面载运货物。 2. 如果承运人和托运人已经约定，应当或者可以在舱面载运货物，承运人便须在提单或其他作为海上运输合同证明的单证上作此种说明。如无此种说明，承运人便须证明，已就在舱面载运货物达成协议，但承运人无权援用此种协议以对抗善意取得提单的包括收货人在内的第三方。 3. 如果违反本条第1款的规定而在舱面载运货物，或者承运人不能按照	（八）托运人、单证托运人、控制方或根据第三十三条或第三十四条托运人或单证托运人对其作为承担责任的其他任何人的作为或不作为； （九）按照第十三条第二款所述及的约定进行的货物装载、操作、积载或卸载，除非承运人或履约方代表托运人、单证托运人或收货人实施此项活动； （十）由于货物固有缺陷、品质或瑕疵而造成的数量或重量损耗或其他任何灭失或损坏； （十一）非由承运人或代其行事的人所做包装不良或标志欠缺、不清； （十二）海上救助或试图救助人命； （十三）海上救助或试图救助财产的合理措施； （十四）避免或试图避免对环境造成危害的合理措施；或 （十五）承运人根据第十五条和第十六条所赋权利的作为。 四、虽有本条第三款规定，有下列情形之一的，承运人仍应对灭失、损坏或迟延交付的全部或部分负赔偿责任： （一）索赔人证明，承运人或第十八条述及的人的过失造成、促成了承运人所依据的事件或情形；或 （二）索赔人证明，本条第三款所列事件或情形以外的事件或情形促成了灭失、损坏或迟延交付，且承运人无法证明，该事件或情形既不能归责于其本人的过失，也不能归责于第十八条述及的任何人的过失。 五、虽有本条第三款规定，在下列情况下，承运人还应对灭失、损坏或迟延交付的全部或部分负赔偿责任： （一）索赔人证明，造成或可能造成或促成灭失、损坏或迟延交付的原因是：1. 船舶不适航；2. 配备船员、装备船舶和补给供应品不当；或3. 货舱、船舶其他载货处所或由承运人提供的载货集装箱不适于且不能安全接收、运输和保管货物；并且

(续表)

《汉堡规则》	《鹿特丹规则》
本条第 2 款规定援用在舱面载货的协议,则虽有第五条第 1 款的规定,承运人对完全是由于舱面载货而造成的货物灭失或损坏以及延迟交付,应负赔偿责任。他所负责的程度,应分别按照本公约第六条或第八条的规定加以确定。 4. 违反在舱内载运的明文协议而在舱面载运货物时,视为第八条所述承运人的一种行为或不为。	(二)承运人无法证明:1.本条第五款第(一)项述及的任何事件或情形未造成灭失、损坏或迟延交付;或 2.承运人已遵守第十四条规定的恪尽职守的义务。 六、承运人根据本条规定被免除部分赔偿责任的,承运人仅对根据本条应由其负赔偿责任的事件或情形所造成的那部分灭失、损坏或迟延交付负赔偿责任。 **第十八条 承运人为其他人负赔偿责任** 如果下列人的作为或不作为违反本公约对承运人规定的义务,承运人应负赔偿责任: (一)任何履约方; (二)船长或船员; (三)承运人的受雇人或履约方的受雇人;或 (四)履行或承诺履行运输合同规定的承运人义务的其他任何人,以该人按照承运人的要求,或在承运人的监督或控制下直接或间接作为为限。 **第二十一条 迟延** 未在约定时间内在运输合同约定的目的地交付货物,为迟延交付。 **第二十五条 船舶上的舱面货** 一、在船舶舱面上载运货物,只能限于下列情形: (一)根据法律的要求进行此种运输; (二)货物载于适合舱面运输的集装箱内或车辆内,而舱面专门适于载运此类集装箱或车辆;或 (三)舱面运输符合运输合同或相关行业的习惯、惯例或做法。 二、本公约有关承运人赔偿责任的规定,适用于根据本条第一款在舱面上载运的货物的灭失、损坏或迟延交付,但根据本条第一款第(一)项或第(三)项载运货物的,对于舱面载运货物涉及的特殊风险所造成的货物灭失、损坏或迟延交付,承运人不负赔偿责任。 三、在舱面上载运货物,不是本条第一款所准许的情形的,对于完全由于舱面载运

(续表)

	《汉堡规则》	《鹿特丹规则》
		货物所造成的货物灭失、损坏或迟延交付，承运人负赔偿责任，且无权享有第十七条规定的抗辩。 四、第三方已善意取得可转让运输单证或可转让电子运输记录的，承运人无权对其援用本条第一款第（三）项的规定，除非合同事项载明可以在舱面上载运货物。 五、承运人与托运人明确约定货物将载于舱内的，如果货物载于舱面造成任何灭失、损坏或迟延交付，对于此种灭失、损坏或迟延交付，承运人无权享有限制赔偿责任的利益。 **第八十一条 活动物和某些其他货物特别规则** 虽有第七十九条的规定，在不影响第八十条的情况下，运输合同可以排除或限制承运人和海运履约方的义务或赔偿责任，条件是： （一）货物是活动物，但如果索赔人证明，货物灭失、损坏或迟延交付，是由于承运人或第十八条述及的人故意造成此种货物灭失、损坏或此种迟延损失的作为或不作为所导致的，或是明知可能产生此种灭失、损坏或此种迟延损失而轻率地作为或不作为所导致的，则任何此种排除或限制均属无效； ……
承运人赔偿责任限制	**第六条 责任限额** 1.（a）按照第五规定，承运人对货物灭失或损坏造成的损失所负的赔偿责任，以灭失或损坏的货物每件或其他货运单位相当于 835 计算单位或毛重每公斤 2.5 计算单位的数额为限，两者中以较高的数额为准。 （b）按照第五条规定，承运人对延迟交付的赔偿责任，以相当于该延迟交付货物应支付运费的 2.5 倍的数额时为限，但不得超过海上货物运输合同规定的应付运费总额。 （c）根据本款（a）和（b）项，承运人的总赔偿责任，在任何情况下都不得超过根据本款（a）项对货物全部灭失引起的赔偿责任所规定的限额。 2. 按照本条第一款规定，计算其中	**第五十九条 赔偿责任限额** 一、除须遵循第六十条以及第六十一条第一款的规定外，承运人对于违反本公约对其规定的义务所负赔偿责任的限额，按照索赔或争议所涉货物的件数或其他货运单位计算，每件或每个其他货运单位 875 个计算单位，或按照索赔或争议所涉货物的毛重计算，每公斤 3 个计算单位，以两者中较高限额为准，但货物价值已由托运人申报且在合同事项中载明的，或承运人与托运人已另行约定高于本条所规定的赔偿责任限额的，不在此列。 二、货物载于集装箱、货盘或拼装货物的类似装运器具内，或载于车辆内运输的，合同事项中载列的载于此种装运器具内或车辆内的货物件数或货运单位数，视为货物件数或货运单位数。未载列的，载于此种装

(续表)

《汉堡规则》	《鹿特丹规则》
较高的金额时,适用下列规定: （a）当以集装箱、货盘或类似的装运工具集装货物时,如已签发提单,则在提单中所载的,否则,在作为海上运输合同证明的其他单证中所载的,装在此种装运工具中的件数或者其他装运单位数,视为货物的件数或其他货运单位数。除上述情况外,装在此种装运工具中的货物,视为一个货运单位。 （b）如装运工具本身遭受灭失或损坏,而该装运工具非为承运人所有,或非他以其他方式提供,应视为一个单独的装运单位。 3. 计算单位是指第二十六条所述的计算单位。 4. 根据承运人和托运人之间的协议,可以确定高于第一款规定的责任限制。 **第二十六条　计算单位** 1. 本公约第六条所述计算单位,系国际货币基金组织规定的特别提款权。第六条所述金额,应按判决之日或当事人协议之日该国货币价值,折算成该国货币。凡属国际货币基金组织成员国的本公约缔约国,其以特别提款权表示的本国货币价值,应按国际货币基金组织在上述日期进行营业和交易中适用的现行定值办法计算。非属国际货币基金组织的本公约缔约国,其以特别提款权表示的本国货币价值,应按该国确定的方法计算。 ……	运器具内或车辆内的货物视为一个货运单位。 　　三、本条述及的计算单位,是国际货币基金组织定义的特别提款权。本条述及的限额,须按照一国国家货币在判决日或裁决日,或在当事人约定日的币值折算成该国货币。一缔约国是国际货币基金组织成员国的,该国货币对特别提款权的比价,须按照国际货币基金组织当日对其业务和交易实行的计价换算方法计算。一缔约国不是国际货币基金组织成员国的,该国货币对特别提款权的比价,须按照该国确定的方式计算。 **第六十条　迟延造成损失的赔偿责任限额** 　　除须遵循第六十一条第二款的规定外,对迟延造成货物灭失或损坏的赔偿额,应按照第二十二条计算,对迟延造成经济损失的赔偿责任限额,是相当于迟交货物应付运费两倍半的数额。根据本条以及第五十九条第一款确定的赔付总额,不得超过所涉货物全损时根据第五十九条第一款确定的限额。

附录六 《鹿特丹规则》与《汉堡规则》在运输单证制度上的条文对比

	《汉堡规则》	《鹿特丹规则》
适用的运输单证	**第一条 定义** …… 7."提单"是指一种用以证明海上运输合同和货物由承运人接管或装船,以及承运人据以保证交付货物的单证。单证中关于货物应交付指定收货人或按指示交付,或交付提单持有人的规定,即构成了这一保证。 …… **第十八条 提单以外的单证** 如果承运人签发提单以外的单证以证明收到待运的货物,该单证就是订立海上运输合同和承运人接管该单证中所述货物的初步证据。	**第一条 定义** 十四、"运输单证"是指承运人按运输合同签发的单证,该单证: (一)证明承运人或履约方已按运输合同收到货物;并且 (二)证明或包含一项运输合同。 十八、"电子运输记录"是指承运人按运输合同以电子通信方式发出的一条或数条电文中的信息,包括作为附件与电子运输记录有着逻辑联系的信息,或在承运人签发电子运输记录的同时或之后以其他方式与之有联系从而成为电子运输记录一部分的信息,该信息: (一)证明承运人或履约方已按运输合同收到货物;并且 (二)证明或包含一项运输合同。
运输单证的签发	**第十四条 提单的签发** 1.当承运人或实际承运人接管货物时,应托运人要求,承运人必须给托运人签发提单。 2.提单可以由承运人授权的人签字。提单由载运货物船舶的船长签字应视为代表承运人签字。 3.提单上的签字可以用手写、印摹、打孔、盖章、符号或如不违反提单签发地所在国家的法律,用任何其他机械的或电子的方法。	**第三十五条 运输单证或电子运输记录的签发** 除非托运人与承运人已约定不使用运输单证或电子运输记录,或不使用运输单证或电子运输记录是行业习惯、惯例或做法,否则,货物一经向承运人或履约方交付运输,托运人,或经托运人同意的单证托运人,有权按照托运人的选择,从承运人处获得: (一)不可转让运输单证,或,符合第八条第(一)项规定的,不可转让电子运输记录;或 (二)适当的可转让运输单证,或,符合第八条第(一)项规定的,可转让电子运输记录,除非托运人与承运人已约定不使用可转让运输单证或可转让电子运输记录,或不使用可转让运输单证或可转让电子运输记录是行业习惯、惯例或做法。 **第三十八条 签名** 一、运输单证应由承运人或代其行事的人签名。

(续表)

《汉堡规则》	《鹿特丹规则》
	二、电子运输记录应包含承运人或代其行事的人的电子签名。凭借此种电子签名,应能够识别与该电子运输记录有关的签名人,且表明承运人对该电子运输记录的授权。 **第九条 可转让电子运输记录的使用程序** 一、使用可转让电子运输记录,应当遵守包含以下内容的程序: (一)向预期持有人签发和转让可转让电子运输记录的方法; (二)可转让电子运输记录保持完整性的保证; (三)持有人能够证明其持有人身份的方式;和 (四)已向持有人交付货物的确认方式,或根据第十条第二款或第四十七条第一款第(一)项第二目和第(三)项,可转让电子运输记录已失去效力的确认方式。 二、本条第一款中的程序应当在合同事项中载明且易于查核。 **第十条 可转让运输单证或可转让电子运输记录的替换** 一、如果可转让运输单证已签发,且承运人与持有人约定以可转让电子运输记录替换该运输单证: (一)持有人应向承运人移交该可转让运输单证,若签发的单证不止一份,应移交所有单证; (二)承运人应向持有人签发可转让电子运输记录,其中应包括一项替换该运输单证的声明;并且 (三)该运输单证随即失去效力。 二、如果可转让电子运输记录已签发,且承运人与持有人约定以可转让运输单证替换该电子运输记录: (一)承运人应向持有人签发替换该电子运输记录的可转让运输单证,其中应包括一项替换该电子运输记录的声明;并且 (二)该电子运输记录随即失去效力。

(续表)

	《汉堡规则》	《鹿特丹规则》
运输单证记载事项的效力	**第十六条 提单:保留和证据效力** 1. 如果承运人或代其签发提单的其他人确知或有合理的根据怀疑提单所载有关货物的品类、主要标志,包数或件数、重量或数量等项目没有准确地表示实际接管的货物,或在签发"已装船"提单的情况下,没有准确地表示已实际装船的货物,或者他无适当的方法来核对这些项目,则承运人或该其他人必须在提单上作出保留,注明不符之处、怀疑根据、或无适当的核对方法。 2. 如果承运人或代他签发提单的其他人未在提单上批注货物的外表状况,则应视为他已在提单上注明货物的外表状况良好。 3. 除按本条第1款规定就有关项目和其范围作出许可在保留以外: (a) 提单是承运人接管,或如签发"已装船"提单时,装载提单所述货物的初步证据; (b) 如果提单已转让给信赖提单上有关货物的描述而照此行事的包括收货人在内的第三方,则承运人提出与此相反的证据不予接受。 4. 如果提单未按照第十五条第1款(k)项的规定载明运费或以其他方式说明运费由收货人支付或未载明在装货港发生的滞期费由收货人支付,则该提单是收货人不支付运费或滞期费的初步证据。如果提单已转让给信赖提单上无任何此种说明而照此行事的包括收货人在内的第三方,则承运人提出的与此相反的证据不予接受。	**第四十条 对合同事项中货物相关信息作出保留** 一、在下列条件下,承运人应对第三十六条第一款中述及的信息作出保留,指出承运人对于托运人所提供信息的准确性不负责任: (一) 承运人实际知道运输单证或电子运输记录中的任何重要声明有虚假或误导内容;或 (二) 承运人有合理的理由认为运输单证或电子运输记录中的任何重要声明有虚假或误导内容。 二、在不影响本条第一款的情况下,承运人可以按照本条第三款和第四款规定的情形和方式,对第三十六条第一款中述及的信息作出保留,指出承运人对于托运人所提供信息的准确性不负责任。 三、货物不放在封闭集装箱内或封闭车辆内交付给承运人或履约方运输,或货物放在封闭集装箱内或封闭车辆内交付且承运人或履约方实际检验了货物的,在下述条件下,承运人可以对第三十六条第一款中述及的信息作出保留: (一) 承运人无实际可行或商业上合理的方式核对托运人提供的信息,在这种情况下,承运人可以注明其无法核对的信息;或 (二) 承运人有合理的理由认为托运人所提供的信息不准确,在这种情况下,承运人可以列入一个条款,提供其合理认为准确的信息。 四、货物放在封闭集装箱内或封闭车辆内交付给承运人或履约方运输的,承运人可以就下列条款中述及的信息作出保留: (一) 第三十六条第一款第(一)项、第(二)项或第(三)项,条件是: 1. 集装箱内或车辆内货物未经过承运人或履约方实际检验;并且 2. 无论承运人还是履约方均未在签发运输单证或电子运输记录之前以其他方式实际知道集装箱内或车辆内货物的情况;和 (二) 第三十六条第一款第(四)项,条件是:

(续表)

《汉堡规则》	《鹿特丹规则》
	1. 无论承运人还是履约方均未对集装箱或车辆称重,且托运人和承运人均未在装运货物之前约定对集装箱或车辆称重并将其重量记载在合同事项中;或 2. 无实际可行或商业上合理的方式核对集装箱或车辆重量。 **第四十一条 合同事项的证据效力** 除合同事项已按照第四十条规定的情形和方式作了保留外: (一)运输单证或电子运输记录是承运人收到合同事项中所记载货物的初步证据; (二)在下列情况下,承运人就任何合同事项提出的相反证据不予接受: 1. 此种合同事项载于已转让给善意行事第三方的可转让运输单证或可转让电子运输记录;或 2. 此种合同事项载于载明必须交单提货,且已转让给善意行事收货人的不可转让运输单证。 (三)承运人提出的针对善意行事收货人的相反证据,在该收货人依赖载于不可转让运输单证或不可转让电子运输记录中的下述任何合同事项时,不予接受: 1. 第三十六条第一款中述及的合同事项,此种合同事项由承运人提供; 2. 集装箱的号码、型号和识别号,而非集装箱封条的识别号;和 3. 第三十六条第二款中述及的合同事项。 **第四十二条 "预付运费"** 合同事项载有"预付运费"声明或类似性质声明的,承运人不能以运费尚未支付这一主张对抗持有人或收货人。持有人或收货人也是托运人的,本条不适用。

附录七 《鹿特丹规则》与《汉堡规则》在海运履约方与实际承运人制度上的条文对比

	《汉堡规则》	《鹿特丹规则》
定义	**第一条 定义** …… 2. "实际承运人"是指受承运人委托执行货物运输或部分货物运输的任何人,包括受委托执行这项运输的其他任何人。 ……	**第一条 定义** …… 六、(一)"履约方"是指承运人以外的,履行或承诺履行承运人在运输合同下有关货物接收、装载、操作、积载、运输、保管、照料、卸载或交付的任何义务的人,以该人直接或间接在承运人的要求、监督或控制下行事为限。 (二)"履约方"不包括不由承运人而由托运人、单证托运人、控制方或收货人直接或间接委托的任何人。 七、"海运履约方"是指凡在货物到达船舶装货港至货物离开船舶卸货港期间履行或承诺履行承运人任何义务的履约方。内陆承运人仅在履行或承诺履行其完全在港区范围内的服务时方为海运履约方。 ……
权利义务	**第十条 承运人和实际承运人的赔偿责任** 1. 如果将运输或部分运输委托给实际承运人执行时,不管根据海上运输合同是否有权这样做,承运人仍须按照本公约的规定对全部运输负责。关于实际承运人所履行的运输,承运人应对实际承运人及其受雇人和代理人在他们的受雇范围内行事的行为或不行为负责。 2. 本公约对承运人责任的所有规定也适用于实际承运人对其所履行的运输的责任。如果对实际承运人的受雇人或代理人提起诉讼,应适用第七条第2款、第3款和第八条第2款的规定。 3. 承运人据以承担本公约所未规定的义务或放弃本公约所赋予的权利的任何特别协议,只有在实际承运人书面明确表示同意时,才能对他发生影响。不论实际承运人是否已经同意,承	**第十九条 海运履约方的赔偿责任** 一、符合下列条件的,海运履约方必须承担本公约对承运人规定的义务和赔偿责任,且有权享有本公约对承运人规定的抗辩和赔偿责任限制: (一)海运履约方在一缔约国为运输而接收了货物或在一缔约国交付了货物,或在一缔约国某一港口履行了与货物有关的各种活动;并且 (二)造成灭失、损坏或迟延交付的事件发生在: 1. 货物到达船舶装货港至货物离开船舶卸货港的期间内;以及 2. 货物在海运履约方掌管期间;或者 3. 海运履约方参与履行运输合同所载列的任何活动的其他任何时间内。 二、承运人约定在本公约对其规定的义务范围之外承担义务的,或约定其赔偿责任限额高于本公约所规定的限额的,海运履约方不受该约定的约束,除非海运履约方明

(续表)

《汉堡规则》	《鹿特丹规则》
运人仍受这种特别协议所导致的义务或弃权的约束。 4. 如果承运人和实际承运人都有责任,则在此责任范围内,他们应负连带责任。 5. 从承运人、实际承运人和他们的受雇人和代理人取得的赔偿金额总数,不得超过本公约所规定的责任限额。 6. 本条规定不妨碍承运人和实际承运人之间的任何追索权。 **第十一条 联运** 1. 虽有第十条第1款各项规定,如果海上运输合同明确规定,该合同所包含的某一特定阶段的运输应由承运人以外的指定人员履行,则该合同亦可规定,就这一特定运输阶段而言,承运人对由于货物在实际承运人掌管之下发生的事故所引起的灭失、损坏或迟延交付,不负赔偿责任。但是,如果不能在按照第二十一条第1款或第2款规定有管辖权的法院对实际承运人提起法律诉讼,则任何限定或免除这种责任的条款,均属无效。关于货物的灭失、损坏或延迟交付系由上述事故所引起的负责举证,由承运人承担。 2. 按照第十条第2款规定,实际承运人应对货物在其掌管期间发生的事故而引起的灭失、损坏或延迟交付负责。	示约定接受该义务或该更高限额。 三、符合本条第一款所列条件的,对于受海运履约方委托履行运输合同约定的承运人义务的人违反本公约对海运履约方规定的义务的作为或不作为,海运履约方负赔偿责任。 四、本公约规定概不要求船长或船员、承运人的受雇人或海运履约方的受雇人负赔偿责任。 **第二十条 连带赔偿责任** 一、对于货物灭失、损坏或迟延交付,承运人和一个或数个海运履约方均负有赔偿责任的,其赔偿责任为连带责任,但仅限于本公约所规定的限额。 二、在不影响第六十一条的情况下,上述所有人的累计赔偿责任不得超过本公约所规定的赔偿责任总限额。

附录八 《鹿特丹规则》与《汉堡规则》在托运人义务和赔偿责任制度上的条文对比

	《汉堡规则》	《鹿特丹规则》
托运人定义	第一条　定义 …… 3."托运人"是指其本人或以其名义或代其与承运人订立海上货物运输合同的任何人或指其本人或以其名义或代其将货物实际交付给海上货物运输合同有关的承运人的任何人。 ……	第一条　定义 …… 八、"托运人"是指与承运人订立运输合同的人。 ……
托运人义务	第十三条　关于危险货物的特殊规则 1.托运人必须以适当的方式在危险货物上加上危险的标志或标签。 2.当托运人将危险货物交给承运人或实际承运人时,托运人必须告知货物的危险性,必要时并告知应采取的预防措施。如果托运人没有这样做,而且该承运人或实际承运人又未从其他方面得知货物的危险特性,则: (a)托运人对承运人和任何实际承运人因载运这种货物而造成的损失负赔偿责任;并且 (b)根据情况需要,可以随时将货物卸下、销毁或使之无害,而不予赔偿。 3.任何人如在运输期间,明知货物的危险特性而加以接管,则不得援引本条第2款的规定。 4.如果本条第2款(b)项的规定不适用或不能援引,而危险货物对生命或财产造成实际危险时,可视情况需要,将货物卸下、销毁或使之无害,而不予赔偿,但共同海损分摊的义务或按照第五条规定承运人应负的赔偿责任除外。	第二十七条　交付运输 一、除非运输合同另有约定,否则托运人应交付备妥待运的货物。在任何情况下,托运人交付的货物应处于能够承受住预定运输的状态,包括货物的装载、操作、积载、绑扎、加固和卸载,且不会对人身或财产造成损害。 二、根据第十三条第二款订有约定的,托运人应妥善而谨慎地履行根据该约定承担的任何义务。 三、集装箱或车辆由托运人装载的,托运人应妥善而谨慎地积载、绑扎和加固集装箱内或车辆内的货物,使之不会对人身或财产造成损害。 第二十八条　托运人与承运人在提供信息和指示方面的合作 如果有关货物正确操作和运输的信息处于被请求方的占有之下,或有关货物正确操作和运输的指示是在被请求方能够合理提供的范围之内,且请求方无法以其他合理方式获取此种信息和指示,承运人和托运人应就对方提出的提供此种信息和指示的请求作出响应。 第二十九条　托运人提供信息、指示和文件的义务 一、托运人应及时向承运人提供承运人无法以其他合理方式获取,且是为下述目的而合理需要的有关货物的信息、指示和文件: (一)为了正确操作和运输货物,包括由承运人或履约方采取预防措施;并且

(续表)

《汉堡规则》	《鹿特丹规则》
	（二）为了使承运人遵守公共当局有关预定运输的法律、条例或其他要求，但承运人须及时将其需要信息、指示和文件事宜通知托运人。 二、本条规定概不影响根据公共当局有关预定运输的法律、条例或其他要求，提供有关货物的某些信息、指示和文件的任何特定义务。 **第三十一条　拟定合同事项所需要的信息** 一、托运人应及时向承运人提供拟定合同事项以及签发运输单证或电子运输记录所需要的准确信息，包括第三十六条第一款所述及的事项；合同事项中拟载明为托运人的当事人名称；有收货人的，收货人名称；须凭指示签发运输单证或电子运输记录的，指示人名称。 二、承运人收到根据本条第一款提供的信息时，理当认为托运人已对信息的准确性给予保证。托运人应就此种信息不准确所导致的灭失或损坏向承运人作出赔偿。 **第三十二条　危险货物特别规则** 当货物因本身性质或特性而已对人身、财产或环境形成危险，或适度显现有可能形成此种危险时： （一）托运人应在货物交付给承运人或履约方之前，及时将货物的危险性质或特性通知承运人。托运人未履行此项义务，且承运人或履约方无法以其他方式知道货物危险性质或特性的，托运人应就未发通知所导致的灭失或损坏向承运人负赔偿责任； （二）托运人应根据货物预定运输任何阶段所适用的公共当局的法律、条例或其他要求，对危险货物加标志或标签。托运人未履行此项义务的，托运人应就此导致的灭失或损坏向承运人负赔偿责任。
第十二条　一般规则 托运人对承运人或实际承运人所遭受的损失或船舶所遭受的损失不负赔偿责任，除非这种损失或损坏是由托运人、其受雇人或代理人的过失或疏忽所造成。托运人的任何受雇人或代理人	**第三十条　托运人对承运人赔偿责任的基础** 一、对于承运人遭受的灭失或损坏，如果承运人证明，此种灭失或损坏是由于违反本公约规定的托运人义务而造成的，托运人应负赔偿责任。

（托运人责任）

(续表)

《汉堡规则》	《鹿特丹规则》
对这种损失或损坏也不负责任,除非这种损失或损坏是由他自己的过失或疏忽所造成。	二、灭失或损坏的原因或原因之一不能归责于托运人本人的过失或第三十四条述及的任何人的过失的,免除托运人的全部或部分赔偿责任,但托运人违反第三十一条第二款和第三十二条对其规定的义务所造成的灭失或损坏,不在此列。 三、托运人根据本条被免除部分赔偿责任的,托运人仅对因其本人的过失或第三十四条述及的任何人的过失所造成的那部分灭失或损坏负赔偿责任。 **第三十四条　托运人为其他人负赔偿责任** 托运人委托包括受雇人、代理人和分合同人在内的任何人履行托运人任何义务的,对于此等人的作为或不作为造成违反本公约规定的托运人义务,托运人负赔偿责任,但托运人委托承运人或代表承运人行事的履约方履行托运人义务的,对于此等人的作为或不作为,托运人不负赔偿责任。

附录九 《鹿特丹规则》与《汉堡规则》在诉讼与仲裁制度上的条文对比

	《汉堡规则》	《鹿特丹规则》
时效	**第二十条 诉讼时效** 1. 按照本公约有关货物运输的任何诉讼,如果在两年内没有提出司法或仲裁程序,即失去时效。 2. 时效期限自承运人交付货物或部分货物之日开始,如未交付货物,则自货物应该交付的最后一日开始。 3. 时效期限开始之日不计算在期限内。 4. 被要求赔偿的人,可以在时效期限内的任何时间,向索赔人提出书面说明,延长时效期限。该期限还可以用另一次或多次声明再度延长。 5. 如果诉讼是在起诉地所有国国家法律许可的时间内提起,负有赔偿责任的人即使在以上各款规定的时效期限届满后,仍可以提起追赔的诉讼。但是,所许可的时间不得小于从提起索赔诉讼的人已解决了对他的赔偿或从他本人提起的传票送达之日起九十天。	**第六十二条 时效期** 一、两年时效期满后,不得就违反本公约下的一项义务所产生的索赔或争议提起司法程序或仲裁程序。 二、本条第一款述及的时效期,自承运人交付货物之日起算,未交付货物或只交付了部分货物的,自本应交付货物最后之日起算。时效期间的起算日不包括在该期间内。 三、即使本条第一款规定的时效期满,一方当事人仍然可以提出索赔作为抗辩,或以此抵消对方当事人提出的索赔。 **第六十三条 时效的延长** 第六十二条规定的时效期不得中止或中断,但被索赔人可以在时效期内的任何时间,通过向索赔人声明而延长该时效期。该时效期可以经再次声明或多次声明进一步延长。 **第六十四条 追偿诉讼** 被认定负有责任的人,可以在第六十二条规定的时效期满后提起追偿诉讼,提起该追偿诉讼的时效期以下列较晚者为准: (一)提起程序的管辖地准据法所允许的时效期内;或 (二)自追偿诉讼提起人解决原索赔之日起,或自收到向其本人送达的起诉文书之日(以较早者为准)起九十日内。 **第六十五条 对被识别为承运人的人的诉讼** 对光船承租人或对根据第三十七条第二款被识别为承运人的人的诉讼,可以在第六十二条规定的时效期满后提起,提起该诉讼的时效期以下列较晚者为准: (一)提起程序的管辖地准据法所允许的时效期内;或 (二)自识别承运人之日起,或自船舶登记所有人或光船承租人根据第三十七条第二款推翻其为承运人的推定之日起九十日内。

(续表)

	《汉堡规则》	《鹿特丹规则》
管辖权	**第二十一条　管辖权** 1. 按本公约规定在有关货物运输的司法程序中，原告可以选择在这样的法院提起诉讼，按照该法院所在国法律该法院有权管辖，并且下列地点之一位于该法院管辖范围： （a）被告的主要营业所，或如无主要营业所时，其通常住所；或 （b）合同订立地，但该合同须是通过被告在该地的营业所、分支机构或代理机构订立的；或 （c）装货港或卸货港；或 （d）海上运输合同中为此目的指定的任何其他地点。 2.（a）尽管有本条上述各项规定，如果载货船舶或属于同一船舶所有人的任何其他船舶，在一个缔约国的任何一个港口或地点，按照该国适用的法律规则和国际法规则被扣留，就可在该港口或该地点的法院提起诉讼。但是，在这种情况下，一经被告请求，原告必须将诉讼转移到由原告选择的本条第1款所指的管辖法院之一，以对索赔作出判决。但在诉讼转移之前，被告必须提供足够的保证金，以确保支付在诉讼中可能最后判给原告的金额。 （b）一切有关保证金是否足够的问题，应由扣留港口或地点的法院裁定。 3. 按照本公约有关货物运输的一切法律诉讼，不得在本条第1款或第2款没有规定的地点提起。本款的规定不妨碍缔约国采取临时性或保护性措施的管辖权。 4.（a）如已在按本条第1款或第2款规定有管辖权的法院提起诉讼，或已由这样的法院作出判决，相同当事方之间不得基于相同理由，提起新的诉讼，除非受理第一次诉讼的法院的判决在提起新诉讼地的国家不能执行； （b）就本条而言，为执行判决而采取措施，不应视为提起新的诉讼；	**第六十六条　对承运人的诉讼** 除非运输合同载有一项符合第六十七条或第七十二条的排他性法院选择协议，否则原告有权根据本公约在下列管辖法院之一对承运人提起司法程序： （一）对下列地点之一拥有管辖权的一管辖法院： 1. 承运人的住所； 2. 运输合同约定的收货地； 3. 运输合同约定的交货地；或 4. 货物的最初装船港或货物的最终卸船港；或 （二）为裁定本公约下可能产生的向承运人索赔事项，托运人与承运人在协议中指定的一个或数个管辖法院。 **第六十七条　法院选择协议** 一、根据第六十六条第（二）项选择的法院，只有经合同当事人协议约定，且只有授予管辖权协议满足下列各项条件，方能对合同当事人之间的争议具有排他性管辖权： （一）该协议载于清楚载明各方当事人名称和地址的批量合同，此种批量合同或 1. 是单独协商订立，或 2. 载有一则存在一项排他性法院选择协议的明确声明，且指出批量合同中载有该协议的部分；并且 （二）该协议清楚指定某一缔约国的数个法院或某一缔约国的一个或数个特定法院。 二、根据本条第一款订立的排他性法院选择协议，只有满足下列各项条件，方能对不是批量合同当事人的人具有约束力： （一）该法院位于第六十六条第（一）项所指定的地点之一； （二）该协议载于运输单证或电子运输记录； （三）关于诉讼提起地法院以及该法院拥有排他性管辖权的通知已及时、正确地发给该人；并且 （四）受案法院的法律承认该排他性法院选择协议对该人具有约束力。 **第六十八条　对海运履约方的诉讼** 原告有权在对下列地点之一拥有管辖权

(续表)

《汉堡规则》	《鹿特丹规则》
（c）就本条而言，按照本条第2款（a）项将诉讼转移到同一个国家的另一法院，或转移到另一个国家的法院，不应视为提起新的诉讼。 5. 尽管有以上各款的规定，在按照海上运输合同提出索赔之后，当事各方达成的指定索赔人可以提起诉讼的地点的协议应属有效。	的管辖法院，根据本公约对海运履约方提起司法程序： （一）海运履约方的住所；或 （二）海运履约方接收货物的港口或海运履约方交付货物的港口，或海运履约方执行与货物有关的各种活动的港口。 **第六十九条　不另增管辖权地** 除须遵循第七十一条和第七十二条的规定外，不得在不是根据第六十六条或第六十八条指定的法院，根据本公约对承运人或海运履约方提起司法程序。 **第七十条　扣留以及临时措施或保全措施** 本公约的规定概不影响对临时措施或保全措施，包括对扣留的管辖权。除非符合下列条件，否则临时措施或保全措施执行地所在国的法院不享有裁定案件实体的管辖权： （一）符合本章的要求；或 （二）一项国际公约在该国适用的，该国际公约作此规定。 **第七十一条　诉讼合并和移转** 一、除非根据第六十七条或第七十二条存在一项具有约束力的排他性法院选择协议，就同一事件同时对承运人和海运履约方提起一项共同诉讼的，只能在同时根据第六十六条和第六十八条指定的一法院提起该诉讼。无上述这类法院的，可以在根据第六十八条第（二）项指定的一法院，在其存在的情况下提起该诉讼。 二、除非根据第六十七条或第七十二条存在一项具有约束力的排他性法院选择协议，承运人或海运履约方提起的诉讼寻求一项不承担赔偿责任声明的，或提起的其他任何诉讼将剥夺一人根据第六十六条或第六十八条选择诉讼地的权利的，该承运人或海运履约方应在被告已选择根据第六十六条或第六十八条（两者以适用者为准）所指定的法院的情况下，根据被告的要求撤回该诉讼，然后可以在该法院重新提起诉讼。 **第七十二条　争议产生后的协议和被告应诉时的管辖权** 一、争议产生后，争议各方当事人可以协

(续表)

《汉堡规则》	《鹿特丹规则》
	议约定在任何管辖法院解决争议。 二、被告在一管辖法院应诉,未根据该法院的规则提出管辖权异议的,该法院拥有管辖权。 **第七十三条　承认和执行** 一、根据本公约拥有管辖权的一法院在一缔约国作出的裁决,应在另一缔约国根据该另一缔约国的法律得到承认和执行,但两国须已根据第七十四条作出声明。 二、一法院可以以其法律所提供的拒绝承认和执行的理由为根据,拒绝给予承认和执行。 三、本章不得影响加入本公约的区域经济一体化组织对其成员国彼此承认或执行判决适用本组织的规则,不论这些规则的通过时间是在本公约之前还是之后。 **第七十四条　第十四章的适用** 本章的规定只能对根据第九十一条声明其将受本章规定约束的缔约国具有约束力。
仲裁	**第二十二条　仲裁** 1. 按照本条各项规定,当事各方可以用书面证明的协议规定,按照本公约可能发生的有关货物运输的任何争端应提交仲裁。 2. 如租船合同载有该合同引起的争议应提交仲裁的条款,而依据租船合同签发的提单并未特别注明此条款对提单持有人具有约束力,则承运人不得对善意取得提单的提单持有人援引该条款。 3. 原告可以选择在下列地点之一,提起仲裁程序: (a) 一国的某一地点,该国领土内应有: (ⅰ) 被告的主要营业所,或无主要营业所时,其通常住所;或 (ⅱ) 签订合同地,但该合同须是通过被告在该地的营业所、分支机构或代理机构订立的;或 (ⅲ) 装货港或卸货港;或	**第七十五条　仲裁协议** 一、除须遵循本章的规定外,当事人可以协议约定,任何根据本公约运输货物可能产生的争议均应提交仲裁。 二、仲裁程序应按照对承运人提起索赔的人的选择: (一) 在仲裁协议为此目的指定的任何地点进行;或 (二) 在一国的其他任何地点进行,下列任何地点位于该国即可: 1. 承运人的住所; 2. 运输合同约定的收货地; 3. 运输合同约定的交货地;或 4. 货物的最初装船港或货物的最终卸船港。 三、仲裁协议指定的仲裁地对仲裁协议当事人之间的争议具有约束力,条件是,载有该仲裁协议的批量合同清楚载明各方当事人的名称和地址,且该批量合同属于下列情况之一: (一) 是单独协商订立的;或

(续表)

《汉堡规则》	《鹿特丹规则》
（b）仲裁条款或协议中为此目的而指定的任何地点。 4.仲裁员或仲裁庭应当应用本公约的各项规则。 5.本条第3款和第4款规定应视为每一仲裁条款或协议的一部分,仲裁条款或协议中与此两款不符的任何规定,均属无效。 6.本条各款不影响按照海上运输合同提出索赔之后,当事各方所订立的有关仲裁协议的效力。	（二）载有一则存在一项仲裁协议的明确声明,且指出批量合同中载有该仲裁协议的部分。 四、仲裁协议已根据本条第三款订立的,该协议指定的仲裁地,只有满足下列条件,方能对不是批量合同当事人的人具有约束力: （一）该协议指定的仲裁地位于本条第二款第（二）项述及的地点之一; （二）该协议载于运输单证或电子运输记录; （三）仲裁地通知已及时、正确地发给受仲裁协议约束的人;并且 （四）准据法准许该人受该仲裁协议的约束。 五、本条第一款、第二款、第三款和第四款的规定,视为每一仲裁条款或仲裁协议的一部分,此种条款或协议的规定,凡与其不一致的,一概无效。 **第七十六条　非班轮运输中的仲裁协议** 一、非班轮运输的运输合同由于下列原因而适用本公约或本公约规定的,本公约的规定概不影响该运输合同中仲裁协议的可执行性: （一）适用第七条;或 （二）各方当事人自愿在本来不受本公约管辖的运输合同中纳入本公约。 二、虽有本条第一款规定,运输单证或电子运输记录由于适用第七条而适用本公约的,其中的仲裁协议仍受本章的管辖,除非此种运输单证或电子运输记录: （一）载明了因适用第六条而被排除在本公约适用范围之外的租船合同或其他合同的各方当事人和日期;并且 （二）以具体提及方式纳入了租船合同或其他合同中载有仲裁协议规定的条款。 **第七十七条　争议产生后的仲裁协议** 虽有本章和第十四章的规定,争议产生后,争议各方当事人仍可以协议约定在任何地点以仲裁方式解决争议。 **第七十八条　第十五章的适用** 本章的规定只能对根据第九十一条声明其将受本章规定约束的缔约国具有约束力。

附录十　我国《海商法》第四章与《鹿特丹规则》在适用范围上的条文对比

《鹿特丹规则》	《海商法》第四章
第一条　定义 一、"运输合同"是指承运人收取运费,承诺将货物从一地运至另一地的合同。此种合同应对海上运输作出规定,且可以对海上运输以外的其他运输方式作出规定。 ……	**第二条第二款** 本法第四章海上货物运输合同的规定,不适用于中华人民共和国港口之间的海上货物运输。 **第四十一条** 海上货物运输合同,是指承运人收取运费,负责将托运人托运的货物经海路由一港运至另一港的合同。 **第一百零二条第一款** 本法所称多式联运合同,是指多式联运经营人以两种以上的不同运输方式,其中一种是海上运输方式,负责将货物从接收地运至目的地交付收货人,并收取全程运费的合同。
条款比较说明: 《鹿特丹规则》规定的适用范围是国际海上货物运输合同以及包括国际海上货物运输区段的运输合同。 《海商法》第四章的适用范围为港口间的国际海上货物运输合同以及包括国际海上运输方式的多式联运合同。	
第六条　特定除外情形 一、本公约不适用于班轮运输中的下列合同: (一)租船合同;和 (二)使用船舶或其中任何舱位的其他合同。 二、本公约不适用于非班轮运输中的运输合同,但下列情形除外: (一)当事人之间不存在使用船舶或其中任何舱位的租船合同或其他合同;并且 (二)运输单证或电子运输记录已签发。	《海商法》无相关规定。
条款比较说明: 《鹿特丹规则》不调整租船合同、使用船舶或其任何舱位的其他合同当事人之间的关系,但调整根据此种合同所签发的运输单证或电子运输记录当事人之间的关系。《海商法》第四章适用于各种国际海上货物运输合同,包括班轮运输合同、航次租船合同、多式联运合同等。	

(续表)

《鹿特丹规则》	《海商法》第四章
第七条 对某些当事人的适用 虽有第六条的规定,如果收货人、控制方或持有人不是被排除在本公约适用范围之外的租船合同或其他运输合同的原始当事人,本公约仍然在承运人与此等当事人之间适用。但是,如果当事人是根据第六条被排除在外的运输合同的原始当事人,本公约在此等原始当事人之间不适用。	《海商法》无相关规定。

条款比较说明:
《鹿特丹规则》第七条规定了该规则不适用的运输合同,但此种运输合同初始当事人以外的收货人、控制方或者持有人仍可以根据该规则享受权利,并承担行使权利所附随的义务。

《鹿特丹规则》	《海商法》第四章
第二十六条 海上运输之前或之后的运输 如果货物灭失、损坏或造成迟延交付的事件或情形发生在承运人的责任期内,但发生的时间仅在货物装上船舶之前或仅在货物卸离船舶之后,本公约的规定不得优先于另一国际文书的下述条文,在此种灭失、损坏或造成迟延交付的事件或情形发生时: (一)根据该国际文书的规定,如果托运人已就发生货物灭失、损坏或造成货物迟延交付的事件或情形的特定运输阶段与承运人订有单独和直接的合同,本应适用于承运人全部活动或任何活动的条文; (二)就承运人的赔偿责任、赔偿责任限制或时效作了具体规定的条文;和 (三)根据该文书,完全不能通过订立合同加以背离的条文,或不能在损害托运人利益的情况下通过订立合同加以背离的条文。	**第一百零五条** 货物的灭失或者损坏发生于多式联运的某一运输区段的,多式联运经营人的赔偿责任和责任限额,适用调整该区段运输方式的有关法律规定。 **第一百零六条** 货物的灭失或者损坏发生的运输区段不能确定的,多式联运经营人应当依照本章关于承运人赔偿责任和责任限额的规定负赔偿责任。

条款比较说明:
《鹿特丹规则》第二十六条规定被称为"最小网状责任制",意指货物灭失、损坏或者迟延交付的原因发生在非海运区段,当满足三个条件时,适用所发生区段适用的国际文书,但不包括国内法。《鹿特丹规则》没有规定货物灭失、损坏或者迟延交付的原因发生的区段不能确定的情形,但从解释上看,仍应适用该规则。

附录十一 我国《海商法》第四章与《鹿特丹规则》在运输单证制度上的条文对比

《鹿特丹规则》	《海商法》第四章
第一条 定义 …… 十四、"运输单证"是指承运人按运输合同签发的单证,该单证: (一)证明承运人或履约方已按运输合同收到货物;并且 (二)证明或包含一项运输合同。 十五、"可转让运输单证"是指一种运输单证,通过"凭指示"或"可转让"之类的措辞,或通过该单证所适用的法律承认具有同等效力的其他适当措辞,表明货物按照托运人的指示或收货人的指示交付,或已交付给持单人,且未明示注明其为"不可转让"或"不得转让"。 十六、"不可转让运输单证"是指不是可转让运输单证的运输单证。	**第七十一条** 提单,是指用以证明海上货物运输合同和货物已经由承运人接收或者装船,以及承运人保证据以交付货物的单证。提单中载明的向记名人交付货物,或者按照指示人的指示交付货物,或者向提单持有人交付货物的条款,构成承运人据以交付货物的保证。 **第八十条** 承运人签发提单以外的单证用以证明收到待运货物的,此项单证即为订立海上货物运输合同和承运人接收该单证中所列货物的初步证据。 承运人签发的此类单证不得转让。
条款比较说明: 《鹿特丹规则》不区分提单和海运单以及其他运输单证,统一使用"运输单证"的概念,与"电子运输记录"相对应,并且没有统一规定运输单证的交货凭证功能。《海商法》规定任何提单均具有交货凭证的功能。《鹿特丹规则》对"可转让运输单证"进行了定义,《海商法》没有相关规定。	
第三十五条 运输单证或电子运输记录的签发 除非托运人与承运人已约定不使用运输单证或电子运输记录,或不使用运输单证或电子运输记录是行业习惯、惯例或做法,否则,货物一经向承运人或履约方交付运输,托运人,或经托运人同意的单证托运人,有权按照托运人的选择,从承运人处获得: (一)不可转让运输单证,或,符合第八条第(一)项规定的,不可转让电子运输记录;或 (二)适当的可转让运输单证,或,符合第八条第(一)项规定的,可转让电子运输记录,除非托运人与承运人已约定不使用可转让运输单证或可转让电子运输记录,或不使用可转让运输单证或可转让电子运输记录是行业习惯、惯例或做法。	**第七十二条第一款** 货物由承运人接收或者装船后,应托运人的要求,承运人应当签发提单。

(续表)

《鹿特丹规则》	《海商法》第四章
条款比较说明： 《鹿特丹规则》和《海商法》规定托运人获取提单的权利，但《海商法》中的托运人包括FOB价格条件下的货物卖方，而《鹿特丹规则》中的托运人仅限于与承运人订立运输合同的托运人，FOB价格条件下的货物卖方只有当其是单证托运人，并且托运人同意时才能获取提单。《海商法》规定货物由承运人接收或者装船后，托运人即可要求承运人签发提单，但《鹿特丹规则》规定在合同约定或是行业习惯、惯例或者做法的情况下，承运人可以不签发运输单证或者电子运输记录。	
第三十六条 合同事项 一、第三十五条述及的运输单证或电子运输记录中的合同事项应包括由托运人提供的下列信息： （一）适合于运输的货名； （二）识别货物所必需的主标志； （三）货物包数、件数或数量；和 （四）货物重量（如果已由托运人提供）。 二、第三十五条述及的运输单证或电子运输记录中的合同事项还应包括： （一）承运人或履约方收到待运货物时货物表面状况的说明； （二）承运人名称和地址； （三）承运人或履约方收到货物日期、货物装船日期或运输单证或电子运输记录签发日期；和 （四）运输单证可转让，且签发一份以上正本的，可转让运输单证的正本份数。 三、第三十五条述及的运输单证或电子运输记录中的合同事项还应包括： （一）收货人的名称和地址（如果收货人已由托运人指定）； （二）船舶名称（如果已在运输合同中指明）； （三）收货地和交货地（如果承运人已知道交货地）；和 （四）装货港和卸货港（如果已在运输合同中指明）。 四、就本条而言，本条第二款第（一）项中"货物表面状况"一词是指在下述基础上确定的货物状况： （一）货物由托运人交付给承运人或履约方时对所装载货物进行的合理外部检验；和 （二）承运人或履约方在签发运输单证或电子运输记录之前实际进行的任何进一步检验。	**第七十三条第一款** 提单内容，包括下列各项： （一）货物的品名、标志、包数或者件数、重量或者体积，以及运输危险货物时对危险性质的说明； （二）承运人的名称和主营业所； （三）船舶名称； （四）托运人的名称； （五）收货人的名称； （六）装货港和在装货港接收货物的日期； （七）卸货港； （八）多式联运提单增列接收货物地点和交付货物地点； （九）提单的签发日期、地点和份数； （十）运费的支付； （十一）承运人或者其代表的签字。 **第七十五条** 承运人或者代其签发提单的人，知道或者有合理的根据怀疑提单记载的货物的品名、标志、包数或者件数、重量或者体积与实际接收的货物不符，在签发已装船提单的情况下怀疑与已装船的货物不符，或者没有适当的方法核对提单记载的，可以在提单上批注，说明不符之处、怀疑的根据或者说明无法核对。

(续表)

《鹿特丹规则》	《海商法》第四章
条款比较说明： 《鹿特丹规则》强调货名适合于运输时使用，货物标志为识别货物所需的主标志，没有提及货物的体积，没有提及单证签发的地点，规定承运人或履约方在收到货物后有单方检验并批注的权利。	
第三十七条　承运人的识别 一、合同事项中载明承运人名称的，运输单证或电子运输记录中凡是与此不一致的有关承运人身份的其他信息一概无效。 二、合同事项中未按第三十六条第二款第（二）项载明任何人为承运人，但合同事项载明货物已装上指定船舶的，推定该船舶的登记所有人为承运人，除非该登记所有人能够证明运输货物时该船舶处于光船租用之中，且能够指出该光船承租人及其地址，在这种情况下，推定该光船承租人为承运人。或，船舶登记所有人可以通过指出承运人及其地址，推翻将其当作承运人的推定。光船承租人可以按照同样方式推翻将其当作承运人的任何推定。 三、本条规定概不妨碍索赔人证明，承运人是合同事项所载明的人以外的人，或是根据本条第二款所识别的人以外的人。	《海商法》无相关规定。
第三十八条　签名 一、运输单证应由承运人或代其行事的人签名。 二、电子运输记录应包含承运人或代其行事的人的电子签名。凭借此种电子签名，应能够识别与该电子运输记录有关的签名人，且表明承运人对该电子运输记录的授权。	第七十二条 货物由承运人接收或者装船后，应托运人的要求，承运人应当签发提单。 提单可以由承运人授权的人签发。提单由载货船舶的船长签发的，视为代表承运人签发。
条款比较说明： 《鹿特丹规则》与《海商法》都规定单证应由承运人或代其行事的人（授权的人）签发（签名）。《海商法》规定提单由载货船舶的船长签发的，视为代表承运人签发，而《鹿特丹规则》无此种规定。	
第三十九条　合同事项不完备 一、合同事项中缺少第三十六条第一款、第二款或第三款述及的一项或数项内容，或这些内容不准确，本身不影响运输单证或电子运输记录的法律性质或法律效力。 二、合同事项包含日期而未载明其含义的： （一）如果合同事项载明货物已装船，该日期视为运输单证或电子运输记录中载明的全部货物的装船日期；或	第七十三条第二款 提单缺少前款规定的一项或者几项的，不影响提单的性质；但是，提单应当符合本法第七十一条的规定。

(续表)

《鹿特丹规则》	《海商法》第四章
（二）如果合同事项未载明货物已装船,该日期视为承运人或履约方收到货物的日期。 ……	

条款比较说明：
《鹿特丹规则》与《海商法》都规定,单证缺少几项内容不影响其法律性质。合同事项包含的日期未载明含义时,已装船视为全部货物装船日期;未装船视为收货日期。

| 第四十条　对合同事项中货物相关信息作出保留
一、在下列条件下,承运人应对第三十六条第一款中述及的信息作出保留,指出承运人对于托运人所提供信息的准确性不负责任：
（一）承运人实际知道运输单证或电子运输记录中的任何重要声明有虚假或误导内容;或
（二）承运人有合理的理由认为运输单证或电子运输记录中的任何重要声明有虚假或误导内容。
二、在不影响本条第一款的情况下,承运人可以按照本条第三款和第四款规定的情形和方式,对第三十六条第一款中述及的信息作出保留,指出承运人对于托运人所提供信息的准确性不负责任。
三、货物不放在封闭集装箱内或封闭车辆内交付给承运人或履约方运输,或货物放在封闭集装箱内或封闭车辆内交付且承运人或履约方实际检验了货物的,在下述条件下,承运人可以对第三十六条第一款中述及的信息作出保留：
（一）承运人无实际可行或商业上合理的方式核对托运人提供的信息,在这种情况下,承运人可以注明其无法核对的信息;或
（二）承运人有合理的理由认为托运人所提供的信息不准确,在这种情况下,承运人可以列入一个条款,提供其合理认为准确的信息。
四、货物放在封闭集装箱内或封闭车辆内交付给承运人或履约方运输的,承运人可以就下列条款中述及的信息作出保留：
（一）第三十六条第一款第（一）项、第（二）项或第（三）项,条件是：
1．集装箱内或车辆内货物未经过承运人或履约方实际检验;并且
2．无论承运人还是履约方均未在签发运输单证或电子运输记录之前以其他方式实际知道集装箱内或车辆内货物的情况;和
（二）第三十六条第一款第（四）项,条件是： | 第七十五条
承运人或者代其签发提单的人,知道或者有合理的根据怀疑提单记载的货物的品名、标志、包数或者件数、重量或者体积与实际接收的货物不符,在签发已装船提单的情况下怀疑与已装船的货物不符,或者没有适当的方法核对提单记载的,可以在提单上批注,说明不符之处、怀疑的根据或者说明无法核对。 |

(续表)

《鹿特丹规则》	《海商法》第四章
1. 无论承运人还是履约方均未对集装箱或车辆称重,且托运人和承运人均未在装运货物之前约定对集装箱或车辆称重并将其重量记载在合同事项中;或 2. 无实际可行或商业上合理的方式核对集装箱或车辆重量。	

条款比较说明:
针对不同的合同事项,《鹿特丹规则》分集装箱运输和非集装箱运输两种情况,对合同事项中货物相关信息作出保留(批注)作了具体的规定。《海商法》没有作此种区分。

《鹿特丹规则》	《海商法》第四章
第四十一条 合同事项的证据效力 除合同事项已按照第四十条规定的情形和方式作了保留外: (一) 运输单证或电子运输记录是承运人收到合同事项中所记载货物的初步证据; (二) 在下列情况下,承运人就任何合同事项提出的相反证据不予接受: 1. 此种合同事项载于已转让给善意行事第三方的可转让运输单证或可转让电子运输记录;或 2. 此种合同事项载于载明必须交单提货,且已转让给善意行事收货人的不可转让运输单证。 (三) 承运人提出的针对善意行事收货人的相反证据,在该收货人依赖载于不可转让运输单证或不可转让电子运输记录中的下述任何合同事项时,不予接受: 1. 第三十六条第一款中述及的合同事项,此种合同事项由承运人提供; 2. 集装箱的号码、型号和识别号,而非集装箱封条的识别号;和 3. 第三十六条第二款中述及的合同事项。	**第七十七条** 除依照本法第七十五条的规定作出保留外,承运人或者代其签发提单的人签发的提单,是承运人已经按照提单所载状况收到货物或者货物已经装船的初步证据;承运人向善意受让提单的包括收货人在内的第三人提出的与提单所载状况不同的证据,不予承认。

条款比较说明:
《鹿特丹规则》按照运输单证或电子运输记录可否转让、是否载明应交单提货,以及第三者是否知情和依赖运输单证或电子运输及记录的记载,规定合同事项的最终证据效力。无须交单提货的不可转让运输单证或电子运输记录,原则上不适用关于最终证据的规定。
《海商法》不区分提单可否转让,规定已转让(或转移)给善意第三方(包括收货人)的提单(包括不可转让的提单)上载明的合同事项应作为最终证据。

《鹿特丹规则》	《海商法》第四章
第四十二条 "预付运费" 合同事项载有"预付运费"的说明或者类似性质的说明的,承运人不能向持有人或者收货人主张运费尚未支付的事实。持有人或者收货人也是托运人的,本条不适用。	《海商法》无相关规定。

附录十二 我国《海商法》第四章与《鹿特丹规则》在承运人制度上的条文对比

《鹿特丹规则》	《海商法》第四章
第一条 定义 …… 五、"承运人"是指与托运人订立运输合同的人。 ……	**第四十二条** 本章下列用语的含义： （一）"承运人"是指本人或者委托他人以本人名义与托运人订立海上货物运输合同的人。 ……
第十一条 货物的运输和交付 承运人应根据本公约，按照运输合同的条款将货物运至目的地并交给收货人。	《海商法》无相关规定。
第十二条 承运人的责任期 一、承运人根据本公约对货物的责任期，自承运人或履约方为运输而接收货物时开始，至货物交付时终止。 二、（一）收货地的法律或条例要求将货物交给某当局或其他第三方，承运人可以从该当局或该其他第三方提取货物的，承运人的责任期自承运人从该当局或从该其他第三方提取货物时开始。 （二）交货地的法律或条例要求将货物交给某当局或其他第三方，收货人可以从该当局或该其他第三方提取货物的，承运人的责任期至承运人将货物交给该当局或该其他第三方时终止。 三、为确定承运人的责任期，各当事人可以约定接收和交付货物的时间和地点，但运输合同条款作下述规定的即为无效： （一）接收货物的时间是在根据运输合同开始最初装货之后；或 （二）交付货物的时间是在根据运输合同完成最后卸货之前。	**第四十六条** 承运人对集装箱装运的货物的责任期间，是指从装货港接收货物时起至卸货港交付货物时止，货物处于承运人掌管之下的全部期间。承运人对非集装箱装运的货物的责任期间，是指从货物装上船时起至卸下船时止，货物处于承运人掌管之下的全部期间。在承运人的责任期间，货物发生灭失或者损坏，除本节另有规定外，承运人应当负赔偿责任。 前款规定，不影响承运人就非集装箱装运的货物，在装船前和卸船后所承担的责任，达成任何协议。 **第一百零三条** 多式联运经营人对多式联运货物的责任期间，自接收货物时起至交付货物时止。

条款比较说明：

《鹿特丹规则》规定的承运人责任期间为承运人或者履约方为运输而接收货物时开始至货物交付时终止，即"收货至交货"，不限于"港口至港口"运输，也适用于"门到门"运输。

《海商法》区分集装箱货物和非集装箱货物。集装箱货物的责任期间为从装货港接收货物时起至卸货港交付货物时止，货物处于承运人掌管之下的全部期间，即"港口至港口"；非集装箱货物的责任期间从货物装上船时起至卸下船时止，货物处于承运人掌管之下的全部期间，即"装船至卸船"，但允许承运人就货物在装船前和卸船后所承担的责任达成任何协议；多式联运货物的责任期间自接收货物时起至交付货物时止。

(续表)

《鹿特丹规则》	《海商法》第四章
第十三条　特定义务 在第十二条规定的责任期内,除须遵循第二十六条的规定外,承运人应妥善而谨慎地接收、装载、操作、积载、运输、保管、照料、卸载并交付货物。 在不影响第四章其他规定以及第五章至第七章规定的情况下,承运人与托运人可以约定由托运人、单证托运人或者收货人装载、操作、积载或者卸载货物。此种约定应当在合同事项中提及。	**第四十八条** 承运人应当妥善地、谨慎地装载、搬移、积载、运输、保管、照料和卸载所运货物。
条款比较说明: 《鹿特丹规则》规定的管货义务比《海商法》的规定增加了接收和交付货物两个环节。《鹿特丹规则》规定承运人与托运人可以约定由托运人、单证托运人或者收货人装载、操作、积载或者卸载货物;《海商法》没有规定,但可以从第五十一条第一款第(八)项"托运人、货物所有人或者他们的代理人的行为"中得出相同的解释。	
第十四条　适用于海上航程的特定义务 承运人必须在开航前、开航当时和海上航程中恪尽职守: (一) 使船舶处于且保持适航状态; (二) 妥善配备船员、装备船舶和补给供应品,且在整个航程中保持此种配备、装备和补给;并且 (三) 使货舱、船舶所有其他载货处所和由承运人提供的载货集装箱适于且能安全接收、运输和保管货物,且保持此种状态。	**第四十七条** 承运人在船舶开航前和开航当时,应当谨慎处理,使船舶处于适航状态,妥善配备船员、装备船舶和配备供应品,并使货舱、冷藏舱、冷气舱和其他载货处所适于并能安全收受、载运和保管货物。
条款比较说明: 《鹿特丹规则》和《海商法》都规定船舶开航前和开航当时承运人应恪尽职守(谨慎处理)使船舶适航。但《鹿特丹规则》要求承运人在航程中恪尽职守保持船舶适航,并在第(三)项中增加了"由承运人提供的载货集装箱"适货的要求。	
第三十二条　危险货物特别规则 当货物因本身性质或特性而已对人身、财产或环境形成危险,或适度显现有可能形成此种危险时: (一) 托运人应在货物交付给承运人或履约方之前,及时将货物的危险性质或特性通知承运人。托运人未履行此项义务,且承运人或履约方无法以其他方式知道货物危险性质或特性的,托运人应就未发通知所导致的灭失或损坏向承运人负赔偿责任;	**第六十八条** 托运人托运危险货物,应当依照有关海上危险货物运输的规定,妥善包装,作出危险品标志和标签,并将其正式名称和性质以及应当采取的预防危害措施书面通知承运人;托运人未通知或者通知有误的,承运人可以在任何时间、任何地点根据情况需要将货物卸下、销毁或者使之不能为害,而不负赔偿责任。托运人对承运人因运输此类货物所受到的损害,应当负赔偿责任。

(续表)

《鹿特丹规则》	《海商法》第四章
（二）托运人应根据货物预定运输任何阶段所适用的公共当局的法律、条例或其他要求，对危险货物加标志或标签。托运人未履行此项义务的，托运人应就由此导致的灭失或损坏向承运人负赔偿责任。 **第十五条　可能形成危险的货物** 虽有第十一条和第十三条规定，如果在承运人责任期内货物可能或有理由认为似乎可能对人身、财产或环境形成实际危险，承运人或履约方可以拒绝接收或装载货物，且可以采取包括将货物卸下、销毁或使之不能致害等其他合理措施。	承运人知道危险货物的性质并已同意装运的，仍然可以在该项货物对于船舶、人员或者其他货物构成实际危险时，将货物卸下、销毁或者使之不能为害，而不负赔偿责任。但是，本款规定不影响共同海损的分摊。

条款比较说明：

两者都规定了托运人对危险品货物进行包装、加标志和标签，将品名和性质通知承运人的义务，以及不履行该义务而应承担的严格赔偿责任。但是，两者对危险货物处理的规定不同。《海商法》规定对于托运人擅自装运的危险品，承运人可以在任何时间、任何地点根据情况需要将货物卸下、销毁或者使之不能为害；承运人知道危险货物的性质并已同意装运时，只能在货物对于船舶、人员或者其他货物构成实际危险时，才能卸下、销毁或者使之不能为害。《鹿特丹规则》对可能形成危险的货物，笼统地规定承运人或履约方可以拒绝接收或装载货物，且可以采取包括将货物卸下、销毁或使之不能致害等其他合理措施。

第八十一条　活动物和某些其他货物的特别规则 虽有第七十九条的规定，在不影响第八十条的情况下，运输合同可以排除或限制承运人和海运履约方的义务或赔偿责任，条件是： （一）货物是活动物，但如果索赔人证明，货物灭失、损坏或迟延交付，是由于承运人或第十八条述及的人故意造成此种货物灭失、损坏或此种迟延损失的作为或不作为所导致的，或是明知可能产生此种灭失、损坏或此种迟延损失而轻率地作为或不作为所导致的，则任何此种排除或限制均属无效；或 （二）货物的性质或状况，或进行运输的情况和条件，使得有合理的理由达成一项特别协议，但此种运输合同不能涉及正常贸易过程中所进行的正常商业货运，且此种货物运输未签发可转让运输单证或可转让电子运输记录。	第五十二条 因运输活动物的固有的特殊风险造成活动物灭失或者损害的，承运人不负赔偿责任。但是，承运人应当证明业已履行托运人关于运输活动物的特别要求，并证明根据实际情况，灭失或者损害是由于此种固有的特殊风险造成的。

(续表)

《鹿特丹规则》	《海商法》第四章
条款比较说明： 《鹿特丹规则》对活动物和特殊运输的货物，允许合同约定排除或限制承运人和海运履约方的义务或赔偿责任，而不强制适用，但活动物的灭失、损害或迟延交付是由于承运人或其应当负责的人的故意造成时除外。 《海商法》对于活动物的灭失或者损害，赋予承运人活动物固有的特殊风险免责，但承运人应证明已履行特别要求且灭失或损害是由于活动物固有的特殊风险造成。《海商法》未规定特殊运输的货物。	
第十七条　赔偿责任基础 一、如果索赔人证明，货物灭失、损坏或迟延交付，或造成、促成了灭失、损坏或迟延交付的事件或情形是在第四章规定的承运人责任期内发生的，承运人应对货物灭失、损坏和迟延交付负赔偿责任。 二、如果承运人证明，灭失、损坏或迟延交付的原因或原因之一不能归责于承运人本人的过失或第十八条述及的任何人的过失，可免除承运人根据本条第一款所负的全部或部分赔偿责任。 三、除证明不存在本条第二款所述的过失之外，如果承运人证明下列一种或数种事件或情形造成、促成了灭失、损坏或迟延交付，也可免除承运人根据本条第一款规定所负的全部或部分赔偿责任： （一）天灾； （二）海上或其他通航水域的风险、危险和事故； （三）战争、敌对行动、武装冲突、海盗、恐怖活动、暴乱和内乱； （四）检疫限制；政府、公共当局、统治者或民众的干涉或造成的障碍，包括非由承运人或第十八条述及的任何人所造成的滞留、扣留或扣押； （五）罢工、关厂、停工或劳动受限； （六）船上发生火灾； （七）虽恪尽职守仍无法发现的潜在缺陷； （八）托运人、单证托运人、控制方或根据三十三条或第三十四条托运人或单证托运人对其作为承担责任的其他任何人的作为或不作为； （九）按照第十三条第二款所述及的约定进行的货物装载、操作、积载或卸载，除非承运人或履约方代表托运人、单证托运人或收货人实施此项活动；	**第五十一条** 在责任期间货物发生的灭失或者损坏是由于下列原因之一造成的，承运人不负赔偿责任： （一）船长、船员、引航员或者承运人的其他受雇人在驾驶船舶或者管理船舶中的过失； （二）火灾，但是由于承运人本人的过失所造成的除外； （三）天灾，海上或者其他可航水域的危险或者意外事故； （四）战争或者武装冲突； （五）政府或者主管部门的行为、检疫限制或者司法扣押； （六）罢工、停工或者劳动受到限制； （七）在海上救助或者企图救助人命或者财产； （八）托运人、货物所有人或者他们的代理人的行为； （九）货物的自然特性或者固有缺陷； （十）货物包装不良或者标志欠缺、不清； （十一）经谨慎处理仍未发现的船舶潜在缺陷； （十二）非由于承运人或者承运人的受雇人、代理人的过失造成的其他原因。 承运人依照前款规定免除赔偿责任的，除第（二）项规定的原因外，应当负举证责任。 **第五十四条** 货物的灭失、损坏或者迟延交付是由于承运人或者承运人的受雇人、代理人的不能免除赔偿责任的原因和其他原因共同造成的，承运人仅在其不能免除赔偿责

(续表)

《鹿特丹规则》	《海商法》第四章
（十）由于货物固有缺陷、品质或瑕疵而造成的数量或重量损耗或其他任何灭失或损坏； （十一）非由承运人或代其行事的人所做包装不良或标志欠缺、不清； （十二）海上救助或试图救助人命； （十三）海上救助或试图救助财产的合理措施； （十四）避免或试图避免对环境造成危害的合理措施；或 （十五）承运人根据第十五条和第十六条所赋权利的作为。 四、虽有本条第三款规定，有下列情形之一的，承运人仍应对灭失、损坏或迟延交付的全部或部分负赔偿责任： （一）索赔人证明，承运人或第十八条述及的人的过失造成、促成了承运人所依据的事件或情形；或 （二）索赔人证明，本条第三款所列事件或情形以外的事件或情形促成了灭失、损坏或迟延交付，且承运人无法证明，该事件或情形既不能归责于其本人的过失，也不能归责于第十八条述及的任何人的过失。 五、虽有本条第三款规定，在下列情况下，承运人还应对灭失、损坏或迟延交付的全部或部分负赔偿责任： （一）索赔人证明，造成或可能造成或促成灭失、损坏或迟延交付的原因是：1. 船舶不适航；2. 配备船员、装备船舶和补给供应品不当；或 3. 货舱、船舶其他载货处所或由承运人提供的载货集装箱不适于且不能安全接收、运输和保管货物；并且 （二）承运人无法证明：1. 本条第五款第（一）项述及的任何事件或情形未造成灭失、损坏或迟延交付；或 2. 承运人已遵守第十四条规定的恪尽职守的义务。 六、承运人根据本条规定被免除部分赔偿责任的，承运人仅对根据本条应由其负赔偿责任的事件或情形所造成的那部分灭失、损坏或迟延交付负赔偿责任。	任的范围内负赔偿责任；但是，承运人对其他原因造成的灭失、损坏或者迟延交付应当负举证责任。

条款比较说明：
《鹿特丹规则》第十七条既规定了承运人的责任与免责事项，又具体规定了货物索赔的举证责任。

(续表)

《鹿特丹规则》	《海商法》第四章
与《海商法》第五十一条规定的承运人免责事项相比,《鹿特丹规则》规定的承运人免责事项发生了以下变化:废除了航海过失和火灾过失免责;增加了免责事项,即海盗、避免或者试图避免对环境造成损害的合理措施、承运人根据可能形成危险的货物和海上航程期间牺牲货物的条款所赋权利的作为;要求救助或试图救助海上财产措施是合理的。 对船货双方的举证责任分担作了分层次的详细规定,在举证的顺序和内容上构建了"三个推定"的立法框架。具体而言:第一,如果货方证明货物的灭失、损坏或迟延交付,或者其原因发生于承运人的责任期间之内,即推定承运人有过失,承运人要免除赔偿责任,必须证明其本人以及第十九条述及的人没有过错;第二,如果承运人证明货物的灭失、损坏或迟延交付由第十七条列明的十五项免责事项中的一项或者几项所致,则推定其无过失,如果索赔方不能反证出承运人本人以及第十八条述及的人有过失,承运人便不负赔偿责任;第三,如果货方证明货物灭失、损坏或迟延交付是或者可能是船舶不适航所致,即推定承运人有过失,承运人要免除赔偿责任,必须证明货物灭失、损坏或迟延交付不是由于船舶不适航所致,或者已经做到谨慎处理使船舶适航。 《海商法》仅规定承运人欲免责时,应证明货物灭失或损坏是由于一项或几项免责事项所致,但如承运人证明灭失或损坏是由于火灾所致,则索赔人应证明承运人本人对于火灾的发生有过错。当货物灭失、损坏或迟延交付是由于承运人可免责的原因和不能免责的原因共同造成时,承运人应证明其可免责的原因所造成的货物灭失、损坏或迟延交付。	
第十八条 承运人为其他人负赔偿责任 如果下列人的作为或不作为违反本公约对承运人规定的义务,承运人应负赔偿责任: (一)任何履约方; (二)船长或船员; (三)承运人的受雇人或履约方的受雇人;或 (四)履行或承诺履行运输合同规定的承运人义务的其他任何人,以该人按照承运人的要求,或在承运人的监督或控制下直接或间接作为为限。	**第五十四条** 货物的灭失、损坏或者迟延交付是由于承运人或者承运人的受雇人、代理人的不能免除赔偿责任的原因和其他原因共同造成的,承运人仅在其不能免除赔偿责任的范围内负赔偿责任;但是,承运人对其他原因造成的灭失、损坏或者迟延交付应当负举证责任。 **第六十条** 承运人将货物运输或者部分运输委托给实际承运人履行的,承运人仍然应当依照本章规定对全部运输负责。对实际承运人承担的运输,承运人应当对实际承运人的行为或者实际承运人的受雇人、代理人在受雇或者受委托的范围内的行为负责。 虽有前款规定,在海上运输合同中明确约定合同所包括的特定的部分运输由承运人以外的指定的实际承运人履行的,合同可以同时约定,货物在指定的实际承运人掌管期间发生的灭失、损坏或者迟延交付,承运人不负赔偿责任。
条款比较说明: 《鹿特丹规则》在第十八条一个条文中规定承运人对他人的转承责任。《海商法》没有专条	

(续表)

《鹿特丹规则》	《海商法》第四章
规定,但第五十四条和第六十条第一款的规定表明:承运人需对其受雇人、代理人,以及实际承运人及其受雇人、代理人的行为承担责任。但是,承运人对其受雇人、代理人或者实际承运人的受雇人、代理人的航海过失或火灾过失免责。并且,对实际承运人的受雇人、代理人的行为的责任,符合第六十条第二款规定的情形除外。	
第一条 定义 …… 六、(一)"履约方"是指承运人以外的,履行或承诺履行承运人在运输合同下有关货物接收、装载、操作、积载、运输、照料、卸载或交付的任何义务的人,以该人直接或间接在承运人的要求、监督或控制下行事为限。 (二)"履约方"不包括不由承运人而由托运人、单证托运人、控制方或收货人直接或间接委托的任何人。 七"海运履约方"是指在货物到达船舶装货港至货物离开船舶卸货港期间履行或者承诺履行承运人任何义务的履约方。内陆承运人仅在其履行或者承诺履行的服务完全在港口区域内时方为海运履约方。 ……	**第四十二条** …… (二)"实际承运人",是指接受承运人委托,从事货物运输或者部分运输的人,包括接受转委托从事此项运输的其他人。 ……
条款比较说明: 《鹿特丹规则》新创了"履约方"和"海运履约方"的概念。与《海商法》中"实际承运人"概念相比,"履约方"不限于接受承运人委托或接受转委托的人,也不限于从事运输行为的人,只要是受承运人要求、监督或控制,履行或承诺履行承运人在运输合同下有关货物接收、装载、操作、积载、运输、照料、卸载或交付的任何义务的人都是履约方。"海运履约方"是货物到达装货港至离开卸货港范围内的"履约方"。据此,在港口区域内履行或承诺履行承运人义务的人也包括在"履约方"和"海运履约方"的概念中。	
第十九条 海运履约方的赔偿责任 一、符合下列条件的,海运履约方必须承担本公约对承运人规定的义务和赔偿责任,且有权享有本公约对承运人规定的抗辩和赔偿责任限制: (一)海运履约方在一缔约国为运输而接收了货物或在一缔约国交付了货物,或在一缔约国某一港口履行了与货物有关的各种活动;并且 (二)造成灭失、损坏或迟延交付的事件发生在: 1. 货物到达船舶装货港至货物离开船舶卸货港的期间内;以及 2. 货物在海运履约方掌管期间;或者 3. 海运履约方参与履行运输合同所载列的任何活动的其他任何时间内。	**第六十一条** 本章对承运人责任的规定,适用于实际承运人。对实际承运人的受雇人、代理人提起诉讼的,适用本法第五十八条第二款和第五十九条第二款的规定。 **第六十二条** 承运人承担本章未规定的义务或者放弃本章赋予的权利的任何特别协议,经实际承运人书面明确同意的,对实际承运人发生效力;实际承运人是否同意,不影响此项特别协议对承运人的效力。

(续表)

《鹿特丹规则》	《海商法》第四章
二、承运人约定在本公约对其规定的义务范围之外承担义务的,或约定其赔偿责任限额高于本公约所规定的限额的,海运履约方不受该约定的约束,除非海运履约方明示约定接受该义务或该更高限额。 三、符合本条第一款所列条件的,对于受海运履约方委托履行运输合同约定的承运人义务的人违反本公约对海运履约方规定的义务的作为或不作为,海运履约方负赔偿责任。 四、本公约规定概不要求船长或船员、承运人的受雇人或海运履约方的受雇人负赔偿责任。 **第四条 抗辩和赔偿责任限制的适用** 一、本公约的规定,凡可为承运人提供抗辩或限制其赔偿责任的,适用于以合同、侵权行为或其他理由为依据就运输合同所涉货物的灭失、损坏或迟延交付或就违反本公约规定的其他任何义务对下列人提起的任何司法程序或仲裁程序: (一)承运人或海运履约方; (二)船长、船员或在船上履行服务的其他任何人;或 (三)承运人或海运履约方的受雇人。 二、本公约的规定,凡可为托运人或单证托运人提供抗辩的,适用于以合同、侵权行为或其他理由为依据对托运人、单证托运人或其分合同人、代理人或受雇人提起的任何司法程序或仲裁程序。	

条款比较说明:

《鹿特丹规则》规定海运履约方必须承担该规则对承运人规定的义务和赔偿责任,且享有该规则对承运人规定的抗辩和赔偿责任限制,条件是:

(1)海运履约方在一缔约国为运输而接收了货物或在一缔约国交付了货物,或在一缔约国某一港口履行了与货物有关的各种活动。

(2)造成灭失、损坏或迟延交付的事件发生在:货物到达船舶装货港至货物离开船舶卸货港的期间内,以及货物在海运履约方掌管期间;或者,海运履约方参与履行运输合同所载列的任何活动的其他任何时间内。

换言之,当造成灭失、损坏或迟延交付的事件发生在货物在海运履约方掌管期间,或者其参与履行运输合同期间时,海运履约方需承担承运人的义务和赔偿责任,并享有承运人的抗辩和赔偿责任限制。

《海商法》第六十一条仅规定,"本章对承运人责任的规定,适用于实际承运人",没有明确"承运人责任"的内涵,也没有明确实际承运人承担责任的条件。

(续表)

《鹿特丹规则》	《海商法》第四章
第二十条　连带赔偿责任 一、对于货物灭失、损坏或迟延交付，承运人和一个或数个海运履约方均负有赔偿责任的，其赔偿责任为连带责任，但仅限于本公约所规定的限额。 二、在不影响第六十一条的情况下，上述所有人的累计赔偿责任不得超过本公约所规定的赔偿责任总限额。	**第六十三条** 承运人与实际承运人都负有赔偿责任的，应当在此项责任范围内负连带责任。 **第六十四条** 就货物的灭失或者损坏分别向承运人、实际承运人以及他们的受雇人、代理人提出赔偿请求的，赔偿总额不超过本法第五十六条规定的限额。

条款比较说明：
《鹿特丹规则》的规定和《海商法》的规定实质含义相同。

《鹿特丹规则》	《海商法》第四章
第二十一条　迟延 未在约定时间内在运输合同约定的目的地交付货物，为迟延交付。	**第五十条** 货物未能在明确约定的时间内，在约定的卸货港交付的，为迟延交付。 除依照本章规定承运人不负赔偿责任的情形外，由于承运人的过失，致使货物因迟延交付而灭失或者损坏的，承运人应当负赔偿责任。 除依照本章规定承运人不负赔偿责任的情形外，由于承运人的过失，致使货物因迟延交付而遭受经济损失的，即使货物没有灭失或者损坏，承运人仍然应当负赔偿责任。 承运人未能在本条第一款规定的时间届满六十日内交付货物，有权对货物灭失提出赔偿请求的人可以认为货物已经灭失。

条款比较说明：
两者关于迟延交付的含义基本一致，都以未在约定时间内交付货物为条件，但《鹿特丹规则》删除了"明确"一词，因而交货时间的约定可以是默认的。
《海商法》规定了承运人对迟延交付造成的货物灭失、损坏或纯经济损失的赔偿责任；《鹿特丹规则》没有此种规定，但可以根据第十七条"赔偿责任基础"确定。
《海商法》规定了货物推定灭失；《鹿特丹规则》没有此种规定，不利于对收货人利益的保护。

《鹿特丹规则》	《海商法》第四章
第二十二条　赔偿额的计算 一、除须遵循第五十九条的规定外，承运人对货物灭失或损坏应支付的赔偿额，参照货物在根据第四十三条确定的交货地和交货时间的价值计算。	**第五十五条** 货物灭失的赔偿额，按照货物的实际价值计算；货物损坏的赔偿额，按照货物受损前后实际价值的差额或者货物的修复费用计算。

(续表)

《鹿特丹规则》	《海商法》第四章
二、货物的价值根据商品交易价格确定,无此种价格的,根据其市场价格确定,既无商品交易价格又无市场价格的,参照交货地同种类和同品质货物的通常价值确定。	货物的实际价值,按照货物装船时的价值加保险费加运费计算。 前款规定的货物实际价值,赔偿时应当减去因货物灭失或者损坏而少付或者免付的有关费用。

条款比较说明:

《鹿特丹规则》规定赔偿额根据交货地和交货时间的价值计算,确定该价值的顺序是:商品交易价格、市场价格、交货地同种类和同品质货物的通常价值。索赔方可以索赔因货物灭失或损坏所遭受的期得利益损失,但市场价格下跌的损失由索赔方自己承担。《海商法》规定索赔方只能按照货物的 CIF 价格进行索赔,索赔方不能索赔期得利益损失,但货物在交货地的市场价格下跌的损失仍由承运人承担。《鹿特丹规则》的规定更加合理,但《海商法》的规定更具有可操作性。

| 第二十三条 发生灭失、损坏或迟延时的通知
一、除非已在交货前或交货时,或在灭失或损坏不明显的情况下,在交货后交货地的七个工作日内向承运人或向实际交付货物的履约方提交了表明此种灭失或损坏一般性质的货物灭失或损坏通知,否则,在无相反证据的情况下,推定承运人已按照合同事项中有关货物的记载交付了货物。
二、未向承运人或履约方提交本条述及的通知,不得影响根据本公约对货物灭失或损坏索赔的权利,也不得影响第十七条所规定的举证责任分担。
三、被交付货物的人与承运人或与当时要求承担赔偿责任的海运履约方对货物进行了联合检验的,无须就联合检验所查明的灭失或损坏提交本条述及的通知。
四、除非在交货后二十一个连续日内向承运人提交了迟延造成损失的通知,否则无须就迟延支付任何赔偿金。
五、向实际交付货物的履约方提交本条述及的通知,与向承运人提交该通知具有同等效力;向承运人提交通知,与向海运履约方提交通知具有同等效力。
六、对于任何实际发生的或预想发生的灭失或损坏,争议各方当事人应为检验和清点货物相互提供一切合理便利,且应为查询有关货物运输的记录和单证提供机会。 | 第八十一条
承运人向收货人交付货物时,收货人未将货物灭失或者损坏的情况书面通知承运人的,此项交付视为承运人已经按照运输单证的记载交付以及货物状况良好的初步证据。
货物灭失或者损坏的情况非显而易见的,在货物交付的次日起连续七日内,集装箱货物交付的次日起连续十五日内,收货人未提交书面通知的,适用前款规定。
货物交付时,收货人已经会同承运人对货物进行联合检查或者检验的,无需就所查明的灭失或者损坏的情况提交书面通知。
第八十二条
承运人自向收货人交付货物的次日起连续六十日内,未收到收货人就货物因迟延交付造成经济损失而提交的书面通知的,不负赔偿责任。
第八十四条
承运人和收货人对本法第八十一条和第八十三条规定的检验,应当相互提供合理的便利条件。
第八十五条
货物由实际承运人交付的,收货人依照本法第八十一条的规定向实际承运人提交的书面通知,与向承运人提交书面通知具有同等效力;向承运人提交的书面通知,与向实际承运人提交书面通知具有同等效力。 |

附录 《海商法》《海牙—维斯比规则》《汉堡规则》和《鹿特丹规则》比较表　　549

（续表）

《鹿特丹规则》	《海商法》第四章
条款比较说明： 两者关于发生灭失、损坏或迟延交货通知的规定基本一致，但通知期限有以下不同： 《鹿特丹规则》规定任何货物的灭失或者损坏不明显时，需在七个工作日内提交通知；《海商法》规定货物灭失或者损坏不明显时，非集装箱货物需在连续七日内、集装箱货物需在连续十五日内提交通知。 《鹿特丹规则》规定如果在交货后二十一个连续日内未向承运人提交迟延造成损失的通知，承运人不承担责任；《海商法》规定的时间为连续六十日。	
第二十五条　船舶上的舱面货 一、在船舶舱面上载运货物，只能限于下列情形： （一）根据法律的要求进行此种运输； （二）货物载于适合舱面运输的集装箱内或车辆内，而舱面专门适于载运此类集装箱或车辆；或 （三）舱面运输符合运输合同或相关行业的习惯、惯例或做法。 二、本公约有关承运人赔偿责任的规定，适用于根据本条第一款在舱面上载运的货物的灭失、损坏或迟延交付，但根据本条第一款第（一）项或第（三）项载运货物的，对于舱面载运货物涉及的特殊风险所造成的货物灭失、损坏或迟延交付，承运人不负赔偿责任。 三、在舱面上载运货物，不是本条第一款所准许的情形的，对于完全由于舱面载运货物所造成的货物灭失、损坏或迟延交付，承运人负赔偿责任，且无权享有第十七条规定的抗辩。 四、第三方已善意取得可转让运输单证或可转让电子运输记录的，承运人无权对其援用本条第一款第（三）项的规定，除非合同事项载明可以在舱面上载运货物。 五、承运人与托运人明确约定货物将载于舱内的，如果货物载于舱面造成任何灭失、损坏或迟延交付，对于此种灭失、损坏或迟延交付，承运人无权享有限制赔偿责任的利益。	**第五十三条** 承运人在舱面上装载货物，应当同托运人达成协议，或者符合航运惯例，或者符合有关法律、行政法规的规定。 承运人依照前款规定将货物装载在舱面上，对由于此种装载的特殊风险造成的货物灭失或者损坏，不负赔偿责任。 承运人违反本条第一款规定将货物装载在舱面上，致使货物遭受灭失或者损坏的，应当负赔偿责任。
条款比较说明： 两者关于舱面货的规定基本一致，但《鹿特丹规则》以下几点优于《海商法》的规定： （1）非集装箱船舶的舱面专门适合于装运集装箱或车辆时，集装箱或车辆可以载于船舶的舱面，但承运人不得援引舱面货特殊风险责任； （2）装于舱面的集装箱内或车辆内货物发生灭失、损坏或迟延交付，承运人不得援引舱面货特殊风险免责； （3）承运人无权而在舱面上载运货物，对于完全由于舱面载运货物所造成的货物灭失、损坏或迟延交付，承运人负赔偿责任；	

(续表)

《鹿特丹规则》	《海商法》第四章
（4）符合运输合同或相关行业的习惯、惯例或做法而在舱面运输时，必须在可转让运输单证或可转让电子运输记录上记载，否则承运人不得对抗善意第三方； （5）承运人与托运人明确约定货物将载于舱内，货物因载于舱面而造成的任何灭失、损坏或迟延交付，承运人无权限制赔偿责任。	
第五十九条 赔偿责任限额 一、除须遵循第六十条以及第六十一条第一款的规定外，承运人对于违反本公约对其规定的义务所负赔偿责任的限额，按照索赔或争议所涉货物的件数或其他货运单位计算，每件或每个其他货运单位875个计算单位，或按照索赔或争议所涉货物的毛重计算，每公斤3个计算单位，以两者中较高限额为准，但货物价值已由托运人申报且在合同事项中载明的，或承运人与托运人已另行约定高于本条所规定的赔偿责任限额的，不在此列。 二、货物载于集装箱、货盘或拼装货物的类似装运器具内，或载于车辆内运输的，合同事项中载列的载于此种装运器具内或车辆内的货物件数或货运单位数，视为货物件数或货运单位数。未载列的，载于此种装运器具内或车辆内的货物视为一个货运单位。 …… **第六十条 迟延造成损失的赔偿责任限额** 除须遵循第六十一条第二款的规定外，对迟延造成货物灭失或损坏的赔偿额，应按照第二十二条计算，对迟延造成经济损失的赔偿责任限额，是相当于迟交货物应付运费两倍半的数额。根据本条以及第五十九条第一款确定的赔付总额，不得超过所涉货物全损时根据第五十九条第一款确定的限额。	**第五十六条** 承运人对货物的灭失或者损坏的赔偿限额，按照货物件数或者其他货运单位数计算，每件或者每个其他货运单位为666.67计算单位，或者按照货物毛重计算，每公斤为2计算单位，以二者中赔偿限额较高的为准。但是，托运人在货物装运前已经申报其性质和价值，并在提单中载明的，或者承运人与托运人已经另行约定高于本条规定的赔偿限额的除外。 货物用集装箱、货盘或者类似装运器具集装的，提单中载明装在此类装运器具中的货物件数或者其他货运单位数，视为前款所指的货物件数或者其他货运单位数；未载明的，每一装运器具视为一件或者一个单位。 装运器具不属于承运人所有或者非由承运人提供的，装运器具本身应当视为一件或者一个单位。 **第五十七条** 承运人对货物因迟延交付造成经济损失的赔偿限额，为所迟延交付的货物的运费数额。货物的灭失或者损坏和迟延交付同时发生的，承运人的赔偿责任限额适用本法第五十六条第一款规定的限额。
条款比较说明： 两者主要存在以下不同： （1）承运人对货物灭失或损坏的赔偿责任限额，《鹿特丹规则》的规定是每件或者每一其他货运单位875特别提款权的限额，比《海商法》规定的666.67特别提款权提高了31%；货物毛重每公斤3特别提款权，比《海商法》规定的2特别提款权提高了50%。 （2）《鹿特丹规则》第五十九条第一款规定的承运人赔偿责任限额，既适用于承运人对货物灭失或损坏的赔偿责任，也适用于承运人对于违反该规则其规定的义务所负的其他赔偿责任。 （3）承运人对货物迟延交付造成的纯经济损失的赔偿责任限额，《鹿特丹规则》规定为所迟延交付的货物应付运费的2.5倍，但连同所迟延交付的货物的灭失或损坏，不得超过货物全损时承运人的赔偿责任限额；我国《海商法》规定为所迟延交付的货物应付运费的一倍，货物的灭失或者损坏和迟延交付同时发生时，赔偿责任限额适用第五十六条第一款规定的限额。 （4）《鹿特丹规则》第五十九条第二款规定的"集装箱条款"增加了车辆所载货物的规定。	

(续表)

《鹿特丹规则》	《海商法》第四章
第七十九条 一般规定 一、除非本公约另有规定,运输合同中的条款,凡有下列情形之一的,一概无效： （一）直接或间接,排除或限制承运人或海运履约方在本公约下所承担的义务； （二）直接或间接,排除或限制承运人或海运履约方对违反本公约下的义务所负的赔偿责任；或 （三）将货物的保险利益转让给承运人或第十八条述及的人。 二、除非本公约另有规定,运输合同中的条款,凡有下列情形之一的,一概无效： （一）直接或间接,排除、限制或增加托运人、收货人、控制方、持有人或单证托运人在本公约下所承担的义务；或 （二）直接或间接,排除、限制或增加托运人、收货人、控制方、持有人或单证托运人对违反本公约下任何义务所负的赔偿责任。 **第八十条 批量合同特别规则** 一、虽有第七十九条的规定,在承运人与托运人之间,本公约所适用的批量合同可以约定增加或减少本公约中规定的权利、义务和赔偿责任。 二、根据本条第一款作出的背离,仅在下列情况下具有约束力： （一）批量合同载有一则该批量合同背离本公约的明确声明； （二）批量合同 1. 是单独协商订立的,或 2. 明确指出批量合同中载有背离内容的部分； （三）给予了托运人按照符合本公约的条款和条件订立运输合同,而不根据本条作出任何背离的机会,且向托运人通知了此种机会；并且 （四）背离既不是 1. 以提及方式从另一文件并入,也不是 2. 包含在不经协商的附合合同中。 三、承运人的公开运价表和服务表、运输单证、电子运输记录或类似文件不是本条第一款所指的批量合同,但批量合同可以通过提及方式并入此类文件,将其作为合同条款。 四、本条第一款既不适用于第十四条第（一）项和第（二）项、第二十九条和第三十二条中规定的权利和义务或因违反这些规定而产生的赔偿责任,也不适用于因第六十一条述及的作为或不作为而产生的任何赔偿责任。	**第四十四条** 海上货物运输合同和作为合同凭证的提单或者其他运输单证中的条款,违反本章规定的,无效。此类条款的无效,不影响该合同和提单或者其他运输单证中其他条款的效力。将货物的保险利益转让给承运人的条款或者类似条款,无效。 **第四十五条** 本法第四十四条的规定不影响承运人在本章规定的承运人责任和义务之外,增加其责任和义务。

(续表)

《鹿特丹规则》	《海商法》第四章
五、批量合同满足本条第二款要求的,其中背离本公约的条款,须满足下列条件,方能在承运人与非托运人的其他任何人之间适用: (一)该人已收到明确记载该批量合同背离本公约的信息,且已明确同意受此种背离的约束;并且 (二)此种同意不单在承运人的公开运价表和服务表、运输单证或电子运输记录上载明。 六、一方当事人对背离本公约主张利益的,负有证明背离本公约的各项条件已得到满足的举证责任。	

条款比较说明:

《鹿特丹规则》第七十九条规定不能排除或限制该规则规定的承运人或海运履约方的义务和责任;不能排除、限制或者增加该规则规定的托运人、收货人、控制方、持有人或者单证托运人的义务和责任。但是,第八十条规定批量合同在满足一定条件时可以增加或减少该规则中规定的权利、义务和赔偿责任。

《海商法》规定不能排除或限制《海商法》规定的承运人或实际承运人的义务和责任。

附录十三　我国《海商法》第四章与《鹿特丹规则》在托运人制度上的条文对比

《鹿特丹规则》	《海商法》第四章
第一条　定义 …… 八、"托运人"是指与承运人订立运输合同的人。 九、"单证托运人"是指托运人以外的，同意在运输单证或者电子运输记录中记名为"托运人"的人。 ……	**第四十二条** …… （三）"托运人"，是指： 1. 本人或者委托他人以本人名义或者委托他人为本人与承运人订立海上货物运输合同的人； 2. 本人或者委托他人以本人名义或者委托他人为本人将货物交给与海上货物运输合同有关的承运人的人。 ……
条款比较说明： 《鹿特丹规则》规定的托运人仅限于与承运人订立运输合同的人，未包括将货物交给承运人或履约方的 FOB 价格条件下的货物卖方，但创设了单证托运人概念，其承担托运人的义务和赔偿责任，享有托运人的权利和抗辩。 《海商法》规定了两种托运人，包括与承运人订立运输合同的人和将货物交给承运人或履约方的 FOB 价格条件下的货物卖方，并且没有区分两种托运人的权利和义务。	
第一条　定义 …… 二十四、"货物"是指承运人根据运输合同承运的任何种类的制品、商品和物件，包括不是由承运人或不是以承运人名义提供的包装以及任何设备和集装箱。 ……	**第四十二条** …… （五）"货物"，包括活动物和由托运人提供的用于集装货物的集装箱、货盘或者类似的装运器具。 ……
条款比较说明： 两者规定的实质内容基本一致，但《鹿特丹规则》将托运方提供的包装包括在"货物"之中。	
第二十七条　交付运输 一、除非运输合同另有约定，否则托运人应交付备妥待运的货物。在任何情况下，托运人交付的货物应处于能够承受住预定运输的状态，包括货物的装载、操作、积载、绑扎、加固和卸载，且不会对人身或财产造成损害。 二、根据第十三条第二款订有约定的，托运人应妥善而谨慎地履行根据该约定承担的任何义务。 三、集装箱或车辆由托运人装载的，托运人应妥善而谨慎地积载、绑扎和加固集装箱内或车辆内的货物，使之不会对人身或财产造成损害。	**第六十六条第一款** 托运人托运货物，应当妥善包装，并向承运人保证，货物装船时所提供的货物的品名、标志、包数或者件数、重量或者体积的正确性；由于包装不良或者上述资料不正确，对承运人造成损失的，托运人应当负赔偿责任。

（续表）

《鹿特丹规则》	《海商法》第四章
条款比较说明： 《鹿特丹规则》规定，除非另有约定，托运人有义务交付货物，且货物能够承受住预定运输、不会对人身或财产造成损害。我国《海商法》没有规定托运人将货物交付运输的义务，对托运人的义务仅规定妥善包装货物。	
第二十八条　托运人与承运人在提供信息和指示方面的合作 如果有关货物正确操作和运输的信息处于被请求方的占有之下，或有关货物正确操作和运输的指示是在被请求方能够合理提供的范围之内，且请求方无法以其他合理方式获取此种信息和指示，承运人和托运人应就对方提出的提供此种信息和指示的请求作出响应。	《海商法》无相关规定。
第二十九条　托运人提供信息、指示和文件的义务 一、托运人应及时向承运人提供承运人无法以其他合理方式获取，且是为下述目的而合理需要的有关货物的信息、指示和文件： （一）为了正确操作和运输货物，包括由承运人或履约方采取预防措施；并且 （二）为了使承运人遵守公共当局有关预定运输的法律、条例或其他要求，但承运人须及时将其需要信息、指示和文件事宜通知托运人。 二、本条规定概不影响根据公共当局有关预定运输的法律、条例或其他要求，提供有关货物的某些信息、指示和文件的任何特定义务。	**第六十七条** 托运人应当及时向港口、海关、检疫、检验和其他主管机关办理货物运输所需要的各项手续，并将已办理各项手续的单证送交承运人；因办理各项手续的有关单证送交不及时、不完备或者不正确，使承运人的利益受到损害的，托运人应当负赔偿责任。
条款比较说明： 《鹿特丹规则》强调托运人向承运人全面提供信息、指示和文件；《海商法》仅要求托运人及时办理各项货运手续，并及时将完备、正确的单证送交承运人。	
第三十条　托运人对承运人赔偿责任的基础 一、对于承运人遭受的灭失或损坏，如果承运人证明，此种灭失或损坏是由于违反本公约规定的托运人义务而造成的，托运人应负赔偿责任。 二、灭失或损坏的原因或原因之一不能归责于托运人本人的过失或第三十四条述及的任何人的过失的，免除托运人的全部或部分赔偿责任，但托运人违反第三十一条第二款和第三十二条对其规定的义务所造成的灭失或损坏，不在此列。 三、托运人根据本条被免除部分赔偿责任的，托运人仅对因其本人的过失或第三十四条述及的任何人的过失所造成的那部分灭失或损坏负赔偿责任。	**第七十条第一款** 托运人对承运人、实际承运人所遭受的损失或者船舶所遭受的损坏，不负赔偿责任；但是，此种损失或者损坏是由于托运人或者托运人的受雇人、代理人的过失造成的除外。

(续表)

《鹿特丹规则》	《海商法》第四章
条款比较说明： 　　两者关于托运人责任归责原则的规定相似，均以过错责任为原则，且均规定托运人违反其提供的信息准确性的保证、不履行托运危险品时的义务而使承运人遭受的灭失或损坏承担严格责任，以及托运人对其受雇人、代理人的行为承担转承责任。所不同的是，《鹿特丹规则》规定托运人提供的信息包括托运人、收货人或指示人名称；《海商法》规定托运人对于货物包装不良，以及已办理货物运输所需要的各项手续的有关单证送交承运人不及时、不完备或者不正确，使承运人受到的损害，托运人应承担严格责任。	
第三十一条　拟定合同事项所需要的信息 　　一、托运人应及时向承运人提供拟定合同事项以及签发运输单证或电子运输记录所需要的准确信息，包括第三十六条第一款所述及的事项；合同事项中拟载明为托运人的当事人名称；有收货人的，收货人名称；须凭指示签发运输单证或电子运输记录的，指示人名称。 　　二、承运人收到根据本条第一款提供的信息时，理当认为托运人已对信息的准确性给予保证。托运人应就此种信息不准确所导致的灭失或损坏向承运人作出赔偿。	第六十六条 　　托运人托运货物，应当妥善包装，并向承运人保证，货物装船时所提供的货物的品名、标志、包数或者件数、重量或者体积的正确性；由于包装不良或者上述资料不正确，对承运人造成损失的，托运人应当负赔偿责任。
条款比较说明： 　　两者的规定基本相同，但《鹿特丹规则》规定的托运人应当提供的信息范围为拟定合同事项以及签发运输单证或电子运输记录所需要的信息，货物品名、主标志，以及货物包数、件数或数量、重量，比《海商法》规定的范围，即货物的品名、标志、包数或者件数、重量或者体积要广。	
《鹿特丹规则》无相关规定。	第六十七条 　　托运人应当及时向港口、海关、检疫、检验和其他主管机关办理货物运输所需要的各项手续，并将已办理各项手续的单证送交承运人；因办理各项手续的有关单证送交不及时、不完备或者不正确，使承运人的利益受到损害的，托运人应当负赔偿责任。
第三十二条　危险货物特别规则 　　当货物因本身性质或特性而已对人身、财产或环境形成危险，或适度显现有可能形成此种危险时： 　　（一）托运人应在货物交付给承运人或履约方之前，及时将货物的危险性质或特性通知承运人。托运人未履行此项义务，且承运人或履约方无法以其他方式知道货物危险性质或特性的，托运人应就未发通知所导致的灭失或损坏向承运人负赔偿责任；	第六十八条 　　托运人托运危险货物，应当依照有关海上危险货物运输的规定，妥善包装，作出危险品标志和标签，并将其正式名称和性质以及应当采取的防危害措施书面通知承运人；托运人未通知或者通知有误的，承运人可以在任何时间、任何地点根据情况需要将货物卸下、销毁或者使之不能为害，而不负赔偿责任。托运人对承运人因运输此类货物所受到的损害，应当负赔偿责任。

(续表)

《鹿特丹规则》	《海商法》第四章
（二）托运人应根据货物预定运输任何阶段所适用的公共当局的法律、条例或其他要求，对危险货物加标志或标签。托运人未履行此项义务的，托运人应就由此导致的灭失或损坏向承运人负赔偿责任。	承运人知道危险货物的性质并已同意装运的，仍然可以在该项货物对于船舶、人员或者其他货物构成实际危险时，将货物卸下、销毁或者使之不能为害，而不负赔偿责任。但是，本款规定不影响共同海损的分摊。

条款比较说明：
两者均规定了托运人对危险货物进行包装，作出标志和加标签，将货物的危险性质或特性通知承运人的义务，以及不履行义务所应承担的严格赔偿责任。所不同的是，《鹿特丹规则》将危险货物界定为"货物因本身性质或特性而已对人身、财产或环境形成危险，或适度显现有可能形成此种危险"，而《海商法》没有进一步界定；《海商法》规定托运人应当向承运人通知的内容包括应当采取的防危害措施，但《鹿特丹规则》没有规定。

《鹿特丹规则》无相关规定。	第六十九条 托运人应当按照约定向承运人支付运费。 托运人与承运人可以约定运费由收货人支付；但是，此项约定应当在运输单证中载明。
第三十四条　托运人为其他人负赔偿责任 托运人委托包括受雇人、代理人和分合同人在内的任何人履行托运人任何义务的，对于此等人的作为或不作为造成违反本公约规定的托运人义务，托运人负赔偿责任，但托运人委托承运人或代表承运人行事的履约方履行托运人义务的，对于此等人的作为或不作为，托运人不负赔偿责任。	第七十条第一款 托运人对承运人、实际承运人所遭受的损失或者船舶所遭受的损坏，不负赔偿责任；但是，此种损失或者损坏是由于托运人或者托运人的受雇人、代理人的过失造成的除外。

条款比较说明：
两者关于托运人转承责任的规定基本相同。所不同的是，《鹿特丹规则》规定托运人对其委托的受雇人、代理人和分合同人在内的任何人的行为承担转承责任；《海商法》仅规定托运人对其受雇人、代理人的过失承担转承责任。

第三十三条　单证托运人享有托运人的权利并承担其义务 一、单证托运人必须承担本章和第五十五条对托运人规定的义务和赔偿责任，且有权享有本章和第十三章为托运人提供的权利和抗辩。 二、本条第一款规定不影响托运人的义务、赔偿责任、权利或抗辩。	《海商法》无相关规定。

条款比较说明：
《鹿特丹规则》规定的单证托运人通常表现为FOB价格条件下货物的卖方，其成为单证托运人并因而享有托运人的权利并承担其义务，需得到托运人同意并在运输单证或电子运输记录中记载为托运人；《海商法》第四十二条第（二）项将FOB价格条件下将货物交给承运人的货物卖方作为托运人。

附录十四　我国《海商法》第四章与《鹿特丹规则》在货物交付制度上的条文对比

《鹿特丹规则》	《海商法》第四章
第一条　定义 …… 十一、"收货人"是指根据运输合同或根据运输单证或电子运输记录有提货权的人。 ……	第四十二条 …… （四）"收货人"，是指有权提取货物的人。 ……
条款比较说明： 两者均规定收货人是指有权提取货物的人，但《鹿特丹规则》指明了提货权的来源，即运输合同、运输单证或电子运输记录。	
第四十三条　接受交货的义务 当货物到达目的地时，要求交付货物的收货人应在运输合同约定的时间或期限内，在运输合同约定的地点接受交货，无此种约定的，应在考虑到合同条款和行业习惯、惯例或做法以及运输情形，能够合理预期的交货时间和地点接受交货。	《海商法》无相关规定。
第四十四条　确认收到的义务 收货人应按照交付货物的承运人或履约方的要求，以交货地的习惯方式确认从承运人或履约方收到了货物。收货人拒绝确认收到货物的，承运人可以拒绝交付。	《海商法》无相关规定。
第四十五条　未签发可转让运输单证或可转让电子运输记录时的交付 未签发可转让运输单证或可转让电子运输记录的： （一）承运人应在第四十三条述及的时间和地点将货物交付给收货人。声称是收货人的人未按照承运人的要求适当表明其为收货人的，承运人可以拒绝交付； （二）收货人的名称和地址未在合同事项中载明的，控制方应在货物到达目的地前或在货物到达目的地时，将收货人的名称和地址告知承运人； （三）在不影响第四十八条第一款的情况下，如果货物未能交付是因为1. 收货人接到了到货通知而未在第四十三条述及的时间或期限内在货物到达目的地后向承运人主张提取货物，2. 承运人因声称是收货人的人未适当表明其为收货人而拒绝交货，或3. 承运人经合理努力无法确定收货人，请求就货物的交付发出指示，则承运人可以通知控制方，请求就货物的交付发出指示。承运人经合理努力无法确定控制方的，承运人可以通知托运人，请求就货物的交付发出指示。承运人经合理努力无法确定控制方或托运人的，承运人可以通知单证托运人，请求就货物的交付发出指示； （四）承运人根据本条第（三）项按照控制方、托运人或单	

(续表)

《鹿特丹规则》	《海商法》第四章
证托运人的指示交付货物的,解除承运人在运输合同下交付货物的义务。 **第四十六条 签发必须提交的不可转让运输单证时的交付** 签发不可转让运输单证,其中载明必须交单提货的: (一)承运人应在收货人按照承运人的要求适当表明其为收货人并提交不可转让单证时,在第四十三条述及的时间和地点将货物交付给收货人。声称是收货人的人不能按照承运人的要求适当表明其为收货人的,承运人可以拒绝交付,未提交不可转让单证的,承运人应拒绝交付。所签发不可转让单证有一份以上正本的,提交一份正本单证即可,其余正本单证随即失去效力; (二)在不影响第四十八条第一款的情况下,如果货物未能交付是因为1.收货人接到了到货通知而未在第四十三条述及的时间或期限内在货物到达目的地后向承运人主张提取货物,2.承运人因声称是收货人的人未适当表明其为收货人或未提交单证而拒绝交货,或3.承运人经合理努力无法确定收货人,请求就货物的交付发出指示,则承运人可以通知托运人,请求就货物的交付发出指示。承运人经合理努力无法确定托运人的,承运人应通知单证托运人,请求就货物的交付发出指示; (三)承运人根据本条第(二)项按照托运人或单证托运人的指示交付货物的,解除承运人在运输合同下交付货物的义务,而不考虑是否已向承运人提交不可转让运输单证。 **第四十七条 签发可转让运输单证或可转让电子运输记录时的交付** 一、签发可转让运输单证或可转让电子运输记录的: (一)可转让运输单证或可转让电子运输记录的持有人有权在货物到达目的地后向承运人主张提取货物,在这种情况下,下列要求之一得到满足时,承运人即应在第四十三条述及的时间和地点将货物交付给该持有人: 1.该持有人提交了可转让运输单证,该持有人为第一条第十款第(一)项第一目述及的人的,还适当表明了其身份;或 2.该持有人按照第九条第一款述及的程序证明其为可转让电子运输记录的持有人。 (二)本款第(一)项第一目或第(三)项第二目所列要求未得到满足的,承运人应拒绝交付; (三)所签发可转让运输单证有一份以上正本,且该单证中注明正本份数的,提交一份正本单证即可,其余正本单证随即失去效力。使用可转让电子运输记录的,按照第九条第一款规定的程序一经向持有人交付货物,该电子运输记录随即失去效力;	

（续表）

《鹿特丹规则》	《海商法》第四章
二、在不影响第四十八条第一款的情况下，可转让运输单证或可转让电子运输记录明确规定可以不提交运输单证或电子运输记录交付货物的，适用下列规则： （一）如果货物未能交付是因为1.持有人接到了到货通知而未在第四十三条述及的时间或期限内在货物到达目的地后向承运人主张提取货物，2.承运人因声称是持有人的人未适当表明其为第一条第十款第（一）项第一目所述及的人之一而拒绝交货，或3.承运人经合理努力无法确定持有人，请求就货物的交付发出指示，则承运人可以通知托运人，请求就货物的交付发出指示。承运人经合理努力无法确定托运人的，承运人应通知单证托运人，请求就货物的交付发出指示； （二）承运人根据本条第二款第（一）项按照托运人或单证托运人的指示交付货物的，解除承运人在运输合同下向持有人交付货物的义务，而不考虑是否已向承运人提交可转让运输单证，也不考虑凭可转让电子运输记录主张提货的人是否已按照第九条第一款述及的程序证明其为持有人； （三）承运人根据本条第二款第（五）项对持有人负赔偿责任的，根据本条第二款第（一）项发出指示的人应补偿承运人由此遭受的损失。该人未能按照承运人的合理要求提供适当担保的，承运人可以拒绝遵守这些指示； （四）一人在承运人已根据本条第二款第（二）项交付货物后成为可转让运输单证或可转让电子运输记录的持有人，仍根据此项交货前的合同安排或其他安排取得对承运人除主张提货权以外的运输合同下的权利； （五）虽有本条第二款第（二）项和第二款第（四）项的规定，一持有人在此项交货后成为持有人的，在其成为持有人时不知道且理应不可能知道此项交货的，取得可转让运输单证或可转让电子运输记录所包含的权利。合同事项载明预计到货时间，或载明如何获取有关货物是否已交付的信息的，推定该持有人在其成为持有人时已知或理应能够知道货物的交付。	

条款比较说明：
《鹿特丹规则》根据运输单证或电子运输记录是否可以转让，以及是否规定应当凭运输单证或电子运输记录提取货物，分三种情形就货物交付作了不同规定，并规定了承运人不凭运输单证交付货物的情形。根据《海商法》第七十一条的规定，如果签发了提单，收货人提货时应提交提单，而不论提单是否可以转让；如果未签发提单，承运人应当将货物交给托运人指定的收货人，收货人提货时应提供身份证明。

第四十八条 货物仍未交付 一、在本条中，只有在下列情形下，货物到达目的地后应被视为仍未交付： （一）收货人未根据本章的规定，在第四十三条述及的时	第八十六条 在卸货港无人提取货物或者收货人迟延、拒绝提取货物的，船长可以将货物

(续表)

《鹿特丹规则》	《海商法》第四章
间和地点接受交货; （二）控制方、持有人、托运人或单证托运人无法被找到,或未根据第四十五条、第四十六条和第四十七条向承运人发出适当指示; （三）根据第四十四条、第四十五条、第四十六条和第四十七条,承运人有权或必须拒绝交付货物; （四）根据请求交货地的法律条例,不允许承运人向收货人交付货物;或 （五）承运人无法交付货物的其他情形。 二、在不影响承运人可向托运人、控制方或收货人主张其他任何权利的情况下,货物仍未交付的,由有权提取货物的人承担风险和费用,承运人可以根据情况的合理要求就货物采取行动,其中包括: （一）将货物存放在任何合适地方; （二）货物载于集装箱内或车辆内的,打开包装,或就货物采取其他行动,包括转移货物;并且 （三）按照惯例,或根据货物当时所在地的法律条例,将货物出售或销毁。 三、只有在承运人已就本条第二款所设想的行动,向合同事项中载明的货物到达目的地时可能存在的任何被通知人,并向承运人知道的收货人、控制方或托运人这三种人之一,按照所列顺序发出合理通知之后,承运人方可行使本条第二款规定的权利。 四、货物根据本条第二款第（三）项出售的,承运人应为有权提取货物的人的利益代为保管出售货物的价款,但可从中扣除承运人承担的任何费用和应付给承运人的与运输这些货物有关的其他任何款项。 五、对于在本条所规定的货物仍未交付期间内发生的货物灭失或损坏,承运人不负赔偿责任,除非索赔人证明,此种灭失或损坏是由于承运人未能在当时的情况下采取应有的合理步骤保存货物所致,且承运人已知道或本应知道不采取此种步骤将给货物造成的灭失或损坏。	卸在仓库或者其他适当场所,由此产生的费用和风险由收货人承担。
条款比较说明: 两者核心内容相同。不同之处在于: （1）《海商法》规定的情形为在卸货港无人提取货物或者收货人迟延、拒绝提取货物;《鹿特丹规则》规定的情形还包括承运人有权或必须拒绝交付货物,以及交货地的法律不允许承运人向收货人交付货物。 （2）《海商法》规定的处理方式仅为船长将货物卸在仓库或者其他适当场所;《鹿特丹规则》规定的处理方式还包括将载于集装箱内或车辆内的货物开箱或卸车,或转移货物,以及按照惯例、货物当时所在地的法律条例将货物出售或销毁。 （3）《鹿特丹规则》要求承运人处理货物之前向被通知人,以及向承运人知道的收货人、控制方或托运人这三种人之一,按照所列顺序发出合理通知。	

(续表)

《鹿特丹规则》	《海商法》第四章
第四十九条　货物留置 　　本公约的规定概不影响承运人或履约方可以根据运输合同或准据法留置货物,为应付款的偿付获得担保的权利。	**第八十七条** 　　应当向承运人支付的运费、共同海损分摊、滞期费和承运人为货物垫付的必要费用以及应当向承运人支付的其他费用没有付清,又没有提供适当担保的,承运人可以在合理的限度内留置其货物。 **第八十八条** 　　承运人根据本法第八十七条规定留置的货物,自船舶抵达卸货港的次日起满六十日无人提取的,承运人可以申请法院裁定拍卖;货物易腐烂变质或者货物的保管费用可能超过其价值的,可以申请提前拍卖。 　　拍卖所得价款,用于清偿保管、拍卖货物的费用和运费以及应当向承运人支付的其他有关费用;不足的金额,承运人有权向托运人追偿;剩余的金额,退还托运人;无法退还、自拍卖之日起满一年又无人领取的,上缴国库。

条款比较说明:
　　《鹿特丹规则》不直接规定货物留置权,而是留待运输合同或所适用的国内法解决;《海商法》规定了货物留置权及其实现。